Droemer
Knaur®

Alexander und Edith
Tollmann

Und die Sintflut gab es doch

Vom Mythos zur historischen Wahrheit

Mit 146 Zeichnungen und Fotos
sowie 8 Tabellen

Droemer Knaur

Die Deutsche Bibliothek – CIP-Einheitsaufnahme

Tollmann, Alexander:
Und die Sintflut gab es doch: Vom Mythos zur historischen Wahrheit/
Alexander und Edith Tollmann. – München:
Droemer Knaur, 1993
ISBN 3-426-26660-1
NE: Tollmann, Edith

Dieses Buch wurde auf chlor- und säurefreiem Papier gedruckt.

Lektorat: Günther Kirchberger
Umschlaggestaltung: Agentur ZERO, München, nach einer Idee
von A. Tollmann, Wien
Umbruch: DTP im Verlag
Reproduktionen: Repro Ludwig, Zell am See
Druck und Bindung: Mohndruck, Gütersloh
Printed in Germany
ISBN 3-426-26660-1

2 3 5 4 1

Inhalt

Der Schrei der Menschheit
aus der Tiefe der Zeit, aus dem Dunkel der Vergangenheit
ist gehört

Die Botschaft ist entschlüsselt

Die getreue Tradition
der einzelnen Stationen ihres schrecklichsten Erlebnisses
über zehn Jahrtausende hinweg
war nicht umsonst

Wir ziehen die Lehre daraus:
Der nächste drohende Impakt soll uns gerüstet sehen

Vorwort

1980 ist ein neues Kapitel in der Erdwissenschaft aufgeschlagen worden. Ein spannendes, ein erschütterndes Kapitel, das zugleich unsere ganze Vorstellung von der Entwicklung unseres Planeten und des Lebens darauf zutiefst revolutioniert: die Erkenntnis von den gigantischen Auswirkungen der Einschläge kosmischer Körper auf unserer Erde – Einschläge von gewaltigen Meteoriten, den sogenannten Planetoiden oder den noch größeren Asteroiden, oder aber auch von Kometen, die die Erdbahn kreuzen. Erst im letzten Jahrzehnt haben die Erdwissenschaftler begriffen, daß solche kosmischen Katastrophen normale Ereignisse in der langen Entwicklungsgeschichte unseres Planeten darstellen. Und daß sie ihre Spuren an den großen Zäsuren der Erdgeschichte hinterlassen haben, verbunden mit Massensterben in der Fauna und Flora.

Die Ära der modernen Erforschung der Auswirkung solcher Einschläge von Geschossen aus dem Weltall, der sogenannten Impakte, auf unserem belebten Planeten wurde durch die Entdeckung des amerikanischen Nobelpreisträgers für Physik Luis Alvarez, seines Sohnes Walter Alvarez und ihrer Mitarbeiter[1] in eben diesem Jahr 1980 eröffnet. Das Forscherteam konnte damals das Aussterben der Saurier und Ammoniten am Ende der Kreideformation auf den Einschlag eines zehn Kilometer großen Asteroiden und seine Folgen erstmals mit exakten erdwissenschaftlichen Methoden zurückführen. Die Elite der Erd- und Astrowissenschaftler stürzte sich danach mit Feuereifer auf die Frage nach den Auswirkungen dieser vor 66,4 Millionen Jahren stattgefundenen kosmischen Katastrophe für die Erde. Dank ihrer Arbeitsintensität konnten sie in Bälde in Hunderten von Spezialarbeiten die ganze Palette des erstaunlichen Geschehens nach einem solchen Impakt aus den in den Grenzschichten zwischen Kreide und Tertiär hinterlassenen Spuren rekonstruieren. Dieser Impakt hatte rund ein Dutzend verschiedener Folgekatastrophen auf der Erde ausgelöst, jede für sich von verheerender Auswirkung, die nun innerhalb weniger Jahre von der Wissenschaft mit erstaunlichen Details zutage gefördert worden sind.

Für uns persönlich aber zeichnete sich aus diesen Erkenntnissen heraus sehr bald eine neue, noch viel spannendere Einsicht ab. Mit dem rasch wachsenden Wissen um das sehr spezifische, etappenweise Geschehen im Gefolge eines Impaktes – abgeleitet von ebendieser Endkreide-Katastrophe – wurde uns im Jahre 1981 bewußt, daß es sich bei dem Sintflutereignis in den Traditionen der Völker, die teilweise sehr anschaulich die spezifischen Schicksalsschläge im Zusammenhang mit der Flut schildern, offensichtlich um ein Impaktgeschehen mit typischen, untrüglichen Merkmalen gehandelt haben muß, bewirkt durch den Einschlag eines kosmischen Körpers. Seit 1985 waren wir uns sicher, daß wir den Schlüssel zur Lösung des uralten Sintflutproblems, dieses oft als »größtes Geheimnis der Menschheit« betitelten Rätsels, in Händen hielten und daß die Sintflut samt ihren Begleiterscheinungen offenbar nichts anderes war als ein von der Menschheit in vollem Umfang erlebter gewaltiger Impakt.

Eine intensive vergleichende Analyse folgte, durchgeführt im Sinne der fast mit mathematischer Präzision arbeitenden Naturwissenschaft. Punkt für Punkt haben wir das moderne geologische Wissen über die einzelnen Etappen des Impaktgeschehens mit den in den Mythen und Traditionen der Völker überlieferten einschlägigen, uralten Sintflutberichten verglichen. Das Ergebnis war überwältigend. Die bedauernswerte Menschheit hatte vor knapp zehn Jahrtausenden tatsächlich das Inferno eines großen Impaktes, das über sie mit immer neuen, unbekannten, in Abständen von Stunden oder Tagen herniedersausenden Schlägen weltweit hereingebrochen war, erlebt, aber in der Mehrzahl nicht überlebt: Explosionsdruckwelle mit sich in rasender Geschwindigkeit ausbreitenden Hitzeorkanen, Giftgaswolken, Weltenbeben, Glutregen, Weltenbrand, kochender Flutregen, sodann gebirgshohe, oft siedende Meeresflut, anhaltende Nacht und schließlich Schnee- und Eisflut eines scheinbar nicht mehr enden wollenden Winters kennzeichnen die Stationen dieses Leidensweges.

Die Entschleierung der physischen Etappen des Infernos – also die sichere und endgültige Klärung des Sintflutgeschehens – war jedoch nur die eine Seite der Analyse. Darüber hinaus hatte die jede Vorstellungskraft übersteigende Katastrophe des Sintflut-Impaktes als tiefgreifendes Untergangstrauma das ganze menschliche Denken von Grund auf umgestaltet und in allen geistigen Bereichen neue, wesentliche Denkanstöße bewirkt. Beim Aufspüren der Auswirkungen dieses Impaktgeschehens auf eine Vielzahl geistiger Belange zeigte sich erst das unerwartete Ausmaß, in dem dieses Ereignis die Menschheit geformt hat. Alle geistig-seelischen Themen wurden damals vom Homo sapiens unter dem Eindruck dieses Infernos neu überdacht. Fast alle Völker dieser Erde suchten nach einer

Erklärung, versuchten Ursache oder Schuld aufzudecken. Meist wurden Dämonen als Verursacher angenommen, die man wiederum durch Beschwörungsformeln, Gebete und Opfer zu besänftigen versuchte. Allenthalben fanden wir die intensive Prägung der geistigen Bereiche durch diese kaum zu bewältigende Schockerfahrung: als Fundamente der Weltreligionen, in den großen Kosmogonien, den nationalen Epen und Mythen, in den Offenbarungen, in der Wissenschaft der Antike und noch bis tief hinein in die Neuzeit sowie in der Mystik und Esoterik bis auf unsere Tage.

Für uns war es eine große Überraschung, wie leicht und einfach auf der Basis des erarbeiteten Sintflut-Impaktgeschehens viele der bisher als Welträtsel geltenden großen Fragen der Menschheit durchschaubar werden: Warum die damals entstandenen Religionen so und nicht anders konstruiert waren – samt den eigenartigen, sonst unverständlichen Opferzeremonien zur Versöhnung der Menschen fordernden Götter, woher die Propheten ihre Visionen und Eingebungen nahmen, was es mit der rätselhaften Sphinx und mit der Schlange und dem Drachen als Prinzip des Bösen, was es mit dem »Weltenjahr« der Religionen und Naturphilosophien, was es mit Himmel und Hölle, mit Fegefeuer, Satan und Teufel, Schuld und Sühne, Opfer und Gebet auf sich hat.

Wir hatten, von der mit exakten naturwissenschaftlichen Methoden arbeitenden Geologie herkommend, damit den Passepartout zur Hand, um die großen Fragen der Menschheit zu verstehen und zugleich sogar manche davon auch fundiert beantworten zu können. Voll innerer Bewegung stehen wir vor der Tatsache, welch großartige Einblicke sich für denjenigen eröffnen, der vom atemberaubenden Wissen der heutigen Erdwissenschaften hinaus den Schritt über den trennenden Graben zu den Geisteswissenschaften wagt und den Mythenschatz und die Traditionen weder mystischen Deutungen unterwirft noch auf die Suche nach der letzten, dahinter stehenden Ursache überhaupt verzichtet, sondern sich auch in diesem Terrain der vergleichend-naturwissenschaftlichen Methodik bedient wie im eigenen Fach. Wir hoffen, daß wir durch Aufzeigen dieses Weges dem Leser dieselbe Sicherheit vermitteln, die uns bei der Arbeit erwachsen ist.

Alexander und Edith Tollmann
Burg Albrechtsberg an der Großen Krems, 1992

Einführung

Gewidmet den weltweiten Opfern des Infernos in Nachempfindung des unfaßbaren Grauens ebenso wie den mißdeuteten und unverstandenen Überlieferern

Neben dem Inhalt des Buches der Bücher, der Bibel, hat ein spezielles Erlebnis Geist und Gemüt der Menschheit am nachhaltigsten und intensivsten bewegt – die in einer unübersehbaren Zahl von Mythen tradierte Sintflut. Seit Jahrhunderten wird dieses Thema als »das größte Geheimnis der Menschheit« betrachtet und bezeichnet. An die 80 000 Publikationen in 72 Sprachen sind jahrhundertelang mit heiligem Ernst, mit religiösem Eifer (Abb. 1), mit wissenschaftlicher Akribie, mit großartigem Forschergeist, aber auch mit journalistischem Pathos diesem herausragenden Problem gewidmet worden und haben sich um die Deutung des Phänomens »Sintflut« bemüht. Hunderte Male wurde das Rätsel Sintflut als gelöst erklärt und in mannigfaltigster Weise beantwortet. Ebensooft aber wurde andererseits die Existenz eines realen naturwissenschaftlichen Hintergrundes aus religiöser Sicht oder in mystischer Romantik rundweg abgelehnt oder diese Frage zumindest als irrelevant und unbeantwortbar abgetan und das Problem auf diese Weise gelöst.

Trotzdem erwies sich dieses – wie wir heute wissen – reale Urerlebnis der Menschheit als so stark, daß es auf solch unbefriedigende Weise nie verdrängt werden konnte. Zunächst einmal ist es ja in hundert und aber hundert Mythen und Sagen der Völker mit jeweils durchaus eigenständigem Kern verankert. Sodann ist es in der christlichen Religion als ein Kernstück der Glaubenslehre aufgenommen und in missionarischer Tätigkeit abermals dem Bewußtsein der Völker aufgeprägt worden – nun auf einer zweiten, überdeckenden, jüngeren Ebene.

Außerdem beschäftigt die Sintflutüberlieferung seit fast zwei Jahrtausenden das erdwissenschaftliche Denken mit aller Intensität und hat damit auch auf breiter Basis Eingang in die naturwissenschaftliche Diskussion im Rahmen der Geologie gefunden (Abb. 2). Noch weit in die Neuzeit hinein beherrschte der wogende Kampf oder das Streben nach Synthese von Glauben und Wissenschaft die Bühne des Geschehens. Als mit dem Vorstoß der Naturwissenschaften im Zeitalter des unbegrenzten

Abb. 1: Die Schrecken der Sintflutkatastrophe in einer barocken Ausgabe von Ovids »Metamorphosen« (Buch 1, Vers 1). – S. Monath in Nürnberg.

Fortschrittsglaubens schließlich der Trennungsstrich zwischen diesen beiden Bereichen gezogen war und die damals größte Autorität der Geologenschaft, der Wiener Professor Eduard Sueß, in seinem grundlegenden Werk »Das Antlitz der Erde« im Jahre 1885 die Sintflut als Zusammenspiel von seismischen und meteorologischen Phänomenen im Zweistromland erklärt hatte und als noch zusätzlich Ende der zwanziger Jahre unseres Jahrhunderts die Flutschicht zu diesem Ereignis ebendort, nämlich in Ur, durch die sensationellen Ausgrabungen des englischen Archäologen Sir C. Leonhard Woolley entdeckt worden war, schien die Diskussion abgeschlossen zu sein. Ruhe trat ein.

Dabei waren aber die inhaltsreichen Ergebnisse der völkerkundlichen Forschung, nämlich die vergleichenden Analysen der Hunderte von Sintflutmythen der Völker, im Hinblick auf ihren naturwissenschaftlichen Gehalt unausgewertet geblieben – obwohl wir heute über einen großartigen Fundus an gesammelten Mythen aller Völker verfügen. Mit erstaunlicher Beharrlichkeit hat nämlich die Menschheit in zahllosen Legenden gleichen Charakters die uralte Kunde von diesem Thema über Jahrtausende hin festgehalten – offensichtlich als besonders wertvollen Erfah-

Abb. 2: Jahrhundertelang hat sich die Geologie mit den Zeugnissen der Sintflut in Harmonie zum biblischen Bericht befaßt. Hier das Frontispiz eines phantasiereichen Werkes des deutschen Geologen David Sigismund Buttner aus dem frühen 18. Jh., das geologische Belege für die mosaische »Sündflut« zu Noahs Zeiten vorbringt. – D. S. Buttner 1710.

Abb. 3: Sintflutgeschehen in einer populär-naturwissenschaftlichen Darstellung des Stuttgarter Geologieprofessors Oscar Fraas aus dem 19. Jh. – Frontispiz in O. Fraas 1866.

rungsschatz. Diese Mythen berichten rund um die Welt in hundertfältig abgewandelter Form immer wieder vom schrecklichen Erlebnis in der Tiefe der Vergangenheit, von Sintflut und Erdbeben, von Sintbrand und Sintfrost, verbunden mit der anhaltenden Furcht vor den Kometen als Unglücksbringern (Abb. 3).

Diese von den Ethnologen mit bewundernswertem Eifer zusammengetragenen Originaldarstellungen stecken voll von naturwissenschaftlichen Detailangaben über die Flutumstände bei allen Völkerschaften unseres Globus. Zwar wurde dieser Mythenschatz von den Ethnologen nach allen Regeln der Kunst statistisch ausgewertet, aber für eine befriedigende naturwissenschaftliche Deutung dieser weltweiten Katastrophe fehlte ihnen das moderne erdwissenschaftliche Handwerkszeug. Eine solche moderne Analyse dieser in aufbereiteter Form dargebotenen Mythensammlungen durch Geologen ist jedoch bis heute unterblieben. Gerade aber diese im folgenden vorgenommene Analyse stellt den einen tragenden Pfeiler einer befriedigenden Erklärung des Sintflutereignisses dar.

Die andere, genauso wichtige Grundlage lieferte die wahre Explosion an exaktem Wissen über die zuvor völlig unterschätzte, eminente Rolle der Einschläge der Geschosse aus dem All, der Planetoiden, also riesiger, massiver Meteorite, und der Kometen, für die Entwicklung unseres Planeten und des Lebens darauf – seit der erwähnten epochemachenden Erkenntnis des amerikanischen Forscherduos Luis Alvarez, eines berühmten Physikers, und seines Sohnes, des Geologen Walter Alvarez, im Jahre 1980. Heute besitzen wir dank der anschließenden intensiven Forschungsarbeit über den Impakt am Ende der Kreideformation eine bis ins einzelne gehende Kenntnis über alle damit verbundenen Auswirkungen. Diese bis zur mathematischen Erfassung der beteiligten Faktoren reichende Rekonstruktion wurde nur durch die Zusammenarbeit von Geologen, Geochemikern und Geophysikern im Verbund mit Astrophysikern, Astronomen, ja sogar Astronauten, unter Einbeziehung von Experimenten und der Erfahrung von Atombombenexplosionen sowie der Analyse bekannter irdischer Einschlagskrater möglich.

Heute wissen wir, daß derartige Impaktereignisse für unseren belebten Planeten zwar etwas Grauenvolles, aber nichts Einmaliges darstellen. Wir erkennen vielmehr an den über 150 bisher bekannten Impaktkratern auf der Erde, mehr noch an der pockennarbigen Oberfläche der anderen Planeten und ihrer Monde, daß solche Impaktkatastrophen – geologisch gesehen – in durchaus kurzen Zeitabständen aufeinanderfolgen. Nun erst, nach 180 Jahren, hat sich hierdurch die Erkenntnis des großen französischen Paläontologen und Naturforschers George Curvier, des »Vaters der Katastrophenlehre«, von 1812 bestätigt, daß die Geschichte unseres Planeten eine Geschichte von Großkatastrophen ist.

Wie aber war es möglich, daß niemand unter den Hunderten von derzeit intensiv an der Erforschung des Impaktgeschehens arbeitenden Wissenschaftlern, die mit den Einzelheiten des Ablaufes eines Impaktes vertraut sind, die naheliegende Frage stellte: Sind die Sintflutereignisse, die in den Mythen der Welt ausgebreitet vor uns liegen und die so verdächtig an das Geschehen einer derartigen kosmischen Katastrophe erinnern, nicht tatsächlich Zeugen für einen solchen Impakt in der Erinnerung der Menschen? Die Antwort ist einfach: Der Grund dafür liegt einerseits in der Tatsache, daß kaum einer der Naturwissenschaftler die Fakultätsgrenze überschreitet und sich ernstlich in das Gebiet der Ethnologen und Mythologen vertieft, andererseits aber noch viel mehr in dem Umstand, daß die Kenntnis von der Häufigkeit und dem Ausmaß der Gewalt solcher Impakte noch so brandneu ist, daß sie selbst in Fachkreisen in keiner Weise gebührend Fuß gefaßt hat. Die Erdwissenschaftler sind immer noch zu sehr damit beschäftigt, in Grabenkämpfen um Neuland an der Front des Endkreide-Impaktes zu verharren oder sich um andere, recht gut faßbare Impakte an etlichen Formationsgrenzen zu streiten, als daß sie es gewagt hätten, ein neues, »heißes« Thema anzupacken. Hinzu kommt, daß man bis zuletzt – ganz verfehlt – zur handfesten Beweisführung für einen solchen kosmischen Einschlag wie gebannt nur auf erhöhte Mengen eines aus dem All stammenden Iridiumgehaltes im Niederschlag des vom Impakt betroffenen Sedimentes geblickt hat und dabei vergaß, daß Kometen überraschend geringe Mengen dieses Edelmetalls aufweisen können oder daß bei Großimpakten das Material des Boliden bei der Explosion wiederum weitgehend in den Weltraum zurückgeschleudert wird, so daß gerade der Iridiummangel allein einen völlig unbrauchbaren Indikator darstellt, um ein Impakt-Ereignis abzulehnen.

Die Vorgehensweise zur Erfassung eines möglichen Sintflut-Impaktes ergab sich dadurch für uns von selbst: Einerseits waren die gesicherten geologischen Daten zu sammeln, die einen Impakt in der jüngsten Erd- und Menschheitsgeschichte beweisen. Es ergaben sich dabei überraschend viele bisher übersehene oder mißdeutete derartige Daten. Andererseits aber mußte aus der riesigen, von zahlreichen Mythologen zusammengetragenen Menge von Sintflutsagen der Völker jeweils der naturwissenschaftliche Kern der Aussagen über den Vorgang der Katastrophe selbst herausgeschält werden, um zu einem globalen Gesamtbild der Ereignisse auch von dieser ganz andersartigen und völlig unabhängig von der Geologie arbeitenden Seite her zu gelangen. Dabei stellte sich übrigens ziemlich überraschend heraus, daß es gerade nicht die großen Epen und heiligen Schriften aus der Antike des Vorderen Orients – wie die Bibel und die babylonischen Heldenepen – sind, die uns die ergiebigsten Aussagen über die naturwissenschaftliche Seite des Vorganges liefern. Sie sind viel zu sehr von orientalischer Phantasie umrankt; die Naturbeschreibung kommt zu kurz, als daß sie in dieser Beziehung etwa einem Vergleich mit den bis heute mündlich überlieferten Berichten der Naturvölker vom hohen Norden Sibiriens oder des arktischen Amerikas bis zu den Aborigines Australiens standhalten könnten. Und gerade diese großen klassischen antiken Mythen hatten ja bisher den mit der Frage nach der Ursache der Sintflut befaßten Erdwissenschaftlern als – eben deshalb unzulängliche – Basis gedient.

Wir waren in der glücklichen Lage, stets mehrere Kontrollmechanismen zur Überprüfung der geologischen, ethnologischen und mythologischen Aussagen über die Sintflut einsetzen zu können. So lassen sich etwa die Gültigkeit der Schilderung der Aborigines in Südaustralien und die

Darstellung der Chinesen über die in ihrem unmittelbaren Sichtfeld erfolgten Teilimpakte in der Tasmansee und im Südchinesischen Meer durch die Konzentration und Anhäufung der datierten Schmelzprodukte dieser Impakte in ebendiesen Regionen eindeutig beweisen. Ferner aber gaben uns die von den Urgeschichtlern – durch die Altersbestimmung der menschlichen Fossilien mit Hilfe der Radiokarbonmethode – ermittelten Einwanderungszeiten der jeweiligen Urbevölkerung die Möglichkeit, zu prüfen, ob die Aussagen der Mythen der Völker mit den Gegebenheiten des von ihnen damals bewohnten Schauplatzes übereinstimmen. So mußten etwa bei Bewohnern der hohen geographischen Breiten im Norden (Nordgermanen, Sibiriaken, Eskimos, Nordindianer) wie im Süden (Feuerländer), aber ebenso bei Stämmen aus den Hochländern (Perser) die Sturzregen sehr rasch in die gigantischen Schneefälle eines Impaktwinters übergehen – was tatsächlich in den Traditionen aus diesen (und keinen anderen) Regionen der Erde betont wird. Andererseits stimmt auch die Gegenprobe über das Einsetzen dieses anhaltenden, aus dem Rahmen fallenden Schreckenswinters (»Fimbulwinter« bzw. »Sintfrost« im germanisch-deutschen Sprachgebrauch) auf der Nord- und Südhälfte der Erdkugel vollkommen: Dem Einbruch dieses Impaktwinters genau zu Herbstbeginn bei den Völkern des arktischen Nordamerikas steht die Aussage der Feuerländer zur Seite, daß bei ihnen genau mit Frühlingsbeginn ein anhaltender, noch nie dagewesener Winter einsetzte.

Am Ende unserer Arbeit lag demnach ein sich in vielfältiger Weise gegenseitig absicherndes, dichtes Netz aus geologischen Beobachtungen sowie präzisen Aussagen von Traditionen über das Impaktgeschehen vor. Auch noch während der Untersuchung trafen beständig weitere neueste geologische Forschungsergebnisse ein, die das soeben Erarbeitete zusätzlich bestätigten – wie etwa die dendrochronologische Kontrolle des Ereignisses, eine Methode, die erst jetzt in die Zeit des Sintflut-Impaktes zurück ausgedehnt werden konnte und prompt klare Indizien für den zunächst aus anderen Quellen ermittelten Zeitpunkt lieferte.

Eine Schwierigkeit für die früheren Bearbeiter des Sintflutsagengutes ließ sich nun unschwer überwinden: die Lösung der Frage, was in den jeweiligen Traditionen ursprünglich und unverfälscht ist, wieviel durch Wanderungen verschleppt oder durch Missionare später aufgepfropft worden ist und welche Flutsagen schließlich mit der Sintflut nichts zu tun haben, sondern Erinnerungen an Lokalfluten bewahren. Der Schlüssel zur Beantwortung dieser Fragen lag in der Möglichkeit, daß wir zunächst die nicht auf die Sintflut bezogenen Sagen mit der heutigen Kenntnis der

Impaktmerkmale – vom Weltenbeben bis zum Weltenbrand und Impaktwinter – aufgrund des Fehlens solcher Indizien ausscheiden konnten. Andererseits kann man den durch Missionare bedingten Einfluß der sehr spezifischen noachischen Sintflutlegende – vom Einsammeln aller Tierarten in den Schiffskasten über die Landsuche durch Vögel bis zum Dankopfer – leicht wiedererkennen und auch solche Berichte aus der Betrachtung ausscheiden.

Die mit allen Vorsichtsmaßnahmen der kritischen Naturwissenschaft angelegte, auf breiter, moderner geologischer und mythologischer Basis durchgeführte Untersuchung hat eine Fülle von detaillierten Resultaten erbracht, die wir uns selbst zu Beginn kaum erhofft hatten und die weit über die nun endgültige Absicherung der Existenz der Sintflut als globale Gesamtkatastrophe hinausgehen: So konnten – um nur wenige Beispiele zu nennen – die Art des Impaktors festgelegt und seine Aufspaltung in sieben Hauptfragmente und das genaue Datum der Einschläge ermittelt werden; außerdem konnten die sieben Haupteinschlagsstellen im Meer und untergeordnete Treffer am Festland bestimmt werden. Vor allem aber war es möglich, die Abfolge der vierzehn Einzeletappen des Geschehens dieses Infernos herauszuarbeiten, die ohne eigenes Erleben selbst mit blühender Phantasie und in dieser Weise nie hätten erfunden werden können. Nie erfunden in einer Art, die, festgehalten in den uralten Traditionen, bis ins kleinste Detail mit dem erst seit 1980 von der Wissenschaft rekonstruierten grundsätzlichen Modell eines Impaktes übereinstimmt.

Bei unseren Untersuchungen zur »Geologie der Sintflut« schlugen uns nicht nur die rein erdwissenschaftlichen Erkenntnisse in Bann. Mit der fortschreitenden Enthüllung der Einzelheiten dieses urgewaltigen Ereignisses hat uns vor allem auch das Schicksal der von dieser kosmischen Katastrophe betroffenen Menschen tief bewegt. Das unvorstellbare Ausmaß des in verschiedenen Etappen hereinbrechenden, nicht enden wollenden Schreckens, das in manchen Traditionen lebensnah und drastisch bis zur Konsequenz des Freitodes geschildert wird, war auch die Ursache dafür, daß die Sintflut so tief ins Gedächtnis der Menschheit eingraviert ist und daß dieses Trauma über Jahrtausende hinweg als beständige Warnung für alle kommenden Generationen getreu weitergegeben wurde.

Es hat sich gelohnt, die großen Traditionen der Völker nicht als Sagen und Mysterien abzutun, sondern auf den prinzipiellen Wahrheitsgehalt des Kernes eines solch beharrlich tradierten Grunderlebnisses zu vertrauen, aber dabei mit dem Rüstzeug der modernen kritischen Naturwissenschaft an diese »Grabung« heranzugehen – anstatt, wie noch im »Lexikon für Theologie und Kirche« im Jahre 1964 von dem Bibelforscher H. Junker postuliert, zu glauben: »Es ist natürlich unmöglich, aus diesen Sagen Genaueres über die historischen Umstände dieser Katastrophe festzustellen.«[2]

Bereits Heinrich Schliemann hat am klassischen Beispiel Troja die Voraussetzungen für den Erfolg vordemonstriert: das unbeirrbare Vertrauen, daß im Kern dieser uralten mündlichen Überlieferungen wahre Geschichte, wirklich Erlebtes steckt. Denn bereits den Menschen der Antike, die diese Mythen über Äonen weitergaben, war bewußt, welch kostbaren Schatz sie hüteten. Daher die Treue der Tradition bei der Schilderung auch kleinster Details des Kernstückes, des Ereignisses selbst, während sie sich gestatteten, bei der Deutung ihrer ausschmükkenden Phantasie und dem damaligen Wissensstand durchaus Raum zu geben.

Die hier vorgelegte Lösung des Sintflutproblems war, wie erwähnt, nur durch ein breit ausgreifendes interdisziplinäres Studium der Fakten möglich. In ebensolcher Breite wirkt folgerichtig die Ausstrahlung dieser Erkenntnis auf die Vielzahl der damit verbundenen geistes- und naturwissenschaftlichen Disziplinen. Die neue Sicht bringt für viele Sparten ungeahnte Anstöße.

Die Ursache der Sintflutkatastrophe – der Einschlag eines gewaltigen Kometen

Um 3 Uhr früh mitteleuropäischer Zeit traf zu Beginn des Nordherbstes, an einem 23. September, vor 9545 ± wenigen Jahren bei Neumond ein gewaltiger Komet die Erde. Er flog mit einer kosmischen Geschwindigkeit von vielleicht 60 km/s, also mit einer vieldutzendfach höheren Geschwindigkeit als ein Artilleriegeschoß, von Südosten heran. Zuvor hatte er die Sonne in nächster Nähe als sogenannter »Sonnenschrammer« passiert. Die enorme Hitze unseres Zentralgestirns hatte dabei die gefrorenen Gase und einen Teil des Wassereises des Kometen in einen gasförmigen Zustand versetzt. Da Kometen zu 80% und mehr aus Wassereis und flüchtigen Elementen bestehen können, bewirkt die Ausdehnung der im Inneren freigesetzten Gasmassen in solchen Fällen häufig die Zersprengung des Kometen in eine Anzahl von Fragmenten. Der Sintflutkomet wurde bei diesem Vorgang in sieben Großfragmente und in eine Reihe mittlerer und kleinerer Splitter gespalten. Dieser zunächst dichte, dann sich allmählich ausdehnende Schwarm von verunreinigten Eisgeschossen raste danach geradewegs auf die Erde zu.

Der ohnmächtig dieses Naturschauspiel verfolgende Mensch hatte bereits früh und aus großer Entfernung das Herannahen des Unheilbringers am Himmel erspäht. Die erste Nachricht stammt von der peruanischen Urbevölkerung, die diesen Schwarm aus noch eng beieinander befindlichen Kometentrümmern am fernen Firmament noch klein wie ferne Gestirne erblickt hatte.

In der Folge werden wir über den weiteren Verlauf dieses schicksalhaften Kometenanfluges in allen Einzeletappen durch Traditionen von Völkern rund um den Erdball informiert, die mit Bangen der kommenden Ereignisse harrten. Durch den biblischen Urvater Henoch wissen wir vom zweiten Stadium, in dem im Kopf des geteilten Kometen bereits deutlich sieben Einzelfragmente, groß wie brennende Berge, auszunehmen waren. Der Schweif dieses siebenköpfigen Himmelsdrachen oder der kosmischen Schlange, wie der Komet von den damaligen Augenzeugen bezeichnet wurde, hatte sich infolge des nahen Vorbeiganges an der Sonne im Perihel zu ansehnlicher Länge entwickelt; er zog über den ganzen Tierkreis am Firmament dahin. Die heiligen altindischen Traditionen berichten schreckenserfüllt über das nächste, nun der Erde schon sehr nahe Stadium, bei dem sich die noch immer in gemeinsamer Formation heranfliegenden Trümmer des Schwarmes dem Betrachter bereits so groß wie eine Anzahl feuriger Sonnen darboten.

Ab diesem Zeitpunkt setzen die Schilderungen des Gesamtgeschehens in den Traditionen aus; die gesamte Aufmerksamkeit des nun jeweils betroffenen Betrachters wird nur mehr von den schnell in verschiedene Richtungen rasenden Einzelobjekten in Anspruch genommen. Sämtliche Einschläge der sieben großen Kometentrümmer erfolgten, rund um die Erde verstreut, in den Weltmeeren – was nicht weiter verwunderlich ist, weil 71% der Erdoberfläche von Meer bedeckt sind. Der größte Einschlag auf dem Festland, wo nur Kometenfragmente zweiter Ordnung niedergingen, erfolgte in Österreich, in Köfels im Ötztal. Andere kleine Treffer auf den Kontinenten in Polen, in Texas und in Labrador gehen wohl auf dieses Ereignis zurück.

Die Einschläge im Ozean lassen sich aufgrund der Aussagen der unmittelbar betroffenen Menschen auf dem angrenzenden Festland sowie anhand der geologischen Belege, die im Niederschlag in der Schußrichtung hinter dem Impakt am benachbarten Kontinentalsaum dokumentiert sind, gut lokalisieren: Zwei Einschläge betrafen den Atlantik (Nord- und Mittelabschnitt), einer den Indischen Ozean (westlicher Zentralindik), vier den Pazifik und seine Randmeere (Ostpazifik westlich von Guatemala und Feuerland, westpazifische Randmeere im Südchinesischen Meer und in der Tasmansee).

Der Kometenschwarm kam von Südosten herangeflogen und kreuzte dabei die Südhemisphäre des Globus. Er maß vor der Aufspaltung mehrere Kilometer, stellte also auch in erdgeschichtlichem Maßstab einen durchaus bedeutenden Impaktor dar. Der Explosionslärm der Einschläge wurde kontinentweit als fürchterliches Getöse wahrgenommen. In seltenen Fällen verfügen wir sogar über Augenzeugenberichte aus großer Nähe zu den Einschlagszentren, am präzisesten über den Einschlag im Indischen Ozean und im Südchinesischen Meer. Sie schildern anschaulich den Anblick dieser Superexplosionen, bei denen die Energie von vielen Dutzenden bis hundert Millionen Hiroshima-Atombomben freigesetzt wurde. Es entstand keine einem Atompilz ähnliche Explosionswolke, sondern aufgrund der unvergleichlich höheren Energieentwicklung wurde das beim Aufschlag verdampfte Gestein und Meerwasser in einer geraden Fontäne »wie eine Keule« zum Himmel geschleudert. Der Explosionsstaub und -dampf dehnte sich erst in sehr großer Höhe aus und verdunkelte die Sonne. Die peripheren, nicht verdampfenden Wassermassen wurden wie »ein Ring feuriger Todeszungen« seitlich schräg hochgeschleudert. An der betreffenden Stelle im Ozean entstand zunächst eine Aushöhlung – so tief, daß ein Augenzeuge sogar davon sprach, man könne den »Boden des Ozeans« erblicken. Verblüffend genau haben über Jahrtausende hinweg die chinesischen Darstellungen den Auswurf der peripheren nicht verdampften Wassermassen zum Ausdruck gebracht, die mit etwa 40 Grad Neigung in Form einer tulpenförmigen Figur ausgeschleudert wurden (vgl. Abb. 32) – eine Figur, die in der Neuzeit exakt mit dieser Linienführung erst seit genau zehn Jahren durch die Experimente mit Hochgeschwindigkeit in den amerikanischen Labors zur Klärung des Endkreide-Impaktgeschehens bekannt geworden ist.

Wir haben hier zur Einführung in unser Thema zunächst die Ergebnisse unserer Forschung aus den letzten Jahren über das Vorspiel und den Beginn der Sintflutkatastrophe vorgestellt. Die ausführliche Erklärung und Beweisführung für dieses kosmische Ereignis, das die Menschheit betroffen hat, vor allem aber für seine globalen Auswirkungen, sind Inhalt dieses Buches. Die unerläßliche Voraussetzung für das Verständnis und für eine richtige Deutung der auf uns gekommenen einschlägigen Überlieferungen sowie der erst jetzt von uns erfaßten geologischen Fakten über die Sintflut bildet aber das in dem letzten Dutzend Jahre von den Erdwissenschaftlern erarbeitete Wissen um den prinzipiellen Ablauf eines Impaktes. Damit der Leser unsere späteren Ausführungen über den Sintflut-Impakt verstehen und in ihrer Glaubwürdigkeit richtig beurteilen kann, wollen wir zunächst in gedrängter Form darüber informieren, was man heute nachweislich über das Geschehen bei einem Impakt weiß. Am besten lassen sich diese Erkenntnisse zweifellos anhand der Schilderung vom Ablauf des Impaktes am Ende der Kreidezeit zusammenfassen, der die Saurier, die Ammoniten und insgesamt fast 50% der Gattungen auf der Erde schlagartig auslöschte und heute am besten erforscht ist. Mit diesem Rüstzeug wird der interessierte Leser ebenso wie wir selbst den Ablauf des Sintflutgeschehens am leichtesten nachvollziehen können. Denn aufgrund dieser Forschungsergebnisse kennen wir heute genau die vollständige Palette der Ereignisse, die stets mit einem Großimpakt verbunden sind: Weltenbeben, Hitzeorkan, Weltenfeuer, Meeresflutwelle, Flutregen, Giftgasproduktion, erhöhte Radioaktivität, Säureregen, Impaktnacht, Impaktwinter und Massensterben. Gleichzeitig gelingt damit einwandfrei die bisher oft schwierig erscheinende Unterscheidung von anderen überlieferten irdischen Großkatastrophen, wie z.B. Erdbeben, Tsunamis (durch Ozeanbeben erzeugte Flutwellen), Vulkanausbrüche, Überschwemmungen usw. All diese regional begrenzten Einzelereignisse können niemals zu der typischen Ereignisabfolge eines Impaktgeschehens einschließlich weltweitem Sintbrand und Impaktwinter führen, bei der zudem noch eine strenge zeitliche Reihenfolge der Einzelabschnitte im Katastrophenablauf garantiert ist. Erst die grandiosen Ergebnisse der harten Arbeit von vielen hundert Erdwissenschaftlern, die sich im letzten Jahrzehnt mit enthusiastischem Einsatz und mittels moderner, exakter Methoden der Aufklärung der Impakte in ferner geologischer Vergangenheit, weit vor der Sintflut, widmeten, haben jenes solide Fundament gelegt, mit dessen Hilfe es möglich war, endlich mit dem geeigneten Rüstzeug an die Auswertung des schon seit langem vorliegenden reichen Schatzes an Sintflutmythen heranzugehen und die Antworten auf das Ob, das Wann, das Wo und das Warum dieser uralten Grundfrage der Menschheitsgeschichte zu finden.

Der Ablauf eines Impaktes – analysiert am Beispiel des »Dinosaurier-Impaktes« zur Endkreidezeit

Die Entdeckung des Endkreide-Impaktes

Noch vor Anfang der achtziger Jahre unseres Jahrhunderts hatte bei den Erdwissenschaftlern der Einschlag eines großen Weltkörpers auf unserem Planeten als etwas Außergewöhnliches, äußerst Seltenes in der Erdgeschichte gegolten. Man war sich darüber hinaus fast ausnahmslos einig, daß auch diese wenigen Impakte keine nennenswerte Bedeutung für die Entwicklung des Lebens auf der Erde hatten. Die Vorstellung von durch Katastrophen ausgelösten Entwicklungssprüngen war seit dem Siegeszug der »aktualistischen« Lehre eines Geologen vom Format eines Charles Lyell in England und eines Entwicklungstheoretikers vom Ansehen eines Charles Darwin verpönt. Die Entwicklung im Sinne dieses Aktualismus hatte ruhig, gleichmäßig, in kleinen Schritten und beileibe ohne globale Katastrophen zu erfolgen.

Abb. 4: Luis W. Alvarez, amerikanischer Nobelpreisträger für Physik, hat in seinem bereits klassischen Artikel von 1980, der eine fundierte Analyse der Auswirkungen des Impaktes am Ende der Kreidezeit lieferte, eine Wende im geologischen Denken eingeleitet. Die Bedeutung und das Ausmaß solcher Einschläge von kosmischen Körpern für die Erdgeschichte und die Evolution des Lebens müssen seither in einem gänzlich neuen Licht gesehen werden. – Porträtfoto aus Spec. Paper Geol. Soc. Amer. 1990.

Es mußten der Kernphysiker Luis Alvarez, Nobelpreisträger der Physik, und sein Sohn, der Geologe Walter Alvarez von der Berkeley-Universität in Kalifornien, kommen, um auf ganz anderem, viel abstrakterem und durchaus unkonventionellem Wege das träge Beharren der Erdwissenschaftler in der Ablehnung der so fundamentalen Bedeutung des Impaktgeschehens für die Erde zu brechen und sie zu ungeahnter, nun schon ein Dutzend Jahre anhaltender weltweiter Aufregung und Hektik aufzuscheuchen.

Die beiden Alvarez und ihre Mitarbeiter hatten zunächst eine geochemische Untersuchung mit ganz anderer Zielsetzung vorgenommen, nämlich die Suche nach einem Maß für die Sedimentationsgeschwindigkeit in geschichteten Sedimentgesteinen an der Kreide-Tertiär-Grenze. Erreichen wollten sie dies durch die Messung der Verdünnung des darin enthaltenen Iridiums, eines Edelmetalles, das durch seinen zwar äußerst geringen, aber gleichmäßigen und konstanten Einfall in Mikrometeoriten aus dem Kosmos ein Zeitmaß liefern sollte. Einen wichtigen Punkt in den Diskussionen zwischen Walter Alvarez und seinem Vater bildete aber auch von Anfang an die Frage, aus welchen Gründen bedeutende Organismengruppen gerade an dieser Grenze zwischen dem Zeitalter der Saurier in der Kreide und dem Zeitalter der Säugetiere im Tertiär ausgestorben waren und über welchen Zeitraum sich dieses Aussterben hingezogen hatte.[3]

Als ideales Untersuchungsobjekt hatten sie das bereits zehn Jahre zuvor von der toskanischen Paläontologin Isabella Premoli-Silva und dem Schweizer Hans Peter Luterbacher sorgfältig aufgenommene schöne Profil an der Kreide-Tertiär-Grenze in der Bottaccione-Schlucht bei Gubbio in Umbrien gewählt, wo Walter Alvarez selbst bereits im Sommer 1977 und 1979 zahlreiche Proben entnommen hatte (Abb. 5). Bei der geochemischen Untersuchung der Proben ergab sich nun genau an der 66,4 Millionen Jahre alten, 1cm schmalen Grenztonschicht zwischen den beiden Perioden ein außergewöhnlich hoher Gehalt an seltenen Edelmetallen wie Iridium, Osmium, Platin, Gold etc. Die Forscher schalteten rasch. Ein 63fach über der Norm liegender Iridiumgehalt konnte nicht aus der an Iridium sehr armen Kruste der Erde oder deren Unterlage hergeleitet werden. Er konnte aber sehr wohl aus dem Weltall stammen, wo diese siderophilen[4] Elemente der Platingruppe z.B. in den Metallkernen von Planeten und in den Eisenmeteoriten einen häufigen Bestandteil bilden. Zunächst erklärte das Wissenschaftlerteam um Walter Alvarez seine Entdeckung bei der Frühjahrstagung der Geophysikalischen Ge-

Abb. 5: Die Kreide-Tertiär-Grenze in der Kalk-Schichtfolge der Bottaccione-Schlucht bei Gubbio in Umbrien. Der schmale unscheinbare Grenzton in der dunklen Zone in der Bildmitte gab nach einer detaillierten geochemischen Untersuchung durch Alvarez die Geheimnisse des radikalen Faunenwechsels an dieser Grenze vom Erdmittelalter zur Erdneuzeit durch seinen hohen (außerirdischen) Iridiumgehalt preis. Dieser Grenzton bei Gubbio war der Schlüssel für die Erfassung eines der größten Impakte in der jüngeren Erdgeschichte und zugleich der Anstoß dafür, die Bedeutung der Impaktkatastrophen im erdgeschichtlichen Geschehen genauer zu untersuchen. – Foto: Dr. Karl Tell.

sellschaft der USA Ende Mai 1979 in Washington allerdings damit, daß die Erde nahe an einer Supernova-Explosion in der Milchstraße vorübergezogen sein müsse. Diese Erklärung durch eine Supernova wurde umgehend als unrealistische Spekulation abgetan, was dazu führte, daß der Iridiumreichtum des Kreide-Tertiär-Grenztones ignoriert wurde. Man kann diese Reaktion verstehen, da eine solche Sternexplosion aufgrund der Häufigkeit von Supernovae im System der Milchstraße so erdnah nur einmal in der gesamten, bis jetzt 4,6 Milliarden Jahre langen Existenz der Erde zu erwarten ist.[5]

Die weitere Arbeit an den isotopenchemischen Analysen ihrer Proben zeigte aber dem Forscherteam Alvarez sehr rasch, daß es sich nach der Zusammensetzung der Elemente tatsächlich nicht um eine Supernova, sondern nur um einen gewaltigen Asteroiden aus dem All gehandelt haben konnte. Dieser traf vor 66,4 Millionen Jahren mit ungeheurer Wucht die Erde und verdampfte durch die beim Aufprall entwickelte Hitze. Sein Material wurde ebenso wie das des entstehenden Kraters durch die Explosion beim Einschlag fein verteilt hoch in die Atmosphäre und von dort mit den Luftströmungen rund um die Erde befördert. Wenn diese Hypothese zutraf, sollte sich rund um die Erde im Sedimenthorizont dieser Zeit eine Anreicherung an Elementen der Platinmetall-Gruppe nachweisen lassen. Dies bewahrheitete sich innerhalb von kurzer Zeit.

Anhand der im Grenzton enthaltenen Menge an Iridium errechnete man, daß der Asteroid einen Durchmesser von zehn Kilometern gehabt haben müsse, während sein Krater, den man zunächst am Boden des Ozeans vermutete, auf 150–200 km Durchmesser geschätzt wurde. Das wahrlich apokalyptische Ausmaß der Folgeerscheinungen dieses Impaktes für Erde, Atmosphäre, Umwelt und Leben wurde in großen Zügen umrissen. Das 14 Seiten umfassende Szenario, das Luis Alvarez, Walter Alvarez, Frank Asaro und Helen V. Michel am 6. Juni 1980 in der angesehenen wissenschaftlichen Zeitschrift »Science« veröffentlichten, sorgte in Fachkreisen für höchste Aufregung. Die Veröffentlichung wurde selbst zum Impakt in der herkömmlichen aktualistischen Denkweise der Erdwissenschaftler. Sie stellte selbst die Superkatastrophe für das bisherige traditionelle Denken dar und stürzte die berühmten Vertreter der »Entwicklungslehre in kleinen Schritten« im anorganischen wie im biologischen Bereich von Lyell bis Darwin mit einem Stoß vom Podest. Die bisherigen Heroen wurden nun als Verhinderer des Fortschrittes angeprangert und verdammt, nachdem sie noch von unseren Vätern und Vorvätern als Wegbereiter modernen wissenschaftlichen Denkens zu höchsten Ehren erhoben worden waren und sogar Religion und Politik eineinhalb Jahrhunderte in ihrem Bann gestanden hatten.

Die Publikation des Alvarez-Teams hatte deshalb für so außerordentliche Aufregung gesorgt, weil dieser erste Entwurf einerseits – wie es sich für einen Nobelpreisträger geziemte – bereits umfassend mit exakten Daten und Analyseergebnissen ausgestattet und daher nicht leicht angreifbar war, andererseits aber zugleich ein tiefgründig durchdachtes Szenario der atemberaubenden Auswirkungen auf die Erde und das Leben präsentierte, von denen vorher noch niemand etwas geahnt hatte, und überdies neue Antworten auf Grundfragen der Entwicklungsgeschichte bis hin zum rätselhaften Massenaussterben von Organismen in der Erdgeschichte bot.

Mit dem Jahr 1980 beginnt ein beispielloser Ansturm der Erdwissenschaftler auf dieses Thema, teilweise wegen des enormen Interesses, an der Klärung einer derart vielversprechenden, grundlegenden Frage der Erd- und Evolutionsgeschichte aktiv mitwirken zu können. Aber bald kamen auch Wissenschaftler hinzu, die bestrebt waren, diese Lösung zu widerlegen, weil sie ihnen viel zu gewaltig und zudem gar nicht »notwendig« vorkam. Diese Explosion der gezielten Forschung mit modernsten, subtilen Methoden pro und kontra Impakthypothese und die Flut von jährlich mehreren hundert Publikationen über einschlägige neue Ergebnisse sind mehr als ein Jahrzehnt lang bis heute nicht abgeebbt. Besonders wichtig dafür, daß der Fortschritt bei dieser einmaligen Forschungsunternehmung nach möglichst vielen Seiten abgesichert wird, ist die Beteiligung von allen einschlägigen Forschungsrichtungen, von der Geologie, Vulkanologie, Geochemie, Mineralogie, Geophysik, Stratigraphie, Paläontologie, Ozeanologie, Klimatologie, Planetologie, Astrophysik, Astronomie usw. bis hin zur Kosmologie. Alle relevanten Erfahrungen wurden mobilisiert und neu überprüft, darunter auch die in mancher Hinsicht vergleichbaren Auswirkungen von Atombomben- und Vulkanexplosionen; manches wurde im Experiment simuliert.

Besonders intensiv studiert wurden naturgemäß die Phänomene an den inzwischen mehr als 150 bekannten nichtvulkanischen Kratern auf der Erde selbst sowie auch die Hinweise, die andere Grenzserien der Erdgeschichte mit ebenso gewichtigen Zäsuren wie an der Kreide-Tertiär-Grenze lieferten, teilweise ebenfalls durch Iridium markiert.

Heute sind das Wesen der Impakte und das Ausmaß solcher Naturkatastrophen für die Erde dank dieser einmaligen Kraftanstrengung der Naturwissenschaftler, dank der präzise arbeitenden modernen Forschungsmethoden und -instrumente und aufgrund der hier perfekt funktionierenden Zusammenarbeit über die Grenzen der Einzeldisziplinen hinweg weitgehend aufgeklärt. Ebenso aber liegen sehr gut belegte Daten über die nach menschlichem Maßstab erschütternden zerstörerischen Auswirkungen von Einschlägen großer Asteroiden auf das Leben auf diesem Planeten vor.

Die aus dem Fallout (worunter heute in der Fachliteratur der gesamte, also nicht nur der radioaktive Niederschlag von Material nach einem Impakt verstanden wird) berechnete Größe dieses Endkreide-Impaktors betrug, wie erwähnt, mindestens 10 Kilometer, was ein Gewicht von etwa einer Billion Tonnen ergibt. Durch den Aufprall mit einer Geschwindigkeit von rund 20 km/s wurde eine Energie freigesetzt, die der Sprengkraft von 62 Millionen Megatonnen des konventionellen Sprengstoffes TNT (Trinitrotoluol) entspricht.[6] Der Vergleich mit der Vernichtungskraft der Atombombe kann vielleicht die Wirkung dieses Endkreide-Impaktes veranschaulichen: Die Sprengkraft des gesamten Nuklearwaffenpotentials aller Atommächte, das Anfang 1980 etwa 12 000 Megatonnen TNT oder eine Million Hiroshima-Bomben betrug[7], wurde bei diesem Einschlag um mehr als das Fünftausendfache übertroffen. Oder anders ausgedrückt: Dieser Impakt setzte in Sekundenschnelle die Energie von mehr als fünf Milliarden Hiroshima-Bomben frei.

Beim Vergleich mit Vulkanausbrüchen zeigt sich, daß die Energie des endkretazischen Impaktes jene vom Ausbruch des Mt. St. Helens in den USA im Mai 1980 um ein Zehnmillionenfaches und die der berüchtigten Krakatau-Explosion von 1883 noch immer um ein Millionenfaches übertraf.[8]

Tab. 1: Auswirkungen des Einschlages eines 10 km großen Asteroiden auf der Erde (nach J. O'Keefe & Th. Ahrens 1982, modifiziert).

Durchmesser	10 km
Masse	1 Billion t
Kinetische Energie	400 Trilliarden Joule
Häufigkeit	alle 50 Millionen Jahre
Kratergröße	180 km
Ausgeschleuderte Masse	bis 100fache Masse des Geschosses
Partikel unter 1 µm in der Atmosphäre	bis 20fache Masse des Geschosses

Wenn wir nun anschließend die Abfolge der Ereignisse dieses Impaktes an der Kreide-Tertiär-Grenze – des »Dinosaurier-Impaktes«, wie wir ihn in Erinnerung an das Abtreten der letzten Vertreter dieses Riesenechsengeschlechts bezeichnen möchten – als Grundlage für den Vergleich mit dem Sintflut-Impakt vorstellen, sollte man dabei allerdings bedenken, daß ersterer viel bedeutender war als der Sintflut-Impakt. Für unseren Vergleich ist aber entscheidend, daß trotzdem Ablauf und Wirkung der Einzelstationen beider Erdkatastrophen prinzipiell gleich sind.

Der Ablauf des Dinosaurier-Impaktes

1. Der Einschlag

Die Apokalypse für die Fauna und Flora der Kreidezeit und für das gesamte Antlitz der Erde brach vor 66,4 Millionen Jahren herein. Ein mindestens zehn Kilometer großer Asteroid traf praktisch ungebremst die Erde. Der Haupteinschlag erfolgte im heutigen Mexiko am Nordrand der Halbinsel Yukatan.

Die kosmische Geschwindigkeit dieses Asteroiden – so bezeichnet man Meteorite mit einer Masse von mehr als einer Milliarde Tonnen – mag 20 km/s betragen haben. Damit lag sie unter der durchschnittlichen Geschwindigkeit ähnlicher kosmischer Geschosse, die sich der Erde mit einer mittleren Geschwindigkeit von 25 km/s nähern. Dies kann man aus der großen Iridiummenge in der Fallout-Schicht auf der Erde schließen, weil die Bestandteile des Impaktors samt dem Iridium bei einer noch höheren Aufprallgeschwindigkeit durch die Explosion zu einem großen Teil wieder in das Weltall zurückgeschleudert worden wären.[9] Die Geschwindigkeit, mit der Impaktoren in die Erdatmosphäre eintreten, läßt sich genau berechnen; sie liegt zwischen 11,2 km/s als Mindest- und 72,8 km/s als Höchstwert.[10] Die obengenannte kosmische Geschwindigkeit verringerte sich beim Sturzflug durch die Atmosphäre und den Ozean in nur sehr geringem Maße. Bereits Meteorite ab einem Gewicht von mehr als 100 000 kg treffen praktisch ungebremst durch die Atmosphäre auf die Erde auf.

Beim Durchschlagen der dichten Atmosphäre hatte der Asteroid auf seiner Flugbahn hinter sich ein zylindrisches »Loch« erzeugt, in dessen Vakuum das atmosphärische Gas zunächst radial und abwärts gerichtet eindrang.[11]

Außerdem trieb der Impaktor in der Atmosphäre eine gewaltige Schockwelle vor sich her, die beim Auftreffen auf dem Planeten an der Erdoberfläche reflektiert wurde. Diese vom Impakt ausgehenden Schockwellen, die sich mit rasender Geschwindigkeit vom Einschlagspunkt aus halbkugelförmig fortpflanzten, trafen die Umgebung auf der Erde, noch bevor sich die Fontäne mit dem Auswurfmaterial der Oberflächengesteine entwickelte.

Die Energie, die der zehn Kilometer große und eine Billion Tonnen schwere Asteroid bei seinem Aufprall freisetzte, betrug 400 Trilliarden Joule, also – wie schon erwähnt – mehr als die von 5 Milliarden Hiroshima-Bomben. Anders ausgedrückt, entsprach diese Energie dem Dreihundertfachen der Wärmeenergie, die von der Erde pro Jahr in den Weltraum abgestrahlt wird, oder dem Hunderttausendfachen der Energie, die in einem Jahr bei Erdbeben entsteht. Das Ergebnis war eine Explosion wie die einer gigantischen Atombombe mit einer Sprengkraft von vielen Millionen Megatonnen. Bei einer Temperatur von etwa 100 000 °C im Kernbereich verdampften das gesamte Projektil und ein beachtlicher Anteil der Gesteine des Einschlagsgebietes. Ab einer Geschwindigkeit von 14 km/s tritt nämlich beim Aufschlag des Impaktors Verdampfung ein (siehe Tab. 2).

Tab. 2: Veranschaulichung der Auswirkungen verschiedener geologischer Großkatastrophen auf der Erde (nach A. Preisinger 1980, S. 25, modifiziert).

1. Ereignisse mit lokalen Auswirkungen

Auswurf-Menge (km^3)	Energie-Produktion (Joule)	Abkühlung (Grad C)	Ort	Zeit	Ereignis	Masse (t)	Krater-Durchmesser (km)
0,3	20 Billiarden	–	Canyon Diabolo, Arizona, USA	50 000 J.	Meteorit	100 000	1,2
0,35	800 Billiarden	–	Mt. St. Helens, USA	1980	Vulkan		
20	3 Trillionen	0,2–0,5	Krakatau, Sundastraße	1883	Vulkan		
175	80 Trillionen	0,8–1,5	Tambora, Sundainsel	1815	Vulkan		
400	300 Trillionen	–	Nördlinger Ries, Deutschland	14,7 Mio. J.	Asteroid (1 km Ø)	2 Mia.	24
2000	1 Trilliarde	3–4	Toba, Sumatra	75 000 J.	Vulkan		

2. Ereignisse mit globalen Auswirkungen: Asteroiden-Einschläge (theoretisch abgeleitet)

Auswurf-Menge (km^3)	Energie-Produktion (Joule)	Abkühlung (Grad C)	Ort	Zeit	Masse (t)	Impaktbeben-Magnitude (Richterskala)
6 000	40 Trilliarden				100 Milliarden	11,9
60 000	400 Trilliarden	20	Yukatan, Mexiko	66,4 Mio. J.	1 Billion	12,5
600 000	4 Quadrillionen				10 Billionen	13,2
6 Mio.	40 Quadrillionen				100 Billionen	13,9

Daß diese Schock- und Hitzewelle für alle Organismen des betroffenen Raumes im Umkreis von über tausend Kilometer nicht nur sofortige Blindheit und Taubheit, sondern – begleitet durch den glühenden Fallout – den Tod bedeutete, ist gewiß. In weniger als 18 Stunden raste diese Druckwelle als Orkan von einmaliger Stärke rund um den Globus und wurde dabei allmählich schwächer.[12] Wohl zu Recht vermuten die schottischen Astronomen S. V. Clube und W. M. Napier[13], daß ein solcher Luftdruckschock sogar noch auf der anderen Hälfte der Erdkugel tödlich wirken kann.

Einen Anschauungsunterricht en miniature vermittelte der Einschlag eines Fragmentes des Kometen Encke an der Steinigen Tunguska in Sibirien am 30. Juni 1908. Obwohl seine Masse mit etwa 3,5 Millionen Tonnen gerade nur ein wenig über der Masse lag, mit der ein Impaktor nicht schon in der Erdatmosphäre verglüht, wurden durch seine Schockwelle eine Waldfläche von 40 x 50 km völlig zerstört, Millionen Bäume geknickt und im zentralen Abschnitt zusammen mit einer dort befindlichen Nomadenfamilie und ihren 1500 Rentieren durch den Hitzepuls verbrannt.

Nach einer Computersimulation von D. Roddy im Jahre 1988 wurden beim Impakt an der Kreide-Tertiär-Grenze im Ozean rund 90 000 Kubikkilometer Materie hochgeschleudert, also mindestens das Hundertfache der Masse, die der Impaktor selbst besaß. Das nicht verdampfte, sondern nur in glühendem Zustand ausgeschleuderte Material, die Ejekta der betroffenen Kruste, wurde Hunderte von Kilometern weit verstreut. Das feinere Material aus der Erdkruste und der obersten Schicht des Erdmantels aber wurde hauptsächlich als Dampf und Staub mit einer Geschwindigkeit von 5–10 km/s bis 100 km hoch in die Atmosphäre geblasen. Der Teil der Materie, der eine noch höhere Geschwindigkeit erreichte, schoß weiter hinauf und entfloh beim Überschreiten der Entweichgeschwindigkeit von 11,2 km/s ins Weltall.

Die Explosionsgarbe entwickelte sich rasch von einer Gasscheibe über eine Gaskugel bereits nach einer Minute zu einer etliche zehn Kilometer hohen Fontäne. Dabei entstand kein Atompilz, wie man ihn von Atombombenexplosionen her kennt, weil Explosionen mit einer Stärke von mehr als 0,5 Gigatonnen TNT keine Ringstrukturen mehr bilden.[14]

Interesse verdient auch die jüngste Berechnung der amerikanischen Astronomen A. M. Vickery und H. J. Melosh[15] an der Universität von Arizona über die beiden auffälligsten Nebenwirkungen bei Impaktoren, wenn die Größe und die kosmische Geschwindigkeit zunehmen. Die

Stärke der Explosion steigert sich dadurch weiter, so daß immer mehr von der Atmosphäre, die halbkugelförmig über dem Aufschlagspunkt liegt, ins Weltall hinausgeschleudert wird. Bei riesigen Impakten werden auf diese Weise sowohl die beim Impakt in der Atmosphäre erzeugten, sauren Regen produzierenden Gase (S. 65 f.) als auch der beim Einschlag verdampfte Teil des Weltkörpers selbst – samt dessen Iridium – mit hochgerissen und ins All entführt. Das bedeutet, daß sich mit steigender Stärke des Impaktes zunächst die schädliche Auswirkung auf das Leben auf der Erde durch Zunahme des sauren Regens erhöht, dann aber bei noch größeren Impakten wieder abnimmt – zumindest in direkter Folgewirkung. Dieser Prozeß, daß Atmosphäre und Impaktmaterial in den Weltraum entführt werden, beginnt bei einem Planetoiden- oder Kometendurchmesser von 1 km (Verlust ins All 1%) und steigert sich bei Asteroiden von 150 km Größe oder Kometen von 50 km Durchmesser bis auf 100 %.

2. Die Krater

Die Lokalisierung des Kraters, den der Endkreide-Impaktor schlug, war trotz der zu erwartenden Größe schwierig. Da im Fallout Material vom Ozeanboden gefunden wurde, konnte man einen Einschlag im Meer annehmen. Andererseits aber wies der Anteil von kontinentalem Krustenmaterial, das reich an großen geschockten, zerscherten Quarzen ist, auch auf einen Treffer auf dem Festland hin. In jüngster Zeit scheint sich dieses Problem insofern zu lösen, als man mehrere Einschläge eines Weltkörpers annimmt, der in Fragmente zerbrochen ist.

Die ersten gewichtigen Hinweise darauf, daß sich der Haupteinschlag dieses Boliden im mittelamerikanischen Raum vollzogen hat, erbrachte 1986 der polnische Geologe Andrzej Pszczólkowski[16], der mächtige, auf einen Impakt zurückgehende Trümmergesteine (Impaktbrekzien) aus der Endkreidezeit auf Kuba gefunden hatte. Als in der Folge auf den Inseln der Karibik und im östlichen Mexiko immer mehr Stellen mit Auswurfmaterial bekannt wurden, konnten vor allem Alan R. Hildebrand mit seinen Mitarbeitern in den Jahren 1988 bis 1992 und Bruce F. Bohor 1990 zwingende Argumente vorlegen, daß der Haupteinschlag in einem heute verdeckten, weil nach der Kreide zusedimentierten, 180 km großen Krater am Nordwestrand von Yukatan in Mexiko liegt und daß in der Karibik im Kolumbianischen Becken noch ein weiterer submariner Krater zu erwarten ist. Jüngst schließlich wurden gute Gründe dafür angeführt, daß der 32 km große Manson-Krater in Iowa ebenfalls zu dieser Endkreide-Impaktgruppe gehört.[17] Das Alter des Manson-Kraters wird mit 65 ± 1 Millionen Jahren angesetzt.

Unter den russischen Geologen mehren sich nach eingehender Untersuchung des nun als 120 km groß erkannten Kara-Kraters am Nordende des Ural an der Karasee die Stimmen, auch dieser Impakt sei der Gruppe der Endkreide-Einschläge zuzuordnen.[18] Sein Alter liegt nach der Kalium-Argon-Altersbestimmungsmethode bei rund 65,7 Millionen Jahren bzw. nach der Spaltspurenmethode bei 66,5 ± 2 Millionen Jahren. Die amerikanischen Geologen John F. McHone und Robert Dietz von der Universität Arizona[19] haben zudem an zahlreichen Beispielen demonstriert, daß mehrfache Einschläge von Fragmenten eines ursprünglich einheitlichen, großen Projektils in der Erdgeschichte gar nicht so selten sind und man gerade auch bei diesem Impakt an der Kreide-Tertiär-Grenze mit einer ganzen Reihe von großen Einschlägen rechnen darf, die gleichzeitig oder in nur sehr geringem zeitlichen Abstand nacheinander erfolgten. Rund ein Dutzend Krater wurden von ihnen als mögliche zusammengehörende Einschlagsstellen des Endkreide-Impaktes genannt.

Sollte es tatsächlich zu einer derart starken Aufsplitterung des kosmischen Geschosses gekommen sein, dann läge es allerdings näher, nicht – wie einst Alvarez – an einen massiven Asteroiden aus Metallen und Gesteinen zu denken, sondern – wie nun E. M. Shoemaker und G. A. Izett[20] – einen dichten Kometenschwarm anzunehmen, der beim sehr nahen Vorbeiflug eines Kometen an der Sonne entstanden sein könnte. Um trotzdem die hohe Menge an Iridium im Fallout rund um die Erde erklären zu können, haben H. Sigurdsson und seine Mitarbeiter von der Rhode Island-Universität in den USA 1992 einen Kometen mit etwa 15–20 km Durchmesser angenommen. Außerdem könnte in einem derartigen Kometen bei fortgeschrittenem Entwicklungsstadium durch einen beträchtlichen Verlust seiner flüchtigen Anteile bereits eine starke Iridiumanreicherung eingetreten sein.

Von all den oben genannten Impaktstrukturen aus der Endkreidezeit ist der große, wenn auch bereits im Tertiär zusedimentierte und verdeckte Chicxulub-Krater am Nordwestrand der Halbinsel Yukatan der sicherste Kandidat für die Hauptkatastrophe an der Wende zwischen Kreide und Tertiär, obwohl sein Alter noch immer nicht genau bestimmt werden konnte. Daß es sich dort um einen Krater handelt, belegen nicht nur geophysikalische Messungen, sondern vor allem auch die entsprechenden Impaktbrekzien, Schmelzprodukte und geschockten Mineralkörner aus der Endkreidezeit, die Tiefbohrungen zutage gefördert haben.

Zu seiner Entdeckung geführt haben, wie erwähnt, die in der ganzen Karibik sichtbaren Auswirkungen dieser Explosionskatastrophe in den Sedimentstrukturen entsprechenden Alters: Am Nordrand der Karibik, auf der südlichen Halbinsel von Haiti, erreicht der sonst nur Millimeter bis wenige Zentimeter dicke eigentliche Niederschlag in der »Feuerballschicht« mit den Auswürflingen des Impaktes eine Stärke von einem halben Meter. Zugleich ist diese Schicht reich an Iridium vom Asteroiden selbst ebenso wie an Tektiten, also glasigen Schmelzen, die als aufgeschmolzene Krustenteile des Einschlagsgebietes ausgeschleudert wurden. Die Riesenblockschicht an der obersten Grenze der Kreideablagerungen unmittelbar unter der iridiumreichen Feuerballschicht, die ebenfalls den Impakt beweist, erreicht auf Kuba eine Mächtigkeit bis zu 350 m und führt bis 12 m große Blöcke und Hunderte Meter lange Splitter aus Serpentingesteinen des einstigen, vom Impakt teilweise betroffenen Ozeanbodens (Abb. 6).

Der Chicxulub-Krater ist mit seinen 180 km Durchmesser der größte irdische Krater in dem durch Fossilien belegten Abschnitt der Erdgeschichte, dem sogenannten Phanerozoikum, das 570 Millionen Jahre zurückreicht. Das Teuflische an diesem Riesenkrater der Endkreide-Katastrophe ist jedoch, daß der Einschlag eine 2–3 km mächtige Dolomit-Anhydrit-Serie betraf, in der bis 800 m dicke Anhydritpartien auftreten. Anhydrit jedoch enthält als wasserfreier Gips, wie seine Formel $CaSO_4$ besagt, reichlich Schwefel. Die Explosion des Einschlages setzte diesen Schwefel in Form von Schwefeldioxidgas frei, das sich in der Atmosphäre mit dem Wasserdampf des verdampften Meeres zu Schwefelsäurewolken verband. Es läßt sich überschlagsmäßig berechnen, daß aus dem vorhandenen Anhydritlager Schwefelsäurewolken in einer Größenordnung von 13 Billionen Tonnen entstanden, die unmittelbar darauf vom Himmel regneten.[21] Ein solch seltenes Anhydritlager, wie es nur auf 0,4% der Erdoberfläche vorkommt, hatte für den Einschlag des kosmischen Geschosses demnach die Wirkung eines Pulverfasses. Es war – für das Leben auf der Erde gesehen – so ziemlich die tödlichste Zielscheibe, die auf unserem Planeten zu finden war.[22]

Wie die Kraterbildung im Einschlagsgebiet im einzelnen vor sich ging, zeigt eine Studie von H. Melosh vom Department of Earth and Space Science in New York aus dem Jahre 1982.[23] Es ist erstaunlich, wie genau man durch Hochrechnung aus dem Experiment die Einzelheiten des Geschehens in den ersten Augenblicken beim Aufschlag des Weltkörpers im Ozean und dann auf dem Meeresboden kennt: die Stärke der Druck-

Abb. 6: Zunehmende Impakthinweise in den Sedimenten der Kreide-Tertiär-Grenze Nord- und Mittelamerikas in Annäherung an den endkretazischen Impaktkratern von Yukatan und in der Karibik. Die Indizien beruhen auf spezifischen chemischen Merkmalen einschließlich Iridiumanreicherung, Sedimentstrukturen und Auswürflingen aus den Einschlagskratern. – Zusammenfassung nach den Ergebnissen von A. Hildebrand und Mitarbeitern 1988–90.

welle im Meerwasser beim Auftreffen des Impaktors auf der Meeresoberfläche; die Komprimierung des Wassers, das sich ansonsten nicht zusammenpressen läßt, durch diese Gewalt auf die rund zweieinhalbfache Dichte; dann die totale Zerstörung und Verdampfung des Gesteins am Meeresboden beim Kontakt des Boliden mit der Kruste; schließlich die

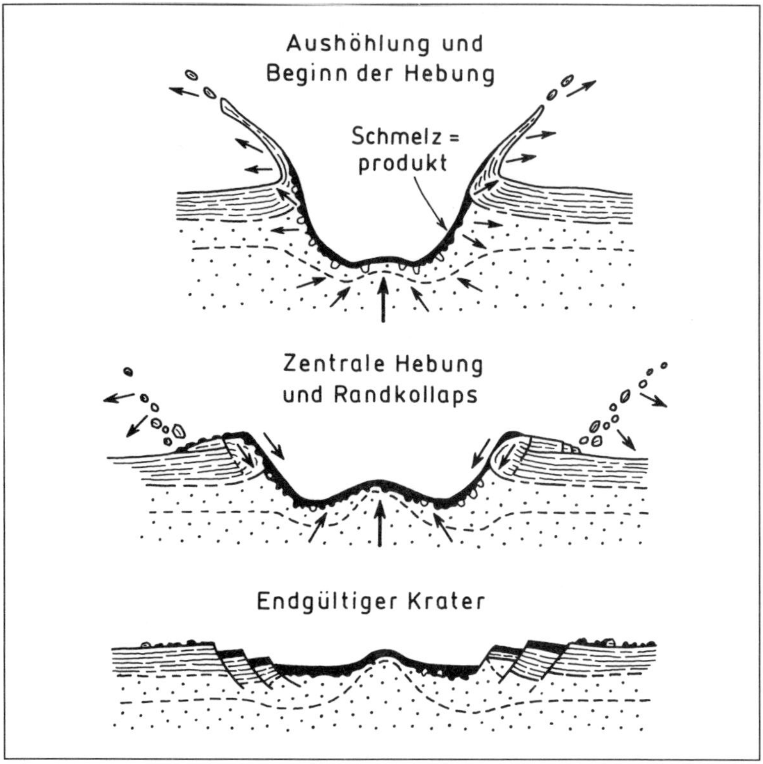

Abb. 7: Die Entstehung eines komplexen Einschlagskraters mit zentraler Erhebung in einzelnen, rasch aufeinanderfolgenden Bildungsstadien. Die zentrale Erhebung bildet sich bereits, bevor sich die ringförmig nachgesackten Ränder voll entfaltet haben. – Nach H. J. Melosh 1989.

Aushöhlung des zunächst übertieften, gleich darauf in sich zusammensakkenden Kraters nach dem Auswurf der Gesteinsmassen (Abb. 7–8).

Anhand von Atombombentests konnte man studieren, wie sich die Kraterform mit zunehmender Sprengkraft verändert (Abb. 9). Bereits bei einer Sprengwirkung von mehr als 5 Tonnen TNT bildet sich im Krater eine zentrale Erhebung; Explosionen mit mehr als 500 Tonnen TNT verursachen eine Ringstruktur mit flachem oder breit aufgewölbtem Boden.[24]

→
Abb. 9: Der Sedan-Krater in Nevada als Beispiel für die Kraterbildung durch einen Nukleartest. – Foto: US Atomic Energy Commission.

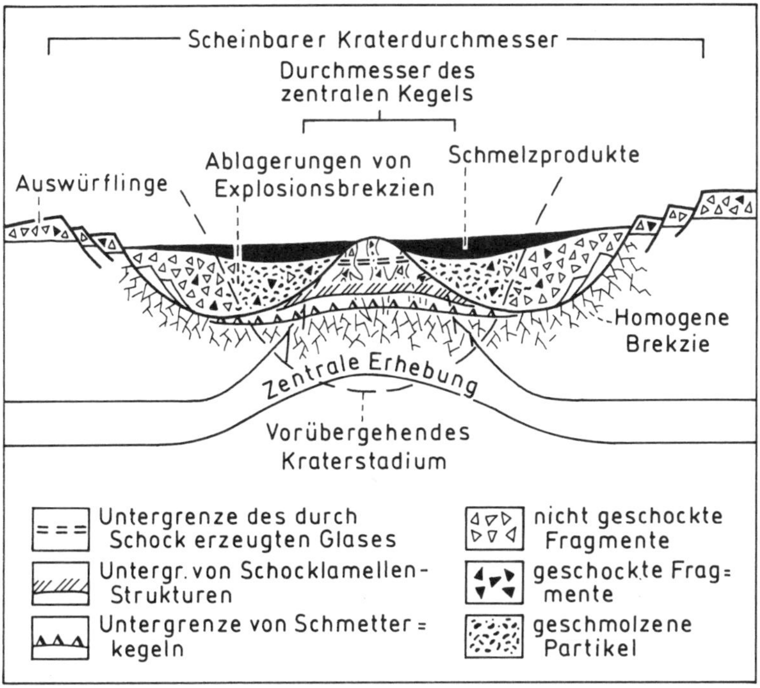

Abb. 8: Schematische Darstellung eines komplexen Einschlagskraters auf der Erde. Die Abbildung zeigt zugleich die Umwandlung des ursprünglichen, vorübergehenden tiefen Kraters zur endgültigen Kraterform, bei der sich eine zentrale Erhebung bildet und die Ränder ringförmig nachsacken. Die Mächtigkeit der Schmelzprodukte und der Brekzien ist zur besseren Veranschaulichung überhöht gezeichnet. Angedeutet ist auch die verschieden tiefe Reichweite der beim Impakt aufgeprägten Strukturen wie Gesteinsverglasung (ganz oben), Lamellierung der Minerale (mittlere Tiefe), Ausbildung von Schmetterkegeln im Gestein (tiefer reichend) und schließlich Zertrümmerung des Sockelgesteins unter Ausbildung von brekziöser Struktur (ganz unten). – Nach V. L. Sharpton & R. A. Grieve 1990.

3. Das Impaktbeben

Der Einschlag dieses bedeutenden Impaktors am Ende der Kreidezeit löste naturgemäß für unseren Planeten neben allem anderen auch eine Erdbebenkatastrophe ungekannten Ausmaßes aus. Nach den Erkenntnissen von C. Clube und W. M. Napier[25] vom königlichen Observatorium in Edinburgh wird ein Hundertstel der Impaktenergie in seismische Wellen umgesetzt. Schon ein Impaktor mit 100 Milliarden Tonnen würde eine 500- bis 2500mal stärkere Bebenwirkung als die stärksten irdischen Beben erzielen, was auf der Richter-Skala einer Magnitude (Stärke) von 11,9 entspräche. Beim zehnmal schwereren Endkreide-Boliden, der eine Masse von einer Billion Tonnen besaß, hätte dies auf der Richter-Skala eine Magnitude von 12,5 bedeutet, während die verheerendsten Erdbeben, die in unserem Jahrhundert durch Messungen erfaßt wurden, maximal 8,9 erreichten. Dabei muß man bedenken, daß die Magnitude auf dieser Skala aufgrund ihrer logarithmischen Einteilung nach oben hin exponentiell, also nahezu explosiv steigt.

Die Folgen dieses durch den Aufprall eines Himmelskörpers ausgelösten Bebens haben sich nicht nur auf Berg- und Felsstürze im Gebirge beschränkt, wobei weite Teile der Erde verwüstet wurden. Bei solchen Beben kommt es vielmehr zu großräumigen Landschaftsveränderungen, weil sich in tektonisch aktiven, unter Spannung stehenden Regionen Schollen der Erdkruste heben oder senken, kippen oder sich verformen. Mobile Krustenstrukturen der Erde, wie Brüche und Überschiebungsflächen, brechen auf, so daß es in diesen Zonen nicht nur zusätzlich zu sekundären Beben kommt, sondern in vulkanischen Regionen auch Lava ausfließt. In Zonen der Zugspannung mit dünner Ozeankruste, also besonders im Mittelozeanischen Grabenbruchsystem, ist bei solchen Impaktbeben mit einem tiefen Niederbrechen ganzer Teilstücke des sich vorwiegend unterseeisch hinziehenden Mittelozeanischen Gebirgsrükkens zu rechnen, wobei aus den so entstandenen Spalten gewaltige Mengen von Lava austreten.

Viele Forscher schreiben einem derart starken Impakt auch eine nachhaltige Beeinflussung der Kontinentaldrift, also der Bewegung der Schollen der Erdrinde, zu und halten es für möglich, daß sich dadurch die Magmaströmung im oberen Erdmantel in einigen hundert Kilometern Tiefe, ja sogar an der Grenze zwischen Erdmantel und Erdkern in 2900 km Tiefe verändert.[26]

4. Der entfesselte Vulkanismus

Genau zur Zeit des Endkreide-Impaktes setzte einer der gewaltigsten Basaltergüsse der Erdgeschichte ein: die Dekkan-Basalteruptionen am Indischen Schild. Auf einer Fläche von 500 000 km^2 häufte sich eine Flut von 1 Million km^3 Basalt in der geologisch gesehen kurzen Zeit von rund 650 000 Jahren an. Solche riesigen Flutbasaltmassen kamen in der Vergangenheit nicht sehr häufig vor und waren stets mit deutlichen Zäsuren in der Erdgeschichte verbunden, so daß für viele Geologen die Annahme von Impakten als Auslöser naheliegt.[27]

Solche Flutbasalte ergießen sich besonders dort, wo »Hot spots« (»heiße Flecken«) im Erdmantel das Aufsteigen von dünnflüssiger, heißer Lava erleichtern. Beim Impakt folgt auf die erste Phase der Kompression beim Einschlag unmittelbar danach als Reaktion der Rückschlag, die Druckentlastung nach oben hin. Dies sind offenkundig ideale Bedingungen dafür, daß ein im Erdmantel aufwärtsziehender Magmastrom »getriggert«, d.h. ausgelöst wird und es in der Folge zu großflächigen Basaltergüssen kommt. Jüngst haben Richard B. Stothers von der NASA und Michael R. Rampino vom Institute for Space Studies in New York[28] diese Ereignisabfolge überaus einprägsam geschildert.

Beobachtungen von Planetologen weisen in die gleiche Richtung. Nadine G. Barlow[29] vom Lunar and Planetary Institute in Houston (Texas) betonte, daß große Impaktbecken auf dem Mond und dem Mars von basaltischem Vulkanmaterial umgeben sind, also auch dort riesige Dekkenergüsse in einem offensichtlichen Zusammenhang mit Großimpakten stehen.

Gänzlich verfehlt hingegen wäre es, Ursache und Wirkung zu verwechseln, wie es etlichen Kritikern der Impakttheorie, wie etwa Charles Officer und Ch. Drake (1983–90) aus New Hampshire, Anthony Hallam (1987–90) aus Birmingham oder Kevin Mc Cartney, Alan R. Huffman und anderen (1990) aus Maine und Texas, unterlaufen ist. Statt Impakte wollen sie den Vulkanismus und andere irdische Prozesse für die hier geschilderten spezifischen Katastrophenabfolgen (nach Einschlägen) verantwortlich machen. Zu viele andere Phänomene, die an Impaktvorgänge gebunden sind, können durch den Vulkanismus nicht erklärt werden, während umgekehrt nachgewiesen ist, daß der Vulkanismus durch Impakte verstärkt wird. Der Versuch dieser Autoren, die endkretazische Katastrophe z. B. auf den indischen Dekkan-Vulkanismus zurückzuführen, scheitert allein schon an dem Umstand, daß der Iridiumgehalt in der Kreide-Tertiär-Grenzschicht mehr als tausendfach höher ist als in den indischen Vulkangesteinen, aus denen ihrer Meinung nach das Iridium stammt.[30]

»Dreißig Jahre intensiver Untersuchungen und Debatten haben nicht ein einziges Argument gegen Impakte entdecken können«, erklären V. L. Sharpton und R. A. Grieve[31] aus der Sicht der Planetologen und Geophysiker zu diesen Einwendungen, »während gleichzeitig eine Welt von geologischen und geophysikalischen Beweisen gezeigt hat, daß kein einziger plausibler irdischer Mechanismus passen würde.«

5. Feuersturm und Weltenbrand

Eine der tragischsten Folgen für das Leben war der Hitzeschock, der von der Einschlagsstelle mit unvorstellbarer Gewalt seinen Ausgang nahm und im Verein mit dem glühenden Fallout innerhalb von kurzer Zeit einen Weltenbrand entfachte. Die Wucht und die Temperatur der Hitzewelle waren so ungeheuer hoch, daß die Wälder in einem Umkreis von mindestens 1200 km um den Impakt herum nach außen hin wie Streichhölzer geknickt, gefällt, entastet und zugleich vorgetrocknet wurden. Unmittelbar darauf entflammten sie.[32]

Der angesehene Astronom W. M. Napier[33] hat es sogar für möglich erachtet, daß die Wälder durch die Explosionsdruckwelle weltweit gefällt worden seien.

Wälder entzünden sich bei einer Temperatur von 545 °C selbst, während sich bei vorgetrocknetem Holz schon bei 380°C entflammbare Gase entwickeln.[34] Als Reaktion auf diesen Hitzesturm setzte in der nächsten Phase ein zum Zentrum des Einschlages hin gerichteter Gegensturm ein.

Besonders wirkungsvoll entfacht ein Impakt einen Weltenbrand, wenn der Einschlag sehr schräg erfolgt, unter einem Einfallswinkel von ungefähr 5–15 Grad zur Horizontalen. Bei solchen Einschlägen prallt das Geschoß ab, ohne zu verdampfen, und zerbricht in mehrere Trümmer, die nacheinander in der Schußrichtung einschlagen und dabei einen breiten Feuergürtel über die Erde ziehen. Hinzu kommt, daß in die Flugbahn der weiterhin mit sehr hoher Geschwindigkeit einherrasenden Fragmente die sauerstoffreiche Luft der Erdatmosphäre wie in Einströmkanäle nachgesaugt wird, wodurch der Weltenbrand noch stärker angefacht wird.[35]

Die ungeheuren Massen des aufsteigenden Rauches und des Impaktstaubes reflektierten in der Folge die Hitzestrahlung, so daß sich dieser Weltenbrand immer weiter ausbreitete und die Hitze immer größer wurde. Man kann an der Impakt-Grenztonschicht an der Kreide-Tertiär-Grenze ablesen, daß dieses »Wildfire«, d.h. ein verheerendes, nicht mehr auszulöschendes Feuer, schlagartig begann, noch bevor die beim Aufprall des Boliden ausgeschleuderten Ejekta zur Erde zurückstürzten. Der Ruß von diesem Weltenbrand tritt nämlich bereits in den untersten 3 mm des Grenztones auf, während die Ejaktaschicht erst darüber folgt.

Die Entdeckung dieses schrecklichen Szenarios ist erst jüngsten Datums. Im Jahre 1984 erhielten die amerikanischen Geologen R. H. Tschudy und C. L. Pillmore vom Geologischen Dienst in Denver und ihre Mitarbeiter bei der sorgfältigen Untersuchung des Grenztones im Raton-Becken in Colorado zum ersten Mal einen Hinweis auf diesen Sintbrand. Interessanterweise hatte bereits fast dreißig Jahre früher der Paläontologe M. W. de Laubenfels von der Universität Oregon in einem erstaunlich weitblickenden Artikel intuitiv und noch ohne jegliche Beweismöglichkeit einen solchen Hitzeschock an der Kreide-Tertiär-Grenze postuliert, wobei er ihn zutreffend auf den Impakt eines Planetoiden zurückführte und diese kurze extreme Hitze für das Aussterben der Kreidesaurier verantwortlich machte (»extinctions ... result from intensely hot winds such as would be generated by extra large meteoritic or planetesimal impact«).

Bereits ein Jahr nach Tschudys Entdeckung gelang der Wissenschaftlerin Wendy S. Wolbach und ihren Mitarbeitern[36] vom Enrico-Fermi-Institut in Chicago der Nachweis dafür, daß sich dieser Riesenbrand weltweit ausgebreitet hatte, indem sie die zugehörige Rußschicht in Dänemark, Spanien und Neuseeland erfaßten (Abb. 10). Heute ist dieser beweiskräftige Rußhorizont an vielen Stellen rund um die Welt belegt, wovon sich fünf in Europa, eine besonders reiche Ablagerung in Turkmenien und weitere in den USA befinden, während diese Rußschicht im westlichen Binnenland der Vereinigten Staaten, also dem Ostteil von Montana, Wyoming und Colorado, fehlt.[37]

Die Menge und die Verteilung des Rußes im Grenzton hängen weitgehend davon ab, wo er mit dem Regen niederging, so daß seine Verbreitung sehr unterschiedlich ist. So hat sich z.B. der Gehalt an elementarem Kohlenstoff im Profil des Woodside Creek in Neuseeland auf das 210fache des Normalwertes erhöht, der Gehalt an Ruß auf das 360fache. Da sich dort in dieser dünnen Tonschicht an der Kreide-Tertiär-Grenze der höchste bekannte Iridiumniederschlag (die 1400fache Menge des Normalwertes) findet, ist sie auch gleichzeitig besonders gut als die Grenztonschicht identifiziert (Abb. 11).

Obwohl all diese in den letzten Jahren bekanntgewordenen Daten die

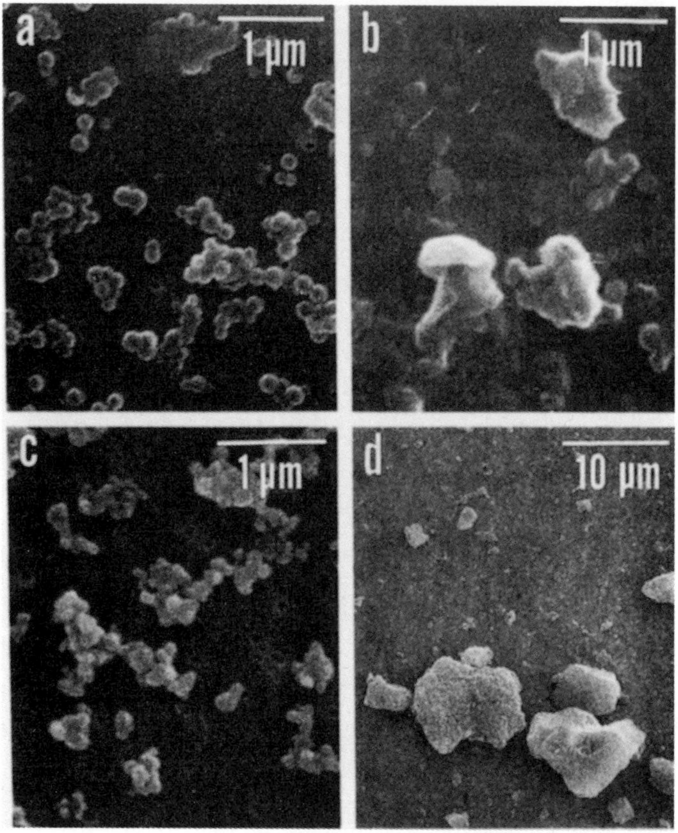

Abb. 10: Rußkörner vom Weltenbrand aus dem Kreide-Tertiär-Grenzton des Woodside-Creek-Einschnittes in Neuseeland. – Aus W. Wolbach 1989.

Annahme eines Impaktes am Ende der Kreidezeit als unwiderlegbare Argumente untermauern, setzten die Gegner der Impakttheorie nochmals zu einem letzten Gegenstoß an: Der Ruß stamme nicht von verbrannter Biomasse; falls ein Impakt die Ursache dafür gewesen sei, so habe dieser eine Erdöl- oder Kohlenlagerstätte getroffen. Ein weltweites verheerendes Feuer lasse sich aus den Rußfunden nicht ableiten. Dem Einwand war dank des heutigen Standes der Untersuchungstechnik aber nur kurze Lebensdauer beschieden. Bereits 1989 lag eine Reihe genauer chemischer Analysen über die organischen Stoffe vor, die bei der Verbrennung entstanden und an der Rußoberfläche absorbiert worden waren.[38] Diese organischen Verbrennungsprodukte enthalten vor allem

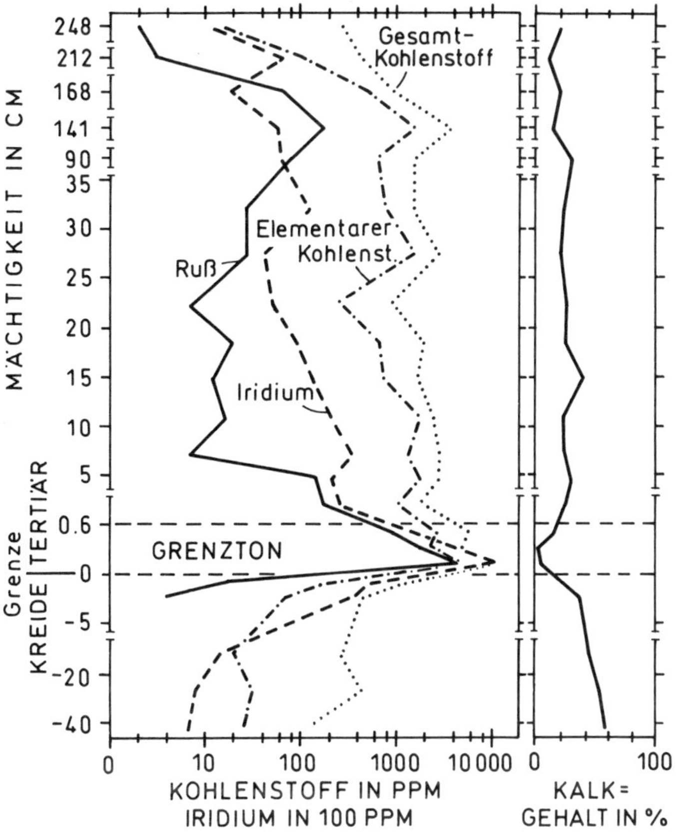

Abb. 11: Extremer Anstieg von Ruß, elementarem Kohlenstoff und Iridium im unteren Teil der 6 mm dünnen Grenztonschicht der Kreide-Tertiär-Grenze, die aufgrund des Säure-Fallouts beim Impakt fast kalkfrei ist. – Nach J. Gilmour u. a. 1989.

polyaromatische Kohlenwasserstoffverbindungen, die nur von frischer Biomasse und nicht aus Kohlenflözen stammen können, und besitzen auch Retene, spezifische Kohlenwasserstoffe, die auf Nadelhölzer hinweisen.[39] Außerdem hat man weltweit im Grenzton auch direkt Holzkohle in hoher Anreicherung gefunden, die mit den Rauchfahnen des Weltenbrandes hoch in die Atmosphäre emporgetragen und durch die Luftströmungen über den ganzen Erdball verbreitet worden ist.

Es steht demnach heute außer Zweifel, daß die Hauptmasse des Rußes, der Holzkohle und der erwähnten Nebenprodukte beim Weltenbrand der

Biomasse entstanden ist. Trotzdem können durchaus auch an der Erdoberfläche gelegene Bitumenlager in der Hitze des Sintbrandes in Flammen aufgegangen sein.[40]

In der Frage des Weltenbrandes haben naturgemäß gerade die Paläobotaniker, d.h. die mit fossilen Pflanzen befaßten Wissenschaftler, ein gewichtiges Wort mitzureden. Aufgrund der Analyse der äußerst widerstandsfähigen Sporen und Pollenkörner der Impakt-Grenztonlage kann man direkt feststellen, daß sich die Zusammensetzung der Flora genau an dieser Grenze geändert hat. Diese Veränderung zeigt sich in der drastischen Abnahme der Angiospermen und Gymnospermen, also der Samenpflanzen wie z.B. Laub- und Nadelhölzer, auf Kosten der Farne. Die Farne waren die Pioniere, die sich nach dem Weltenbrand auf den kahlen, verbrannten Flächen als erste neu ansiedelten.[41]

Als man berechnete, wieviel organisches Material verbrannt sein mußte, kam man auf 70 Milliarden Tonnen Kohlenstoff. Legt man nun eine durchschnittliche globale Biomasse von 20 kg/m^2 zugrunde, wie man sie von den heutigen Wäldern kennt, so ist die Rußmenge größer, als bei der Verbrennung der gesamten am Ende der Kreidezeit existierenden Bio-

Tab. 3: Die Dauer der Auswirkungen des Kreide/Tertiär-Grenzimpaktes

Beanspruchung	Dauer
Hitzeorkan	Stunden
Tsunami-Meereswogen	Stunden
Erhitzung durch Ejekta	Tage
Weltenbrand	Wochen
Dunkelheit	Monate
Saurer Regen	Jahre
Pyrotoxine (Weltenbrand-Gifte)	Jahre
Kälte	Jahre bis Jahrzehnte
Zerstörung der Ozonschicht und Eindringen der UV-Strahlung	ein bis mehrere Jahrzehnte
Erbschädigungen durch Mutagene	Jahrhunderte und mehr
Glashauseffekt	Jahrtausende bis Jahrzehntausende
Ausgelöster Vulkanismus	Jahrtausende bis Jahrhunderttausende

masse zu erwarten gewesen wäre. Als Erklärung dafür nahm man zunächst an, die Verbrennung sei vielleicht effizienter abgelaufen, weil der Sauerstoffgehalt in der Atmosphäre damals möglicherweise höher lag. Man verfügt heute bereits über die Möglichkeit, die Zusammensetzung der vorzeitlichen Atmosphäre zu überprüfen, indem man Luftblasen analysiert, die in Bernstein mit genau bestimmtem Alter eingeschlossen sind. Diese Analyse ergab zwar tatsächlich einen Sauerstoffgehalt von 30%, während die Atmosphäre heute nur 20% Sauerstoff enthält, aber die Messung ist vorerst noch mit so vielen Unsicherheiten behaftet, daß man von einer Auswertung dieses Ergebnisses abgesehen hat. Jedoch darf man durchaus damit rechnen, daß unter den außergewöhnlichen Bedingungen dieses extrem heißen Weltenbrandes am Ende der Kreidezeit weit mehr Ruß als normal produziert wurde. Auf jeden Fall aber läßt sich aus diesen Schätzungen ableiten, daß bei dieser Katastrophe nahezu das gesamte organische Material auf unserem Planeten qualvoll zugrunde gegangen ist. Die Rußmenge, die im Vergleich zum Gesamtvolumen der Biomasse auf alle Fälle zu hoch ist, liefert aufgrund der von Stanley M. Cisowski von der Universität Santa Barbara in Kalifornien angestellten Beobachtungen[42] einen Hinweis darauf, daß wahrscheinlich doch Kohlen- oder Erdöllagerstätten nahe der Erdoberfläche am Weltenbrand beteiligt waren.

Der Weltenbrand war bei diesem Impakt wohl der infernalischste, aber vergleichsweise doch ein kurzer Akt des Dramas, wie die Tabelle 3 zeigt. Dennoch kann es etliche Wochen bis mehrere Monate gedauert haben, bis alles verbrannt war und das Feuer erlosch. Wesentlich länger hielten jedoch die indirekten Folgen an, auf die wir weiter unten eingehen. Das Feuer breitete sich nicht mit der bei Waldbränden sonst üblichen Geschwindigkeit von 5 Stundenkilometern aus, sondern der über Tausende von Kilometern dahinrasende intensive Hitzeorkan und der über ebenso weite Flächen ausgeschleuderte glühende Fallout ließen die Wälder in zahlreichen Regionen der Erde gleichzeitig in Flammen aufgehen. Besonders rasch wären die weltweiten Brände natürlich entfacht worden, wenn es mehrere Einschläge eines in Trümmer gegangenen Weltkörpers gegeben hätte, was ja in jüngster Zeit für möglich gehalten wird. Aber auch wenn letzteres nicht der Fall gewesen sein sollte, stand der Globus spätestens innerhalb von wenigen Wochen, höchstwahrscheinlich aber viel früher rundum in Flammen.[43]

Die heute vorliegenden, mit außerordentlicher Genauigkeit belegten Details lassen als Ursache für den Weltenbrand gar keine andere Deutung als einen gewaltigen Impakt zu. Für dieses weltweit tobende Feuer kann kein Vulkanausbruch auf irgendeinem Kontinent verantwortlich gewesen sein, wie noch der dänische Geologe H. J. Hansen und seine Kollegen 1987 behauptet haben. Diese Annahme wurde bereits 1989 von Wendy S. Wolbach und ihren Mitarbeitern umfassend und stichhaltig widerlegt. Zu dieser Zeit wußten wir aber schon aus ganz anderer Quelle, daß Wendy S. Wolbach recht hatte, nämlich dem Vergleich mit dem Sintflut-Impakt, der zwar bei weitem nicht dieses Ausmaß erreichte, aber als unmittelbare Folge davon ebenfalls einen globalen Weltenbrand auslöste, wie es eine Unzahl von Überlieferungen beweist (siehe S. 155 ff.).

6. Die Flutwelle

Die Flutwelle, die beim Endkreide-Impakt entstand, war anfangs so hoch, wie der Ozean an der Einschlagsstelle tief war.

Ganz allgemein muß man bei einem Einschlag in ein großes Ozeanbecken, das im Durchschnitt 4–5 km tief ist, am Ort des Impaktes mit einer 4–5 km hohen Woge rechnen. Die britischen Astronomen W. M. Napier und S. V. Clube geben als maximal mögliche Höhe einer derartigen Flutwelle 8 Kilometer an.[44]

Während eine gewaltige Menge des Meerwassers im Einschlagsgebiet hochschießt und verdampft, kocht der umgebende Ozean bei tiefem Wasser in einer breiten Zone; die Temperatur sinkt erst weit davon entfernt wieder ab.[45] Die mit Gesteinstrümmern beladene Flutwelle, die sich um die Einschlagsstelle herum bildet, schlägt zuerst nach innen zurück (Abb. 12) und pflanzt sich dann zentrifugal nach außen hin mit einer Geschwindigkeit von rund 13 km/min. fort, wobei sie allmählich niedriger wird. Ursprünglich hatte man aufgrund der experimentellen Ergebnisse von Donald E. Gault und Ch. Sonett[46] vom Planetary Science Department der Universität von Arizona in Tucson berechnet, daß die Woge des Endkreide-Impaktes bei freier Ausbreitung in 5000 km Entfernung vom Ursprungsort nur noch 100 m hoch gewesen sei. Der englische Geograph Richard J. Huggett aus Manchester[47] machte allerdings darauf aufmerksam, daß sich die Höhe dieser Wogen beim Auflaufen an der Küste verzehnfacht. Er gibt für die Flutwelle eines Asteroiden mit 5 km Durchmesser – also vom Volumen her beträchtlich kleiner als der 10 km große Endkreide-Impaktor – in 1000 km Entfernung vom Einschlag noch eine Höhe von 220 m (auf offener See) bzw. von 2200 m (beim Auflaufen) am Festland an, während sie in 3000 km Entfernung auf offener See noch 70 m bzw. beim Auflaufen noch 740 m hoch ist.

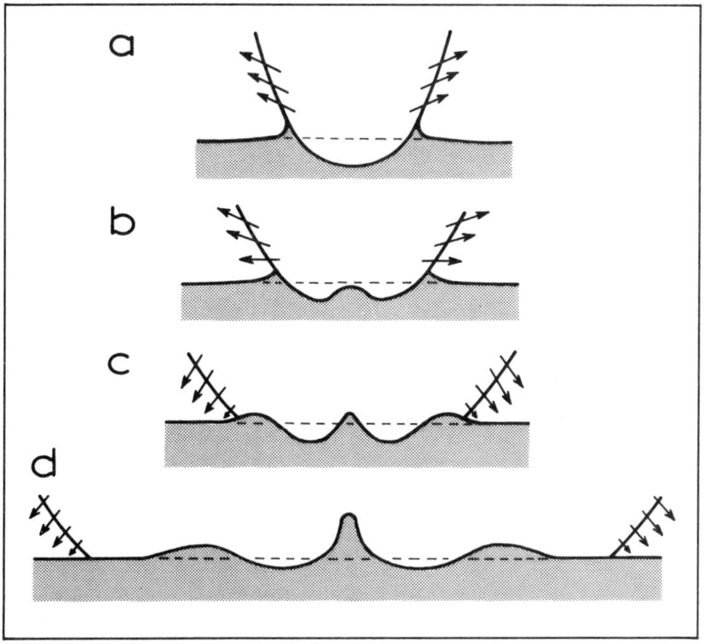

Abb. 12: Die Bildung einer Impakt-Flutwelle und ihre Ausbreitung. Schematische Darstellung nach Gault und Sonett aufgrund ihrer Laborexperimente. Die Bildabfolge zeigt zunächst bei noch ruhiger Wasseroberfläche, wie das Wasser aus der beim Einschlag entstehenden Vertiefung trichterförmig ausgeworfen wird (a), sodann das Aufsteigen einer zentralen Erhebung, während sich der erste Randwogenring nach außen bewegt und die ausgeschleuderten Wassermassen zurückfallen (b–c). In der Folge steigt die zentrale Erhebung kegelförmig hoch empor. Die äußere Wasserringwoge breitet sich mit sehr unruhiger Oberfläche weiter nach außen hin aus (d); in einem noch späteren Stadium folgen die nächsten, inneren Ringwogen nach. Die gesamte Abfolge der hier gezeigten Stadien dauerte im Experiment weniger als eine halbe Sekunde. – Nach D. E. Gault & Ch. P. Sonett 1982. (Vgl. hierzu Abb. 31)

Die Impaktflutwelle wird mit dem in der Wissenschaft für die durch Schock ausgelösten Hochfluten üblichen Namen »Tsunami« (japan. »Große Woge im Hafen«) bezeichnet, obgleich sie sich in ihrer Mechanik nicht ganz mit den von Beben ausgelösten Flutwellen deckt. Auf dem offenen Meer sind die bebenbedingten Tsunamis wegen ihrer enormen Wellenlänge von 100 km zwar fast nicht bemerkbar, aber beim Auflaufen an den Küsten wirken sie sich durch den Anstieg des Meeresspiegels und die sich überschlagenden riesigen Brecher verheerend aus. Von Beben ausgelöste Tsunamis, die z.B. an der tektonisch aktiven Westküste von

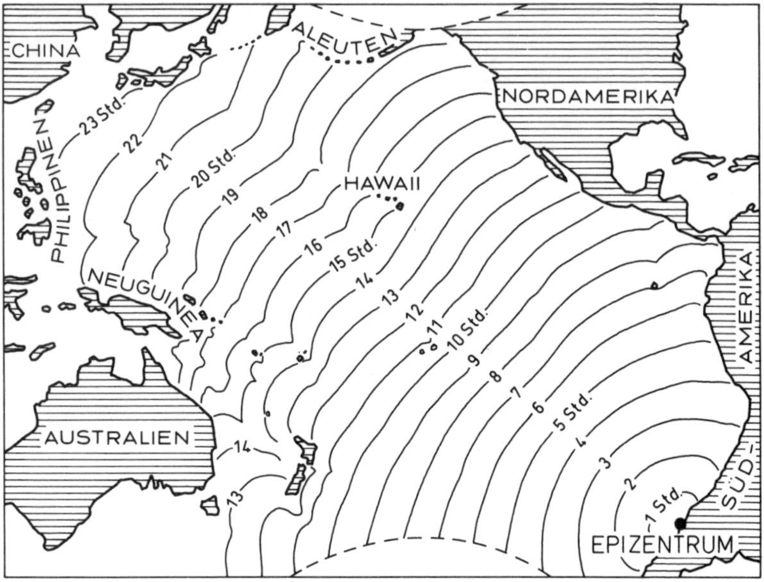

Abb. 13: Die Flutwoge (Tsunami) nach dem Erdbeben vom 23. Mai 1960 in Chile durchlief innerhalb von 23 Stunden den gesamten Pazifik und traf danach auf die Küsten von Japan und den Philippinen auf. – Nach E. Bryant 1991.

Südamerika entstehen, durchlaufen den gesamten Pazifik von Concepcion in Chile bis Japan innerhalb von 23 Stunden (Abb. 13). Die Ausbreitungsgeschwindigkeit von Tsunamis ist bei den unterseeischen Atombombenversuchen Anfang der sechziger Jahre gemessen worden[48]; sie betrug in diesen Fällen zwischen 10 und 14 km/min.

Die sehr unterschiedliche Stärke von Tsunamis hängt von der Ursache ab, die diese Flutwelle auslöst.[49] Die ursprüngliche Fluthöhe gewöhnlicher Erdbeben an Kontinentalrändern oder auf dem Ozeanboden kann 10 m, die von Vulkanexplosionen bis 100 m und die von submarinen Bergstürzen mehrere hundert Meter betragen, während sich die Flutwelle bei Meteoritenimpakten so hoch auftürmen kann, wie der Ozean an der Einschlagsstelle tief ist – wie erwähnt, bis maximal 8 km. Aus vielen Berechnungen weiß man heute, daß auch die Einschläge kleiner Asteroiden, die nur einige hundert Meter Durchmesser besitzen, unvergleichlich mehr Energie freisetzen und entsprechend gewaltigere Auswirkungen haben als die stärksten geologischen Katastrophen, die auf Kräfte aus dem Erdinneren zurückzuführen sind.

Wie hoch die vom Endkreide-Impakt ausgelöste Flutwelle unmittelbar am Einschlagsort war, ist noch nicht berechnet worden. Von dem vermutlichen Teilkrater in der über 4000 m tiefen Karibik konnte tatsächlich eine gewaltige Flutwelle ausgehen, aber eine genaue Berechnung muß hier vorerst unterbleiben, weil dieses in erdgeschichtlich junger Zeit umgestaltete Meer zur Kreidezeit völlig anders geformt war.

Die Wirkung einer solchen Superflutwelle beim Auflaufen auf Land ist nahezu unvorstellbar, wie S. V. Clube und W. M. Napier[50] beschrieben haben: Eine Springflut ungeheuren Ausmaßes rast mit katastrophalen Folgen tief in die an das Ozeanbecken angrenzenden Kontinente hinein.[51] Zudem haben die Impakttheoretiker bisher stets nur die Wirkung der rund um den Erdball laufenden Impakt-Flutwelle berücksichtigt. Man darf aber nicht vergessen, daß auch das mit dem Einschlag verbundene Beben mit der Magnitude 12,5 auf der Richter-Skala zusätzlich gigantische Tsunamis auslöst, die ihrerseits auf die Kontinente zurollen.

Auf eine weitere Begleiterscheinung, die man bei dieser Flutwelle nicht aus dem Auge verlieren darf, hat jüngst der englische Geograph Richard Huggett[52] hingewiesen: Die Wassermassen, die sich beim Einströmen in den Senken und Becken des Kontinents angesammelt haben, richten zusätzliche Verwüstungen an, wenn sie wieder abfließen. Immerhin sind uns etliche Beispiele ähnlicher Ereignisse mit irdischen Ursachen bekannt, auch wenn diese unvergleichlich kleineren Ausmaßes waren. Zu solchen gewaltigen, plötzlich ablaufenden Fluten kam es beispielsweise, als große, am Ende der Eiszeit entstandene Gletscherstauseen durchbrachen; ein berühmtes Beispiel dafür ist die Spokane-Flut des Missoula-Sees im amerikanischen Bundesstaat Washington.

Der amerikanische Geologe J. Harlen Bretz[53] erkannte bereits im Jahre 1923 im hundert Kilometer breiten »Channeled Scabland« des Columbia Plateaus im Staate Washington (Abb. 14) Spuren der Verwüstung, die eine solche Großflut dort vor 15 000 Jahren beim Durchbruch eines Gletscherstausees hinterlassen hatte. Ein Leben lang mußte er für die Anerkennung seiner Entdeckung kämpfen, die für viele Kollegen bereits zu aufsehenerregend war, ehe die Fachwelt über ein halbes Jahrhundert später seine Ergebnisse endlich akzeptierte und er 1983, im hohen Alter von 97 Jahren, hierfür die höchste Auszeichnung der Amerikanischen Geologischen Gesellschaft, die Penrose-Medaille, erhielt. Heute weiß man, daß sich dort beim Durchbruch eines Sees, der in der späten Eiszeit von einem Gletscher aufgestaut worden war, pro Sekunde 21,3 Millionen Kubikmeter Wassermassen mit einer Geschwindigkeit von 30 m/s als »Spokane-Flut«

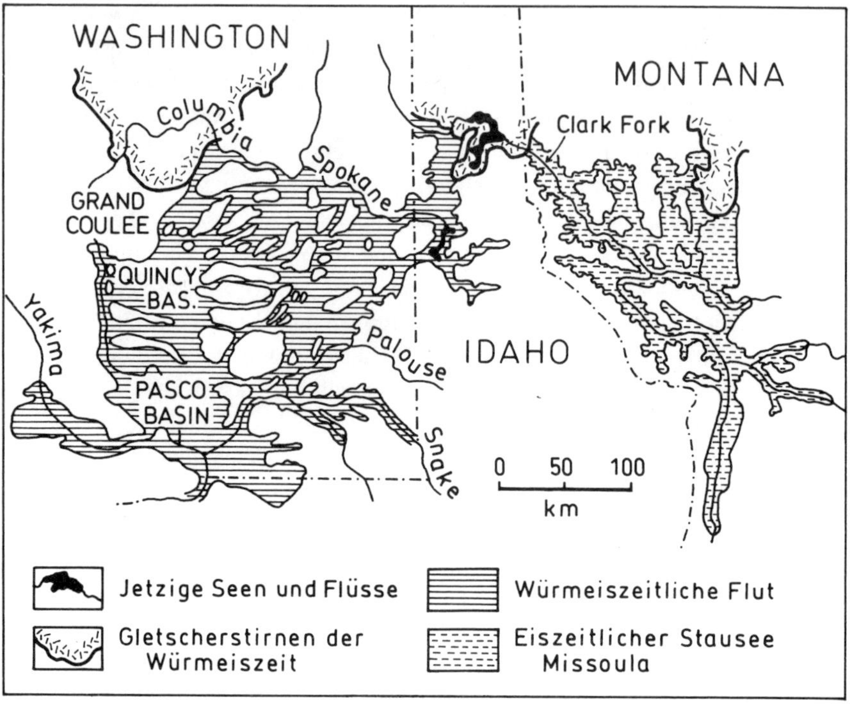

Abb. 14: Das »Channeled Scabland« im amerikanischen Bundesstaat Washington, das in der späten Würmeiszeit vor rund 15 000 Jahren beim Durchbruch des Missoula-Stausees verwüstet wurde (nach C. Baker 1978). Nachdem die Wassermassen des riesigen Gletscherstausees den Gletscherstirnriegel am Westrand von Montana überwunden hatten, stürzten sie in das westlich davon gelegene Spokane-Columbia-Becken und bewirkten dabei eine enorme Erosion. Diese Naturkatastrophe bietet ein sehr gut studiertes Beispiel für die Wirkung einer derartigen riesigen Flutkatastrophe, die aber im Vergleich zur Sintflut trotzdem nur eine regional begrenzte »Lokalflut« war. – Nach R. Huggett 1989.

über das Columbia-Plateau ergossen und riesige Landstriche in unglaublich kurzer Zeit völlig umgestalteten.

Durch eine Studie von Paul D. Komar von der Oregon-Universität aus dem Jahr 1979 kennt man noch ganz andere, planetarische Auswirkungen einer Super-Flutkatastrophe – nämlich die Marskanäle. Sie wurden von ihm wohl zu Recht als Abflußrinnen von Wassermassen gedeutet, die der Einschlag eines eisreichen Kometen auf den Mars gebracht hat (Abb. 15). Komar war zu dieser Studie durch den Vergleich mit dem oben erwähnten Channeled Scabland in Washington angeregt worden.

Zeugnisse solcher katastrophalen Impaktfluten hat man erst in den letzten

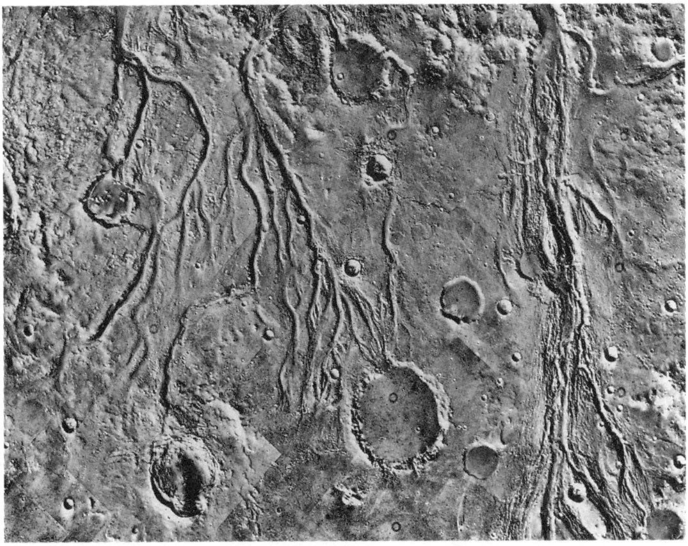

Abb. 15: Marskanäle, gedeutet als Abflußrinnen für Impaktfluten, die durch geschmolzenes Kometeneis verursacht worden sind (nach P. D. Komar 1979). Man erkennt bei etlichen Beispielen den Ansatz der Kanäle an Einschlagskratern und in deren unmittelbarer Umgebung; in diese Kanäle wurde das Wasser ausgeworfen, das der Komet als Eis mitführte. – NASA Head quarters, Washington.

Jahren richtig erfassen und deuten gelernt. Sie liegen als typische Flutsedimente in sehr unterschiedlicher Form vor, je nachdem wie tief das Meer im damaligen Ablagerungsraum war.[54] Der hier zur Diskussion stehende endkretazische Impakt in der Karibik hat nahe dem Einschlagsort eine mächtige Riesenblock-Tsunamischicht auf Kuba hinterlassen, von der als erster am 16. April 1985 der polnische Geologe Andrzej Pszczólkowski berichtete, weil für ihn aus politischen Gründen das sozialistische Bruderland Kuba direkt vor der Haustüre der hektisch nach diesen Impaktzeugen suchenden Amerikaner zugänglich war.[55] Auch in den vom Land noch weiter entfernten tieferen Meeresablagerungen hat dieser Impakt seine Spuren in Form von sogenannten »Turbiditen« hinterlassen. Das sind von einer Trübeflut abgelagerte Sedimente, bei denen die Basis in jeder Schicht grobsandig ist und die Sandkörner nach oben hin immer feiner werden.[56]

Die katastrophale Wirkung, die die Flutwelle des mittelamerikanischen Endkreide-Impaktes beim Auflaufen auf der damaligen Festlandküste hatte, läßt sich an den Sedimenten entsprechenden Alters in der Region von New Jersey, westlich von New York, ablesen. Seit langem war dort die Hornerstown-Formation bei Sammlern wegen ihres außerordentlichen Fossilreichtums bekannt. Heute weiß man, warum sich an der grobsandigen Basis dieser Flutschicht fossile Überreste der einst so reichen Fauna der Schelf- und Küstenregion anhäufen. Dieses schauerliche Dokument der Erdgeschichte ist ein Massengrab mit den Kadavern von Schildkröten, Meeresreptilien (Mosasaurier), Krokodilen und Ammoniten, die von der »Sintflut« am Ende der Kreidezeit zusammengespült worden sind. Auch Überreste von Vögeln sind darin zu finden. Die Hitzeschockwelle wirkte sich offensichtlich auch noch hier, 3000 km von der Einschlagsstelle entfernt, so tödlich aus, daß die Vögel vom Himmel stürzten.

7. Die Impaktnacht

Gewaltige Vulkaneruptionen können eine merkliche Absorption des Sonnenlichts hervorrufen, weil sie Asche und Gesteinsstaub bis in hohe Schichten der Atmosphäre ausschleudern; das hat einen Zustand der Dämmerung zur Folge, der mit einem leichten Temperaturrückgang verbunden ist. Eine Stufe weiter würde ein – so die euphemistische Bezeichnung – »nuklearer Abtausch« in einem modernen Atomkrieg führen, der aufgrund der Rauch- und Rußmassen, die bei Flächenbränden entstehen würden, bereits eine langfristige Verfinsterung der Sonne zur Folge hätte. Daran würde sich das klimatische Schreckensszenario des nuklearen Winters anschließen.

Diese Auswirkungen, viele tausend Male verstärkt, ergeben ein Bild von der langen Nacht und dem Impaktwinter, die unmittelbar auf den Hitzepuls des Bolideneinschlages vor 66,4 Millionen Jahren folgten. Für sehr viele Landlebewesen war diese monatelang anhaltende Nacht mit ständig sinkender Temperatur zugleich die ewige, die letzte Nacht, weil sie allein schon aufgrund der permanenten, vollkommenen Finsternis außerstande waren, auf Nahrungssuche zu gehen – von den tödlichen Auswirkungen der Kälte, des Schnees und der Umweltgifte ganz zu schweigen.

Wie Luis Alvarez und seine Mitarbeiter im Jahre 1980 festgestellt haben, läßt sich aus dem einen Gramm (Iridium enthaltenden) Feinmaterial, das sich in der Kreide-Tertiär-Grenzschicht als weltweiter Feinstniederschlag pro cm^2 Erdoberfläche findet, darauf schließen, daß als Folge des Impaktes dichte, in großen Höhen schwebende Staubwolken über die ganze Erde verbreitet waren. Zusammen mit den ebenfalls für damals nachweis-

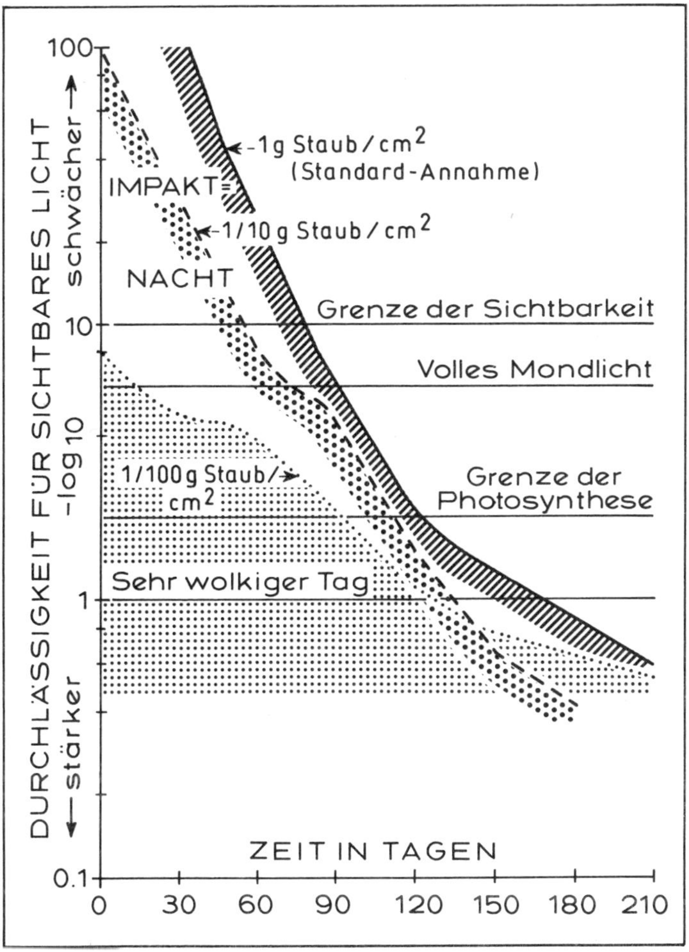

Abb. 16: Die Dauer der Impaktnacht für verschiedene Staub- und Rußkonzentrationen in der Atmosphäre, wobei sie die Partikel mit fortschreitender Zeit zunehmend absetzen oder ausregnen. Bei einer starken Verschmutzung durch einen großen Impakt bleibt es etliche Monate dunkel. Grüne Pflanzen werden besonders betroffen, weil die Assimilation, die Nährstoffproduktion durch Photosynthese, bereits bei relativ geringer Verstaubung für mindestens drei Monate ausfällt. – Nach O. B. Toon 1984.

baren riesigen Säuremengen in der Stratosphäre, die beim Impakt erzeugt wurden, schirmte diese gewaltige Verunreinigung der Atmosphäre die Erdoberfläche gegenüber der Sonneneinstrahlung so stark ab, daß etliche Monate lang völlige Dunkelheit herrschte.[57]

Selbst noch ein Zehntel der damaligen Staubmenge, also ein Fallout von $0{,}1\ g/cm^2$, würde für das menschliche Auge eine ähnlich lange Dunkelheit bewirken. Ein Hundertstel der Staubmenge, also $0{,}01\ g/cm^2$ an Feinstniederschlag, würde noch immer ausreichen, daß die Photosynthese der Pflanzen für zwei Monate bis zu einem Jahr ausfällt und so der Großteil der Vegetation, des pflanzlichen Planktons und der Algen im Meer abstirbt, und damit zur Unterbrechung der Nahrungskette in diesem Lebensraum führen (Abb. 16).[58]

Es gibt heute gute Gründe für die Annahme, daß diese Impaktnacht zwischen einem und sechs Monaten, am wahrscheinlichsten aber zwei Monate lang dauerte – fast unabhängig davon, wieviel Staub in die Stratosphäre geschleudert worden ist. Ursache dafür soll sein, daß sich die einzelnen Staubkörner mit zunehmender Dichte zu größeren Klumpen zusammenballen, die schneller ausfallen. Nicht übersehen werden darf dabei allerdings die Rolle des Rußes, da Ruß das Sonnenlicht viel wirkungsvoller absorbiert als alles andere; die Impaktnacht und die durch sie bedingte Kälte können deshalb auch durchaus länger angehalten haben.[59]

8. Der Impaktwinter

Eine untrennbare Begleiterscheinung dieser langen Nacht war auch, daß infolge der geringen Sonneneinstrahlung an der Erdoberfläche die Temperatur immer weiter absank. Nach den Berechnungen der Spezialisten des NASA Research Center in Moffett Field in Kalifornien, insbesondere von O.B. Toon[60] (der auch einer der führenden Fachleute für die Berechnung war, welche Ausmaße ein »Nuklearer Winter« haben würde), nahm die Temperatur nach dem Endkreide-Impakt zwei bis fünf Monate lang beständig ab, so daß sie schließlich um 40 Grad auf -20 °C zurückgegangen war (Abb. 17). Es dauerte ein Mehrfaches dieses Zeitraumes, bis die Temperatur wieder den Ausgangswert erreicht hatte und dann in der Folge aufgrund des anschließenden Treibhauseffektes weiter anstieg.

Die Ozeane waren dank ihrer wärmespeichernden Eigenschaften als riesige Wärmereservoire von dieser Abkühlung nur in geringem Maße betroffen. Die Oberflächentemperatur des Meeres ging hierdurch bis zur Durchmischungslage in 75 m Tiefe lediglich kurzzeitig um zwei bis drei Grad zurück.[61]

Durch Nacht, Kälte und weitere Streßfaktoren wie Säureregen, erhöhte Strahlung, Umweltgifte u. a., die weiter unten noch genauer beschrieben werden, brachte der Endkreide-Impakt allen Landtieren mit mehr als 25 kg Körpergewicht den Tod. Von den kleineren Tieren blieben selektiv

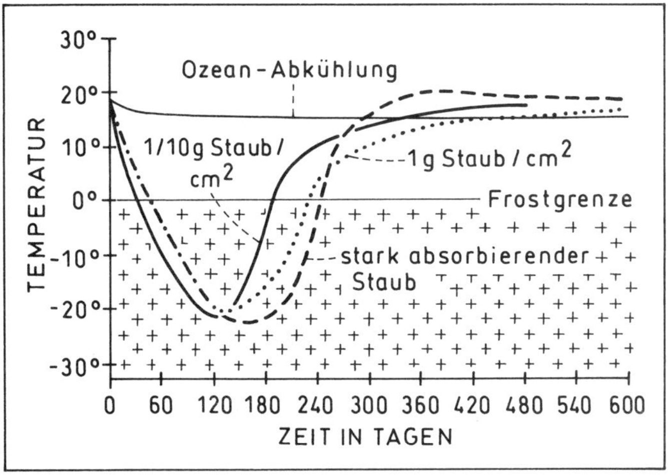

Abb. 17: Der Temperaturrückgang nach dem Endkreide-Impakt. Die Temperatur fiel an der Oberfläche, besonders zu Beginn, rasch und stark ab und ging in der bodennahen Atmosphäre nach vier bis fünf Monaten auf –20 °C als Tiefstwert zurück. Die Ozeane kühlten dank ihres Wärmespeichervermögens nur in geringem Maße ab – Nach O. B. Toon, 1984.

nur diejenigen am Leben, die durch spezifische Eigenheiten, wie etwa grabende Lebensweise, Kälteresistenz etc., für diese neuen Lebensbedingungen prädestiniert waren.

Welche längerfristigen Auswirkungen dieser Impaktwinter für die Erde hatte, wird noch diskutiert. Da die Temperatur weltweit über ein halbes Jahr lang unter den Gefrierpunkt sank und das beim Impakt verdampfende Meerwasser zu gewaltigen Niederschlägen führte, entstanden überall auf der Erde riesige Schneefelder, die aufgrund einer hohen Albedo, d.h. des Maßes der Rückstrahlung des eingefallenen Sonnenlichts, lange erhalten blieben. Kenneth J. Hsü[62] vermutet, daß der Wärmeverlust durch die erhöhte Rückstrahlung dieser Flächen mehrere Jahrhunderte angedauert haben könnte. Dies steht allerdings in gewissem Widerspruch zu der starken Erwärmung der Erde, die sich infolge des Treibhauseffektes bald darauf anschließen mußte; beim Impakt entstanden nämlich auch enorme Mengen von »Treibhausgasen«, die eine Abstrahlung der Wärme in den Weltraum verhinderten (siehe S. 71). Hsüs Aussage stützt sich jedoch auf Paläotemperaturmessungen mit Hilfe der Sauerstoff-Isotopenmethode[63] an Bohrkernmaterial aus dem Südatlantik, die an der Kreide-Tertiär-Grenzzone auf eine jahrhundertelange Abkühlung hindeuten. Dafür sprechen auch die großen »Dropstones« bei Spitzbergen, von

Eisschollen transportierte Gesteinsbrocken, die beim Schmelzen der Schollen in die Feinsedimente des Ozeanbodens absanken und hier in feinen Meeresablagerungen des ältesten Tertiärs, des Paleozäns, zu finden sind; sie weisen auf eine erste beginnende Vereisung nach der heißen, auf der ganzen Erde eisfreien Kreidezeit hin.[64]

Worauf beruht das vorher geschilderte Szenario des Impaktwinters? Inwieweit sind diese Daten belegt? Welche konkreten vergleichbaren Beispiele geringerer, aber noch relevanter Größenordnung kennen wir? Die Grundlagen für all diese Überlegungen und Berechnungen bilden – wie erwähnt – einerseits die atmosphärischen Veränderungen bei gewaltigen Vulkaneruptionen und andererseits die wahrscheinlichen Folgen eines »Nuklearen Winters«, wie man sie aus Beobachtungen von Atombombenexplosionen hochgerechnet hat. In beiden Fällen stellt der aufgewirbelte Staub, der die Sonne verdunkelt, das auslösende Moment dar. Die beiden Fälle sollen deshalb kurz beschrieben werden.

Das am besten untersuchte Beispiel einer gewaltigen Vulkaneruption war der Ausbruch des Krakatau, eines Vulkans in der Sundastraße (Indonesien), am 26. und 27. August 1883.[65] Die berüchtigten Hauptexplosionen am zweiten Tag des Ausbruchs waren deshalb so gewaltig, weil sich nach dem Auseinanderbrechen dieser Ozeaninsel die Wassermassen, die auf die glühende Lava stürzten, augenblicklich in riesige Mengen von Dampf verwandelten, was zu einer gigantischen »phreatischen« Dampfexplosion führte. Wo sich vorher die Zentralinsel der Inselgruppe befunden hatte, entstand ein 6 km großer und 300 m tiefer Explosions- und Einsturztrichter, die sogenannte Caldera. Das Getöse, das diese Explosionen verursachten, war das lauteste Geräusch, das der Mensch in historischer Zeit vernommen hatte, und wurde noch in 4800 km Entfernung auf der Insel Rodriguez im zentralen Indischen Ozean ebenso wie in 3200 km Entfernung im Nordterritorium von Australien wahrgenommen. Die Druckwelle der Explosion lief siebenmal rund um die Erde. Der von der Eruption ausgelöste Tsunami überspülte die umliegenden Küsten 42 m hoch und drang bis 5 km weit in das Landesinnere vor, wobei 36 000 Menschen umkamen.

Von den 18 km^3 Asche, die damals bis 80 km hoch ausgeworfen wurden, gelangten 4 km^3 Feinmaterial in die Stratosphäre und umrundeten dort monatelang die Erde, bevor dieser Aschenstaub wieder zu Boden fiel. Nur ein Prozent des ausgeschleuderten Materials war so feinkörnig, daß es lange Zeit in der Stratosphäre verblieb.[66] Die Troposphäre, also die unterste Schicht der Atmosphäre, in der sich die Wettervorgänge abspielen, wurde durch Ausregnen rasch vom Staub gereinigt, so daß bald ein Schlammregen die umliegenden Inseln eindeckte.

Bei noch gewaltigeren Vulkaneruptionen wie etwa der des Tambora auf der kleinen Sundainsel Sumbawa im Jahre 1815 sind vermutlich 175 km^3 Material ausgeworfen worden.[67] Bei der größten Vulkankatastrophe aus jüngster vorgeschichtlicher Zeit, dem Ausbruch des Toba auf Sumatra vor 75 000 Jahren, wurden – der Größe des Einsturzkraters nach zu schließen – sogar fast 3000 km^3 Lava und Asche ausgeschleudert, wovon etwa ein Prozent feinstkörniger Aschenstaub in die Stratosphäre gelangte.[68]

Wie sich eine Staubschicht auswirkt, die in großer Höhe die Erde umkreist, ist aus diesen Beispielen bekannt. Da sie einen Teil der Sonnenstrahlung abhält, sinkt die Temperatur. Nach dem Tambora-Ausbruch sprach man 1816 von einem »Jahr ohne Sommer«, obwohl die Durchschnittstemperatur nur um knapp 1 °C abnahm. Bei den größten Vulkanausbrüchen, bei denen mehr als 1 km^3 Feinstmaterial in der Stratosphäre verbleibt, kann die Abkühlung einige Jahre lang etliche Grade betragen; außerdem kann sich dabei die Lichteinstrahlung um 5 – 10% verringern, was aber die Photosynthese und damit das Leben der Pflanzen noch nicht beeinträchtigt.[69]

Die nächsthöhere Stufe für eine Beeinflussung des Klimas auf der Erde wäre ein großangelegter Atomkrieg. Auch darüber gibt es zahlreiche Berechnungen und Schätzungen.[70] Die klimatischen Auswirkungen würden in diesem Fall vor allem durch die bei Flächenbränden entstehenden 180 Millionen Tonnen Rauch und Ruß verursacht, die in die Troposphäre aufsteigen und die Sonneneinstrahlung bereits so stark abhalten würden, daß wochenlang Halbdunkel herrschte. Hierdurch könnte die Temperatur auch in mittleren geographischen Breiten im Inneren der Kontinente unabhängig von der Jahreszeit in den ersten paar Wochen um 10 – 15 °C oder sogar bis unter den Gefrierpunkt absinken, bevor sie erst nach Monaten oder Jahren wieder normale Werte erreichen würde.[71]

Die obigen Beispiele zeigen, daß die für den Impaktwinter an der Grenze zwischen Kreidezeit und Tertiär berechneten Daten keineswegs einer empirischen Grundlage entbehren. Den unmittelbaren Beleg für diesen Impaktwinter erbrachte jedoch unter anderem die in sehr spezifischer Weise geschädigte Flora der Kreide-Tertiär-Grenzschichten, in der die wärmeliebenden Magnolien und immergrünen Pflanzen der warmen Regionen ausgemerzt worden waren.

Jüngst brachten noch der amerikanische Geologe Peter H. Schultz und der Planetologe Donald E. Gault[72] einen neuen Gesichtspunkt in die

Diskussion über den Klimaeffekt ein: Bei einem bedeutenden Schrägimpakt mit flachem Einfallswinkel wird zunächst der Treibhauseffekt erheblich verstärkt. Jedoch ist bei einem derartigen Impakt damit zu rechnen, daß der Planetoid in Trümmer zerbricht und nicht – wie ein in steilem Winkel einfallender Impaktor – einfach verdampft. Die ausgeschleuderten Gesteinsbrocken können dann zur Bildung eines Erdringes – ähnlich dem Saturnring – in der Äquatorebene führen. Ein solcher Ring entsteht innerhalb von relativ kurzer Zeit (nicht einmal 100 Jahre), während sein Zerfall aufgrund des verzögerten Rücksturzes des Materials zur Erde 100 000 bis eine Million Jahre dauern würde. Die klimatischen Auswirkungen eines solchen äquatorialen Erdringes, der im Ringschatten eine Verminderung der Sonneneinstrahlung zur Folge hätte, könnten demnach entsprechend lang anhalten. Auf den unmittelbaren Impaktwinter der ersten Jahre, der durch die globale Verfinsterung der Sonne verursacht würde, könnte in einem solchen Fall eine Periode extremer jahreszeitlicher Temperaturgegensätze folgen.

9. Sturzregen und Schneeflut

Die nächste Auswirkung, die der Einschlag eines Weltkörpers im Ozean hat, ist ein globaler Sturzregen unvorstellbaren Ausmaßes. Wenn die Impaktnacht hereinbricht und die Temperatur dadurch absinkt, verwandelt sich dieser Sturzregen bald in eine Schneeflut. Die nach Meeresimpakt vom Himmel stürzenden Wassermassen gehen auf die enormen Mengen von verdampftem Wasser zurück, das mit der Impaktfontäne ausgeschleudert worden ist. Diese Dampfmassen verteilen sich mit den Luftströmungen weithin in der Atmosphäre, bevor sie kondensieren und zur Erde zurücksinken.

Ronald G. Prinn und Bruce Fegley[73] vom Massachusetts Institute of Technology in den USA haben berechnet, daß der 10 km große Asteroid am Ende der Kreidezeit bei seinem Einschlag im Ozean 3,5 Billionen Tonnen Wasser als Impaktfontäne in die Atmosphäre hochgeschleudert haben muß. Das ist zwar eine sehr ansehnliche Wassermenge, aber trotzdem ist der Vergleich mit der Wirkung eines Ozeanimpaktes von einem gleich großen Kometen besonders lehrreich für uns, weil wir bereits wissen, daß es sich beim Sintflut-Impaktor um einen Kometen handelte. Bei einem Kometenimpakt im Meer würden statt dessen 930 Billionen Tonnen Wasserdampf freigesetzt werden, also 265mal so viel. Die Art des Impaktors ist für das Ausmaß des Flutregens von entscheidender Bedeutung. Kometen, die ja selbst zum großen Teil aus

Wassereis bestehen, besitzen außerdem eine im Durchschnitt wesentlich höhere kosmische Geschwindigkeit, so daß ihr Einschlag in jeder Hinsicht unvergleichlich größere Auswirkungen auf den Flutregen hat.

Bei einem Asteroidenimpakt spielt natürlich die Tiefe des Ozeans an der Einschlagsstelle eine wesentliche Rolle dafür, wieviel Wasser in die Atmosphäre gelangen kann. Aber auch schon ein seichteres Meer würde jedenfalls genug Wasser liefern, um die Stratosphäre mit Wasserdampf zu sättigen.

In der Umgebung des Impaktes selbst wird einige tausend Kilometer weit die Stratosphäre sogar übersättigt. Außer Dampf werden hier auch noch große Mengen von kochendem Wasser mit hochgeschleudert. In diesem Bereich kommt es bei der Kondensation des Dampfes in Verbindung mit den hochgerissenen Wassermassen nicht nur zum Sturzregen, der später in noch nie dagewesenen, anhaltenden Schneefall übergeht, sondern ebenso zum Rücksturz des Wassers in Form von nichttropfenförmigem Platschregen.

Eine Besonderheit des Impaktregens besteht darin, wie Steven K. Croft[74] von der NASA beschreibt, daß der Dampf zunächst rasch an festen Staubkörnern und Gesteinspartikeln kondensiert, die von dem ausgeworfenen Ozeankrustenmaterial stammen, und diese derart beladenen Wassertropfen dann als Schlammregen niedergehen.

Croft erklärt außerdem, daß diese zurückstürzenden Wassermassen in der Atmosphäre zwar abkühlen, aber ihre beträchtliche kinetische Energie, die sie beim Fallen erzielen, wieder in Wärme umwandeln, wenn sie auf die Erdoberfläche auftreffen. Diese Erhitzung soll allerdings nur eine relativ schmale Region um die Aufschlagsstelle herum betroffen haben, wo Wasserschlieren mitbeteiligt waren. Niederschläge in Form von heißem Wasser erfolgten also laut Croft nur in der nächsten Umgebung des Impaktes, was allerdings nicht für den Sintflut-Impakt gilt (siehe S. 205 ff), d.h., wenn ein in mehrere Fragmente zerbrechender Komet einschlägt.

Der niedergehende Sturzregen muß nahezu unvorstellbare Ausmaße gehabt haben. Croft rechnet damit, daß die Niederschlagsmenge in der näheren Umgebung des Impaktes ein paar Wochen lang täglich fünf (bis zehn) Meter betrug. Das ist zum Vergleich der halbe bis ganze jährliche Niederschlag des regenreichsten Gebietes der Erde unter Normalbedingungen. Die Gesamtmenge der Niederschläge in dieser impaktnahen Region, die in dieser Stärke etliche Wochen, in etwas abgeschwächter Form vielleicht sogar einige Monate anhielten, erreichte demnach mehrere hundert Meter. Besonders hart für das Leben auf der Erde wirkte sich aus, daß der Regen bald in Schnee überging, weil sich das Klima aufgrund der ständigen Verfinsterung der Sonne immer stärker abkühlte. Da eine tägliche Niederschlagsmenge von fünf Meter Wasser Schneefällen von 50 Meter Höhe pro Tag entspricht, kann man sich nur zu gut das riesige Leichentuch aus schmutzigem Schnee, später Firn, ausmalen, das sich bald auch in den von der Einschlagsstelle weiter entfernten Regionen über weite Landstriche ausbreitete.

Zwei spezielle Fragen werfen diese Sturzregen noch auf:

1. Die enorme Erosion, die diese Sturzregen auf dem Festland verursachten, müßte sich in den kontinentalen Schichten an der Kreide-Tertiär-Grenze nachweisen lassen, nämlich als Rinnenfüllungen, chaotische Grobschuttablagerungen, Schichtflutbänke u.ä. Das wird eine Untersuchungsaufgabe für die nächste Zukunft sein.

2. Daß es eigenartigerweise keine Rußablagerungen im westlichen Binnenland der USA, von New Mexico bis Montana, gibt, wird erklärbar, wenn der Teilimpakt in der Karibik von einem aus südöstlicher Richtung in sehr flachem Einfallswinkel herabstürzenden Asteroid verursacht worden ist; dann wäre nämlich, wie die bereits erwähnten Experimente zeigen[75], die Hauptmasse des Wassers im Einschlagsgebiet im gleichen schrägen Winkel und in nordwestlicher Richtung hochgeschleudert worden. Das Zentrum der Sturzregen hätte sich damit gerade im westlichen Binnenland der USA befunden, so daß sich dort dank dieser »Himmelsfeuerwehr« keine sonst üblichen Flächenbrände entwickeln konnten.

Wie die Grenztonlage beweist, war die Macht des Feuers ungleich größer. Im Einflußbereich der überhitzten »Wildfires« konnte sich die Dampfschicht in der Atmosphäre nicht abkühlen, kondensieren und ausregnen, sondern ging erst nach Wochen als Regen nieder. Durch diese großräumigen Niederschläge wurde die Atmosphäre in ihrem unteren Bereich vom Staub gereinigt.

Wie sich die Niederschläge zu dieser Zeit global verteilten, läßt sich heute trotz Kenntnis der damaligen Land-Meer-Verteilung in keiner Weise rekonstruieren, weil die normalen Konvektionsmuster wegen der Impaktnacht und Kälte einerseits, des zwei- oder mehrfachen Impaktes selbst und des anfänglichen weltweiten Flächenbrandes andererseits völlig gestört waren.[76]

10. Umweltgiftproduktion

Zu all den übrigen lebensfeindlichen Auswirkungen des endkretazischen Impaktes kam noch hinzu, daß die enorme Energiezufuhr in der Atmosphäre chemische Umwandlungen hervorrief, die in einem riesigen Ausmaß Umweltgifte erzeugten. Dabei entstanden gewaltige Mengen von Kohlenmonoxid, Stickoxiden, Salpetersäure, Schwefelsäure und Salzsäure sowie Pyrotoxine im Zusammenhang mit dem Weltenbrand. Außerdem führte der Impaktor selbst toxische Schwermetalle mit sich. Der übersaure Regen löste zusätzlich eine Flut solcher Schwermetalle, aber auch Arsen, Selen und Antimon aus den Krustengesteinen. Ihre Anreicherung ist im Grenzton nachweisbar.

Blausäure: Die gigantischen Mengen an Cyaniden, d.h. Salzen der Blausäure, die laut Kenneth J. Hsü[77] ein Komet angeblich in seinem Kopf mitbringt, hat man nicht gelten lassen: Die beim Einschlag entstehende Hitze von vielen tausend Grad würde diese organischen Gifte entionisieren, in der sauerstoffreichen Umgebung zersetzen und unwirksam machen. Blausäure kann jedenfalls beim Endkreide-Impakt keine Rolle gespielt haben, da sie als universell wirkendes starkes Gift alle atmenden Lebewesen gleichermaßen betroffen hätte, während beim Aussterben am Ende der Kreidezeit gerade eine selektive, speziell gegen bestimmte Arten gerichtete Wirkung im Aussterbemuster immer wieder deutlich wird.[78]

Stickoxide: In besonders hohem Maße produzierte der Impakt Stickoxide und Salpetersäure. Bekanntlich regt Schockerhitzung durch Blitz, Atomexplosion, aber auch Meteoriteneinschlag den ansonsten trägen Stickstoff zur Reaktion mit dem Sauerstoff der Luft an, wobei sich Stickoxide bilden, die schon in geringer bis mäßiger Konzentration eine schädliche bis tödliche Wirkung für den Organismus haben. Das Prinzip, wie diese Stickstoffe entstehen und wirken, ist uns ja gerade heute von der gefürchteten Produktion solcher »Abgase« durch den heißen Kraftfahrzeugmotor nur zu gut bekannt. Vor allem aber haben die Atombombentests bereits einschlägige Kenntnisse über die entsprechenden Vorgänge in der Atmosphäre erbracht.

Alvarez und seine Mitarbeiter schätzten 1980 die Menge der beim Endkreide-Impakt produzierten Stickoxide lediglich auf 1,5 Milliarden Tonnen. Sie hatten dabei aber noch nicht einen Umstand berücksichtigt, den man erst in neueren Studien[79] erkannte, daß nämlich nicht nur der heiße Asteroid auf seiner Flugbahn und beim Aufschlag diese Reaktion bewirkte, sondern ebenso die hoch in die Atmosphäre ausgeschleuderten glühenden Ejekta und Gase ihrerseits diese Oxidbildung fortführten. Man rechnet daher heute damit, daß beim Endkreide-Impakt 3 bis 5 Billionen

Tonnen Stickoxide entstanden. Die Stickoxide aber lösten sich bald darauf im Wasserdampf der Wolken auf, wobei sich salpetrige Säure und schließlich Salpetersäure bildeten.[80]

Angesichts dieser übermäßigen Entstehung von Salpetersäure in der Umgebung des Impaktes stellt sich natürlich die Frage, ob diese Salpetersäure in konzentrierter Form unmittelbar an Ort und Stelle ausregnete und das Leben dort vernichtete oder sich mit der Atmosphäre vermischte und über die ganze Erde verteilte. Wie die Untersuchungen der Aerodynamiker ergaben, wurde die gesamte Erdatmosphäre bald nachhaltig verseucht, auch wenn man berücksichtigt, daß 20% dieser Giftstoffe innerhalb einiger Tage aus der – wegen dieser Beimischung deutlich rotbraun gefärbten – geschockten Luft in der Impaktwolke ausregneten. Laut diesen Berechnungen wäre die Atmosphäre nach einem Asteroideneinschlag innerhalb von etwa 24 Monaten und bei einem entsprechenden Kometeneinschlag innerhalb von etwa 9 Monaten weltweit verseucht gewesen. Aus den heutigen Erfahrungswerten weiß man, daß die Durchmischung der Atmosphäre entlang der Breitenkreise innerhalb von ein bis drei Wochen abgeschlossen ist, während sie entlang der Längenkreise zwar langsamer vor sich geht, aber nach einem bis maximal drei Jahren ebenfalls beendet ist. Diese Zeitangaben gelten jedoch nur für normale Zirkulationsverhältnisse, die damals aber bestimmt nicht geherrscht haben.

Die beim Endkreide-Impakt produzierte Menge des rotbraunen Gases Stickstoffdioxid würde – über den ganzen Erdball verbreitet – eine Konzentration von 100 ppm erreichen.[81] Was dies für das Leben auf der Erde bedeutet, kann man daraus ermessen, daß eine derartige Luftverschmutzung die stärkste Stickoxidbelastung unserer modernen Städte um das Tausendfache überträfe. 100 ppm Stickoxide in der Atmosphäre bewirken Vergiftung von Pflanzenkeimlingen, Laubfall bei reifen Blattpflanzen und ebenso fatale Schädigung der Tiere.[82]

Salpetersäure und andere Säuren: Hinzu kommt, daß das Endprodukt dieser Reaktionsreihe, die Salpetersäure, in supersauren Regenfällen ausregnete und in die Natur, auf das Land und in die Ozeane, gelangte. Die immense Säureproduktion während des Impaktes verursachte in den Regionen nahe der Einschlagsstelle einen Regen mit dem pH-Wert 0–1, der also fast aus konzentrierter Säure bestand.[83] Aber auch weltweit war der Säuregehalt der Niederschläge hoch. Das Ausregnen der Salpetersäure aus der Atmosphäre dauerte etwa ein Jahr.

Die Kontamination der Atmosphäre verschärft sich noch weiter bei einem schrägen Impakt mit flachem Einfallswinkel, wie P. H. Schultz und D. E. Gault[84] überzeugend dargelegt haben. In einem solchen Fall wäre damit zu rechnen, daß der Asteroid am Aufschlagspunkt in einem flachen Winkel abprallt und in mehrere Bruchstücke zerfällt, die ihrerseits eine Reihe weiterer Einschläge bewirken würden. Ein flach einschlagender, 10 km großer Asteroid etwa würde einen Hagel von 0,5–1 km großen Brocken in Richtung der verlängerten Flugbahn auslösen. Dadurch würde aber die Atmosphäre in weit höherem Maße mit Stickoxiden und Salpetersäure geschwängert werden, was wiederum zu einer Intensivierung des hochgradig sauren Regens führen würde. Andererseits würde ein so auseinandergebrochener Impaktor, dessen Trümmer in einem Meeresgebiet mit Kalksedimenten zehn bis 100 weitere Einschläge bewirken, zehnmal mehr an Material verdampfen, als der Weltkörper ursprünglich mitbrächte, und Wasser von der hundertfachen Masse des Geschosses in Dampf verwandeln. Als Folge davon würden mehr Säure, Kohlendioxid und Wasserdampf entstehen.

Die leicht alkalische Umgebung der obersten, 75 m tiefen Schicht der Ozeane, die rasch durchmischt war, wurde beim Endkreide-Impakt durch diese Säureproduktion stark angesäuert. Dadurch wurde das Leben in diesem reichsten ozeanischen Biotop nachweislich in entscheidender Weise geschädigt. Die Mikroorganismen des Planktons mit Kalkschalen wurden ebenso wie die Hochseeammoniten, deren Gehäuse ebenfalls aus Kalk bestand, vernichtet oder aufgelöst, wie der Fossilgehalt dieser Grenzschicht anzeigt.

An Land waren naturgemäß die pflanzenfressenden Organismen sowie die Tiere, die in ungeschützter Umgebung Eier mit Kalkschalen ablegten, die Hauptgeschädigten dieser Säureattacke. Bei der zusätzlich auftretenden salpetrigen Säure gibt es neben der Giftwirkung auch noch mutagene und karzinogene Auswirkungen, d.h., sie schädigt das Erbgut und ruft Mutationen hervor und fördert die Bildung von Krebsgeschwüren. Während man bei der Salpetersäure noch Schätzungen wagen kann, wieviel damals auf der ganzen Erde davon produziert wurde, nämlich in einer Größenordnung von 1 Billion Tonnen, läßt sich die Menge der keimschädigenden und krebserregenden salpetrigen Säure nicht einmal annähernd abschätzen.[85]

Neben der Salpetersäure entstanden durch die Einwirkung des Impaktes auf das Meerwasser weitere Säuren. Das verdampfte Meerwasser reicherte die Atmosphäre mit Salzsäure und Schwefelsäure an. Diese

Säuren waren Umwandlungsprodukte der Chloride und des Schwefels im Meerwasser, deren chemische Reaktion von der Impaktenergie ausgelöst wurde. Auch sie trugen zum supersauren Regen der Kreide-Endzeit bei, aber die auf diese Weise produzierte Säuremenge war mit etwa 100 Milliarden Tonnen zehnmal geringer als die Menge der Salpetersäure. Allerdings kommen noch 200 Milliarden Tonnen Schwefelsäure hinzu, die der Treffer des Teilimpaktors in Yukatan in ein Anhydritlager freisetzte, das reich an Schwefel war (siehe S. 38). Nicht vergessen werden darf auch die vom ausgelösten Vulkanismus produzierte Schwefelsäure.

Daß bei diesem Impakt – wie oben geschildert – riesige Mengen von Stickoxiden und ihren Verbindungen entstanden, ist nicht nur vergleichend aus Experimenten und Nuklearversuchen erschlossen worden, sondern konnte jüngst auch direkt durch die chemische Analyse des Endkreide-Grenztones bewiesen werden. So zeigt dieser Grenzton mit 1100 ppm Stickstoff im Woodside-Creek-Profil in Neuseeland einen zwanzigmal höheren Wert, verglichen mit den Tonen in den begleitenden älteren und jüngeren Schichten. Gerade aber der hohe Gehalt an Stickstoffverbindungen bis hin zu Salpetersäure stellt einen wichtigen Beleg dafür dar, daß ein Impakt stattgefunden hat, weil Vulkanausbrüche, bei denen Schwefelsäure dominiert, keine derartigen Spuren hinterlassen können.

Schwermetalle: Die Ausregnung dieser aggressiven Säuren bewirkte – ähnlich wie der saure Regen in der modernen Industriegesellschaft als heutiges Gegenstück im kleinen Maßstab –, daß toxische Schwermetalle aus den Böden und Gesteinen des Festlandes herausgelöst und aktiviert wurden und sich in den zeitgleichen Ablagerungen konzentrierten. In der Grenztonschicht lassen sich direkt im iridiumreichen Horizont oder in den Molluskenschalen, die im strandnahen Bereich dieses Niveaus zu finden sind, giftige Schwermetalle wie Quecksilber, Nickel, Arsen, Selen und Antimon nachweisen, die vom supersauren Regen mobilisiert wurden.[86]

Für Lebewesen haben zahlreiche dieser Metalle oder Metalloxide eine höchst giftige Wirkung. Da diese Stoffe in das Grundwasser eindrangen und das Wasser der Seen und Flüsse verseuchten, waren Pflanzen wie Tiere über ihre Wasseraufnahme gleichermaßen betroffen. In den ersten Jahren nach dem Impakt wurden durch den hochgradig sauren Regen auch all die Metalle aktiviert, die normalerweise in relativ unlöslicher Form im Boden vorkommen: Beryllium, Aluminium, Kupfer, Quecksilber, Eisen, Blei, Tantal, Kadmium, Mangan usw.

Daneben darf aber eine zweite Quelle für solch toxisch wirkende Metalle nicht vergessen werden.[87] Ein Asteroid dieser Größe bringt selbst zahlreiche toxisch wirkende Elemente wie etwa Kobalt, Mangan, Aluminium, Zink, Zinn, Nickel, Germanium, Chrom, Kadmium, Blei, Kupfer, Quecksilber und Selen mit, deren Menge an den Gesamtgehalt der Metalle in den Ozeanen herankommt oder ihn sogar noch übertrifft. Dabei gelangten möglicherweise von bestimmten Elementen wie Kupfer, Nickel und Blei so hohe Mengen in die Meere, daß sie für das pflanzliche Plankton des Ozeans und für andere Organismen tödlich wirkten.[88]

Pyrotoxine: Zu all den bisher genannten, uns gerade auch im Industriezeitalter wohlbekannten Umweltschadstoffen kommen bei einem Impakt noch einige weitere, sehr spezifische Gifte, deren Entstehung im Zusammenhang mit dem ebenso spezifischen Geschehen des gigantischen Weltenfeuers steht: die Pyrotoxine, also die bei der Hitze des Sintbrandes aus der Biomasse entstandenen Giftstoffe. Es handelt sich dabei um mehrkernige aromatische Kohlenwasserstoffe, die zumeist ebenfalls erbschädigend und krebserregend wirken; sie waren möglicherweise daran beteiligt, daß einige aus der Kreidezeit übriggebliebene Arten später ausstarben. Auch das hochgiftige Dioxin entstand als eines der organischen Pyrotoxine in der Gluthitze des Weltenfeuers.[89] Kohlenmonoxid, das bei solchen Bränden in einer Konzentration von 50–100 ppm zu erwarten ist, vervollständigt diese Liste der Giftstoffe.[90]

11. Ozonabbau und Strahlung

Gerade wir heute lebenden Menschen haben viel Verständnis dafür, wenn wir von den Atmosphärespezialisten der Weltraumgeophysik erfahren, daß der Endkreide-Impakt durch die Entstehung riesiger Mengen von Salpetersäure in der Atmosphäre zu einem Abbau der Ozonschicht in der hohen Stratosphäre in 50 km Höhe führte. Der Sauerstoff des dortigen Ozons wurde für die Stickoxidbildung verbraucht, wodurch innerhalb von kurzer Zeit der Ozongehalt dieser Zone auf Jahre hin bis zu 90% abnahm.[91]

Als Folge davon verlagerte sich die darüber folgende untere Mesosphäre weiter nach unten und kühlte ab, so daß es in dieser Mesosphäre über dem ganzen Erdball zur Bildung einer permanenten Schicht von feinen Eiswolken kam – ein eindrucksvolles, ausnahmsweise optisch auffälliges Phänomen, da diese extrem hoch schwebenden Eiswolken noch lange nach Sonnenuntergang von den Sonnenstrahlen erhellt wurden und als

»nachtleuchtende Wolken« eine besondere, auf der ganzen Erde zu sehende Erscheinung nach diesem Impakt darstellten. Derzeit findet man solche nachtleuchtenden Wolken nur gelegentlich und in begrenztem Maße im Sommer in hohen geographischen Breiten.

Messungen nach dem Einschlag des nur 100 m großen Tunguska-Kometensplitters in Sibirien im Jahre 1908 zeigten, daß der Ozongehalt der Nordhemisphäre in den Jahren 1909–1912 um etwa 30%, maximal um 45% zurückgegangen war. An diesem Beispiel konnte man die für das Leben bedrohliche Auswirkung des Abbaues der Ozonschicht direkt überprüfen: Dem 45%igen Abbau entsprach eine Verdreifachung der UV-Einstrahlung an der Erdoberfläche.

Der Neuaufbau der Ozonschicht in der hohen Stratosphäre setzte nach dem Endkreide-Impakt wie üblich wohl schon relativ bald wieder ein, weil die Sonnenstrahlung die Ozonbildung förderte. Die Regeneration war nach mehreren Jahren voll im Gange, so daß die Ozonschicht möglicherweise bereits innerhalb eines Jahrzehnts oder aber nach wenigen Jahrzehnten wiederhergestellt war.

Für das Leben auf der Erde stellten der Abbau der Ozonschicht und der damit verbundene ungehemmte Einfall der harten UV-Strahlung der Sonne in die Biosphäre eine weitere, sehr ernst zu nehmende Belastung dar. Die kanzerogene Wirkung der UV-Strahlung äußert sich in einer erhöhten Krebsrate, die besonders den Hautkrebs betrifft. Die mutagene Komponente dieser Strahlung bewirkt durch Keimzellenschädigung Unfruchtbarkeit oder Mißgeburten. Neuerdings ist man auch auf eine Schädigung der Thymusdrüse bei starker UV-Bestrahlung aufmerksam geworden, die zu einer allgemeinen Schädigung des Immunsystems führt. Wie bei so vielen anderen Begleiterscheinungen dieses Impaktes zeigt sich demnach auch hier eine selektive Auswirkung auf bestimmte Lebensformen, wobei etwa nachtaktive Tiere, Arten mit grabender Lebensweise, in tiefem Wasser lebende Tiere usw. von solchen Schädigungen verschont blieben.

12. Der Treibhauseffekt

Eine ganze Reihe von Faktoren, die nach dem Endkreide-Impakt zusammenwirkten, führten längerfristig zu einer Aufheizung der Atmosphäre. Am Beginn der Klimaveränderung stand, wie erwähnt, zunächst der innerhalb von kurzer Zeit um den Globus rasende Hitzepuls. Danach löste die monatelange Dunkelheit einen Impaktwinter aus, dessen Auswirkungen mindestens mehrere Jahre anhielten. Längerfristig aber war die dritte Phase wirksam, nämlich die Aufheizung der Atmosphäre um bis zu 10 °C und des Ozeans bis in seine Tiefe um 5 °C; diese Erwärmung dauerte zwischen 10 000 bis 100 000 Jahren an, laut K. J. Hsü[92] am wahrscheinlichsten 40 000 Jahre. Die Nachwirkungen hielten vermutlich noch eine Million Jahre an.

Das Prinzip dieser starken Erwärmung ist uns heute – nunmehr durch Verkehrs- und Industrieabgase hervorgerufen – unter dem Schlagwort »Treibhauseffekt« nur allzu geläufig. Aufgrund der Anreicherungen der Atmosphäre durch eine Reihe von »Treibhausgasen« (wie Kohlenmonoxid, Kohlendioxid, Methan, Stickoxide, Wasserdampf usw.), die rasch in gewaltigen Mengen neu entstehen, wird die Reflexion der eingefallenen Wärmestrahlen in den Weltraum behindert, so daß die Temperatur an der Erdoberfläche ansteigt.

An den für den Treibhauseffekt verantwortlichen Gasen, die der Impakt produzierte, waren vor allem Kohlendioxid (CO_2), Salpetersäure (HNO_3), Stickoxidul (N_2O) und seine Nachfolger sowie Methan (CH_4) beteiligt. Der enorm erhöhte Wasserdampf, der in der gleichen Richtung wirkte, steigerte durch die Absorption der Infrarotstrahlung noch zusätzlich den Effekt.

Während die Stickstoffverbindungen – wie erwähnt – in der Atmosphäre durch die Hitze des Impaktors und seiner glühenden Auswürflinge entstanden, stammte das Kohlendioxid aus den meist im Ozean vorhandenen Kalk- und Dolomitablagerungen. Die Kohlendioxidmenge, die aus den Kalksedimenten unter Umwandlung des Kalkes ($CaCO_3$) in Kalziumoxid (CaO = gebrannter Kalk) ausgetrieben wird, ist abhängig vom Ausmaß des schockförmigen Druckes, der Größe des Impaktors und der Mächtigkeit der getroffenen Kalkablagerungen; sie läßt sich problemlos berechnen. Der kalifornische Geophysiker John D. O'Keefe und Thomas J. Ahrens[93] haben für den Einschlag eines 10 km großen Asteroiden in ein 1 km mächtiges Meereskalksediment berechnet, daß dabei rund 1,2 Billionen Tonnen Kohlendioxid freigesetzt worden wären, während eine 4 km dicke Schicht mit Kalkablagerungen zu 10 Billionen Tonnen CO_2 geführt hätte. Das bedeutet, daß dieser Impakt den Kohlendioxidgehalt der gesamten Atmosphäre verdoppelte, falls er eine 1 km mächtige Kalkschicht traf, oder – bei einer 4 km dicken Kalkschicht – sogar verneunfachte.

Vor kurzem fand man heraus, daß der Haupteinschlag des auseinandergebrochenen Endkreide-Impaktors in Yukatan eine zwei bis drei Kilometer dicke Dolomit-Anhydrit-Schicht, also eine mächtige Karbonatplatte, traf, so daß allein dadurch rund 5 Billionen Tonnen Kohlendioxid freigesetzt worden sein müssen. Damit hat dieser Teilimpakt aber nicht nur – wie erwähnt – in seinem Einschlagsgebiet, das auch ein Anhydrit- bzw. Gipslager enthielt, riesige Mengen von Schwefelsäure produziert, sondern außerdem den Kohlendioxidgehalt der gesamten Atmosphäre auf das rund Fünffache erhöht. Während heutzutage der klimatisch so verhängnisvolle Anstieg des Kohlendioxidgehaltes der Atmosphäre durch die ungehemmte Verbrennung der Erdöl- und Kohlenvorräte der Erde verursacht wird, war es beim Endkreide-Impakt die umfangreiche Zersetzung der beim Aufschlag verdampften Karbonate Dolomit und Kalk, die den gleichen Effekt, aber in noch viel höherem Ausmaße erzielte, daß nämlich gewaltige Mengen von Kohlendioxid in die Atmosphäre gelangten. Es läßt sich berechnen, daß die erwähnte Menge von kurzfristig produziertem Kohlendioxid, nachdem sich dieses Gas ebenfalls innerhalb von kurzer Zeit weltweit in der Atmosphäre verteilt hatte, eine Temperaturerhöhung um etwa 4,5 °C bewirkte. Außerdem liefen gleichzeitig noch etliche weitere Prozesse ab, die in ebenso hohem Maße zum Anstieg der Temperatur beitrugen.

Man darf ferner nicht vergessen, daß nach dem Absterben des pflanzlichen Planktons im Ozean, das der Mangel an Sonnenlicht und der Säureregen im ersten Jahrtausend nach dem Impakt verursachten, im Meerwasser sehr wenig Kohlendioxid verbraucht wurde. Mit dem Absterben der Meeresflora hörte nämlich auch der Vorgang der Assimilation auf, bei der Pflanzen im Zuge der Photosynthese Kohlendioxid absorbieren, um daraus Zucker und Stärke zu gewinnen. In einem solchen Fall aber entläßt der Ozean das überschüssige Kohlendioxidgas in die Atmosphäre, was nicht zuletzt den Treibhauseffekt verstärkt. K. J. Hsü[94] schätzt, daß sich das Plankton erst nach rund 50 000 Jahren wieder erholt hatte.

Außerdem muß man noch in Betracht ziehen, daß der Impakt-bedingte ungeheure, anhaltende Lavaerguß auf dem Dekkan-Plateau in Indien (siehe S. 43) mehrere hunderttausend Jahre lang unter ständigem Entgasen große Mengen von Kohlendioxid in die Atmosphäre abgab. Auch dies trug dazu bei, daß der Treibhauseffekt noch länger andauerte. Da aber dieser Beitrag, wie man berechnete, lediglich ein zehntausendstel Prozent ausmachte, stellt der Vulkanismus in dieser Hinsicht keinen wesentlichen Faktor dar.[95] Auch wenn die Stimmen immer noch nicht ganz verstummt sind, die das Impaktgeschehen durch den leichter vorstellbaren Vulkanismus ersetzen möchten, wird dieser Theorie durch jede neue detaillierte Untersuchung der Boden entzogen. Die Dimensionen der beiden Vorgänge sind ebenso wie ihre Auswirkungen in keiner Weise miteinander vergleichbar.

Für das Leben bedeutete das lange anhaltende sehr warme bzw. heiße Klima am Beginn der Tertiärzeit einen zusätzlichen Streßfaktor. Bei vielen Familien von Organismen hätte dieser Umstand allein wohl schon genügt, daß sie ausstarben.[96] Laut Dewey McLean kann ein Temperaturanstieg von wenigen Grad Celsius für manche Saurier bereits Unfruchtbarkeit zur Folge gehabt haben; schon eine veränderte Bruttemperatur kann bei manchen Reptilien die Geschlechtsbestimmung der Nachkommen stören, so daß das Zahlenverhältnis zwischen weiblichen und männlichen Vertretern einer Gattung chaotisch wird.

Die hier dargelegten Berechnungen über die Temperaturerhöhung nach diesem Impakt sind methodisch gut abgestützt und auf überschaubaren Fakten aufgebaut. Ihre solide Grundlage beruht darauf, daß die Berechnung nicht nur mit den gleichen Methoden, sondern auch von denselben Spezialisten vorgenommen wurde, die sich lange Jahre mit den unmittelbar überprüfbaren klimatischen Auswirkungen dieses Treibhauseffektes befaßt haben.

Unabhängig davon verfügen wir seit 1978 über eine von Nick Shackleton in Cambridge in England entwickelte Methode, mit der man den Wahrheitsgehalt theoretischer Berechnungen von Temperaturschwankungen in der Vergangenheit direkt überprüfen kann. Shackleton hat die Sauerstoff-Isotopenmethode für die Temperaturbestimmung so sehr verfeinert, daß nun bereits ein einzelnes Kalkgehäuse einer millimeterkleinen, einzelligen Foraminifere (Klasse der Wurzelfüßer) aus Bohrkernen vom Ozeanboden oder aus Sedimenten am Festland genügt, um auf den Grad genau die Temperatur abzulesen, bei der sich die Kalkschale bildete. Wie das Ergebnis dieser Prüfung von Bohrkernen aus dem Südatlantik zeigte, die unmittelbar vom Beginn des Tertiärs im unteren Paleozän stammen[97], läßt sich der rasche Anstieg um die oben erwähnten 5 °C am Meeresgrund direkt nachweisen.

13. Massensterben als Folge des Impaktes

So sehr den Erdwissenschaftler die geologischen Folgen eines Großimpaktes interessieren mögen – noch näher berührt uns alle die Frage, wie das Leben auf unserem Globus mit einer solchen planetarischen Katastrophe fertig wurde. Wie wird das Leben an Land und im Meer, wie die Vegetation davon betroffen? Gibt es Organismen, die resistent sind gegenüber Flut, permanenter Nacht, Hitzeschock, Frost, Hunger, Gift, Strahlung bzw. gegenüber all diesen Bedrohungen zusammen? Hatte das Leben, das in seiner 3,8 Milliarden Jahre langen Existenz auf der Erde bereits viele andere bedrohliche Attacken überstanden hatte, daraus gelernt, auch diese schwere Krise mit Hilfe von Dauerformen, Hungerstadien, Vergraben im Schlamm, Mutationen u.a. in ökologischen Nischen zu überwinden?

Wir haben dank der gezielten, minuziös durchgeführten Untersuchungen der letzten Jahre zahllose genaue Antworten erhalten – was aber noch nicht bedeutet, daß alle Fragen nach den letzten Ursachen gelöst, alle Ergebnisse perfekt wären. Doch wir alle – einschließlich der Paläontologen und Biologen – haben durch die von Luis und Walter Alvarez ausgelöste Untersuchungsflut dazugelernt, viele, bis auf Lyell und Darwin zurückgehende Vorurteile abzulegen und den Mechanismus der Entwicklung des Lebens und die Faktoren, die die Evolution beeinflussen, in neuem, klarerem Licht zu sehen (siehe S. 422).

Hier zunächst das Ergebnis dieses kosmischen Eingriffes in das irdische Leben vor 66,4 Millionen Jahren durch den 10 km großen Boliden, der gegenüber der 12 735 km durchmessenden Erdkugel winzig anmutet, zumal deren Volumen mit 1083 Milliarden km^3 über zweimilliardenmal größer als das des Impaktors (knapp 524 km^3) ist: Für die Lebewesen auf dem Festland war es mit Weltenbrand und Sintfrost dennoch das Inferno, für die an Leben reichste, lichtdurchflutete, warme obere Meereszone aufgrund des supersauren Regens, der Strahlung und der Unterbrechung der Nahrungskette durch Ausfall der pflanzlichen Lebenstätigkeit in der permanenten Nacht ebenso eine Großkatastrophe. Tabelle 3 gibt einen Überblick über die Dauer der Streßfaktoren für das Leben im Gefolge des Endkreide-Impaktes (siehe S. 48).

Für den Bestand an Arten und Gattungen wirkte sich diese sehr spezielle Belastung durch den Impakt sehr selektiv aus und bedeutete keineswegs, daß in einem bestimmten Gebiet alle Lebewesen ausgerottet wurden: Manche Gruppen verschwanden zwar tatsächlich schlagartig und endgültig von der Erde, aber andere blieben praktisch unbehelligt. Fast fünfzig Prozent aller Gattungen fielen dem Endkreide-Impakt zum Opfer. Nach der Katastrophe wurden die Lücken aber überraschend schnell wieder geschlossen und die ausgerotteten Arten durch eine auffällig verstärkte Radiation, eine Entwicklungsexplosion neuer Arten, ersetzt. Das Leben hatte gesiegt und sogar eine derart tödliche Attacke aus dem Weltall überstanden.

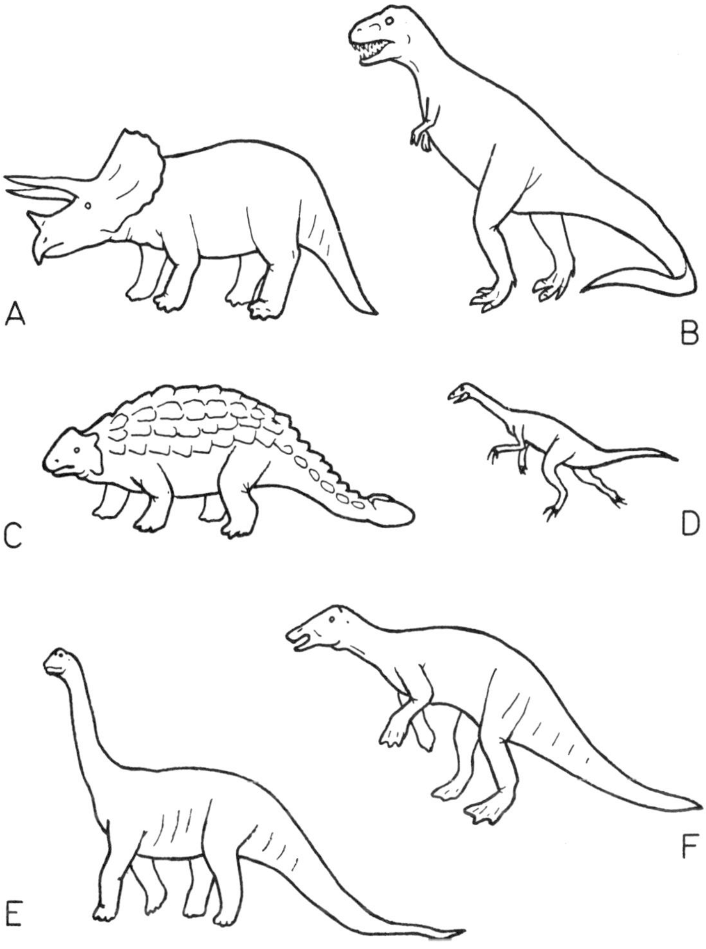

Abb. 18: Einige der letzten kretazischen Vertreter der Dinosaurier: A – Ceratopsier, B – Carnosaurier, C – Ankylosaurier, D – Coelurosaurier, E – Sauropoden, F – Hadrosaurus. – Aus E. Buffetaut 1984.

Ein paar Beispiele sollen im folgenden dieses unterschiedliche Verhalten aufzeigen, das sich aus den verschiedenen Lebensbedingungen der einzelnen Arten erklärt.

Klassisches Symbol für die Aussterbewelle am Ende der Kreidezeit ist das endgültige Abtreten der Dinosaurier. Obwohl sich gerade heute ein breites Publikum für den Untergang dieser riesigen Geschöpfe im Meso-

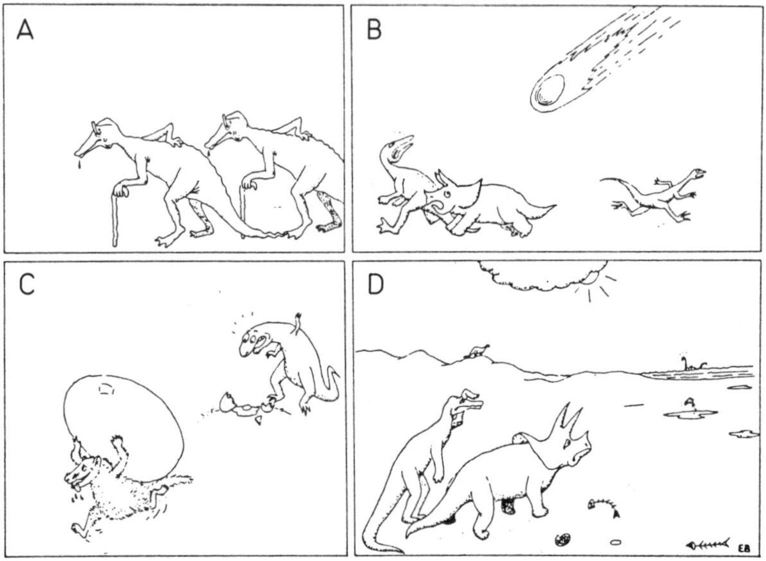

Abb. 19: Karikaturen zu den Aussterbetheorien über die Saurier: A – Vergreisung, B – Asteroidenimpakt, C – Konkurrenz der Säugetiere, D – Meeresrückzug. – Aus E. Buffetaut 1984.

zoikum interessiert, ist ihr Abgang im Zusammenhang mit dem Endkreide-Impakt keineswegs spektakulär. Stärker noch als bei anderen Tiergruppen hatte der merkliche Niedergang der Dinosaurier bereits 20 Millionen Jahre vor diesem Impakt eingesetzt, nachdem sie ihre Blütezeit in der mittleren Kreide gehabt hatten. Ihre Aussterberate war seitdem außergewöhnlich hoch. In der geologischen Zeitspanne des frühen Maastricht, etwa fünf Millionen Jahre vor dem Ende der Kreide, starb bereits ein großer Teil der Meeresreptilien aus; schon drei Millionen Jahre vor dem Endkreide-Impakt verschwanden auch die meisten Saurier des Festlandes (Abb. 18), so daß der Asteroideneinschlag nur mehr das Ende für ein gutes letztes Dutzend von Dinosauriergattungen bedeutete. Umstritten ist dabei noch, inwieweit der Impakt hierfür verantwortlich war, da ja früher, als man weniger intensiv suchte, immer nur wenige dieser seltenen Edelfossilien in den Grenzschichten selbst entdeckt wurden – sogar auf dem an Sauriern reichen nordamerikanischen Kontinent mit seinen vielen Funden in Alberta, Montana und Wyoming.[98] Es ist deshalb auch kein Wunder, daß sich gerade an dieser Frage die Gemüter der Opponenten erhitzt haben und der Dschungel an unbefriedigenden

Theorien noch immer nicht gelichtet ist (Abb. 19). Wie bei einer Reihe anderer Gruppen wird hier deutlich dokumentiert, daß der Endkreide-Impakt zwar manchen letzten Vertretern großer Tiergruppen den Todesstoß versetzte, daß aber dieser eine Impakt allein keineswegs eine universelle Erklärung für das Massensterben in der gesamten oberen Kreide liefert.

Daß die Dinosaurier in der Kreidezeit zuletzt ganz allmählich ausgestorben seien, wie bis vor kurzem behauptet wurde, wird durch die neueste, sehr gründliche Untersuchung eines Teams von zwölf Paläontologen unter der Leitung von P. M. Sheehan[99] widerlegt. Die Wissenschaftler haben in 15 000 Geländestunden Arbeit die durch ihre Saurierfunde berühmte Hell-Creek-Formation in Montana und Dakota analysiert und konnten dabei zeigen, daß am Ende der Kreide-Formation doch ein abruptes Erlöschen der Dinosaurier eingetreten ist, die in diesem Profil zuletzt noch mit vierzehn Gattungen vertreten waren.

Zu ähnlichen Ergebnissen gelangten auch P. D. Ward und Mitarbeiter[100] bei der Neuuntersuchung der Ammoniten der baskischen Küstenprofile in Spanien, wo neun verschiedene Arten bis dicht an die Kreide-Tertiär-Grenze verfolgt werden konnten.

Angesichts der früheren Erfahrungen wurde von vielen Autoren betont, daß bei Massensterben in der Erdgeschichte natürlich auch alle übrigen Faktoren, wie z.B. Klimawechsel, Meeresspiegelschwankungen, Eiszeiten, Vulkaneruptionen, erhöhte kosmische Strahlung beim Zusammenbruch des Erdmagnetfeldes bei Umpolungen, Unterbrechung der Nahrungskette aus diversen Ursachen und vieles andere mehr, stets mitbedacht werden mußten. Gerade dem letztgenannten Faktor schreibt der Pariser Wirbeltierspezialist Eric Buffetaut[101] die Hauptrolle beim Untergang der letzten Dinosaurier zu, nicht dem Klimawechsel und nicht einfach dem Impakt. Trotzdem aber war ebendieser Impakt gerade durch die Störung der Nahrungskette auch auf dem Festland entscheidend für das Aussterben.

Das schrittweise Abtreten ganzer Organismengruppen in der oberen Kreidezeit, auch schon vor dem »Dinosaurier-Impakt«, bildet weiterhin reichlich Diskussionsstoff in Fachkreisen. All die vielfältigen Möglichkeiten, die neben Impakten als Ursachen genannt werden, liefern jedoch keine wirklich überzeugenden, widerspruchsfreien Gründe für ein solches Aussterben. Eine durchaus plausible Erklärung für ein allmähliches Aussterben innerhalb eines kurzen geologischen Zeitraumes wären aber, worauf Alvarez selbst aufmerksam gemacht hat, mehrere Einschläge von kosmischen Geschossen nacheinander, die auch zur selben Meteoritenfamilie oder zum selben Kometenschwarm gehören können.

So wird gerade jetzt wieder diskutiert, ob die Häufung der großen Krater in Amerika und Nordrußland aus der Zeit der allerobersten Kreide auf den Dinosaurier-Impakt zurückgeht und ob sie mehr oder weniger gleichzeitig entstanden sind[102] (siehe S. 36 f.) oder aber eine Abfolge von unabhängigen Impakten darstellt, die innerhalb einer – geologisch gesehen – kurzen Zeitspanne erfolgt sind. Trotz aller radiometrischen Bestimmungsmethoden ist auch heute eine präzise Festlegung des Alters der einzelnen Krater noch immer nicht möglich.

All die oben genannten lebensbedrohenden Faktoren lassen sich jeweils durchaus auch als Folgen eines Impaktes interpretieren, selbst wenn wir nicht in jedem Fall den zugehörigen Krater kennen. Vergessen wir nicht, daß nur ganz wenige Krater von der Vielzahl, die in der langen Erdgeschichte entstanden, bis heute erhalten geblieben sind. Ozeanböden und Festland sind im Laufe der viereinhalb Milliarden Jahre langen Erdentwicklung fast völlig umgestaltet, abgetragen, aufgeschmolzen oder von jungen Sedimenten verdeckt worden, wie auf S. 278 näher ausgeführt wird. Es gibt keinen Zweifel, daß die Erde ebenso wie alle anderen Planeten von Impaktkratern völlig gezeichnet war und daß sie wegen der stärkeren Anziehungskraft noch stärker zerkratert war als der Mond. Die Berechnung der Häufigkeit irdischer Impakte aufgrund der astronomischen Daten über die Dichte des Asteroiden- und Kometenflusses ist ebenfalls aufschlußreich: Noch zu Beginn der achtziger Jahre schätzte man die Einschlagshäufigkeit von 1 km großen Planetoiden auf ein Mal je 250 000 Jahre und die von ebenso großen Kometen auf ein Mal pro 1 Million Jahre. Heute jedoch wird die Zahl der Kometen, die die Bahn der Erde um die Sonne kreuzen, schon mit viermal so hoch wie die der Asteroiden angegeben. Aber auch schon Weltkörper mit 0,5 km Durchmesser verursachen bei einem Einschlag im Ozean eine Sintflutwoge und können Massensterben hervorrufen. Solche Impakte ereignen sich nach den Berechnungen der Astronomen durchschnittlich alle 55 000 bis 100 000 Jahre (S. 327). Daß diese Schätzungen als Minimalwerte durchaus glaubwürdig sind, zeigt wohl auch der Umstand, wie schwer sogar so große und so junge Einschläge wie der Sintflutimpakt, der erst vor ungefähr 9545 Jahren erfolgte, für den Geologen faßbar sind.

Aus alledem ergibt sich schlüssig, daß Impakte in einem bisher absolut unterschätzten Ausmaß für das massenhafte Aussterben in der Entwicklungsgeschichte des Lebens verantwortlich sind. Die häufig angeführten weiteren Faktoren gehen wohl in überwiegender Zahl auf solche, in der Erdgeschichte unglaublich häufigen Impakte zurück. Wenn wir rund alle 50 000 Jahre bereits mit lebensbedrohenden Impakten von mindestens 0,5 km großen Geschossen rechnen müssen und mindestens alle paar hunderttausend Jahre entsprechend größere Impakte mit Geschossen von 1 km Durchmesser zu erwarten sind, dann lassen sich alle erfaßten Fälle von Massensterben ebenso wie alle kleineren Zäsuren der Erdgeschichte sehr leicht verstehen und erklären. Die nennenswerten Aussterbeereignisse treten dann nämlich in unvergleichlich geringerer Zahl auf als die bedeutenden Impakte, nämlich im Abstand von etlichen Jahrmillionen und nicht nur von Jahrhunderttausenden. Damit haben wir auch keinerlei Schwierigkeiten mehr, zu verstehen, warum ganze Gruppen von Faunenelementen auch vor, nach und zwischen den verheerenden Großimpakten schrittweise ausstarben.

Wir verstehen somit auch leicht die etwa für die amerikanische Paläontologin Gerta Keller so verblüffend scharfen kleineren Einschnitte in den Mikrofaunen vor und nach dem großen Endkreide-Impakt (S. 83). Zwar könnte man hierzu auch die Erklärung von Alvarez über den Einfall eines Asteroidenschwarmes akzeptieren, aber ein solcher ist gar nicht notwendig, denn die Erdgeschichte und damit auch die Evolutionsgeschichte sind durch einen regelmäßigen Einfall solcher Impaktoren gekennzeichnet.

Man störte sich nur daran, daß mit diesen Einschnitten, diesen Fällen von schrittweisem Aussterben, häufig keine Iridiumanomalien verbunden waren, also scheinbar kein Hinweis auf einen Impakt vorlag. Aber inzwischen wissen wir, daß Iridium keineswegs eine Bedingung für das Vorliegen eines Impaktes darstellt. Bei den wesentlich häufigeren Kometenimpakten verrät oft keine Spur dieses Elementes im Sediment, daß hier ein Himmelskörper eingeschlagen ist, weil Kometen nur einen geringen Iridiumgehalt aufweisen. Andererseits erzielen gerade Kometen, die eine wesentlich höhere Geschwindigkeit als Planetoiden besitzen, eine wesentlich höhere Explosionskraft und verursachen damit auch eine dementsprechend größere Schadwirkung.

Die hohe Impaktrate auf der Erde, die sich von den Astronomen besser als von den Geologen ermitteln läßt, rechtfertigt zusammen mit dieser hohen Zahl kleiner, aber scharfer Faunenschnitte heute mehr denn je die volle Anerkennung der Katastrophenlehre – in noch breiterem Umfang, als Cuvier, Orbigny und Alvarez glaubten. Als eindringliche Warnung vor Fehleinschätzungen mag der vollkommen übersehene Sintflut-Impakt dienen, der fast vor unseren Augen stattfand und die Menschheit hart an den Rand der Ausrottung brachte, aber für einen oberflächlichen Beobachter keinerlei Spuren hinterlassen hat.

Für den Würgegriff des Endkreide-Impaktes haben wir heute jedenfalls dank der Fortschritte der Untersuchungen zahlreiche unbestreitbare Zeugnisse – so auch etwa, daß weltweit alle Landtiere mit einem Körpergewicht von mehr als 25 kg ausgelöscht wurden. Die selektiven Auswirkungen auf die kleineren Landtiere stechen ins Auge: Süßwasser-Wirbeltiere wie etwa Krokodile sowie Schildkröten und Vögel (!) blieben ungeschoren; bei den Säugetieren traf es vorwiegend die Beuteltiere.

Vom Impakt besonders stark betroffen wurden die Landpflanzen, was ja angesichts des mit dem Einschlag verbundenen Weltenbrandes nicht verwunderlich ist. Aus der Analyse der Sporen und Pollen des Grenztones ergab sich – zunächst aus den Untersuchungen von R. H. Tschudy und B. D. Tschudy 1986 in den USA – eine kurzfristige drastische Abnahme der Blütenpflanzen zugunsten der Farne. Der Anteil der Farne stieg nach dem Impakt im Pollen-Sporen-Diagramm der untersuchten Sedimentproben fast explosionsartig von 5 auf 90% an. Daneben schoben sich noch Taxodien (Sumpfzypressen) und Zypressen in den Vordergrund. Diese Farnspitze (»fern spike«) in den Diagrammen ist nicht nur in Nordamerika, sondern auch in Untersuchungen auf Hokkaido in Japan sowie in Europa in Österreich aufgefallen.[103]

Die Untersuchungen von R. F. Fleming und D. J. Nichols aus Boulder in Colorado haben 1990 gezeigt, wie abrupt der Einschnitt im Pflanzenleben an dieser Grenze eintritt, indem wenige Zentimeter über dem Iridiumhorizont das Sporenspektrum im Sediment auf 70 bis fast 100% zugunsten der Farne umschlägt, unabhängig vom Gesteinsuntergrund, und zwar im gesamten untersuchten Raum Nordamerikas, von New Mexico im Süden bis Saskatchewan in Kanada. Stets haben diese Farne als Pionierpflanzen auf dem verwüsteten Boden in riesiger Zahl, allerdings nur mit einer oder wenigen besonders geeigneten Arten, rasch Fuß fassen können.

Da Pflanzen aber mit Hilfe von resistenten Samen, Sporen und Wurzelsystemen mannigfaltige Umweltkatastrophen besser überstehen können als die meisten Tiere, vermochten sie sogar diese gewaltige Zäsur bald zu überwinden. Die kurzfristige Zerstörung der Umwelt wurde überraschend schnell bewältigt, indem die Angiospermen, d.h. die bedecktsamigen Blütenpflanzen, wiedererstarkten, auch wenn sich die Artenzahl danach deutlich in Grenzen hielt.

J. A. Wolfe und G. R. Upchurch[104] vom Geologischen Dienst in Denver haben die fossilen Blattfloren aus diesem Grenzniveau im »westlichen Binnenland« der USA zwischen New Mexico und Montana sowie in Alberta in Kanada untersucht und dabei dieses in geologischer Sicht kurzzeitige Drama der Vegetation eindringlich dokumentiert, das sich dort in der Zerstörung der immergrünen Flora manifestierte: 75% der Arten der obersten Kreidezeit des beispielhaft genau untersuchten Raton-Beckens in New Mexico sind im untersten Alttertiär verschwunden, besonders die Magnoliengewächse. Ein ähnliches Massensterben erfaßte auch die Flora im Raum Denver und weiter nördlich. Diese spezifische Auslese in der Flora deutet auf einen Impaktwinter als Ursache hin. Erwähnen sollte man dabei auch, daß im Vegetationsbild dieser Region in den letzten Millionen Jahren vorher keine nennenswerte Änderung zu registrieren ist; anders als bei den Dinosauriern war die Katastrophe für die Pflanzenwelt am Ende der Kreidezeit durch keine Vorzeichen angekündigt gewesen. Weitere detaillierte Untersuchungen dieser Art in den USA erbrachten ähnliche Ergebnisse: In Norddakota z. B. überstanden nur 21% der Endkreideflora diese Zäsur.[105]

Alle Paläobotaniker, die in jüngster Zeit die Pflanzenbestände an der Kreide-Tertiär-Grenze gründlich untersucht haben, betonen, wie scharf der Einschnitt war und wie stark sich die Zusammensetzung der Flora veränderte, und sprechen stets von einem dramatischen Florenwechsel.

Das explosionsartige Farnwachstum auf den vom Sintbrand heimgesuchten kahlen Flächen wird aus gleichartigen Beobachtungen der Gegenwart verständlich. Farngemeinschaften treten auch heute auf den Gesteinswüsten nach Großausbrüchen von Vulkanen in der Tropenzone an die Stelle der vernichteten alten Pflanzengesellschaft. Ja sogar auf den heimischen Kahlschlägen in den alpinen Wäldern rückt der Farn als Pionier zuerst nach.

Daß der Impakt die Flora in den einzelnen geographischen Breiten Amerikas in unterschiedlichem Ausmaß schädigte, führte K. H. Hsü[106] auf die jahreszeitlichen Vegetationsunterschiede zurück. Wenn der Impakt im späten Nordfrühling stattfand, traf er die sprossende Vegetation im südlichen Teil der Vereinigten Staaten am stärksten, die schlafenden blattlosen Wälder des hohen Nordens (die dort vom unmittelbaren Brand übrigens verschont blieben) kaum noch und die zur Herbstruhe gegangenen Wälder des Südkontinentes nur in geringem Maße. Genau das haben die Nord-Süd-Vergleiche ergeben, die Leo Hickey vom Smithsonian-Institut anhand der Schädigung der Flora vornahm.

Der riesige Ozean jedoch, so würde man zunächst annehmen, müßte sich aufgrund seiner Größe und Pufferfähigkeit auf extreme Temperaturen, Umweltgifte, erhöhte Strahlung und andere Bedrohungen bremsend und ausgleichend auswirken und auf diese Weise seinen Lebensraum besser schützen. Das gilt zum großen Teil auch tatsächlich für die Tiefen des Ozeans. Die optimale Lebenszone im Ozean aber ist nun einmal die oberste, von Licht und Sauerstoff durchströmte, warme Zone, in der in der Schelfregion in Küstennähe die auf dem Grund lebende Fauna ihre reichste Entfaltung erreicht und auf hoher See pflanzliches und tierisches Plankton in Form von Myriaden einzelliger Klein- und Kleinstlebewesen dieses Biotop erfüllt und zugleich die Grundlage für die Ernährung der übrigen Lebewelt bildet.

Gerade diese vom Leben durchpulste oberste Zone wird aber vom Impaktschlag voll getroffen: Die monatelange Finsternis blockiert die Assimilation, also die Synthese der Bausteine des Lebens mit Hilfe des Lichtes, vollkommen. Die pflanzlichen Einzeller und Algen sind dem Tode geweiht. Damit aber ist auch die Nahrungskette unterbrochen, die das Überleben der höheren Organismen ermöglicht. Die erhöhte UV-Strahlung schädigt das Leben der oberflächennahen Meeresschicht. Der supersaure Regen und die vom Festland kommenden angesäuerten Flüsse führen dazu, daß die Küstengewässer von einer leicht alkalischen in eine saure Reaktion umschlagen, die eine für das Leben feindliche Umgebung schafft. Dasselbe bewirkt der steigende Gehalt an Kohlendioxid und Kohlensäure, weil nach dem Absterben der Meeresflora kein Kohlendioxid mehr für die Assimilation verbraucht wird. Das Oberflächenwasser wird in steigendem Ausmaß angesäuert und wirkt korrosiv – auf die kalkschaligen Mikroorganismen des Meeres ebenso wie auf die Kalkschalen der auf dem Meeresboden lebenden Muscheln, Armfüßer, Korallen usw. in der seichten Schelfregion vor den Küsten.

Das Ergebnis dieses theoretisch ableitbaren Vorganges sieht man erschreckend deutlich in den Sedimentlagen des untersten Alttertiärs unmittelbar über der Impaktschicht[107]: Die Coccolithophoriden (planktonische Flagellaten mit kleinen Kalkplatten), einzellige Nannofossilien, d.h. sehr kleinen Fossilien, die in der Kreidezeit in so riesiger Zahl auftraten, daß sie sogar Kalkgestein bildeten, wurden an oder unmittelbar über der Impaktgrenze schlagartig fast zur Gänze ausgemerzt. Etwa 85% der kretazischen Arten dieser Organismengruppe erloschen für immer. Den planktonisch in der obersten Meereszone dahintreibenden kalkschaligen Foraminiferen, bei denen es sich ebenfalls um einzellige Kleinstlebewesen handelt, erging es ähnlich. Mindestens zwei Drittel aller in der Kreidezeit lebenden Arten dieser Gruppe starben im unmittelbaren Grenzbereich aus, aber wahrscheinlich war der Prozentsatz noch wesentlich höher. Die wenigen Arten von Kleinstlebewesen, die noch bis zum Tertiär überlebten, verschwanden ebenfalls innerhalb von kurzer Zeit, so daß sich das alttertiäre, aus Foraminiferen bestehende Plankton im Meer erst mit der Entwicklung neuer Arten aufbauen konnte. Die gründlichen Untersuchungen, die Gerta Keller von der Princeton-Universität ab 1989 an verschiedenen Kreide-Tertiär-Grenzprofilen, vor allem an der schönen Schichtfolge von El Kef in Tunesien, durchführte, haben die Fachwelt zunächst aufhorchen lassen: Das Massensterben dieser Mikrofauna vollzieht sich dort nicht, wie man erwarten würde, nur an dem durch seinen Iridiumreichtum markierten Grenzhorizont, sondern stufenweise insgesamt in vier übereinanderliegenden Niveaus unterschiedlichen Alters, nämlich 25 cm und 7 cm unter der Grenztonlage, dann in dieser selbst und außerdem 15 cm darüber. Man könnte diese Erscheinung dahingehend deuten, daß damals nicht ein kompakter Asteroid, sondern ein Schwarm von Weltkörpern niederging, dessen einzelne Bestandteile mit zeitlicher Verzögerung nacheinander eingeschlagen haben sollen.

Auf eine weitere Möglichkeit zur Erklärung solcher oder ähnlicher in der Erdgeschichte wiederholt auftretender Aussterbemuster, die sich in distinkten, klar voneinander abgegrenzten Teilschritten vollziehen, haben jüngst die amerikanischen Forscher P. H. Schultz und D. E. Gault[108] hingewiesen. Bei Einschlägen mit sehr flachem Einfallswinkel kommt es – wie schon erwähnt – dazu, daß das kosmische Geschoß abprallt und dabei in unterschiedlich große Fragmente zerbricht. Diese Trümmer können Serien von weiteren Impakten verursachen, wobei einzelne Einschläge möglicherweise bis zu einer Million oder mehr Jahre nach dem eigentlichen Impakt erfolgen. Dies tritt dann ein, wenn die Gesteinsbrocken in eine kreisförmige Umlaufbahn um die Erde hochgeschleudert werden und einen Ring bilden, bevor sie später nach und nach auf die Erde zurückstürzen. Dabei ist es sogar möglich, daß der erste, abprallende Einschlag überhaupt nicht durch Iridium-Fallout nachweisbar ist, wohl aber durch Hitze und Verseuchung der Atmosphäre ein Massensterben bewirkt hat. An diesen »Vorläufer« kann sich dann eine Kette neuerlicher Einzelschritte eines Aussterbens anschließen, die jeweils auf den Absturz eines weiteren Großfragmentes aus diesem Trümmerring zurückgehen. Dieser Mechanismus ist keineswegs unwahrscheinlich, da ja sogar bei dem einzigen von Menschen miterlebten und ausführlich beschriebenen Impakt, nämlich dem Sintflut-Impakt, der einschlagende Weltkörper in Trümmer ging und die letzten Fragmente – laut etlicher Indianermythen – mit erheblicher zeitlicher Verzögerung einschlugen (siehe S. 126).

Auch für die übrigen als Plankton im obersten Lebensraum des Meeres dahintreibenden Mikroorganismen, wie etwa die kieselschaligen Radiolarien (Strahlentierchen) oder die opalschaligen Diatomeen (Kieselalgen) bedeutete die Zäsur an der Kreide-Tertiär-Grenze zugleich ein tiefgreifendes Massensterben.

Zu diesem Bild paßt auch genau die Mitteilung[109], daß in erster Linie diejenigen Meeresorganismen ausstarben, deren Larven eine planktonische Lebensweise nahe der Meeresoberfläche führten, wie z.B. die Ammoniten, während ihre eierlegenden Verwandten, die Nautiliden, überlebt haben.

Von den größeren Meeresbewohnern trat am Ende der Kreide eine Reihe erdgeschichtlich einst bedeutender Gruppen endgültig ab, wie etwa Ammoniten, Belemniten, Inoceramenmuscheln usw. Im Gegensatz zur Mikrofauna kündigte sich dieses Verschwinden ähnlich wie bei den Dinosauriern schon vorher in der Kreide deutlich an, so daß der Endkreide-Impakt nur den letzten Akzent setzte.[110]

Nun aber haben zwei soeben abgeschlossene neue Untersuchungen mit der Voreingenommenheit vieler Fachleute aufgeräumt, daß gerade die Dinosaurier und die Ammoniten die Kreide-Tertiär-Grenze gar nicht mehr mit einer nennenswerten Zahl von Arten erreicht hätten, sondern daß sie fast alle schon lange vorher verschwunden gewesen seien. Der Geologe P. D. Ward von der Universität Washington und seine Mitarbeiter[111] konnten nachweisen, daß in den berühmten Profilen der Kreide-Tertiär-Grenzschichten in der Biskaya in Frankreich und Spanien immerhin acht bis zehn Ammonitenarten der Kreidezeit bis dicht an die Formationsgrenze heranreichen. Man fand sie bis 1 m, ja sogar bis 15 cm unterhalb des Grenzhorizontes – wobei ja immer der Zufall mitspielt, wie viele solcher Fossilien in den vorhandenen Aufschlüssen gerade anzutreffen sind. Ähnliche Erfahrungen machte man jüngst – wie zuvor erwähnt – in der bekannten Hell-Creek-Formation in Montana und Dakota, wo man mit äußerster Sorgfalt Dinosaurierknochen sammelte, die ja noch seltener zu finden sind: In dieser 90m mächtigen Serie der obersten Kreide konnte man bis 60 cm unterhalb der Iridium-Grenzschicht immer wieder Überreste von Dinosauriern antreffen – im oberen Drittel der Formation noch immerhin von acht Familien mit jeweils bis zu drei verschiedenen Gattungen, so daß hierdurch nun doch das vieldiskutierte abrupte Ende der Dinosaurier belegt ist.[112]

Auch in der Gruppe der Brachiopoden (Armfüßer) hatte der Endkreide-Impakt verheerende Auswirkungen, denn an der Grenzschicht starben ohne Vorankündigung über 70 % des reich entwickelten Artenspektrums aus, wie Marianne Bagge-Johansen von der Universität Kopenhagen im Jahre 1988 an Fundstellen in Nordwesteuropa zeigte. Die hohe Empfindlichkeit gegenüber ungünstigen Umweltfaktoren ist von den wenigen noch heute lebenden Vertretern dieser muschelartig aussehenden Meerestiere wohlbekannt.

Um das Ausmaß der negativen Auswirkungen des Impaktes auf das Leben im Meer zu erfassen, haben wir aber nicht nur diese Methode zur Verfügung, das Aussterben bestimmter Fossilarten in den Schichtfolgen der einstigen Meeresablagerungen zu überprüfen. Wir können heute auch mit geochemischen Methoden das quantitative Ausmaß des Aussterbens der Biomasse im Meer zu einem bestimmten Zeitpunkt feststellen, indem wir Bohrkerne entsprechend alter Ozeanböden analysieren, die heute von Bohrschiffen sogar aus der Tiefsee gezogen werden können. Diese Untersuchungsmethoden beruhen darauf, daß nach dem Absterben der Meerespflanzen, wenn keine Assimilation mehr stattfindet, auch kein Kohlendioxid aus dem Meerwasser von Pflanzen aufgenommen wird und sich somit das Wasser an der Oberfläche immer stärker mit Kohlendioxid anreichert. Diese Anreicherung mit Kohlendioxid und Kohlensäure führt so weit, daß bei Sättigung kalkige Sedimente gelöst werden und nur noch toniges Material zur Ablagerung gelangt. Diese Situation wird weltweit durch die rein tonigen, kalkfreien, nur Zentimeter dicken Impakt-Grenztone dokumentiert – und zwar nicht nur beim Endkreide-Impakt, sondern auch bei den entsprechenden großen Impakten der übrigen Erdgeschichte.[113]

Wie lange es dauert, bis die geschilderten lebensfeindlichen Bedingungen eines solchen toten Ozeans überwunden sind, zeigen die Untersuchungen an der Kreide-Tertiär-Grenze, wo die geringe Produktivität durch Organismen im seichten Ozeanwasser[114] mindestens eine Million Jahre anhielt. Erst zwei Millionen Jahre nach diesem Impakt hatte sich die Biomasse in den Gewässern an der Ozeanoberfläche wieder erholt.

Die erwähnte Überprüfung der Sedimente aus der Zeit des ältesten Tertiärs, unmittelbar nach dem Impakt, hat uns die traurige Bestätigung dafür gegeben, daß das Leben in der sonst gerade an Lebewesen reichsten Zone des Ozeans praktisch erloschen war.

Als weiterer Beweis dafür, wie lebensfeindlich diese Umgebung im Meer geworden war, kommt die Schwarzfärbung des oberen Teiles des Grenztones hinzu. Riesige Mengen der auf dem Festland zerstörten, abgestorbenen Biomasse gelangten mit den Flüssen ins Meer, wo dieses Material auf dem Grund vermoderte und dabei dem Wasser den Sauerstoff entzog, der zum Atmen und damit zum Überleben der Meeresorganismen notwendig war. So entstand ein toniges Sediment, das von den gewaltigen Kohlenstoffmengen schwarz gefärbt wurde und heute, bereits für das freie Auge sichtbar, die lebensfeindliche, sauerstofflose Umgebung anzeigt. Wenn in der Erdgeschichte ein Impakt stattgefunden hat, ist der Grenzton immer im unteren Teil noch rot gefärbt; zunächst steht nämlich genug Sauerstoff zur Verfügung, daß das Eisen, das im Sediment stets in Spuren vorhanden ist, oxidiert, d.h. rostet. Die obere Partie des Grenztones dagegen schlägt aus dem obengenannten Grund in Grau bis Schwarz um.[115]

Dank der überaus genauen geologisch-geochemischen Untersuchung dieser Kreide-Tertiär-Grenzschichten an zahlreichen Stellen der Erde, anhand von Gesteinsschichten in natürlichen Anrissen auf dem Festland ebenso wie in Bohrkernserien aus den Tiefen der Ozeane, ist nun minuziös geklärt, wie einer der berühmtesten Fälle von Massensterben in der Erdgeschichte ablief, welches Ausmaß er hatte und wie lange er dauerte. Das alte Rätsel, daß in der Vorgeschichte ganze Tierstämme plötzlich von unserem Planeten verschwunden sind, ist der Lösung um einen entscheidenden Schritt näher gerückt. Ähnliche Geschehen wie bei dem hier geschilderten Endkreide-Impakt ereigneten sich an den übrigen großen Zäsuren, die aus der Erdgeschichte bekannt sind (Tab. 5). So an der Grenze vom Präkambrium zum Kambrium vor rund 570 Millionen Jahren, wo alle älteren Lebensformen hinweggerafft wurden und das Leben völlig neu beginnen mußte. Zu tiefen Einschnitten kam es danach am Ende des Ordoviziums (vor 440 Millionen Jahren), im Oberdevon am Ende der Frasnienstufe (vor 367 Millionen Jahren), an der Wende vom Perm zur Trias – zugleich die Grenze vom Erdaltertum zum Erdmittelalter – vor 245 Millionen Jahren, am Ende der Trias (vor 208 Millionen Jahren) und schließlich an der Wende von der Kreide zum Tertiär, die gleichzeitig die Grenze vom Erdmittelalter zur Erdneuzeit repräsentiert (vor 66,4 Millionen Jahren).

Obwohl das massenhafte Aussterben von Arten und Gattungen auf unterschiedliche *unmittelbare* Ursachen zurückgeht, war bei diesen fundamentalen Einschnitten mit großer Sicherheit jeweils ein Impakt das primäre, auslösende Moment. Eindrucksvoll ist der geologische Befund an Grenzen, an denen sich abrupt weltweit die für Impakte charakteristische schmale Grenztonlage entwickelt hat. So konnten wir z.B. in China landesweit an fünf Aufschlüssen, die in detaillierter Weise durch Aufgrabungen freigelegt worden sind, Proben von dieser wenige Zentimeter dicken, hier übrigens nur in geringen Mengen Iridium enthaltenden Grenztonlage zwischen dem fossilreichen Perm und der darüberliegenden, durch Claraia-Muscheln belegten Trias entnehmen und feststellen, daß sich diese Tonschicht völlig unabhängig von den damals auf der Erde herrschenden Bedingungen – wie sie sich anhand der angrenzenden Sedimente ablesen lassen – gebildet hat. Die Seichtwasser-Fusulinidenkalke des Perms in der Schicht darunter sind ebenso scharf gegen den Grenzton hin abgeschnitten wie die darüberliegenden sandigen Werfener Schichten der Untertrias.

Impakte haben auf die bedeutenden Einschnitte in der Entfaltung des Lebens einen entscheidenden Einfluß. Man hat in Verkennung dieser Tatsache vielfach auch noch nach Alvarez den Fehler gemacht, einen Impakt dann anzunehmen, wenn übermäßig hohe Mengen an Iridium oder anderen Metallen der Platingruppe auf eine außerirdische Quelle hindeuten. Diese Ansicht ist jedoch grundsätzlich verfehlt. Man hat dabei nämlich vergessen, daß gerade bei den großen Impakten aufgrund der gigantischen Explosionen zumeist in erster Linie das Material des Impaktors selbst samt seinem Iridium mit einer Wucht, die weit über der Entweichgeschwindigkeit für die Erde (11,2 km/s) liegt, ins Weltall zurückgeschleudert worden ist. Und ebenso hat man vergessen, daß die noch häufigeren Kometenimpakte von vornherein keine größeren Iridiummengen besitzen. Wir haben heute aber genügend andere Kriterien zum Nachweis von kosmischen Einschlägen zur Hand (S. 276 ff.).

14. Das Post-Impakt-Szenario – die Explosion neuen Lebens

Erst in jüngster Zeit hat sich die Forschung verstärkt der Frage zugewandt, was nach dem Massensterben im Gefolge von Impakten geschah, und die Radiation, die explosionsartige Entfaltung neuen Lebens nach der Katastrophe, zum Thema ihrer Untersuchung gewählt. Auch an der Wende zum Tertiär sind durch das große Aussterben, das der Endkreide-Impakt verursachte, weite Lebensräume frei geworden. Denken wir daran, daß am Ende der Kreidezeit nicht nur fast die Hälfte aller Gattungen, sondern auch ganze Ordnungen im Tierreich abgetreten sind.

Jenes Leben aber, das allen Attacken widerstehen konnte, erhielt dadurch neue Chancen, die sofort genutzt wurden. Vielleicht hatte sogar die erhöhte radioaktive Strahlung, die jeder Impakt durch eine gewaltige Produktion des radioaktiven Kohlenstoffisotopes ^{14}C hervorruft, eine erhöhte Mutationsrate im Erbgut der Organismen zur Folge. Tatsache ist jedenfalls, daß im Tertiär sogleich eine explosive Entfaltung der planktonischen, im Meer lebenden Einzeller einsetzte. Dieser Lebensraum war ja weitgehend frei, weil der Impakt seine Bewohner vernichtet hatte. Anstelle der Globotruncanen, der einzelligen Kalkschaler, die vorher bei den Foraminiferen dominierten, füllten nun rasch riesige Mengen von Globorotalien und neuen Globigerinen-Arten den Leerraum auf. Und mit dem Verschwinden der Saurier hatten nun endlich auch die Säugetiere ihre große Chance. Diese waren zwar schon in der oberen Trias-Formation, also bereits rund 200 Millionen Jahre früher, auf der Erde erschienen, führten aber offenbar wegen der beherrschenden Stellung der Saurier das ganze restliche Mesozoikum bis zum Ende der Kreide ein kümmerliches Schattendasein: Sie traten nur in spärlicher Zahl auf, waren kleinwüchsig und hatten meist ein Körpergewicht von weniger als 100 Gramm. Da sie Warmblüter waren, konzentrierte sich ihre Aktivität vermutlich auf die Nachtzeit, wenn sie kaum Gefahren seitens der Saurier fürchten mußten. Mit dem Tertiär entwickelte sich rasch eine Fülle neuer Ordnungen von Säugetieren, so daß diese bald zu den Beherrschern des Festlandes wurden.

Vom Dinosaurier-Impakt zum Sintflut-Impakt

Die Analyse des Sintflutablaufes

Seit dem letzten Jahrzehnt haben die Erdwissenschaftler in intensiver Forschung das Wesen, die Häufigkeit und die Auswirkungen von kosmischen Einschlägen auf unserem Planeten geklärt. Damit haben wir nun einen erstaunlich gut passenden Schlüssel zur Hand, um die Überlieferungen von einer Sinflutkatastrophe, die in den Berichten mit Flut, Sturzregen, Sintbrand und Sintfrost verbunden ist und deshalb in verdächtiger Weise auf einen Impakt als Ursache hindeutet, neu zu überprüfen. Und zwar diesmal mit dem Auge des Naturwissenschaftlers und dem modernen Wissen des Erdwissenschaftlers, der den prinzipiellen Ablauf bei Impakten kennt.

Dank dieser detaillierten Kenntnisse können wir nun erstaunlich leicht den realitätsbezogenen Kern der Legenden vom schmückenden Beiwerk trennen. Für die Analyse des schier unüberschaubaren Sagengutes der Menschheit über die Sintflut gibt es sogar eine ganz präzise Vorgehensweise: Wir gehen denselben Weg, dessen 13 Einzelstationen wir bereits herausgearbeitet haben, als wir die zeitliche Abfolge des Endkreide-Impaktes anhand der erhaltenen geologischen Zeugnisse untersucht haben. Dieselben 13 Stationen darf man auch für den Sintflut-Impakt annehmen, der prinzipiell in analoger Weise abgelaufen sein wird, so daß wir uns einfach an die im vorangehenden Kapitel vorgestellten Einzelschritte, vom Einschlag (Punkt 1) angefangen bis zum Massensterben (Punkt 13), halten werden.

Alle Berichte des ungeheuer großen völkerkundlichen Mythenschatzes, der zur Sintflut vorliegt, werden wir zunächst als gleichwertig, als gleich wertvoll betrachten und analysieren. Wir werden uns von vornherein keiner Wertung oder Rangordnung beugen, wie dies die großen Naturwissenschaftler, die sich bisher mit dem Thema befaßten, so häufig taten: Weder wird die Heilige Schrift, deren hebräische Sintflutlegende in der Genesis aus zwei unabhängigen älteren Berichten zusammengesetzt ist, die bevorzugte Quelle sein, noch werden wir uns von dem altbabylonischen Heldenepos leiten lassen, das zahlreiche Hinweise auf die Sintflut enthält, dem Gilgamesch-Epos der Sumerer, das ab 2000 v. Chr. schriftlich festgehalten wurde. All die Versuche (einschließlich unserer eigenen ersten Schritte), sich vorwiegend auf diese oder wenige herausragende Epen zu stützen, sind daran gescheitert, daß darin vom Gesamterlebnis »Sintflut« der Menschheit im Vergleich zu den Informationen, die die vielen hundert Mythen insgesamt bieten, viel zu wenige konkrete Einzelheiten über das Naturphänomen selbst enthalten sind, um auch nur eine halbwegs solide Basis für die Deutung zu liefern.

So ist ja auch – wie eingangs erwähnt – der sonst in fast allen geologischen Grundfragen erfolgreiche Erdwissenschaftler, der Wiener Geologe Eduard Sueß, gerade bei der wissenschaftlichen Deutung der Sintflut gescheitert, weil er sich auf ebendiese zu schmale Basis stützte. Er hatte 1885 in dem großartigen Einleitungskapitel seiner geologischen »Bibel«, »Das Antlitz der Erde«, versucht, die Sintflut als eine Kombination aus Seebeben und Zyklone (Orkan als Auswirkung eines Tiefs) zu interpretieren, wobei er sich nur auf Mesopotamien als Schauplatz des Geschehens beschränkte.[116]

Ähnlich wie dieser Versuch von Sueß sind all die vielen Deutungsansätze gescheitert, die sich gleich zu Beginn tief in die biblisch-babylonische Tradition verstrickt und darin in mühevoller Exegese Zeile um Zeile gedreht und gewendet haben, um den Faden zu finden, der zum Kern des Ereignisses führt. Wir werden deshalb hier darauf verzichten, das mit der Sintflut verknüpfte Gilgamesch-Epos und seine Ableger – wie es sonst bei solchen Gelegenheiten stets üblich ist – in breiten Zügen darzustellen, auch wenn manche Passagen dieser Mythe, in blumenreicher Sprache abgefaßt und von orientalischer Denkweise geprägt, sogar heute noch lebensnah und spannend wirken, sondern wir werden darin nur das näher betrachten, was geologisch von Bedeutung ist.

Sichten wir bei unserer schrittweisen Analyse zunächst die ungeheure Fülle von Sintflutmythen der Völker der Erde, die allesamt diesen geologischen ›event‹ in unerträglich hoher Intensität abbekommen haben. An die Augenzeugenberichte der Betroffenen schließen wir jeweils die Interpretation an, die sich aus der modernen Kenntnis des Impaktgeschehens ergibt. Dann wird sich in leicht modifizierter Form die Prophezeiung erfüllen, die der Wiener Mythologe Leopold Walk im Schlußwort zu seiner Untersuchung über die Sintfluttradition wagte: »Das entscheidende Wort in der Frage der Sintflutüberlieferung werden nicht Babel und Ur, das letzte Wort hierzu werden die Urvölker der Menschheit sprechen.«[117]

Modifiziert in der Weise, daß dieser Mythenschatz mit unserem modernen Wissen über Impakte kombiniert wird.

Zwei Gesichtspunkte werden uns bei der Analyse dieser Berichte leiten: zunächst natürlich ihre Aussagekraft über den Ablauf dieses Naturereignisses. Sodann aber stellt sich die Frage nach der jeweiligen Urheimat, d.h., wo der Mythos entstanden ist. Diese Lokalisierung des ursprünglichen Geschehens ist nicht nur von Bedeutung, um die Zentren des Impaktes zu ermitteln, sondern auch für das Verständnis und die Verifizierung der Einzelheiten wichtig, weil Auswirkungen des Impaktes in den verschiedenen geographischen Breiten aufgrund der jeweils herrschenden klimatischen Bedingungen unterschiedlich waren, ebenso wie küstennahe Regionen ein anderes Schicksal erlitten als Gebiete im Hochgebirge. Daher wird bei dieser Betrachtung stets berücksichtigt, wo diese Völker zur Zeit des Geschehens vor fast zehn Jahrtausenden lebten und welche bekannten Wanderungen sie inzwischen durchgeführt haben. Als Beispiel sei daran erinnert, daß etwa die europäischen Zigeuner zum Zeitpunkt der Sintflut noch in ihrer Urheimat Indien lebten und in ihren Flutsagen heute noch – gleichgültig wo sie sich aufhalten – die indische Flutgeschichte mit dem gigantisch anwachsenden Fisch erzählen. Oder daß die Urbevölkerung Westindiens erst vor 5000 Jahren und die von Neukaledonien vor 4000 Jahren in ihrer heutigen Heimat eintraf, während die Ureinwohner von Hawaii und Madagaskar sogar erst vor 1500 Jahren und die von Neuseeland vor nur 1000 Jahren auf diesen Inseln ankamen; da die Sintflut aber fast 10 000 Jahre zurückliegt, müssen diese Völker ihre Flutsagen anderswoher mitgebracht haben.[118]

Andererseits aber wissen wir, daß die Besiedlung des amerikanischen Kontinents und Australiens zu einer Zeit erfolgte, als der Meeresspiegel viel tiefer lag, nämlich noch innerhalb der letzten Eiszeit, die erst vor 10 000 Jahren zu Ende ging. Durch die Bindung riesiger Wassermassen im Eis des Festlandes hatte sich der Meeresspiegel damals um 135 m abgesenkt, so daß über die Beringstraße im hohen Norden ebenso wie über die zu jener Zeit weitgehend trocken liegenden Untiefen in der malaiisch-indonesischen Inselwelt der Zugang zum amerikanischen bzw. zum australischen Kontinent möglich war. Allerdings gab es trotzdem im Java-Timor-Trog offene Wasserstrecken über tiefen Meeresrinnen, die die Einwanderer bereits zu dieser Zeit mit Booten überwinden mußten.[119] Wir müssen unsere Meinung über den Zeitpunkt, seit dem der Mensch fähig war, die offene See zu befahren, stark revidieren. Bedenken wir nur, daß bereits die Menschen in der Altsteinzeit vom italieni-

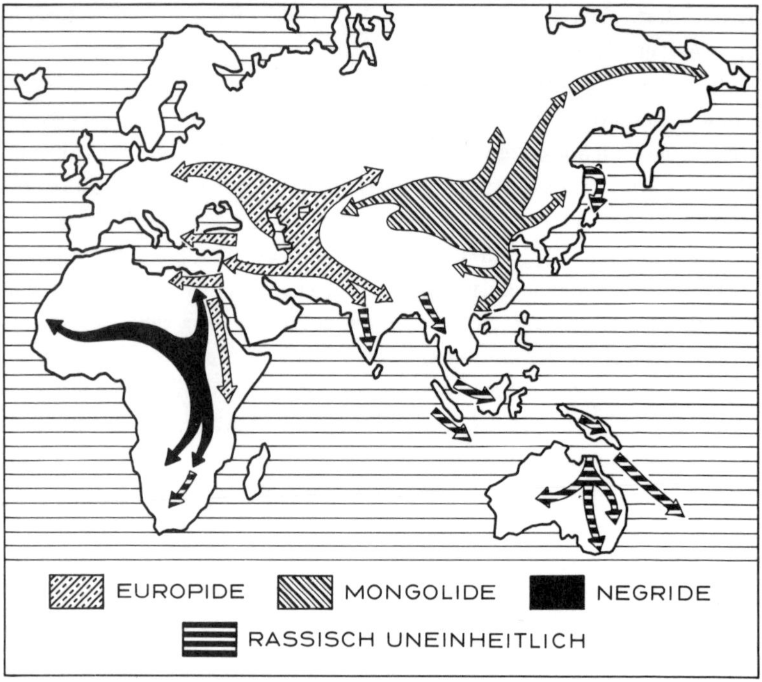

Abb. 20: Die Entwicklung und Ausbreitung der menschlichen Hauptrassen ist nach wie vor umstritten. Hier die Auffassung von J. Szilvássy 1978.

schen Festland nach Sardinien übersetzten und dort eine »Industrie« begründeten.

Für unsere Fragestellung ist – wie erwähnt – entscheidend, wie weit die Wanderungen des Homo sapiens in der Zeit des ausgehenden Pleistozäns fortgeschritten waren. Die bis heute noch offene Frage, ob die modernen Populationen von Homo sapiens einen gemeinsamen pleistozänen Ursprung aufweisen oder ob sie sich in verschiedenen Regionen individuell aus dem archäischen Typus des Homo sapiens entwickelt haben[120], ist daher für unser Thema nicht relevant. Als ein Beispiel für die unterschiedlichen Theorien, die es hierüber gibt, sei die Auffassung des Wiener Anthropologen Johann Szilvássy[121] über die Ausbreitung der heutigen Großrassen in Form der Graphik auf Abb. 20 dargestellt. Die Rasse der Mongoliden, die sich vor mehr als 30 000 Jahren in den Kältesteppen Innerasiens aus den Europiden entwickelt haben soll, breitete sich in der Folge rasch über Südostasien, Sibirien und Amerika aus. Um 15 000 hatte der Mensch bereits den hohen Norden von Rußland und den damals eisfreien Nordrand von Sibirien erreicht.[122]

Die Indianer, die zu den Mongoliden gehören, besiedelten Amerika von Nordwesten her, wobei sie vor 20 000–15 000 Jahren über die Beringstraße eindrangen. Bei Funden von Indianerschädeln ermittelte man in Minnesota ein Alter von rund 20 000 Jahren und in Kalifornien von rund 17 000 Jahren. Die erste verläßlich datierte indianische Kultur in Nordamerika ist die Clovis-Kultur, die 11 500–10 750 vor der Gegenwart bestand.[123] Die Artefakte dieser Jägerkultur sind mit Funden vergleichbar, die man aus dem Jungpaläolithikum in Zentralasien kennt.

Möglicherweise gab es aber bereits vor 35 000 Jahren eine erste, ältere Einwanderungswelle über den Bering-Landsteg nach Amerika, denn angeblich wurde Südamerika schon vor 32 000 Jahren erstmals von Menschen besiedelt.[124]

Die frühe Landnahme, die in Amerika noch innerhalb des Spätstadiums der Eiszeit stattfand, wurde durch einen schmalen eisfreien Steppenkorridor ermöglicht, der sich zwischen dem Eispanzer der Kordilleren im Westen und dem großen Laurentischen Eisschild über dem kanadischen Tiefland im Osten erstreckte (Abb. 21). Nachdem die Existenz eines solchen Korridors lange Zeit diskutiert wurde, ist nun nach fünfzehn Jahren paläontologischer Untersuchungen bewiesen, daß in Alberta bereits ab einer Zeit vor 40 000 Jahren ein derartiger Korridor bestand.[125]

Ein sehr früher Durchzug der Indianer konnte allerdings nicht unmittelbar belegt werden, denn die frühesten archäologischen Funde aus diesem Korridor sind 10 000 Jahre in Alberta und 10 700 Jahre in Britisch-Kolumbien alt. Der große eisbedeckte Kanadische Schild aber, auf dem der Eispanzer erst vor 14 000 Jahren abzuschmelzen begann, war bis vor 6000 Jahren nicht eisfrei, so daß dieser Teil Nordamerikas erst spät besiedelt werden konnte.[126]

Von besonderem Interesse ist die Tatsache, daß sich die Indianerstämme rasch über Mittelamerika und über ganz Südamerika ausbreiteten. Funde von ältesten Zeugnissen des prähistorischen Menschen stammen auch hier aus dem Spätpleistozän (Ecuador, Brasilien etc.) und reichen bis jedenfalls mindestens 10 000 Jahre vor der Gegenwart zurück – von Mexiko bis Südchile im Gebiet der Palli-Aike-Höhle an der Magellanstraße.[127]

Die Einwanderung der Aborigines in Australien erfolgte nach heutiger Kenntnis bereits sehr früh, wahrscheinlich vor 50 000 bis 40 000 Jah-

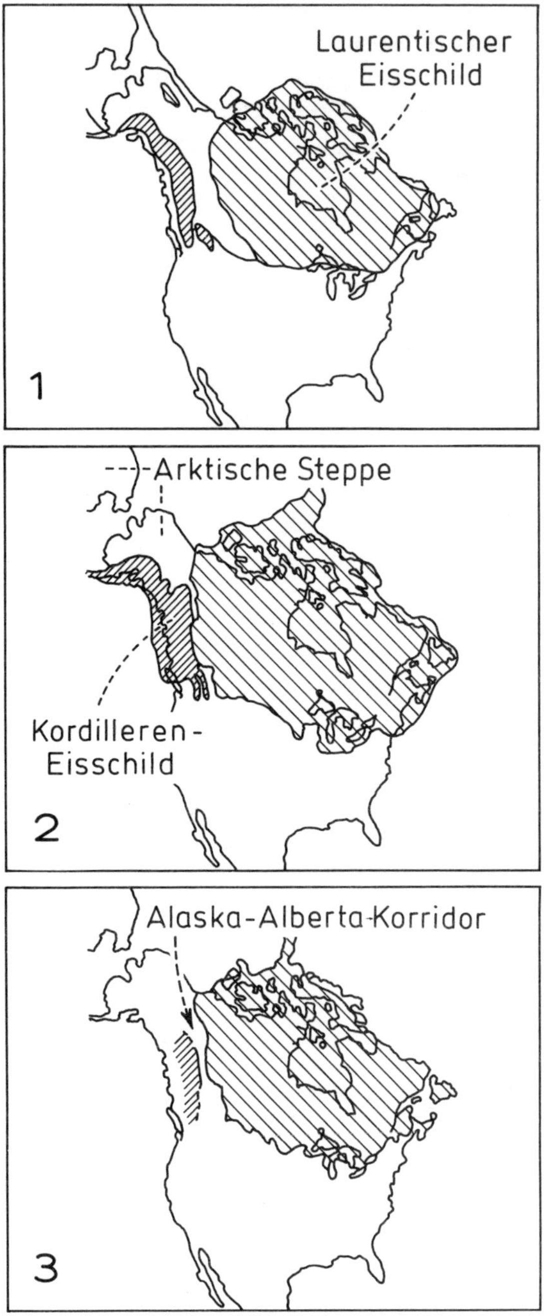

Abb. 21:
Der nordamerikanische Steppenkorridor zwischen dem Eisschild der Küstenkordillere und dem von Kanada in der Spätphase der letzten Eiszeit, der als Weg für die Einwanderung der Indianer diente, die über die damals trocken liegende Beringstraße aus Asien kamen. Die Skizze zeigt seine unterschiedliche Ausdehnung während dreier Phasen der letzten Eiszeit:
1. breiter Korridor im Interstadial (Wärme-Zwischenstadium) der letzten Eiszeit (nach R. D.Guthrie 1990, Abb. 3);
2. nicht durchgängiger Korridor am Ende des Hochglazials vor rund 18 000 Jahren (R. W. Graham 1990, Abb. 2);
3. erneut durchgängiger Korridor in der Zeit des Spätglazials vor rund 13 500 Jahren (J. A. Burns 1990, Abb. 2).

ren.[128] Man nimmt an, daß sie unmittelbar auf die archaische Form von Homo sapiens oder noch weiter zurückgehen.

Das Alter von fossilen Schäden in Neusüdwales und auf Tasmanien wurde mit 25 000 Jahren eingestuft; Funde in Victoria und Queensland weisen ebenfalls auf eine Besiedlung hin, die sich etliche tausend Jahre vor dem Sintflutereignis vollzog. Als sich die Sintflut vor rund neuneinhalb Jahrtausenden ereignete, waren zu dieser Zeit auch schon mehrere Inselgruppen in der Südsee, wie etwa der Bismarck-Archipel und die Salomoninseln, von Menschen besiedelt gewesen (die dort vor 11 000 Jahren angekommen waren).

Wenden wir uns nun der Schilderung des Naturereignisses »Sintflut« in den Augenzeugenberichten zu, die bei allen Völkern der Erde von blankem Schrecken gezeichnet sind, und betrachten wir der Reihe nach die einzelnen Etappen vom Einschlag an. Dabei achten wir selbstverständlich darauf, daß für diese Analyse möglichst originäres Sagengut herangezogen wird, das nicht durch christliche Missionare oder durch andere Einflüsse verfälscht ist. Diese Trennung, die früher als beträchtliches Problem galt, ist heute, wie erwähnt, nach all der Forschungsarbeit unschwer möglich.

Die inhaltliche Gestaltung dieser Mythen ist im Grunde bei allen Völkern ähnlich. Das Naturgeschehen während des Sintbrand-/Sintflut-/Sintfrost-Ereignisses wird – wie der Vergleich zeigt – über all die Jahrtausende hinweg möglichst getreu tradiert. Zusätzlich aber wird meist, der individuellen Phantasie der verschiedenen Stämme, Völker und Rassen entsprechend, ein logischer Überbau errichtet, der das Unbegreifliche, das Unfaßbare zu begründen sucht – häufig in kindlich-naiver, ichbezogener Form, oft jedoch auch in einer durchaus rational durchdachten Art und Weise. Fast immer wird außerdem noch der hoffnungslosen Lage der ganz wenigen Überlebenden in einer völlig zerstörten Welt aus Schlamm oder Eis gedacht, die keine Nahrung, kein Feuer, kein Holz und keinen Unterschlupf bietet, und eine Überlebensstrategie verkündet. Naturgemäß werden diese bösartigen Naturgewalten als Dämonen oder menschenfeindliche Gottheiten betrachtet.

Wir haben uns hier angesichts unserer klar umrissenen Aufgabenstellung im Gegensatz zu allen bisherigen umfassenden Analysen grundsätzlich auf den naturwissenschaftlich relevanten Aspekt dieser Überlieferungen beschränkt. Von dem phantasievollen, umrahmenden Beiwerk bringen wir nur die Passagen, die zum Verständnis des geschilderten

Geschehens nötig sind. Der Leser wird sicher verstehen, daß wir deshalb all das bisher immer wieder bis zum Übermaß verwendete, vorwiegend nachträglich hinzugefügte Beiwerk vom Typus Rettungsarche, Vogelkundschafter, Landsuche usw. beiseite lassen mußten, weil es für unsere Frage völlig irrelevant ist.

Erwähnen sollte man jedoch in diesem Zusammenhang, daß es damals auch so naturverbundene Völker gab, die – angefangen von den altgermanisch-nordischen Stämmen bis zu den Eskimos und einigen Indianerstämmen wie den Makah im US-Staat Washington oder den Washo in Kalifornien – das gewaltige Naturereignis rein objektiv beschrieben haben, ohne nach einer vordergründigen Schuldzuweisung zu suchen.[129] In den antiken persischen Flutmythen werden die Menschen sogar so sehr in die Natur integriert, daß diese Mythen angesichts der Gewalt der Naturvorgänge den Menschen, der im Gesamtgeschehen fast bedeutungslos geworden ist, bei der Schilderung der Katastrophe keiner Erwähnung wert finden und nicht, wie sonst üblich, ins Zentrum der Ereignisse den Menschen oder das Ich rücken, dessentwegen dies alles geschehen sei. Der Fall war dies allerdings bei den vielen in grundlegender Weise von der Sintflut geprägten Religionen der Welt, durch die sich dieses schreckliche Erlebnis und seine naive Reflexion wie ein roter Faden zieht: Sintflutkatastrophe, Weltuntergangsszenario, begründet durch den Zorn der Götter auf die Menschen, Sünde, Schuld, Strafe, Rache – und bis heute als ewiger Nachklang Gebet, Opfer und abermals Opfer, um diese zu solch unvorstellbarem Greuel fähigen Götter zu besänftigen.

1. Der Einschlag

Das Nahen des Unheilbringers und seine Aufspaltung in sieben Fragmente

Die erste Kunde vom Anflug des feurigen Boliden, der mit weit über hundertfacher Schallgeschwindigkeit aus dem All direkt auf die Erde zuraste, stammt aus einer peruanischen Mythe. Noch heute weisen die Einheimischen, wenn man sie nach dem ersten Anblick des unheilbringenden Kometen fragt, auf eine Stelle am Himmel, an der mehrere (sechs) Sterne eng beieinanderstehen. Sie hatten demnach bereits früh das noch klein erscheinende, neu auftauchende Objekt am Firmament bemerkt.[130]

Einen nächsten Eindruck vom Anflug gibt Henoch, einer der Urväter des Alten Testaments; eine altjüdische Legende berichtet darüber: »He-

Abb. 22: Der siebenköpfige Höllendrache erscheint in der Heiligen Schrift wiederholt als Symbol der schrecklichsten Gefahr. Die Abbildung zeigt die Darstellung von Albrecht Dürer aus der vierten Vision von Johannes (Offenbarung 12, 1–5). Bezeichnenderweise ist mit dem siebenköpfigen Drachen der »Sternenfall« (Kometenfragmente, Sternschnuppen) vom Himmel verbunden. – Bibelillustration von A. Dürer (1498).

noch schaut am Ende des Himmels sieben Sterne wie große brennende Berge.«[131] Der geteilte Kometenkopf ist nach dieser Aussage bereits näher gekommen; die sieben Hauptfragmente sind klar unterscheidbar, auch die unregelmäßige Form der Trümmer läßt sich schon erahnen. Der in vielen religiösen Mythen und bildlichen Darstellungen als siebenköpfiger Drache (Abb. 22) symbolisierte Sintflut-Komet ist damit vorzüglich umschrieben: sieben brennende Sterne, so groß wie Berge, und dahinter ein Schweif, der laut Überlieferung über den gesamten Tierkreis des sichtbaren Himmelsgewölbes zog. Wie könnte man diesen Untergangsdämon in der Denkweise der damaligen Zeit besser zum Ausdruck bringen!

Seit der babylonischen Tradition, die von den »sieben Köpfen der großen Schlange« des Untergangsungeheuers sprach[132], wurde diese Siebenteilung des Kometenkopfes immer wieder in Wort und Bild dargestellt. Im indischen Matsyapurana haben sogar die beim Aufschlag der Teilfragmente entstandenen »sieben Weltuntergangswolken« eigene Namen erhalten (S. 162), um die Individualität der Teilstücke stärker herauszustellen, ganz so wie in Babylonien jedes einzelne der sieben Fragmente getrennt beschrieben, benannt und beschworen worden ist (S. 483 ff.).

Die nächste Phase der Annäherung erfassen die indischen Mythen, die die Impaktorengruppe nicht mehr in weiterer Ferne erblicken, sondern sie bereits aus unheimlicher Nähe beschreiben, nämlich mit den Worten, daß »eine Anzahl fürchterlicher Sonnen« nahe.[133] Die Aussage des indischen Matsyapurana von den »sieben unbarmherzigen Strahlen« dieser verderbenbringenden Sonnen läßt sich wohl am ehesten dahingehend deuten, daß jedes der Teilstücke des Kometen, die sich nun schon deutlich voneinander entfernten, seinen eigenen Schweif besaß, so daß man sieben getrennte Strahlen wahrnahm. Die andere Möglichkeit, daß sich der Schweif des nahenden Kometen unabhängig von seiner Siebenteilung in sieben Strahlen auffächerte, ist eher unwahrscheinlich, obgleich eine starke Teilung von Kometenschweifen durchaus vorkommt, wie der Komet von 1744 zeigte, dessen Schweif zuletzt in sechs getrennte Arme aufgespalten war.

Daß sich der Sintflut-Komet in sieben Fragmente teilte, ergibt sich auch aus der Erwähnung von »sieben aus dem Feuerdampf entstandenen Wolken« in diesen indischen Legenden, womit nur die sieben Explosionswolken über den sieben getrennten Einschlägen gemeint sein können.

Die nächste Aufgabe bestand nun darin, nicht nur anhand von Überlieferungen, sondern auch aufgrund von geologischen Fakten nachzuweisen, daß der Sintflut-Komet nicht als Ganzes auf der Erde aufschlug, sondern in mehrere Trümmer zerbrach, bevor er niederging. Solche Hinweise liefern in erster Linie die individuellen Streufelder der zugehörigen Schmelzprodukte, der rund 10 000 Jahre alten Jung-Tektite in Südaustralien und Hinterindien (Vietnam), sodann die Zentren der Rotfärbung im Ozean und an Land, die der Niederschlag von konzentrierter Salpetersäure im unmittelbaren Bereich der Einschläge hervorrief, im Nahen Osten, im nördlichen Atlantik und im mittelamerikanischen Raum. Sie kommen ferner von den überlieferten Augenzeugenberichten über die weiter unten geschilderten Details der Einschläge im Indischen Ozean und im Südchinesischen Meer. Auch aus bestimmten Erscheinungen, die nur in der nahen Umgebung eines Impaktes auftreten, lassen sie sich ableiten: wie etwa aus dem glühenden Trümmerregen des Fallouts, also zurückstürzenden Brocken der Explosionsfontäne, dem glühendroten Himmel voll winziger geschmolzener, ausgeschleuderter Gesteinspartikel, der sich bedrohlich herabsenkte, vom Himmel stürzenden zeltgroßen Wasserkubaturen, kochenden Sturzregen usw. Daß die Wassermassen, die ein einziger Einschlag an einem Punkt der Erde hochgeschleudert hätte, von den atmosphärischen Strömungen in Form von zusammenhängenden Wasserkubaturen bis zur anderen Seite des Erdballs verbreitet worden wären, ist nämlich undenkbar. Auch der amerikanische Forscher Steven K. Croft[134] betonte bei seiner aerodynamischen Analyse des viel gewaltigeren Endkreide-Impaktes, daß Wasserschlieren nur im Umkreis von maximal einigen tausend Kilometern zu erwarten sind. Hier bietet sich als Erklärung an, daß beim Sintflut-Impakt mehrere Einschläge im Weltozean niedergegangen sind.

Wir verfügen daher heute über eine ganze Reihe von Zeugnissen unterschiedlicher Herkunft, teils aus dem Gebiet der Geologie, teils aus dem Bereich der Überlieferungen, die es möglich machen, unabhängig voneinander und aus ganz verschiedenen Blickrichtungen zu kontrollieren, was beim Einschlag des Sintflut-Kometen geschah.

Viele Mythen lassen mehrere Einschläge erkennen; häufig aber sind in diesen Traditionen keine genauen Zahlenangaben enthalten. Im Nahen und Mittleren Osten und in Westasien insgesamt werden jedoch vielfach drei deutlich voneinander getrennte Ereignisse und Verursacher geschildert, die zeigen, daß man dort sehr wohl die drei Haupteinschläge in dieser Hemisphäre wahrnahm, aber die Einschläge auf der anderen Seite der Erde in dem gewaltigen Chaos nicht im einzelnen mitbekam.

Die Auflösung des Kometen in etliche Teilstücke, die sich sowohl aus

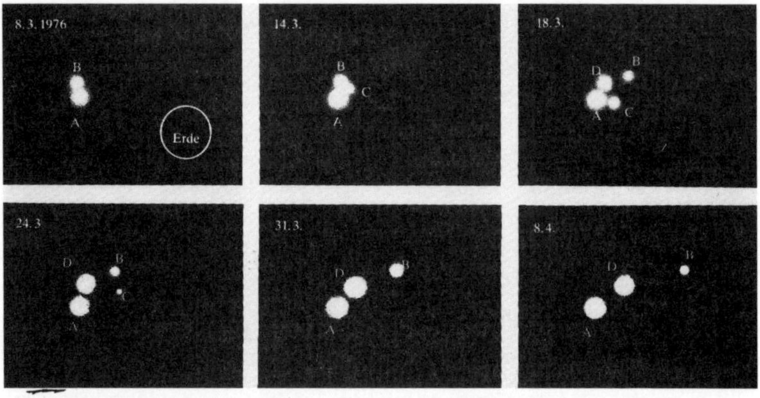

Abb. 23: Beim Durchgang des erst 1975 vom dänischen Astronomen Richard West entdeckten und daher nach ihm benannten Kometen »West« konnte man die gar nicht so seltene Teilung eines Kometen mit Hilfe moderner Mittel genau analysieren. Diese Spaltung setzte schon vor dem Periheldurchgang ein. Das kleinere Fragment zerfiel nach drei Tagen nochmals; schließlich spaltete sich acht Tage später ein weiteres Stück vom Hauptteil ab. Das Bild zeigt ferner, daß die Abstände der Einzelteile nach einem Monat bereits deutlich angewachsen waren. – Aus M. Reichstein 1985.

den Überlieferungen als auch aus getrennten Tektit-Streufeldern ergibt, braucht nicht zu verwundern. Sie ist vielmehr bei den locker aufgebauten, aus verunreinigtem Eisschnee bestehenden Kometen nicht selten, wenn sie dicht an der Sonne vorbeifliegen: »Die Auflösungen von Kometenkernen hat sich aber mit Sicherheit schon rund 25mal registrieren lassen, davon allein 20mal in den letzten hundert Jahren. Meist konnte man neben dem Hauptkern nur eine weitere abgespaltene Komponente beobachten, viel seltener zwei bis fünf. Positionsbeobachtungen ergaben, daß sich die kleineren Komponenten bereits nach Tagen und Wochen mit Geschwindigkeiten von mehreren Metern pro Sekunde vom Hauptkern entfernten.«[135]

Als Beispiel für die unmittelbare Beobachtung einer solchen Teilung kann man die Aufspaltung des Kometen West anführen. Dieser Komet, der erstmals am 5. November 1975 von dem dänischen Astronom Richard West entdeckt wurde, entwickelte bei seinem nahen Sonnendurchgang einen prächtigen Staubschweif und begann sich am 22. Februar 1976, schon vor dem Perihel, in zwei Fragmente zu teilen. Drei Tage später spaltete sich das kleinere Stück; nach weiteren acht Tagen löste sich vom größeren Fragment noch ein kleiner Splitter ab, dessen Helligkeit allerdings rasch verblaßte. Schließlich bot sich am 8. April 1976 ein Bild mit zwei Hauptkörpern und einem kleineren Fragment (Abb. 23). Komet West allerdings war weit genug von der Erde entfernt, um auf seiner langgestreckten, elliptischen Bahn wieder 300 000 Jahre hinzuziehen, bevor er abermals in Sonnennähe kommen wird. Dabei wurde sogar die Vermutung laut, daß sich durch diese starke Bahnstörung seine Umlaufzeit auf mehr als eine Million Jahre verlängern könnte.[136]

Nicht vergessen dürfen wir aber, daß außer der Sonnenhitze im Perihel noch eine andere Kraft wirkt, die Kometen in Trümmer zerlegt: die Gravitation, deren Einfluß sich besonders dann bemerkbar macht, wenn ein Komet dem riesigen Planeten Jupiter zu nahe kommt. Wir wissen vom Komet P/Brooks 2, daß sich sein Kern im Mai 1886 bei seinem nahen Parallelflug zum Jupiter unter dem Einfluß der starken Anziehungskraft dieses Planeten aufzulösen begann – ohne Schmelzen und Verdampfen des Eises wie in Sonnennähe. Drei Jahre später konnte man bereits fünf deutlich voneinander getrennte, leuchtende Kometenfragmente gemeinsam auf seiner einstigen Umlaufbahn einherziehen sehen.

Der Schweif des kosmischen Drachen

Im Frühstadium des Anfluges, als sich die Fragmente im Kopf des Kometen noch nahe beieinander befanden, beeindruckte vor allem sein immenser Schweif, der sich den Überlieferungen zufolge über den gesamten Tierkreis hinzog. Wir haben damit einen Hinweis darauf, daß die Bahn des Sintflut-Kometen dicht an der Sonne vorbeiführte: Nur dann entstehen diese riesigen, als Erkennungszeichen eines Kometen gewerteten Schweife. Der Zerfall in sieben große Fragmente und in eine große Zahl kleinerer Bruchstücke aber ist nur möglich, wenn der Komet entweder im Perihel so nahe an der Sonne vorbeifliegt, daß die Freisetzung der gefrorenen Gase den Kern des Kometenkopfes zersprengt, oder ein naher Vorbeigang am Jupiter eine schwerkraftbedingte Zerlegung des Kometenkopfes bewirkt. Aus alledem geht nun eindeutig hervor, daß es sich bei dem Sintflut-Impaktor nicht wie bei dem Impaktor der Endkreidezeit vermutlich um einen Asteroiden gehandelt hat, sondern daß damals ein Komet die Erde heimsuchte.

Wir müssen jedoch keine theoretischen Überlegungen hinsichtlich der Natur des Impaktors anstellen, da dieser ja in etlichen ausführlichen Überlieferungen eindeutig genug beschrieben worden ist. Nicht nur sein langer Schweif kennzeichnet ihn als Kometen, sondern solche »Drachensterne« werden in altpersischen Mythen direkt als Schweifsterne, d.h. als Kometen, bezeichnet, wie schon J. G. Rhode 1819 klar herausgearbeitet hat: »Im Jescht-Mithra heißt es: ›Als Paris [Naturfeind] alles verheerte – als der Drachenstern sich Weg machte zwischen Erd' und Himmel, goß Taschter Wasser herab.‹ Diese Drachensterne werden im Bun-Dehesch Schweifsterne, Kometen genannt.«[137]

Sehen wir noch, wie andere persische Mythen die Ankunft des Unheilsboten beschrieben haben. Im Zend-Avesta, der heiligen Schrift der Parsen, heißt es: »Aber von Süden her stieg ein feuriger Drache auf; alles wurde durch ihn verwüstet, der Tag verwandelte sich in Nacht, die Sterne schwanden, der Tierkreis war von dem ungeheuren Schweif bedeckt...«[138] Die persischen Weltuntergangsprophezeiungen – die aber, wie allgemein üblich, nichts anderes als das in die Zukunft projizierte Sintfluterlebnis sind – nennen den Untergangskometen auch beim Namen: Es ist Gurzscher bzw. Muspar, der vom sublunarischen Himmel auf die Erde niederfällt.[139] Interessant ist die Gleichheit des Wortstammes im Indogermanischen, wenn in der altgermanischen Edda der Unheilskomet als »Muspel«-Ase bezeichnet wird, der hinter sich einen Schweif wie ein Schwert, »heller glänzend als die Sonne«, herzieht. Dieses Symbol des feurigen Schwertes für den Unheilskometen ist übrigens von der altindischen Mahapralaya angefangen – nach der Vishnu »mit einem Säbel gleich einem leuchtenden Kometen ... alles Unreine auf Erden vertilgen wird« – bis zu den Schriften und Gemälden der frühen Neuzeit immer wieder verwendet worden.

Ähnlich wie in der Mahapralaya berichtet übrigens auch der indische Veda-Schaster: »Am Schluß des vierten Weltalters wird [der Gott] Rudra ... einen Kometen unter dem Mond hinwälzen, der alle Dinge in Feuer setzen und die Welt in Asche verbrennen wird.« Und ergänzend hierzu bemerkt der Bagavedam, daß am Ende von hundert großen Götterjahren »eine allgemeine Zerstörung kommen wird, bei welcher sich die Sonne und der Mond verdunkeln, dicke Finsternis die Weltkugel bedecken und die von uns bewohnte Erde ... sich in den Wassern eines fürchterlichen Regens auflösen wird«.

Gerade in den persischen heiligen Schriften wird der Sintflut-Impaktor meist direkt als Komet bezeichnet, während die Mehrzahl der asiatischen Mythen von einem feurigen Drachen spricht und die amerikanischen, melanesischen und australischen, aber auch manche vorderasiatische Traditionen von einer unheilbringenden Schlange erzählen, die vom Himmel herabgestoßen ist. Dieser Vergleich mit einem schlangengestaltigen Drachen oder direkt mit einer Schlange ist wohlbegründet. Die unterschiedlichen Luftströmungen im unteren Teil der Atmosphäre deformierten wohl den Schweif des Kometen, nachdem er zugeschlagen hatte, rasch zu einer zackig gewellten Linie, so daß die Menschen, die das schaurige Schauspiel überlebten, diese Schlange des deformierten Kometenschweifes noch eine Zeitlang am Himmel beobachten konnten (Abb. 117–118). So wurde die Schlange ein für allemal zum Symbol des Unheils (siehe S. 455 ff.).

Die Berichte des Steinzeitmenschen, der ohnmächtig diesen »Krieg der Sterne« am Himmel ansehen mußte, haben fast weltweit den gleichen Wortlaut: Die Schlange oder der Drache als Verkörperung des Bösen nahm den Kampf mit der Sonne, dem Symbol oder Gott des lebenserhaltenden Guten, auf und besiegte sie zunächst zum Entsetzen der Zuschauer, weil sie rasch in dem Impaktstaub verschwand, der den Himmel verdunkelte, und der Impaktnacht weichen mußte. Aber sie unterlag nur vorübergehend, denn am Ende, nachdem das ausgeschleuderte Material und der Staub zur Erde zurückgefallen waren, drang sie wieder durch, gewann die Oberhand und erwies sich als der stärkere Gott, als der Sieger über das Böse.

Der Feuerball vor dem Aufschlag

Doch kehren wir zurück zu dem heranrasenden Sintflut-Kometen. Er hatte sich inzwischen der Erde so weit genähert, daß sich die sieben Hauptfragmente weit voneinander entfernt hatten und jedes von ihnen für sich allein auf sein Zielgebiet zuflog. Alle schlugen im Weltozean ein, denn sonst hätte man ja auch längst die riesigen jungen Krater am Festland wahrgenommen. Lediglich kleinere Splitter trafen das Festland.

Auch für diesen letzten Akt knapp vor dem Einschlag der riesigen, glühenden Trümmer im Ozean gibt es Augenzeugenberichte aus den verschiedenen Kontinenten, die an die Einschlagsgebiete angrenzten. Unmittelbar vor dem Aufschlag richtete sich die Aufmerksamkeit der Beobachter natürlich nur mehr auf die eine, sie selbst bedrohende »böse Sonne«. Wiederum gleichen die Schilderungen dieser gleißenden Fragmente aus der Nähe einander weltweit. Die Yámana in Feuerland an der Südspitze Amerikas beschreiben den in ihrer Nähe niedergegangenen Impaktor als die »alte, böse Sonne«, Tarnuwa-Lem, die durch ihren Einschlag das Meer zum Kochen brachte, das Land verbrannte und die Menschen umkommen ließ.[140]

Gut vergleichbar wird der Absturz der »falschen Sonne« in der altgriechischen Legende von Phaethon geschildert, allerdings in hohem Maße mythologisch ausgeschmückt: Als der Sonnengott Helios einst seinem

Abb. 24: Der französische Maler Gustave Moreau hat den Sturz des von Phaethon gelenkten Sonnenwagens, der von seiner Bahn abkam (Komet), und das sich unmittelbar aus diesem Impakt ergebende Unheil – ausgedrückt durch die Schlange – symbolträchtig dargestellt. – Gemälde von G. Moreau (um 1860).

Sohn Phaethon die Erlaubnis erteilte, seinen Sonnenwagen über das Firmament zu lenken, verlor dieser die Beherrschung über das Sonnengefährt, kam von der gewohnten Bahn ab und stürzte zur Erde. Flut, Weltenbrand und (Impakt-)Dämmerung waren der Sage nach die Folgen[141] (Abb. 24).

Platon (427–347 v. Chr.) berichtet hierzu im »Timaios«, daß einst die ägyptischen Priester in Saïs ihrem Gast Solon aus Athen versicherten, dieser Sage von Phaethon liege eine wahre Begebenheit über einen solchen von seiner Bahn abgekommenen, die Erde verbrennenden Himmelskörper zugrunde. Und Platon liefert sofort seine Erklärung für diese Vernichtung der Erde durch Feuer und Wasser, die übrigens vielen Mythen des Nahen und Mittleren Ostens zufolge wiederkehren wird: Diese Katastrophe sei die Auswirkung eines Himmelskörpers, der nahe der Erde vorbeigezogen sei.[142]

Eine tiefschürfende Analyse des antiken Mythos von Phaethon hat 1979 der deutsche Mineraloge und Impaktforscher W. von Engelhardt vorgenommen. Bei der Deutung des Absturzes von Phaethon folgt er seinen großen Vorgängern Ovid und Goethe, die bereits den Kern dieser Sage auf den Absturz eines Meteoriten zurückführten. Von Engelhardt wird bei seiner Interpretation allerdings ein Opfer der beflügelten Phantasie von Ovid, der dafür bekannt war und deswegen auch kritisiert wurde, daß er in die echten Überlieferungen zahlreiche eigene Erfindungen einfügte und dadurch altes Sagengut verdarb. Ovid hat hier, alte Ansätze ausbauend, den Absturz Phaethons in eine Landschaft mit Pappeln, Schwänen und Bernstein verlegt. Für von Engelhardt befindet sich diese Region, die er sich als »einen von Pappeln umstandenen tiefen See mit Schwänen auf diesen Wasserflächen« vorstellt, deshalb im Gebiet des Podeltas. Den nicht in diese Gegend hinpassenden Bernstein erklärt er mit einem dort durchaus denkbaren Umschlagplatz für den Handel mit Bernstein, der von der Ostsee nach Italien gelangte.

Wie jedoch all die darin enthaltenen Impaktelemente, wie abstürzende falsche Sonne, Weltenbrand, Flut und Impaktnacht (oder wenigstens Impaktdämmerung), andeuten, bezieht sich die griechische Phaethon-Mythe auf das Sintflut-Impakterlebnis der Menschheit. Der Absturz dieses Weltkörpers hat deshalb auch nicht im Podelta und zur Zeit des schwunghaften Bernsteinhandels stattgefunden; vielmehr spiegelt sich in diesem Mythos die Erinnerung an den Absturz eines Fragmentes des Sintflut-Kometen.

Am genauesten ist der letzte Anblick des Impaktors, wie er im Nahen

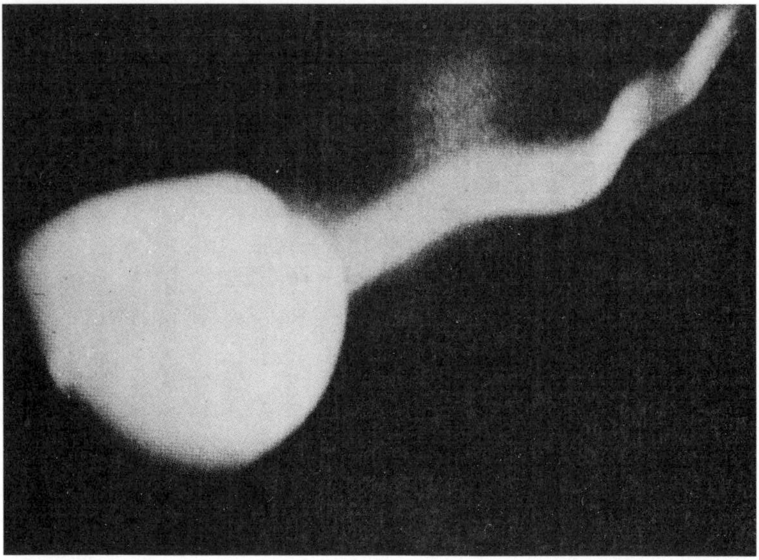

Abb. 25: Ansicht einer Feuerkugel über Pasamonte in Neu-Mexiko (USA) vom 24. März 1933. Die Aufnahme dieses Weltkörpers in 12 km Höhe läßt an dem gedrehten Schweif die Rotation dieses Steinmeteoriten vermuten – Aus R. W. Bühler 1988.

Osten zu sehen war, also der Einschlag des im Indischen Ozean niedergehenden Fragmentes, in der Offenbarung des Johannes festgehalten. Diese um 96 n.Chr. von Johannes – weder identisch mit Johannes dem Täufer noch mit dem Apostel Johannes – verfaßte Offenbarung enthält ebenso wie all die anderen Offenbarungen aus dieser Zeit das ganze Wissen um den Sintflut-Impakt in verarbeiteter und in die Zukunft projizierter Form. Aus dem Blickwinkel des Vorderen Orients berichtet Johannes im Kapitel 8, Vers 8: »Und es fuhr wie ein großer Berg mit Feuer brennend ins Meer.«

Aufrüttelnde, naturgetreue Berichte über diesen Einschlag im Indischen Ozean finden wir in den Traditionen der Völker im Bergland Nordostafrikas, die im Blickfeld des Ereignisses lebten. Die Darstellung in der Naturgeschichte von Plinius dem Älteren, die sich auf diesen Impakt bezieht, ist ein genaues Gegenstück zur Johannes-Apokalypse: »Ein fürchterlicher Komet zeigte sich den Bewohnern Aethiopiens und Aegyptens, der von dem damaligen König Typhon genannt wurde; er hatte einen feurigen Schein, war wie eine Spirale gewunden, und von gräßlichem Ansehn, und eher ein feuriger Klumpen als ein Stern.«[143] Diese

Schilderung unseres »Typhon« (siehe S. 173) durch den Naturforscher Plinius ist insofern noch aussagekräftiger als die von Johannes, als hier der Komet direkt beim Namen genannt und zusätzlich die an dem Schweif erkennbare spiralige Drehung erwähnt wird. Wir wissen ja aus gegenwärtigen Beobachtungen von gelegentlich niedergehenden kleineren Weltkörpern, daß sich diese manchmal in Rotation befinden, wie deutlich an ihrem spiraligen Schweif erkennbar wird (Abb. 25). Außerdem wissen wir aus dem spiraligen Muster auf den chinesischen Zeichnungen und Skulpturen vom Impaktor im Südchinesischen Meer, daß auch dieses Teilstück des Sintflut-Kometen eine rotierende Bewegung ausführte. Die Trümmer hatten einen solchen Drehimpuls offenbar bei der Zersprengung des Mutterkometen beim Periheldurchgang erhalten.

Vom »Typhon«, dem der Impakt im Indischen Ozean zuzuschreiben ist, wird auch hier – wie bei Johannes – die klumpenförmige Gestalt hervorgehoben, die durch das Auseinanderbrechen des Kometen beim Anflug entstand und aus nächster Nähe, kurz vor dem Einschlag, gut zu sehen war.

Wir können aus der Beschreibung der einzelnen Phasen der Annäherung des aufgespaltenen Sintflut-Kometen genau dasselbe entnehmen, was wir bereits vom Anblick von Kometen in der Gegenwart, einschließlich von Halley, kennen: Aus weiterer Entfernung sind Einzelheiten, wie der Kern im Kopf des Kometen geformt ist, noch nicht zu erkennen. Aufgrund der leuchtenden Koma um den Kern bieten sich diese Kometen nicht nur dem freien Auge, sondern auch dem Blick durch das Fernrohr als strahlende Kugeln dar. Erst bei Nahaufnahmen des Kometen Halley durch die Raumsonde »Giotto« im Jahre 1986 konnte man die unregelmäßige, langgestreckte, durch Berge gegliederte Form dieses Himmelskörpers erkennen, der demnach selbst auch nur ein Fragment eines größeren Weltkörpers darstellt. Und auch beim Sintflut-Kometen waren diese eckigen Trümmer erst aus größerer Nähe als unförmige, brennende Berge wahrzunehmen, während sie aus der Entfernung zunächst mit Sternen, dann mit Sonnen verglichen worden waren.

Die begleitenden Splitter zweiter und dritter Ordnung – »Muspelsöhne« und Sternschnuppen

Außer über die Hauptfragmente des Sintflut-Kometen berichten die Mythen noch klar genug über zwei weitere Arten von kleineren Bruchstücken, die bei diesen Einschlägen niedergingen: zunächst einmal über eine zweite Generation von Trümmern, die in unmittelbarer Begleitung der jeweiligen Großfragmente zur Erde stürzten. Diese Splitter mittlerer Größe verursachten beim Einschlag auf dem Festland Krater, die zwischen 100 m und 5 km Durchmesser hatten (siehe Tab. 6). Schließlich aber wird wiederholt ein dichter Schauer von Sternschnuppen erwähnt, von kleinen bis kleinsten Splittern, die wie »Sterne« vom Himmel fielen.

Richten wir unsere Aufmerksamkeit zunächst auf die mittlere Generation von Kometenbruchstücken. Am anschaulichsten schildert sie die Edda. In dieser Sammlung nordischer Mythen wird in der Gylfaginning – die wiederum als Prophezeiung über das kommende Weltende beim furchtbaren Kampf der Götterdämmerung abgefaßt ist, aber offensichtlich aus ganz konkretem Wissen über die Vorgänge beim Sintflut-Impakt schöpft – erzählt, wie Muspels feurige Söhne herangebraust kommen, angeführt vom Surtur an der Spitze, vor und hinter sich von glühendem Feuer umgeben, mit seinem wunderscharfen Schwert, das heller glänzt als die Sonne.[144] Das in den Nordatlantik einschlagende Hauptfragment (siehe S. 136, 160) war also von einer ganzen Schar kleinerer, ebenfalls glühender Trümmer umschwärmt, die im Gefolge des zentralen Teilimpaktors herniedersausten.

Das gleiche Prinzip erkennen wir auch in den chinesischen Drachen-/Kometen-Motiven, die den Impakt präzise veranschaulichen (siehe S. 115 ff.). Hier erscheint neben dem Hauptdrachen (Komet) eine Anzahl von »Söhnen« des unglückbringenden Hauptungeheuers, die entweder als flammende Feuerkugeln oder als kleine Drachen symbolisiert werden. Wenn die Darstellung des chinesischen Drachenmotivs vollständig ausgeführt ist, beträgt die Zahl dieser Gehilfen neun. Neun ist in China dann von gleicher mystischer Bedeutung wie die Sieben in der babylonischen und in der christlichen Religion, die hier auf die Gesamtzahl der Hauptimpaktoren zurückgeht (siehe S. 115).

Von den übrigen der sieben großen Teilimpaktoren fehlen leider entsprechende Beschreibungen ihrer wahrscheinlichen Begleiter. Wir können nur aus amerikanischen Kleinkratern entsprechenden Alters auf dem Festland schließen, daß auch dort der Einschlag von ähnlichen Erscheinungen begleitet war.

Die dritte Generation von Kometenfragmenten schließlich, der Regen von kleinen und kleinsten leuchtenden Splittern, die beim Sintflut-Impakt vom Himmel niedergingen, ist dagegen in den Mythen der Völker wieder sehr breit verankert, weil dieses eindrucksvolle und erschreckende Feuerwerk natürlich sehr gut in der Erinnerung haften blieb. So wird z.B. in der älteren Version der germanischen Götter- und Heldendichtungen, der in Versen abgefaßten »Lieder-Edda«, dieser Sternschnuppenfall bei der Weltkatastrophe kurz, aber prägnant beschrieben: »Vom Himmel stürzen die heiteren Sterne.« Daß sich dies während des Sintflutgeschehens ereignet hat, geht aus dem Zusammenhang in Vers 44 der Völuspá (»Der Seherin Gesicht«) deutlich genug hervor: »Die Sonne verlischt,/ das Land sinkt ins Meer,/ vom Himmel stürzen/ die heiteren Sterne./ Rauch und Feuer/ rasen umher;/ hohe Hitze/ steigt himmelan.«[145] Nachdem diese Lieder seit uralten Zeiten mündlich überliefert worden waren, soll sie Saemund Sugfusson (1054–1133) als erster gesammelt haben (deshalb auch »Saemundar-Edda« genannt).

Besonders anschaulich hat wiederum Johannes in seiner Offenbarung, die eindeutig auf dem Sintflutereignis beruht und typische Merkmale eines Impaktes schildert, dieses Phänomen des Meteorschauers, des »Sternenregens«, beschrieben: »Die Sterne des Himmels fielen herab auf die Erde, wie wenn ein Feigenbaum seine Früchte abwirft.«[146] Die Beschreibung bezieht sich auf den Einschlag des Teilimpaktors im Indischen Ozean. Ihre drastische Anschaulichkeit führte dann bei den berühmten Bibelillustrationen zu Beginn des Buchdruckes zu ebenso drastischen bildlichen Darstellungen der »herabstürzenden Sterne« (Abb. 26).

Einen ähnlichen Hinweis auf derartige Auswirkungen des Einschlages im Indischen Ozean gibt eine alte Überlieferung der Ägypter, die noch heute in Volkssagen weitergegeben wird und, als Traum des mythischen Königs Saurid und seines Priesters eingekleidet, alle wesentlichen Merkmale des Sintflutereignisses schildert: das Heruntersinken des Himmels, danach eine Wasserflut und eine Feuerflut. Diese Schilderung wird damit eingeleitet, »daß Alles auf der Erde zusammenstürzte, die Menschen über das Gesicht fielen und die Häuser über sie hin; die Gestirne stießen im Himmel zusammen, und ihre Trümmer bedeckten den Boden bis zu einer großen Höhe«.[147] Hieran könnte natürlich auch Fallout, also zur Erde zurückstürzendes Material, das beim Impakt ausgeschleudert wurde, beteiligt gewesen sein.

Ähnlichen Aussagen über den Sternenregen beim Sintflut-Impakt begegnet man im Flutmythos der Washo-Indianer des Hoka-Stammes in der kalifornischen Sierra Nevada: »Die Flammen schlugen bis zum Himmel und schmolzen viele Sterne, so daß sie wie flüssiges Metall herniederregneten.«[148]

Wir wissen heute, daß sich solche Meteorschauer, die dem Menschen als Hagel von Sternschnuppen in Erinnerung bleiben, beim Zerfall von

Abb. 26: »Die Sterne fielen vom Himmel«. Darstellung von Lukas Cranach zur zweiten Vision, der Sieben-Siegel-Vision aus der Johannes-Apokalypse. Sie zeigt eine ganze Skala des Impaktgeschehens: den Fall der Sternschnuppen, die den Kometen begleiten, das Weltenbeben, die Verdunklung von Sonne und Mond in der anbrechenden Impaktnacht und die Flucht der Menschen in Höhlen, um überleben zu können. – Bibelillustration von L. Cranach (1522).

Abb. 27: Der Meteorschauer vom 27. November 1872 beim Zerfall des Kometen Biela auf einer französischen Darstellung. – Aus M. Reichstein 1985.

Kometen einstellen, und zwar dann, wenn diese Kometen die Erdbahn kreuzen. Ein solches denkwürdiges Ereignis, zu dem es beim Zerfall des Kometen Biela kam[149], nämlich der Meteoritenschauer vom 27. November 1872 in Frankreich (Abb. 27), läßt hervorragend die Parallelen zu den Erscheinungen beim zerfallenden Sintflut-Kometen erkennen.

Die Explosionsfontäne

Zu Beginn unserer Untersuchung wagten wir zunächst nicht das Unwahrscheinliche zu erhoffen, daß nämlich Augenzeugen, die nahe genug an der Einschlagstelle waren, um den Vorgang selbst im einzelnen zu beobachten, diese unvorstellbare Katastrophe trotz der Stärke der Druckwelle bei der Explosion, den Hitzepuls, den Regen aus glühendem Fallout und konzentrierter Säure und die Flutwelle im näheren Bereich des Explosionshofes überlebt hatten und dann noch so detailliert über das Ereignis berichteten, daß über fast zehn Jahrtausende hinweg eine inhaltsreiche Beschreibung dieses Augenblicks, als die nachhaltigste Erlebnisabfolge der Menschheit einsetzte, bewahrt wurde. Trotzdem stießen wir in den vielen Traditionen bei sorgfältiger Prüfung auf nicht einmal wenige Fälle dieser für den Historiker so glücklichen Kombination.

Eine der interessantesten Fragen für uns war also, ob in diesen uralten

Mythen tatsächlich auch jener Moment festgehalten worden ist. Noch nie war ja in historischer Zeit eine derartige Explosion eines großen Kometen vom Menschen erlebt und beschrieben worden. Deshalb kommt der Schilderung dieses Augenblickes durch die Augenzeugen aus der Steinzeit große Bedeutung zu: Glich die Explosionsfahne einem Atompilz, hatte sie Ähnlichkeit mit einem senkrecht hochschießenden Strahl, oder handelte es sich um einen halbkugelförmigen Auswurf von Wasser, Dampf, Gas und Staub? Das mögliche Aussehen einer solch gigantischen Impaktfontäne konnte ja bisher nur theoretisch abgeleitet werden, wie am Beispiel des Endkreide-Impaktes geschehen (siehe S. 35). Durch die Auswertung des tradierten Sagengutes werden wir nun aber auch unmittelbar über diesen einmaligen Akt unterrichtet.

Faßt man alles zusammen, so ergibt sich aus diesen Überlieferungen das folgende Bild: Sämtliche großen Teilimpakte haben den Weltozean betroffen. Zunächst entstand jeweils ein Einschlagstrichter im Meer, der meist als Brunnen oder Schacht beschrieben wird; in einem Fall wird von ihm sogar gesagt, daß der Boden des Ozeans sichtbar wurde. Danach schoß eine Säule oder Fackel aus Staub und Dampf bis in den Himmel, umschrieben oft als Rauch, der wie aus einem Ofen aufsteigt. Dieser Rauch breitete sich am Himmel aus und verfinsterte Sonne, Mond und Gestirne. An die Schilderungen dieses ersten Aktes schließen sich noch Beschreibungen der verschiedenen Typen des Fallouts an, bevor die längerfristigen Auswirkungen des Einschlages zur Sprache kommen.

Der systematischen Schilderung dieser ersten Augenblicke der Weltkatastrophe aus der Sicht der einzelnen Völker möchten wir zunächst die zwei markantesten Augenzeugenberichte voranstellen: Sie betreffen die Teilimpakte im Indischen Ozean und im Südchinesischen Meer. Ersterer ist mit Worten geschildert, letzterer wohl seit frühester Zeit graphisch festgehalten und in China als stärkstes Motiv der Menschheitsgeschichte bis zur Gegenwart immer wieder getreu in den künstlerischen Darstellungen wiedergegeben worden.

1. Überraschend präzise werden die Verhältnisse beim Auftakt zum Weltuntergang in der *altindischen Flutsage* der Ksemendra (I, Vers 34–35) beschrieben: »Alsdann schlug zum Verderben für die Himmelsgegenden ein Ring von Feuern empor, wie eine Menge von Zungen des Todesgottes aussehend und wie der Aufgang von zwölf Sonnen leuchtend. Als der Erdkreis von einer Anzahl fürchterlicher Sonnen versengt war, wurde die Reihe der Welten samt Beweglichem und Unbeweglichem sofort zu Asche.«[150] Die Augenzeugen lassen uns die ringförmige Feuerfontäne der

Abb. 28: Symbolische Impaktdarstellung auf einer Silberkrone aus der Mandschurei, etwa aus dem 11. Jh. Das Motiv enthält den herankommenden Kometen in Form des himmlischen Drachen (s. Abb. 29), den flammend niedergehenden – übrigens rotierenden – Impaktor, der von kleineren flammenden Fragmenten begleitet wird, und den nach dem Einschlag (im Südchinesischen Meer) entstandenen Wellenberg. Auf der Darstellung sind die Hörner auf dem Kopf der Drachen gut erkennbar. Ohne Zweifel erinnern sie an die gelegentlich bei Kometen vom Kopf weg gegen hinten gerichteten dünneren Gasstrahlen gegenüber dem Hauptschweif aus Staub – wie z. B. die beiden Gasstrahlen, die am Kometen Donati im Jahre 1858 beobachtet wurden (vgl. M. Reichstein 1985, Abb. S. 54).
Dieses ursprünglich nur den Kaisern vorbehaltene chinesische Grundmotiv gibt das Urerlebnis der Menschheit in überaus klarer Form wieder – ohne daß die Bedeutung dieses »Drachenmotivs mit der Perle« in China heute noch bekannt ist. – Original im Museum of Fine Arts in Boston/Mass.

Explosion direkt miterleben. Und sie verwenden für die gleißende Blendung unbewußt dasselbe Symbol (»wie der Aufgang von zwölf Sonnen«) wie mehr als 9500 Jahre später Robert Jungk in seinem Buch über das atomare Inferno, das so viel Ähnlichkeit mit einer Impaktexplosion besitzt (»Heller als tausend Sonnen«)!

Aus Indien führen wir noch die Schilderung des Beginns der Weltuntergangskatastrophe in den Puranas an, die am eindringlichsten das

Naturereignis der großen Flut und der damit verbundenen Phänomene beschreibt. All diese Mythen greifen mit ihrem Stoff, wie die Schilderung des Sintflutgeschehens beweist, viele Jahrtausende weit zurück, sind aber erst im 2. und 1. Jahrtausend v. Chr. schriftlich fixiert worden. Die Reihe der klassischen indischen Mythen und Epen setzt mit den ab 1500 v. Chr. aufgezeichneten Veden ein, die aber noch keine eigene Flutsage enthalten. Hingegen zieht sich eine durchaus eigenständige Flutdarstellung durch alle folgenden Mythen der Sanskrit-Literatur hindurch. Diese beginnt mit der vor dem 6. Jh. v. Chr. in Prosa verfaßten Satapatha-Brahmana. Das Mahâbhârata aus dem 5. Jh. v. Chr. mit seinen mehr als 80 000 Versen – achtmal so lang wie Ilias und Odyssee zusammen – wird zum großen indischen Nationalepos. Es behandelt in den ab 320 v. Chr. verfaßten Puranas am eingehendsten das Naturereignis der großen Flut.

Abb. 29: Das gleiche Drachenmotiv auf einer chinesischen Holztruhe der Gegenwart. Es zeigt grundsätzlich die gleichen Impaktsymbole wie Abb. 28. Noch klarer ist darauf das sich aufbäumende Meer herausgearbeitet; vor allem besticht die naturgetreue Wiedergabe des Trichters aus seitlich ausgeworfenem Wasser, der exakt der im Impaktexperiment von P. H. Schultz und D. E. Gault (1982) beschriebenen umgekehrten Tulpen- bzw. Glockenform entspricht (vgl. Abb. 32). Diese Form kommt durch den Rückstrom im Inneren des Auswurfkegels und den abgelenkten Luftstrom der Außenseite zustande. Jahrtausende später ist in der Gegenwart die präzise chinesische Darstellung über die Einzelheiten des Auswurfes dieser Wassermassen – deutlich genug in der Schnitzerei durch die Wellen-Signatur gekennzeichnet – durch die amerikanischen Impaktexperimente verifiziert worden. – Sammlung Tollmann.

Die einschlägige Passage vom Auftakt zum Weltuntergang lautet in der Matsyapurana, wo sie als Vorhersage einer Göttin in Gestalt eines Fisches eingekleidet ist: »Am Ende der Yuga [große Weltperiode] wird das untermeerische Feuer hervorbrechen, während die giftige Flamme aus dem Mund von Samkarsana lodern wird von Patala, und das Feuer aus dem dritten Auge auf der Stirn von Mahadeva schießen wird. So entzündet, wird die Welt vernichtet ... Dann werden die sieben unbarmherzigen Strahlen der Sonne, die den kleinen Wesen Verderben bereiten, brennende Holzkohle regnen lassen.«[151]

2. Noch eindrucksvoller ist die Darstellung in den *chinesischen Drachen-/Feuerkugel-Motiven.* Wir bringen als Beispiele für dieses über Jahrtausende hinweg tradierte Motiv eine vergoldete Silberkrone aus der Liao-Zeit (10.–12. Jh. n.Chr.) aus der Mandschurei (Abb. 28) und eine ähnliche Skulptur auf einer modernen chinesischen Truhe (Abb. 29). In beiden Fällen bietet sich dem Betrachter folgendes Bild: Einerseits sind Drachen das weltweit verbreitete Symbol für den Schweif des Sintflut-Kometen, der laut Überlieferung über den ganzen Tierkreis am Himmel hinzog (siehe S. 102); andererseits verbirgt sich hinter dem zentralen Motiv der Feuerkugel ein von oben herabstürzender, rotierender Impaktor.

Dieses große Kometenfragment wird – je nachdem, wie genau und wie groß die Darstellungen sind – von einer Anzahl kleinerer, ebenfalls rotierender Splitter begleitet, die auch einen Feuerschweif zeigen. In besser ausgeführten Darstellungen sind es neun kleinere, herumschwirrende Trümmer. So heißt es im Shan-hai-king (Kap. 17): »Des Urflutdämon Knecht hieß Siang Yao, neun Köpfe hatt' er.« Und ein sehr bekannter chinesischer Spruch für Kindersegen an Jungvermählte lautet: »Der Drache hat neun Söhne, jeder von anderer Art«[152] (Abb. 30). Solche glühenden Splitter, die den Hauptimpaktor begleiten, kommen – wie schon erwähnt – auch in den Sintflutüberlieferungen anderer Völker vor. Sie entsprechen der Schar glühender »Muspelsöhne«, die den Einschlag des feurigen Surtur in der Edda begleiten.

Das in Abb. 29 zu sehende Impaktmotiv zeigt eine das Einschlagsgeschehen zusammenfassende, wie im Zeitraffer konzipierte Darstellung. Man sieht einerseits den über den Himmel heranfliegenden Kometen mit Schweif (Drache), andererseits die letzte Phase des Absturzes des Kometenkopfes (Feuerkugel), ferner bereits die hochschlagende Dampfsäule und die Wasserfontäne, die kegelförmig zur Seite hin hochschießt, schließlich sogar noch den Wellenberg im Ozean, der sich nach der Explosion durch den Rückschlag der Wogen zum Zentrum des Einschla-

Abb. 30: Der chinesische Drache mit seinen neun Söhnen symbolisiert den Impaktor, der im Südchinesischen Meer niedergegangen ist, und die neun begleitenden Kometensplitter mittlerer Größe. Es ist bezeichnend, daß die Menschen auch diesen Hilfsdämonen, um sie begrifflich fassen zu können, Individualität zuschrieben. Jeder der neun »Söhne« hatte danach ganz spezielle Eigenschaften: Der erste bringt eine schwere Last, der zweite löscht Brände, der dritte ist laut wie die Glocke, der vierte kräftig wie ein Tiger, der fünfte frißt alles auf, das Element des sechsten ist das Wasser, der siebte ist ein tapferer Kämpfer, der achte hat die Stärke des Löwen, der neunte kann genau beobachten. – W. Eberhard 1983.
Die prinzipiell gleiche Personifizierung der Impaktdämonen treffen wird auch bei den verschiedensten anderen Völkern: Meist wurden aber die heranrasenden sieben Hauptfragmente des Sintflut-Kometen als individuelle Dämonen aufgefaßt. Sie wurden einzeln benannt (Babylonier); die sieben von ihnen verursachten Explosionsorkane erhielten eigene Namen (Inder). Ihre spezifische Physiognomie wurde durch Tierfratzen ausgedrückt (sieben unterschiedliche Tierköpfe auf den Unheilsdrachen der Heiligen Schrift, illustriert in den frühen Bibeldrucken durch Dürer, Cranach, Holbein, Lempereur, Vorstermann u. a. – vgl. Abb. 22, 112). Zweck dieser Identifizierung war ursprünglich der Wunsch, mit jedem einzelnen dieser Dämonen in ein persönliches Verhältnis zu treten und ihn durch Opferdarbringung zu besänftigen, wie es am extremsten in der babylonischen Tradition zum Ausdruck kommt.

ges hin bildet und durch hochschießende oder sich überschlagende Wogen ausgedrückt wird. Zum Rand hin flacht sich dieser Wellenberg allmählich ab.

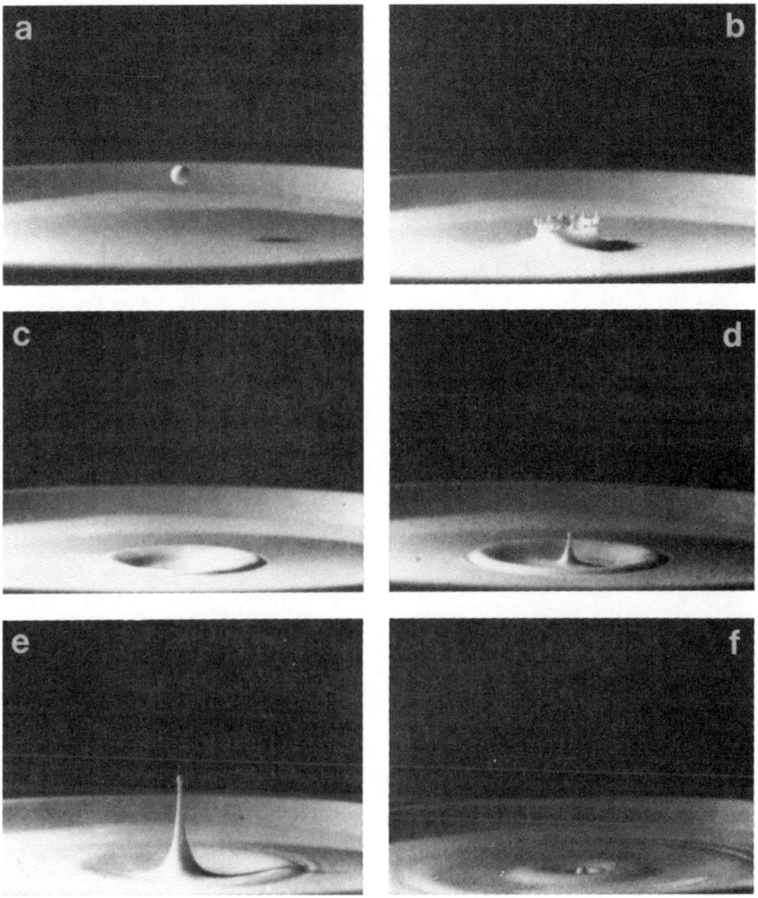

Abb. 31: Die Abfolge der einzelnen Phasen des Impaktgeschehens im Ozean gleicht den Phasen, die man experimentell beim Auftreffen einer Kugel auf einer Wasseroberfläche beobachten kann. Zunächst wird ein durch Zungen begrenzter Wasserkranz ausgeworfen; dann schießt ein zentraler Strahl hoch, von dem konzentrische Wellen ausgehen. – Aus H. J. Melosh 1989.

Von den Details, die durch ihre Darstellungstreue bestechen, sei eines herausgegriffen: der Auswurftrichter des nicht verdampften Wassers, der sich tulpenförmig in einem Winkel von 40 Grad an den Flanken der aufsteigenden zentralen Fontäne öffnet. Dies entspricht verblüffend genau dem Bild, das in neuester Zeit bei amerikanischen Experimenten mit Hochgeschwindigkeitskameras fotografiert und rekonstruiert worden ist (Abb. 31 und 32). Auch hier bildet das ausgeworfene Material aufgrund

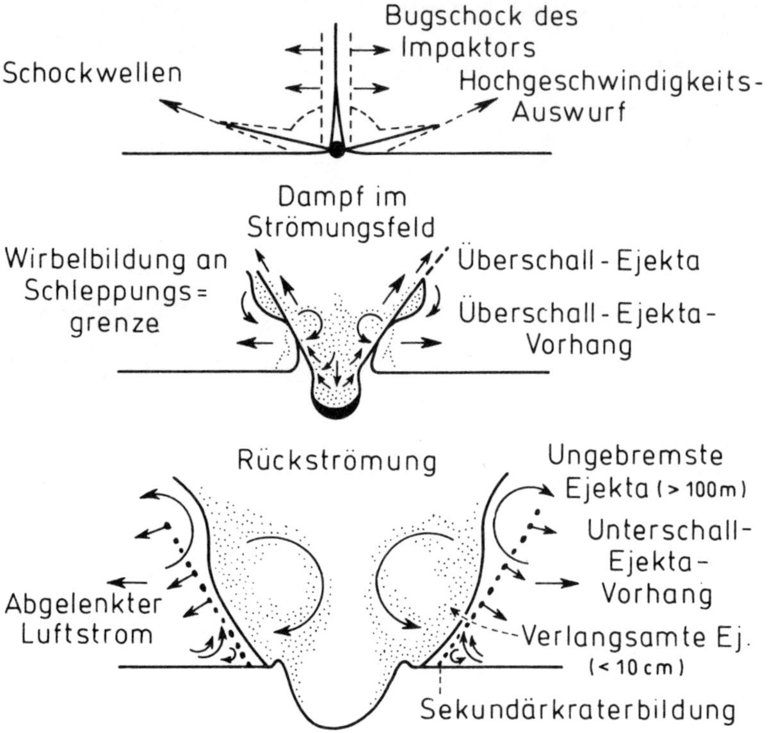

Abb. 32: Die umgekehrt glockenförmige Gestalt des ausgeworfenen Materials in der Spätphase des Auswurfes im Impaktexperiment von Schultz und Gault. – Nach P. H. Schultz & D. E. Gault 1982.

der seitlich zentrifugal wirkenden Wirbel die charakteristische Tulpenform mit geschwungenen Flanken, die sich kelchartig öffnen, wie wir sie auf der chinesischen Holzskulptur beobachten können!

Diese Darstellung des Meeresimpaktes aus der Sicht der Chinesen bestätigt auf glänzende Weise unsere Theorie von einem Impakt im Südchinesischen Meer, den wir noch vor unserer Kenntnis dieses Motivs aus geologischen Gründen abgeleitet hatten. Wir haben ja aufgrund der rund zehn Jahrtausende alten Tektite, die der sibirische Geologe E. P. Izokh in den Jahren 1987–89 aus Vietnam beschrieben hat (siehe S. 254), und der nach Nordwesten weisenden Einschlagsrichtung diesen Teilimpakt im Südchinesischen Meer lokalisieren können (siehe S. 125). Nun ist er auch historisch verifiziert.

3. Auch der ausführliche Bericht über die Sintflut im ältesten Helden- und Götterepos der Menschheit, dem *Gilgamesch-Epos* aus dem Zweistromland, enthält Hinweise auf den Einschlag, der die Sintflut auslöste. Die zielbewußte Entdeckung der Tontafeln mit diesem Epos in der Bibliothek des Königs Assurbanipal in den Ruinen von Ninive sowie die Übersetzung und Publikation in den Londoner »Transactions of the Society for Biblical Archaeology« im Jahre 1873 durch den englischen Archäologen Sir George Smith stellen einen der Höhepunkte der an Sensationen gerade im vorigen Jahrhundert so reichen archäologischen Forschungsarbeit dar (Abb. 33): zeigte sich doch hierdurch, daß der in der Aussage ganz ähnliche, wesentlich später aufgeschriebene biblische Sintflutbericht einen wesentlich älteren Vorgänger hat. König Gilgamesch lebte etwa zwischen 2700 und 2650 v. Chr. als Herrscher der Sumerer in Südbabylonien am Euphrat.[153] In der ältesten Fassung der sumerischen Version dieses babylonischen Sintflutepos aus der Zeit um 1900 v. Chr. fehlt noch – ebenso wie im biblischen Bericht – eine ausführliche Darstellung des Naturvorganges der Sintflut. Aber aus den zahlreichen jüngeren, nicht sumerischen, sondern semitischen Spielarten in akkadischer Sprache erfahren wir sehr wohl aufschlußreiche Einzelheiten über den Ablauf. Diese jüngeren, ausführlicheren Varianten des Heldenepos sind unter dem Namen des Hauptshelden als Gilgamesch- oder als Atramchasis-Epos bekannt geworden und stellen teils babylonische (Anfang 2. Jt. v. Chr., 17. Jh. v. Chr.), teils assyrische (7. Jh. v. Chr.) Versionen dar[154] – von den späteren, kopierten Berichten ab der griechisch abgefaßten Sage des Priesters Berosus in Babylon aus der Zeit von 275 v. Chr. abgesehen.[155]

Der uns interessierende Vers der elften Tafel des Gilgamesch-Epos, der den Beginn der Sintflut einleitet, lautet:

> »Die Anunnaki [Geister der Tiefe] hoben Fackeln empor,
> Mit ihrem grausen Glanz das Land zu entflammen.
> Rammans Staubwirbel dringt bis zum Himmel empor
> Jegliches Helle in Düster verwandelnd;
> Das Land, das weite, zerbrach wie ein Topf.«[156]

Auch im Gilgamesch-Epos läßt sich der Beginn der Katastrophe an einem sehr präzise geschilderten Anzeichen erkennen, dem Hochheben der Fackeln durch die Geister der Tiefe, so daß die Staubwirbel bis zum Himmel empordringen. Der Schauplatz des Geschehens liegt südlich vom Berichterstatter aus dem Zweistromland, also im Indischen Ozean,

denn in Zeile 108 der elften Tontafel wird erläutert, daß in der Folge einen Tag lang aus südlicher Richtung, also von diesem Einschlagszentrum her, ein Orkan tobte. Besonders eindringlich schildert diesen Südsturm der Sintflut übrigens der römische Dichter Ovid[157], der allerdings die griechische Lokalflut des Deukalion hoffnungslos mit der Impakt-Sintflut vermischt und mit seinen phantasievollen Metaphern und poetischen Ausschmückungen des Sintflutereignisses bereits den Geschmack des nüchternen englischen Mythenforschers Sir James George Frazer beleidigte.

4. Die Erinnerung an die Impaktfontäne und das übrige Impaktgeschehen des Sintflutereignisses ist offensichtlich auch in die Schilderung der Vernichtung von Sodom und Gomorrha am Toten Meer einbezogen worden, die in der Genesis (Kap. 19/23–28) als Beispiel für die Bestrafung der Lasterhaftigkeit durch Jahwe angeführt wird: Bei Sonnenaufgang (!) ließ der Herr Schwefel (= Schwefelsäure-Fallout) und Feuer vom Himmel herabregnen, kehrte die Stadt um (Erdbeben), und man sah den Dampf aufsteigen von der Erde, wie den Rauch eines Ofens (übliche Schilderung der Impaktfontäne in den Traditionen des Nahen Ostens einschließlich des Islams). Die Analogie dieses Berichtes zu den nun bekannten Vorgängen beim Sintflut-Impakt ist unverkennbar, wobei der Zeitpunkt des Einbaues dieses Ereignisses in die frühe Geschichte nicht relevant ist, da vielfach wie in den Ägyptischen Plagen das Urerlebnis der Menschheit in spätere heroische Begebenheiten erneut eingeflochten wird.

5. Auch im Neuen Testament wird der Einschlag direkt beschrieben, und zwar in der Offenbarung des Johannes (Kap. 8,8; vgl. S. 435): »Und es war, als stürzte ein großer Berg brennend ins Meer.« Darauf bezieht sich offensichtlich eine weitere Stelle (Kap. 9,2): »Und er tat den Brunnen des Abgrundes auf. Und es ging auf ein Rauch aus dem Brunnen, wie der Rauch eines großen Ofens, und es ward verfinstert die Sonne und die Luft von dem Rauch des Brunnens« (Abb. 34). Und ebenso (Kap. 8,10–11): »Und es fiel ein großer Stern vom Himmel, der brannte wie eine Fakkel …«

6. Eine kurze Passage des *Korans* enthält in Sure 11,42 eine Anspielung auf die Vorbereitung der Sintflut: »… bis auf unseren Befehl das Wasser im Ofen kochend aufbrauste«.[158]

Abb. 33: Der chaldäische Bericht über die Sintflut im Gilgamesch-Epos auf den Tontafeln, die der englische Archäologe George Smith in den Ruinen von Ninive gefunden hat.

Abb. 34: Die Posaunen-Vision in der Offenbarung des Johannes beschreibt das Aufbrechen des Brunnens des Abgrundes, womit die Fontäne gemeint ist, die nach dem Einschlag des Kometen aus den Tiefen herausbricht (siehe S. 112 ff.) und Unheil und Vergiftung bringt. Die Darstellung dieser Szene durch Lukas Cranach gibt eine ganze Reihe der typischen Impaktmerkmale wieder: den Einfall eines »Sternes« in den Brunnen aus dem Abgrund und die Explosionsfontäne, die daraufhin zum Himmel aufsteigt und die Sonne (mit menschlichem Gesicht gezeichnet) verfinstert, sodann aber die eigenartige Szene, daß aus dem Rauch des Schachtes das Böse in Form von »Heuschrecken« herauskommt, die jedoch einen Skorpionstachel tragen. Wie wir von den ägyptischen Plagen her wissen, verätzte der bei der Katastrophe niedergehende Fallout aus Blutregen (Salpetersäure) die Haut der Menschen so stark, daß sie monatelang an unerträglichen Schmerzen wie nach dem Stich eines Skorpions litten. Das erklärt das Symbol des Skorpions für das aus dem Rauch der Explosion kommende Gift. – Bibelillustration von L. Cranach (1522).

7. Ein grundsätzlich gleiches Bild des Impaktanblickes bieten auch die Traditionen der anderen Seite der Erde, so etwa die *Mythen der Fidschi-Insulaner* in Ostmelanesien. Der beleidigte Gott, die Große Schlange, rächt sich an den Menschen: »Er schleuderte seine Keule hoch in den Himmel hinein; die Wolken barsten, und eine unheimliche Regenflut ergoß sich über die Erde. Der Regen hielt viele Tage an; es war kein

Regen, wie er heute auf die Erde herabkommt, es goß in wahren Strömen, auch das Meer stieg und überflutete das Land.«[159] Wieder ein Augenzeugenbericht über die bis in den Himmel emporschießende Impaktfontäne, nur diesmal von einem Volk, das heute mitten im Pazifik beheimatet ist. Auch wenn wir annehmen müssen, daß diese Insulaner ihre Sage erst später aus dem Randgebiet des Stillen Ozeans in die zentralpazifische Region importiert haben, ist doch die Schlußfolgerung naheliegend, daß sie einen Teilimpakt des sich in sieben Trümmer spaltenden Kometen (siehe S. 96 f.) im pazifischen Raum beobachtet und nicht den Impakt im Indischen Ozean miterlebt haben.

Das Getöse der Explosion

Bereits vom Einschlag kleiner Meteoriten wissen wir aus Augenzeugenberichten, daß ihr Niedergang von donnerartigen Geräuschen oder von Detonationen wie bei Kanonenschüssen oder Explosionen begleitet wird, weil sie die Atmosphäre mit extrem hoher Überschallgeschwindigkeit durchschlagen. Ungleich größer ist der Lärm, den ein so riesiger Impaktor verursacht, vor allem wegen des gewaltigen Ausmaßes der Explosion bei seinem Aufschlag. Der Explosionslärm war sicherlich kontinenteweit zu hören.

Wie laut der Detonationslärm in unmittelbarer Nähe des Aufschlages war, läßt sich nicht in Erfahrung bringen; keiner, der diese Explosion aus der Nähe mit anhörte, hat überlebt; die Luftdruckwelle zerstörte nicht nur den Gehörsinn, sondern auch die Innenorgane. Es ist auch nicht immer leicht, die Angaben der verschiedenen Völker über den fürchterlichen Lärm, das Getöse, den Donnerschlag und das Krachen, von denen die Katastrophe der Sintflut begleitet war, den einzelnen Phasen des Geschehens zuzuordnen: Nur in wenigen Fällen wird von den Augenzeugen die Ursache mit angegeben, etwa daß das »Meer mit furchtbarem Getöse in das Land einbrach«, wie die Indianer Perus erzählen,[160] oder daß man das Brausen, Rauschen und Krachen der herannahenden Feuerflut des Sintbrandes schon Tage vorher vernehmen konnte, wie wir von den Wogulen in Tobolsk in Westsibirien wissen.[161]

In anderen Fällen wird von den Betroffenen selbst keine Zuordnung des Lärmes vorgenommen, wie etwa in der altpersischen heiligen Schrift der Parsen, dem Zend-Avesta, wo der geschlagene Dämon ein fürchterliches Geschrei ausstößt, bevor in einer dritten Attacke wiederum sintflutartige Regen fallen.[162] Daß derartigen Schilderungen der frenetische Explosionslärm eines nahen Teilimpaktes zugrunde liegt, ist offensichtlich. Aus der Darstellung von Johannes (siehe S. 440) kann man entnehmen, daß der dritte, im Nahen bis Mittleren Osten getrennt verspürbare Teilimpakt der Einschlag im Indischen Ozean war.

Die Nebengeräusche des Sintflutimpaktes hat der griechische Dichter Hesiod in seiner »Theogonie« mit den Worten »unsägliche, unverständliche Laute« umschrieben (siehe S. 174). Von jüngst beobachteten Meteoriteneinfällen ist ja bekannt, daß sie von einer Vielfalt eigenartiger Geräusche wie Zischen, Pfeifen, Gewehrgeknatter usf. begleitet werden.

Die Größe des Impaktors

Eine Schätzung, wie groß der Impaktor gewesen sein muß und wieviel Energie er freisetzte, ermöglicht die Tatsache, daß dieser Einschlag eine weltweite Impaktnacht und – abgesehen von den niedrigen Breiten – einen Impaktwinter zur Folge hatte. Nach Nadine G. Barlow vom Lunar and Planetary Institute der NASA in Texas[163] muß ein Impaktor mindestens einen Durchmesser von 3 km besitzen, um solche Auswirkungen hervorzurufen. Wir dürfen aufgrund dieser Hinweise, aber besonders auch wegen der gewaltigen Tektit-Streufelder, die der Sintflut-Impaktor verursacht hat (siehe S. 278), und vieler weiterer Merkmale wie Weltenfeuer, fast weltweit kochender Ozeane usw. mit einem Impaktor ansehnlicher Größe rechnen. Es besteht demnach kein Zweifel daran, daß der Sintflut-Impakt in die großen Impakt-Katastrophen der jüngeren Erdgeschichte einzureihen ist.

Noch etliche weitere Indizien weisen auf eine beträchtliche Größe des Impaktors hin. So gibt S. Jansa (1990) an, daß ein solches Geschoß mindestens einen Durchmesser von 3 km haben muß, um auf der Erde ein Massensterben hervorzurufen. Und beim Sintflut-Impakt müssen wir nicht nur aufgrund des Mammutaussterbens eine solche Katastrophe für die Fauna und Flora annehmen. In die gleiche Richtung weist eine Mitteilung von Peter Brosche (1987), die sich auf theoretische Untersuchungen stützt: Danach wird Vulkanismus erst von Impaktoren ausgelöst, die einen Krater von mehr als 100 km Durchmesser schlagen, was wiederum einen über 3 km großen Impaktor erfordert. Da aber bereits der Teileinschlag vor der amerikanischen Westküste genügte, um den in den Überlieferungen beschriebenen Vulkanismus in Mittel- und Südamerika auszulösen, beweist dies, daß allein schon das Teilstück des Sintflut-Kometen, das dort niederging, die erforderliche Größe besessen haben, der Gesamtkomet vor seiner Teilung (siehe S. 96 ff.) somit noch viel größer gewesen sein muß.

Die Richtung des Kometeneinfalles

Die Herkunft des Kometen läßt sich aus der gegen Nordwesten gerichteten Streu der zugehörigen Tektite in Südaustralien ableiten. Dort verlaufen zwei derart orientierte, parallele Streifen mit maximaler Dichte dieser Jungtektit-Streu.[164]

Als absolute Einfallsrichtung kann etwa Südosten angenommen werden. Denn die höchste Intensität der Belastung, die die damals bereits in Südaustralien lebenden Kurnai so ergreifend schildern (siehe S. 169), weist eindeutig auf die unmittelbare Nähe des Explosionsherdes vor der südostaustralischen Küste im Pazifik hin.

Gleiche Hinweise auf einen aus südöstlicher (bis östlicher) Richtung erfolgten Einschlag liefert das Streufeld der Jungtektite in Vietnam, wo sich der zugehörige Krater in der Nähe befinden muß und, da am Land nicht nachweisbar, im Südchinesischen Meer zu suchen ist. Dies belegt auch die erst jetzt von uns entdeckte präzise Darstellung der Beobachtung des Einschlages im Ozean im Blickfeld der chinesischen Augenzeugen (siehe S. 115).

Auch im Nahen Osten zeigt sich die gleiche Einschlagsrichtung aus (Ost-)Südost. Den Impakt selbst im Indischen Ozean hatten ja die Inder beobachtet. Der Fallout und der »Blutregen« aus konzentrierter Salpetersäure aber gingen vorwiegend über Ägypten und dem übrigen Nahen Osten nieder, wurden also auch hier von Südosten nach Nordwesten ausgeschleudert. Für die Perser und Germanen kam der Komet aus Süden.

Ein weiterer knapper Hinweis auf die ungefähre Richtung des ankommenden Impaktors stammt von den Yámana in Feuerland, die die »alte böse Sonne« Tarnuwa-Lem, die das ganze Unglück gebracht hatte, im Osten auftauchen ließen (siehe S. 168).

Zur Einfallsrichtung des Kometen gibt es allerdings auch eine widersprüchliche Angabe; eine jüdische Sage – sofern man diese darauf beziehen kann – berichtet nämlich: »Zuvor hatte der Herr die Ordnung der Schöpfung geändert; er ließ die Sonne auf der Abendseite aufgehen und auf der Morgenseite untergehen.«[165] Eine geologische Neuuntersuchung des jungen Anteils des südaustralischen und vietnamesischen Streufeldes wird helfen, die Frage nach der Einfallsrichtung noch besser zu klären.

Flutgeschehen in Etappen

Noch ein weiterer Umstand des Sintflutgeschehens verdient unsere Aufmerksamkeit: Es gibt gar nicht wenige Traditionen, besonders in beiden Teilen des amerikanischen Kontinents, die in diesem Zusammenhang von einer Reihe von zeitlich deutlich voneinander getrennten Flutkatastrophen berichten. Die Angaben über den zeitlichen Abstand der einzelnen Flutkatastrophen divergieren stark. Ebenso wird nicht von jedem Teilergebnis die volle Impaktskala des Geschehens überliefert. Da wir aber aus den anhand von geologischen Belegen überprüfbaren Mythen gelernt haben, wie ernst deren Aussagen im allgemeinen zu nehmen sind, wollen wir auch diese Mitteilungen über ein Sintflutgeschehen in Etappen trotz mancher scheinbarer Widersprüchlichkeit nicht einfach übergehen.

Wir stoßen bei den Überlieferungen, die hierüber berichten, auf drei verschiedene Typen von Aussagen. Zunächst einmal finden wir Mythen, die von drei offenbar kurz nacheinander folgenden, großen Einschlägen sprechen. Sie stammen aus Asien und können mit Vorbehalt dahingehend gedeutet werden, daß die ja zeitlich voneinander getrennten Teilimpakte in der westlichen Hemisphäre tatsächlich auch deutlich genug als getrennte Einschläge spürbar und wirksam wurden.

Die zweite Art von Aussagen liefern vor allem die amerikanischen Flutmythen, in denen von sintflutartigen Teilkatastrophen samt Begleiterscheinungen in Zeitabständen von Monaten, Jahren oder sogar Jahrhunderten berichtet wird. Sie geben am meisten zu denken, da es durchaus möglich ist, daß bei dem gewaltigen Ausmaß der Katastrophe, in deren Verlauf ein riesiger Komet schon beim Anflug in zahllose Trümmer unterschiedlicher Größe auseinanderbrach, Fragmente übrigblieben, die nicht bei der ersten Einschlagsserie niedergingen, sondern auf der alten Kometenumlaufbahn weiterzogen, bevor sie bei einer erneuten Wiederkehr endgültig in das Anziehungsfeld der Erde gerieten. Oder aber es wurden Brocken aus dem Trümmerschwarm von der Erde eingefangen, so daß sie diese noch eine Zeitlang umrundeten, ehe sie abstürzten. Hier kann aufgrund der noch zu geringen Zahl der erfaßten dezidierten Aussagen des Mythenschatzes noch keine Entscheidung getroffen werden.

Die dritte Art von Aussagen über die Wiederholung von Weltkatastrophen, die dezidiert in vielen Traditionen vorkommt, behauptet, daß sich Katastrophen von der Art der Sintflut in großen Zeitabständen – den sogenannten Weltenjahren – im Ausmaß von etwa zehn bis zwölf Jahrtausenden wiederholt hätten. Dieses auch in viele große Religionen eingegangene Wissen der Menschheit erstaunt sehr und kann nach allen Überlegungen am ehesten noch mit einer dunklen Erinnerung der Menschheit an weiter zurückliegende Impakte erklärt werden – worauf auf S. 409 f. getrennt eingegangen wird.

Halten wir Ausschau nach den Einzelheiten in den Überlieferungen, die über ein Sintflutereignis in mehreren Etappen berichten und eine mehrfache Flut oder die ganze Skala der mit einem Impakt verbundenen Erscheinungen als einen sich in zeitlichen Abständen wiederholenden Vorgang beschreiben. Dabei wenden wir uns zunächst den Mythen aus dem vorderasiatisch-westasiatischen Raum zu, wo stets – wenn auch in verschieden eingekleideter Form – von drei in diesem Gebiet der Erde deutlich voneinander unterscheidbaren Einschlägen gesprochen wird.

Da ist zunächst der recht ausführliche altpersische Bericht im siebenten Kapitel des Bundahesch: Dort erscheint der in dreifacher Gestalt auftretende Stern Tistar auf der Erde, um die schädlichen Geschöpfe und das böse Prinzip mit Fluten zu ertränken. Bezeichnend ist schon der Name des Sintflutverursachers »Tistar« als »dreifacher Stern« (fem. »tis« dissimiliert aus »tris«). Im Bundahesch lautet die einschlägige Passage: »Tistar regnet mit jedem seiner Körper zehn Tage, also im ganzen dreißig Tage lang.

Als er in seiner ersten Gestalt geregnet hatte mit Tropfen von der Größe einer Untertasse, da stieg das Wasser mannshoch auf der Erde, und alle die schädlichen Geschöpfe mußten sterben. Dann kam ein himmlischer Wind und fegte das Wasser hinweg. Aber der Samen der vertilgten schädlichen Geschöpfe war auf der Erde zurückgeblieben und verursachte Gift und Fäulnis. Zum zweitenmal stieg Tistar in Gestalt eines weißen Pferdes auf die Erde herab, um von neuem zu regnen.« Es folgt die Schilderung, wie Tistar zwei Dämonen besiegt, die ihn durch Blitzesfeuer an der Fortführung seiner alles vernichtenden Regenfluten behindern wollen. Und schließlich: »Der also geschlagene Dämon stößt ein fürchterliches Geschrei aus, wie wir es noch jetzt im Gewitter vernehmen. Tistar aber regnet von neuem, und das auf der Erde gebliebene Gift der schädlichen Tiere mischte sich in dieses Wasser, das davon salzig wurde. Von neuem erhob sich ein großer Wind, der dieses Wasser in drei Tagen nach den Enden der Erde vertrieb ...«[166]

Unschwer sind in dieser eingehenden Darstellung drei individuelle Teilimpakte zu erkennen: zunächst der Flutregen zu Beginn, der durch den ersten Impakt ausgelöst wurde. Danach folgt offenbar ein nächster Hitzepuls, der nach einem weiteren Einschlag vor dem folgenden Flutregen über den Globus raste. Diese Aussage stimmt mit dem Bericht überein, daß der weiße Dämon im zweiten Akt vom Himmel herabsteigt und sich ein zweiter Flutregen anschloß. Und schließlich mit furchtbarem Lärm der dritte Impakt und der dritte Flutregen – an den hier allerdings noch ein weiterer Orkan angehängt wird. Diese Schilderung im Bundahesch bezieht sich zweifellos auf drei von den sieben Großeinschlägen des Sintflut-Kometen, die als deutlich voneinander getrennte Teilimpakte wahrgenommen wurden. Es handelt sich dabei wahrscheinlich um die drei Teilimpakte, die in der westlichen Hemisphäre niedergingen: im Indischen Ozean, im mittleren Atlantik und im Nordatlantik. In dem zuletzt genannten Orkan könnte man noch den Hitzepuls erkennen, der von dem ebenfalls nicht zu weit entfernten Einschlagsgebiet im Südchinesischen Meer stammte.

Die Erwähnung dieser drei individuellen Teilimpakte in der persischen Tradition stimmt mit der Schilderung von drei getrennten Impakten in der Offenbarung des Johannes überein, von denen spezifische, unterschiedliche Merkmale genannt werden (siehe S. 400).

Analog zur persischen Überlieferung berichtet auch eine der zahlreichen Varianten der Flutsage bei den Wogulen im Tobolsker Gouvernement Westsibiriens von einem dreimaligen Sturzregen, bei dem jeweils siedendes Wasser auf die Erde niederfiel. Zwischen jedem Überkochen der Himmelskessel läßt das Sieden nach, so daß sie ein wenig innehalten.[167] Auffällig ist allerdings, daß dieser dreimalige Feuerwasserregen und die Impaktorkanstöße in einem selbständigen Mittelteil der Sage zusammengefaßt sind und die übrigen Impaktmerkmale wie »heilige Feuerflut« und »Schneewolke« getrennt davon nur im ersten Teil des Berichtes zur Sprache kommen. So begegnen wir in diesen beiden westasiatischen Sagen zwar bemerkenswerterweise dreimal einem Sturzregen, aber es wird nicht dreimal die vollständige Abfolge der Erscheinungen bei einem Impakt – nämlich Sintbrand, Sintflut und Sintfrost – geschildert. Man darf hierbei eben nicht vergessen, daß gar keine Zeit geblieben wäre, um alle Erscheinungen eines Impaktes bis hin zum Impaktwinter auszubilden, falls sich der Impaktor in einem späten Stadium des Anfluges teilte und die einzelnen Einschläge kurz hintereinander erfolgten. Bei einem Einschlag eines in Trümmer gegangenen Kometen im Ozean steht naturgemäß die mehrfache Flut und Himmelsflut im Vordergrund.

Versucht man abzuschätzen, in welchem zeitlichen Abstand die Einschläge der sieben Teilimpaktoren erfolgten, so ergeben sich unter Annahme der üblichen Bedingungen viel zu geringe Zeitspannen, als daß sich derart deutlich unterscheidbare Erscheinungsabfolgen der jeweiligen Einzelimpakte hätten entwickeln können. Der Zeitunterschied zwischen den einzelnen Einschlägen muß gering gewesen sein, weil ja in den Überlieferungen geschildert wird, daß sich die sieben Fragmente im Kopf des Kometen gemeinsam näherten. Das Auseinanderbrechen kann daher erst beim letzten Durchgang des Kometen nahe der Sonne oder beim nahen Vorbeiflug am Jupiter und nicht bereits bei einem früheren Umlauf auf einer elliptischen Bahn stattgefunden haben. Wenn wir annehmen, daß sich der Sintflut-Komet mit einer Geschwindigkeit von rund 60 km/s (Halley ist mit 68 km/s an der Erde vorbeigezogen) der Erde näherte, hätte unser Komet nach dem Perihel die Erde in rund einem Monat erreicht. Nimmt man ferner an, wie sich aus Beobachtungen an anderen Kometen ableiten läßt, daß sich die Kometenteile nach ihrer Aufspaltung in Sonnennähe mit einer Geschwindigkeit von mehreren Metern pro Sekunde voneinander entfernten, so könnten die Fragmente in einem durchschnittlichen zeitlichen Abstand von jeweils fünf Minuten auf der Erde aufgetroffen sein. Diese Zeitspanne erscheint zwar groß genug, daß Augenzeugen von mehreren getrennten Ereignissen berichten konnten, reicht aber nicht aus, daß sich getrennte Flutregen hätten entfalten können.

Sintflutgeschehen in verschieden lange dauernden Etappen schildern auch manche nordamerikanischen Indianerstämme. So wissen die Cheyenne, Algonkin-Indianer im Felsengebirge, sogar von einer viermaligen Wiederholung der Flut in ihrer ursprünglichen, südlicher liegenden Heimat zu berichten, wobei die letzte, die erst »viele hundert Jahre später« erfolgte, die Hauptkatastrophe mit Erdbeben, Vulkanausbrüchen, den großen Fluten und dem langen Winter gewesen sei. Und in der Tradition der Chipewyan-Indianer, eines im Osten Kanadas lebenden Athapaskenstammes, folgt auf die mit Dunkelheit verbundene erste Schneeflut, nachdem das Tageslicht nochmals durchbrechen konnte, eine neuerliche Nacht mit Schnee, Hitze und Flut. Auch die Washo-Indianer (Hoka) im Gebiet der Sierra Nevada erzählen, daß sich an eine erste große Woge von der See her, die alles verschlang, einen halben Monat später die Hauptkatastrophe mit gewaltigen Beben, Gewittern und Ausbruch von Feuer, Rauch und Asche aus der Erde, also offensichtlich Vulkanausbrüchen, anschloß.[168]

Auch in der Sintflutsage der Yámana in Feuerland deuten sich zwei zeitlich voneinander getrennte Impakte an. Nach einer ersten Abfolge von Impakterscheinungen kam diesem Bericht zufolge am Ende des Impaktwinters, der dort vielleicht zehn Monate dauerte, also mit starker zeitlicher Verzögerung, abermals eine »sehr starke Sonne« zum Vorschein, die rasch den Schnee und das Eis schmolz, die Berge überschwemmte und die herausragenden Spitzen verbrannte (siehe S. 168).

Die Gemeinsamkeit der erwähnten Traditionen bei den Indianern besteht darin, daß sie die amerikanische Hauptkatastrophe an das Ende einer Serie von ersten, durch zusammengehörige Teilimpakte bedingten Katastrophen stellen. Eine erste, kurz aufeinanderfolgende Reihe von Flutwellen in diesen Überlieferungen läßt sich sehr leicht dadurch erklären, daß die Wogen der einzelnen Einschläge im Pazifik zu verschiedenen Zeitpunkten eintrafen, wobei noch die durch Impaktbeben ausgelösten Tsunami-Fluten hinzukamen (siehe S. 192). Der Zeitpunkt der letzten, zeitlich erheblich verzögerten Katastrophe, die mit den stärksten Beben und Vulkanausbrüchen verbunden war, läßt sich nicht eindeutig festlegen: Von einem halben Monat über die Dauer eines Impaktwinters (viele Monate) bis zu »viele hundert Jahre später« lauten die verschiedenen Versionen.

Für uns bleibt nur die Schlußfolgerung übrig, daß der stärkste Amerika betreffende Impakt möglicherweise erheblich später als die anderen Einschläge erfolgte.

Verweilen wir noch kurz bei der Frage, in welchem Zeitabstand die Trümmer des Sintflut-Kometen auf die Erde niedergingen. Wir haben anhand der Überlieferungen einige konkrete Hinweise, um diese Frage beantworten zu können. Falls der Komet beim Vorbeiflug an der Sonne in Trümmer ging, müßte man theoretisch – angesichts der astronomisch geringen Entfernung zur Erde und der erwähnten hohen Geschwindigkeit von Kometen – mit einem zeitlichen Abstand der Einzeleinschläge von nur wenigen Minuten rechnen. Bei einer schwerkraftbedingten Zerlegung des Sintflutkometen während eines nahen Vorbeifluges am Gravitationsfeld des Jupiters hingegen würden die Einzeleinschläge im Abstand von mehreren Tagen erfolgen. Welche der beiden Möglichkeiten ist aufgrund der heute bekannten Fakten die wahrscheinlichere?

Zunächst sei daran erinnert, daß die Einschlagsstellen nicht nur auf der einen Seite der Erde liegen, die dem heranfliegenden Kometenhaufen zugewandt war, sondern auch noch ein Stück darüber hinaus auf die andere Seite reichen. Zwischen dem Aufschlag der einzelnen Trümmer ist ein Zeitabstand von mindestens einigen Stunden erforderlich, damit die Erde lange genug rotieren konnte und sich dem Schwarm der Impaktoren dadurch andere Gebiete der Erdoberfläche als Aufschlagsstellen anboten. Dies allein spricht schon für die Version einer ersten Zerlegung des Sintflut-Kometen im Schwerefeld des Jupiters, wobei aber durchaus eine Absprengung von weiteren Komponenten bis zu kleinkalibrigen Trümmern im Perihel hinzugekommen sein kann.

Einen zu großen zeitlichen Abstand zwischen den Einschlägen nehmen wir hingegen nicht an – trotz der offenbar irreführenden Angabe in der persischen Tradition, die von einer dreifachen Ereignisabfolge mit jeweils einer Woche Intervall spricht –, da sowohl die nord- wie auch die südamerikanischen Indianer sowie die Berichte aus dem Nahen Osten das Ereignis gleichzeitig ansetzen, nämlich zu Beginn des Herbstes bzw. des Frühlings. Demnach sind wochen- bis monatelange Zwischenräume zwischen den Einschlägen auszuschließen. Dazu paßt auch die weltweit tradierte Dauer der Impaktnacht von rund einer Woche, die sich nur durch eine ungefähre Gleichzeitigkeit des Ereignisses erklären läßt.

Außerdem ging laut Gilgamesch-Epos schon am Abend vor dem Einschlag [im Indischen Ozean] ein Schlammregen nieder (S. 263), was auf einen eben nur kurzfristig vorangegangenen Teilimpakt schließen läßt.

Neben den sieben großen Fragmenten könnten bei der Zertrümmerung auch noch weitere, isolierte Trümmer entstanden sein, die etwa auf einer leicht abweichenden Flugbahn zwar in das Gravitationsfeld der Erde gerieten, also in eine Umlaufbahn um die Erde gelangten, aber erst wesentlich später – »viele hundert Jahre später«, nach den indianischen Überlieferungen – auf die Erde abstürzten. Einen ersten erdwissenschaftlichen Hinweis darauf könnte man in dem zweiten sprunghaften Anstieg des radioaktiven Kohlenstoffisotops ^{14}C in den subfossilen Eichenstämmen erblicken, den die deutschen Forscher für Umweltphysik und Botanik, Bernd Kromer und Bernd Becker,[169] jüngst in ihrem Diagramm darstellten. Diese zweite, sprunghafte Steigerung in ihrer Kurve stellte sich rund 400 Jahre nach dem Sintflut-Hauptimpakt ein.

Auf die Möglichkeit, daß im Laufe der Erdgeschichte nach einer Begegnung der Erde mit einem Sonnenschrammer über einen längeren Zeitraum hinweg Kometenmaterial anfiel, ist von Astronomen wiederholt hingewiesen worden, zuletzt im Jahre 1992 von den führenden amerikanischen Forschern auf diesem Gebiet, Eugene M. Shoemaker und G. A. Izett.[170]

Zu der Vielzahl der interessanten antiken Mythen und Kosmogonien des Abendlandes und des Nahen Ostens, die von früheren, der Sintflutkatastrophe gleichenden Weltuntergängen in Abständen von rund einem Jahrzehntausend erzählen, wird auf S. 409 f. eigens Stellung genommen. Die Abfolge der Weltuntergänge in den aztekischen Mythen, in denen

a b c d

Abb. 35: Bilder der vier präkosmischen »Sonnen« bzw. Weltperioden vom Haupttempel der Azteken in Mexiko. Die vier »Sonnen« symbolisieren die Teilschritte im Zuge der Weltkatastrophe: a) die »Jaguarsonne« das Reich des Dunkels (Impaktnacht), b) die »Windsonne« das Werk des Sturmes (Impaktorkan), c) die »Regensonne« das Reich des Feuers (Weltenbrand) und d) die »Wassersonne« die Vernichtung durch Sturzregen und Flut. – E. Seler 1904.

ebenfalls beträchtliche Zeiträume zwischen den Einzelkatastrophen liegen, läßt sich hingegen nicht mit den Kosmogonien der Alten Welt vergleichen. In den »Sonnenmythen« der Azteken hat nämlich eine eigenartige, schlußendlich falsche Vermischung der Erlebnisse der einzelnen Etappen des Sintflut-Impaktes mit diesen »Weltenjahren« der erwähnten Kosmogonien stattgefunden. Die Vorstellungen der Azteken beruhten darauf, daß die Menschheit der Jetztzeit die fünfte und nun erst vollkommene Schöpfung sei und daß vorher viermal das noch unvollkommene Menschengeschlecht durch eine Weltkatastrophe am Ende des jeweiligen, durch »Sonnen« – als Symbole für Götter – bezeichneten Zeitalters als mißlungene Schöpfungen hinweggerafft wurde: Das erste Zeitalter, das der »Jaguarsonne« (Ozelotonatiuh) oder »Nachtsonne« (Youaltonatiuh), endete damit, daß der Jaguar, der Dunkelheitsdämon, die Menschen fraß. Das zweite Zeitalter, das der »Windsonne« (Ecatococ) oder wörtlich »alles wird vom Winde fortgerissen«, ging mit Wirbelstürmen zu Ende.

Das dritte Zeitalter entspricht der »Feuersonne«, wird aber besser als »Regensonne« (Quiauhtonatiuh) bezeichnet, weil es damals Feuer vom Himmel regnete, so daß die Menschheit verbrannte und im Rauch, in Vögel verwandelt, zum Himmel aufstieg. Das vierte Zeitalter war das der »Wassersonne« (Atonatiuh), das natürlich mit einer Sintflut ausklang, wobei sich die Menschen in Fische verwandelten. Dieses Zeitalter schloß mit dem Einsturz des Himmels auf die Erde, also mit einer Sturmregenflut (Abb. 35). Die fünfte, gegenwärtige Periode steht übrigens im Zeichen der »Erdbebensonne« (Olintonatiuh).[171]

Eine eindrucksvollere symbolhafte Darstellung des Ablaufes und der einzelnen Etappen des furchtbaren Erlebnisses der Sintfluttragödie, dazu noch in der richtigen Reihenfolge der Ereignisse mit Schockwellensturm und Weltenbrand, die der Sintflut vorauseilen, kann man unmöglich erwarten. Es besteht somit nicht der geringste Zweifel daran, daß dieser grundlegende und bisher in seinem natürlichen Zusammenhang von allen ebenso fundamental mißverstandene Schöpfungsmythos der Azteken auf dem größten Erlebnis der Menschheit vor rund zehn Jahrtausenden beruht.

Bezeichnend ist auch, daß jeder für die einzelnen Katastrophen verantwortliche Dämon einen Namen trägt, der mit »Sonne« kombiniert ist. Was ganz logisch ist, denn bei allen Völkern hatte man den Zusammenhang erkannt, der zwischen der herabstürzenden »bösen Sonne« (Kometenfragment) und der jeweils damit verbundenen Katastrophe bestand. Darauf beruht in den »Sonnen«-Mythen der Azteken die Hinzufügung des Verursachers.

Man erkennt an diesem beispielgebenden Mythos der Azteken in hervorragender Weise, daß die Attacken der Natur, die damals den Menschen Schlag auf Schlag trafen, später zu Zeitaltern umgeformt worden sind, während ebendiese Ereignisabfolge sonst in Hunderten von Sagen anderer Völker dieser Erde stets ganz richtig als kontinuierliche Abfolge des Grauens des Sintflutgeschehens tradiert worden ist.

Ansonsten findet man nur gelegentlich eine vergleichbare Zerlegung des Sintflut-Gesamtereignisses in mehrere getrennte Weltkatastrophen. In Amerika etwa bei dem Indianerstamm der Arawaken in Guyana, die von zwei getrennten Weltuntergängen erzählen, von einem durch Feuer und einem durch Wasser.[172] Am deutlichsten kommt eine solche Trennung bei den Hopi-Indianern zum Ausdruck, deren Traditionen der in Amerika tätige österreichische Ingenieur J. F. Blumrich[173] detailliert aufgenommen, in mancher Hinsicht jedoch beträchtlich mißdeutet hat.

2. Die Krater

Die Krater auf dem Ozeanboden

Wie wir bereits mehrfach erwähnt haben, gibt es aufgrund des Vorhandenseins von Tektit-Streufeldern aus der Zeit des Sintflut-Impaktes in verschiedenen Gebieten der Erde sowie aufgrund zahlreicher Überlieferungen eindeutige Hinweise darauf, daß wir infolge der Aufspaltung des Kometen mit mehreren, nämlich sieben großen Einschlägen zu rechnen haben. Daher darf man auch eine Reihe ansehnlicher Krater erwarten.

Diese Krater liegen allen Augenzeugenberichten zufolge im Meer, auf dem Grund des Weltozeans. Würden sich diese großen, rund 9500 Jahre alten, also erdgeschichtlich ganz jungen Krater auf dem Festland befinden, so hätte man sie natürlich längst entdeckt und noch in weit höherem Maße als den kleinen, etwa 25 000 Jahre alten Meteorkrater in Arizona als Touristenattraktionen vermarktet. Nur kleinere Kometentrümmer gingen am Festland nieder und haben hier einige, nicht sehr spektakuläre Krater hinterlassen (siehe S. 138). Vor seiner Teilung war der Sintflut-Komet jedenfalls nach allen Fakten, die man kennt (siehe S. 124), ein wahrlich gewaltiger Impaktor, dessen Durchmesser mehrere Kilometer betrug.

Fassen wir vorweg die Beweise zusammen, die für die einzelnen Einschlagsstellen der sieben großen Teilimpakte vorliegen, über die wir im weiteren Verlauf dieses Buches noch eingehend berichten werden (Abb. 36):

1. Die klarsten Hinweise gibt es für den Ozeanimpakt nahe der Südostecke Australiens. Der zugehörige Krater dürfte auf dem Grund der *Tasmansee* oder im Südwestpazifik im Raum von Tasmanien zu suchen sein. Der starke Fallout in Südostaustralien, über den die Kurnai so anschaulich berichtet haben, weist darauf hin, daß sich die Einschlagsstelle in unmittelbarer Nähe befand. Eindeutige geologische Beweise für diesen Einschlag liegen mit den nicht ganz zehntausend Jahre alten Tektiten vor, die mit nordwestlicher Streurichtung Südaustralien von Port Campbell bei Melbourne bis über Charlotte Waters hinaus, rund 2000 km weit, überschüttet haben (siehe S. 249 f.).[174] Die Streudichte der Impakt-Schmelzprodukte, also der Tektite (die in diesem speziellen Fall als Campbellite bezeichnet werden), ist deutlich höher als bei dem der Größe nach etwa damit vergleichbaren afrikanischen Tektitfeld der Elfenbeinküste, das auf den 10 km großen Bosumtwi-Krater in Ghana zurückgeführt

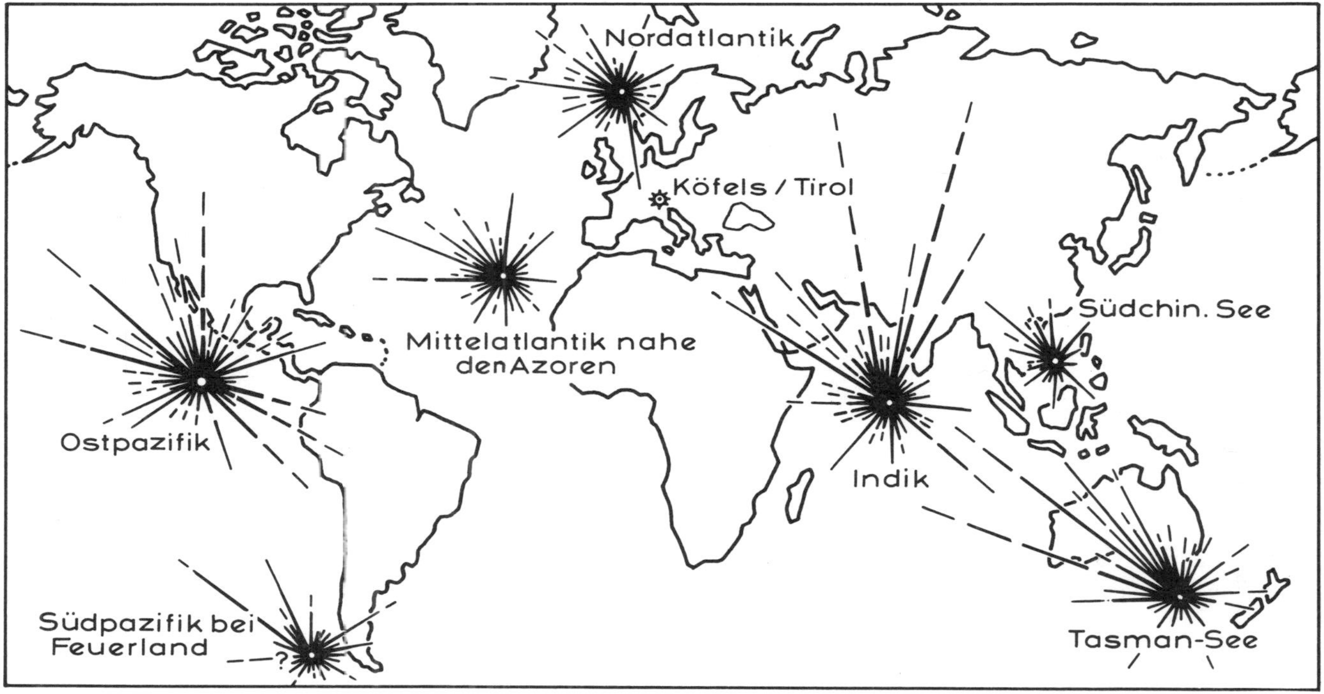

Abb. 36: Die Einschlagsgebiete der sieben Hauptfragmente des Sintflut-Kometen und der größte Festlandtreffer bei Köfels in Österreich aufgrund der Gesamtheit der geologischen und mythologischen Indizien. Die im ersten Moment verblüffend weite, noch über eine Hemisphäre hinausreichende Streu wird bei Berücksichtigung der Erdrotation verständlich, da größere zeitliche Verzögerungen zwischen den Einzeleinschlägen auftraten (siehe S. 130 f.). Darauf weisen auch Mythen der Alten Welt (z. B. Perser) und der Indianer (ihr pazifischer Haupteinschlag) hin. – Original: E. & A. Tollmann 1992.

wird. Das australische Tektitfeld übertrifft bei weitem auch das nur 420 km lange böhmische Tektit-Streufeld aus Moldaviten (Tektitzentrum im Moldaugebiet), das sich vom 24 km großen Rieskrater herleitet. Man wird daher nicht in der Annahme fehlgehen, daß der im Raum von Tasmanien am Ozeanboden gelegene, noch unbekannte Krater einen Durchmesser von etlichen Zehnerkilometern haben könnte.

2. Der Beweis für den Impakt im *Südchinesischen Meer* beruht ebenfalls sowohl auf Überlieferungen als auch auf geologischen Fakten. Einerseits besitzen wir eine Vielzahl von chinesischen Kunstwerken, die den Anblick des Meeresimpaktes in Form des Drachen-Feuerkugel-Explosionskegel-Motives aus der Sicht der Chinesen festhalten; andererseits existiert wiederum ein individuelles Feld von rund zehn Jahrtausende alten Tektiten in Vietnam[175] (siehe S. 254), das ein sicheres Indiz für einen eigenen Einschlag in dieser Region darstellt.

3 Auch der Einschlag im *Indischen Ozean* ist in der Beschreibung durch Augenzeugen in die indischen religiösen Mythen eingeflossen (siehe S. 112). Bestätigt wird er außerdem durch Aussagen über den massenhaften Fallout, den intensiven Meteorschauer, der den Einschlag begleitete, und eine starke Rotfärbung von Meer und Land aufgrund des (Salpetersäure-) »Blutregens« in der Umgebung des Einschlages in vielen Traditionen des Nahen Ostens und Ägyptens (siehe S. 212 f.).

4. Vom Einschlag im *nördlichen Atlantik* berichten verschiedene Passagen in der Edda, und zwar sowohl vom Niedergehen des gleißenden Impaktors und den feurigen Splittern, die ihn begleiteten, als auch von der intensiven Rotfärbung dieses Meeres durch »Riesenblut«, das wiederum auf die hochkonzentrierte, mit Stickoxid gesättigte Salpetersäure in der Umgebung des Impaktes zurückging (siehe S. 213).

5. Im Zusammenhang mit der Datierung und Lokalisierung des Sintflut-Impaktes muß heute auch die von sehr vertrauenswürdigen Denkern der Antike übermittelte Kunde vom Untergang von *Atlantis* in ganz anderem Licht als früher gesehen werden. Platon betonte in seinen Berichten darüber dreimal, daß die Tradition von Atlantis auf Wahrheit beruhe. Auch der ermittelte Zeitpunkt der Impaktkatastrophe bewegt sich im Rahmen der in den Traditionen genannten Datierung. Ferner liegt nun eine Reihe neuer geologischer Argumente vor, die die extreme Mobilität des Mittelatlantischen Rückens genau südlich der Azoren belegen; dort könnte ein Krustenstück beim Impakt eingebrochen sein.

6. Offenbar mit deutlicher Verzögerung ging ein gewaltiges Kometenfragment im *östlichen Pazifik* nieder, das für die Hauptkatastrophe in den

beiden Teilen Amerika verantwortlich war. Für diesen Einschlag sprechen die Überlieferungen über das extreme Ausmaß von Beben, Vulkanausbrüchen, Flächenbränden, Regenfällen mit riesigen Wasserschlieren, kochendem Regen usw., vor allem aber auch die einmalige Dimension der gewaltigen Flutwelle, von der vielerorts beschrieben wurde, daß sie die westamerikanische Gebirgskette glatt überrollte (siehe S. 191). Zur näheren Lokalisierung kann die Rotfärbung durch den Säureausfall in der Umgebung des Einschlages in Guatemala dienen, so daß der Treffer offenbar im Ostpazifik vor der mittelamerikanischen Westküste erfolgt sein muß. Der Krater könnte an die 100 km groß sein.

7. Nachdem zahlreiche Überlieferungen davon sprechen, daß sieben Impaktoren gemeinsam auf die Erde zuflogen, sind derzeit ein bis zwei Einschlagsstellen noch nicht gesichert: Zwei, wenn der ostpazifisch-mittelamerikanische Impakt tatsächlich in einem zeitlichen Abstand von einem halben bis zu mehreren Monaten oder noch länger erfolgt ist, weil dann dieser Weltkörper nicht in dem beobachteten gemeinsamen Verband der sieben heranfliegenden Fragmente, sondern getrennt davon auftrat. Aber aufgrund der Widersprüchlichkeit der Zeitangaben hierüber (siehe S. 126) ist diese Aussage derzeit noch unsicher.

Fällt dieser Impakt Nr. 6 als getrenntes Ereignis weg, so bleibt trotzdem ein durch geologische Indizien noch nicht erfaßter siebenter Einschlag. Aufgrund der Schilderung der Feuerländer über die intensive Gluthitze, die kochende Meeresflut und den anhaltenden Sintfrost sowie wegen der Aussage über die »alte, böse Sonne«, die damals auf sie zukam, glauben wir, daß dieser siebente Einschlag im äußersten *südöstlichen Pazifik westlich von Feuerland* zu suchen ist.

Die Krater auf dem Festland

Etliche Überlieferungen beschreiben, daß das jeweilige Fragment der sieben Haupttrümmer, das in der Region der Augenzeugen niederging, von einer Schar kleinerer, glühender Splitter begleitet wurde. Besonders anschaulich geschieht dies in der Edda, nach der dem feurigen Zentralkörper des »Surtur« ein Schwarm von glühenden »Muspelsöhnen« folgte. Aber auch die chinesischen Mythen erzählen, daß der Hauptdrache von neun Drachensöhnen umschwärmt war.

Unter diesen Umständen ist es nun naheliegend, daß bei einer solch breiten Streuung von ansehnlichen kleineren Trümmern auch etliche davon auf dem Festland niedergegangen sind. Deshalb können wir vielleicht auf diese Weise noch weitere konkrete Auswirkungen des Sintflut-

Impaktes anhand von lokalen Kratern doch noch unmittelbar erfassen. Tatsächlich sind bereits jetzt mehrere solcher kleiner Krater bekannt, die vor rund zehn Jahrtausenden entstanden, so der nur 100 m große Morasko-Krater in Polen, der Einschlag von Köfels in Tirol, bei dem ein 3 × 5 km großes Gebiet verwüstet wurde, der 168 m große Odessa-Krater in Texas und vielleicht auch noch der 200 m messende Merewether-Krater in Labrador. Da von diesen der Impakt von Köfels der bedeutendste und noch dazu der am gründlichsten studierte Einschlag ist, wollen wir in erster Linie überprüfen, ob dieser Impakt zum Sintflutereignis gehört.

Die eigenartigen Gesteinsschmelzen bei Köfels im Ötztal in den österreichischen Zentralalpen waren bereits im Jahre 1859 dem Pfarrer Trientl aus Gurgl aufgefallen. Der aus Innsbruck herbeigerufene Geologe Prof. A. Pichler hatte diese Schmelzen 1863 als Bimsstein bezeichnet. Seit damals sahen Erdwissenschaftler wie Wilhelm Hammer (1923), Albrecht Penck (1925) und andere darin die Auswirkungen eines extrem jungen Vulkanismus. Erst im Jahre 1936 erkannte der Wiener Geologe Franz Eduard Sueß in diesen Aufschmelzungsprodukten – die er als Köfelsit bezeichnete – die Auswirkungen eines Impaktes. Nachdem man lange diskutiert hatte, ob Vulkanismus oder ein Impakt als Ursache dafür in Frage käme, konnten die Wiener Erdwissenschaftler Gero Kurat und Wolfram Richter[176] im Köfelsit unter anderem Nickeleisen nachweisen, das auf eine extraterrestrische Herkunft hindeutete. Schließlich präsentierte Rouben Surenian[177] in Wien anhand von Stereoscan-Aufnahmen eindeutige Beweise für einen Impakt, nämlich Lamellierung und Deformationsstrukturen in den Mineralien des betroffenen Gneises im Einschlagsgebiet von Köfels (Abb. 37). Der Krater von Köfels ist heute nicht mehr sichtbar. Als Auswirkung dieses gewaltigen Einschlages in der Hochgebirgsregion ging nämlich unmittelbar danach ein riesiger Bergsturz in den so entstandenen Kessel nieder, was zur Bildung des Mauracher Bergsturzriegels am Südrand des Umhausener Bekkens im Ötztal führte (Abb. 38). Dieser gewaltige Tiroler Bergsturz übertrifft mit 6 km Länge und über 2 km^3 Volumen alle übrigen Bergstürze im Kristallin der Alpen um ein Mehrfaches; von der Masse her ist er fast so groß wie alle übrigen kristallinen Bergstürze der gesamten Alpen zusammengenommen.[178]

Besonders aber interessiert uns das genaue Alter des Köfelser Impaktes, das in der bisherigen Literatur mit 8000–12 000 Jahren angegeben wird. Wichtig für die Altersbestimmung ist ein Holzfund in einem hydrogeologischen Explorationsstollen, der »zweifellos unmittelbar nach der Verriegelung der Schlucht durch den Bergsturz hier abgelagert wur-

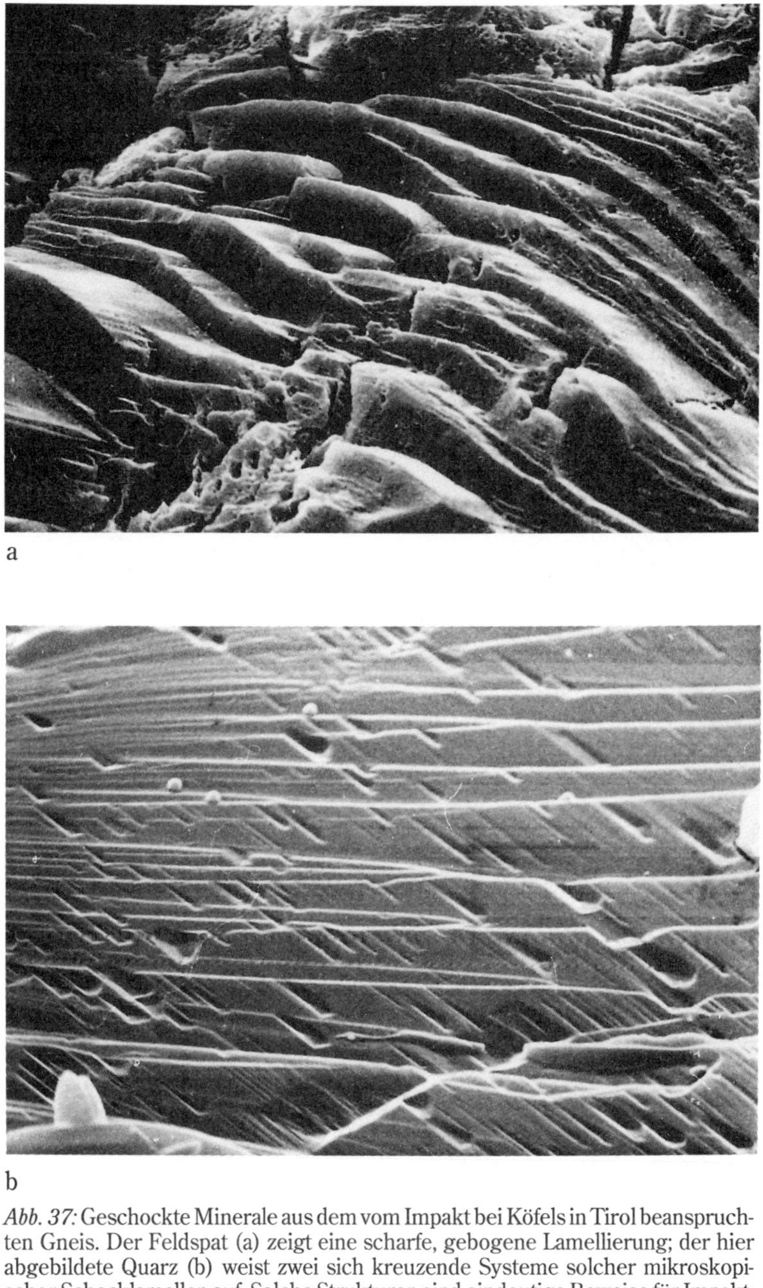

a

b

Abb. 37: Geschockte Minerale aus dem vom Impakt bei Köfels in Tirol beanspruchten Gneis. Der Feldspat (a) zeigt eine scharfe, gebogene Lamellierung; der hier abgebildete Quarz (b) weist zwei sich kreuzende Systeme solcher mikroskopischer Schocklamellen auf. Solche Strukturen sind eindeutige Beweise für Impaktgeschehen. – Aus R. Surenian 1988.

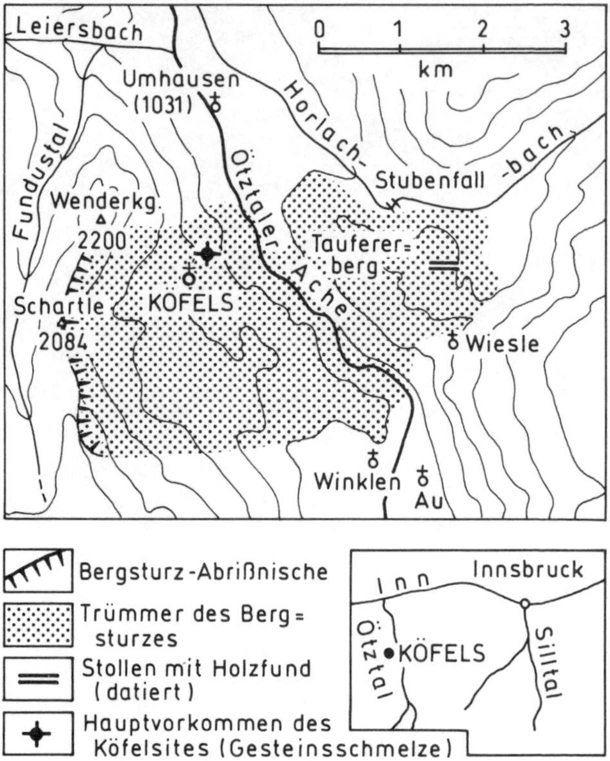

Abb. 38: Das Gebiet des Köfelser Bergsturzes, der an der Westseite des Ötztales unmittelbar nach dem Einschlag in den Krater niederging. Die Hauptfundstelle der impaktbedingten, Nickeleisen führenden Gesteinsschmelze, des »Köfelsites«, ist eingetragen. – Nach H. Heuberger 1975.

de«[179], also nur ganz wenig jünger als das Köfelser Ereignis – Impakt und Felssturz – ist. Als Alter dieses Holzes wurden im Jahre 1957 mittels der Kohlenstoff-Isotopenmethode 8710 ± 150 Jahre festgestellt. Da wir aus den Publikationen seit Hans Sueß bis Bernd Becker (siehe S. 250 ff.) heute wissen, daß die Daten aus dieser Zeit damals um 8% zu jung eingestuft wurden, ergibt sich nach der erforderlichen Korrektur – auf heute umgerechnet – ein Alter von 9407 ± 150 Jahren. Diese Altersangabe paßt, weil ja die Holzablagerung erst kurz *nach* dem Impakt erfolgte, ausgezeichnet zu dem Alter, das wir für den Sintflut-Impakt mit rund 9545 Jahren errechnet haben – ganz abgesehen von der ohnehin mit angegebenen Fehlerspanne der Bestimmung. Wir können somit sicher sein, hier die

Auswirkungen des Einschlages eines der »Muspelsöhne« aus der Edda vor uns zu haben, der sich, als der Teilimpaktor von Südosten her auf seine Einschlagsstelle im Nordatlantik zuflog, schon vorher löste und in Mitteleuropa niederging. Nun verstehen wir auch, warum bei früheren Untersuchungen, als die Analysetechnik noch nicht so fortgeschritten war, keine Spuren von Nickeleisen erfaßt werden konnten: Der Impaktor war nämlich entgegen der früheren Annahme kein Meteorit, sondern ein Kometensplitter, der ja in seiner Eisgrundmasse mengenmäßig viel weniger derartige metallische »Verunreinigungen« mitgeführt hat.

Nachdem wir nun den Sintflut-Kometen auch als Ursache für den Bergsturz von Köfels erkannt haben, liegt sogleich eine weitere Frage nahe: Kam es hier, was sich am Festland geologisch unmittelbar überprüfen läßt, zeitgleich im betroffenen Raum zu gewaltigen Bergstürzen – wie es uns die Überlieferungen aus dem Gebiet der großen Einschläge zeigen und wie wir es theoretisch als Auswirkung der Impakte auf S. 150 gefolgert haben? In der Tat. Diese Bergstürze als Folge des ausgelösten Impaktbebens sind gerade auch aus der Umgebung des Köfelser Einschlages schon seit langem bekannt, wenn auch immer wieder über die Frage diskutiert worden ist, ob sie genau zur gleichen Zeit wie der Impakt in Köfels stattfanden. Bereits 1925 stellte der berühmte Eiszeitforscher Albrecht Penck[180] fest, daß die Köfelser Katastrophe alle Bergstürze im unteren Ötztal und nördlich davon ausgelöst hat, obwohl er dabei noch nicht an einen Impakt als Ursache dachte. Der Tiroler Geologe Otto Reithofer[181] stimmte ihm zu und bezeichnete zur Verdeutlichung den Zeitabschnitt, in dem diese Felsstürze erfolgten, als »Köfelser Periode«. Der Innsbrucker Botaniker Helmut Gams[182] bezog auch noch weit entfernte derartige Bergrutsche wie den von Balderschwang im Allgäu auf dieses Ereignis.

Auch der große Tschirgant-Bergsturz, der vom Kalkalpen-Südrand über den Inn hinweg weit in das Ötztal hineinbrandete, erfolgte – entgegen der Auffassung des Eiszeitsforschers H. Heuberger[183] – nach Meinung der Tiroler Geologen bereits auf eisfreies Terrain, also in postglazialer Zeit. Als möglichen Zeitpunkt dieses Tschirgant-Bergsturzes nannte der Tiroler Geologe F. Purtscheller[184] 7580 v. Chr., d.h. ein Alter von rund 9570 Jahren. Auch diese Zahl liegt wiederum innerhalb der Bandbreite der Altersangaben für den Sintflut-Impakt bzw. für den Köfelser Spezialimpakt. Bereits der Tiroler Alpengeologe Otto Ampferer hat betont, daß im Tschirgant-Bergsturz neben älteren Sturzmassen noch jüngeres Material von Nachstürzen angesammelt ist. In diesem Sinne sind auch die

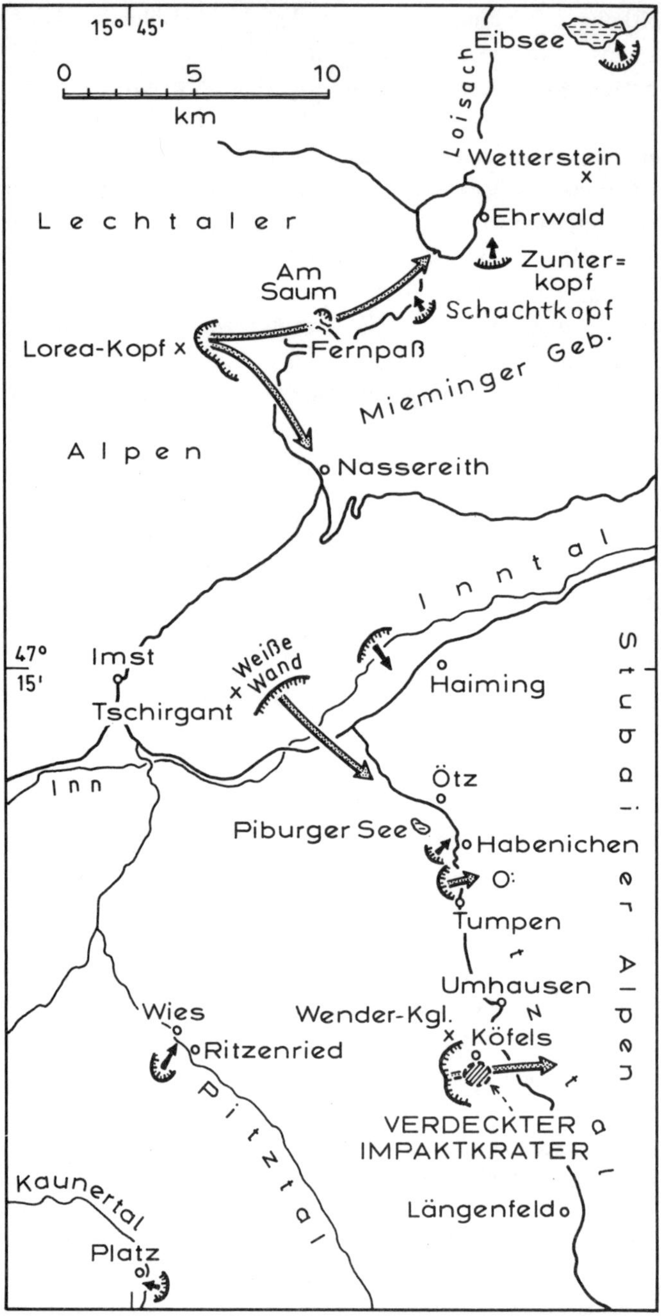

Abb. 39: Skizze der in der Umgebung von Köfels gehäuft auftretenden Bergstürze, die – überwiegend oder ausschließlich – auf den Impakt zurückgehen. Die weitere Umgebung ist frei von derartigen bedeutenden Bergstürzen. – Original: A. & E. Tollmann.

jüngst mit Hilfe der C 14-Methode ermittelten jungen Altersdaten von Holzresten im Bergsturzmaterial zu verstehen, die der Tiroler Quartärgeologe G. Patzelt in seinem Exkursionsführer 1990 angeführt hat: Seine Angaben über Alterswerte zwischen 2820 und 3400 Jahren vor heute beziehen sich offensichtlich auf solche späteren Nachstürze.

Auch der von Köfels bereits weiter entfernte gewaltige Bergsturz im Bereich des Fernpasses in Tirol erfolgte nach der jüngsten Stellungnahme des besten Kenners dieses Phänomens, des deutschen Geographen Gerhard Abele[185], nicht unmittelbar nach dem Abschmelzen des Gletschers dieses Tales, sondern später. Dies spricht ebenfalls für einen Zusammenhang mit dem Köfelser Ereignis.

Wir sehen daher in dem gewaltigen Impaktbeben von Köfels die einleuchtendste Ursache für die ganze außergewöhnliche Serie von Bergstürzen in gerade dieser Region der Tiroler Alpen – vom 3 km langen Tumpener Felssturz im Ötztal über das 6 km lange Köfelser Sturzterrain, den 7 km weit aufbrandenden Tschirganter Bergsturz, das 3 km lange Haiminger Sturzgebiet östlich davon, das nördlich vom Fernpaß etwa 10 km weit und südlich davon 15 km weit reichende Trümmerfeld unter der Loreia-Gruppe bis zu dem 11 km langen Bergsturz, der den Eibsee westlich von Garmisch-Partenkirchen in Bayern aufgedämmt hat (Abb. 39).

Das zerstörte Gebiet von Köfels mit seinen Schmelzprodukten und die damit verbundenen alpinen Bergstürze bieten derzeit den besten Anschauungsunterricht für die Wirkung eines kleinen Fragmentes des Sintflut-Kometen auf dem Festland.

3. Das Impaktbeben

Mit zu den erschütterndsten Impakterlebnissen gehört das mit dem Aufschlag des Kometen verbundene gewaltige Beben, das weltweit zu spüren war und in vielen Regionen die Landschaft umgestaltete. Man muß daher erwarten, daß in den Flutsagen der Völker rund um den Erdball auch dieser Schock der Menschheit festgehalten ist.

Tatsächlich begegnet uns die Schilderung dieses Ereignisses in vielfältiger Form in den Sintflutmythen und -sagen der Völker der Alten ebenso wie der Neuen Welt. Teils wird darin das Beben kurz, aber präzise skizziert, teils werden auch die sekundären Auswirkungen dargestellt. Wir wollen uns hier damit begnügen, durch Zitate von Kernstücken der Originalaussagen einen Eindruck von der Gewalt des Bebens zu geben und das Ausmaß dieses Schreckenserlebnisses zu umreißen.

Anschaulich wird in den Ragnarök der Gylfaginning, also der Weltuntergangsszene der Götterlieder in der Edda, das mit der Weltkatastrophe verbundene Erdbeben geschildert: »Dann ereignet es sich, daß die Erde und die Felsen so beben, daß die Bäume aus der Erde herausgerissen werden und die Felsen krachend zusammenstürzen.«[186] Es besteht kein Zweifel, daß dieser altgermanische Weltuntergangsbericht aus Nordeuropa den Sintflutmythen der übrigen Völker entspricht.

Eine andere Flutlegende aus dem Norden, nämlich die der Lappen, bringt – völlig unbeeinflußt von anderen Sintflutmythen – die ganze ungeheure Stärke des Impaktbebens in dem schlichten Satz zum Ausdruck, daß »Jubmal die ganze Welt auf und nieder drehte«.[187]

Aus dem Nahen Osten berichtet das Gilgamesch-Epos über die Bebenwirkung: »Das Land, das weite, zerbrach wie ein Topf« – und zwar noch, bevor Sturm und Sintflut eintrafen[188] – und: Die Götter der Unterwelt lassen die Erde erzittern.[189] Auch die Aussage in der Genesis (Kap. 7/11), daß »aufbrachen alle Brunnen der Tiefe«, ist als Hinweis auf seismische Erscheinungen in den wassergetränkten Ablagerungen der Flußebenen gedeutet worden.[190] In die gleiche Richtung weisen die noch viel präziseren Aussagen des Korans: »Die Erde habe ganz und gar durchlöchert geschienen wie ein Sieb, und die Quellen seien in Strömen daraus hervorgesprudelt, indem sie in tausend Strahlen sich erhoben.«[191] Es ist fast unheimlich, wie detailliert und exakt diese erschreckenden Beobachtungen, daß die Erde nach dem Beben und dem damit verbundenen Aufbrechen von Springquellen durchlöchert wie ein Sieb aussah, über Jahrtausende hinweg getreu überliefert worden sind. Eine Bestätigung für solche Erscheinungen, die in stark erdbebengefährdeten Gebieten aufgrund von bebenbedingter Bodenverflüssigung in wassergetränkten Schichten auftreten, lieferten auch Erdbebenkatastrophen in historischer Zeit – so z.B. 1783 in Rosarno in Süditalien, wie eine zeitgenössische Zeichnung von Sarconi zeigt (Abb. 40).[192]

Auf die anschauliche Darstellung dieses vielfältigen Aufbrechens der Brunnen durch das Sintflutereignis im Nahen Osten wird in den jüdischen Flutsagen auf S. 161 näher eingegangen.

Auch das Buch Henoch gibt ein Erdbeben als Grund für die noachische Flut an. Kapitel 83/3–5 dieser Prophezeiung beschreibt, »wie in der noch bevorstehenden Sintflutkatastrophe der Himmel zusammenstürzt und auf die Erde niederfällt, darauf die Erde mit Bergen, Hügeln, Bäumen von einem Abgrund verschlungen wird«.[193] Und im Kapitel 65/1ff. noch präziser: »Noah merkte, wie die Erde sich senkte und ihrem Untergang nahe

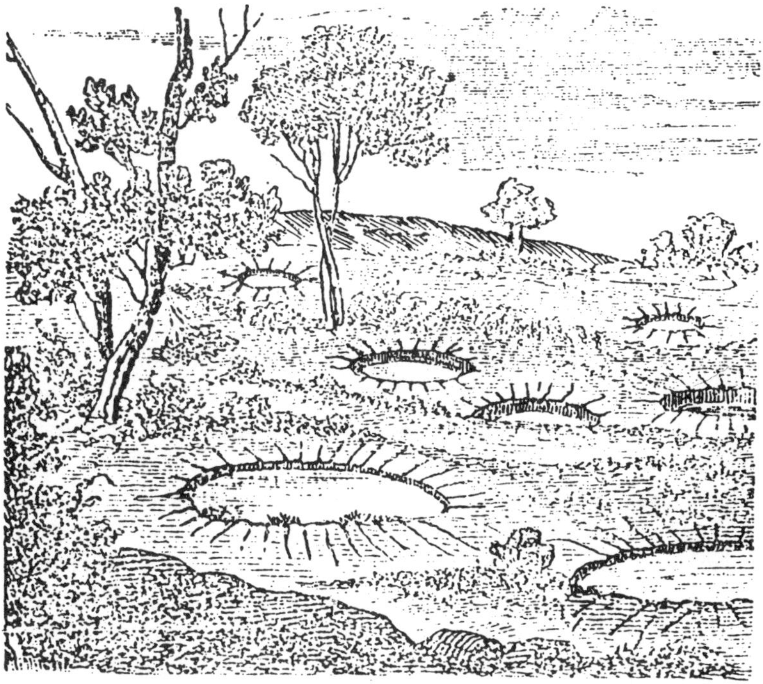

Abb. 40: »Brunnenbildung« durch Bodenverflüssigung und Hochschießen von Grundwasserfontänen beim kalabrischen Katastrophenbeben vom 5. Februar 1783 in Rosarno in Süditalien. Das Bild gibt genau wieder, wie die Flußniederungen im Nahen Osten nach dem Weltenbeben der Sintflutkatastrophe (»wie ein löchriger Käse«) aussahen. – M. Sarconi 1784.

war ... O sage mir doch [Henoch]: Was ist mit der Erde, daß sie so mürbe und erschüttert ist? O möchte ich doch, wenn sie untergeht, nicht mit untergehen. Und sogleich gab es ein gewaltiges Erdbeben ...«

In Ostasien hebt die Sage von der Großen Flut der Ami in Ostformosa hervor, daß diese Flut nicht einfach durch den Anstieg des Meeresspiegels erfolgte, sondern »durch ein Erdbeben, gefolgt durch Hervorbrechen von heißem Wasser. In dieser Zeit brachen die Berge zusammen, die Erde spaltete sich, und aus der Spalte sprang heißes Wasser hervor.«[194]

Sehr genau sind auch die zahllosen Erdbebenberichte der Indianerstämme des gesamten amerikanischen Kontinents. Bei verschiedenen Eskimostämmen östlich der Beringstraße im hohen Norden wird das Hereinbrechen der Flut stets mit Erdbeben verknüpft.[195] Etliche Stämme der Algonkin wie etwa die Atesina im Felsengebirge oder die Menomini am Michigansee, aber auch die Gros-Ventre-Indianer betonen wiederum in ihren Sagen, daß die Erde barst und Wasser aus den Spalten der Erde hervorkam.[196] Die Kato-Indianer, ein Stamm der Athapasken in Kalifornien, berichteten, daß das »Felsenzerschlagen und Bäumezersplittern« durch den Schöpfer, den »Donnerer«, vor der Flut erfolgte.[197] Noch anschaulicher ist die Schilderung dieser Katastrophe bei den Washo-(Hoka-)Indianern der Sierra Nevada in Kalifornien: »Die Erde wurde hin- und hergeworfen wie eine erregte See und stieß Feuer, Rauch und Asche aus. Die Flammen schlugen bis zum Himmel.«[198]

Das Ereignis des Weltenbebens zur Sintflutzeit in Mittelamerika schildert das Popol Vuh, das heilige Buch der Quiché in Guatemala, wie folgt: »Dann sah man die Menschen einherlaufen, einer den anderen stoßend, und von Verzweiflung gepackt. Sie wollten ihre Häuser erklimmen, und die Häuser stürzten zusammen auf den Grund; sie wollten die Bäume erklimmen – und die schüttelten sie wieder ab; sie wollten in die Höhlen eindringen – und die Höhlen schlossen sich vor ihnen ...«

Das Popol Vuh der zu den Maya gehörenden Quiché ist deshalb ein so wertvolles Dokument, weil es als eines der wenigen Zeugnisse der Vergangenheit dem Wüten der Konquistadoren entging. Es wurde zwischen 1554 und 1558 von einem indianischen Verfasser in lateinischer Schrift aufgezeichnet und von dem Dominikanerpater Francisco Ximenez um 1721 in der kleinen Stadt Chichicastenango im Hochland von Guatemala aufgefunden. Nachdem es zuerst bei den Dominikanern und später in der Bibliothek der Universität von San Carlos in Guatemala gelandet war, entdeckte es dort im Juni 1854 der Wiener Südamerika-Forscher Carl Scherzer. Dieser fertigte eine wortwörtliche Kopie davon an und legte sie am 20. Februar 1856 der kaiserlichen Akademie zu Wien vor, wo es in den Sitzungsberichten publiziert und damit dem Vergessen entrissen wurde.[200]

Entsprechende Berichte über »heftige, mit vulkanischen Ausbrüchen begleitete Erdbeben« noch vor Eintreffen der Flut[201] finden wir auch bei südamerikanischen Völkern wie etwa den Araukanern in Chile. Dieses Volk besitzt die eigenartige Legende, wonach sich während dieses Bebens ein ganzer dreigipfeliger Bergzug, der Thegtheg-Berg, gehoben haben soll – was sie sich allerdings durch Aufschwimmen auf den Wassern der Flut zu erklären versuchten.

Ein Querschnitt durch die Vielzahl der Bebenberichte, die man in den Sintfluttraditionen der Völker auf der ganzen Erde findet, spricht eigentlich in dem Maße für sich selbst, daß gar keine besondere geologische

Deutung mehr nötig ist. Ein einheitlicher Tenor durchzieht diese Mythen. Zunächst heißt es, daß das Beben vor der Flut kam, so daß es manche Zeugen sogar direkt für die Flut verantwortlich machten – was ja auch für die erste, durch das Impaktbeben erzeugte Flutwelle zutrifft.

Dann wird immer wieder geschildert, daß infolge des Bebens der Erde Spalten aufbrachen, aus denen Wasser emporschoß – wie dies auch von Katastrophenbeben der Jetztzeit bekannt ist. Bereits E. Sueß[202] verglich dieses die Sintflut begleitende Phänomen »da aufbrachen alle Brunnen der Tiefe« (Genesis VII/11) ausführlich mit ähnlichen Erscheinungen der jüngeren Zeit, die in grundwasserreichen Flußebenen bei extrem starken Erdbeben auftraten. Er beschrieb, wie das Grundwasser dabei in zahllosen, mehrere Meter hohen Strahlen emporspritzt, als reines Wasser oder als schlammige Masse. Als Beispiel dafür führte er das Beben im Mississippigebiet vom 6. Januar 1812 an, wo im Talgrund unterhalb der Ohiomündung bis zu fünf Meter hohe Fontänen mit lauten Explosionen emporgeschleudert wurden. Analoge Phänomene waren auch bei anderen schweren Beben, etwa am 11. Januar 1838 im Schwemmland der Dimbowitza in Rumänien, am 12. Januar 1862 südlich vom Baikalsee, am 10. Oktober 1879 in den Donauauen von Moldawa oder am 9. November 1880 im Savetal bei Agram (Zagreb), zu beobachten (vgl. Abb. 40).

Jüngst hat man sogar fossile Formen solcher durch starke Beben verursachten brunnenförmigen Strukturen, die von prähistorischen Katastrophen stammen, in vertikalem Anschnitt in Steinbrüchen aufgeschlossen gefunden (Abb. 41): Der amerikanische Geologe Robert M. Thorson und seine Mitarbeiter[203] haben in Connecticut sowohl das brunnenförmige Aufbrechen des Materials als auch die hierfür erforderliche Bodenverflüssigung in früher einmal wassergetränkten (nach ^{14}C-Datierung 1050 Jahre alten) Flußsanden und -kiesen an ihren gekräuselten Lagen im Untergrund erkennen können. Damit besitzen wir heute eine Methode, um prähistorische Beben zu erfassen, zu datieren und anhand der Größe der Strukturen abzuschätzen, wie stark das verursachte Beben war. Das bedeutet aber auch, daß wir vielleicht einmal die Phänomene, die in den Sintflutlegenden des Nahen Ostens berichtet werden, im Zweistromland direkt anhand fossiler Strukturen aufspüren und ihr Alter bestimmen können.

Neben dieser sehr konkreten und unmittelbar einsichtigen Erklärung, daß bei dem Beben Grundwasser aus der Erde emporschoß, dürfen wir bei der Interpretation aber auch die in der Formulierung »rupti sunt omnes fontes abyssi magni« der Genesis enthaltene symbolische Kompo-

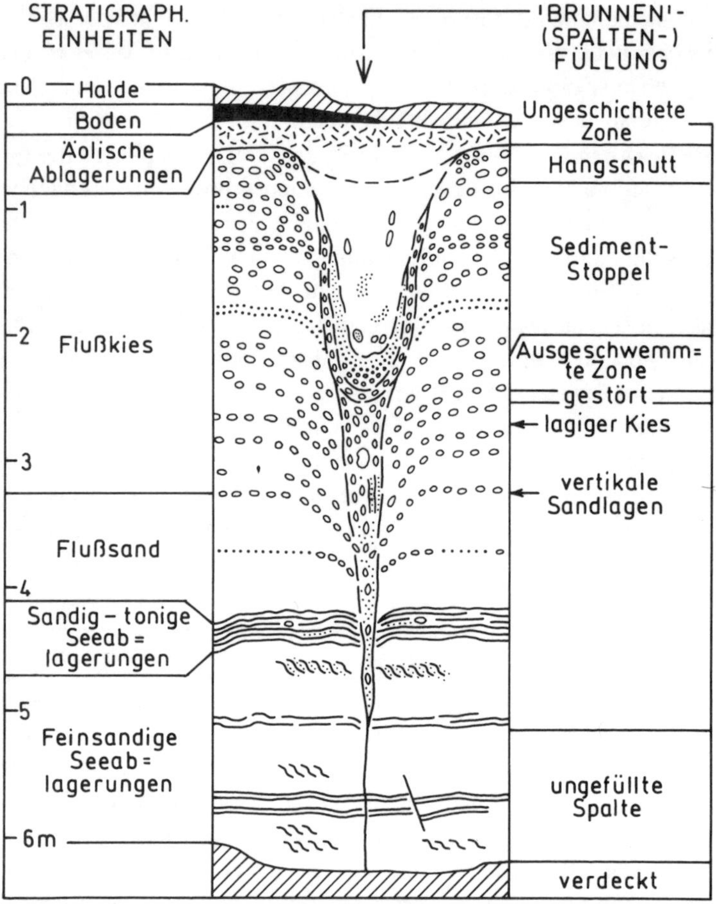

Abb. 41: Querschnitte eines fossilen »Erdbebenbrunnens« mit Erdverflüssigung aus dem Quartär von Connecticut. – Nach R. M. Thorson u. a. 1986.

nente nicht übersehen: Von der Antike an bis zum Beginn der Neuzeit war in der Tiefe der Erde unter der festen Kruste, im »Abyssus«, eine Wasserschale oder ein System riesiger Hohlräume voll Wasser angenommen worden, von wo nach den antiken Vorstellungen der Hauptteil der Wassermassen der Sintflut gekommen sein soll.

In vielen Flutsagen wird, wie gezeigt, über diese Erscheinung hinaus die weitere Wirkung des Weltenbebens außerordentlich anschaulich geschildert. Diese Auswirkungen gehen über alle derzeit bekannten Bebenfolgen hinaus. Mitgeteilt wird u.a., wie die ganze Welt auf und nieder geht, sich das Land wie wildgewordene Meereswogen verhält, das Land wie ein Topf zerbricht, Berge, Hügel und Bäume von einem Abgrund verschlungen werden, die Berge in sich zusammenstürzen, die Erde sich spaltet, die Bäume entwurzelt werden, die Felsen mit Getöse zersplittern und besonders in der pazifischen Kordillere des amerikanischen Doppelkontinents auf der hin- und hergeworfenen Erde überall die Vulkane ausbrechen.

Besonders eindrucksvoll ist auch die Schilderung des Bebens im Gylfaginning der Edda, das die Bäume aus der Erde ausreißt und hochschleudert. Obwohl man solche extremen Verhältnisse nur von ganz starken Beben auf der Erde kennt, weiß man seit kurzem Näheres darüber, welchen Belastungen Bäume bei heftigen herkömmlichen Erdbeben ausgesetzt sind[204]: Nicht nur, daß Äste und Stämme ab Stärke 7 (auf der 12teiligen Mercalli-Skala) abbrechen können, sondern bei steigender Bebenintensität werden auch Wurzeln abgerissen. Diese Wurzelschädigung läßt sich an den äußerst schmalen Zuwachsringen der Bäume in den Jahren nach dem Beben (bis zu einem Jahrzehnt) erkennen, so daß damit eine neue Methode der Altersbestimmung von nacheiszeitlichen Beben mittels dendrochronologischer Baumringanalysen möglich wird. Da vor kurzem der deutsche Botaniker Bernd Becker und seine Mitarbeiter (siehe S. 259 f.) die Dendrochronologie mit Hilfe von Stämmen deutscher Mooreichen bis zum Jahr 9920 vor heute ausgedehnt haben, wird man in allernächster Zeit mittels der erwähnten Erdbebenmarken in den Baumringen die Sintflut, die vor ungefähr 9545 Jahren stattfand, auf das Jahr genau datieren können.

Die Wirkung solcher durch kosmische Ursachen ausgelösten Impaktbeben, die die ganze Erdkugel in ungeheurem Maße erschütterten, ist von den meisten Erdwissenschaftlern entweder weit unterschätzt oder einfach ohne nähere Erörterung der Konsequenzen sachlich-kühl in ihrer Stärke berechnet und mit einer schlichten Zahlenangabe abgetan worden. Natürlich hat es auch hier schon weitblickende Ausnahmen gegeben, die wie die englischen Astronomen S. Clube und W. Napier 1982 oder die deutschen Geologen Peter J. Burek und H. Wänke 1988 auf die gigantischen globalen tektonischen Konsequenzen hingewiesen haben (siehe S. 42). Oder C.C. Albritton (1989), der betont hat, daß die stärksten irdischen Beben in ihrer Intensität und in ihren Auswirkungen mit Impaktbeben auch nur kleinerer Weltkörper in keiner Weise vergleichbar seien.

Die von den wenigen überlebenden Augenzeugen der Sintflut erlebte und überlieferte Wirkung dieses Bebens ist für uns deshalb nicht vorstellbar, weil jeder anschauliche Eindruck eines solchen Geschehens weit jenseits der historisch erlebten Wirklichkeit liegt. Wir können uns zwar noch vorstellen, daß bei großen irdischen Beben wie etwa den Alaska-Beben 1899 und 1964 gewaltige Deformationen zu Landschaftsveränderungen führen und in diesem Falle die kontinentale Erdkruste um 15 m angehoben wurde. Doch am Ozeanboden kann es, unseren Blicken entzogen, schon bei herkömmlichen starken Beben zu riesigen vertikalen Krustenbewegungen kommen. Denn die Ozeankruste ist wesentlich mobiler und dünner als die Kruste der Kontinente. Die Krustendicke unter den Ozeanen beträgt über dem Erdmantel nur 6–13 km, während die durchschnittliche Stärke der kontinentalen Kruste bei 33 km liegt.

Beim Sagami-Beben südlich von Tokio z.B. traten am 1. September 1923 Hebungen des Ozeanbodens bis zu 250 m auf[205], während andere, nahe gelegene Teile des Meeresbodens um 466 m absanken. Noch gewaltiger waren die Bewegungen des Ozeanbodens beim Agadir-Beben vor der Küste von Marokko am 29. Februar 1960, wo küstennahe, ursprünglich 360 m tiefe Gebiete bis 14 m unter dem Meeresspiegel angehoben wurden; gleichzeitig senkte sich eine Zone 14 km vor der Küste von 360 m auf 1350 m.

Wir wissen ferner aus genauen Kartenaufnahmen nach großen Erderschütterungen am Beispiel des Alaskabebens 1964 oder des Friauler Bebens in den italienischen Alpen im Jahre 1976, daß damals in jedem einzelnen Tal, in jeder Rinne im Gebirge der Felssturz und der Steinschlag mit vernichtender Wirkung niedergingen. Schon bei – im Vergleich zu Impaktbeben – so unbedeutenden Erdstößen wie denen in Friaul am 6. Mai 1976 bringen diese Felsstürze allen, die sich zu dieser Zeit im Gebirge aufhalten, unweigerlich den Tod. Ein trauriges Beispiel dafür ist Riccardo Assereto aus Mailand, der beste italienische Trias-Stratigraph, der bei diesem Beben gerade in den Felsrinnen der Südtiroler Dolomiten mit Geländearbeiten beschäftigt war und zusammen mit seinem Sohn und einem Freund umkam.

Hier sei noch einmal an die globale, die Krustenstruktur verändernde Auswirkung eines starken Impaktbebens erinnert, wie sie vom Endkreide-Impakt (siehe S. 42) beschrieben worden ist. Die obigen Schilderungen von Augenzeugen des Sintflut-Impaktes, die von der Hebung und von dem Zusammenbruch ganzer Bergketten in mobilen Zonen berichten, müssen nach dem modernen Kenntnisstand vollkommen ernst genommen werden, nämlich als eine Auswirkung, die – nach allem, was wir über die Stärke des Sintflut-Impaktes wissen – einfach zu erwarten war.

Als Geologen und Tektoniker wissen wir – in Fortführung der heute zur

»Plattentektonik« abgewandelten Theorie der Kontinentalverschiebung des Berliner Geophysikers Alfred Wegener –, welche Zonen der Erdrinde hochmobil, beweglich und daher besonders anfällig für eine derartige Beanspruchung durch Beben sind. Es handelt sich dabei um die großen Erdnähte an den Rändern der festen Platten der Erdoberfläche (Abb. 42), die sich beständig, wenn auch nur sehr langsam bewegen. Dort werden die Spannungen unter Überwindung des Reibungswiderstandes der Plattenbewegung durch Deformation der Erdkruste Gebirgsbildung abgebaut, begleitet von Erdbeben.

Dabei sind es vorwiegend zwei diametral verschiedene Zonen der Erdnähte mit Beben- und Deformationsneigung: 1. Subduktionszonen als Verschluckungszonen an den Kontinenträndern und 2. Riftzonen als Bruchregionen in den Mittelozeanischen Rücken.

1. In den Subduktionszonen an den Rändern der Kontinente vollziehen sich in geologischen Zeiträumen gewaltige Überschiebungen, Pressungen und Heraushebungen der Oberscholle, die mit Gebirgsbildungen verbunden sind (vgl. Abb. 42). Sie sind begleitet von den stärksten irdischen Beben und den explosiven Vulkanen. Hierzu gehören vor allem der »Zirkumpazifische Feuergürtel« mit den girlandenförmigen Kettengebirgen und Inselbogen der pazifischen Küstenregion Ostasiens und ebenso der pazifischen Kordillere an der Westküste der beiden amerikanischen Erdteile, von Alaska bis Feuerland, von den Rocky Mountains bis zu den Anden. Gerade aus dieser Küstenkordilleren-Zone kennen wir die meisten und erschreckendsten Berichte aus der Zeit der Sintflut über Landschaftsdeformationen ungekannten Ausmaßes, die mit verheerenden Vulkaneruptionen verbunden waren. Nur zu verständlich. Wurden doch damals durch den nahen Teilimpakt im Ostpazifik – der die unmittelbar angrenzenden Regionen (siehe S. 214) mit seiner Salpetersäurefontäne rot einfärbte – alle hier angesammelten Druckspannungen im selben Augenblick gelöst. In ruhigen Zeiten wie in der Gegenwart bewirkt die allmähliche Spannung, die durch Überschiebung der Kontinente auf den Ozeanboden ausgeübt wird, höchstens 17 cm Bewegung pro Jahr, wie etwa vor der Küste von Japan, wobei allerdings auch schon hier beträchtliche Beben und Vulkanausbrüche hervorgerufen werden.

2. Der zweite Typus dieser Erdnähte bildet das genaue Gegenstück: Die Bewegungsflächen sind in ihrem geologischen Verhalten wesentlich ruhiger, fast stets vom Ozean überspült und verdeckt; die Bewegung verläuft weniger auffällig, aber ebenso aktiv, wobei hier keine Druckspannung, sondern eine Zugspannung ausgeübt wird. Es handelt sich um die

Abb. 42: Die großen Platten der Erdkruste und ihre Bewegungsfugen. Die Bewegung dieser Krustenschollen verläuft von den aufreißenden mittelozeanischen Gräben weg und gegen die Oberplatten hin, die sich an Tiefseegräben darüber aufschieben. Diese heute gültige »Plattentektonik« stellt die Fortentwicklung der zu Unrecht so lange und heftig bekämpften Kontinentalverschiebungstheorie des Berliner Geophysikers Alfred Wegener aus dem Jahre 1912 dar. – Nach K. Strobach 1991, ergänzt.

nur streckenweise über den Meeresspiegel aufragenden Mittelozeanischen Rücken, die insgesamt 80 000 km lang sind und sich inmitten der Ozeane vom Tiefseeboden bis häufig nahe an oder gelegentlich über die Meeresoberfläche erheben.

Im Atlantik z.B. stellen die Bouvet-Inseln, Tristan da Cunha, Ascension, die Azoren, Island und Jan Mayen die Gipfel des Mittelatlantischen Rükkens dar, die aus dem Wasser herausragen (Abb. 43). Diese mittelozeanische Riftregion repräsentiert die Ausgleichszone am hinteren Rand der auseinanderdriftenden Platten der Erdkruste. Nachdem diese an ihrem vorderen Rand – vor allem rund um den Pazifik – unter die darüber auffahrenden Kontinentalränder abtauchen, muß es am hinteren Rand dieser sich bewegenden Platten Nähte geben, wo die benachbarten Krustenteile auseinanderweichen: eben in den Mittelozeanischen Rücken.

Diese sind nachgewiesenermaßen aufreißende Erdnähte, indem sich beim Auseinanderweichen der Flanken auf ihrem Scheitel tiefe Längsgrabenbrüche bilden, in denen die hier dünne Ozeankruste tief einbricht und in die darunter befindliche heiße Basaltlava einsackt. Die hochmobile dünnflüssige Lava ihrerseits dringt an diesen Brüchen und Klüften nach oben, ergießt sich am Meeresboden und füllt so die sich immer wieder neu bildende Narbe zwischen den beiden Flanken mit dünner, heißer, neu gebildeter Kruste. Diese Strukturen und Vorgänge sind in der Gegenwart mit Hilfe von Tauchbooten und Fernsehkameras auch direkt beobachtet worden.

Der Bewegungsmodus dieser hochmobilen mittelozeanischen Zonen ist also durchaus anders als die Bewegung der oben erwähnten, unter

Abb. 43: Ansicht der Grabenbruchzone im Bereich des Mittelatlantischen Rükkens in Island. An diesem sich öffnenden Bruchsystem driften die Schollen des Atlantikbodens in diesem Raum jährlich um 2 cm auseinander. – Foto: Dr. K. Hösch.

Druck stehenden Überschiebungsränder in den Kettengebirgen. Entsprechend unterschiedlich verhalten sie sich bei Beben. Die Kruste und ihre Unterlage sind hier nicht starr wie die der Subduktionszonen, wo man in den Anden bis zu 700 km tiefe Bebenherde messen kann, so daß sich noch bis zu einer solchen Tiefe Spannungen aufbauen können. Die Bebenherde unter der mittelozeanischen Erdnaht hingegen liegen nur wenige Kilometer bis einige zehn Kilometer tief. Die Kruste ist hier überhitzt, dünn und brüchig. Die heiße, flüssige Basaltlava strömt ganz dicht unter dem Scheitel dieser Rücken dahin, die in ihren höchsten Partien mancherorts über den Meeresspiegel aufragen. Die Mobilität dieser dünnen Kruste beruht einerseits auf der Zugspannung, die auf das Auseinanderdriften der angrenzenden Schollen zurückzuführen ist, andererseits auf den gewaltigen Längs- und Querbrüchen, die diese mittelozeanische Schwelle so systematisch wie keine andere Region des Erdballs durchziehen.

In einer solchen Region müssen wir bei einem Impaktbeben damit rechnen, daß große Teile der dünnen, erkalteten und dadurch schwereren Kruste der Hochzone des Rückens in die heiße und deshalb leichtere und flüssige Basaltlava des Untergrundes einbrechen, die in den dortigen Lavakammern und -kissen instabil lagert und nach oben drängt.

Wir verstehen nun angesichts des nachweisbaren Großimpaktes, der vor rund zehn Jahrtausenden die Sintflut auslöste, erstmals und geologisch einleuchtend etwas, was man sich zuvor nie plausibel erklären konnte: den in verschiedenen Mythen mit zahlreichen Einzelheiten berichteten Untergang einer großen Insel, die einst mitten im Atlantik gelegen haben soll und Atlantis genannt wurde, samt ihrer Bevölkerung, die nach diesen Quellen damals schon eine hohe Kulturstufe erreicht hatte. Nach der Überlieferung soll diese Insel bei einer Großkatastrophe, die einen Tag und eine Nacht dauerte, vernichtet worden und in der Tiefe des Meeres verschwunden sein. Das verpönte Thema »Atlantis«, das als Tummelplatz einer Flut von Scharlatanen in Mißkredit gebracht wurde, kann und muß nun unter diesen grundlegend neuen Aspekten auf realistischer erdwissenschaftlicher Basis neu überprüft werden (siehe S. 498 ff.).

4. Der entfesselte Vulkanismus

Die klarsten Aussagen über einen Vulkanismus, der beim Sintflutgeschehen aufbrach, sind in den Indianersagen von Nord-, Mittel- und Südamerika enthalten. Die nordamerikanischen Cheyenne im westlichen Felsengebirge erzählen: »Gerade vor der Winterszeit[206] bebte die Erde, und die hohen Berge stießen Feuer und Rauch aus. Als die Winterszeit kam, da kamen große Fluten.« Sie berichten dann weiter über den langen, kalten Winter und die Schneeflut.[207]

Bereits weiter oben haben wir erwähnt, wie die kalifornischen Washo (Hoka) das Hervorbrechen von Feuer, Rauch und Asche bei den die Flut einleitenden Beben schildern. Angeführt haben wir auch die Sage gleichen Inhalts bei den südamerikanischen Araukanern (siehe S. 146). Aus Mexiko zitierte schon der französische Historiker Ch. E. Brasseur[208] aus dem Codex Chimalpopoca, daß der »tetzontli«, ein poröser vulkanischer Mandelstein, sich im Zusammenhang mit dem Weltuntergang durch das Feuer mit großem Getöse glühend ergoß.

Schon bei Besprechung des Endkreide-Impaktes wurde auf S. 43 dargelegt, daß bei bedeutenden Impakten, bei denen die Erdkruste aufbricht, auch Vulkanismus in großem Maßstab »getriggert«, d.h. ausgelöst werden kann: Im Falle des genannten Impaktes vor über 65 Millionen Jahren kam es u.a. zum Dekkan-Basalterguß in Indien, der an den sich öffnenden Spalten eine Flut von 1 Million km^3 Basalt auf die indische Halbinsel beförderte.

Es war daher von vornherein als Nebenprodukt des Impaktbebens zu erwarten, daß der Vulkanismus stark aktiviert wurde, insbesondere natürlich in dem dafür prädestinierten zirkumpazifischen »Feuergürtel« entlang der Überschiebungsnaht der Kontinente über der Kruste des Pazifischen Ozeans. Die oben zitierten Beispiele einschlägiger Flutsagen bestätigen vollinhaltlich auch diesen Aspekt des Impaktereignisses.

5. Feuersturm und Weltenbrand

Je mehr man sich in die Sintflutmythen vertieft, um so verblüffender ist es, wieviel, wie eindringlich und in welch erschütternder Weise rund um die Erde die wenigen Augenzeugen, die die Katastrophe überlebten, über den wahrscheinlich schauerlichsten Teilaspekt der Sintflut, nämlich das Weltenfeuer, berichtet haben. Dieses für das Impaktgeschehen eminent wichtige Indiz wurde in den bisherigen geologischen Deutungsversuchen völlig übersehen. Zunächst einmal deshalb, weil das Weltenfeuer in der Sintfluterzählung der Bibel weggelassen wurde. Sodann spielte auch die ursprüngliche, falsche Übersetzung des einschlägigen Textes aus dem Gilgamesch-Epos eine Rolle. Dort muß es nämlich heißen: »Die Annunaki hoben Fackeln empor, mit ihrem grausen Glanz das Land zu entflammen«[209] statt: »Die Annanuki, die Geister der Tiefe, erhoben ihre Fackeln,

Abb. 44: Weltuntergang durch den Windgott Ecatococ (»alles wird vom Winde fortgerissen«) in der Mythologie der Azteken. Das Bild symbolisiert den Impaktorkan nach den Einschlägen der Trümmer des Sintflut-Kometen. Nur die in Höhlen geflüchteten Menschen konnten sich retten. – Codex Vaticanus, Nr. 3738, Fol. 6.

durch ihren strahlenden Glanz ließen sie das Land funkeln.«[210] Eine unrichtige Auslegung des zugrundeliegenden Geschehens schon bei E. Sueß[211] und allen seinen Epigonen war die Folge.

Später aber erkannte man wenigstens die Bedeutung und den Stellenwert dieses Weltenbrandes, des Sintbrandes oder Sinbrandes, wie das Weltenfeuer auch bezeichnet worden war, dieses »Muspilli«, wie die alles versengende Hitze dieses gewaltigen Brandes in der Edda genannt wird. Werner Müller aus dem Rheinland schreibt bereits 1930 in seiner Dissertation zu Recht: »Jede Theorie, die nicht Sintflut, Sinbrand und Weltwinter, die in so enorm vielen Mythen verbunden sind, berücksichtigt, muß scheitern.«[212] Diese Aussage ist um so anerkennenswerter, als er selbst zu dieser Zeit ja auch noch keine Antwort auf diese Dreiheit bereit hatte, die heute mindestens um Weltenbeben, Weltensturm, Impaktnacht und Sturzregen erweitert werden muß.

Wegen der Bedeutung dieses Aspektes bringen wir eine etwas breitere Palette der grausigen Erlebnisberichte über den Sintbrand und stellen zunächst ein paar Zitate voran, die den untrennbar damit verbundenen Auftakt, den vorausrasenden Hitzesturm, beschreiben.

Anschaulich wie ein soeben durchgestandenes Erlebnis, bei dem diesem Weltensturm eine große Bedeutung zukommt, liest sich der Sintflutbericht der Ureskimos vom Tschiglit-Stamm am unteren Mackenzie im Nordwest-Territorium von Kanada.[213] Hieraus die einschlägige Passage: »Das Wasser stieg immer weiter, und die Wogen überfluteten das Felsengebirge. Ein gewaltiger Sturm trieb sie über die Erde dahin, und dieser Orkan ließ nicht nach. Ohne Zweifel konnten sich die Menschen zuerst an der Sonne trocknen, aber sie verschwanden bald und die Welt mit ihnen: Denn sie kamen durch eine entsetzliche Hitze um, auch durch die Fluten des Meeres, das immer weiter stieg. Die Unglücklichen jammerten, und die entwurzelten Bäume schwammen, wie die Wogen sie trieben ...«

Ebenso eindrucksvoll haben die Azteken die Teilkatastrophe bei der Sintflut durch den Hitzeorkan graphisch dargestellt (Abb. 44). Diese zweite Stufe des Weltunterganges wird bei ihnen durch die »Windsonne« (»Ecatococ«) symbolisiert.[214]

Wie stark dieser Sturm war, geht aus dem Sintflutbericht der Polynesier auf Tahiti im zentralen Pazifik hervor – auch wenn diese Sage sicherlich bei der Besiedlung der Insel importiert worden ist: »Als der Wind nachließ, fielen die Steine und Bäume aus der Luft. Aus dem zerstörten Land hatte der Wind die Bäume und Gesteine fortgetragen ...«[215] Dabei müssen wir bedenken, daß dieses Schreckensbild durch das vorangegangene Impaktbeben vorbereitet wurde. Viele Völker haben ja vom Zertrümmern der Felsen und der Entwurzelung der Bäume durch dieses Impaktbeben berichtet (siehe S. 149). Der Detritus (Schutt) aller Art und jeglicher Größe lag daher beim Eintreffen des Weltensturmes schon bereit.

Wenn wir uns nun der Frage nach der Verbreitung des Sintbrandmotivs innerhalb der Sintflutmythen zuwenden, kann man lapidar zusammenfassen, daß wir aus allen Kontinenten Berichte von diesem Erlebnis haben: von Europa und Nordwestasien bis in den Südosten des asiatischen Kontinents und Australien und in Amerika von den Eskimos bis zu den Araukanern im äußersten Süden. Lediglich Schwarzafrika bildet eine Ausnahme, was für die Gesamtheit der Sintflutsagen gilt, denn unter den Schwarzafrikanern sind nur sehr wenige derartige Überlieferungen erhalten. Da diese außerdem noch überwiegend von biblischen Erzählungen durchdrungen sind, die durch Missionare eingeführt wurden, sollte man von einer Auswertung besser absehen.

Die Verteilung der Sintbrand-/Sintflut-Mythen auf den einzelnen Kontinenten hängt deutlich erkennbar von zwei Faktoren ab: zunächst einmal davon, wie viele Menschen jeweils die Katastrophe überlebten und so zu Urahnen späterer Stämme werden konnten. Die Zahl der Überlebenden wiederum wurde durch die Landschaft bedingt. In den Gebirgsregionen der beiden Teile Amerikas war man dank der Hochlage und der Wohnhöhlen besser gegen Flut und Brand geschützt als etwa in den dichter besiedelten Tiefebenen rund um das Mittelmeer.

Sodann aber fällt die Dezimierung eines reichen Sagengutes dort schmerzlich auf, wo es sich christlicher Missionierungseifer über Jahrhunderte hin zum Ziel gesetzt hatte, den autochthonen Gedanken- und Mythenschatz samt Brauchtum zu tilgen, und dies in der Alten wie in der Neuen Welt konsequent mit allen nur denkbaren Mitteln betrieb. Zu spüren ist dies auch in Europa mit seiner intensiven Völkerwanderung, denn dort sind wertvolle, für das frühe Erleben der Menschheit aufschlußreiche Mythen nur in »ökologischen Nischen« bei Gebirgsrestvölkern (z.B. Basken) und subarktischen Stämmen sowie in der erst spät aufgeschriebenen Edda bewahrt worden. An die systematische Vernichtung aller greifbaren Schriften und mündlichen Traditionen der mittel- und südamerikanischen Altkulturen durch den Fanatismus der Konquistadoren darf man gar nicht denken. Ohne diese Vernichtungswelle wäre man schon lange auf die erstaunlichen Beziehungen der toltekischen Kultur zu den Atlantern und zum Alten Europa aufmerksam geworden, während sie heute nur mehr mühevoll und schemenhaft rekonstruierbar sind. Erst die hier zunächst einmal skizzierte, erstmalig geologisch unterbaute Möglichkeit, daß Atlantis und seine Altkultur im Zuge des Impaktes vor fast zehn Jahrtausenden untergegangen sind (siehe S. 393 f.), eröffnet heute wieder ernst zu nehmende neue Perspektiven zu diesem umstrittenen Thema – das in der Wissenschaft zu Recht verpönt war, solange keine handfesten erdwissenschaftlichen Fakten für das Über-Nacht-Verschwinden eines »Mikrokontinentes« greifbar waren.

Kehren wir zurück zur Analyse der noch erhaltenen Weltenbranddokumente. Zuerst wollen wir überprüfen, wie getreu hinsichtlich der Darstellung des zeitlichen Ablaufes die einzelnen Völker über die Sintflut berichten. Nachdem die Erdwissenschaft die natürliche Abfolge der Teilschritte bei einem Impaktereignis geklärt hat, wissen wir heute, mit welcher Geschwindigkeit der Hitzeorkan nach dem Impakt um die Erde raste und daß der Weltenbrand sicher schon tobte, bevor der Flutregen einsetzte und die Flutwelle eintraf. Letzteres können wir auch aus dem Beispiel des Endkreide-Impaktes schließen, weil man schon an der Basis seines Fallouts die vom Weltenbrand herrührende Rußschicht gefunden hat. Im Falle des Sintflut-Impaktes wissen wir zusätzlich von dem glühenden Trümmerregen des zerfallenden Kometen, der rund um den Globus niederging, so daß sich der Weltenbrand von vielen Zentren gleichzeitig ausbreitete. Bei umgekehrter Reihenfolge hätte sich ja angesichts der anhaltenden Sturzregen ein Sintbrand gar nicht entfalten können; falls jedoch bereits die Gluthölle tobte, wäre sogar ein Sturzregen über dem enormen Hitzeschirm der Troposphäre verdampft.

Bei der Überprüfung des reichen amerikanischen Sagengutes stellt sich heraus, daß die Mehrzahl der Überlieferungen die Abfolge über all die Jahrtausende hinweg zuverlässig wiedergibt. In den zahlreichen Sagen der Indianer mit dem Weltenbrandmotiv geht fast durchwegs der Sintbrand der Sintflut voran – von den Füchse-Indianern am Oberen See über die Chipewyan, Musquakie und Ceyiha, die Tuleyome und die Wintun-Stämme in Kalifornien bis zu den Arawaken in Guyana und den Chiriguanos in Bolivien.[216] Ausnahmen mit umgekehrter Reihenfolge findet man in der – allerdings aus verschiedenen, auch modernen Komponenten zusammengeklitterten – Legende der Washo in Kalifornien[217] und bei den Tsimshian in Britisch-Kolumbien.[218]

Bei diesen beiden Ausnahmen mögen vielleicht spezielle Verhältnisse im einstigen Heimatgebiet dieser Stämme im Spiel gewesen sein, aber es ist auch möglich, daß hier die Berichterstattung eben einmal nicht genau war. Doch ein Vergleich über den Indianer-Sagenkreis hinaus beruhigt wieder hinsichtlich der Verläßlichkeit. So stimmt z.B. bei den Wogulen in Nordasien[219] die Reihenfolge ebenso wie in der indischen Flutsage Matsyapurana[220] oder wie bei den Kurnai in Südaustralien[221] und ebenso in Europa in der Mythologie der britischen Druiden.

Unternehmen wir als nächstes eine Exkursion durch die Sintbrandmythen der Völker auf den einzelnen Kontinenten, wobei aus der Flut des Erhaltenen jeweils nur einige markante einschlägige Kernstücke im Originalwortlaut wiedergegeben werden können.

Bei Europa wollen wir uns auf die entsprechenden Verse der Edda beschränken. Diese dunkle altgermanische Götterdichtung wurde lange Zeit mündlich tradiert, bevor sie erst spät, etwa um 1220 n. Chr., von dem gelehrten Isländer Snorri Sturluson in Prosa als Handbuch der Skaldenkunst (sog. jüngere oder Snorra-Edda) festgehalten wurde.[222] Nach Island gelangten diese nordischen Mythen im Zuge der Besiedlung, die von Norwegen aus in der Zeit von 880–930 n. Chr. erfolgte.

Die düsteren Verse der älteren Edda deuten das Naturgeschehen beim

Weltuntergang einschließlich des Weltenbrandes an. Weniger klar kommt dies in der nördlichen Version zum Ausdruck, wo in der »Kurzen Völuspá«, der Strophe 42 der Skamma, verständlicherweise mehr der Weltuntergang durch den Schnee, den Sintfrost, anklingt, deutlicher in der südlichen Version, wo in der Völuspá, »Der Seherin Gesicht«, die Vernichtung durch das Feuer, den Sintbrand, im Vordergrund steht.[223]

So heißt es in der Völuspá in Vers 39: »Surt kommt von Süden/mit sengender Glut;/von der Götter Schwert/gleißt die Sonne./Riesinnen fallen,/Felsen brechen;/zu Hel ziehn Männer,/der Himmel birst.« Noch klarer ist Vers 44: »Die Sonne verlischt,/das Land sinkt ins Meer;/vom Himmel stürzen/die heiteren Sterne./Lohe umtost/den Lebensernährer;/hohe Hitze/steigt himmelan.« Daß all dies ganz auf das Sintflutereignis bezogen ist, belegt Vers 46, der das Abfließen der Flut am Ende der Weltkatastrophe schildert: »Seh aufsteigen/zum andern Mal/Land aus Fluten,/frisch ergrünend ...«[224]

Wie wenig man sich bisher erklären konnte, daß diese scheinbar widersprüchlichen Motive in der Edda zusammenpassen sollten, zeigt noch die Analyse der germanischen Mythen bei R. L. M. Derolez im Jahre 1976, der gerade den Weltenbrand – also ein Schlüsselereignis des Sintflut-Impaktes – als entlehnt betrachtete: »... obwohl einzelne [Motive], z.B. die versengende Hitze von Muspell, weniger in das germanische Weltbild hineinpassen als in das eines Volkes, das eine ›Feuerhölle‹ kannte.«[225]

Die in Prosa abgefaßte jüngere Edda gibt eine weitgehend ähnliche, etwas verständlicher dargebotene Version der gleichen Schreckensszene: »Da kommen Muspels Söhne hervorgeritten. Surtr fährt an ihrer Spitze, vor ihm und hinter ihm glühendes Feuer. Sein Schwert ist wunderscharf und glänzt heller als die Sonne ... Darauf schleudert Surtr Feuer über die Erde und verbrennt die ganze Welt.«[226] Diese Sintbrandszene der jüngeren Edda ist Teil eines echten Sintflut-Gesamtszenarios mit allen zugehörigen Teilschritten: Flut, Erdbeben, Nacht, Fimbulwinter usw. Sie ist demnach ein zuverlässiger Bericht über das damalige Wüten des Sintbrandes auch im hohen Norden Europas, wenn auch in der für die Edda bezeichnenden Umschreibung.

Während die biblische Sintflutdarstellung der Genesis (1. Buch, Kap. VII) nichts von einem Weltenbrand weiß, ist im Sintflutsagengut der Juden sehr wohl eine Schilderung enthalten, die den Feuerregen vom Himmel auch im Nahen Osten beschreibt und zum Schluß erläutert: »Das übrige fraß das Feuer.« Das Kernstück dieser für das ganze Geschehen der Sintflut bezeichnenden, originellen Überlieferung der Juden, wie sie bei

M. J. bin Gorion[227] referiert wird, wollen wir hier zitieren: »In dieser Stunde ließ der Herr die Brunnen der Tiefe emporquellen. Als die Menschen das Wasser kommen sahen, was taten sie da? Ihrer Kinder waren gar viele; so nahmen sie welche von ihnen, legten sie auf die Öffnungen der Brunnen und drückten mit ihren Leibern auf sie und hatten kein Erbarmen. Was tat der Herr? Er ließ von oben eine Flut auf sie niederfallen. Aber fest war ihre Kraft und groß ihr Wuchs, nicht war es möglich, ihnen beizukommen; und da der Herr sah, daß nicht die Brunnen der Tiefe noch die Flut des Himmels etwas über sie vermochten, ließ er vom Himmel auf sie einen Feuerregen fallen, wie es auch heißt: Das übrige fraß das Feuer.«[228]

Auch die als Offenbarung eingekleidete Sintflutschilderung von Johannes (Kap. 16/8–12; vgl. S. 438) weiß von der Gluthitze des Feuers in dieser Region zu berichten, das nicht nur Bäume, Gras und Menschen verbrannte, sondern sogar die Wasser des großen Stromes Euphrat austrocknen ließ – ganz ähnlich wie die Sagen der Indianer, in denen die Flüsse in der Gluthölle des Sintbrandes ebenfalls verdampften (siehe S. 164 f.).

In Asien zieht sich das Erlebnis des Weltenbrandes durch zahllose Sagen, angefangen von Nordwestsibirien bei den Wogulen und Ostjaken im Gouvernement Tobolsk[229] über Persien, Irak und Indien – von den altindischen Mythen bis zu den Sagen der Santalen in Bengalen – und weiter bis zu den Djahai und Sakai in Malakka.

Exemplarisch wollen wir uns hier zwei verschiedene Typen näher ansehen, die Sagen der Wogulen im Norden Sibiriens und die der Inder am Südrand des Kontinentes. Die Sammlung der nordasiatischen Flutsagen verdanken wir Walter Anderson; herausgefordert durch die seit Richard Andree[230], d.h. seit 1891, in Forscherkreisen stets wiederholte Behauptung, in Nord- und Zentralasien fehlten die Flutsagen, förderte er eine Vielzahl solcher Traditionen zutage. Mit ein Grund für den einstigen weißen Fleck auf der Sagenkarte Nordasiens lag einfach darin, daß die Sagenforscher die hierfür erforderlichen Sprachen, hauptsächlich Russisch, nicht beherrschten.

Zum Thema Weltenbrand im Sagengut der östlich vom Ural beheimateten Wogulen entnehmen wir aus den von Anderson[231] gesammelten acht verschiedenen Mythen folgende Passagen:

In Sage 2 heißt es: »Sieben Winter und Sommer brennt das Feuer [andere Textstelle: sieben Tage und Nächte]. Sieben Winter und Sommer verzehrt das Feuer die Erde … Dann soll man über die Kinder aus

Störhaut einen Baldachin nähen ...« Danach wird geschildert, wie das Land nach der Katastrophe aussah: »Darauf suchten sie Bäume zum Hausbau. Es sind weder Bäume da noch Gras; wo es war, da ist es zerstört, verbrannt. Die Erde ist eine Elle tief ausgebrannt, [vom Feuer] ausgegraben; deshalb sind weder Bäume noch Gras. Sie finden nichts, womit man ein Haus bauen könnte.«

Sage 3 teilt zum gleichen Thema mit: »Numi-Tarém, unser Vater, dachte darüber nach, wie er den Xul-Atér [Herrscher der Unterwelt] töten könne. Die von Xul-Atér bewohnte Erde mit heiliger Feuerflut zu überschwemmen beabsichtigt er ... Numi-Tarém ging jetzt hinauf in seinen Himmel und ließ dann herab die heilige Feuerflut. Feuriges Wasser, lebendige jur-Würmer, lebendige sossél-Würmer ließ er von oben herab. Wo immer befindlicher Bergbaum, Waldbaum wurde samt Erde, samt allem vernichtet. Sechs Schichten des Floßes der Menschen verkohlten im Feuer, eine Schicht blieb übrig.«

In Sage 4 führt die Gottheit Gold-Atér in der Klage zu seiner Schwester Gold-Kaltés angesichts der Weltkatastrophe durch Feuer und Wasser unter anderem aus: »Ich, mein Schwesterchen, weine nur darum: aus der stehenden heiligen Erde, siehe! ist heilige Feuerflut entstanden; nicht blieb der letzte Waldbaum, nicht blieb ein Mensch; ohne die Menschlein, wie soll ich leben!«

In Sage 8 schließlich »wird sich das Wasser in eine flüssige Feuermasse verwandeln, die so hoch steigen wird, daß bis zum Himmel nicht mehr als eine Entfernung von der Länge eines Schwanenhalses übrigbleibt.«

Eingehend beschäftigt sich die indische Flutsage mit dem Schrecken des Sintbrandes. Wir geben die entsprechenden Passagen von zwei der wichtigsten Fassungen dieser Flutsage wieder, nämlich der Matsyapurana (2/4–10) und der Ksemendra, Dasavatara-carita (I,34–39).[232]

Matsyapurana: »4. Dann werden die sieben unbarmherzigen Strahlen der Sonne ... Verderben bringend, glühende Holzkohlen regnen lassen. 5. Am Ende der Yuga [große Weltperiode] wird das untermeerische Feuer hervorbrechen, ferner das Giftfeuer, das dem Munde von Samkarsana entströmt, 6. desgleichen das Feuer aus dem dritten Auge des Siva, das sich auf seiner Stirn befindet. So entzündet, wird die Welt vernichtet. 7. Wenn so die ganze Erde verbrannt und in Asche verwandelt sein wird, wird der Äther ebenfalls durch die Hitze versengt. Dann wird die Welt samt Göttern und Gestirnen untergehen. Samvarta, Bhimanada, Drona, Canda, Balahaka, 9. Vidyutpataka und Sona – diese sieben Weltuntergangswolken [gemeint sind die Wolken von den Impaktexplosionen], aus dem Feuerdampf entstanden, werden die Erde überschwemmen. 10. Die Meere, aufgewühlt und miteinander vereint, diese ganze Dreiwelt in ein einziges Meer verwandeln ...«

Ksemendra: »34. Alsdann schlug zum Verderben für die Himmelsgegenden ein Ring von Feuer empor, wie eine Menge von Zungen des Todesgottes aussehend und wie der Aufgang von zwölf Sonnen leuchtend. 35. Als der Erdkreis von einer Anzahl fürchterlicher Sonnen versengt war, wurde die Reihe der Welten samt Beweglichem und Unbeweglichem sofort zu Asche. 36. Hierauf erschienen, der Nachkommenschaft des Büffels des Todesgottes vergleichbar, eine Masse kohlschwarzer, an die verbrannte Welt erinnernder Wolken. 37. Sodann stürzte ununterbrochen die Last heftiger Regengüsse auf die Erde, wie [wenn] die Weltgegenden einen Strom von Tränen aus Schmerz über den Untergang des Alls [vergießen wollten]. 38. Als die Schicht der sieben Höllen von dem Feuer Samvataka verzehrt und der Weltenbau durch den Anprall der beim Untergang einer Weltenperiode tobenden Stürme zertrümmert war, 39. vereinigte sich augenblicklich die zu einem unermeßlichen Meer gewordene Welt mit den Regenfluten, die den Wolken Puskaravartaka entströmten.«

In etlichen Überlieferungen Indiens und Persiens ist das Wissen um den Weltenbrand in Prophezeiungen eingebettet. Wir haben hierüber schon auf S. 102 anhand der Veda-Schaster, bei der die Welt zu Asche verbrennt, und einer persischen Sage berichtet.

Seltenheitswert besitzen Schilderungen des Weltenbrandes innerhalb der Sintflutmythen der Völker in der Südsee. Um so interessanter ist daher die sehr originäre Maui-Sage der Maori in Neuseeland, die in der wertvollen Wandersagensammlung von Carl Schirren[233] enthalten ist. Schirren stützt sich hauptsächlich auf die großartige Sagensammlung aus dem Jahre 1856, die Sir George Grey, Generalgouverneur von Neuseeland, auf seinen Amtsreisen zusammentrug, als er diese Sagen und Lieder aus dem Munde der Priester und Häuptlinge hörte. Dabei zeigt sich auch, daß die neuseeländischen Maorisagen den Schlüssel zum Verständnis vieler anderer Sagen aus der Südsee enthalten.

Besonders der Maui-Mythos schildert in skurriler Weise die nicht enden wollende Reihe von Untaten des mutwilligen Maui. Die uns hier interessierende 10. Maui-Sage schildert, wie Maui das Feuer auf die Erde bringt. Bösartig beschließt er zuerst, jegliches vorhandene Feuer zu tilgen, und löscht in der Nacht alle Herdfeuer. Von seiner Mutter um neues Feuer zur Ahnfrau Mahu-ika geschickt, löscht er immer wieder voll

Heimtücke alle Feuer, die sie entzündet, indem sie sich jedes Mal einen Fingernagel ausreißt. Erst als sie ihren letzten Nagel, den der großen Zehe, opfert, bemerkt Mahu-ika die Bosheit ihres Enkels und wirft vor Zorn den letzten Nagel zur Erde. »Überall schlagen Flammen empor. Maui flieht, das Feuer hinterdrein; er verwandelt sich in einen Adler, stürzt sich in Seen: Das Wasser siedet, die Wälder brennen, die Erde, das Meer brennt. Da fleht Maui zu seinen Ahnen Tawhirimatea und Whatitiri-matakataka um Regen; jener sendet indessen eine solche Fluth, daß Mahu-ika fast umkommt. Laut schreit sie auf und rettet zur Noth einige Funken in das Holz des Kaikomako-Baumes. Maui erklärt den Eltern, er werde stets solche Streiche spielen; der Vater warnt ihn vor Verderben.«

Wie erlebten die Indianer Amerikas das Sintbrandereignis? Entlang dem gesamten Doppelkontinent war es ihren Schilderungen nach eine Feuerwalze, die sich mit rasender Geschwindigkeit vorwärtswälzte. Hier ein paar Proben der Berichte von Überlebenden aus Kalifornien, wie sie bei Werner Müller[234] wiedergegeben sind.

Die Überlieferung der im Norden lebenden Wintun über Weltenbrand und Sintflut erzählt hierzu: »Um Rache zu nehmen [für einen gestohlenen Zauberfeuerstein], rannten die beiden [Poharamas und Tilikus], der erste nach Südosten, der zweite nach Südwesten mit Feuerbränden bis dahin, wo der Himmel die Erde berührt. Dann liefen sie rund um die Erde nach Norden, unterwegs alles in Brand steckend. Alles Volk eilte nach Norden, aber vergeblich; nur zwei Menschen entkamen, ehe die beiden Feuerträger sich im Norden trafen. Alles andere kam im Feuer um. Der große Gott Olelbis sah hinunter auf die brennende Welt. Er konnte vor Flammen nichts erkennen: Die Felsen brannten, die Erde brannte, es brannte alles. Gewaltige Rauchwolken stiegen auf; Feuerbrände flogen gen Himmel. Auf seine Veranlassung begann eine Flut, die in großen Strömen daherrauschte, die Erde bis zu den Bergen bedeckte und den Brand löschte.«

Die östlichen Nachbarn der Wintun, die Yana-Indianer (Hoka), bestätigen Ausmaß und Intensität des Brandes: »Es brannte überall. Die Felsen barsten vor Hitze, das Wasser verdampfte, die Berge waren mit Rauch bedeckt.«

Auch die südwestlichen Nachbarn der Wintun, die Pomo (Hoka), lassen in ihrer anschaulichen Darstellung das katastrophale Ausmaß dieses Sintbrandes spüren: »Marumda sandte deshalb [wegen Verletzung der Gesetze der Ehe, der Jagd und des Fischfangs] ein wildes Feuer über die Erde hin. Als das Feuer kam, rannten einige Menschen ins Wasser, aber das Wasser begann zu kochen und tötete die Menschen so. Einige Menschen stiegen auf hohe Bäume [Anm.: verständlich, da Mammutbäume normalen Bränden widerstehen!], aber auch die Bäume fingen Feuer. Als das Feuer sie zu vernichten begann, riefen die Menschen Marumda [den Schöpfer] an, sie zu retten. Aber Marumda antwortete: ›Wie kann ich euch retten, wenn ich selber verbrannt werden soll.‹«

Die Tradition der Patwin, die heute südlich von den Wintun leben, bezeugt ebenfalls, daß sich das Feuer in dieser Gegend in südlicher Richtung bewegte: »Das Feuer, das er [ein durch verschmähte Liebe beleidigter Mann] entzündet hatte, brannte ganz fürchterlich. Es raste mit schrecklicher Schnelle südwärts, alle Dinge auf Erden verzehrend. Menschen, Bäume, Felsen, Tiere, Wasser, ja die Erde selbst.

Auch die Miwok, die südöstlich von den Patwin am Rande der kalifornischen Sierra Nevada leben, sahen den Brand von Norden her kommen und »am Abend ... das Land im Norden in Flammen stehen«. Wewek, der durch dieses Feuer bestraft werden sollte, weil er Muschelgeld gestohlen hatte, blickte aus seinem Rundhaus hinaus »und sah, daß das Feuer mit großer Schnelligkeit heranjagte«. Bald »wurde das Brüllen des Feuers und die Hitze in dem Rundhause entsetzlich«. Wewek aber wurde nach der Miwok-Sage schließlich durch zehn Tage und zehn Nächte Regen gerettet, der allerdings zuletzt das ganze Land, mit Ausnahme des als Zuflucht dienenden Konokti-Berggipfels, bedeckte.

Bei den alten Mexikanern war eine Form des Weltunterganges ebenfalls der Feuerregen am Ende des Zeitalters, »wo es Feuer vom Himmel regnete, daß die Menschen verbrannten. ... Die Menschen von damals, soweit sie nicht verbrannten, wurden in Vögel und Schmetterlinge, die Tiere des Feuergottes, verwandelt«[235] (Abb. 45). Ganz konkret wird in vielen Mythen Mittel- und Südamerikas ausgeführt, daß diesen Weltenbrand nur jene wenigen überlebt haben, die sich in Höhlen flüchten konnten – eine sehr realistische Überlieferung angesichts des Ausmaßes dieses verheerenden Feuers, wie es die obigen Berichte beschreiben.

In der toltekisch-aztekischen Tradition ist die Urheimat der kleinen Gruppe der von Aztlan (Atlantis, siehe S. 504) abstammenden Tolteken in Mexiko der mythische Berg Teo-Colhuacan, der »Berg mit der gekrümmten Spitze«.[236] Die sieben Höhlen »Chicomoztoc« dieses mythischen Berges aber hatten den Ahnen, deren Nachkommen sich später in acht Stämme aufgliederten, Heimat und Schutz geboten (Abb. 46). Für uns zeigt diese Darstellung – wie übrigens schon für Heinrich Lüken [237] – auch, daß die Menschen bei dem Sintbrand und der Sintflut in Fluchthöhlen überlebten.

Abb. 45: Der »Feuerregen« der Weltuntergangsmythen der Azteken. Wiederum wird die Rettung der in Höhlen Zuflucht suchenden Menschen angedeutet. – Codex Vaticanus Nr. 3738, Fol. 6 verso.

In Südamerika heißt es bei den Arawaken in Guyana, daß die Welt zweimal unterging, einmal durch Feuer, einmal durch Wasser.[238] »Ein heulender Strom von Flammen fegte über die Erdoberfläche hinweg«[239], worauf später die Flut folgte. Bei den Yuracarés in Bolivien steckte »ein böser Geist [Sararuma] weit und breit das Land in Flammen, so daß kein Baum, kein lebendes Wesen dem Feuer entrinnen konnte. Nur ein Mann war so vorsichtig gewesen, sich eine Höhle zu graben, in welcher er sich, reich mit Lebensmitteln versehen, aufhielt, bis die Flammen erloschen waren. Er allein entging der allgemeinen Vernichtung. Um zu erfahren, ob das Feuer immer noch stark war, steckte er von Zeit zu Zeit eine lange Rute aus der Höhle hervor. Zweimal fand er sie angebrannt, aber beim dritten Male war sie kalt. Dann wartete er noch vier Tage, ehe er sich ans Tageslicht wagte. Es sah sehr wüst aus auf der Erde.«[240] Diese Legende wurde übrigens erstmals von dem berühmten französischen Paläontologen Alcey d'Orbigny in seinem Werk »Voyages dans l'Amérique méridionale«[241] mitgeteilt; dieser Forscher war neben Cuvier der überzeugteste Verfechter der Katastrophentheorie im Hinblick auf die Entwicklungsgeschichte des Lebens.

Abb. 46: Die Höhle Chicomoztoc im heiligen Berg Teo-Colhuacan in Mexiko, der von den Azteken als Ursprungsort für die Ausbreitung ihrer späteren acht Stämme bezeichnet wird, kann wohl zu Recht als Symbol für die von Sintbrand und Sintflut gerettete Stammesgruppe Mexikos angesehen werden. – Ms. Mexicains de la Bibliothèque 51–53.

Daß sich dieses Weltenfeuer über ganz Südamerika bis nach Feuerland ausgebreitet hat, verkünden die immer wieder auftauchenden Sintbrand-Passagen in den einheimischen Flutsagen. Bei den Araukanern in Chile herrscht bis in unsere Tage die Angst, die große Katastrophe könnte sich wiederholen. Nach ihren Aussagen war die Wasserflut von heftigen Erdbeben und Vulkanausbrüchen begleitet. Und für den Fall einer Wiederholung halten sie hölzerne Schüsseln bereit, um damit ihren Kopf vor der Hitze zu schützen, wenn das Land bis zur Sonne erhoben würde.[242]

Bei ihren völkerkundlichen Expeditionen in den Jahren 1919–24 brachten die Ethnologen Martin Gusinde und Wilhelm Koppers aus Wien aus dem äußersten Süden des südamerikanischen Kontinentes rührend naiv begründete Sintfrost-/Sintbrand-/Sintflut-Sagen mit, von denen die der Yámana das Weltenbrandthema berührt: Der Menschenfeind und Menschenschädling Tarnuwa-Lem, der Vater der Sonne, »ließ in seinem höchsten Zorn [über den Haß der Frauen gegen ihn] alles verbrennen, was in seinen Bereich kam. Das Wasser des Meeres ließ er kochen, die Wälder der Berge verbrannten, und deshalb blieben bis heute die Bergspitzen leer und kahl ... Es kam eine sehr starke Sonne. Und diese Sonne war so stark, daß die Bergspitzen verbrannten und bis heute kahl blieben davon.«

Eine zweite Version lautet: »Plötzlich erschien Tarnuwa-Lem [die alte, böse Sonne] im Osten und verbrannte die ganze Erde. Er wollte dann die Hitze wieder wegnehmen, konnte aber nicht. So verschwanden alle Köspix [Seelen der Menschen] aus dieser Gegend. Als dann Tarnuwa-Lem sich wieder aus dieser Gegend entfernte, da kühlte sich die Erde wieder ab.«[243]

Der ergreifendste und zugleich überaus aufschlußreiche Bericht über das Feuer, das vor der Sintflutwoge vom Himmel fiel, stammt von den Kurnai, einem Urstamm im Gippsland in Victoria in Südaustralien. Diese südaustralische Region, die bereits Tausende von Jahren vor dem Sinflut-Impakt von den Aborigines bewohnt war (siehe S. 93), war zur Zeit der Sintflut voll dem Feuerregen ausgesetzt, als die glühenden Tektite des jungen Australit-Streufeldes, das wir seit C. Fenner (1938) bis zur Arbeit von M. Prasad und P. Rao (1990) kennen (Abb. 81), in dichter Folge vom Himmel prasselten. Außer dem Tektitregen traf die Kurnai, die im offenen Gelände Südaustraliens völlig ungeschützt waren, auch der glühende Regen des fein verteilten Fallouts, der hier – wegen der großen Nähe des einen Impaktzentrums südöstlich von der australischen Küste – infernalisch heiß und dicht als »rotglühender, sich langsam herabsenkender

Himmel« (S. 170) auf sie niederging. Zusätzlich ist bei einer so großen Impaktnähe noch der rote Salpetersäureregen zu erwarten (siehe S. 177 ff.), der damals die Haut der Opfer verätzt haben muß.

Der Bedeutung dieses einmalig schrecklichen Erlebnisses angemessen, bleibt es einem alten Häuptling dieses Aborigines-Stammes vorbehalten, im Rahmen der geheimen Jugendweihe der nächsten Generation neben den sittlichen und sozialen Geboten auch dieses wertvolle Erbe, diese tragische Lehre aus der großen Weltkatastrophe, zu verkünden. Sie lautet:

»Als einst ein Stammesverräter gottloserweise die Geheimnisse der Jugendweihe an Frauen offenbarte, brachte er dadurch den Zorn Mungan ngauas [Unser Vater] auf die Kurnai herab. Mungan ngaua sandte Feuer, das den ganzen Raum zwischen Himmel und Erde anfüllte. Die Menschen wurden wahnsinnig vor Angst und speerten einander; Väter töteten ihre Kinder, Männer ihre Weiber und Brüder ihre Brüder. Dann brach das Meer über das Land herein, und fast das ganze Menschengeschlecht ertrank. Die, welche überlebten, wurden die Vorväter der Kurnai; einige jedoch wurden in Tiere verwandelt, Mungan ngaua verließ die Erde und stieg zum Himmel empor, wo er jetzt noch weilt.« Wenn seitdem die Aurora australis [Südlicht] sich zeigt, fürchten die Kurnai voll Angst die Wiederkehr der vernichtenden Doppelkatastrophe.[244]

Ein an Dramatik unüberbietbares Schauspiel rollt vor unseren Augen ab, wenn wir vernehmen, daß die südaustralischen Aborigines, die schutzlos dem glühenden Fallout und Tektitregen preisgegeben waren und sich zudem im Nahwirkungsbereich der strahlenden Hitze und des Säureregens des Teilimpaktes in die tasmanischen Gewässer befanden, in höchster Verzweiflung und schmerzgepeinigt zuerst ihre Kinder töteten, um ihnen das Schicksal des grausamen Todes durch den vom Himmel fallenden glühenden Regen zu ersparen, und sich dann als letzten Ausweg gegenseitig speerten.

Dies ist eine natürliche Reaktion des Menschen, wenn er in einer ausweglosen Situation zu einer Verzweiflungstat getrieben wird. Beispiele dafür kennen wir aus etlichen historisch belegten, dramatischen Extremsituationen, wie etwa der vom heldenhaften Untergang der 960 Verteidiger der Herodes-Festung Masada, die während der jüdischen Rebellion gegen die römischen Legionen unter Flavius Silva bis zum Jahr 73 n. Chr. durchgehalten hatten. Angesichts des unmittelbar bevorstehenden Untergangs aber handelten sie ganz ähnlich wie die Kurnai, um ihren Frauen und Kindern das Schicksal der Willkür der römischen Soldateska und der

Sklaverei zu ersparen – wie Yigael Yadin 1966 ergreifend geschildert hat: Die Männer töteten unter langem Abschiedskuß ihre Frauen und Kinder, zehn Ausgesuchte töteten die Männer, und das Los bestimmte jenen, der den letzten neun und schließlich sich selbst den Tod gab.

Von den wenigen Überlebenden der Kurnai wurden sogar noch einige »in Tiere verwandelt«, d.h., sie waren, einer anderen Tradition folgend, vor Schmerzen und Schrecken wahnsinnig geworden.

Erst heute, da wir die Folgeerscheinungen von Vulkaneruptionen, Nuklear- und Impaktkatastrophen kennen, können wir das auf S. 169 erwähnte Verhalten der Kurnai bei Polarlichtern verstehen. Sie hatten einst zunächst den Regen des glühenden Fallouts und den Weltenbrand erlebt. Als Menetekel dieser Impaktkatastrophe haben sie einerseits den sich auf sie herabsenkenden glühendroten Himmel und andererseits den Nachthimmel in Erinnerung, der zuletzt feuerrot bis bedrohlich purpurfarben leuchtete.

Dieser schaurig-schöne Anblick kam damals durch die Lichtbrechung der untergehenden Sonne in den Staubmassen und Eiswolken der hohen Atmosphäre, der Mesosphäre, zustande (siehe S. 504). Das rot leuchtende Polarlicht des Südhimmels, das »Südlicht«, wird deshalb von ihnen – obwohl es andere atmosphärische Ursachen hat – direkt mit dem bedrohlich an den Impakt erinnernden ähnlichen Nachtleuchten des Himmels zur Sintflutzeit in Verbindung gebracht. Die schauerlichen Einzelheiten des Herabsenkens des »rotglühenden Himmels« verstehen wir erst heute richtig, wenn wir den Darlegungen von K. J. Zahnle und seinen Mitarbeitern von der NASA in Kalifornien[245] zum Dinosaurier-Impakt folgen, wie auf S. 180 näher ausgeführt.

Seit der Analyse des Weltenbrandes, der im Gefolge des Dinosaurier-Impaktes am Ende der Kreidezeit ausbrach, wissen wir, wie ein so verheerendes, durch einen Impakt bedingtes Feuer ausgelöst wird, mit welcher Geschwindigkeit es sich ausbreitet, wie heiß es ist und welche Auswirkungen es hat. Aufschluß darüber haben uns mikroskopische, chemische und sedimentologische Untersuchungen der Ruß-Brand-Kohle-Schicht gegeben, die sich weltweit an der Basis der Impakt-Grenztonlage an der Kreide-Tertiär-Grenze erhalten hat. Auf S. 44 ff. haben wir ausführlich darüber berichtet. Diese Information ermöglicht es aber zugleich, das bisher stets Unbegreifliche eines Weltenbrandes aus den Augenzeugenberichten der Sintflut zu verstehen, während man in den bisherigen Interpretationen diesen Aspekt am liebsten übergangen hatte oder meinte, ihn durch Sonnenmythen mystisch umgehen zu müssen[246], oder ihn einfach als ein durch Vulkanausbrüche verursachtes, auf ein bestimmtes Gebiet begrenztes Feuer oder als einen der üblichen lokalen Steppenbrände abtat.

Für uns ist dieser Sintbrand, der sich in seiner überregionalen Verbreitung und seiner ungeheuren Stärke heute eindeutig belegen läßt, ganz im Gegensatz zu den bisherigen Gepflogenheiten mit entscheidend für den Nachweis, daß ein – auch im erdgeschichtlichen Maßstab – sehr bedeutender Impakt zu Lebzeiten des Homo sapiens stattfand und die Menschheit fast ausgerottet hatte. Die Beweiskette für einen solchen Impakt wäre aufgrund aller übrigen tradierten Fakten auch noch bei weitem dicht genug gewesen, sie ist aber in jüngster Zeit zusätzlich durch konkrete geologische Belege wie die aus ebendieser Zeit stammenden Tektite in Südaustralien und Vietnam sowie viele andere geologische Fakten abgesichert worden. Dennoch bildet eine solche Fülle von Berichten über einen Weltenbrand in den Überlieferungen, die mit der scheinbar so gegensätzlichen Sintflut verknüpft sind, eine weitere feste Stütze, die nun dezidiert eine »einfachere« Erklärung der Flut durch irdische Beben oder Zyklone ausschließt.

Auf der anderen Seite stellt die Fülle der Augenzeugenberichte über das globale Ausmaß des Weltenbrandes sogar schon bei dem Sintflut-Impakt, der im Vergleich zur Endkreide-Katastrophe deutlich geringer war, rückwirkend eine grandiose Bestätigung des Geschehens beim endkretazischen Weltenbrand dar, das die Alvarez-Anhänger rein theoretisch so zutreffend bis ins einzelne ermittelt hatten. Dies ist ein weiteres Argument gegen die – schon bisher unhaltbaren – Einwände weniger Forscher, die nicht glauben wollen, daß der Weltenbrand ein fester Bestandteil des Impaktgeschehens ist.

Den Auftakt zum Weltenbrand nach einem Großimpakt bildet, wie auf S. 44 begründet, der vom Explosionsherd in rasender Geschwindigkeit ausstrahlende Hitzepuls, also ein durch einen Einschlag aus dem Weltall ausgelöster Orkan und Gluthitzesturm in einem. Wir haben am Beispiel des Endkreide-Impaktes gesehen, daß dieser Orkan mit einer Geschwindigkeit von rund 1200 km/h vorwärtsrast und je nach Größe des Impaktors tausend oder mehrere tausend Kilometer weit die Wälder niederreißt und dabei die Bäume entastet und vortrocknet. Außerdem brechen danach an vielen Stellen gleichzeitig auf dem ganzen Kontinent verheerende Flächenbrände aus, weil in weitem Umkreis Kometensplitter und später glühender Fallout niederregnen.

Wir haben in den oben erwähnten Sintfluttraditionen der Völker von diesem Orkan gehört, der von ungekannter Stärke war und Felsen und Bäume wie Spielzeug durch die Luft wirbelte. Einen anschaulichen Eindruck von diesem Schauspiel gibt in graphischer Form bei den Azteken die Darstellung der »Windsonne« (die diese Katastrophe auslöste) mit den dahingewirbelten Affen (Abb. 44).

Ein geologisches Zeugnis für die Gültigkeit dieser Aussage lieferte die Untersuchung der Strukturen in der Umgebung des vor 14,7 Millionen Jahren entstandenen Ries-Kraters in Schwaben. Der deutsche Mineraloge W. v. Engelhardt zeigte 1990, daß dort der Hitzesturm noch einige Zeit nach der Explosion, nachdem bereits Riesenblöcke durch die Detonation ausgeschleudert worden waren, die Oberfläche dieses Blockmeeres der Bunten Brekzie glattgefegt hatte, also zweifellos die Felsblöcke vom Sturm durch die Luft weggeblasen worden waren – hier allerdings in nächster Nähe dieses Einschlages von mäßiger Größe.

Bezeichnend für das weltweite Ereignis dieses Weltensturmes ist übrigens auch, daß es für diesen außergewöhnlichen Orkan auf mehreren Kontinenten eine gleiche Sprachwurzel gibt, in der interessanterweise auch weitere Symbole des Impaktgeschehens wie Weltenbrand und Impaktnacht stecken, wie bereits Arthur Stentzel[247] so exzellent herausgearbeitet hat: Das einschlägige griechische Wort *»Typhon«* (= Wirbelwind), in dem zugleich die Bedeutung *»typho«* (= qualmen, brennen, sengen) enthalten ist – was diesen Hitzesturm hervorragend charakterisiert –, findet man kontinenteweit bis ins Chinesische. In Kanton steht *»tai-fung«* für einen außerordentlich heftigen Sturm, wobei *»t'ai«* = »äußerst heftig« und *»fung«* = »Wind« bedeutet. Aus dem Arabischen – *»tufan«*, dessen chaldäische Wurzel *»ttôf«* zugleich Überflutung bedeutet –, hat das Wort Eingang gefunden in die persischen, türkischen, hindostanischen und malaiischen Sprachen und weiter ins Englische *(typhoon)*, Deutsche *(Taifun)*, Portugiesische *(tufon)*, Italienische *(tifone)* usw. Im Altägyptischen ist Seth-Typhon der Satan-Taifun (= Teufel), der als »schwarzer Gott der Vernichtung« die Verkörperung der Feuersturm- und Heißwasserflut-Katastrophe darstellt. In der ägyptischen kosmogonischen Mythe, die sich deutlich genug auf das Sintflutgeschehen bezieht, wird die große Schlacht der Götter des Lichtes, Ra-Helios und Horus-Apollon, gegen das Prinzip des Bösen, Seth-Typhon, in der Nähe von Edfu begonnen, wo noch heute auf der Innenseite der westlichen Umfassungsmauer des Edfutempels (Abb. 47) eine Darstellung dieses schrecklichen Ringens zwischen dem Licht und der Dunkelheit der (Impakt-)Nacht erhalten ist.[248]

Plutarch charakterisiert das Urprinzip »Typhon« als das Titanische,

Abb. 47: Der Horus-Mythos in Bildern und Texten auf der Innenseite der westlichen Umfassungsmauer des Edfu-Tempels in Ägypten zeigt, wie Horus, der Lichtgott, Seth – hier symbolisiert als Nilpferd – besiegt und tötet. Der verfemte Seth-Typhon (»Satan-Teufel«) steht für den unheilbringenden Sintflut-Impaktor, die Szene für den Kampf des Lichtes, der Sonne, gegen die Impaktnacht.

Unvernünftige, Rohe und Krankhafte, dessen Eingriffe Unwetter, Sonnen- und Mondverfinsterung u. dgl. hervorrufen. Der griechische Dichter Pindar (518–446 v. Chr.) schildert anschaulich das grauenerregende Aussehen des Scheusals Typhon,[249] ebenso der lateinische Naturforscher und Schriftsteller Plinius[250] (siehe S. 106 f.).

Eine Beschreibung der Untaten dieses Typhon-»Ungeheuers«, die für uns erst jetzt im Hinblick auf das Impaktgeschehen verständlich wird, gab der um 700 v. Chr. lebende griechische Dichter Hesiod in seiner »Theogonie«, dem Werk über die griechischen Götter, das aber auch die uralten vorgriechischen Mythen mit verarbeitete. Wir geben hier auszugsweise die Passage über »Typhoeus« im Originaltext – übersetzt von A. v. Schirnding (1991) – wieder:

> »Unermüdlich auch sind die Füße des Starken; den Schultern wie von Schlangen entwachsen hundert gräßliche Häupter, züngelnd mit schwärzlichen Zungen, ihm glomm aus zahllosen Augen seiner göttlichen Häupter hervor unter Brauen ein Feuer, ja es brannte von Feuer der Blick aus sämtlichen Häuptern. Stimmen auch waren in sämtlichen gräßlichen Häuptern enthalten, von sich gebend unsägliche, unverständliche Laute, nur den Göttern verständlich, dann wieder wie eines Stieres wütend lautes Gebrüll von ungebändigter Stärke... Beinahe wäre damals der Tag des Entsetzens gekommen: denn das Untier begehrte Gewalt über Menschen und Götter. Aber das scharfe Auge des Vaters bemerkte den Frevel. Schrecklich lauten Donner ließ er ertönen ... Doppelt erglühte das veilchenfarbene Wasser des Pontos: hier vom Wettergeleucht und dort vom Schnauben des Scheusals, von den lodernden Winden, vom Strahl des flammenden Blitzes. Alle Länder kochten vor Hitze, das Meer und der Himmel, tosende Gischt umschäumte die Ufer, umschäumte die Wogen unter dem Ansturm der Götter: ein furchtbares Beben erhob sich... Denn als Zeus den Kampfgeist gestärkt, seine Waffen ergriffen, Donner und Blitz und den lodernden Strahl des vernichtenden Wetters, brach er los, vom Olympos stürmend, schlug zu und versengte alle göttlichen Häupter zugleich des entsetzlichen Untiers ... Feuer schnaubte der blitzgetroffene Herrscher noch einmal ... Es brannte weithin die Erde ... Ebenso schmolz die Erde dahin im Anhauch des Feuers.«

In diesem Aufruhr des Typhoeus – eingekleidet in einen Götterkampf – sind klar die wesentlichen Impaktmerkmale enthalten: das Brüllen und Donnern des Orkans der Explosion beim Aufschlag, das gewaltige Erdbeben, die Flutwellen, der verheerende Weltenbrand auf der Erde, das Kochen des Meeres, die vernichtenden Unwetter mit Sturzregen und einem Übermaß von Blitzen... Daneben wird die Vielzahl der Häupter des (Impakt-)Dämonen geschildert – ebenso wie bei entsprechenden Mythen, die oft präziser die Siebenzahl der Häupter (d.h. Teilimpaktoren) des Dämons beschreiben oder zeichnen (Abb. 22). Mit dem Schlangensymbol wird das verderbenbringende Unwesen zusätzlich charakterisiert. Diese frühe griechische Schilderung erweist sich demnach als genaues Gegenstück zu zahlreichen analogen – später vorgestellten – persischen, indischen und vorderasiatischen Überlieferungen über das Aussehen und die Auswirkungen der Untaten des Sintflutverursachers.

Noch ist der gemeinsame Wortstamm des schauerlichen Kometendämons Typhon, der beim Sintflut-Impakt feurige Vernichtung vom Himmel herab brachte, bei allen betroffenen Völkern Eurasiens zu erahnen. Er erfuhr in den verschiedenen Altkulturen nur eine maßvolle Abwandlung: Die Reihe reicht vom Set-Typhon der Altägypter über den Surt der Altgermanen und Inder bis zum Satan-Teufel, der von der christlichen Religion umfunktioniert wurde! Die zu Typhon gehörende Wurzel *dheubh*[251] ist in vollem Wortlaut noch im heutigen süddeutschen Dialektwort »Deubel« für Teufel erhalten.

Wenden wir uns nun nach diesen Betrachtungen (samt etymologischem Exkurs) über den einleitenden Hitzepuls dem Hauptereignis zu, dem Sintbrand selbst, wie er sich aus den erwähnten Traditionen im Vergleich zum Endkreide-Weltenbrand darbietet.

Zunächst läßt sich in beiden Fällen unabhängig voneinander die rasende Ausbreitungsgeschwindigkeit des Sintbrandes feststellen, die die Geschwindigkeit, mit der sich normale Waldbrände ausbreiten, weit übersteigt. Bei den Sintflutüberlieferungen zeigt sich dies am eindringlichsten in den Indianersagen Kaliforniens, in denen übrigens anklingt, daß die Feuerwalze in diesem Raum von Norden nach Süden vordrang. Das Weltenfeuer breitete sich offenbar von einer Reihe verschiedener Zentren gleichzeitig in alle möglichen Richtungen aus, da ja die Haupteinschlagszentren der Teilimpakte alle weiter im Süden lagen.

Besonders begünstigt wird das rasante weltweite Umsichgreifen des Sintbrandes bei zwei speziellen Impaktbedingungen: zunächst bei Asteroiden, die in einem sehr flachen Winkel auf die Erde zuschießen, und aus diesem Grund nicht explodieren, sondern abprallen, nochmals aufschlagen und dann in Trümmer gehen, wobei diese weit verstreuten Trümmer an vielen Stellen gleichzeitig Brände verursachen. Andererseits tritt bei Kometen häufig der Fall ein, daß sie sich schon beim Anflug in Sonnennähe in Fragmente auflösen (oder schon vom vorherigen Durchgang als Fragmenthaufen herankommen), die weithin über die Erdkugel verstreut niedergehen und auf diese Weise gleichzeitig an verschiedenen Zentren Flächenbrände auslösen. Und ebendies war beim Sinflut-Komet unglückseligerweise der Fall, was das Ausmaß des Weltenbrandes gewaltig steigerte.

In allen Berichten kommt auch die schreckenerregende Gluthitze dieses verheerenden Feuers zum Ausdruck, das Felsen sprengte, Flüsse und Ströme austrocknete und das Meer zum Kochen brachte. Das Vertrocknen von Flüssen ist ebenfalls aus verschiedenen Erdteilen überliefert – häufig von den Indianern Nordamerikas, aber auch aus Mesopotamien und weiten Regionen Europas, Asiens und Nordostafrikas. Auch wenn die Berichte aus den drei letztgenannten Gebieten von Ovid stammen, der gerne dichterisch übertreibt, ist aufgrund der übrigen originalen Überlieferungen nicht am prinzipiellen Wahrheitsgehalt der Darstellung zu zweifeln. Beim Austrocknen der Flüsse und Ströme kommt allerdings noch hinzu, daß durch die Wucht der Hitzeorkane, die mit über 1000 Stundenkilometern von den Einschlagszentren heranrasten und sogar Felsen und Bäume durch die Luft wirbelten, natürlich auch das Wasser aus den Flüssen herausgepeitscht, zerstäubt und durch die Hitze verdunstet wurde.

Aber auch all die übrigen Erscheinungen des Weltenbrandes werden glaubhaft, wenn man sich überlegt, welch hohe Temperaturen dieses Weltenfeuer erreichte. Zunächst sei daran erinnert, daß der Flammpunkt für eine spontane Entzündung der Wälder je nach Trockenheitsgrad bei 380–545°C liegt und beim Endkreide-Impakt in unmittelbarer Folge riesige Waldareale entflammten – jedenfalls bereits vor dem Fallout der Explosion, der im Sediment darüberliegt.

Wie schon Wendy S. Wolbach und ihre Mitarbeiter[252] bewiesen haben, trifft die Meinung etlicher Autoren nicht zu, daß beim Dinosaurier-Impakt die Bäume zunächst abstarben, dann im Impaktwinter gefriergetrocknet und deshalb leichter ein Opfer des Weltenbrandes wurden. Das Weltenfeuer kam vielmehr ganz am Anfang, wie die Kohlenstoffschicht in den untersten 3 mm der Grenztone des Endkreide-Impaktes beweist. Der länger anhaltende Impaktwinter folgte erst später. Diese theoretische Schlußfolgerung von Wolbach kann hier durch die Augenzeugenberichte über die Ereignisabfolge beim Sintflut-Impakt durch Analogieschluß unmittelbar bestätigt werden.

Die Ursache dafür, daß beim Weltenbrand die Temperatur so rasch extrem anstieg, lag – wie oben erwähnt – in der enormen Entwicklung von Rauch, Ruß und Impaktstaub, die gemeinsam die Wärmeabstrahlung der Brände immer wieder reflektierten und so das Inferno immer weiter steigerten. Hinzu kommt noch die rasante Thermik über den Hauptbrandherden, in denen der hochreißende Hitzestrom die untere Luftschicht in der Umgebung orkanartig konzentrisch ansaugte und dabei den Brand immer stärker anfachte. Wir kennen solche thermisch-konvektiv gesteigerten Brandorkane von den Schreckensnächten des letzten Weltkrieges nach den Flächenbombardements in Dresden ebenso wie nach den Atombombenabwürfen auf Hiroshima und Nagasaki, aber auch von Großbränden nach Erdbeben wie etwa in San Francisco 1906 oder von der riesigen Feuersbrunst in Chicago im Jahre 1872.

Es besteht kein Zweifel, daß die Gluthölle, die von den Flächenbränden des Weltenfeuers beim Sintflut-Impakt entfacht wurde, mindestens die Hitze entwickelte, wie wir sie von Großbränden in Städten kennen. Dort entstehen in normalen Brandherden Temperaturen von durchschnittlich 1000 °C. Bei den erwähnten Flächenbränden in Städten konnte man anhand der Auswirkungen auf Temperaturen von 1700–1800 °C schließen. Als Beispiel dafür sei nur eine Beobachtung vom Großbrand in Chicago 1872 erwähnt, wo ein mehrere hundert Tonnen schwerer Roheisenstapel einer Fabrik noch in 70 m Entfernung von dem in Flammen stehenden Gebäude zu einer formlosen Masse zusammenschmolz. Der Schmelzpunkt von Eisen liegt aber bei knapp 1540 °C. Außerdem begannen bei diesem Brand im Zentrum bereits die Steine der Gebäude zu schmelzen und »brannte« der Kalkmarmor der Verkleidungen.

Da nun in den Sintflut-(Sintbrand-)Mythen gelegentlich erwähnt wird, daß durch die große Hitze die Erze der Berge flüssig wurden (siehe S. 170), und der Schmelzpunkt der meisten häufig vorkommenden Erze deutlich über 1000 °C liegt, gibt es auch in den Überlieferungen Hinweise auf sehr hohe Temperaturen beim Sintbrand. Dies kann man aber auch schon aus den Schilderungen der Indianer über das Bersten der Felsen in dieser Höllenglut ablesen.

Während man hinsichtlich der Temperaturen bei den verheerenden Bränden des Endkreide-Impaktes nur die Aussage gewagt hat, daß die Temperatur mindestens über dem Flammpunkt der Wälder lag, also über 380 bis 545 °C, können wir aufgrund der Traditionen über den Sintflut-Sintbrand allein schon aus dem Aufschmelzen von Erzen auf Temperaturen weit über 1000 °C schließen. Der Vergleich mit herkömmlichen Flächenbränden der Gegenwart läßt sogar Temperaturen bis 1800 °C erwarten. Wegen der reflektierten Hitzestrahlung, die auf weiten Flächen von der Rußschicht in der Atmosphäre wieder zur Glutoberfläche zurückgeworfen wurde und die auch an der nachhaltigen Austrocknung von Flüssen im Tiefland mitwirkte, kann man in den Zentren wohl mit einer derartigen Temperatur rechnen. Auch auf mögliche Sintererscheinungen, bei denen je nach Dauer der Einwirkung solcher Hitze Materialien zusammengebacken worden sind, wird man achten müssen.

Erst im Jahre 1984 erfolgten durch R. H. Tschudy und seine Mitarbeiter die ersten Hinweise auf den Weltenbrand am Ende der Kreidezeit, den sie aus der Rußlage im Impakt-Grenzton ableiteten. Und erst 1989 gelang der exakte chemische Nachweis, daß dieser Ruß vorwiegend von verbrannten Nadelwäldern und ihrem Harz stammte. Schließlich entdeckte man auch Holzkohlenstücke, die von den Rauchfahnen über den Zentren des Weltenbrandes hochgerissen, in der Atmosphäre über den gesamten Erdball verteilt und weltweit abgelagert worden waren (siehe S. 45).

Zwei Jahre später können wir diese speziellen Eigenheiten eines Weltenbrandes durch Augenzeugenberichte vom Sintbrand bestätigen. Weltweit ist in den Überlieferungen nicht nur die Tatsache des an den Impakt kausal gebundenen Sintbrandes enthalten, sondern es sind auch ganz spezifische Einzelheiten dieses Weltenbrandes für die Nachwelt bewahrt und über zehn Jahrtausende weitergegeben worden – Details, die exakt mit den erst vor kurzem bekanntgewordenen Charakteristika des Endkreide-Weltenfeuers übereinstimmen. Beispielsweise berichtet die altindische Matsyapurana (siehe S. 115) über die große Katastrophe: »Dann werden die sieben unbarmherzigen Strahlen der Sonne ... glühende Holzkohlen regnen lassen.« Und die Quiché lassen bei der Weltkatastrophe, bei der sich die Erde verfinsterte, den obersten Gott Tag und Nacht Harz vom Himmel auf sie herunterregnen.[253]

Am aufschlußreichsten aber ist der Bericht der Klamath-Indianer in Oregon, die uns mitteilen, daß der allgemeine Brand durch einen Regen aus brennendem Pech entstanden ist.[254] Hier haben wir eine unmittelbare Aussage über einen wichtigen Grund, warum sich das verheerende Feuer so schnell ausbreitete – von Überlebenden selbst beobachtet und überliefert. Dasselbe gilt, wie schon erwähnt, auch für die Quiché in Guatemala, deren heiliges Buch Popol Vuh in seiner Flutsage Hurakan brennendes Harz auf die Erde regnen ließ[255]: »Und eine harzige Masse fiel vom Himmel herab. ... Es wurde über ihren Häuptern ein großes Brausen gehört, wie von einer Feuersbrunst.«[256]

Noch einen möglichen weiteren Effekt eines solchen Sintbrandes haben wir zu bedenken. Der australische Geologe George Baker[257] machte als erster darauf aufmerksam, daß bei den gegenwärtigen wie bei den prähistorischen gewaltigen Steppen- und Waldbränden in Australien die Kieselsäure, von der in den harten Steppengräsern bis zu 5% bzw. in den

Waldhölzern bis zu 10% als Opal eingelagert sind, schmilzt und, durch den Feuersturm hochgerissen, weit über das Land verbreitet wird. Baker hat nach solchen Bränden die Schmelzprodukte aus derartigen Böden studiert und abgebildet: Mit ihren Formen, die an Kugeln, Scheiben, Eier, Ellipsoide, Hanteln, Tränen, Birnen, Flaschen und Kähne erinnern, gleichen sie weitgehend den bei Impakten entstandenen Mikrotektiten. Daraus schloß Baker, daß unter den »Mikrotektiten«, die auf den Meeresböden im Indischen Ozean und rund um Australien so häufig vorkommen, durchaus auch solche *Heu-Silikatgläser* sein könnten. Obwohl sich B. P. Glass[258] heftig gegen eine solche Umdeutung seiner Impakt-Mikrotektite zur Wehr gesetzt hat, ist die Überlegung, daß unter den echten Mikrotektiten aus der Zeit des Sintbrandes auch Heu-Silikatgläser zu finden sein könnten, gar nicht so abwegig, weil sie vom Hitzesturm und von den Passatwinden weit über das Meer hinausgeweht worden sein könnten. Eine chemische Analyse dürfte wohl eine Unterscheidung ermöglichen.

Eine weitere interessante Aussage, die sich in den Mythen über die Wirkung des Weltenbrandes findet, sollte nicht übergangen werden. Aus dem Veda-Schaster der Perser wissen wir vom Sintbranderlebnis im Iran. In der altpersischen Religion wird der Weltuntergang durch Feuer geschildert, wobei erwähnt wird, daß »infolge einer übernatürlichen Erhitzung alle *Metalle in den Bergen flüssig werden* und sich als ein glühender Strom über die Erde ergießen«.[259]

Uns interessiert hier vor allem, ob beim Sintbrand so hohe Temperaturen entstanden, daß hinter dieser und ähnlichen Aussagen aus Mittelamerika ein realer Hintergrund stehen kann, also ob der Schmelzpunkt verschiedener Erze deutlich überschritten worden ist.

Wir wissen nun, daß die Schmelzpunkte der meisten Erze bei oder über 1000 °C liegen, also den Temperaturen flüssiger Gesteinslava gleichkommen. So liegt der Schmelzpunkt von Bleiglanz bei 1114 °C, von Zinkblende bei 1020 °C, von Pyrit bei 1171 °C, von gediegenem Kupfer bei 1083 °C, von Silber bei 962 °C, von Gold bei 1064 °C usw. Nur wenige, seltene Erze haben einen niedrigeren Schmelzpunkt. Die Temperatur beim Weltenbrand hat aber, wie wir auf S. 177 dargelegt haben, weitaus höhere Werte erreicht, vermutlich bis 1800 °C, vielleicht sogar 2000 °C. Die Möglichkeit der Ausschmelzung von zutage tretenden Erzgängen besteht also durchaus, falls dieser überhitzte Sintbrand länger anhielt. Daß der Mensch damals, in der ausgehenden Mittelsteinzeit, bereits Erz erkannte und darüber berichten konnte, ist anzunehmen, weil man aus Funden weiß, daß in der Jungsteinzeit vereinzelt Metallgegenstände verwendet und Gold und Meteoreisen verwertet wurden.

Besondere Erwähnung verdient schließlich eine Schilderung, deren richtige Deutung erst heute möglich ist, nämlich die Beschreibung des sehr speziellen, nicht einfach mit dem Weltenbrand identischen »Feuers, das« – nach Aussage der unglückseligen Kurnai in Südaustralien (siehe S. 169) – »den ganzen Raum zwischen Himmel und Erde ausfüllte«. Die Kurnai lebten ja in unmittelbarer Nähe des von Südosten kommenden Haupteinschlages der Kometenfragmente im südwestlichen Pazifischen Ozean und beschrieben daher die eigenartige Erscheinung, daß sich im engeren Impaktbereich eine große Glutwolke vom Himmel herabsenkte – ein Phänomen, das in der Wissenschaft zum ersten Mal fast zehntausend Jahre später, und ohne Kenntnis dieses Berichtes, von Kevin J. Zahnle von der NASA in Moffett Field in Kalifornien in seiner Studie über die »Chemie der Atmosphäre bei großen Impakten«[260] erkannt wurde. Das in der Feuersäule des Impaktes als Dampf ausgeschleuderte Gestein kondensiert in der hohen Atmosphäre. In einem nächsten Schritt fällt innerhalb von mehreren zehn Minuten der Anteil dieser Ejekta, der im Schwerefeld der Erde verblieben ist, in Form von dichten Wolken kleiner Partikel auf die Erde zurück. Die Teilchen erhitzen sich dabei wie einfallende kleine Meteorite aufgrund ihrer hohen kinetischen Energie, bis sie glühen, schmelzen oder sogar verdampfen, was wiederum zu einer extremen Erhitzung der oberen Atmosphäre führt. Bis in eine Entfernung von 600 km vom Einschlag steigt die Temperatur in der oberen Atmosphäre dadurch bis über 1000 °C; bis 1000 km weit entfernt ist der Temperaturanstieg so hoch, daß die erwähnten Kondensate bei ihrem Rücksturz wieder aufgeschmolzen werden. Manche Forscher erwarten diese glühenden Feinkondensate aber noch weit über den genannten Bereich hinaus. Der »rotglühende Himmel«, wie ihn H. J. Melosh und seine Mitarbeiter[261] beschrieben haben, senkte sich damals in weiten Regionen in Form einer Glutwolke hernieder und war auch für die rasche Entfachung eines umfassenden Weltenbrandes verantwortlich. Zugleich war dies auch der rote, brennende Himmel der Kurnai, der sich auf diese herabsenkte und sie in den Selbstmord, Wahnsinn und Tod trieb.

6. Die Flutwelle

Die Flutwelle selbst stellt in allen Überlieferungen das zentrale, das prägende Ereignis des gesamten Sintflutgeschehens dar. Die berghohe

Wasserwand, die im Halbdunkel der Impaktnacht mit immer lauter anschwellendem Donnergetöse in ganzer Breite, von Horizont zu Horizont, auf den Betroffenen zurast; das so unbegreifliche, damals unbegründbare plötzliche Ansteigen des Ozeans, der ins Innere der Kontinente vordringt, immer höher anschwillt und unaufhaltsam, ohne Ende bis zu den Gipfeln manch hoher Bergketten aufsteigt; der vor Hitze kochende Ozean und das verbrühende, verbrennende, versengende Feuerwasser, das »Sengle-Daa« der Inder, das aus dem Himmel heraus niederbricht – all das sind derart tief prägende, traumatische Erlebnisse, daß sie als Symbol dieses Infernos in keinem Sintflutbericht der wenigen, die dies überstanden, fehlen kann.

Als Begründung für das Unfaßbare, für die so grausame, rücksichtslose Ausrottung der Menschen, sind natürlich verschiedene Motive unterstellt worden. Zunächst muß jedenfalls ein Gott, ein Dämon dahinterstehen, um derartiges zuzulassen oder in Gang zu setzen. Bei den Optimisten findet sich sogar noch ein positives Motiv, das in zahlreichen, logisch unterbauten Sagen auftaucht: Gott mußte ja den unmittelbar vorangehenden Weltenbrand löschen, damit nicht die ganze Welt zu Asche wurde.

Um diesem Feuerinferno Herr zu werden, konnte nur eine wahrlich rigorose Maßnahme wie eine Sintflut helfen. In vielen Mythen kommt das nicht mehr eindämmbare Ausmaß dieser Vernichtung dadurch deutlich zum Ausdruck, daß die Götter selbst angesichts des von ihnen heraufbeschworenen Unterganges in Panik verfallen und sich dieser Katastrophe fast oder überhaupt nicht mehr erwehren können: Im Gilgamesch-Epos kauern sie sich, von Angst geschüttelt, wimmernd in den hintersten Winkel des Himmels. Bei den Pomo-Indianern Kaliforniens antwortet der Schöpfer Marumda auf das Flehen der Menschen, als sie ihn um Hilfe gegen das verheerende Feuer bitten: »Wie kann ich euch retten, wenn ich selbst verbrannt werden soll.« Bei den Yámana in Südamerika war Tanuwa-Lem, der Menschenfeind und Vater der Sonne, machtlos gegen das von ihm entfachte Weltenfeuer (siehe S. 168). In den altindischen Matsyapurana müssen die Götter zusammen mit der ins Chaos gestürzten brennenden Welt untergehen.

Ansonsten aber liegt für den Realisten, der seit der »Bevölkerungsexplosion« in den ersten Ballungszentren der Menschheit in zunehmendem Maß die Ränke und Listen, die Lügen und Grausamkeiten des Menschen seinem Bruder gegenüber miterleben mußte, nichts näher, als in dieser Sintflut eine »Sündflut«[262] zu sehen, die ein strafender und rächender Gott als unbarmherziges Gericht über diese Menschheit brachte. Bei einer derartigen Erklärung läßt sich auch leicht einsehen, daß nur ganz wenige, nämlich die schon damals seltenen wirklich Gerechten, dieses Gottesgericht überstehen durften. Dieser weit verbreitete Primitivglaube – der die Götter ganz nach der Gedankenwelt und dem Vorbild des Menschen schuf: rachsüchtig, bösartig, nachtragend, strafend – hat so tief nachgewirkt, daß er später in manche Religionen aufgenommen worden ist und sogar in der christlichen Glaubenslehre ein strafender Gott zu einem wesentlichen Bestandteil wurde.

Für uns ist die spezifische Flutschilderung als Bestandteil der Weltkatastrophenmythen ein Schlüssel zur Ausscheidung von andersartigen Ereignissen wie lokalen Bränden, Vulkanausbrüchen, Überschwemmungen u. dgl., die ebenfalls gelegentlich im Sagengut der Völker vorkommen.

Den Überblick über die bedrückenden Überlieferungen auf allen Kontinenten müssen wir angesichts der Hunderte und Aberhunderte von Flutmythen auf das Notwendigste beschränken, damit wir anhand von ausgewählten Beispielen einerseits die weltweite Verbreitung des Ereignisses und andererseits die unmittelbaren Beobachtungen über den Ablauf aufzeigen können.

Beginnen wir in Europa, das wegen der intensiven Christianisierung und der hohen Zivilisationstufe, wie schon erwähnt, nur mehr spärliche originäre Relikte des Flutmythos bietet. Diese Relikte finden sich, wie J. G. Frazer[263] gezeigt hat, vor allem im altgriechischen Mythenschatz und in der Edda sowie bei einigen Reliktvölkern wie den keltischen Walisern in Großbritannien, ferner in Litauen usw. Von den importierten Flutsagen, wie etwa denen der rumänischen Zigeuner, müssen wir absehen, da sich ihre Sintflutsage vom Alten Mann und dem Fisch inhaltlich ganz an die entsprechende altindische Legende anlehnt, also aus ihrer indischen Urheimat mitgebracht worden ist.

Auch bei dem reichen altgriechischen Mythenschatz muß man Vorsicht walten lassen, weil darin neben der weltweiten Sintflut auch noch die schreckliche Erinnerung an drei regionale Fluten des östlichen Mittelmeerraumes fortlebt, die sich wesentlich später ereignet hatten und durch andere Naturkatastrophen ausgelöst worden waren: nämlich an die Flut des Ogyges, eine gewaltige Überschwemmung Attikas, die durch den Durchbruch des Kopais-Sees in Böotien im Jahre 1796 v. Chr. verursacht wurde; an die Flut des Deukalion, die nach historischen Quellen im Jahre 1539 v. Chr. stattfand und auf eine Tsunamiwoge nach einer riesigen Explosion des Inselvulkans Santorin in der Ägäis zurückging; schließlich an die Flut des Dardanos sowie an die vielleicht damit verbundene Überflutung der Nordägäis-Insel Samothrake, die der Sage nach in jüngster Zeit erfolgt sein soll und ihre Ursache in einem Ausbruch des Schwarzen Meeres hatte. All diese Mythen, die in Griechenland die Sintfluttradition überlagern, müssen getrennt auf ihren Wahrheitsgehalt, ihre geologische Ursache und ihre altersmäßige Einstufung hin analysiert werden, was auf S. 366 ff. geschehen wird.

An die allgemeine, der Sintflut entsprechende Überschwemmung aber knüpfen in Griechenland offensichtlich die über alle Regionen und Inseln des Landes hinweg verbreiteten, in Grundzügen gleichen Sagen an, die den Streit der jeweiligen Landesgottheit mit dem Meeresgott Poseidon um den Besitz des Landes in der Urzeit schildern. Um das Land kämpfen z. B. die Göttin Here bei den Argivern, die Göttin Athene bei den Athenern, Helios in Korinth, Zeus in Ägina, Dionysos in Naxos, wiederum Helios in Rhodos usw.[264]

Da aber schon die alten Griechen selbst diese Urflut mit der Flut des Deukalion und des Ogyges vermischt hatten und erst spätere Philosophen und Historiker wie Aristoteles, Herodot, Diodor oder Apollodor die letztgenannten Flutkatastrophen als lokale Fluten abzutrennen begannen,[265] läßt sich aus diesen veränderten griechischen Mythen keine ausführliche erdwissenschaftliche Beschreibung des Sintflutablaufes selbst herausschälen. Bezeichnend für die Vermischung der Elemente in der griechischen Sagenwelt ist auch, daß der sicherlich nur auf den Sintflut-Impakt zurückgehende Weltenbrand gelegentlich und völlig unpassend auch in der deukalionischen Flutsage auftaucht,[266] aber immerhin gibt dies einen Hinweis auf die Erinnerung an Teilakte des echten Sintflutgeschehens bei den Griechen.

Erdwissenschaftlich von nur spezieller Aussagekraft ist die sehr kurz gehaltene Blutflutversion im Weltuntergangsmythos der Altgermanen in der Edda. Die Erklärung für die Rotfärbung der Fluten hier und in anderen Regionen durch den supersauren Regen mit der blutrot gefärbten, an Stickoxiden gesättigten Salpetersäure wird auf S. 212 ff. gegeben und begründet.

Wenn wir uns nun dem afrikanischen Kontinent zuwenden, so gibt es im alten Ägypten im Gegensatz zu anderslautenden früheren Meinungen sehr wohl eine ganze Reihe von Hinweisen auf die Weltflut – also auch auf dem Boden Afrikas, wo man ansonsten bei den schwarzafrikanischen Völkern und Stämmen nur sehr wenige, dazu noch in hohem Maße durch christliche Missionare beeinflußte Flutsagen findet, ein Manko, das auch die vorhandenen Flutgeschichten der Massai und Herero nicht ausgleichen können.

In Ägypten bilden die religiösen, mythologischen und geschichtlichen Szenen und Motive, die in Hieroglyphen auf Grabkammern, Tempel- und Obeliskenwänden, auf Sarkophagen, Mumienumhüllungen und Papyri in überreicher Fülle so eindrucksvoll festgehalten sind, eine wertvolle Quelle, die Jahrtausende altes Gedankengut bewahrt hat. Die auch für unsere Frage wesentlichen Grab- und Mumieninschriften, wie sie in den Totenbüchern (z.B. »Das Totenbuch der Ägypter« von Carl Richard Lepsius, 1842) vorliegen, bringen wichtige Angaben über die Flut. Häufig sind Fluthinweise in der ägyptischen Tradition auch in kosmogonischen Mythen enthalten.[267] So etwa im Mythos vom Sonnengott Ra, der von sich unter anderem verkündet »Ich bin der, der das Wasser machte und die große Flut schuf« oder in anderer Erscheinungsform als Gott Atum droht: »Ich werde alles, was ich getan habe, wieder vernichten: Diese Erde soll Wasser werden, ein Ozean durch Überschwemmung, wie sie am Anfang der Dinge waren«.[268]

In Asien begegnen wir der Sintflut zuerst in dem vom englischen Archäologen George Smith im Jahre 1873 entdeckten und entzifferten Gilgamesch-Epos aus dem Zweistromland (siehe S. 119), das den Sintflutbericht der Bibel vorwegnahm. Selbst die phantasievolle Rahmengeschichte, in die die Schilderung der Naturereignisse eingekleidet ist, findet sich darin schon, von der Warnung des Gerechten durch Gott (hier Gilgamesch bzw. in einer weiteren Version Utnapischtim als Vorbild für Noah) und dem Auftrag »baue ein Schiff … bringe Lebenssamen aller Art auf das Schiff« über den Bau der Arche und den Einzug von Tier und Mensch in diesen Kasten vor der Flut bis zur Landsuche nach der Flut durch drei Vögel und schließlich dem Anlandgehen auf dem Berg Nisir hier und dem Ararat dort und der Darbringung eines Dankopfers.[269]

Die hundertfache Analyse dieser Archengeschichte, die in der typischen Art der phantasievollen orientalischen Märchenerzähler recht wirklichkeitsfern hinzukomponiert und mit diesen ausschmückenden Elementen das Eigentliche, Wesentliche des Flutereignisses überlagert, hat für die Erkenntnis des Wesens der Sintflut nichts gebracht, obgleich gerade diese Passagen von Kirche und Wissenschaft aufs intensivste durchleuchtet, Satz um Satz und Wort um Wort gedreht und gewendet, verglichen und umgedeutet, ausgelegt und uminterpretiert worden sind (vgl. Abb. 104–105). Dabei ist aber die im Gilgamesch-Epos und mehr noch in der Bibel sehr dürftig gehaltene Darstellung des Naturereignisses viel zu kurz gekommen.

Im Gilgamesch-Epos lautet der entsprechende Absatz (11. Tafel, 108 bis 129): »Einen Tag lang wehte der Südsturm,/ eilte dreinzublasen, die Berge ins Wasser zu tauchen,/ wie ein Kampf zu überkommen die Menschen./ Nicht einer sieht den andern./ Nicht sind die Menschen erkennbar im Himmel./ Vor der Sintflut erschraken die Götter,/ sie entwichen hinauf zum Himmel des Anu –/ ... Sechs Tage und sieben Nächte/ geht weiter der Wind, die Sintflut, ebnet der Orkan das Land ein./ Wie nun der siebente Tag herbeikam, schlug plötzlich nieder der Orkan die Sintflut ...«

Das Gegenstück in der Bibel liegt in zwei voneinander abweichenden Versionen vor, zum einen der sogenannten Priesterschrift (die um 550 v. Chr. im Babylonischen Exil entstand) und zum anderen dem »jahwistischen« Bericht (nach der darin enthaltenen Schreibweise »Jahwe« für Gott). Die erstgenannte Fassung läßt in Genesis Kap. VII die Quellen der großen Tiefe aufbrechen und die Fenster des Himmels sich auftun: »Da kam die Flut vierzig Tage über die Erde. Und die Wasser nahmen zu und stiegen hoch über die Erde, daß die Arche über die Fläche des Wassers dahinfuhr [Abb. 105]. Und die Wasser stiegen noch immer höher über die Erde und bedeckten die höchsten Berge unter dem ganzen Himmel. Fünfzehn Ellen stieg das Wasser noch darüber und bedeckte so die Berge.« Aus dieser Priesterversion erfahren wir weiter, daß die Wasser 150 Tage stiegen, dann wieder fielen, so daß am ersten Tag des zehnten Monats die Spitzen der Berge sichtbar wurden und im 600. Lebensjahr Noahs, am ersten Tage des Monats, die Wasser auf der Erde versiegt waren.

In der älteren jahwistischen Fassung, die im 9./8. Jahrhundert v. Chr. verfaßt wurde, heißt es hingegen: »Die sieben Tage waren vergangen, und die Wasser der Flut kamen auf die Erde. Und es kam der Regen über das Land 40 Tage und 40 Nächte. ... Und es kam die Flut 40 Tage auf das Land ...«

Vergleicht man die beiden Versionen, so fällt der Unterschied in der Dauer der Flut auf. Im Priesterbericht steigt die Flut 150 Tage und dauert insgesamt bis zum Versiegen zwölf hebräische Mondmonate plus zehn Tage, also insgesamt 364 Tage. Im jahwistischen Bericht ist davon die Rede, daß die Regenfälle 40 Tage andauern; da Noah bis zum Abschwellen noch drei Wochen in der Arche bleibt, ergibt sich hier eine Gesamtdauer von 61 Tagen.[270]

In der wesentlich älteren Fassung des gleichen Themas im Gilgamesch-Epos wird hingegen nur von sechs Tagen und sieben Nächten berichtet, die die Flut dauerte, und daß sie am siebenten Tage aufhörte, und sich nach weiteren sieben Tagen das Wasser wieder verlief. Wenn man die Vielzahl von Mythen verschiedenster Völker vergleicht, ist dieser babylonischen, älteren Version klar der Vorzug zu geben, weil die meisten der übrigen Überlieferungen eine Dauer von Flut, Sturzregen und Dunkelheit in der Größenordnung von einer Woche plus/minus zwei bis drei Tage nennen.

Verweilen wir noch bei den asiatischen Altkulturen und ihren Flutmythen. Zahlreich sind die altindischen Fluttraditionen in der Sanskrit-Literatur der Satapatha Brâhmana, Mahâbhârata und Puranas, die seit dem 6. Jh. v. Chr. nach langer mündlicher Tradition im oberen Ganges- und Industal aufgeschrieben worden sind (siehe S. 114). Der naturwissenschaftliche Kern dieser Mythen beschreibt Sintbrand und Sintflut durch Meeresflut und Regenflut aus den Weltuntergangswolken sowie einen tobenden Sturm. Um diesen Kern rankt sich in allen Sagen in recht ähnlicher Art die sogenannte »Geschichte vom Fisch«, in der der Gott Vishnu in Gestalt eines gigantisch anwachsenden Fisches den gerechten Menschen rettet.

Keineswegs so ergiebig an Flutsagen zeigt sich die Tradition der ältesten Kultur im Osten des asiatischen Kontinents, in China. Die Berichte dort gehen sogar so weit, daß der arabische Weltreisende Ibn-Wahab bei einem Besuch in China im 9. Jh. n. Chr. in einer Audienz beim Kaiser von diesem lächelnd belehrt worden sein soll, die Sintflutüberlieferung sei zwar richtig, was die Region seiner Heimat betreffe, aber China habe die Flut nicht erreicht.[271]

Die Armut an eigenständigen chinesischen Flutberichten hat jedoch einen ganz banalen konkreten Grund: Der eitle chinesische Kaiser Cheng Shih Huang-ti ließ im Jahre 213 v. Chr. alle chinesischen Bücher, deren er habhaft werden konnte, verbrennen, um allen Ruhm der großen Taten früherer Kaiser zu vernichten. Dies gelang ihm perfekt. Zusammen mit einer ähnlichen, ganz der chinesischen Mentalität entsprechenden Zerstörungsaktion des Ministers und Historiographen Thsan-Ke des »Gelben Kaisers« Huang-ti um das Jahr 2650 v. Chr. führte dies dazu, daß die uralte chinesische Hochkultur gerade aus ihrer ältesten Zeit nur wenige Bruchstücke an Überlieferungen besitzt.[272]

Nun ist es zwar nicht so, daß China keine Flutsagen hätte, aber viele berichten lediglich über Regenfluten. Da die sicheren Anzeichen für ein

Impaktgeschehen wie Beben, Weltenbrand, Weltnacht, Meeresflutwoge usw. in solchen Berichten fehlen, wird man bei den meisten dieser Sagen nur an große lokale Fluten denken. So fällt die berühmteste große Flut Chinas laut dem Shu-ching (»Buch der Schriften«), einem aus dem 6. Jh. v. Chr. stammenden chinesischen Geschichtswerk, in die Zeit des mythischen Kaisers Yao. Einerseits hat nach der Sage diese »ungeheure Flutwelle alle neun Teile der Welt überschwemmt, setzte selbst die höchsten Gebirge unter Wasser und ertränkte alle Menschen«[273], andererseits soll dieser Urkaiser Chinas im 24. Jahrhundert geherrscht haben. Dann wäre diese Flut doch nur eine der zahlreichen großen Überschwemmungen des Gelben Flusses, wie J. G. Frazer vermutete,[274] und keine Weltenflut. Es ist hier aber sicherlich genauso wie im Falle Mesopotamiens und Griechenlands, daß sich auch in der chinesischen Altkultur Elemente von der Urflut mit solchen einer jüngeren Regionalflut vermischen und das Erinnerungsbild auf diese Weise verschwommen wird, wie schon A. Stentzel zu Recht vermutet hat.[275]

Auch die beiden anderen markanten Flutsagen Chinas lassen erahnen, daß sich Lokalereignis und Urfluterinnerung überlagern. So in der Sage des Bergvolkes Jau-dze in Südkanton, wonach das Wasser so hoch stieg, daß die höchsten Berge dem Meer glichen. [276]

Die am häufigsten verbreitete Sintflutsage kennt Kung Kung als Urflutdämon in der Gestalt des schwarzen Drachen als Verursacher. Kung Kung, dessen Name »Urflut-Gott« bedeutet, gilt als Satan der Protochinesen, als »Entfessler der Urflut und Widersacher des herrschenden Gottes«.[277] Der chinesische Schöpfungsmythos Yao-Shun-tien schildert die Sintflut, die von diesem Herrscher der Finsternis, des Höllenreiches des Todes, verursacht wird, wie folgt: Bei seinem Kampf um den Himmelsthron rannte Kung Kung voller Wut den Pu-chou-Berg um. Der Himmelspfeiler brach, der Himmel senkte sich nach Nordwesten herab. Daraufhin »überschwemmten ungeheure Fluten alles, und die Regengüsse hörten nicht auf«.[278] »Weithin wogend verursacht Schaden die Urflut, weithin wogend umschließt sie Berge, umhüllt die Höhen, uferlos strömend quillt sie zum Himmel empor ... [Jangtse-]Kiang und Huai-Fluß flossen ineinander, die vier Meere dehnten sich ins Uferlose aus. Das Menschenvolk stieg zum Himmel empor, flüchtete sich in die Bäume.« Vom Aussehen des schwarzen Drachen werden der Schlangenleib und das rote (flammende) Haar hervorgehoben.[279]

Diese chinesischen Überlieferungen mit all ihren typischen Impaktmerkmalen beweisen bereits hinreichend die Auswirkungen einer impaktbedingten Sintflut auch für China, aber unsere Entdeckung des Impaktmotivs auf zahllosen chinesischen Darstellungen mit dem Drachensymbol (siehe S. 115) ist eine wichtige zusätzliche Bestätigung für die Annahme, daß sich im Blickfeld der chinesischen Augenzeugen ein Teilimpakt ereignet hat – nämlich der Einschlag im Südchinesischen Meer, den diese Zeugen von den hohen Gebirgsketten Südyünnans, wenigstens vor der Flutwelle geschützt, beobachten konnten.

Wenn wir uns von den antiken Überlieferungen den Flutsagen zuwenden, die noch heute im Volk zirkulieren, dann ist der gesamte asiatische Kontinent überreich an solchen Traditionen: Von den Wogulen in Nordwestsibirien bis Kamtschatka im Osten, von den Mongolen im zentralen Teil bis zu den Arabern im Südwesten und von den Indern über Birma, Vietnam, Malaysia und weiter über Sumatra, Borneo und Neuguinea bis nach Ozeanien reicht eine breite Palette phantasiereich ausgeschmückter Sintflutsagen, in denen immer zum Ausdruck kommt, daß dieses Geschehen im Leben der Völker eine Bedeutung hat, die die Auswirkungen von lokalen Ereignissen weit übersteigt. Die Gemeinsamkeit dieser Urflutsagen zeigt sich auch in einem recht ähnlichen gedanklichen Überbau, der meist originelle Ideen über eine Rettungs- und Überlebensmöglichkeit nach dieser Weltkatastrophe entwickelt.

In Australien war der Süden aufgrund der Nähe des Einschlages nicht nur vom Feuerregen, sondern auch von der Flut extrem stark betroffen. Die Narrinyeri, Aborigines in Victoria, erinnern sich: »Da erhob sich eine entsetzliche Flut, die wild über die Hügel heranstürmte, warf die Fliehenden nieder und ertränkte sie.«[280]

Den Aussagen, die die Mythen auf den Inseln Ozeaniens über die Höhe der großen Flut machen, darf nicht viel Beweiskraft zugeschrieben werden, weil in vielen Fällen die Besiedlung erst später erfolgte und daher die Sagen mitgebracht sind. Bei den über den ganzen Pazifik verbreiteten Weltflutsagen schwankt die Angabe über die Fluthöhe zwischen »bis unter die Gipfel« und »bis über die Gipfel«. Lediglich die Inselgruppen im Südwestpazifik, im Bereich Neuguinea, Bismarck-Archipel und Salomoninseln, waren bereits knapp vor dem Sintflutereignis besiedelt gewesen.

Besonders reich an Flutsagen ist der gesamte Raum von Amerika. Die Eigenheit der Indianersagen liegt darin, daß sie einerseits das Naturereignis der Flut genau schildern, andererseits immer reich sind an phantasievollen Ausschmückungen, in denen stets Tiere wie Schlange (Symbol für den Komet als Unheilbringer), Schildkröte (Symbol für festes Land), Biber, Fischotter, Bisamratte, Ente (alle erdholende Taucher bei der Sintflut), Bär, Rabe, Wolf usw. die Hauptrollen spielen. Die Herkunft der Wassermassen, ob sie vom steigenden Ozean oder von Sturzfluten stammen, wird fast immer angegeben. Außerdem ist auf diesem Kontinent die Zuordnung der Flutsagen zur Urflut, der Sintflut, einfach, da sehr häufig auch weitere Elemente des Impaktgeschehens, bis zu Sintbrand und Sintfrost, erwähnt werden.

Einige bezeichnende Beispiele aus dem reichhaltigen indianischen Sagenschatz mögen einen Eindruck geben vom Grundphänomen der Sintflut, nämlich der Flutwoge und ihren Auswirkungen. Auch in dieser Hinsicht finden wir bei den Eskimos eine unbelastete Beschreibung des Naturereignisses, ohne die sonst übliche Schuldzuweisungsformel. Die Zentraleskimos schildern den Flutvorgang wie folgt: »Vor langer Zeit begann einmal der Ozean plötzlich zu steigen, bis er das ganze Land bedeckt hatte. Das Wasser floß über die Gipfel der Berge, und das Eis trieb über sie hinweg. Als die Flut sich dann zurückzog, strandete das Eis und bildete überall auf den Gipfeln der Berge Eishauben.«[281]

Aus den Erzählungen der Pawnee- und Wichita-Indianer geht hervor, daß die Meeresflut über das Tiefland des Westteiles des Kanadischen Schildes in südlicher Richtung einbrach: »Das Wasser kam von Nordwesten her über die Erde.« Außerdem sah man vor dem schrecklichen Ereignis »Vögel und Tiere von Norden her nach Süden ziehen«.[282]

Einen schauerlichen Erlebnisbericht über das Hereinbrechen der vom Ozean heranrollenden Flutwelle haben die Navajo-Indianer Kaliforniens in zwei Versionen überliefert:

1. »Endlich ereignete es sich eines Morgens, als sie aufstanden, daß im Osten etwas erschien, ebenso im Süden, Norden, Westen; es war wie eine Bergwand ohne Lücke, das sich rings um sie ausdehnte. Es war Wasser, was sich um sie herum befand, es war undurchschreitbar, unüberfahrbar, und alles flüchtete. Sie liefen im Kreise herum bis dahin, wo sie den Himmel erreichten …«

2. »Eines Tages sahen die Menschen, wie die Tiere alle von Ost nach West rennen, tagelang. Am vierten Tage, als das Tageslicht sich erhob, sahen die Menschen im Osten einen starken, weißen Glanz, und sie senden Heuschrecken aus als Läufer, die zusehen sollen, was da los ist. Diese kommen vor der Nacht zurück und berichten, daß eine gewaltige Wasserflut herannaht. Die Menschen versammeln sich und beklagen ihr Schicksal. Am anderen Morgen ist die Flut da, wie ein Gebirge den ganzen Horizont, außer im Westen einnehmend …«[283]

Fast noch erschütternder ist die Erzählung bei den Choctaw-Indianern

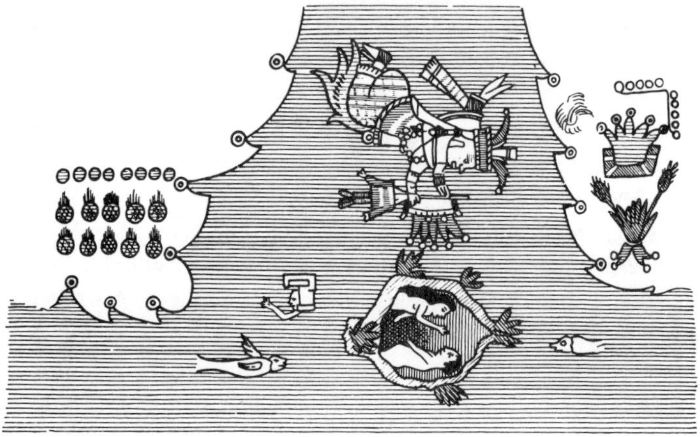

Abb. 48: Die Sintflut in den Mythen der Azteken. – Codex Vaticanus Nr. 3738, Fol. 4 verso.

im Oklahoma-Mississippi-Gebiet im Südosten Nordamerikas: »Da gab es eine vollständige Dunkelheit für lange Zeit über der ganzen Erde. Die Zauberer der Choctaw schauten lange Zeit nach dem Tageslicht aus, bis sie endlich daran verzweifelten, es jemals wieder zu sehen. Und die ganze Nation war sehr unglücklich. Zuletzt wurde ein Licht im Norden entdeckt, und es wurde ein großes Freudenfest begangen, bis man entdeckte, daß es große Berge anrollender Wogen waren, die die Leute alle umbrachten ...«[284]

Auch bei den Pima wird dieser erschreckende Anblick der Flutwelle geschildert: »Da geschah in einem Augenblick ein fürchterlicher Donner und ein schreckliches Krachen, ein grüner Wasserhügel erhob sich über der Ebene. Eine Sekunde lang schien er aufrecht zu stehen, dann wurde er durch einen grellen Blitzstrahl gespalten und wälzte sich vorwärts wie ein großes Tier, der Hütte des Propheten [der vor dem Kommen der Sintflut vergeblich gewarnt hat] entgegen. Als der Morgen anbrach, war nichts Lebendiges mehr zu sehen, außer einem einzigen Menschen – wenn es überhaupt ein Mensch war ...«[285]

Die Peruaner beschreiben ebenfalls das fürchterliche Getöse, das den Einbruch der Ozeanflutwelle ins Landesinnere begleitete.[286]

In den aztekischen Texten finden wir im Codex Vaticanus[287] das Flutereignis als letzten, vierten Akt des Weltuntergangsszenarios nach Sintnacht, Sintsturm und Sintbrand – also in der richtigen Reihenfolge – bildlich dargestellt (Abb. 48). Dieser Akt steht im Zeichen der Wassergöttin Chalciuitlicue; die davon betroffenen Menschen werden in Fische verwandelt, wie die Abbildung zeigt.

Bei der Interpretation der Darstellung des Flutphänomens in den Weltfluttraditionen gibt es keine Probleme, wo das Flutgeschehen von weiteren Impaktmerkmalen begleitet ist. Selbst wenn wir uns auf solche Sagen beschränken, um eine sichere Basis für unsere Theorie zu haben, ist auch dieser Anteil am Legendenschatz in so reichem Maß über alle Kontinente verteilt, daß heute keinerlei Zweifel mehr an der weltweiten Erstreckung des Ereignisses »Sintflut« möglich ist.

Wenn man die Einzelaussagen der Augenzeugen zusammenfügt, erhält man Informationen darüber, wie das Heranrollen der Meeresflutwoge im einzelnen vor sich ging. Sie drang z.B. am Kanadischen Schild nach mehreren Aussagen der Indianer von Norden her, d.h. vom Nördlichen Eismeer, in das Landesinnere ein und bewegte sich südwärts; dabei war sie mit gewaltigen Eisschollen beladen, die beim Rückzug der Fluten im Bergland liegenblieben. Die Indianer der Küstenkordillere Nordamerikas berichten – je nachdem, wo sie damals lebten –, daß die vom Pazifik herrollende Flut entweder die Kammregion der hohen Bergketten verschonte oder daß sie über das Felsengebirge – vermutlich in Depressionszonen des Gebirgskammes – hinwegspülte. Aufgrund der vielen Überlieferungen kann kein Zweifel daran bestehen, daß die vom Pazifik herkommende Flutwelle, die sich ja beim Anbranden auf das Festland bis zur zehnfachen Höhe der Entfaltung auf dem offenen Meer auftürmte, tatsächlich das nordamerikanische Kordillerengebirge auf breiter Front überschritten hat.

Wir erfahren aus diesen Berichten, wie hoch die heranrasende Flutwelle im Landesinneren Nordamerikas war und wie sie aussah: eine mit Donnergetöse in der ganzen Breite des Horizontes heranstürmende berghohe, geschlossene Wasserwand, die alles vernichtete und im Halbdunkel der Impaktnacht silbern aufblitzte.

Vergegenwärtigen wir uns kurz den Ablauf des geologischen Ereignisses der Flut, das den Hintergrund dieser Überlieferung bildet. Zwei verschiedene Gesichtspunkte sind dabei zu beachten:

Der Gesamtimpakt bestand aus mehreren großen Einschlägen (siehe S. 135), so daß Flutwellen verschiedener Stärke von mehreren Zentren ausliefen. Außerdem haben wir bei jedem Einschlag mit zwei unabhängig voneinander erzeugten gewaltigen Flutwellen zu rechnen; hinzu kommen noch weitere, schwächere Nachläufer, die entstanden, als die Wogen an den Gegenküsten der Ozeane zurückgeworfen wurden. Diese zwei jeweils gigantischen Flutwellen sind zum einen die vom Einschlagspunkt mit einer Geschwindigkeit von mehr als 10 km/min ausgehende Flutwelle selbst, also der Impakt-Tsunami, und zum anderen die mit den Einschlägen weltweit fast gleichzeitig ausgelöste Bebenflut, also der Impaktbeben-Tsunami. In den an den Indischen Ozean angrenzenden Ländern, im Wirkungsbereich des Einschlages im zentralen Indik, kamen diese beiden Flutwellen mit nur so geringer Zeitdifferenz an, daß dieser Unterschied von den Betroffenen angesichts der allgemeinen Katastrophe nicht registriert wurde. Deshalb finden wir in den Mythen des Nahen Ostens und Südasiens keinen Hinweis auf zeitlich getrennte Flutwellen.

In Regionen, die im Einflußbereich von mehreren Einschlagzentren lagen, machte sich der Zeitunterschied beim Eintreffen der Flutwellen jedoch bereits stark bemerkbar – so etwa entlang der Westküste Amerikas. Erfahrungswerte über die Fortpflanzungsgeschwindigkeit von Flutwellen, die bei Atombombenversuchen im Pazifik entstanden (10–14 km/min.), oder über die Zeit, die die großen Bebentsunamis von südamerikanischen Herden schräg über den Pazifik bis Japan benötigen (24 Stunden), zeigen (Abb. 13), daß wir bis zur Ankunft der Impaktwoge aus dem Südpazifik und dem Südchinesischen Meer an der amerikanischen Westküste mit einer ähnlichen Zeitspanne zu rechnen haben und daß der Tsunami vom Einschlag im Indischen Ozean doppelt so lange bis zur Ankunft in Amerika brauchte – wobei er sich auf dem langen Weg stark abschwächte. Dennoch bedeutet dies, daß wir in Amerika tatsächlich mehrere getrennte Flutwellen annehmen müssen, von denen die Flutwoge, die zuerst eintraf, auf das Impakt-Weltenbeben zurückging.

Der Hinweis verschiedener indianischer Überlieferungen in Nordamerika (siehe S. 126) auf zwei, ja auf vier Flutwellen, die nacheinander erfolgten, bezieht sich vermutlich auf die oben geschilderten Gegebenheiten, auch wenn die Zeit dazwischen in ihren Berichten gelegentlich von Tagen und Stunden auf »einen halben Monat später« oder sogar auf »viele hundert Jahre später« angewachsen ist. Ob sich in dem Schwarm der Kometenfragmente nicht auch ein Nachläufer befand, der sich vielleicht schon bei einem früheren Umlauf abgespalten hatte und wesentlich später niederging, bleibt dahingestellt (siehe S. 130 f.).

Die Frage, ob die Wassermasse, die der Komet selbst mitbrachte, einen nennenswerten weltweiten Anstieg des Meeresspiegels bewirkte, läßt sich eindeutig verneinen. In Anbetracht des Durchmessers des Kometenkopfes von wenigen Kilometern (siehe S. 124) und seines Aufbaues, d.h.

des lockeren, mit Hohlräumen durchsetzten Eisanteiles – bei einer vermutlich unter 1 g/cm^3 liegenden Dichte – ist die aus dem Kosmos eingeführte Wassermenge im Vergleich zur riesigen Oberfläche der Weltmeere, nämlich 361 Millionen km^2, vernachlässigbar klein, so daß dies nur eine Erhöhung des Meeresspiegels um den winzigen Bruchteil eines Millimeters bedeuten würde.

Die Frage, zu welcher Jahres- und Tageszeit sich die Sintflut ereignet hat und wie lange sie dauerte, und die Belege für die absolute Datierung vor neuneinhalb Jahrtausenden werden in einem eigenen Abschnitt auf S. 248 ff. abgehandelt.

7. Die Impaktnacht

In vielen Sintflutberichten wird die nachhaltige Verfinsterung der Sonne, die anhaltende Nacht, die lange Dunkelheit als tief beunruhigend geschildert; sie trug dazu bei, daß das apokalyptische Geschehen einschließlich der heranrasenden Flutwelle noch bedrückender wurde.

Das Motiv der ständigen Nacht ist in vielen Berichten aus Europa (z. B. Ragnarök der Edda) und Asien von Nordsibirien (Wogulen) über Zentralasien (Zend-Avesta der Perser) und Vorderasien (Gilgamesch-Epos) bis hinüber zur Malaiischen Halbinsel[288] enthalten, ferner aus dem pazifischen Raum von Polynesien bis Hawaii[289] sowie vom gesamten amerikanischen Kontinent – im Norden z.B. bei den Choctaw- und Apalachen-Indianern, in der Mitte im mexikanischen Codex Chimalpopoca, im Popol Vuh der Quiché usw. und im Süden bei den Muratos in Ecuador, in den peruanischen Sagen usw.[290]

Die enge Verknüpfung der anhaltenden Nacht mit den übrigen typischen Impakterscheinungen findet man überall. Als ein Beispiel dafür zitieren wir die Darstellung aus Gylfaginning in Snorri Sturlusons Edda: »Dann ereignete sich etwas Außerordentliches: der Wolf verschlingt die Sonne, und die Menschen finden, daß dies gefährlich sei. Dann ergreift [verschlingt] der andere Wolf den Mond und verursacht damit ebenso großen Schaden. Die Sterne verschwinden vom Himmel. Dann ereignet es sich, daß die Erde und die Felsen so beben, daß die Bäume aus der Erde herausgerissen werden und die Felsen krachend zusammenstürzen und alle Fesseln und Bande brechen und zerreißen. Da wird der Fenrisúlfr [Fenriswolf] los. Da überflutet das Meer das Land, weil sich der Midgardzormr [Midgardschlange] im Riesenzorn bewegt und sich an Land begibt. ... Der Midgardzormr speit so [viel] Gift aus, daß er Luft und Wasser bespritzt, und er ist außerordentlich furchterregend ...«[291]

Es gibt regionale Unterschiede in der Intensität der Dunkelheit. Manche Berichte sprechen von »vollständiger Dunkelheit« (Choctaw in Nordamerika), bei der es »während der ganzen Zeit der Flut dunkel wie in der Nacht« war (Mutatos in Ecuador); »alles Helle wird in Finsternis verwandelt. Nicht sieht mehr einer den anderen« (Gilgamesch-Epos in Babylonien), »Sonne, Mond und Sterne waren ausgelöscht, und es herrschte Finsternis in hohem Maße« (Bewohner Kelantans auf der Malaiischen Halbinsel). In anderen Regionen dagegen, wie in Persien, verkündet das heilige Buch Zend-Avesta zwar: »Der Tag wandelte sich in Nacht, die Sterne schwanden«, aber »nur Sonne und Mond konnte man am Himmel sehen«.[292]

Wird eine Dauer der langen Nacht angegeben und nicht nur von »Dunkelheit für lange Zeit« gesprochen, dann gilt ganz allgemein, daß die Dunkelheit der Flutdauer gleichgesetzt wird, also ebenso wie jene etwa zwischen fünf und sieben Tagen lang war. Die Sagen über eine Finsterniskatastrophe enthalten stets auch weitere typische Elemente des Sintflutgeschehens. So soll z.B. nach einer Legende der Lakher in Assam die sieben Tage lang verfinsterte Sonne von einem Hund gefressen worden sein, wonach im Anschluß an die große Finsternis die Sintflut eintrat.[293] Wenn phantastische Werte für die Dauer der Flut genannt werden, wie etwa bei den Mexikanern mit ihren 52 Jahren Sintflut, sind auch die Angaben für die Dauer der permanenten Nacht mit 25 Jahren nicht zimperlich.[294]

Für die Dauer der Impaktnacht nach dem Endkreide-Einschlag gibt es gut fundierte Berechnungen, die auf einen Wert von zwei oder mehreren Monaten Dunkelheit kommen (siehe S. 57 f.). Im Vergleich dazu ist die Dauer der Sintflut-Impaktnacht mit einer Woche oder noch weniger recht kurz – trotz der großen Wirkung und des großen Streufeldes des Impaktes. Es besteht allerdings kein Zweifel daran, daß auf diese relativ kurze Impaktnacht noch eine Impaktdämmerung folgte, die sich lange hinzog (siehe S. 200 f.).

Der Grund für die Kürze der Impaktnacht muß im spezifischen Unterschied eines Kometenimpaktes gegenüber einem Asteroidenimpakt zu finden sein, der ja – wie man aufgrund des hohen Iridium-Fallouts weiß – im Falle des Dinosaurier-Impaktes der Verursacher gewesen ist. Einer der Hauptunterschiede bei diesen beiden Impaktorentypen liegt bekanntlich im hohen Wassereisgehalt von Kometen. Auch wenn die Wassermasse, die ein solcher Komet mitführt, viel zu klein ist, um das Volumen des irdischen Ozeans in nennenswertem Maße zu erhöhen, so ist sie doch von großer Bedeutung für die Wassermenge, die am Aufschlagsort zur Verfügung steht, um die Atmosphäre anzureichern, insbesondere dann, wenn ein solcher Komet in marinen Untiefen, im Schelfbereich oder gar auf dem Festland niedergeht.

Beim Sintflut-Impakt muß diese Eigenheit im Zusammenhang mit der kurzen Impaktnacht berücksichtigt werden. Offenbar wurde ein beträchtlicher Teil des hochgeschleuderten feinen Gesteinsstaubes, des Rußes und des Rauches aufgrund des hohen Wasseranteiles des Impaktors sehr rasch ausgeregnet. Es standen ja enorme Wassermassen zur Verfügung, weil einerseits mehrere Einschlagspunkte im tiefen Ozean lagen und andererseits die Kometenfragmente selbst große Wassermengen in eisförmigem Zustand mitführten. Das Ergebnis waren sehr spezielle und übermäßige Formen von Niederschlägen wie Schmutzregen, weltweiten Regen mit tassen- bis wigwamgroßen Wasserkubaturen, weltweiten Heißwasser-Sturzmassen usw., die wir auf S. 205 ff. näher beschreiben. Darauf beruht wohl auch die rasche Reinigung besonders der unteren Schicht der Atmosphäre – ganz anders als beim Endkreide-Impakt.

Daß aber nach dieser nur rund einwöchigen Impaktnacht in den höheren Zonen der Atmosphäre trotzdem noch beträchtliche Impaktstaubmassen und große Eiswolken über einen längeren Zeitraum hinweg zirkulierten und ein gewisses Zwielicht verursachten, geht aus den zahllosen Berichten über den langen nachfolgenden Sintfrost mit seiner unbegreiflichen Schneeflut in den höheren Breiten und in Gebirgsregionen hervor (siehe S. 201). Das hätte eine einwöchige Impaktnacht – an die wir aufgrund unserer Hochschätzung der Traditionen jedoch glauben wollen – allein nicht bewirken können.

Aus der Tatsache, daß nach einem Einschlag eine Impaktnacht auftritt, kann man auch gewisse Rückschlüsse auf die Größe des Impaktors ziehen. Laut N. G. Barlow[295] muß ein Asteroid mindestens einen Durchmesser von 3 km besitzen, um eine weltweite Finsternis zu verursachen. Deshalb muß auch der Sintflut-Komet eine beachtliche Größe gehabt haben.

Eine sehr gute Vorstellung davon, wie diese Impaktnacht aussah und mit welcher Geschwindigkeit sie sich über den Planeten ausbreitete, vermittelt die Computer-Simulation dieses Vorganges durch Curt Covey und seine Mitarbeiter vom Lawrence-Livermore-Labor in Kalifornien.[296] Abb. 49 zeigt die Ausbreitung und die Stärke der Staubwolke (und damit das Ausmaß der Lichtabsorption), die sogar bei einem kleinen Impakt

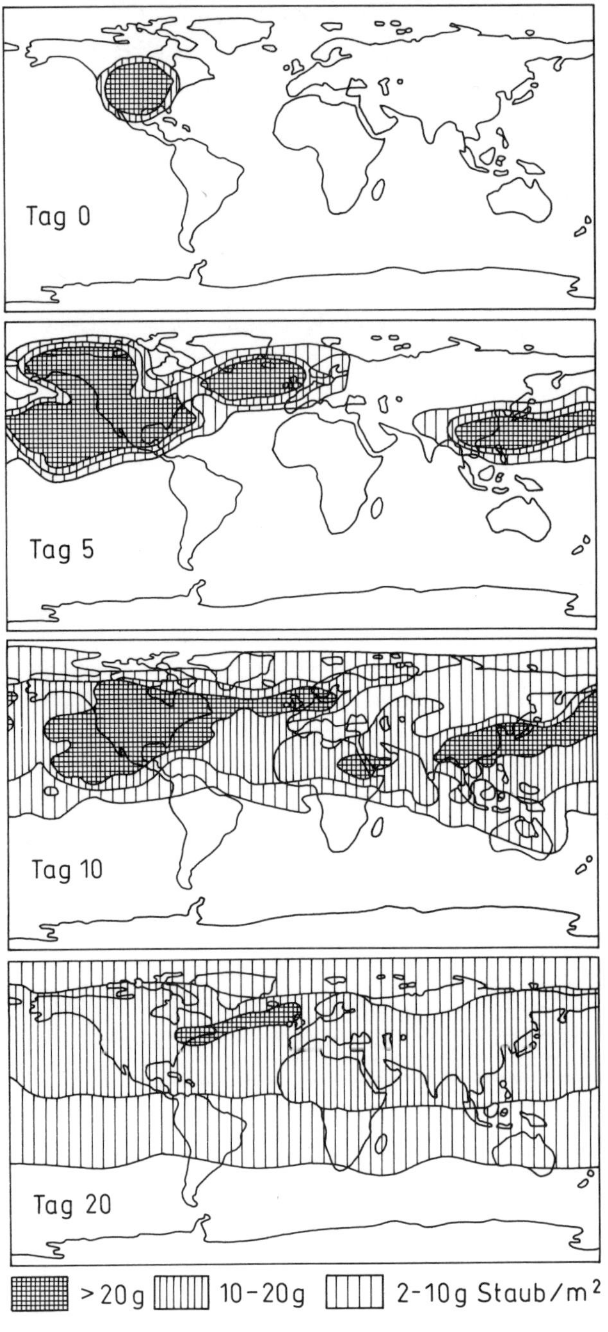

Abb. 49: Die Geschwindigkeit, mit der sich der Staub und damit die Impaktnacht ausbreitet, berechnet für die Annahme eines kleinen Impaktes in Nordamerika. Die Staubmenge von 2 g/m² führt – beim Stand der Sonne im Zenit – dazu, daß die Hälfte des einfallenden Lichtes absorbiert wird. – Nach C. Covey u. a. 1990.

innerhalb weniger Tage die Erde umrundet. Bei dem turbulenten atmosphärischen Geschehen des großen Kometen-Impaktes zur Zeit der Sintflut, als an mehreren Stellen gleichzeitig riesige Mengen von Wasser, Staub und Rauch in die Atmosphäre gelangten, dürfte die Ausbreitung der Impaktnacht erheblich schneller vor sich gegangen sein. Dies bezeugen auch die obigen Berichte, daß in Amerika vielerorts die Flutwelle erst nach dem Einbruch der Impaktnacht über den Kontinent raste.

Von Interesse ist ebenfalls, daß ausnahmsweise auch Einzelheiten überliefert worden sind, wie die Impaktnacht voranschritt. So enthält die Zusammenfassung des Geschehens, die in die Offenbarung Johannes' eingekleidet ist (siehe S. 440), den Hinweis, daß bei jedem weiteren Teilereignis (= Teilimpakt) Sonne, Mond und Gestirne stufenweise ihre Leuchtkraft verloren und Tag und ebenso Nacht immer dunkler wurden.

8. Der Impaktwinter

Belege dafür, daß der Einschlag des Sintflut-Kometen einen Impaktwinter auslöste, geben uns die vielen Berichte von Völkern der höheren Breiten und der Gebirgsregionen, wo aufgrund des raschen weltweiten Temperaturrückganges statt Flutregen eine gewaltige Schneeflut niederging. Betrachten wir zunächst diese Schneeflut im Lichte der Augenzeugenberichte.

Für Nordeuropa berichtet die nördliche Version der Edda, die sogenannte »Kleine Völuspá«, in Strophe 42 der Skamma: »Das Meer erhebt sich durch Sturmstöße bis zum Himmel selbst, es überkommt das Land, die Luft entweicht, daher kommen Schneemassen [snióvar] und heftige Winde.«[297] Ausführlicher wird der mit dem Weltuntergang verbundene »Fimbulvetr« oder »Riesenwinter« in den Götterliedern der Edda, den Ragnarök (»Endschicksal der Götter«), beschreiben[298]: »Bedeutendes und viel ist davon [von der Ragnarök] zu sagen. Dies zunächst, daß der Fimbulvetr kommt; da herrscht Schneetreiben aus allen Himmelsrichtungen, der Frost ist dann groß, und die Winde sind scharf. Und die Sonne scheint nicht. Es handelt sich um drei Winter hintereinander ohne einen Sommer dazwischen. Dieser Fimbulwinter bedroht alles Leben auf Erden; bloß zwei Menschen, Lif und Lifthrasis, bleiben am Leben.«[299]

Aus Südeuropa, genauer aus Griechenland, wissen wir von Aristoteles (384–322 v. Chr.), nämlich aus seiner »Meteorologica«,[300] daß bei den sich in großen Abständen wiederholenden Weltkatastrophen ein »Großer Winter« einzieht, den er »kataklysmos« nennt, und daß auch das Gegenstück, der »Große Sommer« mit dem Weltenbrand, von ihm als »ekpyrosis« bezeichnet, die Welt ins Verderben stürzt.

Wie zu erwarten, fehlt es auch in den nordasiatischen Sagen nicht an Sintfrostberichten. Bei den Wogulen in Nordwestsibirien stürzt im Zuge der Weltflut plötzlich eine Schneewolke herab.[301] Die Tschuktschen auf ihrer Halbinsel an der Beringstraße in Nordostasien wissen über die Wetterkatastrophe durch den großen Schneesturm: »Mit der Zeit wurden die Menschen sehr böse. Da ließ der Gute Geist einen furchtbaren Schneesturm über das bis dahin unzerteilte Land kommen. Der Sturmwind tötete nicht nur die meisten Menschen und zerstreute die anderen weithin, sondern zerriß auch das Land und warf es auseinander.«[302]

Aus den südlichen Gebieten Asiens weiß der Zend-Avesta der alten Perser zu berichten, daß der feurige Drache mit dem sich über den ganzen Tierkreis hinziehenden Schweif, der zunächst die versengende Flut gebracht hatte, nach deren Ende, seiner Niederlage und seinem Rückzug in die Erde noch immer keine Ruhe gab: »Von hier aus sandte er noch Plagen aller Art über die Erde. Es kam alsbald eine rauhe Winterszeit, die anfangs nur fünf Monate, doch allmählich wachsend, bald zehn Monate anhielt, und nur zwei blieben für den Sommer. Da konnte das Land seine Bewohner nicht mehr ernähren, und sie zogen in die südlichen Ebenen hinab.«[303] Für diesen Weltuntergang machte man aber auch den schrecklichen »Malkôsh-Winter« des bösen Zauberers Malkôsh verantwortlich.[304] Aus dieser Schilderung geht hervor, daß der rauhe Winter nicht nur einmal zuschlug, sondern längere Zeit so ausgedehnte Winter herrschten.

In Nordamerika finden wir Berichte von der großen Schneeflut innerhalb der Sintflutmythen bezeichnenderweise wiederum in der Nordregion. Die östlichen Athapasken, die Chipewyan, erzählen: »Einmal während eines Winters geschah etwas Absonderliches: Es fiel derart viel Schnee, daß die Erde damit wie begraben war und nur die Wipfel der höchsten Tannen hervorragten. Das war nicht zum Aushalten… auf der Erde, die der reine Eisklumpen war, starb man vor Kälte und Hunger.«[305] Daß es sich dabei um eine Beschreibung des Impaktwinters handelt, geht aus der Fortsetzung der Sage hervor, die die lange Nacht, die Hitze und die Überschwemmung des Felsengebirges »über die höchsten Gipfel hinweg« schildert.

Die Ojibwa, ein Stamm der Zentralalgonkin, berichten über diesen einmalig harten Winter: »Es wurde ein Winter, wie man ihn noch nicht erlebt hatte. Der Schnee lag haushoch in den Wäldern und auf den Prärien, und alle Flüsse und Bäche froren dermaßen zu, daß es schwer war, das nötige Trinkwasser zu erlangen.«[306] Auch bei anderen Stämmen dieser im Norden beheimateten Algonkin, wie den Säcke- und Cheyenne-Indianern, findet sich das Motiv dieses extremen, alles erfrierenden Winters in den Flutsagen wieder.

Erwartungsgemäß begegnet man bei den Eskimo-Sintflutsagen dem Sintfrost-Phänomen. Der Polarforscher Nansen vermittelte uns eine typische einschlägige Flutsage der Eskimos: »Da ihm da droben die Menschen auf ihr [der Erde] nicht gefielen, zerstörte er die Erde. Sie barst. Die Menschen fielen in die Spalten und wurden »Ignerssuit« [großes Feuer]. Das Wasser überströmte alles. Als die Erde wieder erstand, war sie völlig bedeckt von einem Eisgletscher. Dieser verschwand allmählich, und vom Himmel fielen zwei Menschen herab, von denen die Erde bevölkert wurde.«[307]

Ähnlich wie bei den nördlichsten Bewohnern Amerikas erwarten wir bei den südlichsten Indianern, in Südamerika, Berichte über den Sintfrost. Und dort, in den hohen südlichen Breiten, finden wir auch das Gegenstück dazu. M. Gusinde und W. Koppers haben uns die Sagen der Urbevölkerung von Feuerland vermittelt. Am eindrucksvollsten ist die »Geschichte von der empfindlichen Brillenibis-Frau«, die der Völkerkundler Martin Gusinde bei den Yámana aufgezeichnet hat:[308] »Es war in alter Zeit. Wieder einmal nahte der Frühling. Da schaute ein Mann aus seiner Hütte hinaus und sah, wie eine Löchuwa (= [Láxuwa] Brillenibis, Theristicus melanopsis) soeben über seine Hütte hinwegflog. Darüber freute sich der Mann gar sehr und schrie zu den anderen Hütten hinüber: ›Eine Löchuwa-Frau fliegt soeben über meine Hütte hinweg. Schaut her!‹ Als die anderen Leute das hörten, stürzten sie aus ihren Hütten hinaus und schrien laut: ›Nun ist der Frühling wieder da. Schon fliegen die Brillen-ibisse!‹ Sie hüpften vor Freude und unterhielten sich laut.

Die Ibis-Frau ist aber sehr zartfühlend und empfindlich, sie will besonders vornehm behandelt werden. Als nun jene Männer, Weiber und Kinder so laut und lange schrien, hörte sie diesen Lärm und erregte sich darüber sehr. Tief beleidigt ließ sie in ihrem Zorne plötzlich einen dichten Schneesturm kommen, begleitet von starkem Frost und viel Eis. Seitdem fiel Schnee und immer wieder Schnee, durch ganze Monate. Andauernd fiel Schnee, und die ganze Erde bedeckte sich mit Eis. Es herrschte auch eine sehr empfindliche Kälte, in allen Meeresstraßen gefror das Wasser. Da starben viele, viele Menschen; denn sie konnten ihre Kanus nicht besteigen und hinausfahren, um Nahrung zu suchen. Nicht einmal die

Wohnhütten konnten sie verlassen, um Brennholz zu sammeln; denn überall lag sehr viel Schnee. Immer mehr Menschen starben.

Endlich, nach langer, langer Zeit, hörte der Schneefall auf. Bald darauf kam eine sehr starke Sonne. Sie brannte so kräftig, daß alles Eis und der viele Schnee schmolzen; die ganze Erde war bis hoch über die Bergspitzen damit bedeckt. Da floß sehr viel Wasser in die Kanäle und ins Meer. Diese Sonne leuchtete so heiß, daß die Bergspitzen verbrannten und bis heutigentags kahl dastehen. Auch die Eisdecke auf den breiten und schmalen Meeresarmen schmolz. So konnten die Leute endlich wieder ans Ufer gehen und ihre Kanus besteigen, um Nahrung zu suchen. In den breiten Berghalden und tiefen Tälern jedoch hielt sich das dicke Eis bis auf den heutigen Tag …

Seit jener Zeit behandeln die Yámana jede Ibis-Frau mit höchster Ehrfurcht. Wenn sie sich den Hütten nähert, halten die Leute sich still und beschwichtigen die kleinen Kinder.«

Wenn wir uns daran erinnern (siehe S. 58 f.), daß die Temperatur nach dem Endkreide-Impakt zuletzt um 40 °C auf –20 °C zurückgegangen war und sich danach nur wieder sehr langsam auf Normalwerte einpendelte, müssen wir für den Sintflut-Impakt – der allen Anzeichen nach und der Größe der Tektit-Streufelder nach zu schließen ebenfalls ein gewaltiges Ereignis war – annehmen, daß die hochgeschleuderten Wassermassen aufgrund der Abkühlung der Atmosphäre in der Impaktnacht und der anschließenden Impaktdämmerung in den höheren geographischen Breiten als Schneefall zur Erde zurückkamen und dort für einen Impaktwinter sorgten. Genau das wird auch durch die Traditionen der Völker bestätigt: Nordeuropa, Nordasien und das arktische Nordamerika sowie Feuerland im antarktischen Einflußbereich wurden vom Sintfrost heimgesucht. Australien, das rund 20 Breitengrade näher am Äquator liegt, blieb verschont, wie das Fehlen von Sintfrostberichten aus dieser Region andeutet, befand sich also bereits außerhalb des Einflußbereiches der Schneefluten.

Die Beschränkung der Sintfrostberichte ausschließlich auf diese subarktische bzw. subantarktische Zone sowie auf Hochgebirgsregionen in den mittleren Breiten – wie etwa Persien, dessen Hochebenen bereits zwischen 1000 und 2000 m hoch liegen – beweist zweierlei: zunächst einmal, daß dieser Impakt nicht das Ausmaß erreichte, als daß die Temperatur weltweit erheblich unter die Frostgrenze gesunken wäre. Sodann aber zeigen uns diese stark von den geographischen Gegebenheiten abhängigen individuellen Aussagen der Augenzeugenberichte einmal mehr die Zuverlässigkeit der Schilderungen der Naturereignisse und deren Originalität, die Sinnvolles und nicht Phantasien, logisch Verständliches und nicht Mystisches, Eigenständiges und nicht nur über Missionare Entlehntes tradieren.

Ein weiterer Umstand erweckt im Zusammenhang mit der Schneeflut unser Interesse. Welche Höhe erreichte der Schneefall schon nach kurzer Zeit? Wieviel Schnee fiel insgesamt? Wir finden in den Überlieferungen nur wenige detaillierte Angaben, die Antworten auf diese Fragen geben. Laut den Chipewyan ragten nur mehr die Wipfel der höchsten Tannen aus dem Schnee. Nach den Eskimoberichten war das Land danach von einem Eisgletscher bedeckt. In Persien berichtete man von einer wiederholten zehnmonatigen Winterszeit, während der »Fimbulwinter« im hohen Norden Europas, in Skandinavien, drei Jahre lang anhielt und auch anschließend die »Sommer« vermutlich noch sehr kurz waren.

Zur Entstehung des Eisgletschers im hohen Norden Amerikas ist anzumerken, daß er sich teils aus den in Firn verwandelten Schneemassen zusammensetzte, teils aber offensichtlich auch aus den Eisschollen aufbaute, die beim Rückfluß der Wassermassen des Eismeeres zurückgeblieben waren und über deren Herandriften mit der Flutwoge vom arktischen Ozean her ja die Zentraleskimos berichtet haben.[309]

Daß die Schilderung einer solchen Schneeflut, unter der die Erde versank, durchaus realistisch ist, legt auch die Berechnung der Aerodynamiker für das Ausmaß der Niederschläge nach dem Endkreide-Impakt nahe. Dieser hatte zwar eine wesentlich größere Dimension, aber dafür kamen beim Sintflut-Impakt an allen Einschlagstellen zum Ozeanwasser noch zusätzlich die von den einzelnen Kometenfragmenten mitgebrachten Eis- bzw. Wassermassen hinzu, so daß die Menge an verdampftem Wasser gewaltig war. Erinnern wir uns nur daran, daß die Dampfproduktion bei Kometenimpakten um ein bis zwei Zehnerpotenzen höher ist als bei gleich großen Planetoidenimpakten (siehe S. 62). Bei dem bedeutenden Endkreide-Impakt rechnet man für den näheren Impaktbereich mit einem täglichen Niederschlag von fünf (bis zehn) Metern Regen über mehrere Wochen hinweg, was einem Schneefall von 50 bis 100 m pro Tag entsprechen würde.

Curt Covey und seinen Mitarbeitern[310] verdanken wir es, daß wir eine konkrete Vorstellung von der zunächst sehr raschen Abkühlung unmittelbar nach einem Impakt haben, die zugleich den Beginn des Impaktwinters darstellt. Bei einem mittleren Impakt von der Art des Sintflut-Kometen sinkt die Temperatur nach der Berechnung dieser Autoren am stärksten

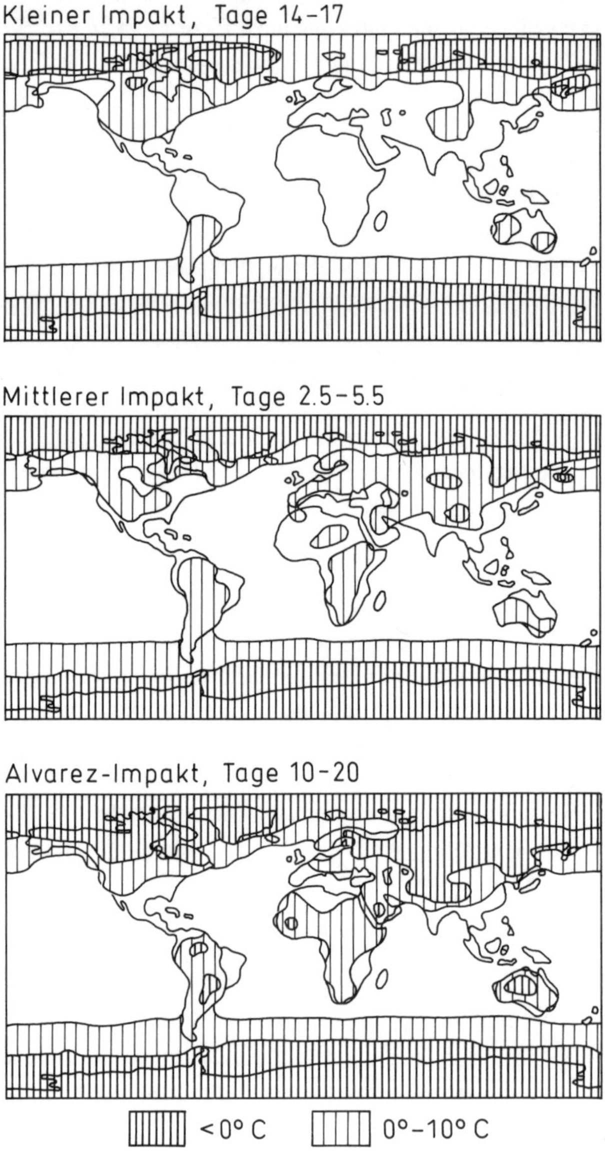

Abb. 50: Die Abkühlung der Oberflächentemperatur der Erde nach Modellberechnungen für einen bestimmten Zeitraum bei einem kleinen, mittleren und großen (Beispiel Alvarez-Fall der Endkreide) Impakt. – Nach C. Covey u. a. 1990.

am ersten halben Tag und liegt bereits nach zwei Tagen um 9 °C tiefer. Dann bewegt sie sich für längere Zeit nahe diesem Wert und steigt nur in sehr geringem Maße an bzw. fällt bei etwas größeren Impakten noch weiter. Die Karte Abb. 50 zeigt die Gebiete der Erde bei einem Impakt, (der unserer Meinung nach etwa dem Sintflut-Impakt entspricht) – im Vergleich zum endkretazischen Impakt –, in denen bereits nach einer halben Woche die Temperatur unter 0 °C bzw. auf 10 °C abgesunken ist.

9. Sturzregen, Feuerwasser und kochender Ozean

Versuchen wir aus den übermittelten Berichten die wichtigsten Einzelheiten über die unheimliche, vom Himmel herabstürzende Regenflut zu erfahren: in welchen Teilen der Erde und zu welchem Zeitpunkt sie auftrat, wie lange sie dauerte, welche Erscheinungsform sie hatte, und welche besonderen Eigenheiten sie zeigte. Diese Sturzregen führten auch im Inneren von Kontinenten, die durch Gebirgsketten von der Meeresflut abgeschirmt waren, zu einer Überflutung des Landes, also zu einer »Sintflut« anderer Art.

Der weltweit gleiche, außergewöhnliche Charakter dieser Sturzregen wird durch den Bericht fast aller Sintflutmythen über diese bis dahin unbekannte Regenflut dokumentiert. Dabei besagt allerdings die vielfach verwendete Formel »der Himmel öffnete seine Schleusen« nicht unbedingt, daß dies allein eine Regenflut bezeugt, denn in den verschiedenen Kulturkreisen war man unterschiedlicher Meinung darüber, woher die Meeresflut stammte: entweder aus den Tiefen der Erde, wo man im Weltbild der antiken Völker des Nahen Ostens im »Abyssus« eine eigene Wasserschale unter der – bei der Sintflut berstenden Kruste – annahm, oder aber auch aus dem Himmel selbst. Bis ins alte China war der Glaube verbreitet, daß eine Flut auch dann eintrete, wenn eine Säule des Himmels zu Bruch ginge und dieser auf die Erde herabsänke.

Als Zeitpunkt für das Einsetzen der Regenflut wird im allgemeinen der Beginn der Flutwelle angegeben. Auch die Dauer der Sturzregen, die von Orkanen und Nacht begleitet waren, wird zumeist mit der Dauer der Flutwellenüberschwemmung gleichgesetzt, d.h., sie liegt zwischen fünf und zehn Tagen (siehe S. 186). Dabei wird nicht immer genau zwischen Regenflut und Meeresflut unterschieden.

Einen gewissen Eindruck davon, wie die Regenflut einsetzte und wie sie sich abspielte, sollen einige typische Beschreibungen dieses außergewöhnlichen Naturphänomens vermitteln. In der altindischen Flutsage der Ksemendra lauten die einschlägigen Passagen: »Hierauf erschien ... eine

Masse kohlschwarzer, an die verbrannte Welt erinnernder Wolken. Sodann stürzte ununterbrochen die Last heftiger Regengüsse auf die Erde, wie [wenn] die Weltgegenden einen Strom von Tränen aus Schmerz über den Untergang des Alls [vergießen wollten]. Als ... der Weltenbau durch den Anprall der beim Untergang einer Weltperiode tobenden Stürme zertrümmert war, vereinigte sich augenblicklich die zu einem unermeßlichen Meer gewordene Welt mit den Regenfluten, die den Wolken Puskaravartaka entströmten.«[311]

Ein ganz anderes Beispiel, aus Ozeanien nämlich, von den Fidschi-Insulanern, zeigt ebenfalls eine sehr eigenständige Darstellung des Regenflutgeschehens: »Eine unheimliche Regenflut ergoß sich über die Erde. Der Regen hielt viele Tage an. Es war kein Regen, wie er heute auf die Erde herabkommt, es goß in wahren Strömen, auch das Meer stieg und überflutete das Land.«[312]

Bei den nordamerikanischen Choctaw-Indianern in Louisiana heißt es hierzu: »Der Wind blies so heftig, daß er die größten Fichten umriß. Der Donner brüllte in solcher Weise, wie man es noch niemals gehört hatte, und das lebhafte Aufleuchten der Blitze machte alles bisweilen taghell«[313] – woraus man übrigens ableiten kann, daß es dunkel war.

Dieser Bericht leitet zu den speziellen Eigenheiten des Flutregens über, die wir aus solchen Schilderungen erfahren. Zunächst einmal wird immer davon gesprochen, daß der Sturzregen von gewaltigen Blitzen und Donnern begleitet war, die alle bis dahin erlebten Gewitter weit übertrafen. Vielfach wird auch außergewöhnlich großer *Hagel* erwähnt. Johannes spricht in seiner Offenbarung, die sich ja auf die Sintflut bezieht, von zentnerschweren Hagelbrocken (Kap. 16, 21).

Als Besonderheiten werden ferner in manchen Beschreibungen die *Beimischungen* hervorgehoben, die dieser Regen mitführte. In ähnlicher Weise, wie im alttestamentarischen Bericht ein schlammiger und tintenschwarzer Regen beschrieben wird, erzählen die Quiché Guatemalas in ihrem Popol Vuh von einem schmutzigen Regen aus Wasser und Pech.[314]

Auch in der schon erwähnten Formulierung des Ausregnens »kohlschwarzer, an die verbrannte Welt erinnernder Wolken« in Indien klingt an, daß die Atmosphäre mit dem Ruß des Weltenbrandes geschwängert war, der dann ausgeregnet wurde.

Als besondere Eigenheit dieses Flutregens, der laut einer chinesischen Flutsage[315] »nicht mehr in einzelnen Tropfen, sondern nur [als] eine Wasserflut« niederging, werden immer wieder die riesigen »Tropfen« und *Wasserschwaden* betont: Im persischen Bundahesch besitzen die Tropfen die Größe einer Untertasse bzw. Schale[316], im Zend-Avesta erreichen sie die Größe eines Menschenkopfes[317] bzw. sind »so dick wie die Faust des Menschen, die größten wie der Kopf eines Stiers«.[318] Die zu den nordamerikanischen Algonkin gehörenden Sac- und Fox-Indianer wissen sogar von »wigwamgroßen Tropfen« zu berichten.[319] Die aus China gemeldete massive Wasserflut vom Himmel erklärt sich aus der unmittelbaren Nachbarschaft zum Impakt im Südchinesischen Meer.

Noch entsetzter berichten die überlebenden Augenzeugen der Sintflut, daß *siedend heißes, alles versengendes Wasser,* eine »Sengle Daa« (der Inder), ein feuriges Wasser gleich einer flüssigen Feuermasse (Wogulen in Sibirien) bei der Sintflutkatastrophe vom Himmel kam.

Eine Überraschung bietet der Überblick über die Verbreitung dieses ungewöhnlichen kochenden Flutregens, der bei dem viel größeren Endkreide-Impakt nur in der weiteren Umgebung des Einschlages selbst aufgetreten sein soll. Bei der Sintflut hingegen umfaßt das von kochenden Regenfluten heimgesuchte Gebiet den größten Teil der Erde.

Die Wogulen und Ostjaken im Gouvernement Tobolsk in Nordwestsibirien waren so sehr von diesem feurigen Wasser betroffen, daß dieses Ereignis ein immer bewegend geschildertes Kernstück ihrer zahlreichen Flutsagen bildet: »Das Wasser war selbst wie Feuer.« Das »feurige Wasser« verbrannte und vernichtete den Menschen. »Das Wasser verwandelte sich in eine flüssige Feuermasse ...«

In einer der Wogulensagen siedete das Wasser in den Kesseln [des Himmels] sogar dreimal hintereinander bis zum Übersprudeln.[320]

Ebenso anschaulich ist die Schilderung des gleichen Ereignisses im Flutbericht des persischen Zend-Avesta: »Siedend heißes Wasser fiel herab und versengte die Bäume bis zur Wurzel.«[321]

Gleichlautende Berichte kommen aus Südasien. Die Mundari vom Stamme der Kolh im Osten Indiens lassen die Menschen bei der großen Flut in erster Linie durch Sengle-Daa, das vom Himmel strömende, versengende Feuerwasser, umkommen.[322]

Vom Norden Hinterindiens, von Nordvietnam (ehem. Tonkin) spannt sich der Bogen der Berichte über die Heißwasserflut vom Himmel über Taiwan bis Indonesien hinüber.[323]

Überraschenderweise ist sogar diese sehr spezifische Eigenheit in den Flutsagen fast global verbreitet. Auch in Nordamerika begegnen uns ähnliche Überlieferungen, etwa bei den Kato-Indianern in Kalifornien, in deren Erzählungen das heiße Wasser vom Himmel fällt,[324] ebenso in Südamerika, z.B. bei den Ipurina im Purus-Flußgebiet im oberen Amazonasbecken, bei denen der verheerende Flutregen durch das heiße Wasser bewirkt wurde, das ihrer Sage nach aus dem großen Kessel mit kochendem Wasser in der Sonne stammte, als dieser »Kessel« umkippte und sich dabei die heiße Flüssigkeit hinunter auf die Erde ergoß und alles verbrannte, einschließlich der Wälder und sogar des Wassers.[325]

Und damit kommen wir zum nächsten Phänomen des Sintflutgeschehens, für das die Ipurina der Amazonaswälder bereits die Erklärung gefunden haben, zum *kochenden Ozean.* Die Reihe der Berichte über das kochende Wasser des Meeres und über die Meeresfluten, die kochend über das Land hereinbrechen, reicht noch über das Gebiet der Sturzregen hinaus.

Schon in den hebräischen Schriften wurde überliefert, daß das Wasser der Sintflut heiß gewesen sei.[326] Im Koran wird das Glühen des Ofens beschrieben, in dem das Wasser der Flut erhitzt wurde.[327]

In Ostasien berichtet die Flutsage der Ami auf Taiwan von einer heißen Flut, die ihrer Meinung nach aus damals aufgebrochenen Erdbebenspalten nach oben gedrungen sei.[328]

Auf der pazifischen Seite des nordamerikanischen Kontinentes war »die See kochend heiß und überflutete die ganze Erde«, erzählen die Salina-(Hoka-)Indianer Kaliforniens, ebenso wie die Ostpomo (Hoka) weiter im Norden: »Das Meer begann zu kochen.«[329] Die gleiche Angabe über kochendes Meerwasser findet man bei den Yámana auf Feuerland im südlichsten Teil von Südamerika.[330]

Daß der Atlantische Ozean an der Meeresoberfläche nicht so stark aufgeheizt wurde wie der Indische und der Pazifische Ozean, erfährt man von den Makah-Indianern am Kap Flattery im US-Staat Washington. Ihre Flutüberlieferung verkündet: »Das Wasser war beim Steigen [der Flut] sehr warm.«[331]

Die oben angeführten Berichte stimmen zunächst einmal in all ihren grundsätzlichen Zügen mit den Ergebnissen überein, die die Fachleute am Beispiel der Regenflut des Endkreide-Impaktes theoretisch abgeleitet haben: hinsichtlich der ungeheuren Regenmenge, der Größe der Wasser-»Tropfen« und -schwaden, des Schlammregens, in dem der staubförmige Fallout ausgeregnet wird, der Rußausfällung und sogar des heißen Regens mit seinem kochenden Wasser (siehe S. 63).

Die spezielle Erscheinungsform dieses Sturzregens ist durch die absolute Übersättigung der Atmosphäre mit Wasserdampf und hochgeschleudertem kochendem Wasser geprägt.

Die Reichweite dieser sehr spezifischen Regenflut geht beim Sintflut-

Impakt überraschenderweise noch weit über die Entfernungen hinaus, die für den Endkreide-Impakt errechnet worden sind. Das betrifft sowohl den Regen von riesigen Wasserkubaturen als auch den Regen von kochendem Wasser.

Die Analysen, die der amerikanische Aerodynamiker S. K. Croft[332] für den gewaltigen Endkreide-Impakt durchführte, haben uns dazu angeregt, spezielle Überlegungen über den Verteilungsmodus dieses Flutregentypus beim Sintflut-Impakt anzustellen. Croft ermittelte nämlich, daß Wasserschlieren und -kubaturen nur im Umkreis von einigen tausend Kilometern um die Einschlagsstelle auftreten können und auch der Heißwasserregen nicht weiter reicht. Laut Croft ist Niederschlag von Heißwasser nur in dem Gebiet möglich, in dem Wasserschlieren niedergehen. Diese erhitzen sich nämlich – trotz der Abkühlung in der höheren Atmosphäre – dank der kinetischen Energie, die sie bei ihrem Rücksturz erwerben, wieder so stark, daß sie auf der Erdoberfläche heiß oder sogar kochend auftreffen.

Dies bedeutet jedoch für unsere Überlegungen, daß die fast weltweit verbreiteten Berichte über die heißen Sturzregen uns zugleich zeigen, daß auch die Wasserschlierenregen so weit gereicht haben müssen – selbst wenn nicht überall spezielle Beobachtungen von dieser weniger spektakulären Erscheinung vorliegen. Hinzu kommen in diesem Zusammenhang die Aussagen über die mindestens ebenso weit verbreiteten kochenden Meeresflutwogen, die ins Land einbrachen. Diese Überhitzung des Meeres geht teils auf den Impakt selbst zurück, in dessen Umgebung das Meerwasser in noch weitem Umkreis zu kochen begann, teils aber auch auf ebendiesen kochenden Regen, der noch weitreichender die Oberfläche des Meeres aufheizte.

Heute können wir den Unterschied zwischen dem doch relativ begrenzten Einflußgebiet analoger Erscheinungen beim Endkreide-Impakt und den praktisch globalen Auswirkungen beim Sintflut-Impakt leicht verstehen. Da die sieben Einschlagszentren der Kometentrümmer über den gesamten Weltozean verteilt waren und in einem weiten Umfeld jedes Zentrums Platschregen und kochender Sturzregen niedergingen, konnte sich weithin eine heiße Meeresflut entwickeln. Erinnern wir uns nur daran, daß noch im rund 3000 km weit vom Einschlag im Indischen Ozean entfernten persischen Hochland riesige Wasser-»Tropfen« fielen. Solche Riesentropfen werden auch von den Wogulen berichtet, die heute rund 6500 km von diesem Einschlagspunkt entfernt leben, aber auch schon zur Zeit der Sintflut im hohen Norden beheimatet waren, wie ihre Erzählungen über Schneefluten beweisen. All die erwähnten Eigenheiten des global verbreiteten Flutregens zusammengenommen, verleihen dem Sintflutereignis eine spezifische Note, die es von anderen Impakten abhebt.

Zum glücklichen Symbol für das Ende der Sintflut und des Sturzregens wurde für alle Überlebenden weltweit der *Regenbogen,* der tröstlich und gütig das Schreckensszenario abschloß und eine solche Wertschätzung erlangte, daß er in der Südsee zum Gott erhoben wurde.[333] Zweifellos erfreute er am Ende dieser Sintflutkatastrophe, nach der langen Schreckensnacht, als die Sonne durchbrach und die Atmosphäre noch immer mit Wasserdampf gesättigt war, über längere Zeit hinweg die geschockten Sinne mit einem großartigen Farbenspiel. So sahen in ihm die Malaien den großen Besieger des Regens,[334] die Hebräer in der Genesis (9, 8–17)[335] ebenso wie die Polynesier[336] das Symbol für die Versöhnung mit Gott bzw. den Göttern, die Kelten in Wales ebenso wie die Mundai im Osten Indiens den Verkünder des Endes der Regengüsse.[337]

In Kolumbien gibt es bei den Cibcha in Bogotá die Legende, daß Bochica, die oberste Gottheit, auf einem Regenbogen sitzend erschienen sei, als er endlich die Gebete um eine Beendigung der Sintflut erhörte.[338]

Die Peruaner[339] sehen im Regenbogen sogar – ebenso wie das Alte Testament[340] – die Garantie, daß die Sintflut nicht wiederkehren wird, und erkennen im »Bogen in den Wolken« ein automatisch wirkendes Zeichen, das immer wieder an diese verpflichtende Zusage Gottes erinnert. Das große, bunte himmlische Mysterium hat am Ende dieses Leidensweges im Dunkeln alle Menschen aufs tiefste bewegt. Die Pracht der Regenbogen nach der langen Gewitternacht muß den so häufigen, emotionsbetonten Schilderungen zufolge besonders großartig gewesen sein, vermutlich wegen der Intensität der Leuchtkraft, der Farben und der Mehrfachbogen, die damals aufgrund der in extremem Maße dunstigen Atmosphäre zustande kamen, als die ersten Sonnenstrahlen durchdrangen.

In zahlreichen meteorologischen Begleiterscheinungen stimmen Endkreide- und Sintflut-Impakt in Details überein – so etwa in den farbintensiven Sonnenuntergängen und dem roten Nachtleuchten der Eiswolken und des Staubes in der Strato- und Mesophäre (siehe S. 69 f.). Während man dies für den Endkreide-Impakt aufgrund entsprechender Erscheinungen nach gewaltigen Vulkanausbrüchen theoretisch gefolgert hat (siehe S. 61, 209), besitzt man für den Sintflut-Impakt einen direkten Hinweis auf solche Farbenspiele am Nachthimmel, so z.B. den panischen Schrecken, der die Kurnai in Australien jedesmal beim Anblick des ähnlich aussehenden südlichen Polarlichtes befällt, das ihnen als Menetekel des Sintflut-Impaktes erscheint (siehe S. 169).

W. H. Berger[341] hat zwar zu Recht darauf verwiesen, daß dieses Phänomen des Nachtleuchtens auch nach großen, staubproduzierenden Katastrophen mit irdischen Ursachen auftritt. Er hat in diesem Zusammenhang das hochrote bis orangefarbene, bis tief in die Nacht anhaltende Abendglühen der Wolken beschrieben, das Berichten zufolge nach der Tambora-Eruption von 1815 und dem Krakatau-Ausbruch von 1883 zu sehen war und dort als tiefpurpurnes Farbenspiel zusammen mit der hochgehenden See bei den Betroffenen einen bedrohlichen, aufwühlenden Eindruck hinterließ. Diese feurigen Farbenspiele am Nachthimmel hielten dort monatelang an. Aber Berger unterläuft bei dieser Schilderung, mit der er die in der nordischen Edda tradierte Weltkatastrophe erklären will, der Irrtum, daß er die überaus klare Darstellung dieser nordischen Sage über das Herabstürzen des feurigen Surt mit der die Erde versengenden Glut vom Himmel und den Folgen – daß die gewaltige Hitze vom hierdurch entfachten Weltenbrand zum Himmel hinauf steigt (siehe S. 160) – in keiner Weise ernst nimmt, vielmehr vor »Überinterpretation« warnt und das ganze Schauspiel nur – wie oben beschrieben – auf eine »Show eines Feuerwerks am Himmel« als Begleiterscheinung eines fernen Vulkanausbruchs reduziert. Er beraubte sich dadurch noch im Zeitalter von Alvarez der Möglichkeit, den Impakt an gerade auch diesem typischen Merkmal des Weltenbrandes als Ursache für die Weltkatastrophe in der Edda-Schilderung zu erfassen.

Über eine Spätfolge der sturzbachartigen Regen, nämlich die extreme *erosive Umgestaltung der Landschaft*, berichtet keine Sage im einzelnen. Dafür hat bereits Ch. F. Brasseur[342] an solche Auswirkungen in dem durch Erdbeben gelockerten und durch Ascheregen von Vulkanen aufbereiteten Gelände gedacht. Indirekt aber weisen die überall erwähnten Schlammassen, die nach dem Ende der Flut in den Tiefebenen beobachtet wurden, doch auf die enorme Materialumlagerung hin.

Wir sind uns sicher, daß nun der Geologe und der Paläoklimatologe durch exakt ansetzbare, zielstrebige Untersuchungen der Vorgänge in diesem Zeitraum die erstaunlichen Auswirkungen der Sintflut-Sturzregen in Kürze wird erfassen können. Bestimmt liegen bereits viele Kenntnisse hierüber vor, die bisher nur noch nicht sinnvoll gedeutet werden konnten. Denken wir nur an die erstaunlichen Erscheinungen, die der Nestor der deutschen Klimatologen, Prof. Hermann Flohn aus Bonn, in der zentralafrikanischen Region aus ebendieser, allerdings noch nicht exakt definierten Zeit von der Wende des Spätglazials zum Holozän beschrieben hat: »Die Periode des ›wilden Nils‹ mit Wasserständen um bis 22 m über dem heutigen gehört dazu, die Bildung des riesigen ›Mega-Tschad-Sees‹ – von der Größe des heutigen Kaspischen Meeres mit einem Überlauf (nach einem Anstieg von 40 m) zum Niger, dessen Wasserführung (nach der Sedimentation vor dem Delta) auf das 30fache anstieg. Hierzu gehören vermutlich auch der Anstieg des Rudolf-(Turkana-)Sees um 75 m (sicher vor 9500 v.h.) und sein Überlauf zum Nil.« Ähnliche Beobachtungen liegen für weite Gebiete am Rande des Tropengürtels vor. Für einen derartig gewaltigen Anstieg aller Gewässer muß einfach ein riesiger Flutregen vorausgesetzt werden. Auch Flohn selbst spürte bereits feinsinnig, daß dem damals lebenden Menschen diese Katastrophe wohl als »Sintflut« erschienen sein muß.[343] Inwieweit solche Vorgänge als Auswirkungen von Flutregen noch im Spätglazial, vor knapp 12 000 Jahren, einzuordnen sind – wie Flohn glaubt[344] – oder von dieser Epoche in Etappen bis in die Sintflutzeit reichen, muß – wie erwähnt – erst geklärt werden.

Betrachtet man die Aussagekraft auch nur dieses einen speziellen Aspektes des Sintflut-Impaktes, des Sturzregens, so ist man überwältigt von dem Maß an Übereinstimmung zwischen den Augenzeugenberichten und dem heutigen, zuletzt für den Endkreide-Impakt zusammengefaßten Kenntnisstand der Naturwissenschaft bis in die kleinsten Details. Welch ein Unterschied im Verständnis des Geschehens im Vergleich noch zu dem der besten Interpreten unter den Flutsagenforschern am Höhepunkt der Flutsagensammlung in den zwanziger Jahren unseres Jahrhunderts. Sogar der so schätzenswert gründliche Forscher Walter Anderson[345] vermerkt in bezug auf den damals noch völlig undurchschaubaren Zusammenhang zwischen Sintflut, Sintbrand und Heißwasserflut: »Zwischen allen diesen Geschichten und der wogulisch-ostjakischen Feuerflutsage läßt sich natürlich kein näherer Zusammenhang konstruieren: die Übereinstimmungen beruhen auf Zufall ...«

10. Umweltgiftproduktion

Zweifellos wurden bei dem ebenfalls gewaltigen Sintflut-Impakt ähnlich wie beim Endkreide-Impakt gigantische Mengen hochwirksamer Umweltgifte produziert, die sich in der Atmosphäre verteilten und weltweit Schäden anrichteten. Wir haben bereits auf S. 64 ff. über Art und Ausmaß der Vergiftungen, die ein Impakt herbeiführt, eingehend informiert: über die Bildung riesiger Mengen von Stickoxiden, die Produktion von Salpetersäure und anderen Säuren, die Aktivierung von Schwermetallen und

Pyrotoxinen, d.h. durch die Hitze des Weltenbrandes synthetisierte Gifte. Wir haben darauf verwiesen, daß diese Gifte mittels Luftströmungen schon bei normalen Verhältnissen innerhalb von ein bis drei Wochen entlang der Längenkreise rund um die Erde verteilt werden und daß sie trotz der langsameren Durchmischung in meridionaler Richtung bei einem Kometeneinschlag nach Schätzungen der Aerodynamiker innerhalb von etwa neun Monaten weltweit zur Wirkung gelangen. Die mehrfache Teilung des Sintflut-Impaktors vor dem Einschlag intensivierte und beschleunigte diesen Prozeß beträchtlich.

Wir können nun nicht von vornherein erwarten, daß die Entstehung und die Folgen dieser Umweltvergiftungen, die auch heute oft nur mit subtilen Methoden erfaßbar und in ihren langfristigen Auswirkungen vielfach noch immer nicht im einzelnen durchschaut worden sind, uns in den Überlieferungen konkret vermittelt werden. Aber wir wissen doch bereits aus den Untersuchungen zum Endkreide-Impakt, daß z.B. die extrem hohe Salpetersäureproduktion in der Umgebung des Impaktes ein solches Ausmaß erreichte, daß sich die Luft rotbraun färbte (siehe S. 66) und daß sich auch die entsprechende Säurewirkung beim Ausregnen zeigte.

Etliche Meldungen in den Traditionen deuten nun tatsächlich auf solche Wahrnehmungen hin. So spricht der indische Matsyapurana in Vers 5 in direktem Zusammenhang mit der Beschreibung des Einschlages im Indischen Ozean und des Ausbruches des unterseeischen Feuers von einem »Giftfeuer, das der Hölle, [und zwar] dem Munde des Samkarsana entströmt«.[346]

In den Ragnarök, der Eschatologie in den Götterliedern der Edda, wird der Midgardwurm, der die große Flut bewirkt, als er in riesigem Zorn um sich schlägt und sich dabei an Land begibt, bezichtigt, daß er »so [viel] Gift ausspeit, daß er Luft und Wasser bespritzt und außerordentlich furchterregend« ist.[347]

Die Mythologie der britischen Druiden stellt die Vergiftung der Atmosphäre durch Giftgase sogar an die Spitze der Abfolge der Sintflutereignisse:[348] »Pures Gift senkte sich herab, jeder Windstoß war der Tod.« Dann schließen sich in dieser Mythe in richtiger Reihenfolge Weltenbrand, Bersten der Felsen, Flutregen und Meeresflut an.

Die Apalachiten-Indianer in Florida beschreiben, wie die Sonne nach der Sintflut und der langen Nacht wieder hervorkam und »die Erde von allen schädlichen Dünsten, welche die Welt in diese schreckliche Verwirrung gesetzt hatten«, wieder reinigte.[349]

Auch die diesbezügliche altpersische Darstellung im Bundahesch ist überaus anschaulich: »Der ›Stern‹ (Komet) Tistar aber regnete von neuem, und das auf der Erde gebliebene Gift der schädlichen Tiere mischte sich in dieses Wasser, welches davon salzig wurde.«[350] Der salpetersaure Regen ist also vom Berichterstatter sehr wohl registriert worden, auch wenn er sich dabei der einfacheren Ausdrucksform »salzig« bediente. Die Herkunft der darin enthaltenen Giftstoffe führt diese Mythe auch auf die Ausdünstung der Gift und Fäulnis verursachenden, vertilgten schädlichen Geschöpfe zurück.

Eine entsprechende, nur anders ausgedrückte Mitteilung findet sich in der Offenbarung des Johannes (Kap. 8/10–11; vgl. S. 435): »Und es fiel ein großer Stern vom Himmel, der brannte wie eine Fackel, und fiel auf das dritte Theil der Wasserströme und über die Wasserbrunnen. Und der Name des Sternes hieß Wermuth, und das dritte Theil [des Wassers] ward Wermuth, und viele Menschen starben von den Wassern, daß sie waren so bitter geworden.«

Diese Besonderheit, daß die Umwelt durch den Odem des Sintflutverursachers vergiftet wird, was sich im bitteren Geschmack des Wassers nach seiner Kontaminierung äußert, wird auch in der chinesischen Hauptflutsage nicht vergessen. So heißt es im Shan-hai-king (Kap. 17): »Des Urflutdämons Knecht hieß Siang Yao, neun Köpfe hatt' er und Schlangenleib, ineinandergeringelt, und er fraß von den neuen Erden[inseln]. Was er ausspie, was er ausschied, wurde Sumpf sogleich, wenn nicht bitter, so doch herb.«[351]

All diese Schilderungen weisen eindeutig darauf hin, daß die Betroffenen sehr wohl die Vergiftung der Atmosphäre und der Gewässer durch den Impakt bemerkt haben. Das ist angesichts einer derartigen Konzentration durch die Menge der produzierten Säuren und Gase (siehe S. 66) mit ihrem stechenden, bitteren Geschmack und der Reizung der Atmungsorgane auch nicht verwunderlich. Hinzu kommt noch, daß – wie erwähnt – die im Bereich der Impaktwolken mit Stickoxiden geschwängerte Luft deutlich rotbraun gefärbt war, also für den Betrachter die Vergiftung sogar sichtbar geworden war.

Im Zusammenhang mit dieser Umweltvergiftung müssen wir noch ein weiteres Phänomen berücksichtigen, das in vielen Sintflutsagen beschrieben ist, aber vom Endkreide-Impakt her noch nicht bekannt war: Die *Rotfärbung* weiter Gebiete im Nahen Osten (nordwestlich des Impaktes im Indischen Ozean), des Nordatlantiks vor der skandinavischen Küste und einer begrenzten Region in Mittelamerika (Quiché-Sagen in Guatemala). Diese Rotfärbung betraf Länder, Flüsse und Meere, wobei berichtet wird, daß deren Wasser sich blutrot färbten oder, sagenhaft eingekleidet, »zu Blut« wurden. Entsprechende Berichte reichen vom antiken Ägypten mit einem blutroten Nil und dem Roten Meer mit seinem vielsagenden Namen über den Nahen Osten (Offenbarung des Johannes, Kap. 16/3–4, vgl. S. 438) bis Griechenland, ja sogar bis zum Altai. Ein zweites Zentrum befindet sich im Nordmeer, das nach finnischen Überlieferungen und vor allem nach der Edda in ein Meer von Blut verwandelt wurde. In dieser nordischen Göttersage wird das blutrote Meer als das Blut des erschlagenen Riesen Ymir gedeutet, in dem das ganze Riesengeschlecht ertrank – bis auf das eine übliche Paar, das sich in einem Kahn rettete.[352]

Aber auch das Land erschien vielfach rot gefärbt, wie z.B. die – alle Merkmale des Sintflut-Impaktgeschehens enthaltenden – jüdischen Sibyllinen (3. Buch) aus dem 1. Jh. v. Chr. aussagen; nach dieser als Weissagung ausgegebenen Darstellung kamen »blutige Tropfen aus Felsen«.[353]

Die weite Verbreitung der Schilderung dieser auffälligen Erscheinung einer blutroten Färbung von Flüssen, Seen, Meeren und auch des Landes, die man in zahllosen unabhängigen Traditionen von der Edda bis Guatemala findet, läßt mit Sicherheit darauf schließen, daß den Berichten reale Beobachtungen durch Augenzeugen zugrunde liegen. Obwohl zahlreiche Autoren lange herumrätselten, konnten sie keine stichhaltige Erklärung für dieses Phänomen geben. Phantasievoll wollte etwa der amerikanische Katastrophen Journalist I. Velikovsky[354] die Rotfärbung bei Weltkatastrophen aller Art auf eisenhaltigen Staub von Meteoriten, auf kosmischen Staub oder auf Asche von Vulkanausbrüchen zurückführen.

Erst heute, nach der Klärung der atmosphärischen Vorgänge bei einem Impakt, wissen wir vom Endkreide-Impakt her, daß die Atmosphäre im Nahbereich des Impaktes aufgrund der riesigen Mengen von Stickoxiden, die dabei erzeugt wurden, rotbraun gefärbt war (siehe S. 66). Aus der Chemie ist bekannt, daß konzentrierte Salpetersäure, die mit Stickoxiden gesättigt ist, (braun-)rot gefärbt ist. Andererseits wissen wir aus den Studien über den Endkreide-Impakt, daß die sauren Niederschläge noch beim Ausregnen der Atmosphäre nach dem Impakt aufgrund der Salpetersäurekonzentration den höchsten Säuregrad, bis pH = 0, hatten. Bei Asteroideneinschlägen geschieht dies nur in Impaktnähe, während bei Kometen-Einschlägen ein derartiger Säurewert wohl weltweit erreicht werden kann. Wir wissen ferner von diesem kretazischen Vergleichsimpakt, daß die Salpetersäure in so gewaltigen Mengen in der Atmosphäre vorhanden war, daß sie noch tage- bis wochenlang praktisch konzentriert ausfiel und der Gesamtvorgang des Ausregnens ein Jahr beanspruchte.

Die bei einem solchen Ereignis entstehenden Mengen von Salpetersäuren und Stickoxiden sind immens. Bereits für den endkretazischen Asteroidenimpakt darf man mit der Produktion von 1 Billion Tonnen Salpetersäure und von 3–5 Billionen Tonnen Stickoxiden rechnen. Ein mehrfach geteilter Kometenimpakt wie der beim Sintflut-Einschlag liefert demgegenüber sicherlich eine noch wesentlich höhere Menge solcher Produkte, weil sich die Reaktionsfläche aufgrund der Flugbahnen aller Teilimpaktoren beträchtlich erhöht und viel mehr glühender Fallout niedergeht.

Nach dem Sintflut-Impakt befanden sich somit so hohe Mengen an Salpetersäure in der Atmosphäre, die sich mit den noch in reichlicherem Maße zur Verfügung stehenden Stickoxiden sättigen konnten, daß die dann blutrot gefärbte Säure in den ersten Tagen sehr wohl imstande war, weite Gebiete, in Impaktnähe sogar Meere, rot zu färben. Da 20% dieser Säuremassen bekanntlich in den ersten Tagen nach ihrer Entstehung ausgeregnet werden, kam es damals überregional zu »Blutregen«. Im Falle des Nahen Ostens samt Ägypten – woher die häufigsten Berichte über das alles rot färbende Blut stammen – kommt noch hinzu, daß diese Länder direkt in der »Schußrichtung« des großen Impaktes im Indischen Ozean lagen, eines Impaktors, der – von Südosten herkommend – einschlug.

Außer dem Nahen Osten haben wir oben noch zwei weitere Zentren von Rotfärbung erwähnt: den Nordatlantik und Mittelamerika. Wir zweifeln heute aufgrund einer Reihe von weiteren Indizien nicht daran, daß diese weit voneinander entfernten Zentren der Rotfärbung auf getrennte, individuelle Impakte von Trümmern des Sintflut-Kometen zurückzuführen sind, was wir auf S. 212 f. begründet haben. Gerade auch die intensive Rotfärbung der an diese Impakte unmittelbar angrenzenden Regionen erscheint uns als ein wichtiges zusätzliches Indiz für die Realität dieser Teilimpakte. Die Impaktzentren im Indischen Ozean und vor Südostaustralien können nicht für die Rotfärbung von Guatemala oder für die intensive Blutfarbe des nördlichen Atlantiks verantwortlich gemacht werden, nachdem es aus den dazwischenliegenden Gebieten keine Berichte über derartige Phänomene gibt. So kann bei der Sintflutanalyse die säurebedingte intensive Färbung als ein weiteres, neues Indiz zur Lokalisierung eines nahen Impaktes verwendet werden.

Ein anderer Erklärungsansatz für die Rotfärbung von Festlandsgebieten, der bei diesen Überlegungen keineswegs außer acht gelassen worden ist, muß noch kurz abgehandelt werden. Die Rotfärbung ist gelegentlich auch auf einen gewaltigen Wüstensturm mit rotem Sand zurückgeführt worden. Dies ist besonders dann verständlich, wenn man an den Orkan denkt, der mit einer Geschwindigkeit von mehr als 1000 Stundenkilometern zentrifugal vom Einschlagszentrum im Indischen Ozean hinweg raste und auf seinem Weg in nordwestlicher und nördlicher Richtung über die Sandwüsten Vorderasiens und Afrikas hinwegfegte. Ein solcher Orkan würde naturgemäß riesige Mengen von rotem Wüstenstaub mitreißen und diesen – wenn seine Kraft nachließe – in den genannten Regionen absetzen. Es ist sogar von den heutigen Sandstürmen aus der Sahara bekannt, daß sie zu der volkstümlich als »Blutschnee« bezeichneten Erscheinung auf den Alpengletschern führen können. Als Beispiel hierfür sei erwähnt, daß am 8. Januar 1982 in der Schweiz Saharastaub in einer Konzentration von 1,2 Tonnen/km^2 mit dem abendlichen Schneefall vermischt war und dem Schnee eine gelblichrote, allerdings keineswegs blutrote Farbe verlieh.[355]

Um diese Möglichkeit in Betracht zu ziehen, muß man zuerst wissen, ob in der Zeit vor knapp 10 000 Jahren die heutigen Wüstenzonen als Lieferanten für den Staub als aride Gürtel überhaupt zur Verfügung standen. Die beste Auskunft darüber geben die modernen Untersuchungen der zuständigen französischen Erdwissenschaftler, deren Ergebnisse man z.B. in dem von Pierre Rognon organisierten Spezialband »Le Sahara« von 1988/89 oder in der Synthese von Rognon aus dem Jahre 1980 findet. Danach hatte dieser Wüstengürtel gegen Ende der letzten Eiszeit vor 12 000 Jahren seine größte Ausdehnung erreicht. 2000 Jahre später begann eine spürbare Zunahme des Niederschlages, wodurch Randzonen in das semiaride Klima einbezogen wurden. Aber erst vor 6000 Jahren erreichte der Niederschlag sein Maximum, so daß die Wüste fast verschwunden war. Vor 4000 Jahren begann dann ein erneuter Vorstoß des Wüstengürtels, der heute noch bei weitem nicht die Ausmaße der größten Ausdehnung in der Zeit vor 12 000 Jahren erreicht hat. Zweifellos stand also vor rund zehn Jahrtausenden mit dem afrikanisch-vorderasiatischen Wüstengürtel durchaus ein umfangreiches Reservoir für Sandstürme zur Verfügung.

Trotzdem läßt sich die für die Berichterstatter so außergewöhnlich anmutende blutrote Färbung riesiger Ozeangebiete wie etwa des Nordatlantiks nicht durch den gelblichroten (und nicht blutroten) Wüstensand erklären, der ja im Meer bald absinkt. Somit kann nur die oben gegebene

Deutung zutreffen. Mit Gelbsand beladene Wüstenstürme sind zudem in der Region des Nahen Ostens keine Seltenheit, so daß man einer hierdurch bewirkten Trübung des Wassers keinesfalls eine so hohe Bedeutung beigemessen hätte.

Wenn man ferner annimmt, daß es sich bei der in der biblischen Legende vom Exodus[356] aus Ägypten enthaltenen Schilderung der blutroten Färbung ganz Ägyptens und des Nils um eine – wie so oft in späteren Traditionen beigefügte – Passage aus dem Urerlebnis der Sintflutkatastrophe handelt, so sprechen die dort beschriebenen, damit verbundenen Plagen, wie die Hautgeschwüre und das Sterben unter den Fischen, dem Vieh und den Menschen, deutlich genug für einen Säureregen und nicht für einen Sandsturm als Ursache.

Auch die von dem Münchener Mikropaläontologen Herbert Hagn[357] in Erwägung gezogene Erklärung, daß die im Buch Exodus beschriebene Rotfärbung des Nilwassers auf eine hemmungslose Vermehrung der einzelligen Dinoflagellaten zurückgeht, kann nicht befriedigen. Zwar kann eine solche riesige Anzahl von Dinoflagellaten bis zur Rotfärbung des Wassers, bis zur »Rotflut«, führen, aber in diesem Fall – bei dem, wie gezeigt, eine Reihe von Sintflutplagen in die Exodus-Legende übernommen worden ist – sind außer den Flüssen auch das Festland und der Ozean durch einen »Blutregen« rot eingefärbt worden, so daß die angeführte Deutung hier nicht anwendbar ist.

Ebenso hinfällig ist die Erklärung der damaligen Rotfärbung des Nils durch rosa Bimssteinmaterial, das beim Ausbruch des Santorin in der Ägäis, bevor er explodierte, vor mehr als dreieinhalb Jahrtausenden ausgeblasen wurde, wie E. Bryant[358] annimmt.

Nicht uninteressant ist auch die hierher gehörende Mitteilung des Berliner Theologieprofessors Hermann Gunkel: Sie bezieht sich auf die Überwindung des Weltuntergangsdrachen, der Chaosmacht Leviathan, durch Jahwe (Jesaja 27,1). Nachdem Jahwe dieses verderbenbringende Meeresungeheuer an Land gezogen und getötet hatte, tränkte das Blut des Untieres weithin das Wüstenland, das danach überraschend fruchtbar war: »Hebräische Recensionen scheinen die Fruchtbarkeit des Landes, das vormals Wüste war, von dem Blute und dem verwesenden Fleische des Drachens abzuleiten.«[359] Diese Überlieferung ist für uns nach Kenntnis der Beschaffenheit dieses »Blutes« leicht verständlich und daher durchaus glaubhaft: Die Fruchtbarkeit resultierte aus der Stickstoffüberdüngung durch die im Kalkboden neutralisierten Salpetersäuremassen (hinzu kamen noch die Schlammassen, die nach dem Rückzug der Flut in den überschwemmten Gebieten zurückgelassen worden waren).

Die Ausstrahlung dieser Vorstellung, daß das Drachenblut bzw. das Dämonen-/Götterblut eine besondere Wirkung auf die Fruchtbarkeit, die Stärke, die Festigkeit von Mensch und Natur besitze, reicht Jahrtausende weiter und schlug sich später in zahlreichen Drachensagen, Kulten und Religionen nieder (siehe S. 491).

11. Strahlenschäden

Wir wissen heute, daß bei einem Impakt im Zuge der massenhaften Produktion von Stickoxiden und Salpetersäure die Ozonschicht in der hohen Atmosphäre radikal und für einen langen Zeitraum abgebaut wird, weil bei diesem Vorgang riesige Mengen von Sauerstoff verbraucht werden. Aus diesem Grund kann aber die sonst durch die Ozonschicht abgehaltene harte UV-Strahlung der Sonne ständig unvermindert zur Erdoberfläche, in die Zone des Lebens, durchdringen (siehe S. 70). Bekanntlich kann jedoch eine langfristige derartige Strahlung beim Menschen nicht nur Krebs, sondern über eine Schädigung der Keimzellen auch Mißgeburten bis Unfruchtbarkeit bewirken. Auch die durch den Impakt produzierte salpetrige Säure hat Schädigungen des Erbgutes zur Folge (siehe S. 67).

Ob ein solcher Impakt, bei dem sich im Zentrum immerhin sehr hohe Temperaturen bis 100 000 °C entwickeln, auch zur Bildung von radioaktiven Elementen wie dem Kohlenstoffisotop ^{14}C, dem Wasserstoffisotop Tritium usw. führt, die ihrerseits aufgrund ihrer Radioaktivität das Leben beeinträchtigen können, war noch nicht geklärt. Bei den entfernt vergleichbaren Atombombenversuchen in der Atmosphäre von 1962/63 wurde nach den Angaben des österreichisch-amerikanischen Kosmochemikers Hans Sueß[360] eine bedeutende Menge an ^{14}C erzeugt, das in das Kohlendioxid der Luft und durch die Lösung dieses Gases in die Gewässer und Ozeane gelangte. Man kann zwar einen Impakt diesbezüglich nicht einfach mit Atombombenversuchen gleichsetzen, da ja bei diesen wegen der Zündung der Bombe eine starke Neutronenquelle zur Verfügung steht, die für die Entstehung der radioaktiven Elemente verantwortlich ist. Aber die Praxis zeigt, daß ^{14}C bei einem Kometeneinfall doch verstärkt produziert wird: So wurde nach dem Tunguska-Kometeneinfall von 1908 in der Folge ein um zwei Standardabweichungen gesteigerter ^{14}C-Gehalt in der Atmosphäre gemessen. Und er wurde auch dort mit einer Neutronenproduktion durch schnelle Teilchen in der überhitzten Atmosphäre in Zusammenhang gebracht.[361]

Wenn wir jedoch daran denken, daß die Produktion von ^{14}C auch von der Menge der einfallenden kosmischen Strahlung abhängt, kann man durchaus erwarten, daß solche strahlenden Substanzen auch unter solch außergewöhnlichen Bedingungen entstehen können. Wie man erst vor kurzem entdeckt hat, beeinflussen sogar schon Schwankungen des Erdmagnetfeldes diese ^{14}C-Bildung in hohem Maße. Das schwache Magnetfeld der Erde vor 30 000 Jahren z.B. bewirkte eine starke Erhöhung des Einfalles von kosmischer Strahlung und damit zugleich der Produktion von ^{14}C. Damals war die Bildung von radioaktivem Kohlenstoff um 40% erhöht, was nebenbei auch eine erhebliche Berichtigung der bisherigen Altersbestimmung mittels der Radiokarbonmethode erforderlich machte (siehe S. 252). Bestimmte Nebeneffekte eines Impaktes können demnach sicherlich auch die natürliche Radioaktivitätsentwicklung merklich beeinflussen.

Im Falle des Sintflut-Impaktes, der sich um die Mitte des 10. Jt. vor heute ereignete, ist es – im Gegensatz zu früheren erdgeschichtlichen Impakten – angesichts der kurzen Halbwertszeit von ^{14}C von 5570 Jahren glücklicherweise möglich, eine etwaige Erhöhung des Radiokarbongehaltes in Holzresten aus dieser Zeit zu messen. Dem deutschen Botaniker und Dendrochronologen Bernd Becker und seinen Mitarbeitern ist es vor kurzem gelungen, die dendrochronologische Einstufung, d.h. die Altersbestimmung anhand des Musters der Jahresringe von Bäumen, bis 9920 Jahren vor der Gegenwart (bisher 8300 Jahre) zu erweitern. Ermöglicht wurde dies durch die Untersuchungen an deutschen Eichenstämmen aus Flußablagerungen. Durch Einbeziehung noch älterer Überreste von Föhrenstämmen konnte diese exakte Altersskala von den gleichen Autoren sogar bis 11 000 Jahre vor heute ausgebaut werden (S. 259 f.). Aus dem Diagramm Abb. 1 ebendieser Arbeit (vgl. Abb. 60) läßt sich tatsächlich der rapide, einmalige ^{14}C-Anstieg für ein Ereignis ablesen, das nach der dendrochronologischen Einstufung etwa vor 9545 Jahren stattfand. Dieses Ereignis entspricht offenkundig unserem Sintflut-Impakt, da es klar innerhalb der Fehlergrenzen aller übrigen geologischen Datierungen liegt, die nicht weit von diesem Wert entfernt sind (Tab. 4, S. 252). Dies ist eine glänzende Bestätigung des zuvor theoretisch erarbeiteten Ergebnisses über die Bildung und die Wirkung von radioaktivem Kohlenstoff bei einem Impakt. Die neu entstandenen ^{14}C-Atome aber reagieren mit dem Sauerstoff der Luft und bilden radioaktives Kohlendioxid, das sich im Wasser löst, auf diese Weise in den biologischen Kreislauf Eingang findet und sich dort auswirkt.

Da bei dem Impakt auch verschiedene erbschädigende Faktoren wie starke UV-Strahlung, weitere Strahlungsquellen, salpetrige Säure und eine Reihe erbschädigender Pyrotoxine aus dem Weltenbrand – darunter mehrkernige aromatische Kohlenwasserstoffe (siehe S. 69) – mobilisiert wurden, kann man mit größter Wahrscheinlichkeit annehmen, daß die aus der Zeit nach der Sintflut besonders vermerkten Mißgeburten auf derartige Einflüsse zurückgehen. Dafür spricht vor allem auch, daß weltweit die gleichen, sehr spezifischen und aus der Gegenwart besonders als Strahlenschäden bekannten Mißbildungen beschrieben werden: schwere körperliche Verunstaltungen wie Einarmigkeit, Einbeinigkeit und ebenso Einäugigkeit, aber auch Mißgeburten ohne Hände und Füße, ja sogar ohne Kopf. In vielen Flutberichten sind diese Monstrositäten von den Berichterstattern selbst als unmittelbare Folgen dieser Katastrophe erklärt worden.

Besonders häufig findet man solche Mythen mit erschütternden, detaillierten Berichten in den Ländern, die im Norden und Nordwesten an das Südchinesische Meer angrenzen, so in Nordvietnam, Guizhou (früher Kweitschou) in Südwestchina und Taiwan. Dafür gibt es einen logischen Grund: Diese Länder liegen in der Schußrichtung des aus Südosten kommenden Teilimpaktors, der im Südchinesischen Meer einschlug, wobei – der Dichte des Auftretens der Jungtektite dieses Sintflutereignisses, der Vietnamite, nach zu schließen – Vietnam besonders stark betroffen war – zuletzt von P. Izokh geschildert (siehe S. 254).

Vor allem in Nordvietnam ist die Kunde weit verbreitet, daß von dem einzigen die Sintflut überlebenden Geschwisterpaar Kinder ohne Arme und Beine geboren worden sind (Man-Tien-Stamm, Miao Stamm) oder Kinder, die zusätzlich noch stumm waren (Miao).[362] In Guizhou in China wird sogar von einer Mißgeburt ohne Hände und Füße und ohne Kopf berichtet. Die Ami-Sintflutsage aus Osttaiwan kündet von der Vielzahl der Fehlgeburten nach der Katastrophe. Überaus weit verbreitet ist in diesen Regionen im Nordwesten und Norden des Chinesischen Meeres die Überlieferung von extremen Mißgeburten in Form von »runden, formlosen, blutigen Fleischklumpen«, z.B. bei den Man Lan Tien, Man Cao Lan und Man Quan Côc in Nordvietnam sowie bei den Heh Miao in Südchina.

Bezeichnend für die Häufigkeit solcher Mißgeburten nach der Katastrophe in der vom Fallout und von Tektiten am meisten betroffenen Region im nördlichen Hinterindien bis hinüber nach Taiwan sind die Berichte der Lolo Po (Tibeto-Birmanen), daß unter zehn Neugeborenen ein »schönes Kind« gewesen sei, oder die der Paiwan in Südtaiwan, daß alle Neugeborenen körperliche Gebrechen gehabt hätten.[363]

Die von diesem Schicksalsschlag betroffenen Eltern hatten damals natürlich keine Ahnung von erbschädigender Strahlung oder Radioaktivität als untrennbare Nebenwirkung eines solchen Impaktes, sondern erklärten sich diese Mißbildungen durchgehend damit, daß die sonst streng verpönte Inzestverbindung mißachtet worden sei: In ihren Sagen überlebt die Katastrophe stets nur ein Geschwisterpaar, von dem dann – meist nach anfänglichem Widerstreben seitens der Schwester – alle späteren Nachkommen abstammen.

Von den Dajak auf Borneo wird über die Geburt eines »Simpang-Impang«, eines Halbkörpers, berichtet, der nur ein Auge, ein Ohr, einen Arm und ein Bein besaß.[364] In Malaysia gibt es entsprechende Erzählungen über »halbe Menschen, deren einer dadurch diese klägliche Gestalt hatte, weil eine Regenflut von seiner Mutter verflucht wurde«.[365]

Ausnahmsweise melden sich bei diesem Thema auch einmal die Schwarzafrikaner zu Wort, die ja ansonsten so arm an Flutsagen sind. Die Herero berichten in ihrer Flutsage über die alten Zeiten, in denen »der Himmel in unermeßlichen Regenströmen herabfiel«, daß die Götter hernach aber Wächter bestellten, die einarmige, einbeinige, einäugige Geschöpfe waren.[356]

Die in Asien und Afrika gleichlautenden Schilderungen solcher sehr ungewöhnlichen Schädigungen bei Mißgeburten erinnern so sehr an die entsprechenden Bilder von strahlengeschädigten Nachkommen, die nach den Atombombenabwürfen auf Hiroshima und Nagasaki (Abb. 51) und nach dem Reaktorunfall von Tschernobyl in der Ukraine und Weißrußland auf die Welt kamen, daß die Ursache der Schädigungen nach dem Sintflut-Impakt in den erwähnten, in hoher Zahl auftretenden mutagenen Faktoren zu suchen ist.

In diesem Zusammenhang sei aber auch an die sagenhafte Gestalt des Zyklopen Polyphem (Abb. 52) aus der griechischen Mythologie erinnert: Das Vorbild für diesen einäugigen Riesen kann durchaus in der Erinnerung an solche einäugigen, strahlengeschädigten Monster mit Riesenwuchs wurzeln, die nach dem Sintflut-Impakt geboren wurden.

Damit werden für uns auch die entsprechenden Berichte aus Amerika über die monströsen menschlichen Wesen verständlich, die diesen Kontinent einst bewohnt haben sollen. Die Entdecker und Eroberer der

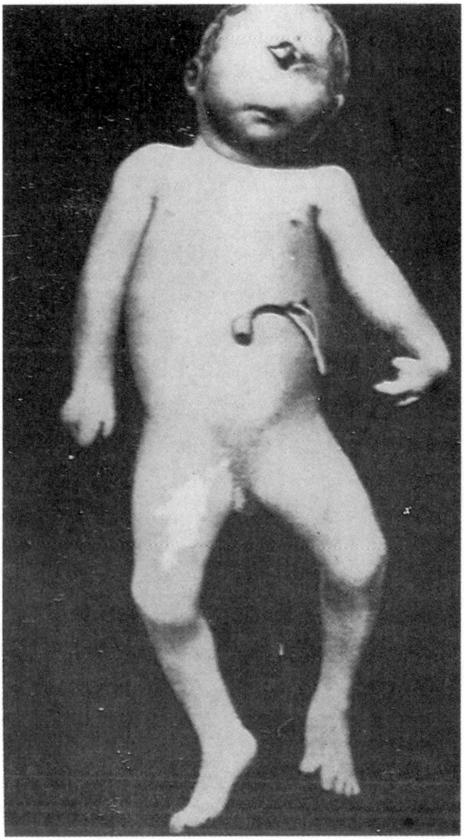

Abb. 51: Einäugige Mißgeburt infolge der radioaktiven Strahlung nach dem Atombombenabwurf über Hiroshima am 6. August 1945. – Flugblatt 1978.

Neuen Welt brachten von Anfang an immer wieder befremdliche Horrorgeschichten von Mitteilungen über solche Monstrositäten mit. In zahlreichen Reiseberichten und auf alten Landkarten von Amerika waren sie häufig abgebildet. Bis heute findet man bei den Ethnologen, Historikern und Geographen keine Erklärung für diese Ungereimtheiten. Aufgrund unserer Erfahrung über Berichte von entsprechenden Mißbildungen nach dem Sintflut-Impakt in anderen Kontinenten liegt auch hier die Vermutung nahe, daß es sich in Amerika z.T. ebenfalls um Erinnerungen an derartige mißgestaltete Menschen nach dem Schreckensereignis der Sintflut handeln könnte.

In Hartmann Schedels »Liber chronicarum«, 1493 erschienen in Nürnberg, fallen die phantastischen Bilder von einäugigen, einbeinigen, an den Beinen verkrüppelten und vor allem auch immer wieder »kopflosen«

Abb. 52: Polyphem, der sagenhafte einäugige Zyklop der griechischen Mythologie, geht möglicherweise auf die Erinnerung an erbgeschädigte, mißgestaltete Menschen nach der Vergiftung der Umwelt beim Sintflut-Impakt zurück. – Stich aus dem 19. Jh.

menschlichen Wesen auf, bei denen der Kopf ohne Hals in den Rumpf eingegliedert ist – vgl. Abb. 53.

Es mag von Interesse sein, daß in der Literatur gerade die stark verunstalteten Geschöpfe mit nur einem einzigen Bein als »Patagonier« bezeichnet werden, denn dieser Name weist direkt auf die am meisten impaktgeschädigte Region Südamerikas im Umfeld des Einschlages bei Feuerland hin.

In ihrer Übersicht über die Dauer der Umweltbelastung durch den Endkreide-Impakt weisen Wendy S. Wolbach und ihre Mitarbeiter vom

Abb. 53: Die übliche phantasievolle Darstellung der »Kopflosen«, wie sie der Jesuitenpater Joseph François Lafitau im Jahre 1724 in seinem Buch über die »Sitten der Wilden Amerikas« präsentierte.

Chemischen Institut der Universität Chicago[367] darauf hin, daß die Mutagene noch Jahrtausende nachwirkten.

Ebenfalls hierher gehört vermutlich ferner eine Passage aus der mexikanischen Flutmythe vom Weltuntergang am Ende des Zeitalters der Wassersonne Atonatiuh: Dort bekam das einzige übriggebliebene Paar nur taubstumme Kinder, denen erst eine Taube die Zunge lösen konnte und unzählige Sprachen gab.[368]

12. Der Treibhauseffekt

Da sich der Prozeß der Erwärmung der Atmosphäre nach einem Impakt aufgrund des Treibhauseffektes ganz allmählich und über einen Zeitraum von Jahrtausenden hinweg vollzieht, können wir über die damit verbundenen Temperaturveränderungen, die für die einzelnen Generationen kaum merklich sind, keine Augenzeugenberichte erwarten. Wir wollen aber der Vollständigkeit halber dennoch an dieser Stelle auf diese markante Spätfolge eines Impaktes hinweisen, die zudem mit den modernen erdwissenschaftlichen Forschungsmethoden exakt erfaßt werden kann.

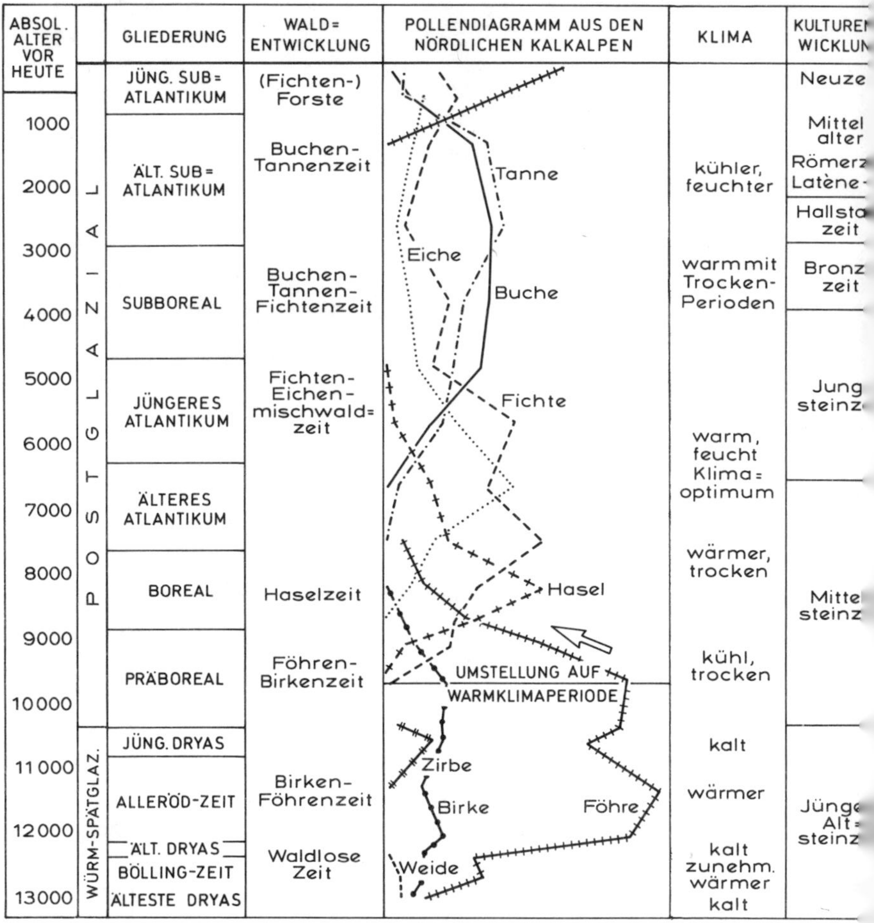
ABSOL. ALTER VOR HEUTE
GLIEDERUNG
WALD= ENTWICKLUNG
POLLENDIAGRAMM AUS DEN NÖRDLICHEN KALKALPEN
KLIMA
1000
2000
3000
4000
5000
6000
7000
8000
9000
10000
11000
12000
13000
POSTGLAZIAL
WÜRM-SPÄTGLAZ.
JÜNG. SUB= ATLANTIKUM
ÄLT. SUB= ATLANTIKUM
SUBBOREAL
JÜNGERES ATLANTIKUM
ÄLTERES ATLANTIKUM
BOREAL
PRÄBOREAL
JÜNG. DRYAS
ALLERÖD-ZEIT
ÄLT. DRYAS
BÖLLING-ZEIT
ÄLTESTE DRYAS
(Fichten-) Forste
Buchen-Tannenzeit
Buchen-Tannen-Fichtenzeit
Fichten-Eichen-mischwald=zeit
Haselzeit
Föhren-Birkenzeit
Birken-Föhrenzeit
Waldlose Zeit
Tanne
Eiche
Buche
Fichte
Hasel
UMSTELLUNG AUF WARMKLIMAPERIODE
Zirbe
Birke
Föhre
Weide
kühler, feuchter
warm mit Trocken-Perioden
warm, feucht Klima= optimum
wärmer, trocken
kühl, trocken
kalt
wärmer
kalt
zunehm. wärmer
kalt
Neuze
Mittel alter
Römerz
Latène-
Hallsta zeit
Bronz zeit
Jung steinz
Mitte steinz
Jünge Alt= steinz

Abb. 54: Die explosive Entfaltung der wärmeliebenden Baum- und Straucharten der »Haselzeit« setzte, wie sich aus der Zunahme der entsprechenden Pollen in den Moorprofilen der Nacheiszeit in den Ostalpen ableiten läßt, bezeichnenderweise vor rund neuneinhalb Jahrtausenden ein und blieb über vier Jahrtausende wirksam. Es liegt nahe, darin die Treibhauswirkung der durch den Impakt produzierten »Treibhausgase« zu sehen. – Aus I. Draxler 1980.

Denn der mit gewisser Verzögerung nach einem Impakt eintretende Treibhauseffekt, also ein deutlicher Temperaturanstieg aufgrund der starken Kohlendioxidzunahme in der Atmosphäre (vgl. S. 71), ist auch beim Sintflut-Impakt nicht zu übersehen.

Auch wenn die Tendenz zur Erwärmung im Laufe des Übergangs vom Spätglazial zum Holozän, also bereits vorher, deutlich spürbar ist und sich schon für diesen Zeitraum (18 000–10 000 Jahre vor der Gegenwart) eine Temperaturzunahme von 5 °C nachweisen läßt, so stellt die auffällige Temperaturerhöhung zu Beginn der Warmzeit des Holozäns, also der »Zwischeneiszeit«, in der wir leben, ein direkt an den Impakt anschließendes Maximum dar[369]: Einen Höchstwert einerseits an Kohlendioxid in der Atmosphäre, wie man durch die Analyse von Luftblasen messen konnte, die in den Eisbohrkernen entsprechenden Alters aus Grönland und der Antarktis eingeschlossen waren; den Höhepunkt erreichte der Kohlendioxidgehalt vor 9000 Jahren, also rund 500 Jahre nach dem Impakt, einen Maximalwert andererseits hinsichtlich der damit zusammenhängenden Temperatur, die in der Zeit des sogenannten Borealen und Atlantischen Temperaturoptimums in der Zeit von 9000 bis 5300 vor heute bis zu 4,5 °C über den heutigen Wert anstieg. Ein so warmes Klima wie in den ersten fünf Jahrtausenden nach dem Impakt ist später nie mehr erreicht worden.

Dieses anhaltende Wärmeoptimum nach dem Sintflut-Impakt spiegelt sich auch hervorragend in der explosionsartigen Entwicklung der wärmeliebenden Baum- und Straucharten wider, die z.B. in den Ostalpen nach der Dominanz von Föhre und Birke im Präboreal einsetzte.[370]

Vor neuneinhalb Jahrtausenden begann – wie die Pollendiagramme beweisen – die rasche Ausbreitung von Haselnuß und Fichte; mit Verzögerung folgten Eiche, Tanne und Buche (Abb. 54). Erst mehr als vier Jahrtausende später wurde diese Dominanz der wärmeliebenden Arten der »Haselzeit« wieder deutlich zurückgedrängt.

Genau die gleiche Auskunft gibt die Umstellung der Meeresfauna noch im nördlichen Atlantik im Schelf vor Spitzbergen, wo nach den Angaben des norwegischen Geologen J. I. Svendsen und seiner Mitarbeiter (1992) in der Zeit von 9500–5000 vor heute wärmeliebende Molluskenfaunen auftraten.

Die Natur hat das Leben nach der Sintflut und dem Impaktwinter »zum Ausgleich« in den folgenden Jahrtausenden verwöhnt, so daß Haselnuß, Ulme und Linde bis in hohe geographische Breiten vordringen konnten. Da der zunehmende Niederschlag zugleich zu einer Ausbreitung von üppiger Vegetation in einstigen (und heutigen) Wüstengebieten führte, war vor rund 6000 Jahren sogar die Wüste Sahara fast zur Gänze verschwunden (siehe S. 215).

13. Massensterben

Die Frage des Massensterbens und des Aussterbens von Arten der Vergangenheit, die von den Paläontologen im letzten Jahrzehnt so heftig diskutiert wurde, daß sie fast zur Modeerscheinung ausartete (seit 1980 sind allein zu diesem Thema über 2500 Publikationen erschienen), ist in gewisser Weise bereits von den Überlieferungen über die Sintflut beantwortet worden. Die Menschheit ist bei dieser Katastrophe der vollkommenen Ausrottung tatsächlich nur mit knapper Not entgangen. Von den damals lebenden Völkern und Stämmen blieben bestenfalls nur einige isolierte, kleine Gruppen übrig, so daß es Jahrtausende dauerte, bis sich Homo sapiens als Art wieder einigermaßen erholt hatte.

Trostlos und deprimierend war der Anblick der Erde für die wenigen Überlebenden der Sintflut. Dies spiegelt sich durchgehend in allen Berichten wider. Angesichts dieser Schilderungen fühlt man sich an die düstere Prophezeiung erinnert, die heute im Zusammenhang mit den möglichen Folgen eines zukünftigen Atomkrieges ausgesprochen wird: »Die Lebenden werden die Toten beneiden.«

Die Landschaft war völlig verwüstet. Die abfließende Flut hatte die ungeheuren Massen von Sedimenten und Böden, die bei ihrem Einbruch ins Land zunächst erodiert worden waren, als mächtiges Leichentuch aus Schlamm über das Antlitz der Erde gebreitet, von dem überall in den Sintfluttraditionen berichtet wird. So schildern z. B. die Mixteken Mexikos die schleimige Schlammasse, die nach der Sintflut das Chaos überzog.[371] Die Indianer von Britisch-Kolumbien berichten ebenfalls hierüber: »Nur Lehm blieb im ganzen Land... alle Arten Bäume waren durch den Strudel des Wassers ausgerissen worden. Und die Leiber der Menschen, Tiere, Vögel, Schlangen, alles war durch den Wirbel der See verschlungen worden.«[372]

Fast wortgleich damit ist der chaldäische Bericht aus Babylonien über die gespenstische Szene nach dem Untergang der ersten Menschheitskultur: »Ich aber durchfuhr das Meer, laut klagend, daß die Stätten der Menschen in Schlamm verwandelt waren, wie Baumstämme trieben die Leichen umher.«[373] Und auf die von Schlamm bedeckten Leichen bezogen: »Alle Menschen wurden zu Erde.« Bei den Wogulen Sibiriens verwandeln sich die Menschen nach der Sintflut in Käfer (ker chomlach)[374] – offenbar unter dem Eindruck des von Käfern zerfressenen Aases.

Die Aufregung über die während des Sintflut-Impaktes Schlag auf Schlag folgenden Katastrophen treibt die Menschen an den Rand des Wahnsinns, wie etwa die Kurnai in Südostaustralien.[375] Die gängige Version der Berichterstattung über diesen Umstand lautet: »Und die Menschen wurden zu Tieren« – vom Himalaya über Australien bis Mittelamerika.

Nach der Sintflutkatastrophe »blieben die Menschen in so kleiner Zahl und so weit voneinander verstreut, daß sie sich einbildeten, allein auf der Welt zu sein«.[376] Hierzu muß man wissen, daß die Bevölkerung am Ende der letzten Eiszeit, also vor rund 10 000 Jahren, knapp vor der Sintflut, von Anthropologen aufgrund der Funddichte immerhin schon auf ein bis zwei Millionen Menschen geschätzt[377] bzw. jüngst sogar mit fünf Millionen veranschlagt wird.

In den durch die Sintflut ausgelöschten ersten Kulturzentren Naher Osten, Atlantis (siehe S. 498 ff.) und Mittelamerika (Tolteken) stand die Menschheit kurz vor dieser Katastrophe – Berichten aus dem Zweistromland und Persien zufolge[378] – in den Ballungszentren knapp vor der ersten Bevölkerungsexplosion mit einer »alarmierenden Zuwachsrate bei Mensch und Tier«. Diese Bevölkerungsexplosion wurde durch die Sintflut um fast zehn Jahrtausende aufgeschoben und vollzieht sich erst heute, vor unseren Augen, dafür weltweit und um so nachhaltiger. Ein Impaktor mit einem etwas größeren Durchmesser als der vor 9545 Jahren hätte der Natur die von einer Brutalität und Rücksichtslosigkeit ohnegleichen gekennzeichnete bewußte Umweltzerstörung durch die heutige Menschheitsexplosion erspart!

Das Leben der Hinterbliebenen schildern die rumänischen Zigeuner in Erinnerung an ihre Urheimat in Indien: »Mühe und Qual war von nun an ihr Leben; dazu kamen auch noch Krankheit und Tod, so daß sie sich nur langsam vermehrten, und viele, viele tausend Jahre sind seither verflossen, bis die Leute wieder so zahlreich waren, wie sie einst gewesen und noch gegenwärtig sind.«[379] Wie wahr! In der Zeit unmittelbar nach der Sintflut bestand weltweit ein Mangel an Nahrung und an Feuer, bei Bewohnern der höheren geographischen Breiten auch an Holz zum Bau einer Behausung, wie in den Berichten betont wird.

Die Verifizierung der Sintfluttraditionen und die zeitliche Einstufung des Ereignisses in das zehnte Jahrtausend von heute erlauben es uns nun auch, die weit verbreitete Legende vom einstigen *Paradies* und der harten Zeit danach richtig zu verstehen. Noch vor dem Einsetzen der Sintflut war nämlich nach dem Ende der Hocheiszeit bereits eine erste Wärmezeit eingetreten. Nach dem harten Überlebenskampf in der letzten Eiszeit war die anbrechende Wärmeperiode mit ihrer üppigen Vegetation und ihrem milden Klima wahrhaft paradiesisch. Die dann auf die Sintflut folgende Mühsal in einer zerstörten Welt lieferte andererseits den Hintergrund für die Erinnerung an dieses Verhängnis, das symbolhaft als »Sündenfall« nach dem Goldenen Zeitalter in die Religion Eingang gefunden hat.

Als die ausgedehnten Eismassen der Eiszeit vor 15 800 Jahren abzuschmelzen begannen, erreichte die Temperatur auch in hohen geographischen Breiten mit mehreren Wärmeschüben zunächst in der Raunis-Phase (13 200 Jahre vor heute) beinahe die jetzigen Werte und lag im Bölling-Stadium (um 12 500 Jahre vor heute) und in der Alleröd-Wärmeepoche (um 11 500 Jahre vor heute) bereits über denen der Gegenwart. Schon in der Raunis-Phase erreichte z.B. die Oberflächentemperatur des Nordatlantiks fast heutige Verhältnisse.[380] In den niedrigen Breiten war die Temperatur geradezu paradiesisch. Das alte Problem der Bekleidung und der Behausung fiel weg. Die üppige Vegetation brachte Früchte aller Art hervor. Die Bevölkerungsdichte war noch so gering, daß die Produkte der Natur in überreichem Maße zur Verfügung standen und mühelos geerntet werden konnten.

Später zwang die Seßhaftigkeit zu ausgedehnten, mühevollen Rodungen, damit man Vieh halten und bald darauf auch Ackerbau betreiben konnte. Die Pollengehalte in den Moorprofilen informieren uns mit dem massenhaften Einsatz von Getreidepollen über die Arbeit des Menschen im Schweiße seines Angesichts. Der Beginn der Seßhaftigkeit und eine erste landwirtschaftliche Nutzung des Bodens sind mit der Radiokarbonmethode im Nahen Osten bereits für 5200 v. Chr. nachgewiesen worden; bis 4000 v. Chr. erreichte diese Entwicklung dann Mitteleuropa, bis 2800 v. Chr. Nordwesteuropa.[381]

Für uns stellt sich aber nicht nur die Frage nach dem Schicksal der Menschen, sondern auch nach der übrigen belebten Welt unseres Planeten im Zuge dieser kosmischen Katastrophe. Über das, was die Paläontologen heute besonders interessiert, nämlich die Aussterberate bei den Landtieren bei dieser Zäsur am Ende des Spätglazials, hat eine zutiefst deprimierte und mit ihrem eigenen Schicksal zur Genüge beschäftigte Restmenschheit naturgemäß keine näheren Beobachtungen überliefert. Hingegen kommt in den Legenden immer wieder die Leere der Welt, die ihrer Menschen beraubt war, symbolhaft zum Ausdruck[382] – so etwa in einer feinsinnigen Erzählung der Lappen: Das einzige Menschenpaar, das Gott die Flut überleben ließ, trennte sich nach der überstandenen Katastrophe, um herauszufinden, ob noch andere Menschen außer ihnen existierten. Nach drei Jahren vergeblicher Suche trafen sie wieder aufeinander und erkannten sich. Die Suche wiederholte sich in gleicher Weise weitere drei Jahre – mit dem gleichen negativen Ergebnis. Erst nach einer dritten Dreijahresperiode, als sie sich bei der nächsten Begegnung nicht mehr erkannten, blieben sie beisammen und hatten Kinder, von denen alle heutigen Menschen abstammen. In schlichten, aber um so eindringlicheren Worten schildert diese lappländische Legende symbolhaft die fast perfekte Ausrottung des Menschengeschlechtes durch die Sintflut.

Noch bildhafter geben Indianersagen von Kanada bis in das Mississippigebiet das Ausmaß dieser Ausrottung wieder, indem der Große Geist nach der Flut Tiere in Menschen verwandelte, um die Erde wieder zu bevölkern.[383]

Noch einen Schritt weiter geht eine überraschenderweise sogar weltweit verbreitete Sage, die am besten aus der griechischen Mythologie als Geschichte von Deukalion und Pyrrha bekannt ist (siehe S. 367): Die Welt ist nach der Katastrophe so ausgestorben, daß das übriggebliebene Menschenpaar Steine hinter sich wirft, aus denen sich das neue Menschengeschlecht entwickelt – anschaulich in der griechischen Sprache verewigt, wo »laas« der Stein und »laos« das Volk, die Menschen, bedeutet. Auf die gleiche Methode griffen auch die Makusen, Indianer in Guyana, in ihrer Sage zurück – was dort eher einleuchtet, da nur eine Person die Sintflut überlebt hatte.[384] Es ist interessant, wieweit dieses Motiv der Erschaffung neuer Menschen unabhängig bei den Völkern der Erde verbreitet ist, denn es ist sogar noch bei den Bewohnern der Aleuten im nördlichsten Pazifik anzutreffen.[385] Etwas Ähnliches finden wir auch in Südamerika: Die Tamanaken im Orinokogebiet verwendeten dafür laut ihrer Sage allerdings Palmnüsse statt Steinen.[388]

Aus allen Traditionen geht die unerhörte Dezimierung des Menschengeschlechtes durch die Sintflut hervor. Vielen Berichten zufolge blieben – symbolisch ausgedrückt – nur ein oder zwei Menschen übrig: verloren in der Welt. Die Rekonstruktion des grauenhaften Impaktgeschehens gibt uns die traurige Gewißheit, daß die Menschheit wirklich nahe am Rande des Aussterbens stand.

Für uns stellt sich jedoch die Frage, wie der Mensch überhaupt dieses potenzierte Inferno überstehen konnte und wie er danach in einer zerstörten Welt ohne Nahrung und mit vergiftetem Wasser zurechtkam – kurz, wer hier überhaupt eine Überlebenschance hatte. Sicherlich gab es einige wenige Regionen auf der Erde, die nicht im völligen Ausmaß und von den schlimmsten Auswirkungen der Katastrophe betroffen waren. Aber die Vielzahl der jeweils recht ansehnlichen, über den ganzen Globus verstreuten Teilimpakte sorgte dafür, daß kaum ein Winkel dieser Erde verschont blieb. Wo im Gebirge die Flut nicht hochkam, wüteten gewaltige Beben, Steinschlag, Hitzeorkan, Giftgaswolken, weltweit der Sintbrand, kochender Flutregen und gerade auf den höher gelegenen Gebieten zuletzt noch der Sintfrost mit dem weißen Leichentuch aus baumhohem Schnee und Firn.

Es waren die Höhlen, die den Bewohnern den optimalen Schutz gewährten. Die Höhlen, die das Weltenbeben überstanden hatten, ohne zusammenzustürzen, boten auch Sicherheit vor Weltenbrand und kochendem Regen, Giftwolken und Sintfrost. Hinzu kam noch, daß seit der Eiszeit für den Steinzeitmenschen die Höhle der bevorzugte Wohnplatz war, weil sie ihn vor Gefahren und Kälte geschützt hatte. Es ist bezeichnend, daß sogar noch im Althochdeutschen wie im heutigen Volksmund in Österreich »luog« ebenso »Höhle« wie »Lager« bedeutet.[387] So kann man vermuten, daß auch in den schrecklich heimgesuchten Regionen die Höhlenbewohner Überlebenschancen hatten, um so mehr, als die Dauerbesiedler dieser Höhlen bereits in der Steinzeit für Nahrungsvorräte Sorge getragen hatten und dort angesichts des oberirdisch vergifteten Wassers zumeist (gefiltertes und neutralisiertes) Tropfwasser zur Verfügung stand.

Zahlreiche Legenden der Indianer – von denen wir die der Yuracarés in Bolivien auf S. 166 als Beispiel zitiert hatten – bestätigen diese theoretischen Überlegungen. Doch die symbolträchtigste Darstellung, wie sich der Mensch vor der Sintflut in Höhlen rettet, ist das Bild mit den von Aztlan (Atlantis) abstammenden Tolteken, die in den sieben Höhlen »Chicomoztoc« im heiligen, mythischen Berg »Colhuacan« in Mexiko überlebt haben (vgl. Abb. 46 und S. 165) und die die Ahnen der daraus hervorgegangenen acht Stämme sein sollen.

Beschreibungen vom *Massensterben in der Tierwelt* sind in den Sintfluttraditionen selten. Der Untergang so vieler Meerestiere fiel der Restmenschheit wohl aufgrund der angeschwemmten Kadavermassen auf. Johannes[388] erwähnt in seinem als Offenbarung dargebotenen, präzise geschilderten Sintflut-Impaktszenario (siehe S. 435) zuerst, daß »das dritte Theil der lebenden Kreaturen im Meer starben«, und später, übertreibend: »Alles, was lebte, starb im Meere, da wurde es Blut, wie von einem Toten.« Es trifft vermutlich zu, daß in der Nähe der Impakte durch die ungeheure Druckwelle im Meer – die beim Endkreide-Impakt 3 Millionen bar betrug – sämtliches Leben vernichtet wurde, aber weit abseits davon blieb sehr wohl ein guter Teil der im Meer lebenden Arten erhalten, wie die Paläontologie belegen kann. Die Rotfärbung bestimmter Meere, Flüsse und Länder in Impaktnähe wurde nämlich nicht durch ausfließendes Blut aus den zerrissenen Organen und Blutgefäßen der Meerestiere, sondern durch den mit Stickoxiden gesättigten Salpetersäureregen bewirkt, wie wir bereits ausgeführt haben (siehe S. 213). Jedoch sorgte diese für das Leben höchst abträgliche, starke Ansäuerung in der Umgebung der Einschlagsstellen natürlich noch zusätzlich dafür, daß die nahe der Meeresoberfläche lebenden Meerestiere weiter dezimiert wurden.

Auf eine lange anhaltende Phase von Faulschlammbildung am Boden des östlichen Mittelmeeres haben der französische Palynologe Rachid Cheddadi und seine Mitarbeiter hingewiesen;[389] sie setzte vor rund neuneinhalbtausend Jahren ein. Wie wir am Beispiel des Endkreide-Impaktes auf S. 86 gezeigt haben, weist eine solche Sapropel-Bildung auf große Mengen von abgestorbener Biomasse bei gleichzeitigem Mangel an Sauerstoff hin. Ein Zusammenhang mit dem Sintflut-Impakt ist naheliegend.

Dank der paläontologischen Forschung ist aber schon seit längerem eine außergewöhnliche Aussterbewelle unter den Landsäugetieren bekannt, die an der Wende vom Pleistozän (Ende der Würm-Eiszeit) zum Holozän (Jetztzeit), also vor rund zehn Jahrtausenden, stattfand und in neuester Zeit intensiv untersucht und diskutiert worden ist. Sie betraf vor

Abb. 55: Paläolithische Mammutzeichnungen. – Aus K. Kowalski 1967.

allem Großsäuger: Etwa die Hälfte aller Säugergattungen mit mehr als 5 kg Körpergewicht starb am Ende des Pleistozäns aus. In Amerika und Europa traten alle Arten, die mehr als 1000 kg wogen, endgültig ab, während unter den Säugern mit mehr als 100 kg immerhin drei Viertel der Arten ersatzlos verschwanden.[390] Dies erinnert verdächtig an das Geschehen nach dem Dinosaurier-Impakt. Betroffen waren in erster Linie die Pflanzenfresser unter den Großsäugern, wie Mammut, Wollhaar-Nashorn, Mastodontenarten, Kamelverwandte usw., aber auch die auf sie angewiesenen Großraubtiere.

In den letzten Jahren hat sich eine lebhafte Kontroverse über die Ursache dieses großen Aussterbens entsponnen.[391] Man hat eine Reihe von Theorien aufgestellt, von denen jede entscheidende Schwachstellen besitzt. Die Theorie vom Klimawechsel am Übergang von Kaltzeit zu Warmzeit als Hauptursache kann überhaupt nicht befriedigen, weil bei den vielen früheren Klimawechseln gleicher Art zu den älteren Zwischeneiszeiten hin keine auch nur irgendwie vergleichbaren Aussterberaten zu verzeichnen waren. Daß sich dieser letzte pleistozäne Klimawechsel grundlegend von den anderen, vorherigen unterscheiden müsse, wird immer wieder betont.[392]

Die in den letzten Jahrzehnten von Paul S. Martin[393] von der Universität Arizona in Tucson mit großer Eindringlichkeit und ungeheurem Eifer wieder propagierte alte »Blitzkrieg«- oder »Overkill«-Theorie ist aus vielen Gründen als letzte Ursache absolut inakzeptabel, wie schon H. Howorth 1887[394] gezeigt hat. Diese Theorie besagt, daß die Aussterbewelle ausschließlich auf die unbarmherzige Ausrottung der Großtiere durch die Indianer zurückgehe, die in Amerika angeblich ungefähr zur Zeit des Aussterbens der Großtiere einwanderten. Angesichts der Ausrottung der Büffelherden durch den weißen Mann in den Vereinigten Staaten ist dies zwar ein verständlicher, unterschwellig wirkender Gedanke, aber dabei wird vergessen, daß es nicht das Naturvolk der Indianer war, das seine Lebensgrundlage zerstört hat; daran ändern auch nichts die emotional aufrüttelnden, hierzu veröffentlichten Gemäldereproduktionen.[395]

Die »Blitzkrieg«-Theorie wird trotz ihres eindrucksvollen Namens sofort hinfällig, wenn man andere Kontinente in die Betrachtung einbezieht, etwa die riesigen sibirischen Räume, die damals reich an Säugerarten waren, aber nur sehr spärliche Spuren menschlicher Kolonisation aufwiesen[396] – Abb. 56. Man bedenke ferner, daß an dieser Zeitwende auch in Amerika zahllose Säugerarten und Vögel ausstarben, die eindeutig keine Jagdobjekte des Menschen waren. Aus europäischer Sicht läßt sich jeden-

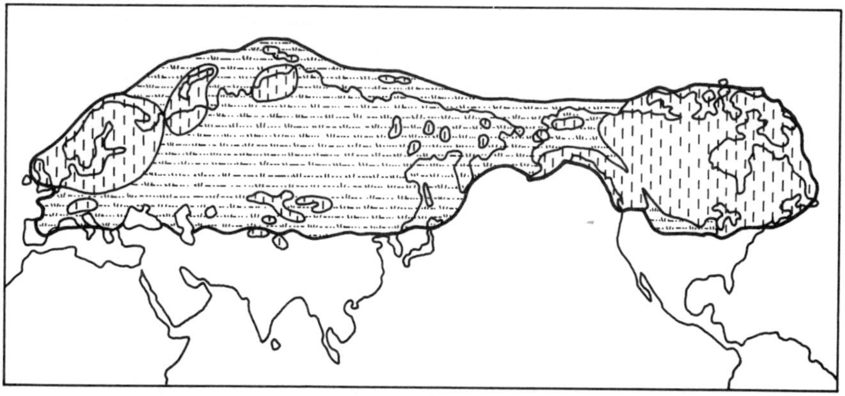

Abb. 56: Die späteiszeitliche Mammutsteppe in Nordeurasien und im Nordwesten Amerikas war durch eine spezifische Großsäugerfauna gekennzeichnet, in der das Mammut dominierte. Der skandinavische Gebirgswall fing den Niederschlag der atlantischen Winde auf, so daß das weite Land dahinter trotz der hohen geographischen Breite in Sibirien eisfreie Steppe blieb. Der Steppenkorridor in Amerika von Alaska nach Alberta war zeitweilig durchgehend geöffnet. (Signaturen: Gras = Steppe, Vertikalstriche = Eisschilde). – Nach R. D. Guthrie 1990.

falls einwandfrei feststellen: »Menschliche Einwirkungen ('Overkill' Martin 1967) haben mit dem Verschwinden charakteristischer alt- und mittelpleistozäner Populationen, etwa den Steppenhirschen, nichts zu tun«, und »die sibirischen Mammute, Nashörner und Wisente haben wiederum Anhaltspunkte für Naturkatastrophen gegeben«.[397]

P.S. Martin weist noch 1986 den Gedanken, daß ein Impakt an der Aussterbewelle beteiligt gewesen sein könnte, weit von sich, weil dieser »eine Iridium-Anomalie erfordert, die im Spätpleistozän unbekannt ist«.[398] Diese Behauptung ist doppelt unrichtig. Zunächst wissen wir genau, daß das Fehlen einer Iridium-Anomalie nicht den geringsten Grund bietet, einen Impakt auszuschließen; zahlreiche Krater oder Tektitfelder sind nicht mit Iridium markiert, weil dieses entweder in den Weltraum zurückgeschleudert worden sein kann oder bei Kometen überhaupt nicht in ausreichendem Maße vorhanden war (siehe S. 351). Außerdem ist für die Lößlehmschicht in Vietnam, in der sich die Tektite des Sintflut-Impaktes befinden, von dem sibirischen Geologen E. P. Izokh[399] eine Iridium-Osmium-Anomalie nachgewiesen worden (siehe S. 254).

Faßt man das Wissen über die überaus markante Aussterbewelle in der Zeit des Überganges vom Pleistozän zum Holozän zusammen, so zeigt sich, daß es bisher trotz intensiver Forschung keine befriedigende Erklärung dafür gibt. Es ist daher notwendig, die Aufmerksamkeit erstmals in dieser Diskussion auf den folgenschweren Sintflut-Impakt zu lenken, der nachweisbar am Beginn der Jetztzeit vor rund zehn Jahrtausenden stattfand. Zwar lassen sich damit keineswegs alle offenen Fragen pauschal beantworten, aber diese mögliche Erklärung bringt uns einen entscheidenden Schritt im Verständnis weiter. Es ist ähnlich wie beim Endkreide-Impakt mit dem Aussterben der Dinosaurier und anderer Tiergruppen: Der Impakt zieht nur einen klaren und dicken Schlußstrich unter eine Entwicklung, die sich angeblich auch in diesem Falle schon vorher angebahnt hatte.

Wie liegen nun die Verhältnisse bei dem Großsäugeraussterben vor zehn Jahrtausenden im einzelnen? Die amerikanischen Autoren legen den Zeitpunkt der für die Tierwelt maßgeblichen Katastrophe in die Zeit vor 11 000 bis 10 000 Jahren, als sich auch ein Vegetationswechsel vollzog. Es fehlt aber bis in die Gegenwart nicht an Stimmen, die das Abtreten der eiszeitlichen Rüsseltiere sowohl in Amerika als auch in Europa später ansetzen und über europäische Mammutfunde aus der Zeit zwischen 9000 und 10 000 Jahren vor heute berichten. Die modernen Lebensgemeinschaften und Ökosysteme werden jedenfalls als wahrscheinlich jünger als 10 000 Jahre eingeschätzt.[400] Wenn man die älteren Daten als richtig annimmt, ergibt sich das Problem, daß sich die Umstellung der Säugerfaunen schon mehr als ein Jahrtausend *vor* dem Impakt angebahnt hätte.

Unter diesen Umständen dürfen wir nicht die beträchtlichen Säureanomalien – vor allem die Salpetersäure-Anreicherung – in den grönländischen Eisbohrkernen vergessen, die bereits einige tausend Jahre vor dem Sintflutniveau einsetzen und die auf einen unabhängigen Vorläuferimpakt hinweisen könnten.[401, 402] Die einschlägigen Iridiumuntersuchungen stehen noch aus.

Falls aber Großsäugersterben und Sintflut-Impakt doch miteinander in Beziehung stehen, was mit größter Wahrscheinlichkeit anzunehmen ist, gibt es zwei Möglichkeiten zur Erklärung dieser Diskrepanz:

1. Der Sintflut-Impakt könnte um ein Jahrtausend früher eingetreten sein. Dies ist aufgrund von mehreren unabhängigen geologischen Altersnachweisen auszuschließen.

2. Vorläufer des Sintflutimpaktes wären zufolge der ab 14 000 vor heute verstärkt auftretenden Säurehorizonte im Eis der Arktis und Antarktis gut vorstellbar.

3. Das Aussterben der Großsäuger könnte infolge von derzeit noch nicht behobenen Mängeln in der Radiokarbon-Datierung der fossilen

Knochen zu früh angesetzt sein. Erinnern wir uns daran, daß dieselbe Aussterbeperiode mit Hilfe der gleichen Radiokarbonmethode noch im Jahre 1967 mit 9000 bis 7000 Jahren vor heute datiert worden ist.[403] Wir kennen außerdem die Grenzen dieser Methode und wissen, wie sie sich mit weiteren Erkenntnissen verschieben. Und beachten wir auch, wie kritisch diese ^{14}C-Datierungen Thomas W. Stafford vom Geochronologischen Institut der Universität von Colorado in Boulder beurteilt[404], also ein Forscher, der sich gerade mit diesem Problem intensiv befaßt hat: »Das Aussterbe-Ereignis ist nicht präziser als mit 1000 bis 1500 Jahren datiert«, und »^{14}C-Daten von Knochen sind öfter mit Fehlern von 2000 bis 5000 Jahren behaftet« – infolge der beträchtlichen chemischen Umwandlungen bei der Versteinerung. Noch kürzer umreißt der bekannte deutsche Eiszeitforscher H. Liedtke[405] diese Misere: »Die einst ganz berühmte ^{14}C-Methode ... wird bei Datierungen von Zeiträumen über 10 000 Jahren unzuverlässig«.

Sicherlich sind zusätzlich zu den Knochen auch noch zahlreiche kohlige Überreste altersmäßig bestimmt worden, deren Alter ebenfalls höher als 9630 ± 170 Jahre eingestuft worden ist. Aber vergessen wir nicht, daß die hierauf beruhenden amerikanischen Arbeiten auch das Wollhaarmammut Sibiriens, Mammuthus primigenius (BLUM), vor 11 000 Jahren aussterben ließ,[406] während moderne Radiokarbon-Datierungen des reichen Materials von Weichteilen sibirischer Mammuts durch russische Autoren ein geringeres Alter ergeben. So konnte bei einem Jungmammut aus dem Juribey-Tal in Westsibirien ein Alter von 9600 ± 300 Jahren anhand des weichen Gewebes und von 9730 ± 100 Jahren anhand des Futters im Mageninhalt nachgewiesen werden.[407] Irena Dubrowo vom Paläontologischen Institut in Moskau betont, daß das Juribey-Mammut das geologisch jüngste Exemplar der großen Zahl von datierten Mammuts ist, also offenbar das tatsächliche Aussterbedatum markiert. Das klingt nun schon ganz anders als die Daten aus den amerikanischen Berichten, deren Materialbasis zudem viel geringer ist: Das letzte sibirische Mammut vor deren Aussterben wird mit 9600 ± 300 Jahren datiert und der Sintflut-Impakt nach der Marke im grönländischen Inlandeis mit 9630 ± 170 Jahren bzw. laut Dendrochronologie mit 9545 ± wenige Jahre vor heute eingestuft. Es wird sich lohnen, solchen Gesichtspunkten mehr Augenmerk zu schenken, als es in den bisherigen fruchtlosen Debatten um das Massensterben an der Pleistozän-Holozän-Wende geschehen ist.

Mit dem Thema des Mammutsterbens beschäftigen sich ausnahmsweise auch Sintflutsagen, z.B. die der Samojeden im hohen Norden des

Jennissei-Gebietes.[408] Darin wird sehr lebensnah, aber anthropomorphisierend die Verzweiflung der Mammuts geschildert, die der Sage nach die Sintflut knapp überlebt haben sollen: »Das Mammut – kalaga – begann auf der Erde herumzugehen und sie zu verwüsten; an der einen Stelle häufte es, mit den Hörnern wühlend, Berge auf und schuf Schluchten, weshalb man bis heute an solchen Orten seine zerbrochenen Stoßzähne findet; an anderen Stellen drückte es durch sein Gewicht die Erde ein, wodurch Wasser hervortrat, das Flüsse und Seen bildete; endlich, nachdem das Mammut Nua [die Hauptgottheit der Samojeden] erzürnt hatte, ertrank es in einem See und lebt nun unter der Erde.«

Die Schilderung stellt ganz offensichtlich keinen Bericht über das nachsintflutliche Verhalten von etwaigen Überlebenden dar, sondern interpretiert phantasievoll die Beobachtungen von »Mammutfriedhöfen«, wie sie auch Geologen nicht selten an Flußeinschnitten – mit Anhäufungen bis zu 9000 Knochen und Stoßzähnen – angetroffen haben. Der Schluß dieser Mammutsage der Samojeden »und lebt nun unter der Erde« ist leicht verständlich, wenn man an die Entdeckung der mit Haut und Haar erhaltenen Mammuts im gefrorenen Boden Sibiriens denkt, die wie lebendig wirken.

Eine interessante sibirische Mammutsage hingegen, in der möglicherweise tatsächlich noch eine Erinnerung an das sintflutliche Aussterben dieser Großsäuger festgehalten ist, hat der Forschungsreisende Evert Ysbrandszoon Ides im Jahre 1707 aufgezeichnet: »Hergegen glauben die alten Sibirischen Russen, und sagen, daß der Mammut eben solch ein thier sey als ein elephant, ausgenommen daß die zähne etwas krümmer und fester in einander geschlossen seyn. Über dieses meynen sie, daß die elephanten vor der sündfluth sich in diesen Landen aufgehalten hätten, da dann dazumahl eine wärmere lufft müsse gewesen seyn, und daß mit der sündfluth ihre ertrunckene leiber, durch und über das wasser schwimmende, unter die erde gespület und mit derselben bedecket worden seyen: nach der sündfluth aber sey die lufft, welche vorhero warm gewesen, in eine große kälte verändert worden, dahero sie von derselben zeit an in der erde hart eingefroren liegen, und vor aller fäulung bewahret werden, biß daß sie, nachdem es aufgethauet ist, herfür kommen.«

Jüngst hat sich W. H. Berger[409] bemüht, das Aussterben der Mammuts in Eurasien anhand des Sagengutes der Edda zu belegen. Er bringt deren Abtreten zu Recht mit dem in der Edda geschilderten Katastrophenwinter, dem »Fimbul-Winter«, in Zusammenhang und glaubt in den mythischen Frostriesen der nordischen Epen, die der Sage nach noch heute in Jotunheimen in Norwegen herumgeistern, die Schemen der ausgestorbenen Mammuts erkennen zu können.

Daß das Aussterben der Mammuts durch den unerträglich langen Impaktwinter nach der Sintflut besiegelt wurde, belegt die radiometrische Datierung des letzten sibirischen Mammuts direkt. Aber auch die anschaulichen Überlieferungen vieler Völker über die katastrophalen Auswirkungen dieses Sintfrostes, dieses Fimbul-Winters in höheren Breiten, unterstreicht deutlich das Aussterbeszenario: Eskimostämme (siehe S. 199) haben aus dem arktischen Amerika den Eispanzer geschildert, der im Zuge dieses permanenten Winters neu entstand und sich über das Land legte. Und die Götterlieder der Edda verkünden, daß im Norden Europas dieser alles erstickende Fimbul-Winter drei Jahre lang anhielt (S. 197).

So gesehen hatte der französische Paläontologe George Cuvier, der Vater der Katastrophenlehre, der – nachdem er lange Zeit verspottet worden war – heute wieder zu Ehren gekommen ist, auch in diesem Punkte recht. Ebenso recht hatte der Schweizer Paläontologe Louis Agassiz[410], der bereits im Jahre 1866 dieses Aussterbeszenario der Mammuts durch einen einmalig harten, plötzlich hereinbrechenden Winter beschrieb. Wie sehr die frühen Funde von Mammuts, deren gesamte Körper sich in Sibirien erhalten hatten, nicht nur die Naturforscher in Atem gehalten hatten, schildert voller Begeisterung Henry Howorth in seiner 1887 in London erschienenen Monographie »The Mammoth and the Flood« – in der auch er die Auffassung vertritt, daß die Sintflut Ursache des Mammutaussterbens war.[411]

Cuvier hatte ja bereits zu Beginn des vorigen Jahrhunderts die Kurzfristigkeit von großen erdgeschichtlichen Katastrophen mit dem Aussterben der Mammuts begründet, von denen gerade damals im sibirischen Eis mit Fleisch, Haut und Haaren erhaltene Exemplare gefunden worden waren. Seine Schlußfolgerung stimmt allerdings noch immer erst bedingt, weil das geologische Alter verschiedener Exemplare solcher im Eis konservierten Mammuts heute von russischen Geologen durchaus unterschiedlich hoch, z.T. bis auf 50 Jahrtausende zurück, datiert wird. Das bedeutet aber nur, daß Mammuts immer wieder den tückischen natürlichen Fallen in den oberflächlich aufgetauten Treibsand- und Permafrostböden zum Opfer gefallen sind. Die Anhäufung von Skeletten oder Kadavern in solchen Fallen – wie man sie in allen Formationen der Erdgeschichte finden kann – besagt überhaupt nichts über das Maß der Dezimierung der gewaltigen Mammutherden im eisfreien hohen Norden, also auch nichts über den Zeitpunkt, wann sie ausgestorben sind. Auskunft hierüber gibt hingegen das erwähnte radiometrisch eingestufte Alter des anerkannt letzten sibirischen Mammuts, das genau zur Zeit des Sintflut-Impaktes starb. Zweifellos gab der in diesen Regionen drei Jahre ununterbrochen anhaltende Impaktwinter den Mammuts und vielen anderen dort lebenden Großtieren den Todesstoß.

14. Ein neuer Anfang

Das Nach-Impakt-Szenario im Schöpfungsbericht der Genesis

Für uns Geologen bildet der Schöpfungsbericht der Bibel über die Erschaffung der Welt in sieben Tagen, sprich Äonen, mit der – auf den ersten Blick – in groben Zügen zutreffend erscheinenden Abfolge der Ereignisse ein überraschendes und auf natürliche Weise zunächst nicht erklärbares Phänomen. Dieser Schöpfungsbericht des Alten Testaments stellt uns nämlich nicht – wie es eigentlich in Anbetracht der Allmacht des Schöpfers zu erwarten wäre – ein aus einem Guß, in einem Akt geschaffenes Weltgebäude vor, sondern vermittelt uns ein dynamisches, ein evolutionäres Bild – im Prinzip ganz im Sinne der Entwicklungslehre der modernen Geologie.

Dieses überraschende Wissen um die Evolution, um die Entwicklung in der Zeit und in Etappen, scheint noch dazu in groben Zügen mit den Ergebnissen der erdwissenschaftlichen Forschung übereinzustimmen, die ja zu der Zeit, als der biblische Bericht abgefaßt wurde, absolut unbekannt waren. Es ist daher von hohem Interesse, die Übereinstimmungen und die Abweichungen der alttestamentarischen Darstellung gegenüber dem realen Verlauf der Erdentwicklung zu erfassen und hierdurch vielleicht Rückschlüsse auf die Herkunft dieses erstaunlichen Wissens zu gewinnen, wenn man dieses nicht a priori als Eingebung Gottes betrachtet, sondern – wie nun einmal die Eigenheit der Wissenschaft ist – kritisch prüft.

Nach dem Bericht des Alten Testaments stellt sich uns dieser Schöpfungsablauf im ersten Buch Moses wie folgt dar: Am Anfang schuf Gott Himmel und Erde. Und die Erde war wüst und leer. Und es herrschte Finsternis. Im ersten Akt (am ersten Tag) folgt die Erschaffung des Lichtes. Dem zweiten Akt verdankt der Himmel, das Firmament, seine Entstehung, das nun die ursprünglich chaotischen Wasser in die Wasser der Tiefe und die über dem Himmelsgewölbe scheidet. Im dritten Akt folgen die Trennung von Meer und Land und der Einzug der Vegetation. Der vierte Akt läßt Sonne, Mond und Sterne am Himmel erscheinen, um

Tag und Nacht zu scheiden. Der fünfte Akt ist der Entstehung der Meerestiere und der Vögel vorbehalten. Im sechsten Akt tauchen die Landtiere auf und zuletzt der Mensch, der von Gott den Auftrag erhält, sich die Erde untertan zu machen, aber in völliger Verkennung seiner Aufgabe das Zerstörungswerk an der Natur dieser Erde, in die er einst eingebettet war, mit ständig wachsender Beschleunigung betreibt.

Kehren wir zur eingangs gestellten Frage zurück. Inwieweit stimmt diese biblische Darstellung mit der tatsächlichen Entwicklung unseres Planeten, die heute mit Hilfe von exakten wissenschaftlichen Methoden bis ins Detail erforscht ist, und seiner Stellung im Sonnensystem überein? Bei näherer Betrachtung nur in sehr wenigen Zügen. Die Sonne und damit unser Licht läßt sich nicht durch drei Schöpfungsperioden trennen. Die Entstehung der Erde kann nicht um vier Schöpfungsakte älter als die der Sonne sein. Ebenso ist die Scheidung von Land und Meer auf der Erde deutlich jünger als die Entstehung der Sonne. Die auf die Babylonier zurückgehende Vorstellung, daß es nach der Einfügung des Himmels im Chaos der Wasser eine untere Etage mit den Wassern des Abyssus und eine obere Etage über dem festen Himmelsgewölbe gibt, paßte nur ins Weltbild der Antike. Auch die Abfolge in der Entwicklung der Tierwelt trifft nicht zu. Zwar hat sich das Leben tatsächlich erst nach der Trennung von Land und Meer durch die Entstehung der Ozeane vor knapp vier Milliarden Jahren gebildet, aber die Vögel erschienen nicht vor den Landtieren, die ihnen in Form von Reptilien und Amphibien lange vorauseilten. Zutreffend hingegen ist wiederum die Aussage, daß die Pflanzen – wenn wir uns auf die Entwicklung der Landpflanzen beschränken – vor den (Land-)Tieren in Erscheinung traten, daß Gefäßpflanzen an Land erstmals im Obersilur, vor rund 450 Millionen Jahren, auftauchten, während Amphibien erst später, im Devon, das Land eroberten. Ebenso stimmt es, daß die Meerestiere die Vorfahren der Landfauna waren. Und der Mensch bildete tatsächlich den Schlußakt dieser Evolutionsreihe – vielleicht durch sein Zutun den Schlußakt für das Leben auf diesem Planeten überhaupt (siehe S. 377).

Die Diskrepanz zwischen dem Schöpfungsbericht des Alten Testaments und den heute im einzelnen belegten Entwicklungsschritten im Weltall und auf unserem Planeten belegt in der überwiegenden Zahl der Aussagen, daß dieser Bericht nicht unter göttlicher Eingebung geschrieben ist, denn sonst könnte er nicht falsch sein.

Es muß also eine andere Grundlage für das Wissen bei der Abfassung dieses Schöpfungsberichtes gegeben haben. Wir erkennen dank unseres heutigen Wissens darin unschwer die Schilderung der Vorgänge nach dem Sintflut-Impakt, im neuen Entwicklungszyklus des neuen »Weltenjahres« nach dem Chaos des davor liegenden »Weltuntergangs«. Die Einzelheiten der Abfolge des Nachimpaktgeschehens stimmen in allen Punkten harmonisch überein, ganz im Gegensatz zum vorher genannten Vergleich mit der erdgeschichtlichen Gesamtentwicklung unseres Planeten.

Es trifft zu, daß nach dem durch den Sintflut-Impakt angerichteten Chaos, bei dem sich Sturzregen und Sintflutwogen vermischten und die Impaktnacht die Himmelslichter ausgelöscht hatte, als erstes Zeichen des Neubeginns das Licht zurückkam – und zwar zunächst noch für lange Zeit diffus, weil dichte Wolken Sonne, Mond und Gestirne verhüllten. Dieses Licht trennte nun wieder die von oben und unten kommenden Wasser mit seinem Silberstreif am Himmel, am Firmament. Und es stimmt ebenso, daß sich als nächster Akt die weit über die Kontinente vorgedrungene Meeresflut in ihre Ozeanbecken zurückzog und das Land freigab, so daß nun Land und Meer geschieden waren.

Im vierten Akt geschieht nun etwas ganz Spezifisches, etwas, das in keiner Weise für die Entstehung des Universums und des Sonnensystems stimmt, aber hingegen perfekt in die Ereignisabfolge der Nachimpakt-Entwicklung paßt: Nachdem schon vor längerer Zeit das Licht wieder sichtbar geworden war und sich die Impaktnacht allmählich wieder verlor, wurden nunmehr dank des weiter fortschreitenden Abbaus des Dunstes, Staubes und Rußes in der Atmosphäre die Sichtverhältnisse immer besser, so daß – zuerst durch den Dunst hindurchschimmernd und dann schließlich ganz durchbrechend – Sonne, Mond und schließlich sogar die Sterne wieder am Himmel erschienen – ihrer Leuchtkraft (nicht ihrem Alter) entsprechend – genau in der Reihenfolge, wie sie die Bibel schildert.

Auch der nächste Schritt ist wieder zutreffend, daß nämlich zuerst die Vegetation das wieder aufgetauchte, verwüstete, vom Schlamm bedeckte Land in Besitz nahm, das aufgrund der Nitratdüngung mittels Salpetersäureregen überaus fruchtbar war. Wir haben ja schon bei der Schilderung der Endkreide-Katastrophe darauf hingewiesen, daß die Pflanzen mit Hilfe von resistenten Samen und Sporen und wegen ihrer ausgedehnten Wurzelsysteme viele Arten von Umweltkatastrophen besser als die Tierwelt überstehen konnten (siehe S. 80).

Und ebenso stimmt es, daß in den Tiefen des Weltozeans die günstigsten Chancen zum Überleben von Tieren gegeben waren, weshalb auch bald die Meerestiere wieder auftauchten. Verständlicherweise bildeten in der Rückeroberung des Festlandes durch die Tierwelt die Vögel den Auftakt, weil sie einen großen Aktionsradius auf der Suche nach Nahrung in den Schlammgründen besaßen. Die übrigen Landtiere dagegen fanden erst Möglichkeiten für eine Neubesiedlung, als sich eine neue Vegetationsdecke entfaltet hatte. Daß der Mensch, dezimiert und geschunden, nach dem Verlassen seiner Schutzhöhlen und ökologischen Nischen der letzte, verzweifelte Einwanderer in dieser noch immer recht trostlosen Welt war, versteht sich von selbst.

Unsere Analyse gibt uns eindeutig zu erkennen, daß Moses aus den damals im Nahen Osten noch recht gut bekannten Berichten über die Neuorganisation der Erde und die anschließende Wiederbesiedlung durch das Leben nach der globalen vernichtenden Katastrophe geschöpft hat. Wir aber haben heute dank der Forschungsergebnisse über das Überlebensszenario und die Wiederbesiedlung nach dem Endkreide-Impakt und in Lebensräumen, die bei anderen Naturkatastrophen verwüstet worden sind, eine gute Grundlage zur Hand, um auch dieses Geschehen zu beurteilen. Unter diesen Gesichtspunkten ist der Bericht aus der Genesis für uns ein wertvolles Dokument über die Entwicklung des Antlitzes der Erde in der Zeit »danach«, die in den Überlieferungen zumeist vernachlässigt wird. Er ist von allen Legenden über den Sintflut-Impakt das ausführlichste Zeugnis über die Ereignisabfolge in der Zeit nach dem Impaktgeschehen. Zusammen mit den übrigen Indizien für einen Sintflut-Impakt ist auch dieser Bericht eine weitere Bestätigung für den Impakt vor 9545 Jahren, den der Mensch am eigenen Leib miterlebt hat.

Das Ergebnis dieser Analyse des Schöpfungsberichtes mit Hilfe des modernen geologischen Wissens einschließlich der Impaktkunde ist aber auch in religionswissenschaftlicher Hinsicht von besonderem Interesse, denn daraus ergibt sich eindeutig, daß die Schöpfungsgeschichte der Bibel mit Sicherheit keine *Schöpfungs*geschichte ist. Die fundamentale Aussage am Anfang des Alten Testaments beschreibt etwas ganz anderes als das, wofür sie gehalten wird. Aus der Sicht der Überlebenden der Sintflut-Katastrophe allerdings konnte diese Darstellung sehr gut als Bericht über die Neuschöpfung, als »Schöpfungsbericht«, nach der Weltkatastrophe gesehen werden.

Noch ein Wort zu dem eigenartigen Effekt der auffälligen Entwicklung neuer Arten im Gefolge eines solchen Massensterbens, den der Paläontologe als »Radiation« (»Strahlung«) bezeichnet. Aus der Analyse des Sintflutereignisses lassen sich drei Faktoren ablesen, die eine solche beschleunigte Entwicklung von neuem Leben begünstigen können und sicherlich nach jedem größeren, mit Massensterben verbundenen Impakt Geltung haben: zunächst die starke Erhöhung der Radioaktivität, die nicht nur eine erbschädigende Wirkung besitzt, sondern gleichzeitig eine erhöhte Mutationsrate begünstigen kann; sodann die starke Erwärmung aufgrund des Treibhauseffekts, die nach einem Impakt viele Jahrtausende anhalten kann, was manchen Regionen der Erde günstigere Lebensbedingungen beschert; und schließlich jedesmal eine intensive Nitratüberdüngung weiter Gebiete der Erde durch den im Boden neutralisierten Salpetersäureregen. Aufgrund der unvergleichlich größeren Mengen, die beim Sintflutgeschehen im Spiel waren, wird die heutige Nitratüberdüngung der Fluren bei weitem in den Schatten gestellt. Daß sich die Fruchtbarkeit sogar in einstigen Wüstengebieten durch den (Salpetersäure-)»Blutregen« beim Sintflut-Impakt auffällig erhöhte, haben wir ja anhand einer hebräischen Überlieferung (siehe S. 216) erwähnt. Damit aber werden die Lebensbedingungen für die Pflanzen und damit indirekt auch für die davon lebende Tierwelt vorübergehend in hohem Maße verbessert.

Gesamtschau des Sintflut-Impaktes

Der Ablauf des Dramas

Im vorangehenden Abschnitt haben wir zuerst analytisch aus den Überlieferungen der Menschheit die Fakten im Wortlaut referiert, die Zeugnisse für jede einzelne Etappe des Impaktgeschehens liefern. Danach haben wir jeweils diese Augenzeugenberichte aus der Sicht der modernen Erdwissenschaft interpretiert. Dieses umfangreiche Material verlangt nun nach einer Synthese. Wir geben sie im Folgenden in gedrängter Form, um das Geschehen dieser größten Katastrophe in der Geschichte der Menschheit, die hier zum ersten Mal wissenschaftlich so detailliert durchleuchtet wird, nochmals im Zusammenhang vorzuführen, damit die Katastrophe anschaulich vor unserem geistigen Auge wiederersteht. Diese Synthese bringt demnach zwei kongruente Gruppen von wissenschaftlichen Berichten zur Deckung, eine aus dem Arbeitsgebiet der Ethnologie und eine aus dem Forschungsgebiet der Geologie. Ihre perfekte Übereinstimmung ist die beste gegenseitige Bestätigung der Aussagen beider Gebiete.

Durch diese Synthese lernen wir so viele Einzelheiten über das Sintflutgeschehen kennen, daß sich die folgende Schilderung fast wie eines der vielen Phantasieprodukte liest, die im Laufe der Zeit zu diesem Thema erschienen sind. Das ist uns beinahe peinlich. Aber wir müssen uns dafür nicht entschuldigen, weil wir, vom reißerischen Stil mancher Autoren abgestoßen, unserer Phantasie straffe Zügel angelegt haben und als Wissenschaftler nur auf belegbare Fakten bauen.

Dieses bislang letzte gewaltige Impaktereignis in der Menschheitsgeschichte nahm folgenden Verlauf:

Zu Herbstbeginn des Jahres 9545 ± wenige Jahre vor heute näherte sich ein gewaltiger Komet mit kosmischer Geschwindigkeit der Erde von Südosten. Sein Kern hatte ursprünglich einen Durchmesser von einigen Kilometern. In Sonnennähe hatte er einen helleuchtenden, langen Staubschweif entwickelt, der sich – von der Erde aus betrachtet – weit über den Tierkreis hinzog. Dieser Sintflut-Komet war offenbar durch seinen nahen Vorbeiflug am Jupiter und an der Sonne in sieben große und zahllose kleine Fragmente zerborsten. Beim Anflug auf die Erde entfaltete sich die helleuchtende Koma dieser Fragmente schließlich furchterregend grell und erschien zuletzt heller als ein Dutzend Sonnen.

Den Beginn dieser Weltkatastrophe, die großen Einschläge im Meer und die vielen kleinen auf dem Festland, haben wir bereits eingangs beschrieben; die sieben Haupttreffer sind in Abb. 36 veranschaulicht. Der Anblick eines solchen Impaktes im Ozean – wie von Augenzeugen geschildert und abgebildet – zeigte eine unterseeische Explosion, in deren Zentrum unter ohrenbetäubendem Lärm eine Staub- und Dampfsäule in den Himmel schoß. Aufgrund der ungeheuren Gewalt entwickelte sich keine Form eines Atompilzes; vielmehr stieg diese Säule »wie eine Fackel« bzw. »eine Keule« senkrecht empor. Gegen außen hin schloß sich aber den Überlieferungen zufolge eine ringförmige, schräg ausgeschleuderte, gezackte Fontäne aus Feuer (und kochendem Wasser) an.

Die unmittelbare Folge der Einschlagsserie war weltweit eine Welle von Impaktbeben, die viele hundert Male stärker waren als die schwersten herkömmlichen Erdbeben. Die Menschen, die damals lebten, empfanden diese Beben rund um den Erdball, auch weitab von den Einschlagzentren, als eine chaotische Wellenbewegung der festen Erdrinde, die sich wie die hochgehende, wogende See verhielt. In den Flußebenen mit lockeren Sedimenten spritzte das Grundwasser unter lautem Knallen in tausend Fontänen hoch und durchlöcherte den Boden an unzähligen Stellen wie ein Sieb. Ganze Landschaftsteile sackten ab, riesige Spalten öffneten sich, Berge zerbrachen.

In Vulkangebieten wurden gewaltige Eruptionen ausgelöst, bei denen sich Lava über das umgebende Land ergoß, besonders in den Küstenketten von Nord-, Mittel- und Südamerika. In Gebirgsregionen, die entlang von Subduktionszonen (Überschiebungsbahnen) in Aufschiebung begriffen waren, wurden ganze Berggruppen herausgehoben.

In den unter Zugspannung stehenden großen Erdnähten der Schollen der Erdkruste, den sogenannten Riftsystemen (Grabenbruchsysteme) der Mittelozeanischen Rücken hingegen brachen ganze Abschnitte dieser hochliegenden Zonen nieder, darunter die große Insel Atlantis und ihre Nachbarinseln, die im Einflußbereich des mittelatlantischen Einschlages lagen.

Im Nahbereich aller Teilimpakte entstanden aufgrund der chemischen Reaktion der glühenden Kometentrümmer und des glühenden Fallouts mit der Luft gigantische Mengen von giftigen Stickoxiden und von Salpetersäure, so daß die Luft von den sich rasch ausbreitenden Giftgaswolken rotbraun wurde und der rote Regen aus konzentrierter Salpetersäure Flüsse, Meere und Länder schon in den ersten Tagen blutrot färbte. Der Säureregen verätzte die Haut von Mensch und Tier.

Nach dem Impaktbeben und noch vor der Flutwelle kam der Hitzeorkan, der mit einer Geschwindigkeit von rund tausend Stundenkilometern dahinraste, so daß in weiten Teilen der Kontinente die Wälder geknickt und niedergeworfen wurden und Bäume, Felsen und Menschen wie Spielzeug durch die Luft wirbelten. Dies geschah um so leichter, als das gewaltige Impaktbeben die Erdoberfläche bereits vorher in ein Chaos verwandelt, die Felsen zertrümmert und die Bäume entwurzelt hatte.

Mit dem Hitzesturm und dem glühenden Fallout der Impakte, also dem zur Erde zurückfallenden ausgeschleuderten Gesteinsmaterial, ging ein Weltenbrand einher, der sich mit rasender Geschwindigkeit ausbreitete. Er griff von zahllosen Zentren auf allen Kontinenten um sich und fraß sich wegen der Hitze, die bis zu 1800 °C anstieg, und dank der Orkane, die die glühenden Holzkohlenstücke weit über das Land wirbelten, rasch in alle Richtungen vorwärts. Der Feuerhölle hielt nichts stand. Die Gluthitze brachte Gewässer zum Kochen, verdampfte auch große Flüsse und Tieflandströme bis zur völligen Austrocknung, verwandelte alles Organische an Land in Asche, ließ die Felsen knallend bersten, schmolz sogar aus Erzadern Metalle aus und verbrannte die Böden bis tief in den Untergrund hinein. Für Menschen gab es in der Hölle der Sintbrandzentren kein Entrinnen, abgesehen von wenigen, die sich in tiefe Höhlen flüchten konnten.

Auf die ersten Etappen des Weltuntergangs durch glühenden Falloutregen, Impaktbeben, Druckwelle, Hitzepuls, Giftgaswolken, Säureregen und Weltenbrand folgte als nächste Attacke die Sintflut, die von den Ozeanen her mit kilometerhohen Wogen heranraste und tief in die Kontinente einbrach. Weltweit gesehen, war diese Flut in ihrer Höhe und ihren Auswirkungen sehr unterschiedlich. Sie drang auch verschieden tief in das Landesinnere vor. Am stärksten suchte sie jene Länder heim, die an den Pazifischen und den Indischen Ozean angrenzten. In Südasien bildeten der Himalaya und seine östlichen Ausläufer in Yünnan in Südchina einerseits und auf der anderen Seite seine westliche Fortsetzung mit den Kettengebirgen Afghanistans und des Zagros in Persien einen natürlichen Schutzwall gegen die Flutwelle des Indischen Ozeans, die auf breiter Front kilometerhoch heranrollte. Aus diesem Grund blieb Innerasien von der Meeresflutwelle verschont, sowohl die Hochländer wie

Persien und der westliche Teil Chinas als auch große Teile Sibiriens, wo die Flut nicht vom Nördlichen Eismeer her einfiel. Über Vorderasien erreichte die Flutwelle, die Mesopotamien überrollte, hingegen das Mittelmeergebiet.

Besonders verheerend wirkte sich die Flut aufgrund der zwei Teilimpakte im Pazifik in den hier angrenzenden Kontinenten aus. Außer der Hochregion von Gebirgsinseln wie Neuguinea wurden die niedrig gelegenen pazifischen Inseln überspült, die allerdings zu dieser Zeit – vom Bismarck-Archipel und den Salomonen abgesehen – noch nicht besiedelt waren. In Australien drang die Flut vor allem von Süden her in das Landesinnere ein, was auf den Teilimpakt südöstlich dieses Kontinents zurückzuführen ist.

Besonders schreckliche Auswirkungen hatte die hohe Meeresflutwelle entlang der gesamten pazifischen Seite des amerikanischen Doppelkontinents – bedingt durch einen Teilimpakt im tiefen Ostpazifik vor der Küste Mittelamerikas. An vielen Stellen überwand sie die nordamerikanische Kordillere. In Südamerika brandete die pazifische Flutwelle ebenfalls hoch empor, aber der hohe Wall der Anden bot dem Inneren des Kontinents wenigstens in dieser Hinsicht Schutz. Der Schrecken der kilometerhoch hereinbrechenden Wogen wurde noch dadurch gesteigert, daß diese Flut – besonders im pazifischen Raum – aus kochendem Wasser bestand. Die Impakte sowie gewaltige heiße Sturzregen hatten nämlich weite Flächen der Ozeane zum Kochen gebracht. Über das Tiefland des Kanadischen Schildes aber brach zusätzlich von Norden her die mit Eisschollen beladene Flutwelle ein, die vom nordatlantischen Impakt ihren Ausgang nahm.

Da in den Weltmeeren an mehreren Stellen Kometentrümmer einschlugen und das Impaktbeben zusätzlich Tsunamis auslöste, überspülten je nach geographischer Lage ein bis vier getrennte Sintflutwogen kurz hintereinander weite Teile der Kontinente. Der extreme Fall, daß ein Gebiet viermal von einer Meeresflut überrollt wurde, trat im westlichen Nordamerika ein, wo zuerst Tsunamis vom Weltenbeben, dann mit zeitlicher Verzögerung abgeschwächte Flutwellen von den Einschlägen im Weltozean ankamen und wahrscheinlich erst zuletzt – aufgrund eines erheblich später niedergehenden Impaktes – die Hauptwoge vom ostpazifischen Teileinschlag eintraf.

Ähnlich entsetzlich wie das Impaktbeben und das verheerende Feuer war auch das Erlebnis der berghohen, geschlossenen Wasserwand, die unter Donnergetöse noch weit in das Landesinnere rollte und alles vernichtete. Zudem trug sich dies noch in der Impaktnacht zu, die inzwischen eingesetzt hatte und eine Woche lang dauerte. Diese Impaktnacht war in den einzelnen Teilen der Erde verschieden stark ausgeprägt: In manchen Regionen waren Sonne, Mond und Sterne überhaupt nicht mehr zu sehen, in anderen schimmerten noch Sonne und Mond durch.

Die Strenge des nun folgenden Impaktwinters stand in engem Zusammenhang mit der geographischen Breite und der Höhenlage des jeweiligen Landes. Die rund einwöchige Impaktnacht und die daran anschließende, lange anhaltende Dämmerung blockierten die Einstrahlung der Sonne und führten zu einem Winter, der das Land in den hohen Breiten bis zu den Wipfeln der Bäume und noch höher unter einer Schneedecke und später einem Firnpanzer begrub. Die Temperatur sank so weit, daß der Winter in Gebieten hoher Breitengrade drei Jahre und im Hochland gemäßigter Breiten – mehrmals nacheinander – zehn Monate dauerte. Im arktischen Nordamerika blieb vorübergehend ein Eisgletscher zurück; er bestand aus Firn und Eisschollen, die die von Norden eingebrochene Meeresflut zurückgelassen hatte.

Eine spezifische Note verlieh die Aufspaltung des Kometen in mehrere große Trümmer dem mit dem Impakt verbundenen Sturzregen. Er sorgte für eine wahre Sintflut und riesige Überschwemmungen auch in den Ländern, die von den Meereswogen nicht erreicht worden waren. Was diese Regenflut von der des Endkreide-Impaktes unterschied, war nicht so sehr der mit Holzkohlenstückchen und Harz vermischte Ruß- und Schlammregen, denn solche Niederschlagsspuren findet man auch in der Sedimentschicht des Dinosaurier-Impaktes, sondern das fast globale Auftreten von Wasserschlierenregen mit kopf- bis zeltgroßen »Tropfen« und von Hagelschlägen mit riesigen, oft zentnerschweren »Hagelkörnern«. Ebenfalls fast weltweit verbreitet waren die kochenden Regenfälle, dic von Nordsibirien bis Feuerland niedergingen, so daß die Meeresoberfläche auf einem großen Teil des Globus bis zum Siedepunkt erhitzt wurde, die Flutwelle vielerorts kochend über das Land raste und auch Gewässer im Binnenland fernab von der Flut zu kochen begannen. Dieser individuelle Charakter des Flutregens und seine fast globale Verbreitung sind darauf zurückzuführen, daß die sieben Haupttrümmer des Kometen ausschließlich in Meeresgebiete einschlugen. Dadurch konnten riesige Wassermassen verdampfen, zumal der Komet selbst ebenfalls große Mengen an Wasser bzw. Eis enthielt.

Wenn ein Impaktor zerbricht und es dadurch zu mehreren Einschlägen kommt, steigert sich auch die mit dem Impakt verbundene Produktion von Umweltgiften in erheblichem Maße, weil die Vielzahl der Trümmer und ihres glühenden Fallouts bei ihrem Sturz durch die Atmosphäre auch die Zahl der chemischen Reaktionen extrem erhöht. Die gewaltigen Mengen an Stickoxiden und Salpetersäure, die dabei erzeugt wurden, machten sich in dem – wie überliefert – extrem sauren (»salzigen«) Regen bemerkbar. Der »supersaure« Regen, der aufgrund seiner Sättigung mit Stickoxiden und seines hohen Säuregehaltes blutrot gefärbt war, verseuchte das Fluß- und Trinkwasser, das bitter wie Wermut wurde, und färbte die betroffenen Meere rot. Über das Festland trieben Giftgaswolken, hervorgerufen durch die chemischen Reaktionen des Kometenimpaktes und die beim Weltenbrand entstandenen Pyrotoxine.

Strahlenschädigungen, die durch die anhaltende Zerstörung der Ozonschicht der hohen Atmosphäre verursacht wurden, und andere erbschädigende Auswirkungen von Umweltgiften und Radioaktivität lassen sich an den wiederholten Berichten von schweren, hierfür typischen Mißbildungen bei Neugeborenen nach dem Sintflut-Ereignis ablesen.

Dieser Impakt liefert auch neue Argumente für das Aussterben der imposanten eiszeitlichen Großsäuger an der Wende vom Pleistozän zum Holozän, der geologischen Jetztzeit, vor rund zehn Jahrtausenden. Die Mammuts starben – wie Altersbestimmungen von Funden mit Hilfe der ^{14}C-Methode beweisen – genau zur Zeit des Sintflut-Impaktes aus.

Im Gefolge des Impaktes kam es zu einer starken Temperaturerhöhung, die mehr als vier Jahrtausende anhielt; die Temperatur stieg dabei auf Werte an, die bis zu 4,5 °C über der heutigen Durchschnittstemperatur lagen. Höchstwahrscheinlich handelt es sich dabei um Auswirkungen des Treibhauseffektes, denn beim Sintflut-Impakt entstanden auch riesige Mengen von Treibhausgasen, die man in analoger Weise auch bei anderen Impakten nachweisen konnte.

Geologische Belege für das Alter der Sintflut

Wir haben schon darauf hingewiesen, daß es neben den eindeutigen Aussagen der Sintflut-Traditionen, die einen Impakt bestätigen, auch ganz konkrete geologische Belege für die Existenz eines solchen erdgeschichtlich jungen Impaktereignisses gibt. Es handelt sich dabei vor allem um die nacheiszeitlichen Streufelder von Tektiten, also Impakt-Schmelzprodukten, in Südaustralien und Vietnam, die die Einschläge von zwei Teilstücken des Sintflut-Kometen belegen, während man die zugehörigen

Krater im Südchinesischen Randmeer und im Südwestpazifik bei Tasmanien noch nicht gesucht und daher auch noch nicht gefunden hat.

Daß diese jungen, nicht einmal 10 000 Jahre alten Streufelder, von denen das erste bereits seit 53 Jahren (!) bekannt ist, keinen Heureka-Schrei bei der Entdeckung auslösten und keine Kombination mit der Sintflut-Tradition bewirkten, liegt an der Tücke des Objektes. In Australien sind nämlich mehrere geologisch junge Streufelder von Tektiten (»Australiten«) ineinandergeschachtelt. Unter diesen dominiert das größte sogenannte Indoaustralische oder Australasiatische Feld mit seinen rund 700 000 Jahre alten Tektiten so sehr, daß die übrigen, kleineren Australitfelder dieses Raumes, die ein anderes Alter haben, darin bisher untergegangen sind (Abb. 81). Fast alle radiometrischen Altersdatierungen dieser Australite des Großfeldes, die verschiedene erfahrene Wissenschaftler vornahmen, ergaben immer wieder sowohl mittels der Kalium-Argon-Methode als auch mit Hilfe der Spaltspuren-Methode Werte von etwa 700 000 Jahren.[412]

Als man nun zusätzlich die zugehörige Feinstreu von Mikrotektiten vom Meeresgrund rund um Australien in Sedimenten mit einem Alter von 700 000 Jahren antraf,[413] gab es keinerlei Verständnis mehr dafür, daß andere Autoren davon sprachen, zahlreiche südaustralische Tektite wären viel jünger, nur etwa 10 000 Jahre alt – und dies ohne radiometrische Datierung. Ihre Ergebnisse wurden als »inkonsistent« vom Tisch gewischt.

Aber auch für die Existenz so junger Australite gab es handfeste Beweise: zwar nicht mittels radiometrischer Datierung der Tektite selbst, wohl aber mit Hilfe von geologischen Methoden. Diese jungen Tektite finden sich in Schichten, deren Alter mittels der Radiokarbonmethode anhand von darin enthaltenen Pflanzenresten als holozän eingestuft worden ist. Als erster hatte bereits 1938 C. Fenner aufgrund der Lage dieser Tektite ihr geringes Alter erkannt. Später stellte der australische Mineraloge George Baker ab 1959 [414] die »wahrscheinlich frührezente«, also knapp nacheiszeitliche Entstehung dieses speziellen Tektithorizontes in der Region von Port Campbell in Süd-Victoria fest und schätzte das Alter der Tektite damals auf etwa 5000 Jahre. 1965 stufte J. E. Johnson[415] ihren Einfall als bald nach dem Ende des Pleistozäns ein, also knapp nach 10 000 vor heute.

Um die Kritik und die Zweifel an diesem jungen Impakt zum Verstummen zu bringen, nahm der australische Geologe Edmund D. Gill vom National Museum von Victoria in Melbourne eine Forschungsgrabung vor. Er analysierte unter sorgfältig kontrollierten Bedingungen in der Küstenebene von Port Campbell in West-Victoria die Position dieser Tektite. Diese Ebene, in der man über 2500 Australite gefunden hat, ist außerordentlich reich an solchen Impakt-Schmelzprodukten. Der Aborigines-Stamm der Kurnai hatte ja den dicht niederprasselnden glühenden Fallout und den Tektitfall dieses Impaktes in Victoria miterlebt und war dabei halb wahnsinnig vor Angst und Schmerzen geworden (siehe S. 169). Die dort von Gill mit archäologischer Methodik durchgeführte Grabung nach Tektiten, bei der der Boden Zoll für Zoll durchgesiebt wurde, hat den eindeutigen Nachweis erbracht, daß die dabei gefundenen 14 Australite aufgrund der Radiokarbon-Datierung des sie begleitenden Holzes jedenfalls jünger als 14 600 Jahre sind [416] und – nach ihrer äußerst zarten, unkorrodierten Oberfläche zu schließen – auch keine Umlagerung erfahren haben. Es sind die jüngsten Tektite der Welt. Gill hat Exemplare dieser aufregend jungen Australite auf zwei Reisen rund um die Welt mitgenommen und sie zu Vergleichszwecken allen Tektitspezialisten gezeigt. Fast alle bestätigten ihm, daß sie noch nie so gut erhaltene Tektite gesehen hätten. Gill setzte für diese Art von Australiten (Campbellite) aufgrund all seiner Erfahrung [417] ein Alter von rund 10 000 Jahren an.

Zu Gills Untersuchungen von jungen Australiten noch eine zum Thema gehörende Anekdote: Im Sommer 1985 besuchten wir in Marz im Burgenland Herrn Prof. Hans E. Sueß vom Department of Chemistry der Universität von Kalifornien in San Diego, der hier seinen österreichischen Sommersitz hat. Hans E. Sueß ist Spezialist für Radiometrie und Astrochemie. Er ist der Enkel des weltberühmten Wiener Geologen Eduard Sueß. Als das Gespräch auf Tektite kam, erzählte er uns den kuriosen Fall, daß er für Gill vor 30 Jahren mittels der ^{14}C-Methode das Alter eines noch stehend erhaltenen Baumstrunkes bestimmt habe, der beim Bau der Spencer-Street-Brücke in Melbourne in Victoria ausgegraben worden war. In diesem Strunk aber steckte nach der Mitteilung von Gill an Sueß ein Australit, der bei seinem Einschlag tief in das Holz eingedrungen war. Laut publiziertem Bericht über Radiokarbon-Datierungen von H. Sueß hat das Holz dieses Strunkes mit der Probennummer W-95 ein Alter von 8780 ± 200 Jahren vor 1955, d.h. rund 8815 ± 200 Jahren vor heute.

In der Zwischenzeit entdeckte Hans E. Sueß[418] durch die Überprüfung der Genauigkeit der damaligen Radiokarbon-Meßmethode anhand von Hölzern, die dendrochronologisch (durch Abzählen der Jahresringe) genau auf das Jahr eingestuft wurden, daß die gebräuchliche, klassische Radiokarbonmethode, die auf den amerikanischen Chemiker und Nobel-

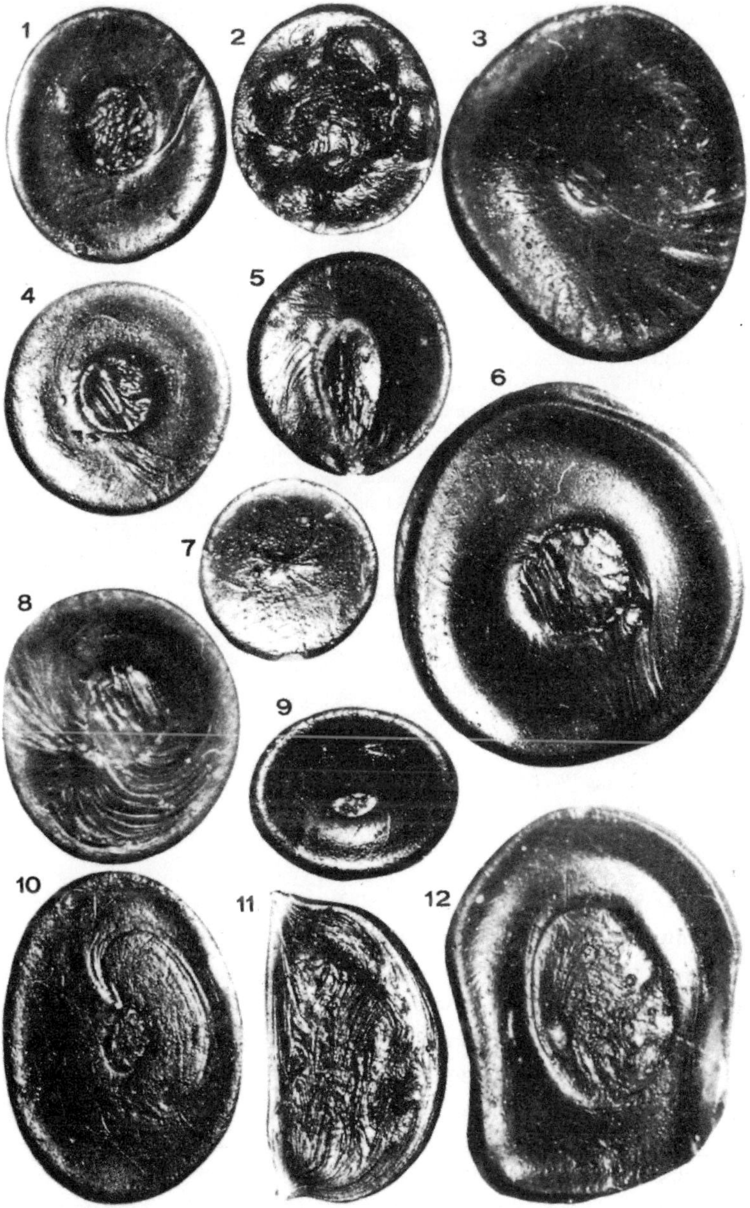

Abb. 57: Impakt-Schmelzprodukte aus Port Campbell in Victoria, Südaustralien. Dünne, scheiben- bis schalenförmige Tektite im Zentimeterbereich sind für diesen Impakt typisch. Durchmesser von Fig. 6: 2 cm. – Aus I. A. O'Keefe 1963.

Tab. 4: Die Einstufung des Sintflut-Impaktes mit geologischen Methoden

	Grundlage für Datierung	Methode	Jahre vor Chr.	Jahre vor heute (1990)
Stratigraph. Methoden	J. E. Johnson 1965 E. D. Gill 1970 R. O. Chalmers et al. 1976	Jungaustralit (Campbellit)-Lagerung auf Ältest-Holozän in Südaustralien		bald nach 10 000 rund 10 000 rund 10 000
Stratigraph. Methoden	E. P. Izokh 1987 Ph. Cu Tien 1990	Vietnam-Jungtektite auf tiefster Flußterrasse		rund 10 000 rund 10 000
Exakte geologische Methoden	E. D. Gill/H. Sueß 1955	C14, korrig. Tektik in Holz	7530±200	9520 ± 200
Exakte geologische Methoden	C. U. Hammer et al. 1980	Säure-Event im Grönlandeis, Jahresschichtung	7640±170	9630 ± 170
Exakte geologische Methoden	I. Dubrovo 1990	Yuribey-Mammut C14 (letztes Mammut)	7610±300	9600 ± 300
Exakte geologische Methoden	B. Kromer et al. 1990 B. Becker et al. 1991	C14-Zacken dendrochronol. datiert	7555±wenige J.	9545 ± wenige J.
	H. Heuberger 1975 (Messung 1957)	C14, korrig. Köfelser Impakt	knapp vor 7450±150	knapp vor 9440 ± 150

preisträger Willard Frank Libby zurückgeht, ab dem 7. Jahrtausend zurück um etwa 10% zu niedrige Alterswerte liefert. Jüngst haben Bernd Kromer vom Institut für Umweltphysik der Universität Heidelberg und der Stuttgarter Dendrochronologe Bernd Becker und ihre Mitarbeiter[419] für das frühe Holozän noch exakter einen gegenüber heute um rund 8 % erhöhten ^{14}C-Spiegel ermittelt. Ursache dafür ist die wiederholte Schwankung des radioaktiven Kohlenstoffisotops ^{14}C im atmosphärischen Kohlendioxid der Vergangenheit, die bei früheren Messungen noch nicht berücksichtigt werden konnte. Wir müßten demnach in unserem Fall, wenn wir den ermittelten Wert um 8% korrigieren, heute mit rund 9520 ± 200 Jahren rechnen, vor welcher Zeit der erwähnte Jungaustralitfall bei Melbourne erfolgt ist. Dies ist eine äußerst befriedigende Übereinstimmung mit den übrigen Werten für das Sintflutdatum, die mittels exakter geologischer Methoden bestimmt worden sind (vgl. Tab. 4); all diese Werte liegen innerhalb der angegebenen Fehlergrenzen.

Zu der Anekdote über Sueß und Gill sei hinzugefügt, daß solche in Bäumen steckengebliebene Meteorite und Tektite durchaus nichts Einmaliges sind. Erinnern wir uns etwa an den Meteoriteneinschlag in Sichota-Alin in Sibirien vom 12. Februar 1947, wo ebenfalls Meteorite, nachdem man ihren Einfall beobachtet hatte, in Bäumen steckend gefunden wurden.[420]

Aufgrund der obigen Beobachtungen und weiterer ähnlicher Einstufungen[421] können wir mit großer Sicherheit die jungen Australite in Südaustralien, die rund 10 000 Jahre alt sind, von den rund 700 000 Jahre alten australasiatischen Tektiten und noch älteren Tektiten dieses Raumes unterscheiden. Daß diese Tatsache über so viele Jahrzehnte hin ein heftig diskutiertes, unlösbares Problem blieb, ist unverständlich. Man führte sogar einen eigenen Terminus, »Altersparadoxon«, für dieses offene Problem ein und zeigte – wie etwa R. O. Chalmers und seine Mitarbeiter – die divergierenden Positionen präzise auf. »Es scheint drei Möglichkeiten zu geben: (1) Die Zahlen [absolute Altersdatierung mit 700 000 Jahren] sind falsch, (2) die Geologie ist falsch, oder (3) irgend etwas anderes ist falsch.« Da in der anschließenden Überlegung zu Recht festgestellt wurde, daß sowohl das hohe radiometrisch ermittelte Alter als auch das geringe, anhand der geologischen Position bestimmte Alter – also die scheinbaren Widersprüche – richtig sind, blieb bislang als Antwort nur (3) übrig: »Something else is wrong« – oder etwas präziser von den Autoren ausgedrückt: »Einige unerwartete Faktoren sind übersehen worden. Wir haben keine plausible Vermutung für diesen oder diese unerwarteten Faktoren.«

Die Lösung des Altersparadoxons ist für uns aber nach allem sehr einfach. Neben dem großen Impakt vor 700 000 Jahren hat es im australischen Raum eben noch einen anderen Impakt vor rund 10 000 Jahren – und übrigens, wie auf S. 316 f. gezeigt, sogar noch eine ganze Reihe weiterer Impakte – gegeben. Impakte sind nichts Außergewöhnliches, sondern nach kosmisch-geologischem Maßstab etwas Alltägliches. Diese Tatsache ist im Weltbild der Geologen bisher eben nicht akzeptiert und integriert worden.

Je weiter die Forschung gerade auch in der Frage der Jungaustralite fortschreitet, um so mehr Belege häufen sich auch für den Sintflut-Impakt. Jüngst etwa entdeckten M. Sh. Prasad und P. S. Rao vom Ozeanographischen Institut von Goa in Indien[422] diesen ganz jungen Australittypus von Port Campbell sogar mitten im Indischen Ozean, wo das 11 mm große

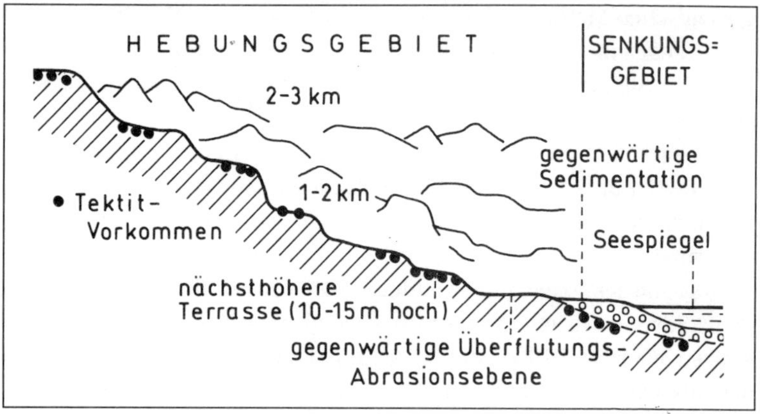

Abb. 58: Die geologische Lage der Tektite in Vietnam. Die Jungtektite kommen, ohne daß sie umgelagert worden wären, auch noch auf der nacheiszeitlichen tiefen Terrasse vor, die nicht ganz zehn Jahrtausende alt ist. – Nach E. P. Izokh 1987.

Exemplar nicht im Sediment 1,4 m tief begraben war, wie die Sedimentationsrate der Fundregion für einen 700 000 Jahre alten Tektit fordern würde, sondern – dem geringen Alter entsprechend – ganz nahe zur Oberfläche lag.

Genau das gleiche »Altersparadoxon« begegnet uns auch beim zweiten Streufeld des Sintflut-Impaktes, nämlich in Vietnam. Mit diesem Problem hat zuletzt der russische Forscher E. P. Izokh vom Institut für Geologie und Geophysik in Nowosibirsk seit einem Dutzend Jahren erfolglos gerungen, nachdem bereits 1932 und 1935 französische Geologen über das überraschend geringe Alter dieser Tektite gestaunt hatten.[423] In völliger Entsprechung zum südaustralischen Streufeld gibt es im indochinesischen Raum zwei Tektitgenerationen unterschiedlichen Alters. Speziell in Vietnam trifft man einerseits Tektite mit einem Alter von etwa 700000 Jahren und andererseits wiederum die rund 10000 Jahre alten Jungtektite, wie E. P. Izokh[424] wohlbegründet dargelegt hat. Das Alter der Jungtektite ergibt sich aus ihrer Lagerung noch auf den jüngsten, am tiefsten gelegenen Flußterrassen, die etwa 10 000–15 000 Jahre alt sind (Abb. 58), und aus ihrem Auftreten nahe der Basis der jüngsten, lößartigen Ablagerungen, die nach der Radiokarbon-Datierung von Holzkohleeinschlüssen aus dem letzten Jahrzehntausend, also dem Holozän, stammen. Interessanterweise ist diese Tektite führende Lößlehmlage mit Iridium, Ruthenium, Osmium, Rhodium und Palladium angereichert.[425] Nun ist dieser junge Tektitregen von Vietnam endlich auch in der offiziellen Landesgeologie anerkannt und mit rund 10000 Jahren eingestuft worden[426] – allerdings wie üblich ohne Konsequenzen.

Wie versucht Izokh sein »Altersparadoxon« der zwei verschiedenaltrigen Tektitgenerationen in Vietnam zu lösen? Einen Satz lang denkt er im Zusammenhang mit seinen 10 000 Jahre alten Tektiten tatsächlich an die Sintflutlegende.[427] Aber dann entschließt er sich dafür, eine Entstehung dieser Tektite vor etlichen hunderttausend Jahren durch Vulkanismus auf einem unbekannten Planeten und eine fast ebensolange Reisezeit im Inneren eines Kometen mit Ziel Erde anzunehmen.[428] Diese Theorie eines extraterrestrischen vulkanischen Ursprungs dieser Tektite widerspricht aber völlig dem heutigen, gut fundierten Wissen über Tektitentstehung, weshalb seine Theorie in der Fachwelt auch keine Zustimmung fand.

Eine elegante Methode zur Entdeckung und Einstufung von Impakten und anderen Ereignissen in der jüngsten Erdgeschichte stellt die Untersuchung von Bohrkernen aus dem Inlandeis von Grönland oder der Antarktis dar. Diese Methode beruht darauf, daß sowohl bei großen Vulkanausbrüchen als auch bei Impakten große Mengen von Säuregasen als Aerosole in die Stratosphäre gelangen, durch die Luftströmungen weltweit verbreitet werden und später als Säure-Fallout in den polaren Eisschilden nachweisbar sind. Aufgrund der jahreszeitlichen Bänderung des Eises enthalten die entnommenen Bohrkerne zugleich eine Jahresskala, die allerdings gegen unten hin allmählich verschwimmt, so daß bei der für unsere Fragestellung am genauesten untersuchten grönländischen Skala die Fehlerbreite für die letzten 900 Jahre nur ± 1 Jahr und bis zum Jahre 553 n. Chr. ± 3 Jahre, aber für die tiefsten untersuchten Abschnitte der Kerne mit einem Alter von 9890 Jahren bereits ± 170 Jahre beträgt. Obgleich diese von C. U. Hammer und seinen Mitarbeitern vom Isotopenlabor der Universität Kopenhagen 1980 ausgeführten Untersuchungen neben kürzeren Kernen auch einen 1390 m langen Bohrkern vom Camp Century in Nordwestgrönland zur Verfügung hatten, dessen tiefster Teil bereits rund 100 000 Jahre alt ist, wurden nur die letzten 9890 Jahre detailliert nach Säurehorizonten untersucht, weil die älteren Einstufungen zu unsicher waren. Trotzdem ist diese Untersuchung der rund letzten zehn Jahrtausende gerade für unsere Fragestellung wesentlich. Bis zum Jahr 8300 vor heute ist in diesem Bohrkern vom Camp Century der jahreszeitliche Rhytmus der Lagen sehr gut zu erkennen.

Die Technik dieser Untersuchung besteht darin, daß man einfach mit einem Elektrodenpaar mit einer Spannung von 1,2 Volt am Eisbohrkern entlangfährt. Bei Säurehorizonten tritt eine erhöhte Leitfähigkeit im Kern

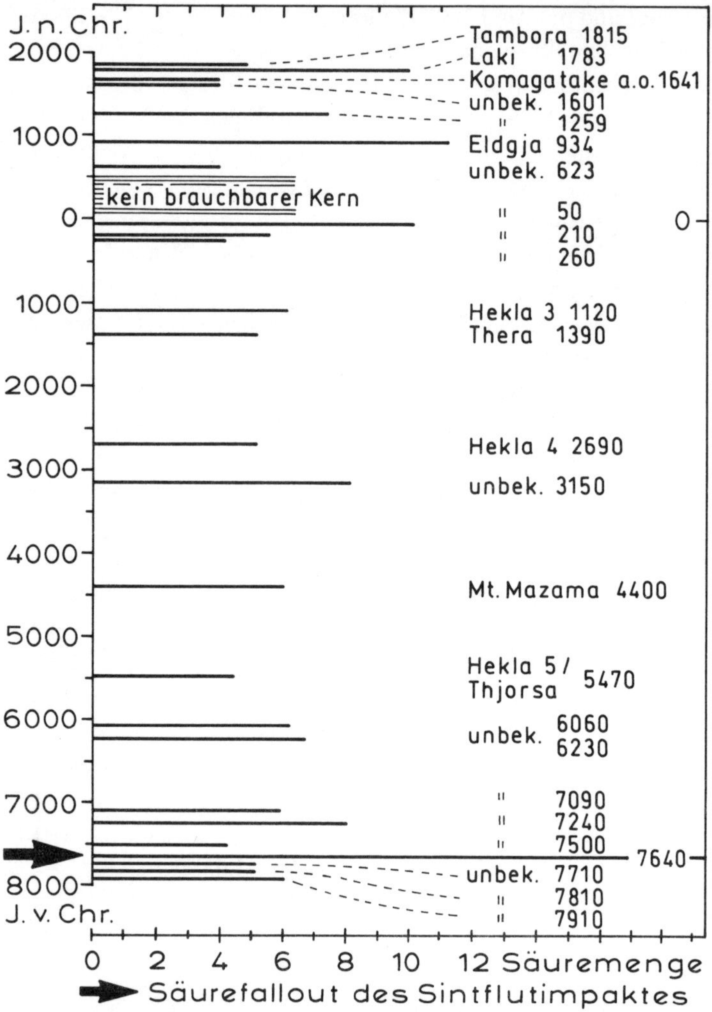

Abb. 59: Das mächtige Eis in Grönland mit seiner gut erkennbaren Jahresschichtung hat die mit Säureproduktion verbundenen Großkatastrophen auf der Erde – wie etwa Vulkanausbrüche oder Impakte – durch den Säureniederschlag, der im Eis der entsprechenden Zeit gespeichert ist, getreu bewahrt. Eine detaillierte Untersuchung des zehn Jahrtausende zurückreichenden Eisbohrkernes vom Camp Century in Nordwestgrönland durch C. Hammer und seine Mitarbeiter (1980) hat alle wichtigen derartigen Säurehorizonte einschließlich ihrer Intensität registriert. Die Marke des – nach den übrigen Bestimmungsmethoden – rund neuneinhalb Jahrtausende zurückliegenden Sintflut-Impaktes ergibt sich mit größter Wahrscheinlichkeit in dem Horizont von 7640 ± 170 Jahre v. Chr., der alle übrigen Säurehorizonte der gesamten Serie an Intensität weit übertrifft. – Nach C. Hammer u. a. 1980; Sintflut-Markierungspfeil ergänzt.

auf, die von der vorhandenen Säuremenge abhängig ist. Man kann hierdurch nicht nur das Alter des Säureregens einstufen, sondern auch aus der Intensität der Säure, d.h. der Säuremenge, auf das Ausmaß der Eruption bzw. des Impaktes schließen. Ja man kann auf diese Weise sogar die Säuremenge in kg/km^2 oder den gesamten globalen Säure-Fallout für das betreffende Ereignis berechnen. Bei der damaligen Untersuchungsart fehlte nur noch eine wesentliche zusätzliche Information: Die Art der Säuren wurde 1980 noch nicht chemisch analysiert. Für uns ist dies aber von besonderer Bedeutung: Vulkaneruptionen erzeugen vor allem Schwefeldioxid, das in der Atmosphäre in Schwefelsäure umgewandelt wird, während Impakte in erster Linie Stickoxide produzieren, die schließlich als Salpetersäure ausfallen. Eine Unterscheidung dieser beiden Ereignisarten in dieser Eiskernskala ist erst 1985 durch Michael Herron und Chester Langway von der New Jorker Universität nachgeliefert worden.

Uns interessiert natürlich auf dieser Skala von Camp Century in Grönland, ob im Zeitraum vor fast zehn Jahrtausenden – auf den andere Impaktindizien hinweisen – ein Säurehorizont außergewöhnlichen Ausmaßes auftaucht, der alle anderen an Intensität bei weitem übertrifft – was ja für den Sintflut-Impakt unbedingt zu erwarten ist.

Ein solcher übermäßig hoher Säuregehalt liegt nun tatsächlich für das Jahr 7640 ± 170 v. Chr. bzw. 9630 ± 170 vor heute vor (Abb. 59). Dieses Ereignis übertrifft an Intensität alle anderen der letzten zehntausend Jahre bei weitem. Es bewirkte selbst in Grönland noch einen sauren Regen mit 412 kg/km^2 Säureniederschlag, was laut C.U. Hammer und seinen Mitarbeitern bedeutet, daß damals umgerechnet mindestens 260 Millionen Tonnen Säure weltweit als Fallout niedergingen. Diese Zahl erscheint allerdings gegenüber der wirklichen Säureproduktion wohl viel zu niedrig, weil ja dabei nur die nicht neutralisierte Säure gemessen wird. Mit dieser Zeitangabe von 9630 ± 170 Jahren vor heute haben wir einen vernünftigen Wert, der sich sehr gut in die übrigen angeführten Altersangaben zu diesem Impakt einfügt. Schließlich müßte man den Impakthorizont in den Sedimenten noch auf eine etwaige Iridium-Anomalie hin überprüfen, die aber bei einem Kometeneinschlag durchaus gering sein kann (siehe S. 351). Immerhin hat man, wie E. P. Izokh[429] gezeigt hat, in dem lößähnlichen Sediment mit den vietnamesischen Jungtektiten eine Anreicherung an Iridium, Osmium und charakteristischen anderen Elementen festgestellt.

In diesem Zusammenhang ist auch die Mitteilung des Wiener Geochemikers Ch. Koeberl[430] in neuem Licht zu sehen. Koeberl hatte bei der

Suche nach Meteoriten in den hierfür berühmten blauen Eisfeldern der Antarktis, im Gebiet des Lewis Cliff am Beardmore-Gletscher, Aschenlagen entdeckt und sie nach der Entnahme von Eisblöcken geochemisch und mikroskopisch untersucht. Das Ergebnis überraschte insofern, als neben den Aschen vulkanischer Herkunft eine beträchtliche Anreicherung an Iridium bis zu 7,5 ppb[431] auftrat. Die daraus gezogene Schlußfolgerung, dieser bedeutende Iridiumgehalt müsse nun doch entgegen allen bisherigen Erfahrungen von Vulkaneruptionen herrühren, resultiert daraus, daß Koeberl als Quelle des Iridiums zwar sechs verschiedene Möglichkeiten, aber keineswegs die naheliegendste eines Impaktes ins Auge faßte. Die Frage der Herkunft dieses Iridiums im Blaueis bleibt vorerst allerdings offen, weil die Untersuchung auf Salpeter- oder/und Schwefelsäure in diesem Iridiumhorizont im Antarktiseis, die für eine Unterscheidung zwischen einem Impakt und einem Vulkanausbruch erforderlich ist, unterblieben oder nicht mitgeteilt worden ist. Der Gehalt an vulkanischen Partikeln in den begleitenden Staubbändern hilft in dieser Frage nicht weiter, denn wir wissen, daß bei Impakten Vulkanismus in großem Umfang ausgelöst wird und daher dessen Spuren ohnedies zu erwarten sind, also auch mit Schwefelsäure vom Vulkanismus – neben der untergeordneten Schwefelsäure vom Impakt selbst und der vorherrschenden Salpetersäure eines etwaigen Impaktes – zu rechnen wäre. Ein Impaktnachweis im Eis dieses Gebietes würde zwar nicht wesentlich weiterhelfen, weil das untersuchte Blaueis nicht näher datiert werden konnte und Koeberl es etwa auf einige zehntausend Jahre alt einschätzt, aber man hätte immerhin einen Nachweis für einen wahrscheinlich nächstälteren, vom Homo sapiens ebenfalls erlebten Impakt (vgl. S. 359 f.).

Eine andere Möglichkeit zur Erfassung des genaueren Sintflutdatums hat sich eröffnet, während wir unser Manuskript abfaßten. Da man weiß, daß bei einem Impakt auch die Ozonschicht weitgehend zerstört wird und aus diesem Grund die eindringende kosmische Strahlung stark zunimmt, ist mit Sicherheit ein rasches Anwachsen des radioaktiven Kohlenstoffisotops ^{14}C zu erwarten. Die Neutronen, die durch diese Höhenstrahlung produziert werden, reagieren nämlich mit dem Stickstoffisotop ^{14}N der Luft unter Bildung von ^{14}C.

Ein Hilfsmittel zur Erfassung des genauen Zeitpunktes dieses Ereignisses liefert die Dendrochronologie, die die Jahresringe von Baumstämmen der Vergangenheit auszählt. Bis vor kurzem war es nur möglich gewesen, diese auf das Jahr genaue Skala anhand von Grannenkieferstämmen aufgrund der Untersuchungen von C.W. Ferguson von der Universität

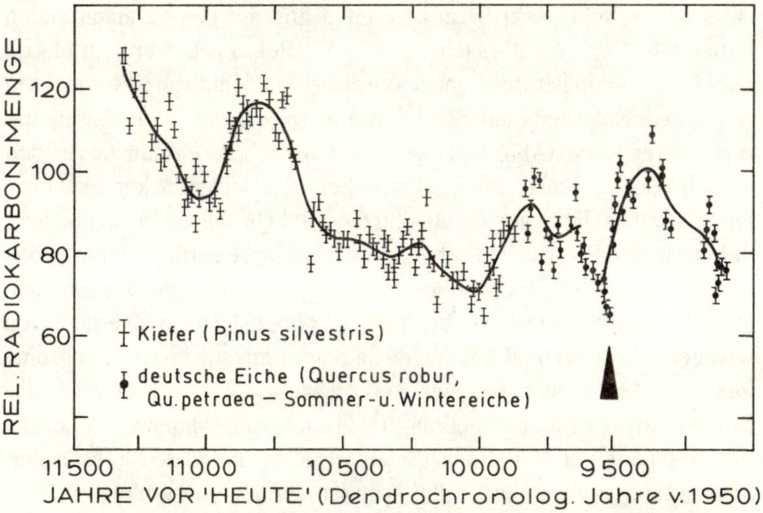

Abb. 60: Mit Hilfe von subfossilen Eichenstämmen in nacheiszeitlichen Fluß- und Seeablagerungen hat man heute die Jahresringauszählung bis auf rund zehn Jahrtausende vorangetrieben. Mit dieser »dendrochronologischen« Methode besitzt man ein subtiles Zeitmaß für die Nacheiszeit. Die Messung des Radiokarbongehaltes in diesen Baumringen zeigt die Schwankungen der Produktion des radioaktiven Kohlenstoffisotops ^{14}C im Laufe der Zeit an. Der Sintflut-Impakt ergab, wie zu erwarten, einen sprunghaften Anstieg des ^{14}C-Gehaltes vor rund 9545 Jahren. – Nach B. Kromer & B. Becker 1990. Kurve des Diagramms modifiziert: näher an die Einzelmessungen angepaßt.

Arizona bis zum Jahr 8300 vor heute zurück aufzubauen. Nun hat Berndt Becker vom Botanischen Institut der Universität Hohenheim in Deutschland mit seinen Mitarbeitern[432] die Glanzleistung vollbracht, eine zusammenhängende dendrochronologische Skala anhand von deutschen Eichenstämmen aus den nacheiszeitlichen Flußablagerungen von Main, Rhein und Donau bis zum Jahr 7938 v. Chr., also über einen Zeitraum von 9920 Jahren von der Gegenwart zurück, zu erstellen. Durch Einbeziehung von subfossilen Föhrenstämmen der Art Pinus silvestris konnte die Forschergruppe diese Baumringchronologie sogar bis über 11 000 Jahre zurückverfolgen. Damit liegt der uns interessierende Zeitabschnitt der Sintflut vor rund neuneinhalb Jahrtausenden völlig innerhalb der detaillierten Skala dieser Baumgeschichte.

Dasselbe Forscherteam hat zugleich mit der Baumringdatierung auch den jeweiligen ^{14}C-Gehalt der entsprechenden Holzabschnitte überprüft. Damit ergibt sich heute erstmals die Möglichkeit, den in Frage kommenden Zeitabschnitt exakt herauszugreifen und auf den zu erwartenden hohen ^{14}C-Wert zu untersuchen. Beim Sintflut-Impakt wäre ein plötzliches Emporschnellen des Gehaltes an diesem radioaktiven Isotop in Form eines steilen Zackens auf der ^{14}C-Kurve zu erwarten. Auf dieser nun verfügbaren Kurve (Abb. 60) zeigt sich im kritischen Zeitraum tatsächlich ein schroffer vertikaler Anstieg des Radiokarbons: Der Zacken setzt ganz knapp vor 9500 Jahre vor »heute« (in diesem Falle vor 1950) ein und liegt demnach, von heute aus gesehen, rund 9545 Jahre zurück. Damit haben wir das Sintflutereignis so genau, wie es heute nur immer möglich ist, zeitlich festlegen können, so daß nunmehr höchstens ein Spielraum von wenigen Jahren verbleibt. Wenn diese Baumringzone im dendrochronologischen Labor noch genauer studiert wird, sollte sich deutlich das Bündel extrem zusammengedrängter Zuwachsringe abheben, das auf die Wurzelschädigung beim Impaktbeben zurückgeht. Mit dem ältesten derartigen Ring ist dann die Sintflut auch jahresmäßig bestimmt, mit einer Fehlergrenze von plus/minus null Jahren.

Die Übereinstimmung mit den übrigen geologischen Datierungen, die schon vorher mit anderen exakten Methoden herausgearbeitet wurden, ist äußerst befriedigend (Tab. 4): Die übrigen, von der Zeitangabe 9545 (vor heute) nur wenig entfernt liegenden Werte zwischen 9520 und 9630 Jahren (vor heute) sind von den jeweiligen Forschern mit Fehlergrenzen von 170 bis 300 Jahren versehen worden, so daß sich der genaue dendrochronologische Wert durchaus innerhalb dieser Fehlergrenzen befindet und die gegenseitige Bestätigung des Datums mit Hilfe ganz unterschiedlicher exakter Methoden die gewünschte Sicherheit bietet.

Eine weitere Möglichkeit, die junge Impaktkatastrophe mit geologischen Mitteln zu erfassen, nämlich die gezielte Untersuchung zugehöriger Flutwellenablagerungen dieses Katastrophengeschehens oder die genaue Alterseinstufung möglicher, durch Impakte ausgelöster untermeerischer Hangrutsche, ist bisher weitgehend unterblieben, weil man keine Veranlassung dafür sah. Die Forschung auf diesem Sektor steckt insgesamt erst in den Kinderschuhen. So begann die moderne Tsunami-Forschung in Europa erst vor dreißig Jahren, veranlaßt durch den großen Ägäis-Tsunami von 1956.[433] In einer weltweiten Synopse der geologisch wirksamen, bisher bekannten Tsunamis haben D. Long vom Britischen Geologischen Dienst in Edinburgh und seine Mitarbeiter[434] gezeigt, daß Flutwellen wie die von Hawaii vor 105 000 Jahren Gesteinsschutt und Blöcke bis 375 m hoch über dem Meeresspiegel in das Landesinnere beförderten. Gute Beispiele für untermeerische Hangrutsche gibt es auf dem gerade untersuchten nordwesteuropäischen Kontinentalhang zum Atlantik, wobei die Storegga-Gleitung vor der südnorwegischen Küste die bedeutendste ist. Für die Hauptgleitung in der Nacheiszeit wird dort ein Zeitpunkt zwischen 6000 und 8000 Jahren vor heute angenommen.[435] Eine nochmalige Überprüfung dieser nicht sehr genauen Einstufung im Hinblick auf ein möglicherweise doch höheres Alter, woraus sich ein Zusammenhang mit dem Weltenbeben bei den Einschlägen im Atlantik vor rund 9545 Jahren ergeben könnte, wäre von hohem Interesse.

Das genaue Datum der Sintflut

Wir können aber den Zeitpunkt der Sintflut über die Jahreszahl hinaus, die uns die geologischen Belege liefern, glücklicherweise noch genauer festlegen, nämlich auch Jahreszeit, Monat und Tageszeit der Einschläge und der hereinbrechenden Flutwellen angeben, da wir ja über die geologischen Einstufungsmethoden hinaus zusätzlich noch über die Augenzeugenberichte verfügen, die zahlreiche Aussagen auch über den Eintritt des Ereignisses innerhalb des Unglücksjahres machen. Besonders der Zeitpunkt des Eintrittes der Flutwelle ist in manchen Überlieferungen unmittelbar oder in indirekter Form festgehalten.

Allerdings lassen sich diese Daten aufgrund der nicht immer widerspruchsfreien Einzelaussagen nicht ganz so einfach rekonstruieren. Der Schrecken der Katastrophe ließ beispielsweise die Dauer der Flut für manche Leidtragende zu einer halben Ewigkeit anwachsen, so daß sich unter den vielen Zeitangaben über die Dauer der Flut die Extreme von drei Tagen in einer abweichenden Wogulensage[436] und von vier bis fünf Tagen bei den Peruanern bis zu 52 Jahren bei den Mexikanern finden.[437]

Dies besagt aber nicht, daß wir uns nicht doch ein Bild über die wirkliche Dauer machen können, denn der überwiegende Teil der Traditionen berichtet von einer Dauer, die im Bereich von rund einer Woche liegt: Am 7. Tage trat bei den Babyloniern Ruhe ein; sieben Tage und sieben Nächte dauerte die Flut bei den Wogulen, ebensolange die gewaltige Schneeflut bei den Yana (Hoka) Kaliforniens; von fünf Tagen Fluthochstand sprechen die Peruaner, die Ojibwa in Nordamerika, von neun Tagen die Griechen, von zehn Tagen die Tlinkit-Indianer in Alaska und die Bewohner von Tahiti ... Dies besagt nur, daß wir uns eine Statistik über alle Angaben der Flutdauer ersparen können, da es neben den gut übereinstimmenden, generellen Angaben einzelne »Ausreißer« gibt, wobei den Übermittlern angesichts der Größe des Ereignisses die Phantasie durchgegangen ist, wie etwa den Hebräern im Alten Testament, sowohl beim Jahwisten mit 40 Tagen als auch beim Elohisten mit 150 Tagen, oder den Azteken mit ihren 52 Frühlingen (Jahren) Wasserfluthochstand laut Codex Chimalpopoca.

Bei den um eine Woche pendelnden Angaben zur Flutdauer muß man noch berücksichtigen, daß zunächst eine genaue Beobachtung in den Gebieten erschwert war, in denen laut Aussagen der Augenzeugen völlige Dunkelheit herrschte – hervorgerufen durch einen kompakten Mantel aus Rauch, Ruß, Wasserdampf und Impaktstaub, der das Licht abhielt. Außerdem gab es natürlich Unterschiede hinsichtlich der Ankunft und der Dauer der Flutwelle, je nach der geographischen Lage und morphologischen Beschaffenheit der betroffenen Region.

Über die *Jahreszeit,* in der die Flut eintrat, liegen bei verschiedenen Indianerstämmen Nordamerikas übereinstimmende Angaben vor: Die Cheyenne legen den Beginn des Geschehens mit einleitendem Beben und Vulkanausbrüchen in die Zeit, »ehe die Winterszeit [also Nordhalbkugel-Winter] kam«.[438] Der Nachsatz »Als der Winter kam, da kamen große Fluten« deutet aber an, daß es sich eher um den Impaktwinter handelt, der durch den Kometeneinschlag selbst bewirkt wurde. Eindeutig hingegen geben die Chipewyan, ein Stamm der Tinné-Indianer in Nordwest-Kanada, den Zeitpunkt des Eintrittes der Großen Schneeflut an: im Monat September.[439]

Eine hervorragende Kontrollmöglichkeit für die jahreszeitliche Einstufung des Impaktereignisses liefert uns die Láxuwa-Sage der Yámana in Feuerland (siehe S. 199). Dort fiel der einbrechende Impaktwinter um so mehr auf, als er – laut dieser Überlieferung – gerade in die Zeit des Frühlingsbeginns fiel, den die Ankunft des Láxuwa-Frühlingsvogels symbolisiert. Damit ist die Gegenprobe – hier Südfrühling, dort Nordherbst – voll aufgegangen.

Einen weiteren Anhaltspunkt für den Eintritt der Sintflut gibt uns die Mitteilung des Mardukpriesters Berosus in Babylonien aus der Zeit um 275 v. Chr., daß die Flut im Monat »Daisios« stattfand. Dieser Monat entspricht nach A. Stentzel[440] dem Monat Duazag der Babylonier bzw. dem Monat Tisritu der Hebräer, der mit dem 14.September beginnt. Stentzel setzt für den Beginn des Monates »Daisios« das Herbst-Äquinoktium (Tagundnachtgleiche) an, das demnach zugleich der Beginn der Sintflut wäre. Als weiteren Hinweis für den Eintritt des Sintflutereignisses zu diesem Zeitpunkt wertet er wohl mit Recht, daß im alten Ägypten das »Fest der Hochhebung des Firmamentes«, das die Neuschöpfung nach der Sintflut feiert, ebenfalls ungefähr in diese Zeit fiel. Eine ähnliche weitere Datierung ergibt sich aus einem altbulgarischen Lied mit dem Wortlaut: »Schon vorüber war die Zeit der Ernte und noch gar kein Vorrat in den Höhlen«, als drei Wochen die Sonne nicht erschien und die Erde sich in ein schwarzes Gewand hüllte.[441]

Obgleich bereits stark mystisch motiviert, sollte hier noch die Auffassung von A. Jeremias442 erwähnt werden, der im biblischen Sintflutbericht einen indirekten Hinweis auf die Jahreszeit des Ereignisses zu erkennen glaubt: Die beim Jahwisten frei eingesetzte Zahl 40 für die Anzahl der Fluttage deutet in astraler Hinsicht auf die Winterszeit hin, nämlich als Zahl der Plejaden, die während des Winters unsichtbar sind, weil sie in der Unterwelt weilen. Auch nach Hesiod sind dies die Tage der brausenden Stürme des Winters. Allerdings wird sich dies in beiden Fällen ebenfalls nur auf den im Gefolge des Impaktes einsetzenden Impaktwinter beziehen.

Der Beginn der Flut im Hinblick auf den Mondzyklus ist aufgrund der Aussagen in den verschiedenen Mythen seit langem diskutiert worden.[443] Im Alten Testament tritt die Flut in beiden Versionen des Sintflutberichtes bei Neumond ein. Nicht unmittelbar für die Datierung der Sintflut auswerten kann man das Datum der Athener Flutgedenkfeier, da sie sich offenbar auf die Deukalionische Lokalflut bezieht.[444] Laut Plutarch fand nämlich im antiken Athen alljährlich das »Wassertragefest« bei Neumond im Anthesterion-Monat, also in der Zeit Februar/März, statt. Ob dabei der Neumond-Tag noch in Erinnerung an die Sintflut eingeflossen ist, muß dahingestellt bleiben.

Hinsichtlich der Bestimmung der *Tageszeit* des Sintflutereignisses ergibt sich folgendes: Im Gilgamesch-Epos ist die Situation trotz unterschiedlicher Interpretationen klar. Obwohl sich am Abend vor dem entscheidenden Ereignis bereits Vorzeichen bemerkbar machten und ein auffälliger Regen fiel (die Übersetzungen hierzu lassen zu wünschen übrig: »Schmutzregen«, »verderblicher Regen«, »Weizenregen«), heißt es dort doch eindeutig: »Kaum daß ein Schimmer des Morgens graute, / stieg schon auf von der Himmelsgründung (=Horizont) schwarzes Gewölk. / In ihm drin donnert Adat (der Wettergott) / ... die Anunnaki (Geister der Tiefe) hoben Fackeln empor, / mit ihrem grausen Glanz das Land zu entflammen.«[445] Das heißt, daß der Impakt mit allen in der Folge geschilderten Erscheinungen (siehe S. 199) im Nahen Osten frühmorgens eingetreten ist.

Der Hinweis im Gilgamesch-Epos, daß bereits am Abend vor dem Impakt im Nahen Osten (Indischen Ozean) ein erster, verderblicher

Schlammregen fiel, ist von großer Bedeutung. Ohne Zweifel muß dieser »Fallout« auf einen anderen, bereits am Vortage erfolgten Teilimpakt zurückgeführt werden. Damit aber erhalten wir Auskunft über die Frage des zeitlichen Abstandes der Einschläge, der bis über einen halben Tag betragen kann – was wir bereits aus der Verteilung der Einschlagsstellen über mehr als eine Erdhälfte hin gefolgert haben. Hierdurch wird also bestätigt, daß die Erde Gelegenheit gehabt hat, sich über mehrere Stunden oder noch länger weiterzudrehen, bevor sie die nächsten Einschläge trafen.

Mit der Zeitangabe des Gilgamesch-Epos stimmen die Berichte von den Südseeinsulanern von Tahiti (Gesellschaftsinseln) überein, die fast Antipoden der Babylonier sind, daß bei Sonnenuntergang die Flut anstieg.[446]

Fassen wir alle soeben erwähnten Hinweise aus den Traditionen über den relativen Zeitpunkt des Sintflut-Impaktes zusammen und fügen wir noch die unter den geologischen Datierungen derzeit genaueste Jahreseinstufung von 9545 vor heute – laut der sehr exakt entwickelten Dendrochronologie von B. Becker und seinen Mitarbeitern[447] (siehe S. 259 f.) – hinzu, so ergibt sich für diesen Impakt des menschlichen Urtraumas folgendes Datum: frühmorgens (bezogen auf Vorderasien) bzw. um etwa 3 Uhr früh MEZ bei Neumond zu Herbstbeginn (auf der nördlichen Halbkugel) im September des Jahres 9545 ± wenige Jahre vor heute bzw. 7553 v. Chr. ± wenige Jahre. Versursacht wurde er durch einen aus südöstlicher Richtung kommenden, siebenfach geteilten Kometen.

Eine Zusammenstellung älterer Ansichten zum Sintflutdatum geben wir in Tab. 8, S. 415.

Neue Forschungsperspektiven

Der vorangegangene Überblick über die geologischen Fakten zeigt, daß schon heute – vor allem durch die Streufelder mit den etwa 10 000 Jahre alten Tektiten – konkrete geologische Beweise für den Sintflut-Impakt vorliegen, daß aber auf diesem Gebiet die Hauptarbeit, die die Nuancen des Geschehens anhand von subtilen geologischen Zeugnissen zutage fördern, noch vor uns liegt. Solche aufwendigen Untersuchungen kann man nämlich nur dann sinnvoll durchführen, wenn einerseits eine spezielle Veranlassung dazu besteht und andererseits der Ansatzpunkt der im Profil zu untersuchenden Bodenschichten möglichst auf den Zentimeter genau bekannt ist, d. h., wenn man weiß, wie weit das Ereignis zurückliegt. Das war bisher in keiner Weise gegeben, während jetzt diese Grundlagen vorliegen.

Nachdem wir nunmehr das – bislang sagenhafte und jetzt zur Realität gewordene – Naturereignis »Sintflut« belegt und mit geologischen Mitteln genau datiert haben, eröffnet sich schlagartig ein einmalig spannendes, neues geologisches Forschungsfeld. Bisher war das Interesse der Impaktforschung in erster Linie auf das gewaltige Ereignis an der Kreide-Tertiär-Grenze vor rund 65 Millionen Jahren ausgerichtet gewesen; die zielbewußte, intensive Untersuchung im letzten Jahrzehnt hat hier auch tatsächlich ungeahnte, vorher völlig übersehene Facetten dieses Geschehens zutage gefördert.

Die mit den neuen Erkenntnissen verbundene Ausrichtung auf einen neuen Schwerpunkt, nämlich diesen jüngsten Impakt im Holozän, also in der geologischen »Jetztzeit«, wird sicherlich in den nächsten Jahren für ebensolche Überraschungen sorgen. Da man nun weiß, in welcher Schicht, in welchem Zeitabschnitt man nach den vielfältigen geologischen Spuren eines solchen Impaktes zu suchen hat, wird die gezielte Suche das bisher noch Übersehene zügig ans Licht bringen.

Ein wahrlich atemberaubendes Forschungsfeld tut sich auf: noch spannender als die Impaktforschung an der Kreide-Tertiär-Grenze, da es sich hier ja bei den Betroffenen um Menschen handelt, um unsere Vorfahren, und um unsere Geschichte, nicht um Saurier oder um einzellige Globotruncanen.

Um zu zeigen, auf welche Art dieser Impakt mittels geologischer Arbeit weiter abgesichert werden muß, geben wir hier eine Liste der vordringlichen bevorstehenden Untersuchungen.

1. Genaue Abgrenzung und Analyse der Jungtektit-Streufelder, um die Einfallsrichtung, die Größe und die Art der Aufspaltung der Impaktoren in Australien und Hinterindien genauer zu ermitteln.

2. Radiometrische Altersbestimmung der Jungtektite. Der Urangehalt von Tektiten erlaubt es, mit Hilfe der Spaltspuren-Methode Alter bis zu etwa 1000 Jahren herunter zu messen.

3. Suche nach den untermeerischen Kratern im Südwest- und im Ostpazifik vor der südaustralischen Küste bzw. vor Mittelamerika, im Südchinesischen Meer, im Indischen Ozean und im Nord- und Mittelatlantik. Diese Krater sollten unter anderem anhand von Störungen in den Magnetstreifenmustern der Ozeanböden sowie von geophysikalischen und morphologischen Anomalien im Einschlagsgebiet zu erkennen sein. Der Krater im Südwestpazifik z.B. ist aufgrund der Jungtektit-Streurichtung

am ehesten im Umfeld von Tasmanien zu erwarten, wo übrigens die alten Magnetstreifenmuster des Ozeanbodens nach der neuesten geologischen Karte[448] aussetzen.

4. Untersuchungen von Tsunami-Blocksedimenten im küstennahen Bereich der umliegenden Länder, von zugehörigen Sedimentstrukturen in seichten Meeresablagerungen, von unterseeischen Gleitungen, von Abrasionsflächen auf dem Festland (um die Abtragungswirkung der Flutwellen zu ermitteln) und der Rückflutmorphologie vom Typus »Scablands«, wobei die Untersuchungsobjekte jeweils knapp unter 10000 Jahre alt sein müssen. Wie sehr bisher gerade sedimentologische Zeugnisse solcher »konvulsiven« (katastrophalen) geologischen Ereignisse von den Fachleuten mißachtet worden sind, weil die Auswirkungen solcher Katastrophen bislang nicht direkt erlebt wurden, hat erst jüngst H. Edward Clifton aus Kalifornien geschildert.[449]

In diesem Zusammenhang müssen auch der aus manchen Gebieten der Erde bereits bekannte, aber bisher nicht deutbare gewaltige Anstieg der Wasserstände am Festland und die damit verbundene Erosionswirkung von der Wende vom Spätglazial zum Holozän neu überdacht, untersucht und genauer datiert werden. Eines der frappantesten Beispiele solcher Wasserspiegelanstiege um 20–75 m aus dieser Zeit haben wir auf S. 210 geschildert: In Zentralafrika kam es in der sogenannten Phase des »Wilden Nils« und der »Megaseen«, die sich in Binnenmeere verwandelt hatten, zu grundlegenden Umgruppierungen im Flußnetz über einstige Wasserscheiden hinweg.[450]

5. Erfassung von Bergsturzhäufungen entsprechenden Alters am Festland, besonders in Nähe der Impaktzentren. Tirol mit dem Köfelser Impakt bietet ein hervorragendes Beispiel hierfür (S. 142).

6. Überprüfung des radiometrisch datierbaren Alters von relevanten Vulkankegelbauten, Lavafeldern und Aschenfällen in beiden amerikanischen Erdteilen. Vom »Tetzontli«-Mandelstein in Mexiko beispielsweise ist ja überliefert, daß er direkt mit dem vom Weltenbeben ausgelösten Vulkanismus zusammenhängt. Datierung des Anteils der auf den Impakt zurückgehenden untermeerischen Basaltdecken im Mittelatlantik südlich der Azoren.

7. Aufspüren des Horizontes der Ruß- und Holzkohlenbrandschicht in marinen und kontinentalen Sedimenten und Böden entsprechenden Alters. Erfassung organischer Verbindungen aus verbranntem Material im Impaktton.

8. Suche nach einer möglichen, im Zusammenhang mit der Kometen-

natur des Impaktors sicherlich nicht bedeutenden Iridiumanreicherung im Impaktton, der durch geschockte Mineralfragmente gekennzeichnet sein könnte.

9. Geochemische Überprüfung der marinen Sedimente des entsprechenden Horizontes auf einen etwaigen Anstieg des Kohlenstoffisotops ^{12}C als Hinweis auf pflanzliches Massensterben. Überprüfung auf eine Anreicherung von Schwermetallen hin, die der saure Regen mobilisiert hat.

10. Berücksichtigung der zu erwartenden einschneidenden Zuwachsstörung bei Bäumen in Form einer engen Scharung der Jahresringe infolge der Wurzelschädigung, die das Sintflut-Impaktbeben um das Jahr 9545 vor heute verursacht hat. Die Untersuchungsmöglichkeit hierbei reicht dank des Vorstoßes von Bernd Becker und seinen Mitarbeitern[451] in der Dendrochronologie bis zum Jahr 9920 vor heute (bei deutschen Eichenstämmen) bzw. sogar bis 11 000 vor heute (bei subfossilen Föhrenstämmen).

11. Überprüfung der Staub- und Säureschicht entsprechenden Alters in den Eisbohrkernen von Grönland und der Antarktis auf ihren Gehalt an Salpetersäure, Iridium, geschockten Mineralen, Ruß vom Weltenbrand etc.

12. Genaue Kontrolle der Möglichkeit eines etwaigen Massensterbens am Impakthorizont nahe dem Beginn des Holozäns durch Pollenanalyse, Untersuchung des Nannoplanktons und Mikrofaunen-Analyse.

13. Revision der Datierungen des Großsäugeraussterbens an der Wende von der Eiszeit zur Jetztzeit im Hinblick auf die exakte Zeitmarke des Impaktes bzw. Erfassung eines Vorläuferimpaktes wenige Jahrtausende vorher.

14. Bestimmung der echten Sintflutschicht in seichten, mehrere zehn Meter tiefen Bohrungen in Mesopotamien, wo seit den Grabungen von Sir C. Leonhard Woolley in Schächten etliche Flutschichten in Ur, Kisch, Schurrupak etc. aus der Zeit zwischen 2700 und 3500 v. Chr. freigelegt und manche davon unter langer Diskussion zu Unrecht als *die* »Sintflutschicht« bezeichnet, »bewiesen« oder widerlegt worden sind.

Da die echte Sintflutschicht um 7555 v. Chr. entstanden ist, liegt sie noch tief unter allen bisher diskutierten Schichten. Ihr Sedimentcharakter als Sturmflutschicht müßte belegt werden, während die dort bisher untersuchten Flutschichten auf Stillwasserfluten zurückgehen. Das Vordringen einer Meeresflut muß durch marine Mikrofossilien in dieser Schicht nachgewiesen werden – im Gegensatz zum Süßwassercharakter der dort bisher beschriebenen Flutschichten mit ihren Süßwasserfossilien. Natürlich besteht die Möglichkeit, daß in bestimmten Abschnitten die Impaktflutschicht beim Rücklauf der Tsunami-Wassermassen wieder abgeschwemmt worden ist, aber sicher nicht an allen betroffenen Stellen. So kann diese Diskussion, die sich nunmehr schon über 60 Jahre hinzieht und seinerzeit weltweit Aufsehen erregte, aber in ganz falsche Bahnen lief, heute ohne große Probleme abgeschlossen werden.

15. Weltweit muß der Horizont dieses Alters ermittelt und sedimentologisch untersucht werden, besonders im Meeresbereich. Auf dem Festland müssen die Spuren des Weltenbrandes nachgewiesen werden: außer der Rußschicht der gebrannte Bodenhorizont, gebietsweise bis zu Fritten des Tones, Anschmelzen der Gesteine usw.

16. Besonderes Interesse verdient natürlich die Erfassung weiterer Krater des Sintflut-Impaktes vom Typus Köfels/Tirol auf dem Festland, von denen einige mögliche Kandidaten bereits auf S. 138 erwähnt wurden.

Der Nachweis, daß die Sintflut durch einen Kometenimpakt ausgelöst wurde, und die Fixierung seines Zeitpunktes haben aber automatisch ein weit über die Geologie hinausgehendes, unerschöpfliches Feld für eine interessante Forschungs- und Revisionsarbeit in den verschiedensten natur- und geisteswissenschaftlichen Disziplinen eröffnet. Um die Breite der Konsequenzen anzudeuten, möchten wir exemplarisch einige Fragenkomplexe nennen, die vordringlich neu überprüft werden müssen:

1. Innerhalb des naturwissenschaftlichen Forschungsbereiches wird die genaue Untersuchung eines noch viel größeren Impaktes, der ebenfalls zu Lebzeiten der menschlichen Spezies stattfand, nämlich des Australit-Impaktes vor rund 700 000 bzw. 720 000 Jahren (je nach verwendeter Altersbestimmungsmethode), ebenfalls von Interesse für die Frage der Menschheitsentwicklung sein. Zu eben dieser Zeit starb nämlich die erste Entwicklungsstufe der menschlichen Ahnen, der Australopithecus, aus (siehe S. 357) Durch den deutschen Paläontologen von Koenigswald wissen wir, daß auch ein jüngerer Zweig, Homo erectus, von diesem Impakt vor 720 000 Jahren schwer getroffen wurde, denn die Fossilien von dieser Art sind gerade aus der Trinil-Schicht in Java bekannt, aus der zugleich Tektite dieses großen Impaktes stammen (siehe S. 358).

2. In der Religionswissenschaft wird man die Auswirkungen des nachhaltigen traumatischen, außergewöhnlichen Schockerlebnisses der Sintflut und des hierdurch eingeleiteten ersten umfassenden Nachdenkprozesses der Menschheit analysieren müssen, d.h., in welchem Maße

dadurch die Entstehung und Formung aller Weltreligionen beeinflußt worden ist. Ein totaler Umsturz hinsichtlich der Herkunft wesentlicher Inhalte aller Religionen zeichnet sich hier ab: Sie sind zum großen Teil natürlichen, nicht übernatürlichen Ursprungs. Das so weit verbreitete Religionsbild mit Grundinhalten wie Schuld und Sühne, rächende und verzeihende höhere Macht, Opferdarbietung, Paradies und Sündenfall, Himmel und Hölle, Teufel (Taifun, Typhon) und Satan (Seth), Sünde und Schlange (Komet) als Symbol des Bösen, Höllenfeuer und Fegefeuer (Weltenbrand) usw. wird schlagartig aus dem konkreten physischen Impakterlebnis der Menschheit verständlich; gleichzeitig werden diese Inhalte ihres mystischen Schleiers und ihrer religiösen Umdeutung entkleidet.

3. Für die Ethnologen eröffnet sich ein unabsehbar weites Forschungsfeld auf der Basis des Wissens um die Sintflut. Einerseits erscheinen nun neue, große Feldstudien angebracht, das noch nicht erfaßte einschlägige Sagengut zu retten; andererseits kann eine überlegte Fragestellung über manche Einzelheiten in den Überlieferungen, die sich nunmehr anders erklären lassen, wesentlich weiterführen. Außerdem ist eine Neuinterpretation des riesigen Sagengutes der Völker notwendig geworden, auch mannigfaltiger Inhalte außerhalb der Flutmythen von kosmologischen Legenden bis zu den einschlägigen symbolträchtigen Sagen. Markante, bisher nicht verstandene Einzelzüge lassen sich nun in vielen Fällen leichter und besser verstehen – wie wir im Abschnitt »Homo sapiens philosophicus« auf S. 446 ff. andeuten werden. Auch die vielfach dunkel gebliebenen Texte der antiken Heldenepen über die Flut müssen, nachdem wir nun die Einzelheiten des Flutereignisses kennen, hinsichtlich ihrer korrekten Übersetzung überprüft werden.

4. Nachdem nunmehr der Ablauf des Sintflut-Impaktes auch in den Einzelheiten geklärt ist, wird man nun das ganze Ausmaß erkennen, in dem dieses tiefste, unfaßbare Erlebnis der Menschheit ihr Denken und Glauben, ihr Hoffen und Bangen geprägt hat. In unzähligen kosmologischen Mythen hat dieser Stoff Einzug gehalten; in fast allen großen Prophezeiungen hat man bei diesem Vorbild zahlreiche Anleihen genommen, von Weltuntergängen und -neugeburten bis zur individuellen Vorstellung von Untergang und Wiedergeburt in den großen Religionen.

5. Die archäologische Plazierung der akkadisch-babylonisch-biblischen »großen Sintflut« in eine der jüngeren alluvialen Flutschichten des Zweistromlandes, datiert durch die Abfolge der Königsdynastien, muß gänzlich revidiert werden. Dies betrifft all die vielen seit Sir Leonhard Woolley

in heftigen Kontroversen geäußerten Meinungen, denn die Sintflut, die weltweite Auswirkungen hatte und auf die sich auch die einschlägigen babylonisch-biblischen Mythen beziehen, fand mehr als 4000 Jahre vor allen diskutierten Flutschichten statt. Der wesentlich tiefer gelegene, schmale Impakthorizont muß dort erst, wie erwähnt, mit geologischen Methoden erfaßt werden.

6. Der Beweis, daß sich mündliche, in Details wortgetreue, umfangreiche Traditionen unverfälscht über zehn Jahrtausende erhalten können, läßt nun manche anderen sehr detaillierten Überlieferungen glaubwürdiger erscheinen, die bisher von Archäologen, Historikern und Ethnologen beiseite geschoben worden waren, weil ihnen eine getreue Weitergabe über Äonen, über mehrere hundert Generationen, nur phantastisch erschien.

In sehr bezeichnender Weise kommt diese weit verbreitete irrige Meinung auch in der Stellungnahme des deutschen Mythenforschers Prof. Konrat Ziegler[452] zum Ausdruck: »Das Gedächtnis der Menschen, solange es nicht durch schriftliche Aufzeichnungen unterstützt wird, ist erstaunlich kurz. Nur wenige Generationen wird eine Erinnerung einigermaßen getreu festgehalten. Sowie 100 Jahre überschritten werden, löst sich in der Regel alles in nebelhafte Legenden auf. ... Denn strenge Liebe zur Wahrheit ist keine Grundeigenschaft der menschlichen Seele, sondern ein mühseliges Produkt intellektueller und sittlicher Erziehung. Von Natur, also als Kind oder als Wilder, ist jeder Mensch ein Lügner, ein Phantast und Renommist, zum Teil bewußt, zum größeren Teil aber unbewußt. Die Heldensagen aller Völker sind der sprechendste Beweis dafür. Daß also 10 000 Jahre, d.h. 300 Generationen hindurch, die Erinnerung an eine Katastrophe treu bewahrt worden sein sollte, ... darf hiernach als ausgeschlossen bezeichnet werden.«

Der Gegensatz zu den geläufigen bisherigen Meinungen der Fachleute, wie wir ihn hier darlegen konnten, ist gewaltig. Nehmen wir als Beispiel die Edda. Die älteste Handschrift der Völuspa stammt aus dem Jahre 1280 n. Chr.; auf 1220 ist die Aufzeichnung der Edda durch Snorri Sturluson zu datieren. Die Germanisten nehmen an, daß die Edda um 900 n. Chr. entstanden ist. Ältere Reminiszenzen in den altgermanischen Sagen reichen nach ihrer Auffassung möglicherweise bis in die Zeit der Völkerwanderung zurück, die im 3. Jh. n. Chr. einsetzte und durch den Hunneneinbruch im Jahre 375 ihren Hauptimpuls erhielt. Ihrer Meinung nach kann jede strenge Folge von Wintern den Anlaß für den Fimbulwinter der Weltkatastrophe gegeben haben.[453] Schon der Versuch, diesen Kälteeinbruch an den Beginn der Eisenzeit um 500 v. Chr. zurückzuverlegen, wird von ihnen als gescheitert betrachtet. Und nun das! Stoff und Einzelheiten dieses typischen Impaktgeschehens in der Edda sind genau wie in allen anderen Überlieferungen fast zehn Jahrtausende tradiert worden – im Falle der Edda konkret etwa 8770 Jahre, bis sie Snorri Sturluson 1220 festhielt. Hier müssen die Fachleute enorme Konsequenzen ziehen und gewaltig umdenken.

Erinnern wir uns daran, daß es eine perfekte Analogie in der Archäologie gab. Die »Gläubigen« in der Archäologie hatten ihre großen Erfolge, weil sie Achtung vor den Überlieferungen der Völker hatten und die darin geschilderten Fakten ernst nahmen, gleichgültig ob Fachmann oder Laie – wie Heinrich Schliemann im sagenhaften Troja oder Arthur Evans im mythischen Palast des Minos. Ein berühmtes Beispiel für die Kraft der Tradition ist neben den homerischen Gesängen der Rig-Veda der Inder, dessen mehr als tausend Hymnen über Jahrtausende hinweg nur mündlich getreu weitergegeben wurden, bevor man sie aufschrieb.[434]

Heute aber kann der Geologe mit seinen exakten Methoden die Dauer der mündlichen Überlieferung in bestimmten Fällen genau bestimmen, wie die Geschichte vom Meteoritenfall auf dem »Himmelsfeld« bei den Einheimischen in Nord-Argentinien belegt.[455] Die spanischen Eroberer hörten von den Eingeborenen, daß auf dem »Campo del Sielo« ein großer Schwarm metallischer Meteoriten vom Himmel gefallen sei, und vernahmen auch die Schilderung der damit verbundenen Erscheinungen. 1576 fand eine Expedition das 17,5 km große Kraterfeld der Eisenmeteoriten. Die Altersbestimmung der Holzkohle aus der Impaktschicht ergab nach der Radiokarbonmethode ein Alter von 5800 ± 200 Jahren. Dies ist wiederum ein Beleg dafür, daß eine Erinnerung in diesem Fall mehr als 5000 Jahre lang bewahrt wurde.

Ein ähnliches, noch eindrucksvolleres Beispiel für eine mündliche Überlieferung von Augenzeugenberichten, die viele Jahrtausende überdauerte, liefert die Entstehung des berühmten Naturphänomens Crater Lake in Oregon in den USA (Abb. 61). Dieser 1200 m tiefe, teilweise von einem See ausgefüllte Einsturzkessel hatte sich vor 6850 Jahren nach einer gewaltigen Eruption eines Vulkankegels gebildet, bei der der 1000 m hohe Gipfel des Mount Mazama gesprengt wurde und in die Tiefe sackte. Dabei entstand eine 10 km breite und 1200 m tiefe Einsturzcaldera, d.h. kesselartige Vertiefung. Die Eruption überschüttete weite Teile des nordamerikanischen Kontinentes mit Asche und Bimsstein. 170 km weit nach Nordosten hin wurde Oregon unter mächtigem Bimsstein er-

Abb. 61: Crater Lake in Oregon, USA. – Foto: Tollmann.

stickt; 2000 km weit bis Kanada hinüber reichte der Aschenregen, der eine Million km² des Kontinentes bedeckte.[456] Stürme und Brände rasten über das Land, das damals bereits seit längerem von Indianern besiedelt war. Das zeigen die Ausgrabungen indianischer Siedlungsreste in den Höhlen von Zentraloregon, die vom Bimsstein des Mount-Mazama-Ausbruches überlagert sind.

Es ist nun von hohem Interesse, daß die Überlieferungen der Klamath-Indianer Einzelheiten über dieses einmalige, schauerliche Erlebnis mitteilen, natürlich in Legenden über den Kampf der Götter eingekleidet:[457]

Damals sei der Gott der Unterwelt, Llao, durch den zuerst kleinen Gipfelkrater des Mt. Mazama aufgestiegen und habe sich wiederholt auf der Spitze des Berges gezeigt. Gleichzeitig aber stand Skell, der Gott der Oberwelt, am Gipfel des Mount Shasta, einige hundert Meilen weiter südlich. Es begann ein Krieg zwischen diesen Göttern als eine Zeit von großen Explosionen. Steine flogen durch die Luft, das Feuer zerstörte die Wälder und die Heimstätten der Indianer. Und sieben Tage Dunkelheit wurden nur durch das blendende Licht der flammenden Berge erhellt. Das Ende der Schlacht trat ein, als Llaos Thron, der Mt. Mazama, in sich zusammenstürzte.

Die Legende schildert demnach das Geschehen bei diesem gigantischen Vulkanausbruch, von den kleineren Vorläufern über den Hauptauswurf der

Gesteinsmassen bis zum Zusammensturz bei der Calderabildung. Ob die Mitteilung von der einwöchigen Nacht und dem verheerenden Feuer auf den Vulkanausbruch mit seinen Aschenregen zu beziehen ist oder die Erinnerungen an den Sintflut-Impakt mit umfaßt, der vorher gerade auch von den Klamath miterlebt worden war, mag dahingestellt bleiben.

Für uns ist dieses Beispiel insofern von Bedeutung, weil es einen weiteren Beweis für die weit zurückreichende genaue Erinnerung der Menschen liefert. Die Tradition hat sich hier über fast sieben Jahrtausende hinweg erhalten, was heute in diesem Fall durch die Bestimmung des Alters der Bimssteinablagerungen vom Mount-Mazama-Ausbruch mittels moderner geologischer Methoden belegt werden kann.

Derartige Traditionen, viel mehr aber noch die Flut von Berichten über Details des heute ebenfalls geologisch datierbaren Sintflutgeschehens zeigen, daß die Erinnerung des Menschen in bereits sehr spezifischer Weise bis zum Ende der Eiszeit zurückreicht.

Dies ist auch im Hinblick auf ein weiteres Problem von Bedeutung: Die inhaltsreichen Überlieferungen, die sich bei den alten Völkern beiderseits des Atlantiks – den Ägyptern, Griechen, Römern ebenso wie den Tolteken und Azteken – über Atlantis, seine sehr frühe Hochkultur und seinen Untergang erhalten haben (siehe S. 505), müssen nun auch von den einstigen Skeptikern (wie z. B. einem von uns beiden – A.T.) in einem ganz anderen Licht gesehen werden, selbst wenn diese Traditionen in einer Zeit vor zwölf Jahrtausenden wurzeln. Allerdings sind sie schon vor Jahrtausenden im alten Ägypten, zuletzt vor allem von den Priestern von Sais, festgehalten worden, so daß die Details über die Sintflut, die die Einheimischen den Völkerkundlern bis heute erzählen, eine noch viel längere mündliche Phase mitgemacht haben müssen.

Da es nun im Falle von Atlantis zum ersten Mal eine geologisch einwandfreie, realistische Begründung dafür gibt, daß die Insel beim Sintflut-Impakt über Nacht verschwand (siehe S. 499 ff.), müssen die ebenso detailliert und wirklichkeitsnahe erzählten alten Atlantis-Traditionen erneut und gründlich, objektiv und unvoreingenommen überprüft werden, was mit Sicherheit zu einem ganz neuen Verständnis des Anfanges der Hochkulturen, des Verlaufes der frühen Geschichte und der späten Vorgeschichte, der kulturellen Beziehungen zwischen Völkern der Antiken Welt führen wird. Eine Revolution sondergleichen wird ausgelöst werden, die unsere Auffassungen über die Wurzeln der neueren menschlichen Kultur betrifft.

7. In sprachlicher Hinsicht ist bemerkenswert, wie detailliert und subtil

schon die Ausdruckskraft der Menschen in der Mittelsteinzeit vor zehntausend Jahren war. Die Sprache war bereits zum fein geschliffenen Werkzeug geworden, mit dem auch sehr komplexe Sachverhalte übermittelt werden konnten. Wenn etwa beim roten Farbton des »Blutregens«, also des mit Stickoxiden gesättigten Salpetersäureregens, der feine Unterschied gemacht wird, daß dieses Rot nicht dem hellen (sauerstoffreichen) Blut, sondern dem braunroten »Blut der Toten« gleicht. Oder wenn beim Weltenbrand alle Partikel, die aus dem aufsteigenden Qualm zurückfallen, wie etwa brennendes Pech, Ruß oder glühende Holzkohlestücke, unterschieden werden. Wenn beängstigend anschaulich beschrieben wird, wie die Sintflutwoge in der Dämmerung so hoch wie eine Felswand, von Horizont zu Horizont hell schimmernd, aufblitzend heranraste, oder wenn geschildert wird, wie die Eisschollen der vom Nördlichen Eismeer heranrollenden Woge beim Rückfluß der Flut an den Gipfeln der Berge (Alaskas) wie Eiskappen hängen blieben. Dann spürt man den ganzen Reichtum der damaligen Sprache. Auch wenn die Formulierung möglicherweise später in andere Worte eingekleidet wurde, war der Steinzeitmensch damals doch fähig, all diese Sachverhalte so auszudrücken, daß sie zehn Jahrtausende lang erhalten blieben. Diese Erkenntnis versetzt uns in die Lage, einem alten – auch sehr persönlichen – Wunsch nachzukommen, nämlich einen sicheren, genauen Zeitpunkt aus der älteren Sprachgeschichte der Menschheit zu erfassen, an dem bereits ein reicher, ausdruckskräftiger Sprachschatz vorhanden war. Und dies bei allen Völkern dieser Erde, bis hin zu den Aborigines in Australien, von denen die Kurnai so anschaulich das ganze Impaktszenario einschließlich des rotglühenden Himmels, der sich in unmittelbarer Nähe des Impakthofes herabsenkte, zu schildern imstande waren.

Zugleich liegt nun eine neue Basis vor für die Glaubwürdigkeit einer so häufig überlieferten gemeinsamen *Ursprache der Menschheit* bis zu diesem Zeitpunkt, die von den Kolonien der Atlanter in der Neuen Welt im mittel- und südamerikanischen Raum über Europa bis Ostasien, bis nach China, reichte. Die fast völlige Vernichtung und die rigorose Aufsplitterung der menschlichen Gemeinschaft durch diese Weltkatastrophe in einzelne kleine Gruppen, die Jahrhunderte, ja sogar Jahrtausende lang isoliert waren und in einer »leeren Welt« nur sehr langsam wieder Kontakt zu den übrigen versprengten Resten der Menschen aufnehmen konnten, sind konkrete Gründe für die Ausbildung eigenständiger, vielfältiger Sprachen, die sich räumlich getrennt voneinander entwickelten, zugleich Grundlage für die *»babylonische Sprachverwirrung«* der Sagen.

Wir haben ja mehrfach – zumindest andeutungsweise – auf die Gemeinsamkeit der Wurzeln zahlreicher grundlegender Urworte hingewiesen. Solche weltweiten, über den indogermanischen Sprachraum hinausreichenden Vergleiche haben bisher vorwiegend etymologische Außenseiter gewagt. Mit dem sehr konkreten Hinweis auf die Zerstörung von Atlantis durch einen Teilimpakt des Sintflut-Kometen ist die Möglichkeit einer frühen engen Beziehung der Alten Welt – auch sprachlich und kulturell – über Atlantis zur Neuen Welt zum ersten Mal auch aufgrund naturwissenschaftlicher Fakten in den Bereich der Realität gerückt.

Eine fundierte etymologische Überprüfung, die nunmehr ohne Voreingenommenheit und ohne den Vorbehalt »unmöglich« durchgeführt werden sollte, ist somit erforderlich geworden. Sie betrifft die sprachlichen Beziehungen der Indogermanen bzw. ihrer damals lebenden Vorfahren über die Atlanter zu den Tolteken, Azteken und anderen indianischen Mischvölkern, die wesentlich enger sind, als man früher glaubte. Des weiteren ist eine grundlegende etymologische Revision des aztekischen Sprachschatzes und seiner Schrift notwendig, die einen überraschend stark zu spürenden Einfluß des Indogermanischen zeigen. Überprüft werden müssen auch die Rückwirkungen der Kultur der Atlanter, die vor mehr als 10 000 Jahren bestand und damit die älteste Hochkultur der Menschheit darstellt, gegenüber den erst später aufkeimenden jüngeren Hochkulturen im östlichen Mittelmeer und im Nahen Osten.

Daß die kulturelle Entwicklung in Europa tatsächlich hinter der des Nahen Ostens keineswegs zurückstand, hat übrigens aus einem ganz anderen Blickwinkel der englische Archäologe Colin Renfrew von der Universität Southampton[458] betont – als sich nämlich herausstellte, daß die Datierung der archäologischen Funde in Europa mit der Radiokarbonmethode in ihrem Frühstadium unzutreffend war und viel zu junge Werte ergeben hatte. Der bekannte Erdwissenschaftler und Kosmochemiker aus der Sueß-Dynastie, Hans Sueß, pflichtete bei: »Renfrew stellt fest, daß Originalität und schöpferische Fähigkeit der Einwohner des vorgeschichtlichen Europas bisher unterschätzt worden waren. Es war ein Fehler, stets im Nahen Osten den Ursprungsort für kulturelle Fortschritte zu suchen.«[459]

Ein großes Problem für die Erdwissenschaften, ein gutes Programm, um die kulturelle Entwicklung der Menschheit besser zu verstehen. Die Schlüssel sind gefunden. Es liegt an uns, sie zu benutzen.

Impakte als Normalereignisse der Erdgeschichte und die Bedrohung der Menschheit durch Impakte

Irdische Impaktzeugnisse

Nachdem wir mit Hilfe der modernen Untersuchungsmethodik die apokalyptische Szenerie des Einschlages eines Asteroiden auf unserer Erde anhand des Dinosaurier-Impaktes in allen Einzelheiten rekonstruieren und nacherleben können, stellt sich für uns sofort die Frage, wie häufig ein solches Ereignis in der Erdgeschichte, aber auch in der Menschheitsgeschichte eintrat und in Zukunft zu erwarten ist. Oder – anders ausgedrückt – wie entscheidend Impakte die Erdgeschichte, die Geschichte des Lebens und auch die langfristige Weiterentwicklung der Zivilisation der Menschheit beeinflussen und mitgestalten.

Häufigkeit von Impaktkratern

Wir können heute, nach der Intensivierung dieser Forschung in jüngster Zeit, bereits eine fundierte Antwort geben. Wir besitzen zwei völlig unabhängige Untersuchungsmöglichkeiten zur Beantwortung dieser Frage: zunächst einmal die Dichte und Anzahl der sichtbaren, seit der jüngeren Erdgeschichte erhaltenen Einschlagskrater auf unserem Planeten, deren Alter sich bestimmen läßt, sowie alle mit einer solchen Kraterbildung verbundenen Spuren im Antlitz der Erde – etwa Auswürflinge des beim Einschlag geschmolzenen Gesteins, die eine Datierung von Impakten ermöglichen, auch wenn sich der zugehörige Krater am Boden des Meeres versteckt befindet. Zum anderen kann man aus der Dichte der Planetoiden und Kometen, die die Erdbahn kreuzen und von den Astronomen erfaßt worden sind, aus ihrer Anzahl, ihren Umlaufzeiten mit der Wiederannäherung an die Erde und ihren Bahnbeeinflussungen die Häufigkeit von Zusammenstößen mit der Erde statistisch hinlänglich genau berechnen bzw. – besser gesagt – abschätzen. Beide Methoden sind in jüngster Zeit genutzt worden, und die auf so verschiedene Weise erzielten Ergebnisse passen gut zusammen.

Trotzdem können diese Daten nur als Mindestrichtwerte angesehen werden. Dies auch deshalb, da nach einer so kurzen Zeit der zielgerichteten Forschung erst ein Teil der irdischen Krater ebenso wie ein kleiner Bruchteil der die Erdbahn kreuzenden Impaktoren bekannt ist.

Wenden wir uns zunächst der uns Geologen näherliegenden Methode zu, die Impakthäufigkeit nach der Zahl der nachweisbaren irdischen Impaktkrater abzuschätzen.

Hierzu muß vorausgeschickt werden, daß das bis vor kurzem bestehende Problem der Unterscheidung zwischen vulkanischen Kratern und Impaktkratern gelöst ist (siehe S. 308 ff.). Wir erinnern uns nur noch zu gut an die lange, hitzige Diskussion über die Natur des Kraters vom Nördlinger Ries, der zwischen der Schwäbischen und der Fränkischen Alb liegt; erst in den frühen siebziger Jahren konnte sie durch eine sehr gründliche Detailforschung und eine Tiefbohrung zugunsten der Impakttheorie abgeschlossen werden.[460] Oder an die Debatte über den kleinen Impakt von Köfels im Ötztal in Tirol, der trotz vieler eindeutiger Fakten so lange von vielen geleugnet wurde.[461]

Andererseits ist die Grundlage, auf die sich eine solche Berechnung stützt, nämlich eine einigermaßen vollständige Erfassung der irdischen Impaktkrater, aber noch unzureichend. Denn bei den Geologen hat sich ja überhaupt erst in den Jahren seit dem Beginn der Raumfahrt und seit der Konfrontation mit der intensiven Zerkraterung aller Planeten und ihrer Monde widerwillig die Bereitschaft eingestellt, sich mit diesem Faktum ernsthaft auseinanderzusetzen.

Ein kurzer Rückblick soll diese mühsame Umstellung des konservativen Geistes – die Überwindung der »Trägheit des Geistes« im Sinne des großen Wiener Geologen Leopold Kober – veranschaulichen. Im Jahre 1891 spekulierte zum ersten Mal der führende amerikanische Geologe seiner Zeit, Grove Karl Gilbert, über die Impaktnatur des hervorragend erhaltenen Meteroritenkraters von Arizona. Kurze Zeit später nahm er allerdings nach einer ersten Untersuchung zu Unrecht Abstand von dieser Idee und vermutete nunmehr eine vulkanische Entstehung – durch Gasexplosion, weil ja dort keinerlei Vulkangesteine erhalten sind.[462]

Als dann jedoch D. M. Barringer im Jahre 1906 nach zahlreichen Funden von Eisenmeteorittrümmern die Impaktnatur dieses Kraters beweisen konnte, war damit die erste außerirdisch verursachte Struktur der Erde entdeckt.[463] Übrigens geschah dies erst rund ein Dutzend Jahre, nachdem derselbe Gilbert die von Galilei erstmals 1609 geschilderte pockennarbige Oberflächenstruktur des Mondes 1893 als Werk eines

Bombardements aus dem All und nicht als Resultat eines intensiven Vulkanismus auf dem Erdtrabanten erkannt hatte. Aber die weltweite Anerkennung dieser Erkenntnis ließ noch 80 Jahre auf sich warten, bis die ersten amerikanischen Astronauten mit den Apollo-Raumschiffen zwischen 1969 und 1972 Gesteinsproben aus den Mondkratern für eine Analyse zur Erde zurückbrachten – unter ihnen der Geologe Harrison A. Schmitt.

Im Jahre 1937 waren insgesamt erst zehn irdische Impaktkrater erfaßt; 1963 konnte P. Leonardi schon von 25 Kratern berichten. 1982 waren 100 Einschlagskrater bekannt, 1990 schon 140. Die Zuwachsrate der Entdeckung betrug in den letzten zwei Jahrzehnten vier Krater pro Jahr. Satellitenbilder halfen bei der Erfassung in entscheidendem Maße mit. 1987 wurde der erste untermeerische Impaktkrater am nordamerikanischen Schelf 200 m südöstlich von Neuschottland in 113 m Tiefe im Meer entdeckt und erkundet: ein Krater mit 11,5 km Durchmesser, der im mittleren Eozän vor rund 50 Millionen Jahren durch den Einschlag eines 2–3 km großen Steinmeteoriten entstanden war.[464]

Abgesehen vom heutigen lückenhaften Forschungsstand, muß man bei der Beurteilung der Häufigkeit der Impakte aufgrund der Kraterzahl berücksichtigen, daß 71% der Erdoberfläche von Meeren bedeckt sind und sich daher nicht unmittelbar studieren lassen. Auf dem Ozeanboden sind überhaupt nur Krater aus der jüngsten Erdgeschichte erhalten geblieben, weil – nach der Theorie der Plattentektonik – ununterbrochen Meeresboden an Verschluckungszonen (Subduktionszonen) unter die Kontinente absinkt und eingeschmolzen wird. Deshalb gibt es nirgendwo im Ozeanbereich ein Krustenstück älter als aus dem Jura, d.h. älter als rund 200 Millionen Jahre. Wenn man bedenkt, daß die Erde seit etwa 4,5 Milliarden Jahren besteht, die Ozeankruste aber höchstens 200 Millionen Jahre alt ist, können von allen je vorhandenen Ozeankratern nur mehr weniger als 4,5% erhalten sein. Andererseits haben wegen der Größe der Meeresflächen fast drei Viertel aller Impakte im Laufe der Erdgeschichte – bzw. seit den fast vier Milliarden Jahren, seitdem es auf der Erde Meere gibt – die Ozeane betroffen.

Man nimmt an, daß 85% der Krater des Ozeanbodens sogar aus der Zeit des Phanerozoikums – also den durch Fossilien belegten letzten 570 Millionen Jahren – aufgrund der erwähnten Subduktion von Ozeankruste bereits wieder verschwunden sind.

Doch auch auf dem Festland haben in weiten Räumen, nämlich den jungen Kettengebirgen, nur erdgeschichtlich ganz junge Einschläge ihre

Spuren hinterlassen können, denn diese Gebirgszonen haben erst im Tertiär, d.h. in den letzten 65 Millionen Jahren, ihre heutige Gestalt erhalten.

Außerdem ist ein großer Teil der älteren Krater auf dem Festland unter mächtigen Decken jüngerer und jüngster Sedimente verborgen, Sedimentpaketen, die nicht nur halbe Kontinente, sondern vor allem die großen Tiefebenen bedecken.

Schließlich ist die Verwitterung unter den besonderen atmosphärischen und klimatischen Verhältnissen unseres Planeten noch die Ursache dafür, daß die Kraterwunden der Erde durch Abtragung gütig getilgt werden und nicht wie auf den meisten anderen Planeten und Monden, die keine Atmosphäre besitzen, für alle Zeit unversehrt erhalten bleiben.

So ist die »Lebensdauer« von Kratern auf der Erde, die weniger als 10 km Durchmesser haben, auf 300 Millionen Jahre begrenzt, während Krater mit 20 km oder mehr im günstigsten Fall 600 Millionen Jahre bestehen bleiben.[465] Nur von ganz großen Kratern halten sich die Spuren länger, weil sie sehr tief reichen.

Die umfassendste Dokumentation von Kratern liegt daher in den alten, seit Äonen nicht mehr von Gebirgsbildung betroffenen »Schilden« der kontinentalen Kruste vor, vor allem dem Kanadischen Schild Nordamerikas und dem Skandinavisch-Russischen Schild in Europa (Abb. 62). Aufgrund dieser Regionen kann man das Ausmaß der irdischen Zerkraterung in der Vergangenheit vorzüglich abschätzen. Daß fast die Hälfte der gesicherten Impaktkrater auf der Erde allein in Mittel- und Südostkanada, also auf lediglich rund einem Prozent der Erdoberfläche, erfaßt worden sind, hängt also in erster Linie von den hervorragenden geologischen Bedingungen für die Erhaltung dieses uralten, später nicht mehr umgestalteten Kanadischen Schildes ab und nicht – wie der kalifornische Forscher G. W. Wetherill[466] anerkennend meint – »nur vom Fleiß und von der Sorgfalt« der Forscher vom Kanadischen Geologischen Dienst in Ottawa – deren große Leistung hierdurch aber in keiner Weise geschmälert werden soll.

Die enorme Dichte der Impaktkrater auf dem Kanadischen Schild beweist einmal mehr, daß die Erde ebenso wie alle übrigen Planeten dicht und pockennarbig zerkratert worden ist und daß ihr andersartiges Aussehen nur auf die ständige Einschmelzung und den Umbau der Kruste im Sinne der Kontinentaldrift- bzw. Plattentektonik-Theorie sowie die Abtragung und Verschüttung zurückgeht. Dieses heutige Aussehen hat die Geologen und Paläontologen so sehr in die Irre geführt und in Sicherheit gewiegt, daß sie die Bedeutung der Impakte für die Entwicklung des Lebens und der Erde bis heute stets völlig unterschätzt haben.

Die im Laufe der geologischen Entwicklung erfolgte Heraushebung und Abtragung der Festlandskruste auf der Erde bietet uns andererseits die im Planetensystem seltene Chance, auch Anschnitte tieferer Schichten von solchen Kraterstrukturen zu Gesicht zu bekommen. Damit aber läßt sich die Wirkung der Zerkraterung in die Tiefe rekonstruieren, was uns bei den vollkommen erhaltenen, nicht durch die Erosion angeschnittenen außerirdischen Kratern verwehrt ist.

Eine Hochrechnung des kanadischen Forschers Richard Grieve aus Ottawa auf der Grundlage der Kraterzahl in den alten Schilden ergibt für die letzten 600 Millionen Jahre weltweit 1500 Einschläge von Asteroiden mit mehr als 1 km Durchmesser – also eine Einschlagsrate derartiger Impaktoren von 400 000 Jahren pro Impakt. Davon trafen aufgrund des Anteils der Ozeane an der Erdoberfläche 71% die Weltmeere. Diese Berechnung, die auf den Untersuchungen von Laurussia (= Laurentia/ Kanada und Russischer Schild) beruht, ergibt nun, daß wir rund alle tausend Jahre mit der Entstehung von 1 km großen Kratern und alle 100 000 Jahre mit 10 km großen Kratern rechnen müssen.[467] Dagegen ist ein Krater in der Größenordnung von 100 km nur etwa einmal in einem geologischen System, also rund alle 50 Millionen Jahre zu erwarten.

Obwohl die Astrophysiker eine Fehlergrenze von 50% zubilligen, erscheinen uns diese Zahlen in Anbetracht der alle Jahre durch Neuentdeckungen hinzukommenden Impaktkrater noch immer viel zu niedrig gegriffen. Wir stehen erst am Anfang unseres Verständnisses für dieses kosmische Schicksal der Erde. Es ist bezeichnend, daß führende Paläontologen Spezialsymposien über die Vielzahl der Faunenschnitte mit Massensterben in der Erdgeschichte veranstalten, aber noch immer nicht an die hierfür entscheidende Bedeutung von kosmischen Einschlägen glauben, sondern zu Ausweichlösungen greifen, die sich selbst wiederum vielfach leicht als Impaktfolgen verstehen lassen. Es wird noch einige Jahre dauern, bis sich hier ganz allgemein die Nebelschleier gelichtet haben.

Höchstwahrscheinlich sind der Hauptteil der Formationsgrenzen sowie die Grenzen der geologischen Serien und Stufen – die ja nicht von ungefähr von den Geologen in Horizonte einschneidender Ereignisse der Erdgeschichte gelegt worden sind – überwiegend durch Impakte verschiedener Größenordnung bedingt. Man vergegenwärtige sich zur Erläuterung dieser Behauptung einerseits die in diesem Abschnitt herausgearbeitete unerwartet hohe Zahl großer Einschläge auf der Erde und andererseits die Tatsache, daß die Geologenschaft einen so bedeutenden Impakt mit verheerenden Auswirkungen wie den Sintflutimpakt einfach übersehen konnte, obwohl die Spuren noch frisch sind und die Menschheit eine lebhafte Erinnerung an dieses Ereignis bewahrt hat.

Natürlich ist der Einfall von Meteoriten und Asteroiden seit der Akkretionsphase der Erde in der Zeit ihrer Zusammenballung, besonders auch nach dem intensiven Bombardement der ersten Milliarde Jahre ihrer Existenz, stark zurückgegangen (Abb. 101), aber auch jetzt noch treffen täglich etwa 200 000 kg außerirdischer Partikel unseren Planeten. Die Hauptmasse davon besteht allerdings aus kosmischem Staub oder kleineren Meteoriten, die in der Atmosphäre verglühen. Erst Meteoriten mit einer Masse von mehr als 100 t durchdringen die Atmosphäre praktisch ungebremst und schlagen mit einer Geschwindigkeit von rund 100 000 Stundenkilometern auf, was eine Explosion und Kraterbildung zur Folge hat.[468] Noch vor kurzem schätzte man, daß nur 20 % der Krater nicht durch massive Meteorite oder Planetoiden, sondern durch Kometen erzeugt worden sind, die zum großen Teil aus Eis bestehen. Heute wird die Häufigkeit und Gefährlichkeit von Kometen bereits wesentlich höher veranschlagt.

Die enorme Energie, die beim Einfall eines mit hoher Geschwindigkeit auftreffenden massiven Meteoriten oder eines Kometen – der zwar eine geringere Masse, aber dafür zumeist eine wesentlich höhere Geschwindigkeit besitzt – frei wird, bewirkt beim Aufprall eine ungeheure Explosion. Zur Veranschaulichung sei erwähnt, daß 1 kg Material eines Eisenmeteoriten schon bei einer relativ sehr geringen Geschwindigkeit von 8 km/s im Kosmos die vierfache Sprengkraft wie die gleiche Masse des Sprengstoffes Nitroglyzerin entwickelt.[469]

Berühmte Beispiele irdischer Krater und Impakte

Lassen wir einige der spektakulärsten Krater der Erde Revue passieren, damit wir eine konkrete Vorstellung von den irdischen Impaktzeugnissen erhalten. Die Karte Abb. 62 mit den bisher bekannten Kratern gibt einen Überblick über ihre Verteilung. Trotz der Beschränkung auf die größeren Strukturen zeigt sie die nicht geringe Zahl von zehn Kratern, deren Einschläge die Menschheit bereits miterlebte – worüber wir auf S. 354 f. näher informieren werden. Eine Zeittafel (Tab. 5) veranschaulicht die geologischen Zeiträume und Begriffe, die im Folgenden eine Rolle spielen, wenn wir über die Verteilung der Impakte in der Erdgeschichte sprechen.

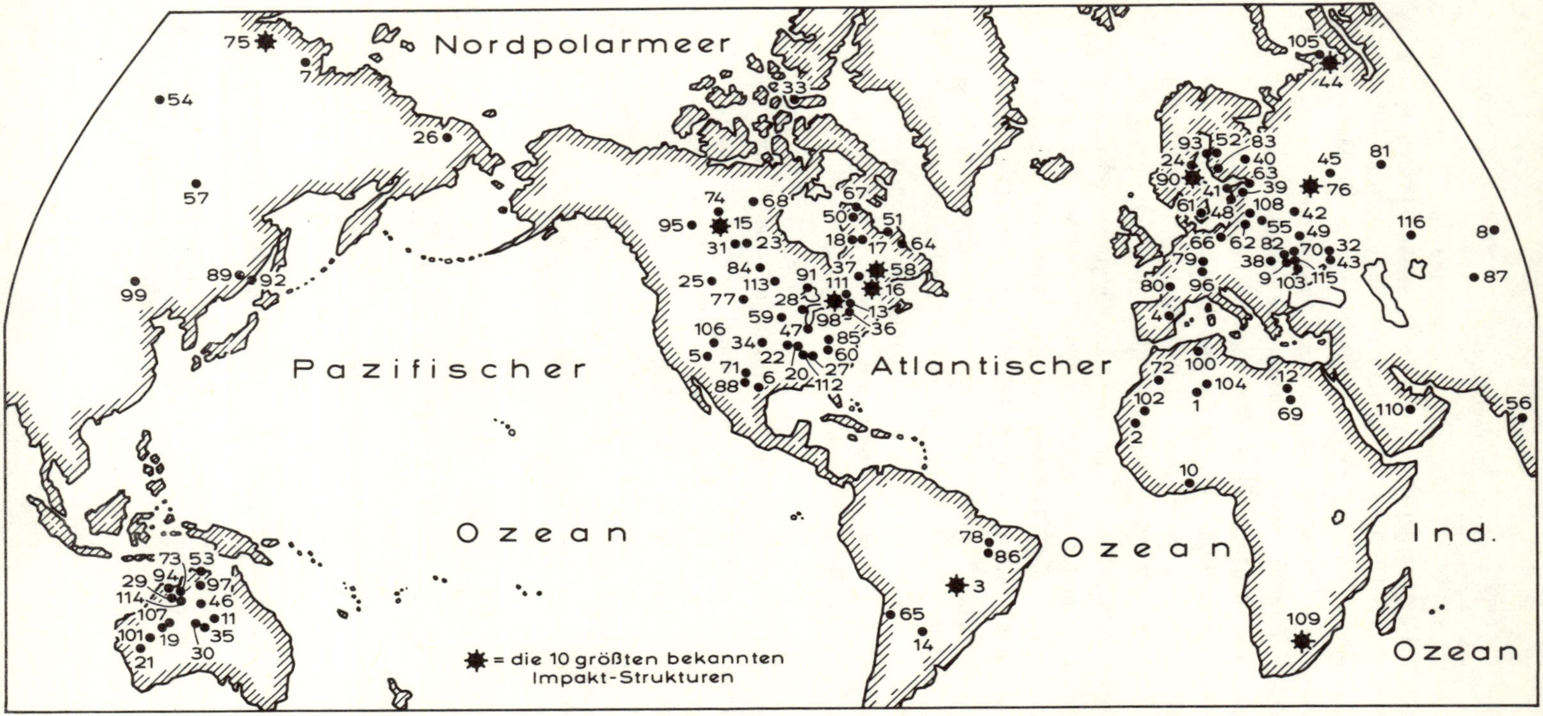

Abb. 62: Die wichtigsten Impaktkrater der Erde. Derzeit sind bereits 150 Einschlagskrater bekannt. Da Krater nur begrenzte Zeit erhalten bleiben, stammen über 50 % aus der jüngeren Erdgeschichte, d. h., sie sind jünger als 250 Mio. Jahre (während die Erde 4,6 Milliarden Jahre alt ist). – Nach der AAPG-Karte 1989, zusammengestellt von R. A. F. Grieve & P. B. Robertson vom Geolog. Dienst Kanadas.

* Nachweis für Meteoritenherkunft anhand von geochemischen Anomalien oder Meteoritenfragmenten. Bei Mehrfachkratern ist die Zahl der Einzelkrater in Klammer angegeben.

Erläuterung zu den Kratern von *Abb. 62:*

Name	Durchmesser (km)	Alter (Mio. J.)
1. Amguid, Algerien	0.45	< 0.1
2. Aouelloul, Mauretanien*	0.37	3.1 ± 0.3
3. Araguainha Dome, Brasilien	40	< 250
4. Azuara, Spanien	30	< 130
5. Barringer, Arizona, USA*	1.2	0.025
6. Bee Bluff, Texas, USA	2.4	< 40
7. Bejentschime-Salaatin, Rußland	8	< 65
8. Bigatsch, Kasachstan	7	6 ± 3
9. Boltysch, Ukraine	25	100 ± 5
10. Bosumtwi, Ghana	10.5	1.3 ± 0.2
11. Boxhole, Nordterritorium, Australien*	0.18	–
12. B. P.-Struktur, Libyen	2.8	< 120
13. Brent, Ontario, Kanada*	3.8	450 ± 30
14. Campo del Cielo, Argentinien (20)*	0.09	–
15. Carswell, Saskatchewan, Kanada	37	117 ± 8
16. Charlevoix, Quebec, Kanada	46	360 ± 25
17. Clearwater L. East, Quebec, Kanada*	22	290 ± 20
18. Clearwater L. West, Quebec, Kanada	32	290 ± 20
19. Connolly Basin, Westaustralien	9	< 60
20. Crooked Creek, Missouri, USA	5.6	320 ± 80
21. Dalgaranga, Westaustralien*	0.021	–
22. Decaturville, Missouri, USA	6	< 300
23. Deep Bay, Saskatchewan, Kanada	12	100 ± 50
24. Dellen, Schweden	15	109.6 ± 1
25. Eagle Butte, Alberta, Kanada	10	< 65
26. Elgygytgyn, Rußland	23	3.5 ± 0.5
27. Flynn Creek, Tennessee, USA	3.8	360 ± 20
28. Glover Bluff, Wisconsin, USA	6	< 500
29. Goat Paddock, Westaustralien	5	> 50
30. Gosses Bluff, Nordterritorium, Australien	22	142.5 ± 0.5
31. Gow L, Saskatchewan, Kanada*	5	< 250
32. Gusow, Rußland	3	65
33. Haughton, Nordwestterritorien, Kanada	20	21.5 ± 1.2
34. Haviland, Kansas, USA*	0.011	–
35. Henbury, Nordterritorium, Australien (14)*	0.15	–
36. Holleford, Ontario, Kanada	2	550 ± 100
37. Ile Rouleau, Quebec, Kanada	4	< 300
38. Ilintsy, Ukraine	4.5	395 ± 5
39. Ilumetsy, Estland	0.08	0.002

Name	Durchmesser (km)	Alter (Mio. J.)
40. Janisjärvi, Rußland	14	698 ± 22
41. Kaalijärvi, Estland (7)*	0.11	0.004
42. Kaluga, Rußland	15	380 ± 10
43. Kamensk, Rußland	25	65
44. Kara, Rußland*	60	57 ± 9
45. Karla, Rußland	10	10
46. Kelly West, Nordterritorium, Australien	2.5	< 550
47. Kentland, Indiana, USA	13	< 300
48. Kjardla, Estland	4	510 ± 30
49. Kursk, Rußland	5	250 ± 80
50. Lac Couture, Quebec, Kanada	8	425 ± 25
51. Lac La Moinerie, Quebec, Kanada	8	400 ± 50
52. Lappajärvi, Finnland*	14	77 ± 4
53. Liverpool, Nordterritorium, Australien	1.6	150 ± 70
54. Logantscha, Rußland	20	50 ± 20
55. Logoisk, Weißrußland	17	40 ± 5
56. Lonar, Indien	1.83	0.05
57. Machi, Sibirien, Rußland (5)	0.3	< 1
58. Manicouagan, Quebec, Kanada	100	210 ± 4
59. Manson, Iowa, USA	32	61 ± 9
60. Middlesboro, Kentucky, USA	6	< 300
61. Mien, Schweden*	5	118 ± 3
62. Misarai, Litauen	5	395 ± 145
63. Mischina Gora, Rußland	2.5	< 360
64. Mistasin, Neufundland u. Labrador, Kanada	28	38 ± 4
65. Monturaqui, Chile*	0.46	1
66. Morasko, Polen (7)*	0.1	0.01
67. New Quebec, Quebec, Kanada	3.2	5
68. Nicholson L., Nordwestterritorien, Kanada*	12.5	< 400
69. Oasis, Libyen	11.5	–
70. Obolon', Ukraine*	15	215 ± 25
71. Odessa, Texas, USA (3)*	0.168	–
72. Ouarkziz, Algerien	3.5	< 70
73. Piccaninny, Westaustralien	7	< 360
74. Pilot L., Nordwestterritorien, Kanada	6	440 ± 2
75. Popigai, Rußland*	100	39 ± 9
76. Putschesch-Katunki, Rußland	80	183 ± 5
77. Red Wing Creek, North Dakota, USA	9	200
78. Riacho Ring, Brasilien	4	–
79. Ries, Deutschland*	24	14.8 ± 0.7
80. Rochechouart, Frankreich*	23	165 ± 15

Name	Durchmesser (km)	Alter (Mio. J.)
81. Rogosinskaja, Rußland	8	55 ± 5
82. Rotmistrovka, Ukraine	2.5	140 ± 20
83. Sääksjärvi, Finnland*	5	514 ± 12
84. Saint Martin, Manitoba, Kanada	23	225 ± 40
85. Serpent Mound, Ohio, USA	6.4	< 320
86. Serra da Canghala, Brasilien	12	< 300
87. Shunak, Kasachstan	2.5	12
88. Sierra Madera, Texas, USA	13	< 100
89. Sichote Alin, Rußland (122)*	0.0265	–
90. Siljan, Schweden	52	368 ± 1
91. Slate Is., Ontario, Kanada	30	< 350
92. Sobolow, Rußland*	0.05	–
93. Soderfjärden, Finnland	5.5	< 600
94. Spider, Westaustralien	5	–
95. Steen River, Alberta, Kanada	25	95 ± 7
96. Steinheim, Deutschland	3.4	14.8 ± 0.7
97. Strangways, Nordterritorium, Australien*	24	< 472
98. Sudbury, Ontario, Kanada	140	1850 ± 150
99. Tabun-Chara-Obo, Mongolei*	1.3	< 30
100. Talemzane, Algerien	1.75	< 3
101. Teague, Westaustralien	28	1685 ± 5
102. Tenoumer, Mauretanien	1.9	2.5 ± 0.5
103. Ternovka, Ukraine	8	330 ± 30
104. Tin Bider, Algerien	6	< 70
105. Ust-Kara, Rußland	25	57 ± 9
106. Upheaval Dome, Utah, USA	5	–
107. Veevers, Westaustralien	0.08	< 450
108. Vepriaj, Litauen	8	160 ± 30
109. Vredefort, Südafrika	140	1970 ± 100
110. Wabar, Saudi-Arabien (2)*	0.097	–
111. Wanapitei L., Ontario, Kanada*	8.5	37 ± 2
112. Wells Creek, Tennessee, USA	14	200 ± 100
113. West Hawk L., Manitoba, Kanada	2.7	100 ± 50
114. Wolf Creek, Westaustralien*	0.85	–
115. Zeleny Gai, Ukraine	1.4	120 ± 20
116. Schamanschin [= Zhamshin], Kasachstan*	10	0.75 ± 0.06

Der berühmteste unter den ganz jungen, hervorragend erhaltenen Kratern ist der *Barringer-Krater,* der als erster *Meteoritenkrater* in Arizona entdeckt wurde (Abb. 63). Der sichere Beleg als Meteoritenkrater gelang

Tab. 5: Geologische Zeitskala und Impakte

Ära	Periode	Abteilung	Mio. J.	Geologisches Ereignis	Aussterbe-Ereignis, fast stets an Impakte geknüpft
Känozoikum		Holozän (Ggwt.)			
	Quartär		0,01	Aussterben von Eiszeit-Großsäugern (Mammut etc.)	Sintflutimpakt (~9.545v.h.). 7 Haupteinschläge, Berichte, Tektite, Fallout, Mammut-Aussterben
		Pleistozän			
			1,7		
		Pliozän		Mensch (ab 2 Mio. J.)	
	Neogen		5,3	Vormensch (ab 5 Mio. J.)	
		Miozän			Mittelmiozän-Aussterben (11 Mio. J.). ~16% d. Arten sterben aus
			23,5		
		Oligozän		Aufblühen d. Säuger und Vögel	
			34		Impaktserie an Wende Eozän/Oligozän (38–34 Mio. J.) Popigai- u. Azuaro-Krater, Iridium, Tektite, ~22% d. Arten †
	Paläogen	Eozän			
			53		
		Paleozän			Endkreide-Impakt (66,4 Mio. J.). Chicxulub-, Manson-, Kara-Kr., Iridium, Tektite, Streß-Miner., Saurier †, ~63% d. Arten †
			66,4	Ende der Ammoniten, Saurier etc.	
Mesozoikum		Oberkreide		Erste Laubhölzer	Cenoman-Aussterben (91 Mio. J.). ~33% d. Arten sterben
	Kreide		96		
		Unterkreide			Apt-Aussterben (113 Mio. J.). ~31% der Arten sterben aus
			135		
		Malm		Erste Vögel	Obermalm-Aussterben (~144 Mio. J.). ~31% d. Arten sterben aus
			154		
	Jura	Dogger		Weitere Saurier-Entfaltung	
			180	Entwicklung v. Gingkogewächsen und Nadelhölzern	Lias/Dogger-Grenzimpakt (180 Mio. J.). Putschesch-Katunki-Kr., Iridium
		Lias			Pliensbach-Aussterben (193 Mio. J.). ~33% d. Arten sterben
			205		Endtrias-Aussterben (208 Mio. J.). Manicouagan-Krater, Streßminerale. ~63% d. Arten sterben aus
		Obertrias			
			230	Entfaltung v. Land- u. Meeres-Sauriern Erste Säuger-Vorfahren	
	Trias	Mitteltrias			
			240		
		Untertrias			
			245		Perm/Trias-Grenzimpakt (245 Mio. J.).

					fast stets an Impakte geknüpft
			245		Perm/Trias-Grenzimpakt (245 Mio. J). Streßminerale, 13 C-Abnahme, ~93% d. Arten sterben aus
Paläozoikum	Perm	Zechstein		Erste Landsaurier	
			258	Erste Gingkogewächse u. Nadelhölzer	
		Rotliegendes			
			295		
	Karbon	Siles (O. Karbon)		Farn- u. Schachtelhalmwälder	
			325	Insekten- u. Reptil-Entfaltung	
		Dinant (U. Karbon)			
			360		
	Devon	Oberdevon		Erste Amphibien	Frasnien-Famennien-Grenzimpakt (367 Mio. J.). Siljan-Krater, Iridium, Mikrotektite, Massensterben
			375	Reiche Fischfauna	
		Mitteldevon		Urfarne und Schachtelhalme	
			385		
		Unterdevon		Erste Ammonoideen	
			410		
	Silur	Pridolj			
			415	Erste Landpflanzen u. -tiere (420 Mio. J.)	
		Ludlow			
			425	Entfaltung von Graptolithen, Korallen, Seelilien, Fischen	
		Wenlock			
			430		
		Llandovery			
			439		
	Ordovic	Oberordovic		Erste Wirbeltiere (450 Mio. J.)	Spätordovic-Impakt. Iridium, Massensterben
			464	Graptolithen, Orthoceren (Kopffüßer)	
		Mittelordovic			
			476		
		Unterordovic			
			510		
	Kambrium	Merionet (0.Km.)			Spätkambrium-Aussterben
			517		
		Davids (M.Km.)			
			536	Explosive Entfaltung v. Schwämmen, Armfüßern, Trilobiten, Stachelhäutern, Chordatieren etc.	
		Cerfai (U.Km.)			
			570		Ediacarafauna-Aussterben zu Ende des Präkambriums. 13 C-Anomalie

Ära	Periode	Abteilung	Mio. J.	Geologisches Ereignis	Aussterbe-Ereignis, fast stets an Impakte geknüpft
Proterozoikum		Ediacara			
	Vendian		590	Erste Vielzeller ohne Skelett (Ediacara-Fauna)	
	(Jüngst-Pr.)	Varanger			
			610		
	Jung-Proterozoikum				
			1000	Geschichtliche Fortpflanzung (ab 1 Mia. J.)	
	Mittel-Proterozoikum				
			1600	Erste zellkernführende Organismen (1,9 Mia. J.)	Sudbury-Krater/Kanada (~1850 Mio. J.)
	Alt-Proterozoikum			Sauerstoff in Atmospähre ab 2 Mia. J.	Vredefort-Krater/Südafrika (~1970 Mio. J.)
			2500		
Archäikum	Randian				
			2800	Grünalgen (Photosynthese) ab 2,8 Mia. J.	
	Swazian			Stromatolith-Algen ab 3,2 Mia. J.	Abnahme der Impakte auf Normalmaß ab 3,5 Mia. J.
			3500	»Chemofossilien«	
	Isuan				
			3800	Erste Sedimentgesteine, erstes Leben (3,8 Mia. J.)	Intensives Impaktoren-Bombardement zwischen 4,56 und 3,8 Mia. J.
	Hadean			Ältester Gneis: Acasta-Gneis Kanadas (3,96 Mia. J.)	
			4560	Entstehung der Erde (4,65 Mia. J.)	Erdentstehung durch Zusammenballung von Asteroiden

Abb. 63: »Meteorkrater« (Barringer-Krater) in Arizona östlich von Flagstaff, vor rund 25 000 Jahren durch einen Nickel-Eisen-Meteoriten entstanden. Dieser Krater war der erste auf der Erde erkannte Einschlagskrater. – Foto: David J. Roddy.

auch hier erst spät, nämlich zu Beginn der sechziger Jahre unseres Jahrhunderts, als die amerikanischen Forscher Eugene M. Shoemaker und E. Chao im Krater erstmals die spezifische Quarzmodifikation Coesit nachweisen konnten. Dieses Mineral bildet sich unter extrem hohen Druckbedingungen, wie man von der synthetischen Herstellung im Labor weiß. Coesit kann unter natürlichen Bedingungen auf der Erde nur bei einem Impakt entstehen und ist damit zu einem »Leitmineral« für Impakte geworden.

Dieser 1200 m breite Krater in Arizona, der gegen Ende der letzten Eiszeit, vermutlich vor rund 25 000 Jahren, entstand, geht auf den Einschlag eines Eisenmeteoriten zurück, dessen Durchmesser angeblich nicht mehr als 25 m betrug und der etwa 63 000 t wog. Der geringe Durchmesser des Impaktors im Vergleich zur erzielten Wirkung erstaunt immer wieder, aber Astronomen wie S. V. Clube und W. M. Napier[470] versichern, daß diese Weltraumgeschosse bei ihrem Aufschlag je nach Geschwindigkeit die 100- bis 1000fache Masse ihres Volumens auswerfen.

Der am besten untersuchte irdische Impaktkrater ist das *Nördlinger Ries* in Süddeutschland (Abb. 64), das 24 km mißt und ursprünglich 700 m tief war. Der Einschlag erfolgte in der Zeit des mittleren Miozäns im

Abb. 64: Satellitenbild vom Nördlinger Ries-Krater in Schwaben. Der vor 14,7 Millionen Jahren entstandene Krater besitzt einen Durchmesser von 24 km. Die heute erhaltene Form ist noch immer durch den erhöhten Kraterrand gekennzeichnet, der bewaldet ist und durch einen Kranz von Sommerwölkchen markiert wird. Im Südwestteil des Kraters ist die konzentrische Anlage der Stadt Nördlingen erkennbar. – Satellitenaufnahme vom 13. 3. 1985.

Jungtertiär vor 14,7 Millionen Jahren. Trotz der mäßigen Größe des dafür verantwortlichen Steinmeteoriten, der einen Durchmesser von 1 km hatte, bedeutete dieser Impakt für Europa eine Katastrophe. Die schräge Flugbahn des Geschosses von Westen her läßt sich leicht ablesen.[471]

Ein erstes, 100 m großes Fragment, das sich von dem Meteoriten ablöste, schuf den kleinen Steinheimer Krater (3,4 km Durchmesser) in Württemberg, 40 km westlich vom Ries (Abb. 65). Neben den aufsehenerregenden Auswurfmassen in der Umgebung des Kraters erwiesen sich auch die über Südböhmen und Mähren verstreuten glasigen »Moldavite«

Abb. 66: Tektite (»Moldavite«) aus Südböhmen als ausgeschleudertes Produkt vom Ries-Einschlag. Diese Moldavite sind glasartige Schmelzprodukte der obersten Schicht des Zielgebietes des Ries-Meteoriten und besitzen daher das gleiche Alter von 14,7 Mio. Jahren wie der zugehörige Krater. – Sammlung des Institutes für Geologie der Universität Wien.

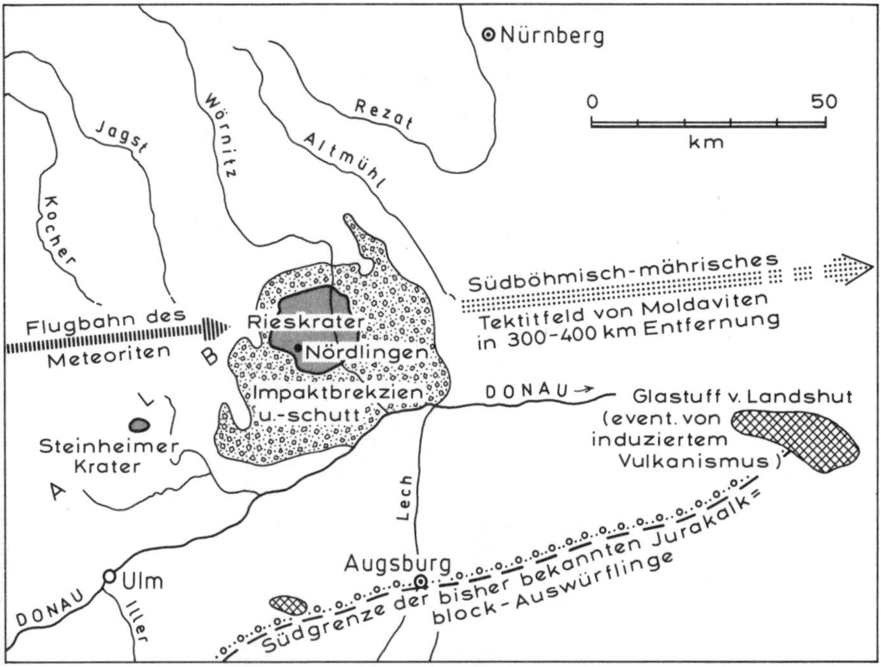

Abb. 65: Skizze der Lage des Ries-Kraters in der Schwäbischen Alb und sein Streufeld aus Gesteinstrümmern, der zugehörige kleinere, gleichaltrige Steinheimer Krater, die ungefähre Richtung der Flugbahn und die Südgrenze der vom Ries ausgeschleuderten großen Jurakalkblöcke im Alpenvorland. – Kompiliert aus den Darstellungen von K. Lemcke 1978 bis W. v. Engelhardt 1990.

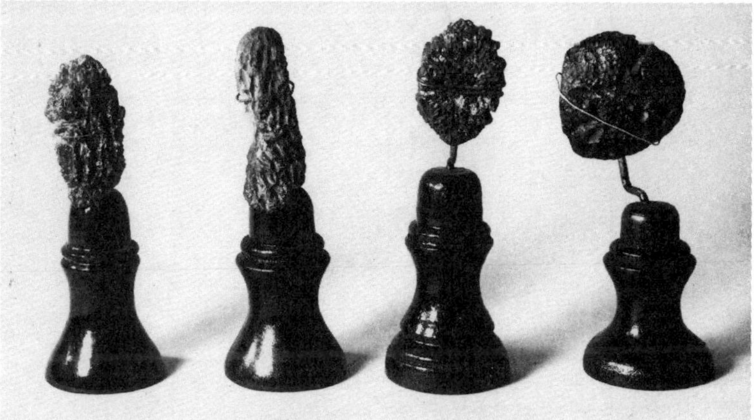

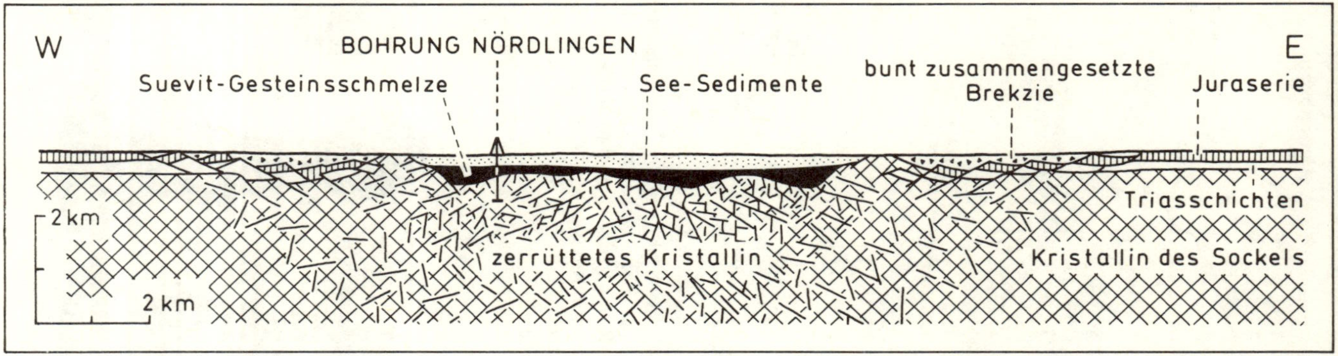

Abb. 67: Profil durch den Ries-Krater bei Nördlingen in Schwaben. Aufgrund einer detaillierten Untersuchung mit geologischen und geophysikalischen Methoden, unterstützt durch eine Tiefbohrung, weiß man, bis in welche Tiefe die Erdkruste durch den Meteoriteneinschlag vor 14,7 Mio. Jahren zerrüttet wurde. Heute ist der Kraterboden über dem zerhackten Kristallin und den Gesteinsschmelzprodukten von nachträglich abgelagerten Süßwasserseesedimenten bedeckt. Trotz der langen Abtragungszeit ist die Kraterform in der Landschaft noch sehr gut erkennbar (vgl. Abb. 64). – Nach W. v. Engelhardt. 1990.

Abb. 68: Suevit (»Schwabenstein«) mit strickartiger Form aus dem Ries-Krater. Das Gestein ist das Produkt einer Aufschmelzung des kristallinen Untergrundes durch den Impakt, das nach dem Ausschleudern seine gedrehte, strickförmige Gestalt annahm, als es während des Fluges erkaltete. Länge des Stückes: 18 cm.– Sammlung des Institutes für Geologie der Universität Wien.

(Abb. 66) als ausgeschleuderte Schmelzen des Ries-Impaktes. Ihr radiometrisch bestimmtes Alter von 14,7 Millionen Jahren stimmt genau mit dem des Nördlinger Rieses überein. Damit aber läßt sich die Flugbahn des Impaktors sehr gut feststellen (Abb. 65): Das bis 420 km weit vom Krater weg reichende Streufeld weist ausschließlich in östliche Richtung.

Der Rieskrater war nicht nur ein hervorragendes Übungsgelände für die ersten Astronauten, die auf dem Mond landeten, sondern vor allem vor zwei Jahrzehnten Hauptschauplatz einer intensiven Impaktforschung (Abb. 67). Die hier ermittelten Erkenntnisse wurden zur Grundlage, um die Phänomene anderer irdischer und außerirdischer Krater sowie den Mechanismus der Kraterbildung zu verstehen. Bis heute ist das Ries für jeden Besucher faszinierend, der die konkreten Auswirkungen eines Impaktes auf die Landschaft erleben möchte. In den Steinbrüchen des Jurakalkes am Kraterrand kann man noch auf weiten Flächen die tiefen Furchen der Bremsbahnen bewundern, die von den ausgeschleuderten, durch die Luft schießenden Blöcken stammen. Weit über die Kraterränder hinaus findet man die Bunten Explosionsbrekzien, die den Hauptteil der Auswürflinge ausmachen. Auch die berühmten, nach der geographischen Lage in Schwaben benannten Suevite (Abb. 68) trifft man hier an: Impaktaufschmelzungen aus dem tiefsten, bereits zum kristallinen Sockel gehörenden Teil, die zuletzt in der turbulenten Gasphase hochgerissen wurden, über fünf Minuten lang durch die Luft wirbelten und als stricklavaförmig eingedrehte Fladen teilweise weit jenseits des Kraterrandes zum Boden zurückstürzten.[472] Die Gesteine des Umlandes gingen unter der Gewalt der niederprasselnden Felsmassen in Trümmer und bildeten

Abb. 69: Schmetterkegel im Malmkalk des Steinheimer Kraters südwestlich vom Ries. Das durch den Einschlag deformierte Gestein ist mit dezimetergroßen kegelförmigen Schlagfiguren durchsetzt. Länge des Stückes 18,5 cm. – Sammlung A. und E. Tollmann.

die typischen »shatter cones« (Schmetterkegel, die ausschließlich bei Impakten entstehen; Abb. 69).[473]

Daß bereits dieser nur 1 km große Impaktor katastrophale Folgen für Mitteleuropa hatte, läßt sich nicht nur vom 420 km weit reichenden Streufeld der Tektite, sondern auch von einer Reihe weiterer Begleiterscheinungen ableiten.[474] Bis zu 40 kg schwere Malmkalkblöcke von der Einschlagsstelle kann man noch in dem gleich alten Horizont der Molasseschichten des Schweizer Alpenvorlandes finden. Ein gewaltiger, durch das Impaktbeben verursachter Bergsturz dämmte die Enns in den Ostalpen im Bereich der Gesäuseberge ab und leitete sie von der Donau weg zu Mur und Drau, bis sie wieder in ihr altes Bett durchbrach. Ein kurzfristig tätiger Vulkanismus mit Glastuffen jenseits der Donau bei Landshut im Alpenvorland wurde vermutlich ebenfalls durch diesen Impakt ausgelöst.[475] Immerhin setzte dieser kilometergroße Meteorit aufgrund seiner hohen Aufprallgeschwindigkeit die Sprengkraft von 300 000 Hiroshima-Bomben frei.

Von den zahlreichen übrigen größeren Impaktkratern auf unserem Planeten sollen als Beispiele nur einige wenige vorgestellt werden, die bedeutende Auswirkungen hatten. So hat z.B. der Impakt, der den

100 km durchmessenden *Popigai-Krater* südöstlich der Taimyr-Halbinsel in Nordsibirien verursachte, bei der Explosion so viel Material in die Stratosphäre geschleudert, daß aufgrund der Verfinsterung der Sonne wahrscheinlich für drei Monate die Photosynthese in der Pflanzenwelt unterbrochen wurde. Sicherlich war auch diese Katastrophe aus dem All, ihrer Dimension entsprechend, mit einem Massensterben verbunden. Das Alter des Kraters wird, wenn auch reichlich ungenau, mit 39 ± 9 Millionen Jahren – also oberes Eozän im Alttertiär – eingestuft.

Gerade aus dem oberen Eozän aber kennen wir seit langem bedeutende Zäsuren, die sowohl die Entwicklung der Tierwelt als auch die Gebirgsbildung betreffen. Daher nehmen verschiedene Autoren seit rund zwei Jahrzehnten einen Zusammenhang zwischen diesen Phänomenen an. Harald C. Urey von der Universität von Kalifornien in San Diego erkannte bereits 1973, also lange vor Alvarez' sensationeller Entdeckung der Impaktbedeutung, in einem weitblickenden Artikel in der Zeitschrift »Nature« die Zusammenhänge zwischen Impakten, Tektiten als ihren Aufschmelzungsprodukten, Faunenschnitten und Grenzen geologischer Perioden und illustrierte sie gerade an dem Beispiel des Impaktgeschehens an der Grenze vom Eozän zum Oligozän.

Die moderne Untersuchung von Bohrkernen aus dem oberen Eozän, die man in der Karibik entnahm, hat tatsächlich den Nachweis einer Impaktserie für diese Zeit erbracht.[476] Das *Nordamerikanische Tektit-Streufeld* umfaßt Impakt-Schmelzgläser (»Bediasite«) im Ausmaß von Milliarden von Tonnen, die mit einer Iridiumanreicherung im begleitenden Sediment verbunden sind. Die absolute Altersdatierung dieser Bediasite weist mit 34,4 Millionen Jahren auf eine Lage knapp oberhalb der Eozän-Oligozän Grenze hin. Tektithorizonte mit mikroskopisch kleinen Schmelzperlen wiederholen sich aber sogar dreimal im Bereich dieser Grenzschichten des Eozäns zum Oligozän, und zwar etwa 34,4, 37–37,2 und 38,2 Millionen Jahre vor der Gegenwart (Abb. 70). Diese Horizonte mit kosmisch bedingten Mikrotektiten sind nun tatsächlich alle mit einem stufenweisen Aussterben von Organismen verknüpft. Beim Impakt im Späteozän vor 38,2 Millionen Jahren trat eine Reihe von planktonischen Foraminiferenarten der Gattung Globigerapsis, bekannt empfindlichen Mikroorganismen im Meer, endgültig ab. Als vor 37, 2 Millionen Jahren ein weiterer Impakt stattfand, starb eine Artengruppe der Radiolariengattung Thyrsocyrtis aus. An dem mit einer Iridium-Anomalie verbundenen Tektithorizont vor 34,4 Millionen Jahren verschwanden weitere fünf Ra-

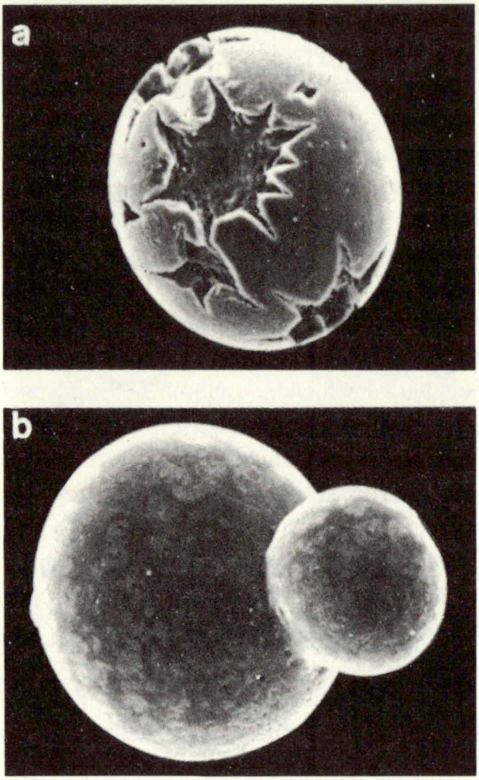

Abb. 70: Schmelzkügelchen von mikroskopischer Größe (Mikrotektite) aus alttertiären, obereozänen Schichten in der Karibik sind Zeugen des damaligen Impaktes. – Aus G. Keller 1986.

diolarienarten, die allerdings 70 % der gesamten Radiolarienfauna dieser Epoche ausmachten.

Vergleichende Studien im Nordapennin in Italien[477] haben vor kurzem diese endeozäne Serie von Einschlägen durch weitere Impaktnachweise – für einen Treffer, der vor 36–36,5 Millionen Jahren erfolgte, und für zwei jüngere Impakte im Zeitraum zwischen 34,2 und 34,5 Millionen Jahren – bestätigt. Es kann kein Zweifel daran bestehen, daß auch im oberen Eozän Impakte am stufenweisen Aussterben von Organismengruppen einschließlich der Landsäuger entscheidend beteiligt waren.

Auf einen ganz anderen auffälligen Umstand in der an Impakthorizonten reichen Zeit an der Wende vom Eozän zum Oligozän sei noch am Rande verwiesen. Gerade in dieser Teilstufe kam es in manchen Kettengebirgen zu gewaltigen Deckentransporten, d.h. flachen Überschiebungen großer Gesteinskomplexe, während die Zeit vorher und danach lange von Gebirgsbildungen frei war. Damals wurden aufgespeicherte Kräfte ausgelöst. Am auffälligsten ist dieses Geschehen in Europa in den Dinariden (Illyrien), Alpen und Pyrenäen hervorgetreten, weshalb diese orogene, d.h. gebirgsbildende Phase der Erdgeschichte als illyrisch-pyrenäische Phasengruppe bezeichnet wird. Besonders einleuchtend zeigt sich der Zusammenhang zwischen Impaktserie und Gebirgsbildungsvorgängen am Beispiel der Pyrenäen. Der Transport ganzer Gebirgsmassen erfolgte dort durch die von der Schwerkraft gesteuerte Gleittektonik: Die Ablösungsflächen der riesigen fernverfrachteten Gesteinsdecken lagen jeweils an Gipshorizonten, also hochmobilen Lagen, die bei Bodenunruhen als erstes in Bewegung kamen und ein ideales Schmiermittel für den folgenden flachen Ferntransport der Gebirgsmassen in die davor liegenden Senken des Ozeans abgaben (Abb. 71). Daß ein solcher Gleittektonik-Vorgang von Impaktbeben ausgelöst wurde, deren Einfluß weltweit spürbar ist, ist nicht nur plausibel, sondern muß – wenn man die ungeheure Gewalt solcher Katastrophenbeben berücksichtigt – fast zwingend angenommen werden. Man sollte deshalb versuchen, den Zusammen-

Abb. 71: Chaotische Struktur von Kalkschollen an der Stirn riesiger Gesteinsmassen bei Murillo de Gallego auf der Südseite der Pyrenäen, die im unteren Oligozän (Alttertiär) ins Gleiten kamen. Solche gewaltigen Felsgleitungen, die oft ganze Gebirgsteile erfassen können, werden häufig durch starke Erdbeben ausgelöst. In unserem Fall darf man zu Recht darin die Auswirkung eines Impaktbebens vermuten, bedingt durch den nahen Einschlag eines Weltkörpers bei Azuara im Ebrobecken, der einen etwa 40 km breiten Krater hinterlassen hat. – Foto A. Tollmann.

hang dieser Vorgänge mit den Impakthorizonten im oberen Eozän zu korrelieren.

Tatsächlich haben die Würzburger Erdwissenschaftler K. Ernstson und J. Fiebag[478] vor kurzem einen bedeutenden Impaktkrater aus ebendieser Zeit im südlichen Vorland der Pyrenäen entdeckt. Dieser 35–40 km breite Krater bei Azuara südlich von Saragossa ist durch gewaltige Mengen ausgeworfener Trümmergesteine mit Riesenschollen, Hochdruck- und Hochtemperaturmineralien gekennzeichnet. Damit ist unmittelbar südlich der Pyrenäen genau jener große Impakt gefunden worden, den wir bereits vorher rein theoretisch aufgrund der uns persönlich wohlbekannten Gleitungen riesiger Gebirgsmassen in den Pyrenäen gefordert hatten. Wer eindrucksvolle fossile Zeugnisse der Auswirkung solcher Impaktbeben bestaunen will, sollte dieses Gleitschollen-Chaos aus der »pyrenäischen Phase« im Raum von Murillo de Gallego auf der Südseite der Pyrenäen, 120 km nördlich vom Einschlagskrater, besichtigen: Dort liegen die Trümmer an der Front der großen Gleitdecken, die bei diesem Impakt im unteren Oligozän südwärts in den Meerestrog des Ebrogebietes hineinrutschten.

Wir wollen noch kurz bei der endeozänen Impaktserie verweilen, um gerade an diesem Beispiel zu zeigen, wie diffizil die Bestimmung kleinster Mengen von Iridium in Sedimenthorizonten als Impaktnachweis ist. Es gibt dafür eine bezeichnende Episode, die uns W. Alvarez und seine Mitarbeiter[479] am Beispiel des eozänen Iridium-Niveaus mitgeteilt haben. Bei ihrer Arbeit mit diesen Sedimenten fanden sie 1981 in Proben aus Montana zu ihrer Freude eine Iridium-Anomalie. Eine Überprüfung führte zu der herben Überraschung, daß der erhöhte Iridiumgehalt in diesem Fall lediglich auf den Ehering des mit der Analyse befaßten Technikers zurückging. Zum Härten von Platinringen mischen die Juweliere nämlich 10% Iridium bei. Wenn man einen solchen Ring 30 Jahre lang trägt, nutzen sich etwa 10% ab. Das bedeutet aber, daß die berechenbare Menge, die innerhalb von zwei Sekunden bei einem solchen Ring abgewetzt wird, bereits jener Iridiumerhöhung entspricht, die in dem aufregenden Obereozän-Niveau nachgewiesen wurde! Daß deshalb bei allen weiteren Messungen nach 1981 auch auf solche Tücken geachtet worden ist, versteht sich von selbst. Dieses Beispiel zeigt jedoch gleichzeitig eindrucksvoll, welchen Grad an Genauigkeit die heutige Meßtechnik erlaubt, die mit Hilfe der Massenspektrometrie und der Neutronenaktivierungsmethode theoretisch bis zur Erfassung des Einzelimpulses jedes Ions in der Zählkammer reicht und daher die Elemente in fast unvorstellbar kleinen Mengen quantitativ nachzuweisen vermag. Aus diesem Grund sind auch erst heute Antworten auf Fragen möglich geworden, die zu stellen noch vor wenigen Jahren sinnlos gewesen wäre.

Auf den gesicherten Zusammenhang des gigantischen *endkretazischen Impaktes* vor 66,4 Millionen Jahren mit dem damaligen Massensterben sind wir ja bereits ausführlich eingegangen. Etwa 17 Familien und 50 Gattungen sind bei dieser Katastrophe endgültig ausgelöscht worden.

Steigen wir in der Erdgeschichte weiter hinab, so erregt als nächstes die Riesenstruktur des *Putschesch-Katunki-Kraters* in Rußland unsere Aufmerksamkeit. Dieser 80 km große Krater ist von R. A. Grieve[480] als etwa 183 ± 3 Millionen Jahre alt eingestuft worden, stammt also aus dem Grenzbereich vom *unteren zum mittleren Jura.* (Russische Autoren geben neuerdings, wenn auch mit großer Unsicherheit belastet, ein Alter von rund 220 Millionen Jahren an[481]). Den offenbar zugehörigen 180 Millionen Jahre alten Iridiumhorizont an der Grenze zwischen unterem und mittlerem Jura konnten R. Rocchia und seine Mitarbeiter[482] in Venetien in Oberitalien nachweisen; sie haben auch bereits auf eine mögliche Beziehung zum Putschesch-Katunki-Krater aufmerksam gemacht.

Das *Ende der Trias* vor 208 Millionen Jahren bietet – gut vergleichbar mit der Endkreidezeit – einen tiefen Einschnitt in der Entwicklung von Fauna und Flora. Gerade die beiden am reichsten entfalteten Gruppen der Trias, die Ammoniten und Muscheln, wurden nahezu ausgerottet. Eine ganze Reihe von Familien verschiedener Ordnungen verschwand mit dem Ende der Trias endgültig von der Erde. Besonders betroffen waren, wie erwähnt, die Ammoniten, von denen alle 46 Ceratitiden-Familien der Spättrias ausnahmslos abtraten. Lediglich ganz wenige Ammonitenarten überlebten den Endtrias-Impakt. Von den Muscheln wurde fast die Hälfte der Gattungen ausgelöscht; in Europa starben damals fast alle Muschelarten aus. Schwer getroffen wurden aber auch die Schnekken und besonders die Armfüßer, von denen die Strophomeniden zur Gänze und die Spiriferiden bis auf eine einzige Gattung ausgerottet wurden.[483]

Weltweit kam das Wachstum der Korallen- und Kalkschwammriffe schlagartig zum Erliegen und konnte sich im Jura erst spät und ganz allmählich wieder erholen. Mit diesen Riffen gingen auch viele Bewohner des seichten und daher von den Impaktgiften besonders stark heimgesuchten Biotops endgültig zugrunde.

Viele Elemente der Mikrofauna verschwanden am Ende der Triasformation, so etwa fast alle Mikrocrinoiden (Kleinstseelilien), all die

Abb. 72: Noch erhaltene Spuren des 100 km großen Manicouagan-Kraters nordöstlich von Quebec in Kanada. Obwohl dieser gegen Ende der Triaszeit entstandene Krater bereits 210 Mio. Jahre alt ist und deshalb bereits eine tiefgreifende Abtragung erfahren hat, kommt heute noch immer die Form des Kraterringes in der kreisrunden, von einem See erfüllten Senke zum Ausdruck. Die Deformation des Gesteins im Untergrund reichte so tief hinab, daß auch das tiefere, heute zutage tretende Stockwerk die gleichen Muster wie die einstige Oberflächenstruktur bietet. – NASA.

zahlreichen, für die Trias typischen Vertreter der einzelligen Foraminiferen und der Ostracoden (Muschelkrebse) der seichten Meere. Die Conodonten – cinc wurmförmige Urgruppe der Chordaten, der Wirbeltiervorläufer – starben mit dem Ende der Trias endgültig aus, nachdem sie schon in der höheren Obertrias stark zurückgegangen waren. Auch viele großwüchsige Seelilienarten des etwas tieferen Meeres, die am Riff-Außenabfall lebten, wurden infolge dieser Endtrias-Katastrophe eliminiert. Hohe Verluste erlitten auch die – damals noch spärlichen – Planktonformen, die in den besonders gefährdeten Regionen an der Oberfläche des Weltozeans schwebend dahintrieben; so erloschen z.B. sämtliche in der Trias lebende Vertreter der Schwebcrinoiden im Gefolge des Endtrias-Impaktes endgültig, nachdem sie bereits in der tieferen Obertrias stark dezimiert worden waren. Schließlich grassierte das Massensterben auch unter den Meeresreptilien ebenso wie unter den Süßwasserfischen. Etwa

57 Familien und 83 Gattungen fielen diesem gewaltigen Impakt am Ende der Trias zum Opfer.

Der Rückgang in der Vielfalt der Fauna erfolgte, wie bereits angedeutet, wieder stufenweise bereits innerhalb der Obertrias,[484] so daß die Trias-Jura-Grenze nur den Schlußstrich unter diese Entwicklung setzte. Diesen Schlußpunkt stellte aber mit hoher Wahrscheinlichkeit der gewaltige Impakt dar, der den riesigen *Manicouagan-Krater* in Quebec in Kanada, etwa 300 km nördlich vom Sankt-Lorenz-Strom, verursachte[485] (Abb. 72). Ein ringförmiger See füllt heute diesen 100 km großen Krater aus, der einen der größten, jemals entdeckten Impaktkrater repräsentiert. (Das Satellitenbild läßt aber deutlich eine zweite, gleich große Ringstruktur nordwestlich davon erkennen, die man genauer erforschen sollte.) Diese gigantische Struktur, deren Alter mit 210 ± 4 Millionen Jahren bestimmt wurde,[486] bietet sich als Verursacher der Endtrias-Katastrophe an.[487] Daß tatsächlich genau an dieser Formationsgrenze ein Impakt stattfand, belegt die Entdeckung der hierfür typischen deformierten, mehrfach lamellierten Quarzkörner in der zentimeterstarken Grenztonlage an der Basis des Lias im Kendlbachgraben, in der Osterhorngruppe der Ostalpen (Österreich), die der russische Geologe D. Badjukov und seine Mitarbeiter[488] auffanden. Geschockte Quarze und Feldspäte wurden auch vom entsprechenden Grenzton-Niveau in der Toskana bekannt.[489] Im Gegenzug dazu wurde jüngst[490] das beträchtliche Ausmaß der Schockmetamorphose-Erscheinungen in den Mineralien des Manicouagan-Kraters selbst dargestellt, demonstriert an schönen Beispielen der lamellenförmigen Streß-Strukturen im Feldspat, Quarz, Skapolith etc.

An der großen Faunenwende vom Erdaltertum zum Erdmittelalter, oder anders ausgedrückt an der *Grenze der Permformation zur Trias* vor 245 Millionen Jahren, ist weder ein Krater noch eine nennenswerte Iridium-Anomalie bekannt. Trotzdem ist die Konstanz des nur Zentimeter dicken Grenztones in genau diesem Niveau bezeichnend, gleich welche Gesteinsausbildung vorher und danach herrschte – wie wir uns an fünf über ganz China verteilten Fundstellen überzeugen konnten. Einen deutlichen Hinweis auf Massensterben gibt der markante Abfall des Kohlenstoffisotops ^{13}C unmittelbar über dieser Grenze in Profilen von den Alpen bis China.[491]

Mit dem Perm verschwanden endgültig so bedeutende Tiergruppen wie die Fusuliniden unter den marinen Foraminiferen, die Tetrakorallen, die Trilobiten und die Eurypteriden unter den Krebstieren, ferner die altertümlichen Gruppen unter den Seelilien, Amphibien und Fischen. Obwohl sich das Massensterben im Perm wieder an den von der Kreide und Trias her bekannten Modus hält, also eine auffällige stufenweise Artenreduzierung auch schon deutlich vor dem Ende der Formation stattfand, muß man aufgrund der im Grenzton dokumentierten Zäsur und des äußerst scharfen Einschnittes in der Fauna des Paläozoikums einen der größten Impakte überhaupt annehmen. Falls es sich dabei um einen Asteroiden handelte, muß das Iridium zusammen mit dem übrigen Material des Boliden durch die Gewalt der Explosion in den Weltraum zurückgeschleudert worden sein. Möglicherweise war es aber auch ein gewaltiger Komet, was das Fehlen einer Iridium-Anomalie ebenfalls erklären würde. Hinweise auf Mineralien im Grenzton mit der typischen Impaktbeanspruchung sind jüngst aus China gemeldet worden.[492] Die gewaltigen Basaltergüsse in Sibirien, die radiometrisch mit 244–248 Millionen Jahren datiert sind, liefern zweifellos ein weiteres Beispiel für die so oft zu beobachtende Auslösung von ausgedehntem Vulkanismus durch Impakte.

Unter den paläozoischen Massensterben war das des *Oberdevons* an der Grenze von der Frasnien- zur Famennien-Stufe vor 367 Millionen Jahren das dramatischste. Es stellte einen tiefen Einbruch im Leben der Rugosen (Korallen), Armfüßer und Trilobiten dar, sowohl im Hinblick auf die Zahl der betroffenen Arten als auch auf die Biomasse insgesamt.[493] Aus Australien und Marokko sind die zu diesem Massensterben zugehörigen Iridium-Anomalien bekannt geworden.[494] Die Iridiumanreicherung in Nordwestaustralien wird zwar von einigen noch immer lediglich als Ergebnis von Bakterientätigkeit erklärt, hat sich aber sicherlich nicht zufällig in dieser Zeit ereignet. Eine Reihe von Anomalien, die auf einen Impakt hindeuten und teils von Iridiumanreicherungen begleitet sind, hat in neuester Zeit[495] die Forscher in verschiedenen Kontinenten dazu veranlaßt, überwiegend einen Einschlag in diesem markanten Aussterbe-Niveau im Oberdevon anzunehmen.

Seit kurzem gibt es weitere Beweise für dieses Impaktgeschehen, diesmal aus Westeuropa: Hinrich Bäsemann berichtete im September 1992 über die erhöhten Iridiumwerte im entsprechenden Horizont der französischen Montagne Noire, während der belgische Naturforscher Jean-Georges Casier in ebendiesem Niveau an der belgisch-französischen Grenze sogar Mikrotektite als unzweifelhafte Belege für den Impakt fand.

Der 52 km breite *Siljan-Krater* in Schweden fügt sich mit seinen 368 ± 1 Millionen Jahren altersmäßig gut in das Bild ein.

Die gewaltigste Attacke auf das irdische Leben fand jedoch vor dem Beginn des durch Großfossilien gekennzeichneten sogenannten Phanerozoikums statt. Dieser Abschnitt in der Erdgeschichte begann mit dem *Kambrium* vor 570 Millionen Jahren, nachdem die gesamte Fauna, die sich vorher mit einer Fülle von abenteuerlichen, in keiner Weise mit dem späteren irdischen Leben vergleichbaren Formen entfaltet hatte, ausgestorben war. Dieser erste Versuch zur Konstruktion von makroskopischen Lebewesen, die als *Ediacara-Fauna* bezeichnet werden (Abb.73), ist in den beiden letzten Jahrzehnten durch die Pionierarbeiten des jüngst verstorbenen österreichisch-australischen Paläontologen M. F. Glaessner näher bekannt geworden. Nach dieser »Morgendämmerung des Lebens«, wie Glaessner sein Buch[496] über diesen Auftakt nannte, gab das Leben eine überraschende Antwort auf diese schärfste aller Zäsuren. War es in der unendlich langen Anlaufzeit vom Anbeginn des Lebens vor 3,8 Milliarden Jahren bis zu der vor 650 Millionen Jahren auftauchenden Ediacara-Fauna lediglich imstande gewesen, Einzeller oder plumpe Blau- oder Grünalgen-Knollen in Form von Stromatolithen hervorzubringen, so explodierte die Entfaltung neuer Arten von hochorganisierten tierischen Organismen nach dem Verschwinden der Ediacara-Fauna mit dem Beginn des Kambriums in atemberaubendem Tempo. Nun erst war offenbar eine wirklich lebensgünstige, genügend sauerstoffreiche Atmosphäre vorhanden. Die völlig neuen Tierstämme, die sich sehr rasch im Kambrium entwickelten, wie Korallen, Quallen, Würmer, Armfüßer, Trilobiten, Schnecken, Muscheln, Nautiloiden, Graptolithen, Conodonten und verschiedene Echinodermen (Stachelhäuter), überstanden danach alle weiteren Attacken während des Paläozoikums, indem sie nach Massensterben bei Impakten oder ähnlichen Einschnitten immer wieder neue Arten hervorbrachten. Viele von diesen mit dem Kambrium auftauchenden Urgruppen überlebten mit dieser Methode sogar die Großkatastrophe am Ende des Paläozoikums: Sie entfalteten explosionsartig genügend resistente Formen, die als Superstiten und damit altertümliche Formen dem unbarmherzigen Ausleseprozeß der einzelnen Katastrophen getrotzt hatten.

Zeugnisse für einen zu erwartenden gewaltigen Impakt, der die Ediacara-Fauna auslöschte, an der Grenze vom Präkambrium zum Kambrium sind noch nicht bekannt. Weder ein Krater auf dem Festland noch eine Iridium-Grenzanomalie konnten bisher erfaßt werden. Allerdings hat Kenneth J. Hsü berichtet, daß in den schwarzen unterkambrischen Schiefern Chinas sowohl Iridiumkonzentrationen als auch die für katastrophale Verminderungen der Biomasse kennzeichnende ^{13}C-Anomalie weit verbreitet sind. Letzteres wird durch neue Untersuchungen[497] bestätigt.

Abb. 73:

Aus der Zeit des Präkambriums, also vor dieser 570 Millionen Jahre zurückliegenden Grenze, sind nur ganz wenige Krater erhalten geblieben, weil Verwitterung und Abtragung der Erdkruste während dieses ungeheuer langen Zeitraumes ständig am Werk waren und die Erdoberfläche auch durch Gebirgsbildungen in hohem Maße umgestaltet wurde. Einem sogar Milliarden Jahre währenden Prozeß der Einebnung haben nur die größten und deshalb auch tiefsten Krater widerstanden. Hierzu gehören der jungarchäische *Sudbury-Krater* in Ontario, Kanada, der das ehrwürdige Alter von 1850 ± 150 Millionen Jahren besitzt, und der von *Vredefort* in Südafrika, der sogar 1970 ± 150 Millionen Jahre alt ist. Beide weisen einen Durchmesser von rund 140 km auf. Die Neuuntersuchung des Sudbury-Kraters hat gezeigt, daß seine Tiefenwirkung bis 38 km reicht und das Ausmaß der ursprünglichen Aushöhlung 19 km betrug, bis zu welcher Tiefe die Erdkruste durch den Impakt aufgeschmolzen bzw. verdampft wurde.[498] Die Struktur des Sudbury-Kraters mit seinem auf der Erde einzigartigen Ringsystem, das seinen scheinbaren Durchmesser auf 240 km erhöht, gewährt Einblick in einen sonst nur von anderen Planeten bekannten Ringkratertypus.

Ebenfalls faszinierend ist der Anblick des ältesten Kraters der Erde, des Kraters von Vredefort im Zentrum des Witwatersrand-Beckens (Abb. 74): Er zeigt eine völlig kreisförmige Ringstruktur mit einem Gesamtdurchmesser von fast 140 km und ist in eine zentrale Erhebung und eine ringförmige Umrahmung gegliedert, die nur im Süden durch die jüngeren Ablagerungen des Karroo-Systems überdeckt wird. Die Ringstruktur ist aber jüngst auch in diesem verdeckten südlichen Teil mit geophysikali-

Abb. 73: Die Ediacara-Fauna aus dem Wendium, dem jüngsten Abschnitt des Präkambriums, war die erste weltweit verbreitete, makroskopisch sichtbare Fauna. Die Entstehung des Lebens war am Anfang andere, ganz eigene Wege gegangen. Diese Fauna mutet mit ihren wenigen Zentimeter großen, federförmigen, farnartigen, auch zweiseitig symmetrischen bis runden oder auch dreiarmig-scheibenförmigen Arten, die kein Hartskelett besitzen, wie die Vision einer Tierwelt auf einem fremden Planeten an. Durch die gewaltige Katastrophe vor Beginn des Erdaltertums, an der Grenze zwischen Präkambrium und Kambrium vor 570 Mio. Jahren, wurde sie von unserem Planeten endgültig hinweggefegt und machte Platz für ganz andersartig organisierte Organismen, deren Nachfahren bis heute existieren. Zur Veranschaulichung dieser ersten irdischen Megafauna zeigen wir hier beispielhaft fossile Formen von neun Gattungen, die aus der Weißmeer-Region in Rußland und dem Dnjestr-Becken in der Ukraine stammen. – Nach B. S. Sokolow & A. B. Iwanowski 1985.
Fig. 1–3: Hohltiere (Coelenterata): 1 – Albumares, 2 – Tribrachidium, 3 – Bonata; Fig. 4 – Pteridinium, Fig. 5 – Charnia, Fig. 6–7 – Dickinsonia, Fig. 8 – Spriggina (ein Gliederfüßer), Fig. 9 – Vendia, Fig. 10 – Vendomia.

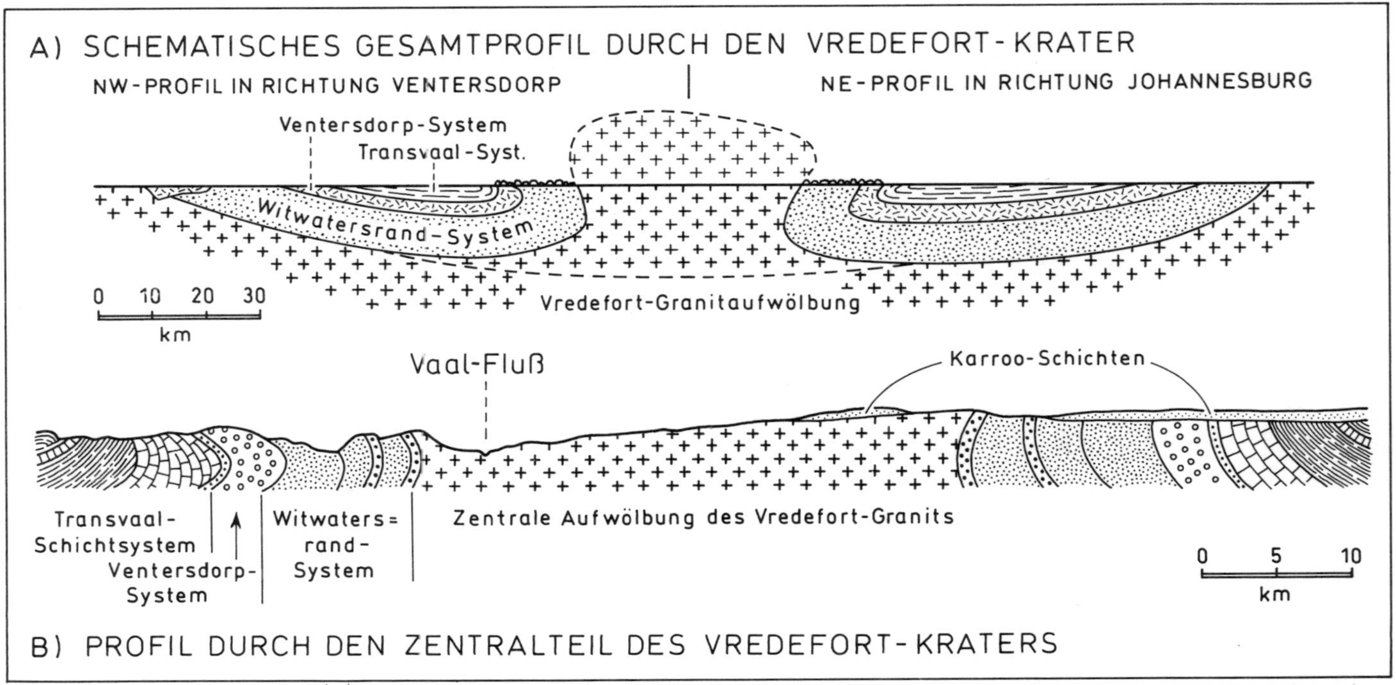

Abb. 74: Schematisches Profil durch die Struktur des 140 km breiten Vredefort-Kraters in Südafrika. Aufgrund des extrem hohen Alters von rund 1970 Mio. Jahren ist dieser älteste bekannte irdische Einschlagskrater durch Erosion bereits sehr tief abgetragen worden. Trotzdem sind die zentrale Aufwölbung und die schlüsselförmige Gesamtform auch noch im Profil erkennbar. – Nach R. Dietz 1961.

schen Methoden in der Tiefe erfaßt worden.[499] Darüber hinaus ist dieses Krustenstück in den vergangenen zwei Jahrmilliarden so stark herausgehoben und abgetragen worden, daß wir dort 35 km weit in die Tiefe blicken und damit erfassen können, bis in welche Tiefen sich solch große Impakte auswirken. Ein derartiger Einblick ist jedoch nur auf unserem Planeten Erde möglich, während wir – wie erwähnt – auf allen übrigen Himmelskörpern stets nur die Oberflächenstrukturen von Kratern beobachten können.

Abgesehen von der für Impaktkrater typischen Struktur mit dem beim elastischen Rückschlag hochgekommenen zentralen Sockelgestein, den sich ringförmig anschließenden Formationen, die ebenfalls nach oben befördert wurden, und dem äußeren, zurückgesunkenen Ringgraben, hat man gerade am Vredefort-Krater all die klassischen Beweisstücke für die Impaktnatur in großem Ausmaße gefunden: gewaltige Mengen von Schmetterkegeln, Impakt-Leitmineralien wie Stishovit und Coesit, durch den Schock produzierte mikroskopische Lamellenstrukturen im Quarz u.a. Obwohl berühmte Wissenschaftler wie J. D. Boon und C. C. Albritton seit 1936, R. A. Daly seit 1947 und Robert S. Dietz aus San Diego besonders eingehend 1961 die Impaktnatur dieses »Astroblems« verteidigt haben, ist diese Erkenntnis bei den kleingläubigen Fachkollegen noch immer nicht auf fruchtbaren Boden gefallen.[500] Selbst 1981 wurde noch eingewendet, daß die Anordnung der Lamellenstruktur im Quarz auf zwei verschieden gerichtete, zeitlich getrennte Schockdeformationen hinweise, so daß die Theorie eines einmaligen Impaktes hinfällig sei. Eine arbeitsaufwendige Neuuntersuchung durch R. A. Grieve und seine Mitarbeiter aus Ottawa[501] war deshalb nötig, um diese Darstellung zu überprüfen, was allerdings zugleich deren Widerlegung bedeutete.

Unser Gang durch die Impaktgeschichte der Erde, soweit diese heute bereits erfaßbar ist, hat uns gezeigt, daß das Bombardement aus dem All zum festen Bestandteil der Erdentwicklung gehört. Wie wir dabei gesehen haben, hatten Großimpakte jedes Mal schwerwiegende Folgen für das Leben und haben damit die Richtung der Evolution in gravierendem Maße mitbestimmt – neben allen anderen, für dieses so sensible Leben relevanten Faktoren. Zugleich wird deutlich, daß das Leben diese schweren Krisen trotzdem immer wieder überwunden hat. Die Evolution des Lebens steht im Zeichen von Katastrophen. Die Mitwirkung der Impakte an diesen Kataklysmen ist bis heute mit Sicherheit von allen weit unterschätzt worden. Impakte stellen ganz ohne Zweifel den bedeutendsten

Mechanismus für Massensterben und die daran anknüpfende »Neustrahlung« des Lebens dar, bilden also den entscheidenden negativen Machtfaktor im Widerstreit des Lebens mit dem »Engel des Todes«. Wie groß dieser Einfluß der Impakte im Vergleich zu den anderen Faktoren ist, wird die Forschung der nächsten Zukunft im einzelnen zeigen.

Wir sind aufgrund der Schätzungen über die Häufigkeit von Impakten und aufgrund anderer Indizien davon überzeugt, daß tiefgreifende, bedeutende Einschläge mit gravierenden Auswirkungen auf das Leben beständig und in kurzen Abständen erfolgt sind: alle paar zehntausend oder höchstens hunderttausend Jahre, also geologisch gesehen – angesichts der Milliarden Jahre langen Entwicklung unseres Planeten – alle paar »Augenblicke«. Sie werden die Erklärung für die meisten Zäsuren der Erdgeschichte liefern – bis hinunter in die kleinsten geologischen Einheiten.

Die übrigen Impaktmerkmale

Bei der Beschreibung des Endkreide-Impaktes haben wir bereits mehrfach angedeutet, daß uns heute dank der modernen Untersuchungsmethodik unabhängig vom Auffinden des zugehörigen Kraters noch zahlreiche andere Möglichkeiten zum Nachweis von Impakten zur Verfügung stehen. Allein schon der spezifische chemische, mineralogische und organische Fallout im Grenzton, der stets weltweit verbreitet ist, hält eine ganze Reihe untrüglicher Beweise für Impaktgeschehen bereit.[502] Dabei handelt es sich – abgesehen von einer möglichen Iridiumanreicherung

Abb. 75: Durch einen Impakt geschocktes, von zwei Serien ebener Lamellen durchzogenes Quarzkorn von 0,75 mm Größe aus Wyoming. Derartige Deformationen können durch extrem hohen Druck verursacht werden, wie er bei einem Impakt entsteht, nicht durch Vulkanismus. – Aus B. F. Bohor 1990.

Abb. 76: Mikroskopisch kleine Magnesioferrit-Kristalle aus dem Kreide-Tertiär-Grenzton von Caravaca in Spanien, die unter der Einwirkung des Endkreide-Impaktes entstanden sind. Auch derartige Minerale aus der Gruppe der Spinelle können nicht durch Vulkanismus erzeugt werden, sondern entstehen nur im Untergrund von Impaktkratern. Der Maßstabbalken ist 20 Mikron lang. – Aus B. F. Bohor 1990.

– zunächst um die bei der Explosion *geschockten Quarze* und anderen Minerale des Untergrundes, in denen dabei oft ein mehrfacher Satz sich schräg vergitternder Drucklamellen entsteht (Abb. 75). Solche geschockten Minerale mit Lamellengitter sind aus Laborversuchen bei 100–250 kbar Druck, von Stellen, wo Atombomben explodiert sind, und von Impaktkratern bekannt, nicht hingegen aus vulkanischem Auswurfmaterial.[503] Auch beim explosiven Vulkanismus ist der erreichte Druck um Größenordnungen zu klein, um solche Strukturen zu erzeugen.[504]

An den Aufschlagsstellen von Impaktoren bilden sich spezifische Hochdruck-Hochtemperatur-Quarzminerale mit eigenständigem Kristallgitterbau wie *Stishovit* und *Coesit,* die ebenfalls zu Marksteinen in der Beweisführung für Impakte wurden. Coesit war übrigens 1953 zuerst von dem Amerikaner Loving Coes im Labor unter sehr hohen Druckbedingungen künstlich hergestellt worden, bevor man ihn ab den sechziger Jahren in der Natur im Kratermaterial fand.

Diese und weitere *Impaktminerale* wie Magnesioferrit (Abb. 76) werden ebenso wie das Iridium der Impaktoren selbst durch die Energie der Explosion beim Bolideneinschlag so hoch ausgeschleudert, daß sie in der Atmosphäre über die ganze Erde verteilt werden und weltweit in der Fallout-Schicht anzutreffen sind.

Ausgezeichnete, makroskopisch mit freiem Auge sichtbare Impaktspuren treten uns in den *Schmetterkegeln* (shatter cones) entgegen. Robert S. Dietz hatte solche tütenförmigen Schlagspuren (Abb. 69) im Jahr 1947 erstmals als Impaktindikatoren aus Kentland in Indiana beschrieben. Sie durchsetzen in radialer Anordnung tiefgründig das Gestein, das die Einschlagsstelle umgibt, und sind deshalb auch dann noch aussagekräftig, wenn die Kraterform schon weitgehend abgetragen ist.

Ein weiteres, wichtiges Beweismittel für Impakte muß hier nochmals in Erinnerung gerufen werden: die von dem Wiener Geologen Franz Eduard Sueß 1901 als »*Tektite*«[505] bezeichneten silikatischen Schmelzprodukte in Form von grünem oder braunem bis schwarzem Glas, die aus bestimmten feinkörnigen Sedimenten im Einschlagsgebiet – wie Feinsand, Löß und Ton – als erstes Schmelzprodukt unmittelbar beim Aufschlag entstehen.[506] Sie werden Dutzende, ja Hunderte oder sogar Tausende von Kilometern weit ausgeschleudert. Ihre oft aerodynamisch geprägte Form variiert vielfältig, so daß u.a. kugel-, zylinder-, ei-, tropfen-, knopf-, schei-

Abb. 77: Tektite aus Südostasien aus der Gruppe der »Australite«, die ihre Entstehung einem gewaltigen Impakt vor rund 700 000 Jahren verdanken. Die hier gezeigten, während des Fluges glasig erstarrten Schmelzprodukte aus Hinterindien (»Indochinite«) sind walzen- bis hantelförmig. Die Länge des größten Exemplares beträgt 8,3 cm. – Sammlung A. und E. Tollmann.

ben- und hantelförmige Gebilde vorkommen (Abb. 77). Gelegentlich ist die Oberfläche dieser Schmelzprodukte furchenförmig korrodiert. Die Größe liegt meist im Bereich von wenigen Zentimetern, aber die größten Brocken in Indochina (Muong-Nong-Tektite) erreichen 17 kg, während die kleinsten, die sogenannten Mikrotektite, mikroskopische Dimensionen, unter einem Millimeter, besitzen.

Die oft ausgedehnten Streufelder solcher Tektite sind aus mehreren Gründen beliebte Indikatoren für Impakte. Sie sind aufgrund ihrer nachweislich hohen Schmelztemperatur von mehr als 2500–3000 °C – die sich aus dem Gehalt an den Impakt-Quarzmineralen Lechatelierit und Coesit erschließen läßt – eindeutig keine vulkanischen Produkte, weil letztere selten Entstehungstemperaturen über 1000–1100 °C aufweisen.[507] Unter günstigen Bedingungen kann man aus ihrer Anordnung Richtung und Zentrum des Einfalls des Impaktors ermitteln, was besonders wichtig ist, wenn Krater fehlen oder durch Ozeane verdeckt sind. Man kann sie in Form von Mikrotektiten auch bei Probenahmen vom Ozeanboden gewinnen. Außerdem ermöglichen sie geochemische Zuordnungen und erlauben es, vor allem mittels radiometrischer Methoden exakt das Alter des Impaktes festzulegen, so daß man auch eine Verbindung zwischen Tektitfeld und zugehörigem Impaktkrater herstellen kann – wie dies beispielsweise bei der Beziehung zwischen Ries-Krater und Moldavit in Europa bzw. Bosumtwi-Krater und Elfenbeinküsten-Tektiten in Westafrika möglich war (siehe S. 293, 356).

Recht abenteuerlich ist die Geschichte der Deutung des Ursprunges der Tektite, die in Europa dem Altsteinzeitmenschen bereits vor 30 000 Jahren in Form des Moldavites als Werkstein dienten.[508] Die australischen Aborigines kannten sie seit etwa 5000 Jahren und verwendeten sie in erster Linie für kultische Zwecke – was sehr gut dazu paßt, daß ihre Vorfahren vor zehn Jahrtausenden den glühenden Tektitregen vom Himmel erlebt hatten (siehe S. 169).

In Europa befaßte sich Prof. Joseph Mayer 1788[509] als erster in den »Abhandlungen der Böhmischen Gesellschaft der Wissenschaften« mit diesen Tektiten am Beispiel des Moldavites (Abb. 78-79). 1836 berichtete S. Mueller über die Indonesite aus Südborneo; 1844 lenkte Charles Darwin die Aufmerksamkeit auf die Australite. Vor der Jahrhundertwende tauchte im Jahre 1897 die Meinung auf, die Tektite hätten eine außerirdische Herkunft. Diese Auffassung von R. Verbeek wurde von F. E. Sueß[510] bestärkt. Bei den Theorien über den genauen Ursprung dieser Schmelzen war der Phantasie der Autoren lange keine Grenze gesetzt. Sie stammten

Abhandlungen
der
Böhmischen Gesellschaft
der Wissenschaften,
auf das
Jahr 1787.
oder Dritter Theil,
nebst der Geschichte derselben.
Mit Kupfern.

Prag und Dresden, 1788.
In der Waltherischen Hofbuchhandlung.

Abb. 78: Frontispiz der böhmischen Zeitschrift, in der im Jahre 1788 die ersten Tektite beschrieben worden sind. – Abh. der Böhm. Ges. der Wissenschaften, Jg. 1787, Prag und Dresden.

für manche aus Mondvulkanen oder gingen auf Meteorite zurück, die angeblich mit Erdsatelliten kollidiert waren. Teilweise wurden sie sogar als menschliche Kunstprodukte der böhmischen Glasindustrie gedeutet. Ja, noch vor wenigen Jahren behauptete der russische Geologe E. P. Izokh[511] aus Nowosibirsk, die vietnamesischen Tektite seien Produkte

Abb. 79: Tektit als Schmelzprodukt der obersten Krustenschicht, der sich bei geeigneten Ausgangsgesteinen beim Einschlag eines Weltkörpers bildet. Unser Beispiel zeigt einen 5,3 cm großen sogenannten »Moldavit«, also eine Tektitart aus dem böhmisch-mährischen Raum. Diese glasige Gesteinsschmelze geht auf den Einschlag eines Meteoriten im Nördlinger Ries in Süddeutschland vor 14,7 Millionen Jahren zurück und wurde im vorliegenden Fall Hunderte von Kilometern weit bis Mohelno in Mähren ausgeschleudert. – Sammlung A. u. E. Tollmann.

des Vulkanismus auf einem unbekannten Planeten, die mit Kometen auf einem Jahrtausende dauernden Flug zur Erde gelangt seien.

Erst der deutsche Forscher E. Preuss wies nach chemischen Untersuchungen im Jahre 1935 den richtigen Weg, nämlich die Herkunft aus irdischen Sedimenten durch Aufschmelzung.[512] Obgleich die Diskussion über die Entstehung der Tektite noch immer nicht abgeschlossen ist, hat man heute insofern einen Konsens darüber erzielt, daß Tektite Aufschmelzungsprodukte irdischen Krustenmaterials durch Impakte sind.

Die entscheidende Wende in der hitzigen Debatte über den Ursprung der Tektite im letzten Jahrzehnt vor der Mondlandung (1969) brachte schließlich seit November 1972 die genaue Analyse der Mondgesteine, die bei den Apollo-Missionen eingesammelt worden waren.[513] Eine Herkunft vom Mond wurde wegen der extremen Unterschiede in der chemischen Zusammensetzung eindeutig widerlegt. Als Muttergesteine kamen weder Gesteine der Mondbasalte aus den Becken, den Maria (»Mondmeere«), noch solche vom Typus der feldspatreichen Anorthosite aus dem alten Mondhochland in Frage; erstere besaßen einen hundertfach höheren Chromgehalt als Tektite, während letztere einen hohen Aluminium-, aber einen niedrigen Kieselsäuregehalt aufwiesen.

Trotz intensiver Forschungen sind bis heute nur vier bedeutende Tektit-Streufelder auf der Erde bekannt[514]: das australasiatische, das der Elfenbeinküste, das böhmisch-mährische und das nordamerikanische. Hinzu kommen nur noch unbedeutende, vereinzelte Tektitfunde abseits dieser Streufelder. Jüngst hat man außerdem noch schwarzbraune Tektite auf Haiti gefunden, deren absolutes Alter bei 64,5 Millionen Jahren liegt.[515] Zu Recht werden diese Tektite daher auf den Endkreide-Impakt bezogen.

Die geringe Zahl der Tektit-Streufelder zeigt aber angesichts der 140 bisher bekannten irdischen Krater, daß im Zielgebiet des Impakts sehr spezifische Gesteine, nämlich möglichst poröse Feinsedimente vom Lößtypus, nahe der Oberfläche vorhanden sein müssen, damit es überhaupt zur Tektitbildung kommen kann. Tektitfelder haben also für die Ermittlung der Anzahl und Häufigkeit irdischer Impakte bei weitem nicht den gleichen Stellenwert wie Kraterstrukturen, die jeder Impakt hinterläßt. Aber die bekannten Streufelder liefern sehr wohl wesentliche Zusatzinformation über die Impakte, die sie markieren – für unser Thema insofern in der Tat wesentlich, als wir zwar die Krater des Sintflut-Impaktes noch nicht kennen, jedoch die zugehörigen Tektit-Streufelder (siehe S. 248 ff).

Abschließend wollen wir die Grundzüge der vier großen Streufelder präsentieren, um dem Leser eine konkrete Vorstellung von der Reichweite des Auswurfes auch bei mäßig starken Impakten zu vermitteln.

Das eindrucksvollste und ausgedehnteste Tektitfeld ist das *australasiatische* Feld, das eine enorme Reichweite von Südchina bis zur Südspitze Australiens besitzt und durch die auf dem Festland erzielten Funde von »Australiten« – wie die hier entdeckten Tektite seit F. E. Sueß[516] genannt werden – seit langem bekannt ist.[517] Aufgrund der Entdeckung der zugehörigen Mikrotektite – sehr kleiner, aber ähnlich geformter analoger Glasschmelzen – in Bodenproben aus der Tiefsee konnte die gewaltige Ausdehnung des australasiatischen Streufeldes in neuerer Zeit erst richtig erfaßt werden[518] (Abb. 80). Es erstreckt sich vom Westrand des Indischen Ozeans vor den Küsten Ost- und Südafrikas über die australischen, indonesischen und südchinesischen Randmeere bis nach Melanesien im westlichen Pazifik und im Süden weit in Richtung Antarktis und umfaßt demnach 50 Millionen km^2 bzw. ein Zehntel der Erdoberfläche. In dieser Region gibt es allein an Mikrotektiten 100 Millionen Tonnen Material.

Obwohl man nach Ausbildung, chemischer Zusammensetzung und Alter schon lange individuelle Teilstreufelder in diesem ausgedehnten Gebiet unterschieden und danach als Tektit-Untertypen Australite s. str. (Abb.81), Javanite, Billitonite, Philippinite (= Rizalite), Thailandite und Indochinite (mit dem geschichteten Muong-Nong-Typus) abgegliedert hat, hält sich auch bei manchen guten Kennern des australasiatischen Streufeldes – wie etwa bei B. P. Glass[519] – noch immer die irrige Ansicht,

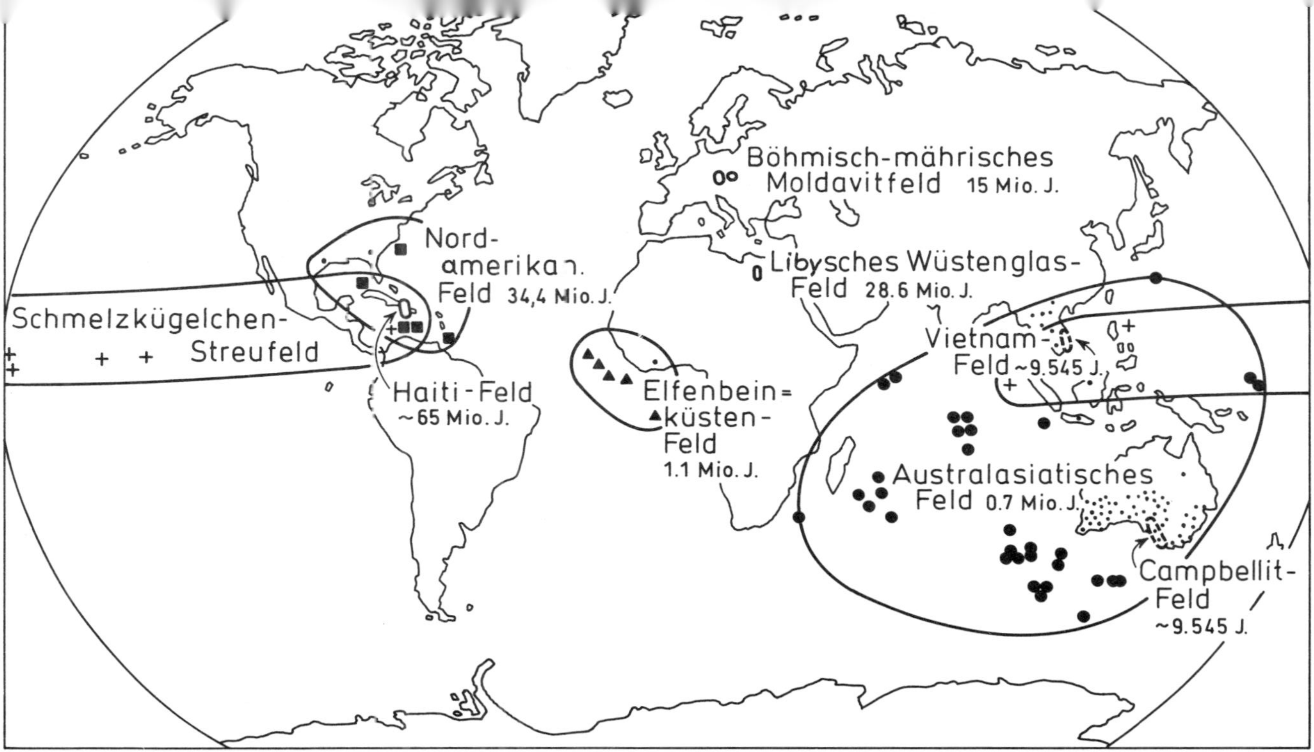

Abb. 80: Die Tektit-Streufelder der Erde. Bisher sind vier große und fünf untergeordnete Regionen mit Tektitstreu bekannt. Nur bei drei von ihnen hat man bereits den zugehörigen Krater gefunden. Sie gehören alle verständlicherweise der jüngeren Erdgeschichte an, weil ältere auf der Erdoberfläche verstreute Impaktschmelzprodukte längst umlagert worden sind. Außerdem erzeugt ein Impakt solche glasigen Schmelzprodukte nur, wenn im Einschlagsgebiet die geeigneten feinkörnigen Sedimente vorhanden sind. Tektite sind demnach ein sicherer Hinweis auf Impaktereignisse, während umgekehrt nicht jeder Einschlag durch Tektite markiert sein muß. – Modifizierte Skizze nach B. P. Glass 1990 a. Vom Campbellit-Feld ist nur der Schwerpunkt in Südaustralien markiert; seine Ausdehnung dürfte wesentlich größer sein.

daß all diese Tektite ein etwa gleiches Alter von rund 700 000 Jahren hätten.

Zunächst hatte man ja mit Hilfe der radiometrischen Altersbestimmung dieser Australite mittels der Kalium 40/Argon-Methode und der auf dem Zerfall von ^{238}U beruhenden Spaltspuren-Methode stets derartige Altersdaten erhalten (720000 ± 10000 Jahre nach der Kalium-Argon-Methode, 700000 ± 10000 Jahre nach der Spaltspuren-Methode).[520]

Hinzu kamen später noch Werte um 830000 Jahre mit Hilfe der Argon-40/Argon-39-Methode,[521] so daß man auf einen zweiten, unabhängigen, ein wenig älteren Impakt in dieser Region schloß.

Daß aber noch weitere Impakte im gleichen Großraum erfolgten, in dem zunächst alle Tektite undifferenziert als »Australite« zusammengefaßt worden waren, zeigte die Studie von R. L. Fleischer und seinen Mitarbeitern[522] aus New York. Sie ermittelten an Australittypen, die sich aufgrund des hohen Natriumgehaltes auch chemisch unterschieden, mit Hilfe der Spaltspuren-Methode ein Alter von 3–4 Millionen Jahren. Der Geologe V. E. Barnes[523] von der Universität von Texas hat außerdem darauf verwiesen, daß ein im Südchinesischen Meer gedredgter, d.h. mit einem Schleppnetz vom Meeresboden heraufgeholter, Tektit (Philippinit)

Abb. 81: Australische Tektite (»Australite«) aus der Umgebung von Perth in Westaustralien. Das linke Exemplar ist 7,8 cm, das rechte 8,5 cm lang. Das radiometrisch bestimmte Alter dieser Australite liegt bei 700 000 Jahren. – Aus O'Keefe 1963.

mit einer rund eine Million Jahre alten Nannofossil-Sedimentauflage auf einen weiteren Impakt hindeute.

Seit 1938 (C. Fenner), besonders aber seit Ende der fünfziger Jahre, wurde aufgrund von geologischen Argumenten immer wieder behauptet, daß es nach ihrer Position auf jüngsten Sedimenten zusätzlich sehr späte, *nacheiszeitliche Australite* gebe, die erst vor einigen tausend Jahren entstanden seien. Dieser Aussage wurde aber in Fachkreisen keinerlei Bedeutung beigemessen. Solche Tektite wurden bis heute von manchen Fachleuten wie B. P. Glass oder Ch. Koeberl[524] als umgelagert gedeutet oder einfach als unglaubwürdig abgetan. Damit aber haben sich diese Experten selbst der Chance beraubt, ernsthaft über das sogenannte »Australit-Paradoxon«, über die Existenz und Bedeutung dieses letzten, ganz jungen, kleineren »Australit«-Streufeldes innerhalb des Gesamtfeldes nachzudenken und auf den dafür verantwortlichen Impakt, nämlich den von der Menschheit und insbesondere von den australischen Aborigines so lebensnah tradierten Sintflut-Impakt, zu stoßen.

Die Krater, die zum australasiatischen Hauptstreufeld gehören, sind noch nicht gefunden worden, dafür aber gibt es um so mehr Vermutungen darüber. So wurde ein zugehöriger Teilkrater in der Region der 720000 Jahre alten »Darwin-Glas«-Funde in Westtasmanien angenommen,[525] während man den Hauptkrater auf dem Meeresboden nordwestlich von Australien vermutete. Später wurden unterseeische kraterähnliche Strukturen am Schelf von Indonesien und Indochina ins Spiel gebracht. Diese Lokalisierung am Meeresboden vor Indochina wird teilweise auch heute befürwortet,[526] weil man dort die höchste Konzentration von Mikrotektiten mit dem Hochdruckmineral Coesit in Bohrkernen vorgefunden hat. Jüngst wurde die nicht sehr überzeugende Vermutung geäußert, das langgestreckte Tonle-sap-Seebecken in Kambodscha komme als Krater für die ältere Gruppe der Australite, besonders die bis 17 kg schweren Muong-Nong-Tektite, in Frage. Selbst der weit entfernte, nur 13 km große Schamanschin-Krater in Kasachstan, 200 km nördlich vom Aralsee, wurde in Betracht gezogen, weil er angeblich das gleiche Alter besitzt. Aber die Altersdatierung der sowjetischen Autoren von rund 750000 Jahren ist aufgrund der sorgfältigen Spaltspuren-Altersbestimmung durch Ch. Koeberl und D. Storzer[527] am Schamanschin-Kraterglas überholt; der neu ermittelte Wert von etwa 1 090 000 Jahren belegt ein höheres Alter dieses kleinen Impaktes.

Das nächstältere irdische Tektit-Streufeld liegt an der westafrikanischen Küste, von wo der französische Geologe A. Lacroix 1935 erstmals

Tektite beschrieben hat. Dieses als *Elfenbeinküsten-Feld* (Côte-d'Ivoire-Feld) bezeichnete Areal hat eine Ausdehnung von 4 Millionen km^2, wie anhand der zugehörigen Mikrotektitfunde auf dem Boden des östlichen äquatorialen Atlantiks ermittelt wurde. Die Masse der hier niedergegangenen Mikrotektite wird auf 20 Millionen Tonnen geschätzt. Die radiometrische Altersbestimmung mittels dreier verschiedener Methoden hat zuletzt ein Alter von rund 1,1 Millionen Jahren erbracht.[528] Bei diesem Streufeld ist man sich übrigens sicher, auch den zugehörigen Krater gefunden zu haben. Es handelt sich dabei um den in Ghana gelegenen 10,5 km großen Bosumtwi-Krater, der einen 7 km großen Kratersee enthält. Dieser Krater rechtfertigt eine solche Zuordnung sowohl nach dem Alter der dort auftretenden glasigen Schmelzprodukte als auch nach deren chemischer Zusammensetzung.[529]

Andere Impakt-Schmelzprodukte sind in Afrika spärlich vertreten, so daß hier nur noch die gelbgrünen Schmelzgläser der *Libyschen Wüste* im Osten Libyens erwähnenswert sind; sie stammen aus dem Oligozän, sind etwa $28{,}6 \pm 2$ Millionen Jahre alt und nehmen eine Fläche von 3500 km^2 ein.

Sehr gründlich erforscht ist das relativ kleine, aber seit langem berühmte, einzige europäische Tektit-Streufeld mit seinen *Moldaviten.* Es liegt in der Tschechei und mit kleinen Ausläufern im Norden und Süden in den Nachbarstaaten Deutschland und Österreich. Aufgrund der radiometrischen Datierung der Moldavite auf 14,7 Millionen Jahre gehört es zum jungtertiären Impaktgeschehen im mittleren Miozän. Die Beziehung des Moldavitfeldes zum Ries-Krater haben wir bereits auf S. 293 erörtert.

Das älteste bedeutende Tektit-Streufeld schließlich liegt an der Ostküste *Nordamerikas.* Markiert wird es durch Tektite, die erst 1936 in Texas (»Bediasite«) und seit 1959 in Georgia (»Georgianite«) entdeckt wurden, sowie durch Mikrotektite, die man seit 1972 im Golf von Mexiko, in der Karibik, bei Barbados und am unterseeischen Kontinentalabhang vor New Jersey gefunden hat,[530] wo wegen der Anhäufung der Ejekta auch der noch unbekannte Krater am Schelf vermutet wird.[531] Allerdings kommt der 1987 entdeckte 45 km große Meereskrater »Montagnais« vor der Küste Neuschottlands dafür nicht in Frage; er besitzt nämlich ein Alter von etwa 50 Millionen Jahren, während die nordamerikanischen Tektite rund 34,4 Millionen Jahre alt sind. Koeberl[532] glaubt deshalb zwar wieder an einen untermeerischen Krater, der vor der Küste von New Jersey liegt, aber noch nicht aufgefunden worden ist.

Wie sehr jedoch die Tektit- und Mikrotektit-Forschung die Erfassung von Impakten fördert, zeigt gerade dieses Beispiel aus Amerika, wo aufgrund der Mikrotektit-Proben vom Ozeanboden heute bereits drei Impakthorizonte an der Wende vom Eozän zum Oligozän bekannt sind, deren zugehörige Krater man erst suchen muß (siehe S. 295).

Astronomische Impakt-Berechnungen

Noch vor zwanzig Jahren war die Zahl der bekannten sogenannten Apollo-Objekte, d.h. der die Erdbahn kreuzenden Asteroiden, viel zu gering, als daß man hieraus etwa die Häufigkeit irdischer Impakte hätte berechnen können. Eine erste Grundlage für solche Berechnungen wurde geschaffen, als sich seit den späten siebziger Jahren Eugene M. Shoemaker und seine Mitarbeiter vom Astrogeologischen Dienst in Flagstaff in Arizona intensiv mit der Dichte des Apollo-Schwarmes beschäftigten. Darauf aufbauend, stellten W. M. Napier und S. V. Clube im Jahre 1979 eine Impakt-Katastrophentheorie mit entsprechenden Daten für die Erde auf. Sie gelangten, von den astronomischen Grundlagen ausgehend, zum grundsätzlich gleichen Ergebnis, das im selben Jahr Vater und Sohn Alvarez und ihre Mitarbeiter aus ihren geologischen Untersuchungen bei der Erfassung des Endkreide-Impaktes ableiteten und 1980 veröffentlichten.

Fassen wir das Wissen über die Hauptphasen der Zerkraterung der Erde zusammen, wie es sich aus der astronomischen Analyse unserer Nachbarplaneten und der Monde ableiten läßt. N. G. Barlow vom Lunar and Planetary Institute der NASA in Houston hat 1988 und 1990 eingehend darüber berichtet. Von den erdnahen Planeten des Sonnensystems zeigen zwei, nämlich Merkur und Mars, sowie der Mond dank ihrer sehr gut erhaltenen Oberfläche noch das ganze Ausmaß der intensiven Zerkraterung (Abb. 82–83), während auf der Erde und der Venus, deren Oberflächen durch Gebirgsbildungen und andere tektonische Vorgänge bis in die jüngste Zeit umgestaltet worden sind, die Zeugen des schweren Bombardements zu Beginn ihrer Entwicklung, die Riesenkrater, bereits wieder verschwunden sind.

Das Studium dieser drei zerkraterten Weltkörper läßt zwei sehr unterschiedliche Typen von Kraterformationen erkennen: die in hohem Maße durch Riesenkrater geprägten Regionen der Hochländer und die nur in geringem Maße durch kleinere Krater heimgesuchten Tiefebenen, wie sie besonders Mond und Mars darbieten. Da wir aufgrund von Gesteinsproben vom Mond, deren Alter radiometrisch bestimmt wurde, das unterschiedliche Alter der beiden Formationstypen kennen, wissen wir, daß in der Frühgeschichte des Sonnensystems, nachdem sich die Planeten vor

Abb. 82: Ein Beispiel für das Ausmaß der Zerkraterung, die von Impaktoren auf den Planeten unseres Sonnensystems verursacht worden ist: Blick auf die Oberfläche des Merkurs. Diese Aufnahme der NASA, die sich an der Bildbasis über 580 km erstreckt, läßt bei vielen Kratern die für diesen Impakttypus charakteristische zentrale Erhebung erkennen. – NASA, Jet Propulsion Laboratory.

rund 4,5 Milliarden Jahren zusammengeballt hatten, bis 3,8 Milliarden Jahre ein gewaltiges Bombardement anhielt.

Aus dem Vergleich mit der Zerkraterung des Mondes mit seiner noch gut erhaltenen ältesten Kruste kann man abschätzen, daß die Erde zur Zeit des letzten Abschnittes des schweren Bombardements vor 4,1 bis 3,8 Milliarden Jahren von rund 9300 Einschlägen getroffen wurde, die Krater mit einem Durchmesser von 16 km aufwärts verursachten. Das Bombardement, das die Erde damals traf, war demnach mehr als hundert- bis fünfhundertmal so stark wie in der Gegenwart.[533] Hinzu kommt, daß am Ende dieser Frühphase der Erdentwicklung viel größere »Geschosse« vorhanden waren, die noch nicht von den großen Planeten eingefangen worden waren. So wurde z.B. das riesige Becken des Mare Imbrium auf dem Mond vor 3,8 Milliarden Jahren durch einen Impaktor geschaffen, der hundert- bis tausendmal mehr Energie als der Endkreide-Asteroid freisetzte. Die Erde trug in dieser Zeit sogar noch Impaktnarben davon, die dreißig- bis hundertmal größer waren als das riesige Mare Imbrium

Abb. 83: Die zerkraterte Mondoberfläche. Im Vordergrund der Krater Goplenius mit rund 65 km Durchmesser. – NASA, Johnson Space Center.

auf dem Erdtrabanten. Allerdings sind die Impakt-Strukturen dieser frühen Kruste nicht bis heute erhalten geblieben.

Die Energie, die bei so gewaltigen Kollisionen frei wurde, reichte aus, um den gesamten Weltozean bei einer Strahlungshitze von rund 1700°C innerhalb weniger Monate in Dampf aufgehen zu lassen. Nach einer Trockenphase der heißen Erde, die rund tausend Jahre anhielt, fiel mit fortschreitender Abkühlung innerhalb der nächsten 2000 Jahre das verdampfte Wasser aus dem Wolkenmantel in Form von gewaltigen Sturzregen wieder zur Erde zurück.[534]

Vor 3,8 bis 3,3 Milliarden Jahren nahm dann die Zahl der Einschläge auf das heutige Maß ab und blieb auch später einigermaßen gleich. Allerdings vermutet Paul R. Weissman[535] vom Labor für Erd- und Raumwissenschaften in Pasadena, daß die Impakthäufigkeit in den letzten 600 Millionen Jahren der Erdgeschichte wieder angestiegen ist, weil sich die Zahl der langperiodischen Kometen erhöht haben soll.

So kennen wir nun endlich auch den Grund, warum erst vor 3,8 Milliarden Jahren auf der Erde – wenn auch damals nur in einfachster Form – Leben von zunächst kernlosen Einzellern möglich geworden war. In der Phase des schweren Bombardements konnte sich nämlich überhaupt kein Leben entfalten. Die bis heute erfaßten ältesten Teile der Erdkruste sind jüngst radiometrisch mit 4,2 Milliarden Jahren datiert worden. In dieser ältesten Ära des »Azoikums« existierte aber auf der Erde noch kein Leben. Diese Überlegungen stimmen mit den Vorstellungen von Nadine Barlow[536] vom NASA-Raumforschungszentrum in Houston überein.

Noch ein Aspekt sollte im Zusammenhang mit der schweren Beeinträchtigung des Lebens auf der Erde durch Impakte erwähnt werden. In der Zeit, als die Erde sich bildete – indem sie durch das Aufsammeln der früh entstandenen Planetesimale (aus dem Gasnebel um die Sonne verdichtete Materiebrocken) anwuchs – und noch dem heftigen Bombardement durch große Himmelskörper ausgesetzt war, traf ein riesiger Asteroid unseren Planeten. Sein Einschlag verursachte eine Kippung der Erdachse um 23,5°, so daß die Rotationsachse der Erde schon fast seit Anbeginn nicht wie bei fast allen übrigen Planeten nahezu senkrecht auf der Bahnebene um die Sonne steht, sondern entsprechend geneigt ist. Dies führte dazu, daß an die Stelle eines gleichmäßigen Klimas wechselnde Jahreszeiten traten, je nachdem, ob die Nord- oder die Sübhalbkugel der Sonne zugewandt ist. Die strengen Winter erzwangen vielfältige Anpassungen von Pflanzen und Tieren, damit sie die harten Lebensbedingungen ertragen konnten. Ein einziger gewaltiger Impakt gegen Ende der Akkretionsphase der Erde ist somit die Ursache dafür, daß der Einzug des Winters in weiten Regionen zu einer alljährlich wiederkehrenden grausamen Prüfung für das Leben auf unserem Planeten wird. Andererseits wäre wahrscheinlich ohne diese Kippung und die damit verbundene Erwärmung der polnahen Zonen die Gesamttemperatur der Erde durch eine permanente Vereisung der Polkappen so weit gesenkt worden, daß die Grenze der Lebensbedingungen auf unserem Planeten erreicht worden wäre.

Die Zahl der Einschläge von Weltkörpern läßt sich am besten anhand eines Vergleiches mit dem Mars berechnen. Dazu muß man die Kraterzahl aus dem jüngeren Abschnitt seiner Entwicklungsgeschichte kennen, was möglich wird, sobald Marsgesteine für radiometrische Altersbestimmungen verfügbar werden. Wie man andererseits berechnen kann, würde ein 10 km großer Impaktor ähnlich dem beim Endkreide-Einschlag auf dem Mond einen 440 km großen Krater und auf dem Mars einen Krater mit 350 km Durchmesser verursachen. Da aber nun in den Tiefebenen auf dem Mond, den Maria, deren Krater aus der jüngeren Entwicklungsgeschichte stammen, keine Strukturen mit einem Durchmesser über 200 km existieren und in den entsprechenden Marsebenen nur drei Krater größer als 300 km sind, ist dies ein Beweis dafür, daß Impaktoren von der Größe des Dinosaurier-Asteroiden in diesem Teil des Sonnensystems recht selten sind.

Eine andere Möglichkeit, die Wahrscheinlichkeit von Impakten zu berechnen, ergibt sich, wenn man weiß, wie viele Asteroiden und Kometen die Erdbahn kreuzen und wie häufig dies geschieht. Kometen unterscheiden sich dabei von den kompakten Asteroiden durch ihren lockeren Aufbau aus Gesteins- und Metallstaub und entsprechenden Fragmenten innerhalb einer Eismasse. Dieses firnartig lockere Eiskonglomerat wird auch treffend als »schmutziger Schneeball« bezeichnet. Kometen besitzen nicht nur eine wesentlich höhere kosmische Geschwindigkeit als Asteroiden, sondern sind oft auch viel größer, so daß Exemplare mit einem Durchmesser von mehreren zehn Kilometern nichts Außergewöhnliches sind.

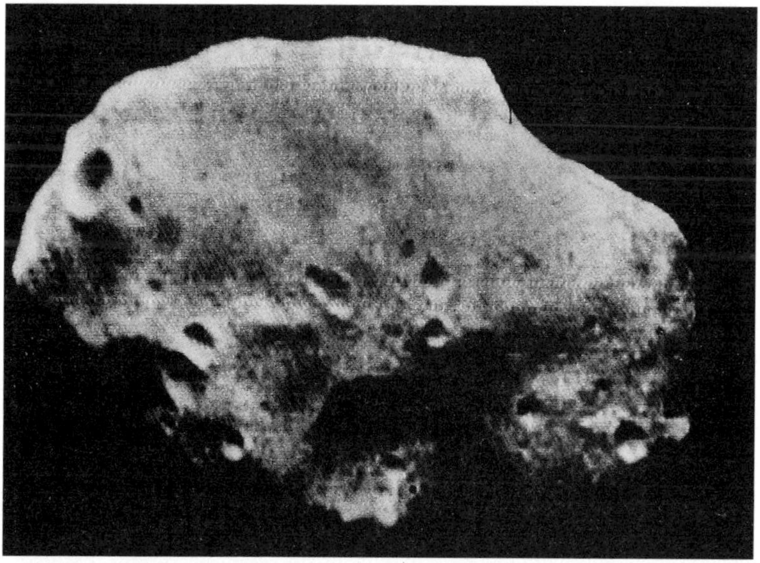

Abb. 84: Phobos, der innere der beiden Marsmonde. Dieser nur 27 km lange Marstrabant stellt vermutlich einen eingefangenen Asteroiden dar, der in fernerer Zukunft als Impaktor auf dem Mars einschlagen wird. – NASA, Jet Propulsion Laboratory.

Ein Gigant, der zwischen Kometen und Asteroiden steht, ist der »Asteroid« 2060 Chiron: Er besitzt einen Durchmesser von ungefähr 180 km und wird heute auf Grund seiner fast zwei Jahre anhaltenden Leuchterscheinungen bei der Annäherung an die Sonne 1987–89 eher als Komet geführt.

Die Aufschlagsgeschwindigkeit beim Impakt beträgt bei Kometen im Durchschnitt etwa 28,9 km/s. Wenn Kometen bei jeder Wiederkehr nahe an der Sonne vorbeifliegen, verlieren sie nach und nach ihre gesamten Gase, so daß sie sich zum Schluß in Asteroiden bzw. in Meteorströme verwandeln.

Eine eindrucksvolle Vorstellung vom bedrohlichen Aussehen großer Impaktoren vermitteln die Bilder von den Marsmonden Phobos und Deimos (Abb. 84). Diese 27 bzw. 15 km großen, unregelmäßig geformten Brocken sind nach jüngsten Spektralstudien der Sternwarte von Mauna Kea auf Hawaii eingefangene Fragmente von einem großen, in Trümmer gegangenen Asteroiden, der aus dem äußeren Asteroidengürtel stammt.[537] Die kurze Zwischenstation als Marssatellit zeigt uns so das Bild vor dem Impakt, der bei diesen kurzlebigen Trabanten, die sich spiralig ihrem Planeten immer weiter nähern, nicht allzulange auf sich warten lassen wird. Damit machen sie ihren Namen aus der griechischen Mythologie »Furcht« und »Schrecken« – als Söhne des Kriegsgottes Ares – alle Ehre.

Angemerkt sei hier noch, daß bei so gewaltigen Impakten auf dem Mars in der Vergangenheit Trümmer von Marsgesteinen mit einer Geschwindigkeit ausgeschleudert wurden, die über der Entweichgeschwindigkeit lag, später in den Anziehungsbereich der Erde gerieten und als Meteorite niedergingen. Sie wurden hier als sogenannte SNC-Meteoriten (Shergottite etc.) registriert – insbesondere auch unter den über 8000 Meteoriten, die man in den beiden letzten Jahrzehnten in der Antarktis entdeckte. Der Nachweis als Marsgestein gelang durch den Vergleich der in den Gesteinsbrocken eingeschlossenen Gase; diese hatten nämlich Ähnlichkeit mit den Gasen, die von den Viking-Sonden in der Atmosphäre des roten Planeten festgestellt wurden.[538] Eine solche außergewöhnliche Herkunft wird um so plausibler, als man ja in der reichen Meteoritenansammlung im Blaueis der Antarktis auch fünf Meteorite gefunden hat, die bei einem ähnlich starken Impakt von der Oberfläche des Mondes weggeschleudert worden waren. Dies beweist deren anorthositische Regolith-Brekzienstruktur, die für Mondgestein typisch ist.

Welche gewaltige Auswirkungen Großimpakte haben können, zeigt auch das Kippen der Rotationsachse des Planeten Uranus, dessen Achse heute fast *in* der Bahnebene liegt, nämlich um 98° geneigt ist. W. Benz und seine Mitarbeiter[539] vom Cambridge Center for Astrophysics und von Los Alamos in den USA führen dies auf einen Impakt durch einen Planetoiden zurück, der etwa ein Zehntel der Masse des Uranus hatte und den Planeten wahrscheinlich in der Frühphase der Entstehung des Sonnensystems traf.

Eine Bemerkung noch zu der in der jüngsten Zeit wieder heftig diskutierten Frage nach dem periodischen Auftreten von Impakten auf der Erde, was eine gewisse Vorhersagbarkeit der Entwicklung implizieren würde. Astronomen und Erdwissenschaftler haben wiederholt die Frage gestellt, ob bestimmte Großereignisse in der Erdgeschichte regelmäßig wiederkehren. Ohne Zweifel eröffnet die Kombination von astronomischen Zyklen unterschiedlicher Länge mit geologischen Rhythmen eine zukunftsweisende Forschungsrichtung, denn etliche Erfolge beweisen, daß die Annahme solcher Zusammenhänge durchaus sinnvoll sein kann. Ein beredtes Beispiel dafür ist das Ergebnis des kroatischen Astronomen Milutin Milankovitch, der in seinen richtungweisenden Arbeiten von 1924 und 1941 die Zusammenhänge zwischen dem 100000-Jahre-Rhythmus des Wechsels von Kalt- und Warmzeiten im Verlauf der irdischen Eiszeiten und den Beeinflussungen der Erdbahn durch die im Sonnensystem wirkenden Kräfte aufzeigen konnte. Die unterschiedliche Sonneneinstrahlung geht in diesem Falle vor allem auf die rhythmische Schwankung der Exzentrizität der Erdbahn zurück, die von der Konstellation der Planeten herrührt.

Solche möglichen Zusammenhänge wurden ab den siebziger Jahren ins Auge gefaßt, als man die Phasen der Gebirgsbildungen, Meeresspiegelschwankungen, Eiszeiten, Umpolungen des Erdmagnetismus, des Vulkanismus und anderer irdischer Phänomene zum 100-Jahrmillionen-Zyklus der Rotation der Sonne um das Zentrum der Galaxie in Beziehung setzen und in Schemata von 15 oder 16 Millionen Jahren pressen wollte.[540]

Nachdem man erkannt hatte, welche Bedeutung Impakte für das Schicksal der Erde und besonders für die immer wieder auftretenden Massensterben hatten, glaubten ab 1984 David Raup und John Sepkoski von der Geophysikalischen Abteilung der Chicagoer Universität, sie könnten für die Höhepunkte der Massensterben von Lebewesen in der jüngeren Erdgeschichte ein Muster entdecken, das einem 26-Millionen-Jahre-Zyklus folgt. Diese Wiederentdeckung der Zyklenlehre im Jahre 1984 führte, wie W. M. Napir[541] treffend darlegte, zu einer »cottage industry in period hunting«, also dazu, daß sich zahllose Forscher auf die Jagd nach solchen neuen Zyklen machten. Aber die Ausführungen von D. M. Raup und J. J. Sepkoski sind – auch wenn sie noch so oft wiederholt werden – keineswegs überzeugend, denn es gibt eine Vielzahl von störenden »Ausnahmen«. So anregend und hoffnungsträchtig dieses Thema deshalb auch sein mag, wollen wir hier doch nicht das uns so wichtige solide Fundament der überzeugenden Fakten zugunsten von noch widersprüchlichen Spekulationen verlassen.

Erst seit kurzer Zeit ist es möglich, diese Gefahren aus dem Weltall zu berechnen. Der erste die Erdbahn kreuzende Asteroid war zwar bereits 1918 von M. Wolf in Heidelberg entdeckt worden, aber erst 1932 wurden die nächsten derartigen Objekte erfaßt, nämlich 1221 Amor und 1862 Apollo. Nach letzterem hat man die gesamte Klasse der im Perihel (Sonnennähe) die Erdbahn kreuzenden Asteroiden benannt.[542] Wie schwer aber derart kleine, dunkle Objekte zu erfassen sind, zeigt die Erkundung von Adonis, der als nächster Asteroid 1936 entdeckt wurde, aber erst vierzig Jahre später erneut gesichtet werden konnte, obwohl er in der Zwischenzeit mehr als dreißigmal die Erde passiert hatte. Aufgrund der Pionierstudien von Eugene M. Shoemaker seit 1973[543] sowie von W. Napier und S. Clube kennt man heute etwa 150 Apollo-Objekte, von denen ein Großteil einen oder mehrere Kilometer Durchmesser hat. Da diese – kosmisch gesehen – kleinen Objekte so schwer auszumachen sind, muß man mit bis zu 4200 Asteroiden rechnen, die die Erdbahn kreuzen. Allerdings erreichen nur wenige davon eine so bedrohliche Größe wie Hephaistos mit 9 km, Sisyphus mit 10 km oder Adonis mit ebenfalls 10 km, der übrigens bei seinem letzten, extrem nahen Erddurchgang im Jahr 1936, als er sich der Erde bis auf 300 000 km näherte, fast eingefangen worden wäre, aber dann doch nur etwas auf seiner Bahn abgelenkt wurde. Auch 1937 passierte ein – bisher nicht wieder gesichteter – Asteroid namens Hermes die Erde sehr nahe, nämlich nur 600 000 km entfernt, d.h. weniger als die doppelte Entfernung Erde–Mond. Bei den ganz großen bekannten Asteroiden ist die Wahrscheinlichkeit einer Kollision allerdings bereits vernachlässigbar gering: So beträgt sie für Eros mit seinen 19,6 km Durchmesser einmal in 400 Millionen Jahren und für Ganymed (39,6 km Durchmesser) einmal in 5 Milliarden Jahren.[544]

Die Wahrscheinlichkeit eines Zusammenstoßes mit den häufiger vorkommenden kleineren Asteroiden läßt sich nur der Größenordnung nach abschätzen. Die Meinungen der verschiedenen Autoren reichen für Objekte mit mehr als 1 km Durchmesser, die 20 km große Krater verursachen, von einem Impakt alle 250 000 Jahre bis zu einmal in 6 Millionen Jahren, während für 10 km große Objekte ein Einschlag in 40 Millionen Jahren angenommen wird. Damit im Meer eine sintflutartige Flutwelle ausgelöst wird, muß ein Impaktor einen Durchmesser von mindestens 0,5 km haben. Man hat berechnet, daß Asteroiden ab dieser Größe im Verlauf von 1 Million Jahren zwischen zehn- und achtzehnmal im Weltozean einschlagen, der 71% der Erdoberfläche einnimmt. Deshalb muß man mit solchen, bereits in weiten Gebieten das Leben bedrohenden Impakten – geologisch gesehen – häufig rechnen, nämlich alle 55 000 bis 100 000 Jahre. Aber all diese Berechnungen ergeben beim heutigen Kenntnisstand der Asteroiden- und Kometenzahl nur Richtwerte.

Was nun die Gefahr einer Kollision der Erde mit Kometen betrifft, so beurteilt man diese heute bereits ganz anders als noch vor zehn Jahren. Damals nahmen P. R. Weissman (1982) und E. M. Shoemaker (1984) an, der Einschlag eines über 1 km großen Kometen sei lediglich einmal in einer Million Jahre zu erwarten, der Einschlag eines Kometen mit mehr als 10 km Durchmesser sogar nur alle 100 Millionen Jahre. Heute sind Shoemaker und seine Mitarbeiter[545] der Ansicht, die Zahl der erdbahnkreuzenden Kometen sei viermal größer als die der erdbahnkreuzenden Asteroiden. Anhand der Dichte der gestrahlten Krater auf dem gut studierten größten Jupitermond, Ganymed, die auf Kometenimpakte zurückgeführt werden, hat man eine Schätzung der Einschlagshäufigkeit in unserem Planetensystem gewagt. Aber in geologisch jüngerer Zeit scheint die Zahl langperiodischer Kometen stark zu schwanken, je nachdem, ob Sterne nahe am Ursprungsort dieser Kometen, der Oortschen Kometenwolke, vorbeiziehen. Solche Störungen können eine drei- bis dreißigfache Steigerung des durchschnittlichen Kometenflusses bewirken.

Seitdem die Erde von reichem Leben erfüllt ist, also in den unter dem Begriff Phanerozoikum zusammengefaßten letzten Abschnitten der Erdgeschichte seit 570 Millionen Jahren, wurde fast die Hälfte aller Krater mit mehr als 20 km Durchmesser von Kometen verursacht. Kleinere Kometenkrater sind kaum zu erwarten, da kleine Kometen bereits in Trümmer gehen, wenn sie in die Erdatmosphäre eindringen. Andererseits nimmt man heute an, daß gerade die entscheidenden Aussterbeereignisse, die in den letzten hundert Millionen Jahren, also ab der mittleren Kreidezeit, eintraten, eher auf Kometen als auf Asteroiden zurückgehen.[546]

Clark R. Chapman vom Planetary Science Institute in Tucson in Arizona und David Morrison vom NASA Research Centre in Moffett Field in Kalifornien haben in letzter Zeit wiederholt auf die heute immer präziser erfaßbaren Gefahren hingewiesen, die der menschlichen Zivilisation aus dem All drohen.[547]

Bei der Snowbird-II-Konferenz in den USA erklärten sie, die Wahrscheinlichkeit, daß die menschliche Zivilisation durch die globalen Auswirkungen eines Impaktes zu unseren Lebzeiten (die Lebensspanne dabei mit 50 Jahren angesetzt) ausgelöscht wird, betrage 1:6000. Für den einzelnen bedeutet dies, daß ein Tod durch die Folgen eines Impaktes nur fünfundzwanzigmal weniger wahrscheinlich ist als die Möglichkeit, bei einem Autounfall umzukommen.

Chapman und seine Mitarbeiter[548] erläuterten anhand eines konkreten Beispieles die »dramatische, haarscharf an einem Zusammenstoß von Asteroid 1989 FC mit der Erde am 23. März 1989« vorbeigegangene Gefahr. Zwar besaß dieses Objekt nur einen Durchmesser von etwa 200–400 m, aber auch ein solcher Impakt hätte nach Aussagen dieser höchst kompetenten Wissenschaftler bereits die Existenz der menschlichen Zivilisation bedrohen können.

Wie die Berechnung der Bahn von Asteroid 1989 FC ergeben hat, wird die nächste dichte Annäherung zwar »erst« im Jahre 2020 stattfinden, aber wir dürfen dabei nicht vergessen, daß in der kurzen Zeit, seitdem solche kleinen Planetoiden erfaßt werden, erst einige wenige Prozent dieser Himmelskörper entdeckt worden sind. Bezeichnenderweise mußten Shoemaker und seine Mitarbeiter[549] bei ihrem Überblick über den Asteroiden- und Kometenfluß in der Nachbarschaft der Erde 1990 zugeben, daß nach Fertigstellung ihres Manuskriptes Ende Oktober/Anfang November 1989 fünf neue erdbahnkreuzende Asteroiden entdeckt worden sind, wodurch sich die Zahl der neu erfaßten »Erdbahnkreuzer« allein im Jahr 1989 auf 13 erhöhte.

Chapman und seine Mitarbeiter[550] schätzen, daß sich vergleichbare Objekte der Erde alle 20 bis 50 Jahre ähnlich weit nähern, aber nur *eine* von mehreren tausend solcher Begegnungen zu einem Impakt auf der Erde führt. Außerdem befinden sich unter den Planetoiden, die derzeit der Erde bedrohlich nahekommen, auch sehr große Geschosse, wie etwa der bereits 1898 entdeckte Asteroid Eros, der einen Durchmesser von rund 20 km besitzt und sich auf einer Bahn zwischen Erde und Mars bewegt. Erinnern wir uns ferner daran, daß sich der 1,5 km große Planetoid Hermes der Erde, wie erwähnt, erst im Jahre 1937 bis auf 600 000 km näherte – also weniger als zwei Mondentfernungen. Hätte der Zeitpunkt der Begegnung nur ein wenig anders gelegen, so wäre es vielleicht vor 55 Jahren zu einem verheerenden Impakt gekommen. Der gewaltige, 9 km große Komet IRAS-Araki-Alcock verfehlte im Jahre 1983 die Erde lediglich um 0,03 Astronomische Einheiten, also 4,5 Millionen km – eine geringe Distanz aus astronomischer Sicht. Aber auch der am 10. Dezember 1992 an der Erde in 3,5 Millionen Kilometer Entfernung vorbeirasende Asteroid Teutates hatte mit seinen beiden Teilstücken mit 2,5 und 4 km Durchmesser eine ansehnliche Größe.

All die obigen Überlegungen über die durchschnittliche Häufigkeit von Einschlägen kosmischer Geschosse auf der Erde haben einen, allerdings gravierenden Schönheitsfehler: Sie liefern fiktive Durchschnittswerte und geben uns nicht den konkreten gegenwärtigen Grad der Bedrohung für unsere Existenz an. So stellt sich immer deutlicher heraus, daß z.B. gerade die Kometenimpakte, die für das Massensterben an den jüngeren erdgeschichtlichen Grenzen von wesentlicher Bedeutung sind, in dieser geologischen Spätzeit sicherlich sehr großen Schwankungen unterworfen sind und daß sie sich in geologisch kurzen Zeiträumen von wenigen Jahrzehnmillionen bis zum Dreißigfachen erhöhen können.[551] In solchen Perioden lassen sich richtige Wogen von Kometenschauern ausmachen, von denen der letzte, nur mäßige Schauer laut diesen anerkannten Fachleuten in die Lebenszeit der Gattung Homo fällt, etwa in die letzte Million Jahre der Geschichte der Hominiden. Shoemaker und seine Mitarbeiter hatten nur zu recht mit ihrer Annahme, obwohl sie noch nichts vom Sintflut-Kometenimpakt als deutlichem Hinweis darauf wußten.

Bereits Kollisionen mit Impaktoren ab 0,5 km Durchmesser können bei ungünstigen Bedingungen Massensterben auf der Erde auslösen.[552] Jüngst haben der kanadische Erdwissenschaftler Lubomir F. Jansa und seine Mitarbeiter (1990) berechnet, daß ein umfassendes Massensterben bei der Kollision mit einem 3 km großen Impaktor einsetzt, daß bei Boliden mit 10 km Durchmesser 40% der Gattungen aussterben und daß Impaktoren mit 60 km Größe zum Erlöschen des Lebens auf der Erde führen.

Aber all die von Astrophysikern angestellten Überlegungen haben eine spezifische Eigenheit des Planeten Erde vollkommen übersehen, in der er sich *heute* von allen anderen Planeten unterscheidet: die gewaltigen Mengen von hochradioaktiven Substanzen, die es heute dank des Menschen und seiner zahlreichen atomaren Anlagen auf dem ganzen Erdball gibt. Sie würden bei einem Weltenbeben freigesetzt werden, selbst wenn ein derartiger Impaktor in sehr weiter Entfernung niederginge. Deshalb

KURIER

Unabhängige Tageszeitung für Österreich

Verl.-Adr. Lindeng. 48–52, 1070 Wien ● Tel. 96 21/0 ● Ersch.-Ort Wien ● P. b. b. ● Verl.-Postamt 1070 Wien
Lit 1600,–, DM 2,50, sfr 2,–, Din 14,–, Dr 260,–, Ptas 170,–, Kanar. Inseln Ptas 200,–, Ltqu 3700,–, Ft 75,–, Kčs 5,–

Mittwoch, 5. September 1990 ● Nr. 244 ● S 7,–

SEITE 4 KURIER

Bei Kollision kommt es zu Erdbeben und riesigen Flutwellen

Ein Planet rast direkt auf unsere Erde zu

Der Weltuntergang droht: Ein Asteroid (kleiner Planet) rast auf die Erde zu. Wenn er seine Bahn nicht ändert, prallt er in zwei Jahren mit unserem Planeten zusammen. Die Folgen wären katastrophal, denn der Himmelskörper ist so groß, daß er beim Eintritt in die Erdatmosphäre nicht mehr vollständig verglüht. Er hat einen Durchmesser von rund einem Kilometer. Entdeckt hat den Asteroiden der australische Astronom Robert McNaught von der Universität Adelaide. Er gab ihm den Namen 1990 MU.

McNaught: „Die Umlaufbahn des Asteroiden kreuzt den Weg der Erde. Eine Kollision ist nicht mehr auszuschließen, ja sogar ziemlich wahrscheinlich." Bei einem Aufprall würde die Erde aus ihrem Gleichgewicht geraten. „Massive Erdbeben und Flutwellen" seien noch das Geringste, das passieren würde, meinte der Wissenschaftler. Der aufwirbelnde Staub würde die Sonne verdecken und die Erde in einen kosmischen Winter stürzen.

Die unheilvollen Prognosen McNaughts werden von einem ganzen Forscherteam unterstützt, das jetzt im Siding Springs-Observatorium im australischen Bundesstaat Neusüdwales den ungebetenen „Gast" aus dem Weltraum genauer studiert.

Derzeit gibt es noch keine technische Möglichkeit, einen auf die Erde zurasenden Himmelskörper im All zu stoppen. „Aber", so die australischen Wissenschaftler, „wir arbeiten an einer Technologie, mit der es vielleicht schon bald möglich ist, Asteroiden abzufangen und in irgendeiner Weise von der Erde abzulenken."

Immerhin kreuzen etwa 1000 Asteroiden einer ähnlichen Größe wie 1990 MU die Laufbahn der Erde – jeder eine potentielle Gefahr. „Früher oder später kollidiert einer mit uns", sagt McNaught.

Abb. 85: Eine gottlob nicht zutreffende Reportage, daß 1992 der Impakt des Asteroiden »1990 MU« bevorstehe, in der österreichischen Tageszeitung »Kurier« vom 5. September 1990.

gehören die berechneten Minimalwerte für eine lebensbedrohende Impaktgefahr einer älteren geschichtlichen Periode der Erde an, nämlich dem Voratomzeitalter, während man für die Erde der Gegenwart ganz neue, wesentlich ungünstigere Grenzwerte berechnen muß.

Obwohl die auf den bisherigen Beobachtungen beruhenden statistischen Schätzungen weit davon entfernt sind, im Stil der Boulevardpresse Angst zu erzeugen, um die Auflage zu erhöhen, sind sie trotzdem durchaus dazu angetan, uns auf die realistische Gefahr aufmerksam zu machen. Wie leicht in der Tagespresse allerdings seriöse astronomische Mitteilungen auf diesem Sektor zu Sensationsmeldungen umfunktioniert werden, zeigen die in den deutschsprachigen Zeitungen im Sommer 1990 erschienenen Meldungen über einen für 1992 zu erwartenden Weltuntergang durch den Impakt des Asteroiden 1990 MU (Abb. 85): »Ein Planet rast direkt auf unsere Erde zu. Wenn er seine Bahn nicht ändert, prallt er in zwei Jahren mit unserem Planeten zusammen.« Der Entdecker dieses Planetoiden, der australische Astronom Robert H. McNaught vom Anglo-Australischen Observatorium Coonabarabran in Neusüdwales, stellte jedoch in seinem Brief vom 27. Juni 1991 auf unsere Anfrage hin richtig: »1990 MU wird sich der Erde nicht allzu stark nähern. Seine nächste Position wird ein Vielfaches der Entfernung des Mondes betragen. Die Schrekkensmeldung einer Kollision mit der Erde im Jahre 1992, die in einigen deutschsprachigen Zeitungen verbreitet wurde, beruht entweder auf Mißverständnis oder vorsätzlicher Erfindung. Aus welchen Gründen auch immer diese Meldung erfolgt ist, es besteht keine Gefahr, daß 1990 MU in den nächsten tausend Jahren mit der Erde kollidieren wird...« Aber McNaught betonte in diesem Schreiben auch, daß die Gefahr der Kollision vor allem bei Objekten gegeben ist, die noch nicht entdeckt worden sind – was bei Objekten mit mehr als 1 km Durchmesser noch immer über 90% ausmacht!

Wesen und Herkunft der Geschosse aus dem All

Herkunft der Impaktoren

Nachdem die Erde und die übrigen Planeten in der Frühphase des Sonnensystems, d.h. ab der Zeit vor 4,6 Milliarden Jahren, unter einem heftigen Bombardement zu leiden hatten, sind sie nunmehr seit mehr als 3 Milliarden Jahren einem zwar schwächeren, aber gleichmäßigen, nicht enden wollenden Hagel von Geschossen aus dem All ausgesetzt. Diese erstaunliche Tatsache wirft die Frage auf, woher der konstante Nachschub an Impaktoren kommt, der doch eigentlich längst erschöpft sein müßte, weil man erwarten würde, daß die Anziehungskraft der größeren Weltkörper im Sonnensystem bereits all diese Geschosse eingefangen hätte.

Bisher hatte man eine relativ einfache Erklärung: Die *Asteroiden,* die die Erdbahn kreuzen, also die Apollo-Objekte, stammen alle aus dem Hauptasteroidengürtel des Sonnensystems, der sich zwischen Mars und Jupiter befindet. In diesem Gürtel sind bekanntlich einige hundert große Körper mit Durchmessern von 10 bis 1000 km sowie etwa 10 Milliarden kleine Körper, die von wenigen Kilometern bis zu nur einigen Metern hinunterreichen, als »interplanetarer Schotter« angehäuft. Das Schwerefeld des Riesenplaneten Jupiter ist dabei für Störungen in der Massenverteilung dieses Gürtels verantwortlich, was immer wieder zu Kollisionen der Asteroiden untereinander führt, so daß einzelne von ihnen auch in Richtung inneres Sonnensystem ausgeschleudert werden und dort mit den sonnennahen Planeten zusammenstoßen, also Impakte bewirken.

Als Heimat der *Kometen* hatte der holländische Astronom H. Oort – aufbauend auf Ernst Öpik 1932 – im Jahre 1950 die Öpik-Oortsche Wolke postuliert. Sie soll eine Ansammlung von mehr als 100 Milliarden Kometen darstellen, die die Sonne in einem kugelförmigen Raum auf sehr langen Umlaufbahnen umkreisen. Die großen Achsen dieser Umlaufbahnen können eine Länge zwischen 30 000 und 100 000 Astronomischen Einheiten aufweisen,[553] so daß die Umlaufzeiten Jahrmillionen betragen können. Trotzdem gehören diese Kometen noch immer unserem Sonnensystem an, weil sie sich um die Sonne bewegen.

Als nun die amerikanischen Forscher D. M. Raup und J. J. Sepkoski 1984 ihre Theorie vom zyklischen Auftreten der Massensterben bei erdgeschichtlichen Katastrophen aufstellten und dafür eine Periode von 26 Millionen Jahren ansetzten und damals unter dem Eindruck der Alvarezschen Untersuchungsergebnisse auch die Astronomen periodische Kometenschauer zu fordern begannen, wurde ein Hilfsmechanismus konstruiert, der erklären sollte, warum sich in solch periodischen Abständen Kometengruppen aus der Oortschen Wolke lösen und in Richtung Erde fliegen sollten. Marc Davis und seine Mitarbeiter[554] forderten einen dunklen, nicht sichtbaren Begleitstern zu unserer Sonne, der mit eben dieser Umlaufzeit von 26 Millionen Jahren die Sonne umkreisen und jedes Mal, wenn er sich der Oortschen Wolke am stärksten näherte, Kometen in Richtung inneres Sonnensystem, also in den Anziehungsbereich der sonnennahen Planeten, ausschleudern sollte. Angesichts dieser Wirkung bezeichneten sie das astronomisch nicht faßbare, aus dem Dunkeln zuschlagende fiktive Gestirn sinnigerweise als »Nemesis«, nach der griechischen Göttin der Rache (eigentlich der strafenden Gerechtigkeit). »Rache« für Nemesis allerdings fordern auch die Astronomen,[555] die eine so sehr auf Spekulationen beruhende Konstruktion, die aus einer nicht einmal nachweisbaren Katastrophenperiodizität abgeleitet ist, ebenso wie die gleichermaßen spekulativen Folgen nicht anerkennen.

Eine wesentlich plausiblere Erklärung für das erstaunlich konstante Anhalten der Impaktkollisionen auf der Erde in den letzten drei Milliarden Jahren haben hingegen W. M. Napier und S. V. Clube[556] vom Observatorium in Edinburgh gefunden; diese Theorie kann sowohl einzeln als auch periodisch auftretende Katastrophen begründen. Langperiodische Kometen müssen nicht ausschließlich aus der Oortschen Wolke stammen, sondern können vom Sonnensystem auch eingefangen werden, wenn sich die Sonne durch die Ausläufer von Spiralarmen von Galaxien bewegt. Der letzte Durchgang der Sonne durch eine solche Zone erfolgte vor rund 10 Millionen Jahren, als sie den Gould-Gürtel, eine Art Anhängsel des Orionarmes, passierte. Seither soll die Impakthäufigkeit abgenommen haben. Ebenso können sich Impaktoren beim Durchgang des Sonnensystems durch kosmische Nebel und Planetesimalwolken entwickeln. In den rund 4,6 Milliarden Jahren der Erdgeschichte passierte die Sonne ungefähr 15 solche gigantische kosmische Nebelwolken. Langperiodische Kometen können aber durch den Einfluß des Jupiters aus ihrer bisherigen Bahn geworfen und in kurzperiodische mit einer Umlaufzeit von weniger als 200 Jahren umgewandelt werden, so daß sie die Sonne innerhalb des inneren Planetensystems umkreisen und dort Impakte durch Zusammenstöße mit den Planeten verursachen können (Abb. 86).

Interessant ist auch die Frage, wie hoch der Nachschub an Apollo-Asteroiden als Impaktoren sein muß. Aus der Kraterzahl kann man berechnen, daß jede Million Jahre 15 neue Apollo-Objekte ins innere Sonnensystem gelangen müssen, damit die bisherige Zerkraterungsrate aufrechterhalten bleibt, und zwar vier für Impakte auf der Erde, drei für Kollisionen mit der Venus, je einer für Merkur, Mars und Mond und der Rest als Ersatz für die Asteroiden, die dem Sonnensystem durchschnittlich entfliehen.[557]

Dieser Nachschub stammt zu einem kleineren Teil aus dem Hauptasteroidengürtel des Sonnensystems, aus dem Asteroidenfragmente nach Kollisionen untereinander ausgeschleudert werden. Des weiteren werden Asteroiden eingefangen, wenn sich das Sonnensystem durch die erwähnten galaktischen Spiralarme und Nebel hindurchbewegt. Großteils schließlich entwickeln sich Asteroiden, wie man heute weiß, aus Kometen, die nach mehreren hundert oder tausend Umläufen in Sonnennähe ihr gesamtes Eis und ihre Gase verlieren und zu massiven Meteoriten werden. Dieser allmähliche Verlust der Koma und des Schweifes konnte bei alternden Kometen nach mehrfacher Wiederkehr unmittelbar beobachtet werden.

Spezialfall Komet

Die Urangst der Menschen vor kosmischen Katastrophen ist von jeher untrennbar mit dem Schreckensbringer Komet verbunden – nicht mit »glücksbringenden« Sternschnuppen und Meteoren. Diese Urangst, die von den Fachleuten seit der Zeit der Aufklärung immer wieder verspottet und verhöhnt wurde, ist zutiefst im Sintfluterlebnis begründet, das aufgrund der Unzahl einschlägiger Traditionen immer im Bewußtsein der Menschheit bewahrt geblieben ist.

Da es sich bei dem Sintflut-Impakt, wie gezeigt, um einen Kometeneinschlag gehandelt hat, interessiert uns natürlich zum Vergleich insbesondere, was die Menschheit bisher – unabhängig von dem aus Indizien rekonstruierten Sintflutgeschehen – über die Natur, den Aufbau und die Impaktwirkung von Kometen wußte. Wir beschreiben zu diesem Zweck die zwei spektakulärsten Begegnungen mit Kometen: den Einfall eines

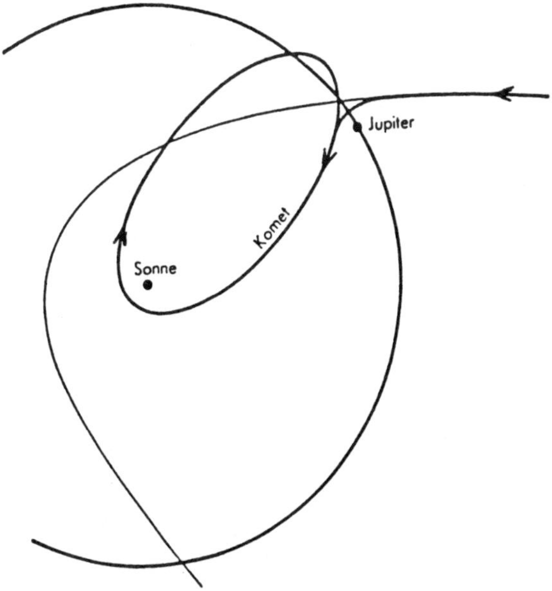

Abb. 86: Umwandlung einer ursprünglich parabolischen Kometenbahn unter dem Einfluß des Jupiter-Kraftfeldes in eine elliptische Bahn. – Nach G. Tamman u. a. 1985.

zwar kleinen, aber doch beispielhaften Kometen in Sibirien im Jahre 1908 und die Analyse des Halleyschen Kometen durch die Weltraumsonde Giotto, als er letztmals im Jahre 1986 an der Erde vorbeiflog.

Das Tunguska-Ereignis

Am Morgen des 30. Juni 1908 wurde um 7 Uhr früh über dem Baikalsee eine ungewöhnlich helle, bläuliche Feuerkugel beobachtet, die sich in nordwestlicher Richtung bewegte und kurze Zeit später 800 km entfernt im unbewohnten mittelsibirischen Bergland an der Steinigen Tunguska, einem rechten Nebenfluß des Jenissei, bei 60°55' nördlicher Breite und 101°57' östlicher Länge, niederging. Die Explosion war 1000 km weit zu hören. Die rasch bis 16 km Höhe emporschießende, von Rauch gefolgte Feuersäule konnte man 450 km weit sehen. Die von der Explosion verursachte Druckwelle lief zweimal um den Erdball. Nach rund fünf Stunden hatte die Schockfront England erreicht, pflanzte sich also mit 1200 km/h fort.

Den russischen Wissenschaftlern war dieses überraschende Phänomen zunächst gleichgültig gewesen. Erst neunzehn Jahre später erwachte

Abb. 87: Ein Bild von der Vernichtung des Waldes, die die Kometenexplosion an der Steinigen Tunguska in Mittelsibirien am 30. Juli 1908 anrichtete. Der Wald wurde in einem Gebiet mit 65 km Durchmesser zerstört, im Zentrum der Explosion sogar verbrannt, obwohl dieser Impakt nur von einem rund 100 m großen »Splitter« des Kometen Encke verursacht wurde. Das Foto stammt von dem russischen Astronomen E. L. Krinow und wurde erst 21 Jahre später aufgenommen. – Aus E. L. Krinow 1960.

kurzzeitig das Interesse, so daß 1927 eine Erkundungsexpedition in die betroffene Region geschickt wurde. Das Ergebnis war enttäuschend. Man fand im Zentrum des Schauplatzes weder einen Meteoriten noch einen Einschlagskrater. Man konnte jedoch die Wucht der Detonation anhand der Auswirkung auf die Umgebung abschätzen: Der Wald war innerhalb eines Gebietes, das 65 km durchmaß, radial nach außen umgeworfen, geknickt und entastet; im Zentrum war er auf einer Fläche von 2000 km^2 völlig verbrannt[558] (Abb. 87).

Immerhin sammelte der russische Berichterstatter L. A. Kulik die spärlichen Beschreibungen von Augenzeugen. Ein Beobachter hatte von einer 60 km entfernten Handelsstation aus den Lichtblitz wahrgenommen und gesehen, wie sich der Feuerball entwickelte. Er war von der Hitzewelle der Explosion versengt und durch die Druckwelle zu Boden geworfen worden. Eine Herde von 1500 Rentieren war damals vernichtet worden.

Die erste zutreffende Deutung des Ereignisses gab im Jahre 1930 Francis Whipple aus Kew bei London, der einen Kometeneinschlag vermutete. Eine nochmalige Überprüfung der wenigen verfügbaren Angaben durch den israelischen Wissenschaftler Ari Ben-Menahem im Jahre 1975 führte aufgrund der seismischen Daten zu der Schlußfolgerung, daß damals ein Komet in 8,5 km Höhe über dem Boden explodiert sei. Die Sprengkraft von 12,5 Megatonnen (Millionen Tonnen) TNT, die dabei freigesetzt wurde, entspricht 1000 Hiroshimabomben.

Erst als nach der Alvarez-Entdeckung zu Beginn der achtziger Jahre das Interesse an Impakten neu erwachte, setzte eine gründliche Untersuchung am Schauplatz der Katastrophe ein. Man untersuchte Proben der »Katastrophenschicht« im Torfmoor geochemisch, analysierte die vorgefundenen, nur 30–80 Mikron großen silikatischen und magnetischen Schmelzperlen, erfaßte den 0,1 Mikron feinen Explosionsstaub des Kometen, stellte eine Erhöhung des Iridium-, Nickel- und Kobaltgehaltes in den Schmelzkügelchen fest, registrierte die Änderung des geomagnetischen Musters, studierte die Beeinflussung des an den Baumringen ablesbaren Zuwachses usw.

Anhand dieser Untersuchungen verschiedener Forscher, von R. P. Turco und seinen Mitarbeitern[559] aus Kalifornien bis zu E. M. Kolesnikov[560] von der Geologischen Fakultät der Moskauer Universität, läßt sich der Impakt recht anschaulich rekonstruieren.

Der Tunguska-Impakt geht auf einen Kometensplitter zurück, der nur etwa 100 m groß war, eine sehr geringe Dichte besaß und demnach vorwiegend aus »schmutzigem Wassereis« bestand, mit einer Geschwindigkeit von 40 km/s niederging und in etwa 8,5 km Höhe über dem Boden explodierte. Die Energie, die bei dieser Explosion frei wurde, erhöhte sich noch zusätzlich dadurch, daß die Flugbahn des kleinen Kometen gegen die Erdbewegung gerichtet war.

Das Impaktbeben wurde damals von den Seismographen rund um die Welt registriert, von Irkutsk über Moskau bis Washington und Java.

Dieser kleine, überwiegend aus Eis bestehende Weltkörper hatte bemerkenswerte Auswirkungen auf die Atmosphäre, die vor allem auf die Heftigkeit der Explosion zurückzuführen sind. Wie man berechnen konnte, entstanden bei dem Impakt 30 Millionen Tonnen Stickoxide, was eine – damals gemessene – Zerstörung von 30 % der Ozonschicht bewirkte. Die bis in die Stratosphäre und die Mesosphäre ausgeworfenen Mengen von Staub und Dunst verursachten einerseits die weltweit bestaunten, durch nachtleuchtende Wolken erhellten Nächte, andererseits aber eine fast ein Jahrzehnt anhaltende Absenkung der Durchschnittstemperatur um 0,3°C – woran allerdings zwei bedeutende Vulkanausbrüche dieser Zeit (Sopka 1907, Katmai 1912) in hohem Maße mitbeteiligt waren.

Nicht unerwähnt soll bleiben, daß die sehr geringe Erhöhung des Iridiumgehaltes, die man am Ort des Geschehens feststellte, nicht unbedingt auf den Komet zurückgehen muß. Sie könnte vielmehr auch durch die besonders sorgfältige Suche im Boden nach mikroskopischen Schmelzkügelchen bedingt sein, die vielleicht nur den ganz allgemein auftretenden kosmischen Fallout darstellen. Eine genaue Überprüfung des Südpolschnees von 1908 im Hinblick auf einen erhöhten Iridium-Ausfall[561] verlief nämlich negativ. Das ist aber auch nicht erstaunlich, denn die irdischen Einschlagsspuren der wasserreichen Kometen sind, wie bereits erwähnt, nicht durch einen namhaften Iridiumgehalt markiert.

Dieses in der neueren Menschheitsgeschichte einmalige Ereignis der direkten Beobachtung eines Kometeneinfalles hat für einen Impaktor dieser Größe – wenn man die Entstehung der Mondkrater als Vergleichsgrundlage nimmt – eine Wahrscheinlichkeit von einmal in 500 oder 1000 Jahren.

Als Herkunft dieses Fragments nimmt der tschechoslowakische Astrophysiker L. Kresák den großen kurzperiodischen Kometen Encke an, der eine Umlaufzeit von 3,3 Jahren hat. Der Tunguska-Einschlag fiel nämlich mit einem Tagesmeteorschauer zusammen, der sich in der Bahn dieses Kometen befand. Allerdings müßte sich dieser Tunguska-Splitter dann bereits Jahrtausende vorher selbständig gemacht haben und durch eine leichte Ablenkung seiner Bahn allmählich auf Kollisionskurs gekommen sein.

Wäre das Tunguska-Kometenfragment nicht zufällig über der menschenleeren Taiga, sondern über einem dichtbesiedelten Ballungsgebiet explodiert, so hätte die seit Alvarez wiederbelebte, aber noch immer vielfach beiseite geschobene Katastrophentheorie heute einen anderen Stellenwert im Bewußtsein der Menschheit.

Halley gibt Auskunft

Mit besonderer Spannung wurde 1986 die Wiederkehr des berühmtesten Kometen, des Prototyps für Kometen und Kometenforschung schlechthin, nämlich des Halleyschen Kometen, erwartet (Abb. 88). Diesmal, im Zeitalter der Weltraumtechnologie, wollte man zum ersten Mal einem Kometen, einem dieser bis in die Gegenwart so sehr umrätselten Himmelskörper, die trotz ihrer Auffälligkeit bis dahin nur wenig erforscht waren, mit modernsten Analysemethoden auf den Leibe rücken. Mehrere Nationen (die USA, die UdSSR, Japan und die Mitgliedstaaten der ESA) untersuchten den Kometen – im Rahmen von sieben miteinander koordinierten Missionen – mit Hilfe von Raumsonden. Die Fülle von Meß- und Analysedaten wird noch jahrelang neue Resultate erbringen, obwohl bereits die ersten dicken Bände mit vorläufigen Ergebnissen erschienen sind.

Halley hat es seinen Erforschern nicht leicht gemacht. Aufgrund seiner zur Erde gegenläufigen Bahn raste er mit einer Geschwindigkeit von 68 km/s an den Meßgeräten vorüber, die ihm von unserem Planeten aus entgegengeschickt worden waren, so daß die eingesetzten Himmelslabors ihre Daten nicht bei einem geruhsamen Vorbeiflug sammeln konnten. Es hätte zwar die technische Möglichkeit bestanden, daß die Sonden auf einer parallelen Flugbahn den Kometen aus nächster Nähe und über einen längeren Zeitraum hinweg studiert hätten und sogar auf Halley gelandet wären, aber man scheute letztlich die extrem hohen Kosten, weil die Raumsonden wegen der gegenläufigen Umlaufbahnen dem Kometen bis zum Jupiter jahrelang hätten entgegenfliegen müssen, um dann parallel neben ihm fliegen zu können.

Auf die seit Jahren vorbereitete Begegnung mit Halley, die für März 1986 vorgesehen war, richteten sich damals die Augen aller, nicht nur der Fachwelt, denn dieser alle 76 Jahre wiederkehrende Komet stellt in jeder Hinsicht ein legendäres Beispiel dieser Weltraumvagabunden dar. 1986 kehrte Halley zum 30. Mal wieder, seitdem man ihn vor mehr als 22 Jahrhunderten erstmals gesichtet hatte, nämlich im Jahre 240 v. Chr. in China. Wahrscheinlich wurde er aber bereits 467 v. Chr. entdeckt. Über spätere Beobachtungen sind jeweils etliche historische Quellen erhalten geblieben, für 164 v. Chr. und 87 v. Chr. auch ausführliche Schilderungen auf spätbabylonischen Tontäfelchen.

Da man seit dem Urtrauma der Menschheit gerade in den Kometen, die mit ihrem weithin über das Himmelsgewölbe ziehenden, bedrohlich wirkenden Schweif völlig unvorhergesehen auftauchten, stets Vorboten aller

Abb. 88: Der Halleysche Komet bei seiner Wiederkehr im Jahre 1986. Störungen im Plasmaschweif des Kometen können durch die Einwirkung des Sonnenwindes bereits im All auftreten. – Michael Jäger, Aufnahme mit 4 Minuten Belichtung am 10.1.1986, von Breitenstein an der Rax (Niederösterreich) aus.

Arten von Unheil sah, stellte natürlich auch die meist aufsehenerregende Erscheinung des Halleyschen Kometen immer wieder ein mit starken Emotionen verbundenes Erlebnis dar. Häufig genug assoziierte man sein

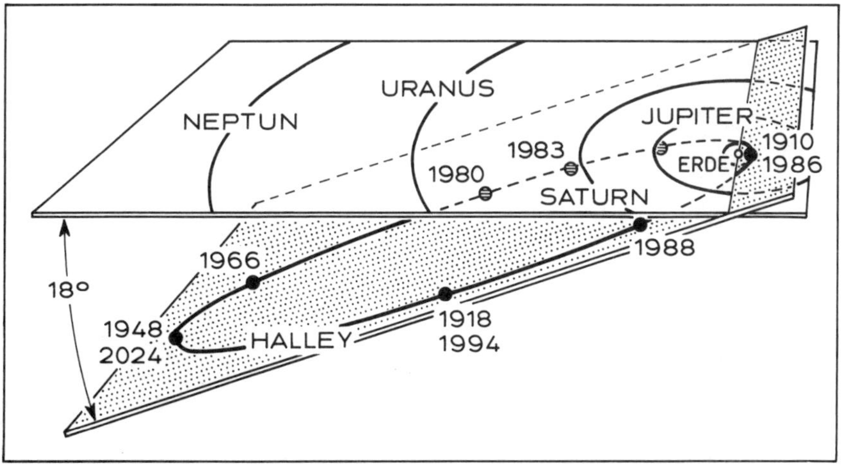

Abb. 89: Die Neigung der Bahnebene des Kometen Halley gegen die Ekliptik. – Nach M. Reichstein 1985.

Auftauchen mit Kriegsgefahren – wie etwa im Jahr 451 bei der Abwehrschlacht der westlichen Völker gegen die Hunnen auf den Katalaunischen Feldern, 1066 bei der Niederlage der Engländer gegen die Normannen in der Schlacht bei Hastings, oder auch bei dem am 6. August 1682 unter dem Eindruck des nahenden Halleyschen »Kriegs«-Kometen von Sultan Mohammed IV. gefällten Entschluß zur Entscheidungsschlacht der Türken gegen Österreich, die allerdings mit der endgültigen Niederlage des osmanischen Heeres vor den Mauern Wiens am 12. September 1683 endete.

Der Halleysche Komet hat nicht nur in zahllosen Kunstwerken seinen Niederschlag gefunden, sondern war auch für die Kometenforschung der wichtigste Anstoß. Diese Forschung begann in ernstzunehmender Weise mit der ersten astronomischen Beschreibung durch den kaiserlichen Wiener Astronomen Georg von Peuerbach nach dem Durchgang vom 9. Juni 1456, setzte sich mit Apians Positionsbestimmung im Jahre 1531 (Abb. 90) und Keplers Versuch einer Bahnberechnung im Jahre 1601 fort und erreichte mit der erst 1705 veröffentlichten glorreichen Entdeckung des britischen Astronomen Edmund Halley ihren Höhepunkt: Halley hatte, angeregt durch das Erlebnis des Kometendurchganges am 15. September 1682, bei seinen Nachforschungen die 76jährige Periode der Wiederkehr erkannt und sein erneutes Auftauchen für 1758/59 vorhergesagt.

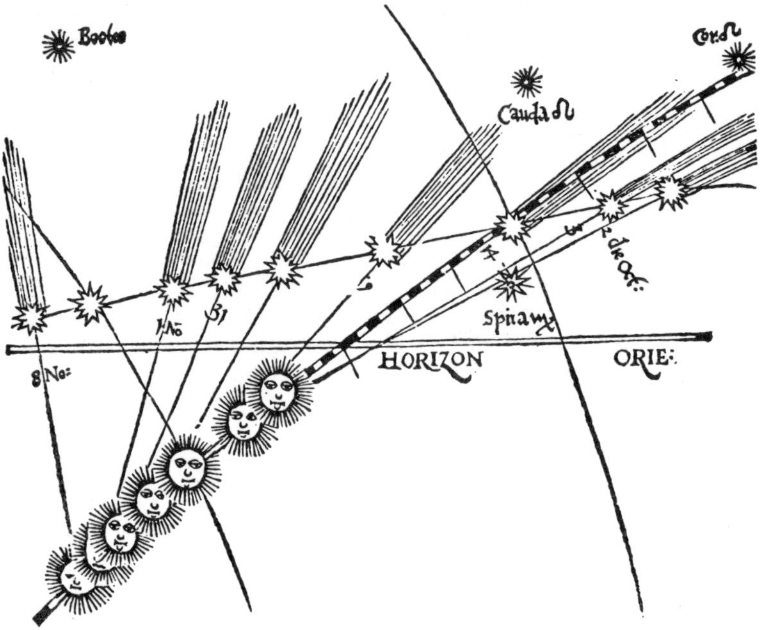

Abb. 90: Der deutsche Astronom Peter Apian erkannte anhand des Kometen von 1531 zum ersten Mal, daß der Schweif eines Kometen stets von der Sonne weg gerichtet ist. Er hielt diese Beobachtung auf seiner Skizze anschaulich fest. – Nach P. Apian 1564.

Welch panischen Schrecken Halley weltweit am 20. April 1910 den vorangegangenen Generationen einflößte, ist uns noch aus den Erzählungen unserer Eltern und Großeltern bekannt. Damals kreuzte die Erde seinen giftgashaltigen Schweif, was eine Untergangsstimmung hervorrief – obgleich damals die Gase bereits so verdünnt waren, wie man es in einem hochgradigen Vakuum auf der Erde kaum erreichen kann.

Näher über dieses bewegte und bunte Kapitel »Halley« in der Kulturgeschichte der Jahrhunderte informiert eine reiche und lesenswerte Literatur, die anläßlich der letzten Wiederkehr im Jahre 1986 erschienen ist.[562]

Von den reichen Ergebnissen der erfolgreichen Forschungsmissionen von 1986, insbesondere der europäischen Raumsonde Giotto, die sich Halley am 13. März 1986 bis auf 600 km näherte, sollen hier die grundlegend neuen Erkenntnisse genannt werden.[563] Zunächst aber ein paar Grunddaten über die stark exzentrische elliptische Bahn von Halley um die Sonne (Abb. 91), die ihn am sonnenfernsten Punkt (Aphel)

5,25 Milliarden km weit von der Sonne wegführt, während er sich im Perihel der Sonne bis auf 88 Millionen km nähert. Am 11. April 1986 war er knapp 63 Millionen km von der Erde entfernt. Mit Hilfe des 5-m-Teleskops des Observatoriums auf dem Mount Palomar konnte er bereits am 16. Oktober 1982 erfaßt werden, als seine Helligkeit noch 19 Millionen Male geringer war als das Licht des schwächsten, mit freiem Auge sichtbaren Sterns.

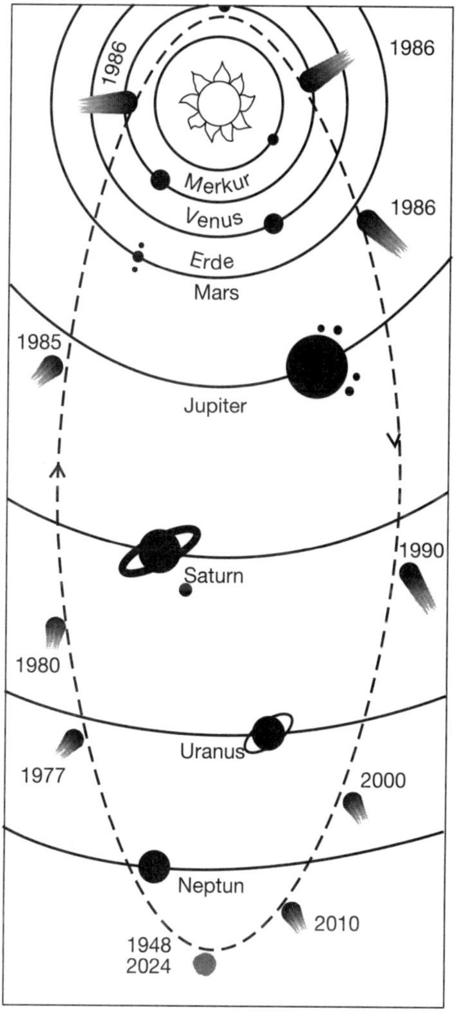

Abb. 91: Die elliptische Bahn von Halley geht im Sonnensystem mit ihrem sonnenfernsten Punkt noch über die Umlaufbahn von Neptun hinaus: nämlich 5,25 Milliarden km weit. Seine Geschwindigkeit beträgt in Sonnennähe, im Perihel, 60 km/s. Nach seinem eindrucksvollen Periheldurchgang am 20. April 1910 kehrte er nach einer Umlaufzeit von etwa 76 Jahren wieder und erreichte am 11. April 1986 erneut seine größte Erdnähe, diesmal aber ohne aufsehenerregenden Schweif (Abb. 88). Seine Bahnebene ist um 18 Grad gegen die Ekliptik geneigt (Abb. 89); da er sich aber im Vergleich zu den Planeten im umgekehrten Umlaufsinn bewegt, wird die Neigung seiner Bahnebene mit dem Komplementärwinkel, also mit 162 Grad angegeben. – Nach I. Asimov 1985.

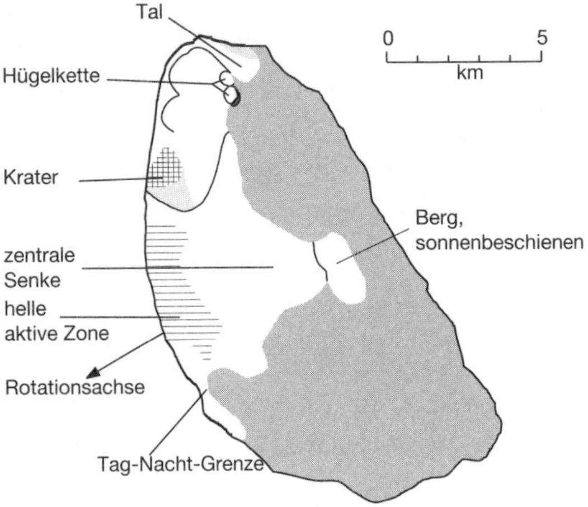

Abb. 92: Schematische Skizze des Kernes von Halley, wie er am 13. März 1986 von der europäischen Raumsonde Giotto erfaßt worden ist. Der sonst von der Gaskorona überstrahlte, vorwiegend aus Wassereis bestehende Kern stellt mit seiner schmalen, unregelmäßigen Form offenbar das Fragment eines größeren Kometen dar. Wegen seiner überraschenden Größe mit einer Längsachse von 16 km und seiner hohen Geschwindigkeit von rund 60 km/s würde eine Kollision mit der Erde eine Apokalypse herbeiführen, die das Ende der Menschheit bedeuten würde und noch gewaltiger wäre als der Dinosaurier-Impakt am Ende der Kreidezeit. Doch ein solches Ereignis könnte nur eintreten, wenn die jetzige Umlaufbahn beträchtlich gestört werden würde. – Nach H. Keller 1987.

Zum ersten Mal konnte von diesen Raumsonden der Kern eines Kometen fotografiert werden, der sonst in Sonnennähe durch eine riesige, ihn umgebende Gashülle, die Koma, verschleiert wird. Der Kern von Halley erwies sich als größer, als man vermutet hatte. Die leicht gekrümmte Ellipsoidenform erinnert an eine Erdnuß; die Längsachse mißt 16 km, der Durchmesser beträgt etwas über 8 km (Abb. 92). Die Oberfläche ist durch bis zu 500 m hohe Berge gegliedert. Aus der Gestalt von Halley kann man erkennen, daß es sich bei ihm nur um ein Fragment eines größeren Kometen handelt. Das Volumen beträgt 550 km^3. Die Dichte liegt bei 0,6 g/cm^3, was ein Gewicht von 600 kg pro Kubikmeter ergibt. Kleine Kometen besitzen vermutlich eine ähnliche Dichte wie Halley, aber ein Superkomet mit mehreren zehn Kilometer Durchmesser hätte fast schon ein doppelt so hohes spezifisches Gewicht, also 1100 kg/m^3.[564] Die Gesamtmasse des Kernes von Halley wird auf 100 Milliarden Tonnen geschätzt. Der Kern rotiert in 54 Stunden um seine kleine Achse und in 14,6 Tagen um seine Längsachse.

Der flüchtige Teil des Kernes besteht vorwiegend aus Wassereis (etwa 80%) sowie aus Kohlendioxid und anderen Verbindungen. Erstaunlicherweise hatten bereits Newton und Laplace nebenbei erwähnt, daß Kometen aus Eis bestehen könnten.

Die Raumsonden bestätigten prinzipiell – wenn auch leicht modifiziert – das 1950 konzipierte Kometenmodell des amerikanischen Astronomen Fred Whipple, der Kometen als »schmutzige Schneebälle« aufgefaßt hatte. Der Kern des Kometenkopfes besteht aus Eis mit Beimengungen von Staub, Metall- und Gesteinsbrocken. Während seines langen Fluges durch den Weltraum ist dieses Eis tief gefroren und sieht wegen seiner Kohlenstoffkruste fast ganz schwarz aus. Wenn sich der Komet der Sonne nähert, erwacht er bei jedem Umlauf zu neuem Leben, indem die Sonnenstrahlung den Kometenkern erwärmt. Dann dehnen sich Wasser, Staub und Gase aus und schießen zuletzt in Form von Jets über die Oberfläche, so daß sich eine riesige Komawolke um den Kern bildet (Abb. 93).

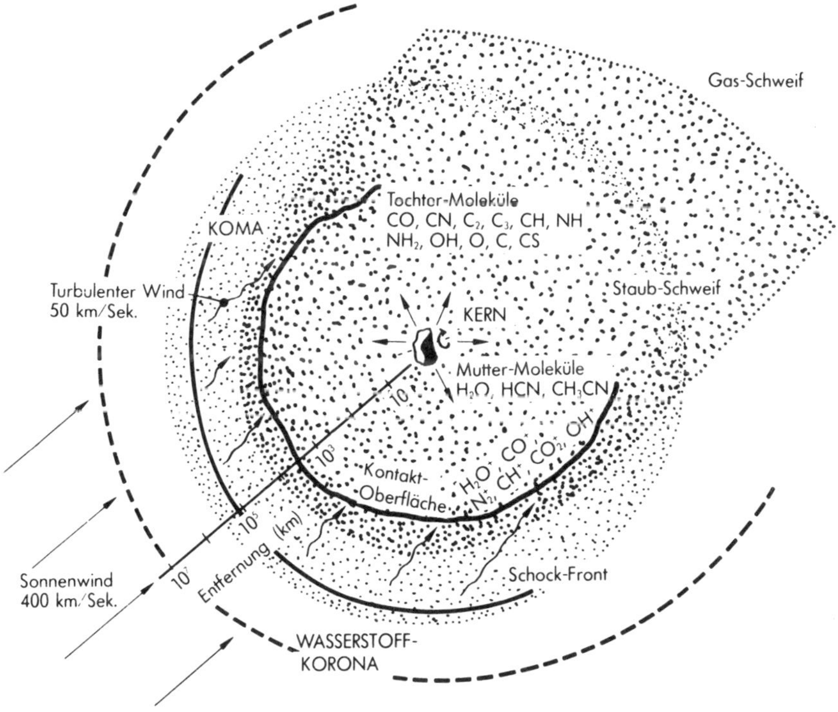

Abb. 93: Schema vom Aufbau eines Kometenkopfes, das das Größenverhältnis von Kern zu Korona, die Zusammensetzung der Gase in der Korona und die Dimensionen zeigt. – Nach G. Tamman u. a. 1985.

Erst diese Korona aus Gas und Staub macht durch ihr helles Aufleuchten im Sonnenlicht infolge von Resonanzfluoreszenz den Kometen sichtbar, verhüllt allerdings den Kern vollständig. Der Schweif, der z. B. im Jahre 1910 bei Halley 50 Millionen km lang war, entwickelt sich ebenso wie die Koma aus den vom Sonnenwind mitgerissenen ionisierten Gasmolekülen und Staubpartikeln. Sie strömen in der Verbindungslinie Komet-Sonne nach hinten vom Kometen weg und beginnen unter dem Einfluß der Sonnenstrahlung zu leuchten.

Anhand der Messungen von Giotto konnte man den Masseverlust berechnen, den Halley bei jedem Durchgang in Sonnennähe erleidet: 18,6 t Materie verschwinden dabei pro Sekunde ins All, davon 15,5 t Gase und 3,1 t Staub. Trotz eines derartigen Verlustes von 150 Millionen t Materie pro Sonnendurchgang spielt dies angesichts einer Gesamtmasse von 500 Milliarden t nur eine geringe Rolle.

Besonders hat natürlich die Zusammensetzung der Gase und der als Staub erfaßbaren festen Materie interessiert. Eigens hierfür wurden Massenspektrometer entwickelt, die den Einschlag von Staubteilchen messen sollten und imstande waren, die chemische Zusammensetzung und die Menge der Partikel, die beim Vorbeiflug am Kern auf der Silber-Platin-Zielscheibe des Instrumentes aufprallten, sofort zu analysieren. Die Präzisionskonstruktion eines solchen Gerätes ermöglicht es, die atemberaubend geringe Masse eines einzelnen Staubkornes von 0,1 Picogramm (0,1 Billionstel Gramm) zu erfassen und zu untersuchen.

Dabei wurde festgestellt, daß die durchschnittliche chemische Zusammensetzung der Materie der in der Sonne ähnelt. Aufgrund dieser Staubanalysen lassen sich drei Gruppen von Materie unterscheiden:[565] die silikatische, die reich ist an Magnesium, Aluminium, Silizium, Kalzium und Eisen sowie vielen weiteren, untergeordneten Bestandteilen bis zu Chrom, Kobalt, Nickel, Kupfer etc., sodann eine untergeordnete Gruppe von Eisensulfiden und schließlich eine bedeutende Klasse organischer Komponenten. Bei diesen dominieren die stickstoffhaltigen Kohlenwasserstoffe, wobei etwa Enamine, Aldimine, Nitrile, Pyridine, Purine usw. direkt nachgewiesen werden konnten.

Von Interesse ist auch, daß die organischen Verbindungen durch den Aufprall der Teilchen auf das Meßgerät, der mit der sehr hohen Geschwindigkeit von 68 km/s erfolgte, entgegen aller Erwartungen keineswegs restlos zerstört wurden. Das bedeutet aber, daß die von Kenneth J. Hsü[566] schon vor einem Jahrzehnt geäußerten Bedenken, die beim Einschlag eines solchen Kometen eingeschleppten hochgiftigen Zyanide, d. h. Salze der Blausäure, würden zur Katastrophe für das Leben beitragen, doch nicht ganz unberechtigt sein müssen. Man hatte diese Befürchtung nämlich mit dem Einwand, daß alle organischen Stoffe einen solchen Aufprall nicht überleben würden, als unbegründet abgelehnt. Das gilt vermutlich für den beim Aufschlag explodierenden Kometenkern, aber nicht unbedingt für die Gase, die mit der Koma in die Atmosphäre gelangen. Die Konzentration solcher Gase nimmt bei Halley ab einer Entfernung von 25000 km vom Kern nach innen hin stark zu. Nicht vergessen sollte man dabei, daß bei dem 1973 entdeckten Kometen Kohoutek 10–20 % seiner Masse aus Zyaniden bestehen sollen. Bei Halley allerdings machte Blausäure (HCN) zur Zeit der Messung lediglich ein Tausendstel der gesamten Gasproduktion aus.

Die Bildung von organischen Verbindungen aus den gefrorenen Gasen des Kerns, wie Methan (CH_4), Ammoniak (NH_3), Kohlendioxid (CO_2) usw., erklärt sich durch die Protonenstrahlung der Sonne, die durch Austreiben von Wasserstoff und Wassermolekülen freie Radikale erzeugt, die ungesättigte Kohlenwasserstoffe polymerisieren, d.h. zu größeren Molekülen vereinigen.

Hinweise auf organische Stoffe, die an den Vorgängen des Lebens beteiligt sind, wurden bei diesen Analysen der Halley-Sonde allerdings nicht gefunden, weil weder Ribosen noch Lipoproteine nachweisbar waren – obwohl elementare Bausteine der Nukleinsäuren, wie etwa Pyrimidine und Purine, festgestellt wurden.

Zusätzlich zu den durch Halley gewonnenen Informationen wollen wir abschließend noch einige Merkmale der Kometen beschreiben, deren Kenntnis zum Verständnis ihrer Natur notwendig ist. Unter den etwa 1700 bisher beobachteten Kometen gibt es im Hinblick auf eine (wiederholte) Wiederkehr dieser Himmelskörper 650 individuell verschiedene Objekte. Die Kometen, die sich nicht auf einer Ellipse um die Sonne bewegen (42 % der Einzelobjekte), sondern einer parabolischen (43 %) oder hyperbolischen (15 %) Bahn folgen, zusammen also 58 %, tauchen immer nur ein einziges Mal im Sonnensystem auf und verschwinden ohne Wiederkehr (Abb. 94). Die Koma um den Kern entsteht als Gas- und Staubhalo – wie erwähnt – erst in Sonnennähe unter dem Einfluß der Sonnenstrahlung, wenn der Komet noch etwa drei Astronomische Einheiten, also rund 450 Millionen km, entfernt ist, und vergrößert sich bei fortschreitender Annäherung immer weiter. Hinzu kommt noch eine ausgedehnte, mehrere Sonnendurchmesser breite Korona aus Wasserstoff, die die Koma umgibt.

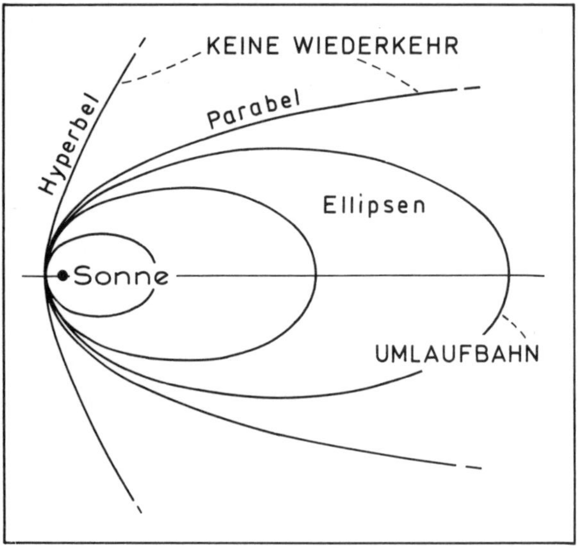

Abb. 94: Die drei Haupttypen von Kometenbahnen. Nur die Kometen, die sich auf Ellipsenbahnen bewegen, kehren wieder. Allerdings können sich andersartige Bahnen z. B. unter dem Einfluß der großen äußeren Planeten in elliptische Bahnen verändern (Abb. 86). – Nach G. Tamman u. a. 1985.

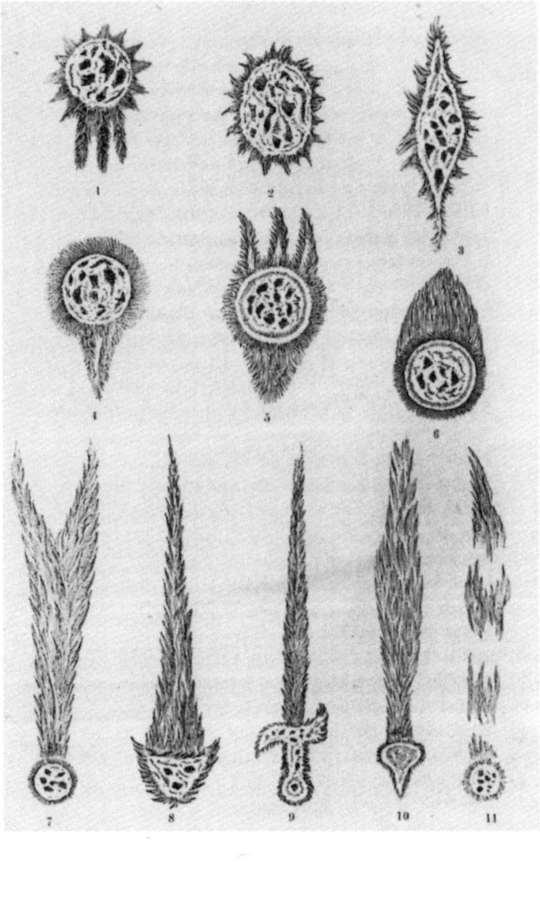

Abb. 95: Kometenschweife wurden über Jahrtausende als drohende Himmelssymbole angesehen, die meist mit strafenden Schwertern verglichen wurden – von den indischen Mythen bis zur Edda, vom römischen Geschichtsschreiber Plinius bis zu Hevelius im 17. Jh., dessen hier gezeigte symbolträchtige Darstellung solcher Kometenschweife die traditionell Vorstellung deutlich widerspiegelt.

Über 70 % der Kometen entwickeln einen Schweif, der die menschliche Phantasie in der Vergangenheit so sehr beschäftigt hat. Die Vielfalt dieser Schweife hat seit je das Interesse der Menschen erregt und zu phantastischen Vorstellungen Anlaß gegeben (Abb. 95). Zwei Haupttypen fallen dabei auf: der von der Sonne weg gerichtete, gerade Plasmaschweif, der von den Ionen des Sonnenwindes als Strom aus ionisierten Molekülen erzeugt wird, und der gekrümmte Staubschweif, den der Komet hinter sich herzieht und der doppelt so häufig wie ersterer auftritt. Das Material für die Schweife stammt aus dem Kopf der Kometen. Die Schweife der großen, berühmten Kometen können bis 300 Millionen Kilometer Länge erreichen, wobei sie lediglich aufgrund des reflektierten Sonnenlichtes leuchten. Gelegentlich läßt sich auch die Kombination mehrerer unterschiedlicher Schweife bei ein und demselben Kometen beobachten.

Die Handschrift des Kometenimpaktes

Wir haben die Besonderheiten von Kometen im Vergleich zu Asteroiden anhand zweier hautnah erlebter Begegnungen beschrieben – dem Tunguska-Ereignis und dem Halley-Vorbeiflug. Im Hinblick auf unser Thema, den Sintflut-Kometen, sei nochmals darauf hingewiesen, daß ein Kometenimpakt andere Spuren hinterläßt als ein Asteroideneinschlag. Dies soll im Folgenden kurz präzisiert werden.

Zunächst interessiert die Frage, ob ein Kometeneinschlag wegen der geringen Dichte des Impaktors, der reich an Wassereis ist, nicht weit weniger gefährlich als der eines massiven Asteroiden ist. Das ist keineswegs der Fall. Abgesehen von der Größe und der Dichte des Geschosses hängt die Wirkung bei einer Kollision vor allem noch von der Geschwindigkeit ab, mit der der Impaktor aufprallt. Und diese ist bei Kometen im Durchschnitt weitaus höher als bei Planetoiden oder Asteroiden. Der Vergleich zwischen der kinetischen Energie, die bei einem Einschlag des Halleyschen Kometen auf der Erde freigesetzt werden würde, und der Energie, die beim Impakt des endkretazischen Alvarez-Asteroiden[567] frei wurde, demonstriert dies sehr gut, weil beide Objekte etwa den gleichen Durchmesser haben, also 10 km groß sind. Der endkretazische Asteroid, der eine Dichte von 3 300 kg/m^3 besaß, verursachte – wie man berechnet hat – einen Einschlagskrater von etwa 137 km Durchmesser, da er aufgrund seiner Aufprallgeschwindigkeit, die vermutlich bei 16 km/s lag, »lediglich« eine Energie freisetzte, die der Sprengkraft von 52,6 Millionen Megatonnen TNT entspricht. Ein Einschlag von Halley hingegen, der zwar nur eine Dichte von 600 kg/m^3, dafür aber mit 66 km/s eine mehr

Abb. 96: Rekonstruktion einer katastrophalen, erosiv wirkenden Flut auf dem Mars nach einem Kometeneinschlag. – Darstellung von Don Davis.

als viermal so hohe Geschwindigkeit aufweist und dessen Umlaufbahn noch dazu entgegen der Erdbahn gerichtet ist, würde einen Krater von 192 km Durchmesser schlagen, denn beim Aufprall würde er eine Sprengkraft von umgerechnet 6,4 Milliarden Megatonnen TNT entwickeln. Die Energie, die ein Impakt von Halley freisetzen würde, wäre demnach mehr als 120mal so hoch als die beim Einschlag eines gleich großen Asteroiden, trotz der viel geringeren Dichte des Kometen.

Bisher nahm man an, daß Kometen, im Vergleich zu den aus festem Gestein bestehenden Planetoiden, bei einem Impakt nur ein Drittel der Menge an Iridium und verwandten Metallen der Platingruppe einbringen würden. Nachdem man jetzt den Aufbau von Halley näher kennt und weiß, daß er zu 80% aus Wassereis besteht, kann man diese Verallgemeinerung nicht mehr aufrechterhalten. Heute hat man endlich begriffen,[568] daß das Fehlen von Iridium-Anomalien im Impaktsediment auch schon durch Kometen bedingt sein kann, die nur geringe Iridiummengen mitführen. Außerdem kann das Iridium auch in den Weltraum hinausgeschleudert worden sein, wenn die Geschwindigkeit des emporschießenden Materials über der Entweichgeschwindigkeit lag.

Eine andere wichtige Besonderheit von Kometenimpakten besteht darin, daß Kometen große Mengen von Wassereis mitführen, was auf Planeten, wo selbst kein Wasser in freier Form vorkommt, bedeutsame Auswirkungen haben kann. So hat man zur Erklärung der cañonartigen Marskanäle die Hypothese aufgestellt, auf dem Mars seien wiederholt Kometen eingeschlagen, die enorme Wassermengen mitgebracht und auf diese Weise die für eine solche Erosion notwendigen Flutkatastrophen verursacht hätten.[569]

C. Sagan und A. Druyan[570] haben diesen Vorgang mit einer aufwühlenden Darstellung illustriert (Abb. 96). Schwer verständlich ist bei dieser Theorie allerdings, daß derartige »Marskanäle« aber weder auf dem Mond noch auf den anderen Planeten vorhanden sind, obwohl dort solche Kometenimpakte in gleicher Weise stattgefunden haben. Daß Eis tatsächlich in großem Umfang ein Weltenbaustein – im Sinne des Wiener Ingenieurs Hanns Hörbiger – ist, legen unter anderem auch die jetzt festgestellte geringe Dichte der Monde von Jupiter und Saturn und die Beschaffenheit der Ringe dieser äußeren Planeten aus Eisbrocken nahe.[571]

Von Bedeutung ist eine andere, leicht verständliche Erscheinung: Die lose zusammengefügten, an Eis und Hohlräumen reichen Kometen werden beim nahen Vorbeiflug an der Sonne stark erwärmt und zerfallen dadurch leicht in Fragmente, denn die Sonne besitzt eine Oberflächentemperatur von 6000 °C. Besonders betroffen sind davon naturgemäß die sogenannten »Sonnenschrammer«, die sich der Sonne bis auf einen Sonnenradius, d. h. 696 000 km, in extremen Fällen sogar noch weiter nähern. So flog z. B. der helle Komet von 1843 mit seinem 300 Millionen km langen Schweif in nur 120 000 km Entfernung an der Sonnenoberfläche vorbei.

Die Trümmer des bekanntesten zerborstenen Sonnenstreifers fügte Heinrich Kreutz vor der Jahrhundertwende in einem Gedankenexperiment wieder zusammen. Die nach ihm benannte Kreutzgruppe von Kometen resultierte aus einem Dutzend Einzelbeobachtungen bedeutender Kometen, die in unregelmäßigen Zeitabständen seit 1668 gesichtet wurden, sich aber auf der gleichen Bahn näherten. Die zeitliche Verzögerung der Teilkörper auf dieser Bahn geht auf die unterschiedlichen Gravitationseinflüsse der Planeten auf die verschieden großen Trümmer zurück.

Ein solches Zerbrechen von Kometenkernen ist keine seltene Erscheinung. Allein aus den letzten 130 Jahren sind 21 derartige Beobachtungen bekannt, darunter die spektakuläre Teilung des Kometen Biela in zwei Fragmente im Januar 1846 – die dann nach mehreren Umläufen schließlich am 27. November 1872 endgültig zerfielen und als denkwürdiger Meteorschauer ein Feuerwerk am Himmel entfachten – oder das Auseinanderbrechen des Kometen West im Jahre 1976 in vier Teile (vgl. Abb. 23). Die Berichte über solche Ereignisse reichen mehr als 2000 Jahre zurück, bis zum Historiker Ephoros von Kyme, der im Jahre 371 v. Chr. beobachtete, wie ein Komet zerfiel.

Erinnern wir uns auch daran, daß es sich beim Tunguska-Impaktor von 1908 vermutlich um ein Fragment des Kometen Encke handelte, das sich bereits Jahrtausende vorher abgespalten hatte (siehe S. 338).

Aus dieser beobachteten Zerbrechlichkeit von Kometen ergeben sich für uns als Geologen zwei Konsequenzen. Daß Tiergruppen stufenweise in mehreren zeitlich verzögerten Phasen ausstarben, kann auf einen solchen Kometenschwarm zurückgehen, worauf schon W. Alvarez[572] und andere Forscher hingewiesen haben. Andererseits sprechen diese Beobachtungen auch für die Glaubwürdigkeit unserer Hypothese, daß der Sintflut-Komet auseinanderbrach und seine Trümmer in rascher Folge nacheinander niedergingen, wie man aus geologischen Fakten und den überlieferten Mythen ableiten kann.

Impakte und Großfluten – »Normalerlebnisse« der Menschheit

Bisher überstandene Impakte

So einmalig schauerlich das Erlebnis »Sintflut« für die danach völlig dezimierte Menschheit auch war – der Geologe weiß: Der Mensch hat im Laufe seiner Entwicklungsgeschichte schon wiederholt Impakte erlebt. Er hat nur die weiter zurückliegenden Impaktkatastrophen vergessen, weil das »Gedächtnis« der Menschheit zwar über ein Dutzend Jahrtausende, nicht aber über Jahrhunderttausende zurückreicht, zumal in dieser Frühphase des »Homo« seine sprachlichen Überlieferungsmöglichkeiten zudem noch sehr beschränkt waren.

Als Gattung gibt es den Menschen seit etwa 3 bis 4 Millionen Jahren. Die älteste Form des Menschen, also ein Geschöpf, das aufrecht ging, die Hände frei hatte, eine wachsende Gehirnkapazität aufwies und Werkzeuge erfand und gebrauchte, entwickelte sich vor rund 4 Millionen Jahren. Erste Funde stammen aus der Zeit vor etwa 3,8 Millionen bis 700 000 Jahren. Sie wird als Australopithecus bezeichnet und war in Ost-, Süd- und Zentralafrika sowie auf Java verbreitet. Diese kleinwüchsige, drei Arten umfassende Gattung zeigt mit dem großen Gesichtsschädel mit hohen Überaugenwülsten, der fliehenden Stirn des kleinen Gehirnschädels und der geringen Gehirnkapazität noch deutlich das Übergangsstadium in der Abspaltung des Menschen von der Entwicklungslinie der Affen. Ab 2,5 Millionen Jahren vor heute verwendete eine als Homo habilis bezeichnete Hominidenart in zunehmendem Maße Werkzeuge. Es liegt nahe, daß das Abtreten des Australopithecus im Zusammenhang mit dem gewaltigen Impakt vor 720 000–700 000 Jahren steht, dessen Tektit-(Australit-) Streufeld viel größer als das des Sintflut-Impaktes ist (vgl. S. 315).

Vor 1,5 Millionen Jahren wurde diese erste Hominidenart vom Homo erectus abgelöst, der bis vor 300 000 Jahren Eurasien und Afrika bevölkerte. Heidelberg- und Peking-Mensch gehören zu dieser Art. Während der flache Schädel mit den Überaugenwülsten noch sehr urtümlich wirkt, ist das Skelett schon weitgehend dem des heutigen Menschen ähnlich. Dieser Menschentyp verwendete bereits verfeinerte Werkzeuge und Feuer.

Die nächste Entwicklungsstufe des Menschen repräsentiert in der Zeit von 300 000–40 000 Jahre vor heute der Homo neanderthalensis, dessen Hauptverbreitungsgebiet in Europa, im Mittelmeerraum und in Vorderasien (sowie vielleicht in Ost- bis Südafrika) lag. Die Schädelform zeigt deutlich Züge des Jetztmenschen. Die feiner bearbeiteten Werkzeuge und die Bestattung der Toten künden vom erstarkenden Selbstbewußtsein.

Aus einer Population des Homo neanderthalensis entwickelte sich vor 40 000 Jahren im Vorderen Orient die derzeit lebende Form Homo sapiens sapiens, die den in der letzten Eiszeit ausgestorbenen Neandertaler verdrängte. Erst diese Art eroberte die gesamte bewohnbare Erde und besiedelte noch in der Spätphase der letzten Eiszeit Amerika und Australien, wobei sie den Tiefstand des Meeres ausnutzte (weil große Wassermassen in den polaren Eiskappen gebunden waren) und über die trocken liegende Beringstraße bzw. über Landbrücken im Bereich der Sundainseln – hier sogar unter Überwindung eines kurzen Seeweges – in beide Kontinente einwanderte. Die Einwanderung in die »Neue Welt« von Amerika und Australien erfolgte vermutlich bald nach der Herausbildung und der raschen Ausbreitung des Homo sapiens sapiens, nahm aber erst ab 25 000 Jahre vor heute ein beträchtliches Ausmaß an.

Stellen wir dieser Verbreitungsweise des Menschen in seiner Artendiversifizierung die Schauplätze der bisher bekannten Impakte gegenüber, die zur Zeit der Existenz der Hominiden in den letzten drei Millionen Jahren stattfanden.

Die Übersicht Tab. 6[573] zeigt die rund dreißig Impakte, die bis jetzt aus der Entwicklungsgeschichte der Hominiden bekannt geworden sind. Diese Liste umfaßt nahezu nur Einschläge auf dem Festland; daher kommen noch etwa zweieinhalbmal so viele Impakte im Weltozean hinzu, der 71% der Erdoberfläche einnimmt. Dies belegt die Häufigkeit von Einschlägen auch in der Jetztzeit. Allerdings war bei den vielen kleineren nur die nähere Umgebung des Impaktes betroffen.

Weitreichende Auswirkungen aber hatten die Einschläge vor rund einer Million Jahre in Kasachstan und Ghana (siehe S. 318). Verheerende Schäden von globalem Ausmaß richtete hingegen – abgesehen vom Sintflut-Impakt – der Einschlag vor rund 700 000 Jahren an, dessen Tektitstreu von Südchina und Hinterindien über ganz Australien bis weit hinein in die Weltmeere reichte. Zu diesem Impakt gehört das 50 Millionen km^2 große Hauptfeld der Australite im indochinesisch-australischen Raum (siehe S.315).

Tab. 6: Vom Menschen erlebte Impakte

	Alter in Jahren	Name	Lage	Krater-Durchmesser in Metern
Vormensch	3 100 000	Aouelloul	Mauretanien	370
	2 500 000	Tenoumer	Mauretanien	1 900
	2 300 000	–	Südost-Pazifik WSW Feuerland	(Impaktor 0,5 km groß)
Mensch	1 100 000	Schamanschin	Kasachstan	10 000
	1 100 000	Bosumtwi	Ghana [+ Ivoire-Tektite]	10 500
	<1 000 000	–	China-See [Tektite]	?
	<1 000 000	Jenissei-Rücken	Sibirien, Sibirien	225
	<1 000 000	Murgab	Tadschikistan	80
	<1 000 000	Nyikaplateau	Sambia	80
	830 000	–	2. Streu Australasiat. Tektite	?
	720 000/ 700 000	–	3. Streu = Hauptfeld Australasiat. Tektite	?
	720 000	Darwin-Krater	N-Tasmanien	1000
	460 000	Monturaqui	Chile	480
	300 000	Machi	Rußland, Sibirien	300
	300 000	Wolfe Creek	N-Australien	840
	250 000	Pretoria-Salzpfanne	Südafrika	1000
	100 000	Amguid	Algerien	450
	90 000	Patom	Irkutsk-Prov., Sibirien	80
	50 000	Lonar	Indien	1830
	30 000	Boxhole	Zentral-Australien	175
	25 000	Barringer-Kr.	Arizona, USA	1200
	25 000 ?	Dalgaranga	Westaustralien	21
	<10 000	Rio Cuarto	Pampas Argentiniens	10 längliche Krater von 4500 abwärts
	~ 9 545	Sintflut-Impakt	1) Einschläge im Meer: Südostaustralische See, Südchines. Meer, Indik, Nord- u. Mittelatlantik, Ost- u. Südpazifik	Krater mit Durchmessern von etlichen Dutzenden bis 100 km zu erwarten
			2) Festlandseinschläge: Köfels in Österreich,	4000
			wahrscheinlich: Morasko/Polen,	100
			Odessa/Texas,	168
			Merewater/Labrador	200
	6400	Wabar	Arabien, Gr. Sandwüste	2 Kr.: 50, 100
	5800	Campo del Sielo Kraterfeld	Nordargentinien	Serie: 20–100
	4700	Henbury-Kraterfeld	S Alice Spring, Australien	12 Kr.: 12–130, 143, 186, 242, 298
	4000	Kaalijärvi	Estland	110
	2000	Ilumetsy	Estland	80
	?	Haviland	Kansas, USA	17
	85	Tunguska-Komet	Sibirien	kein Krater, in der Luft explodiert
	46	Sichota Alin-Meteor	Primorje, Sibirien	200 Kr.: max. 26,5

Die erstgenannten zwei bedeutenden Impakte vor einer Million Jahre fallen in die Zeit des Australopithecus. Diese Hominidengruppe war nach bisheriger Kenntnis damals lediglich auf Süd- und Ostafrika und das Tschadgebiet in Zentralafrika beschränkt. Der Festlandsimpakt in Ghana mit seinem 10,5 km großen Krater, dessen 4 Millionen km^2 großes Streufeld vor allem auf den Atlantik hin gerichtet war (vgl. Abb. 80), versetzte der hauptsächlich im Osten und Süden Afrikas ansässigen Population zwar einen Schock, dezimierte sie aber nicht entscheidend. Sicherlich aber wurden die vom Einschlag nur 1500 km entfernt lebenden Bewohner des Tschadgebietes stark in Mitleidenschaft gezogen.

Äußerst schwer hingegen traf der gewaltige Impakt vor rund 700 000 Jahren, der das ausgedehnte australasiatische Streufeld verursachte, die damaligen Menschen. Vom gesamten australischen Kontinent über Indonesien, die Philippinen, Vietnam, Laos, Kambodscha und Thailand bis Südchina reicht der unmittelbare Bereich der Streu des zu Tektitgläsern umgeschmolzenen obersten Sedimentgesteins aus dem noch unbekannten Aufschlagsgebiet. Die Streu der zugehörigen Mikrotektite geht noch weit darüber hinaus: im Pazifik bis südlich von Japan und über die Salomoninseln hinaus, südlich von Australien bis in das südliche Eismeer und im Indischen Ozean bis zu den Küsten von Ost- und Südafrika[574] (vgl. Abb. 80).

Nach der ungeheuren Dimension des Streufeldes zu schließen, war das Inferno, das damals über die allerdings noch recht spärliche Menschheit hereinbrach, noch furchtbarer als die Katastrophe des Sintflut-Impaktes. Die weltweiten Auswirkungen von Impaktbeben, Hitzepuls, Sintbrand, Sintflut, Flutregen, Umweltgiften und Impaktnacht waren wohl noch stärker als vor zehn Jahrtausenden. Überraschenderweise haben die Geologen diese für die Menschheitsentwicklung schicksalhafte Frage überhaupt noch nicht anhand des zugehörigen Sedimenthorizontes in ihren Auswirkungen überprüft.

Dieser Schlag gegen das Leben auf der Erde vor rund 700 000 Jahren traf natürlich vor allem die Menschen, die direkt im betroffenen Gebiet lebten. Die frühe Besiedlung gerade dieses Raumes ist durch den Fund eines mehr als eine Million Jahre alten Unterkieferrestes des »Meganthropus palaeojavanicus« nachgewiesen worden, den der deutsche Paläontologe G. von Koenigswald bereits 1941 in Sangiran auf Java entdeckte. Diese Art gehört noch der Hominidengruppe des Australopithecus an, die eben an dieser 700 000 Jahre-Marke weltweit von einer höherentwickelten Form, dem Homo erectus, abgelöst wurde. Ein Beispiel für diese neue

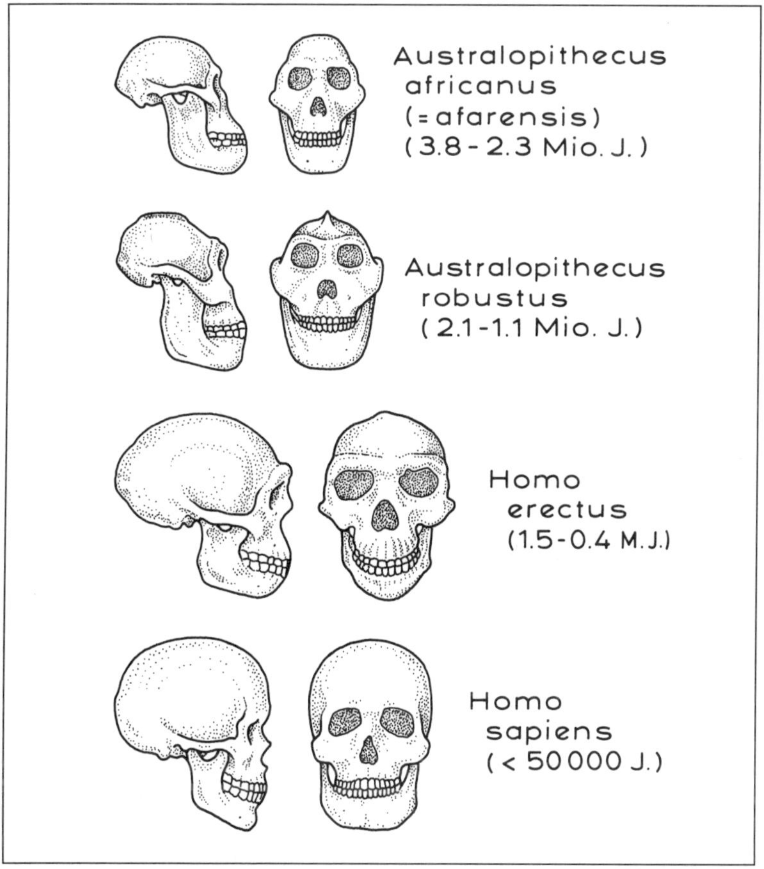

Abb. 97: Die Entwicklung der Hominiden, demonstriert an der Schädelform. – Nach H. Flohn 1990.

Entwicklungsstufe stellt Pithecanthropus erectus dar, der erstmals von dem jungen holländischen Arzt E. Dubois beschrieben wurde (Abb. 97). Dubois hatte bei der gezielten Suche nach dem »Missing link« Haeckels im Jahre 1891 bei Trinil auf Java seinen sensationellen Fund (ein Schädeldach und einen Oberschenkelknochen) gemacht, der damals für große Aufregung sorgte. Und wieder war es der zuvor genannte berühmte Paläontologe von Koenigswald, der die Beziehung zwischen diesem Trinilmenschen, dem »Pithecanthropus erectus«, und dem Tektit-Streufeld auf Java erkannte. Schon vor 1934 entdeckte er bei Sangiran die Tektitstreu ausgerechnet in der durch fossile Überreste bekannt gewordenen

Trinilschicht. Seine systematische Forschungstätigkeit erbrachte eine reiche Sammlung dieser Tektite – die Ausgrabungskampagne 1939/40 allein ergab über 1200 Exemplare – immer aus dem obersten Teil der Trinilschicht. Ein derart massenhaftes Auftreten bedeutet aber, daß es dem Homo erectus, der inzwischen an vielen Stellen Javas nachgewiesen worden ist, ebenso erging wie den Kurnai, den Aborigines von Südaustralien, während des Sintflut-Impaktes, die uns in bewegenden Worten den tödlichen Schrecken ihrer Apokalypse im glühenden Tektit- und Fallout-Regen geschildert haben. Während die Kurnai aber noch durch ihre Überlieferungen direkt zu uns sprechen können, teilt sich uns der Homo erectus von Trinil nur mehr durch den geologischen Befund mit.

Zweifellos dezimierten die weltweiten Auswirkungen dieses bedeutenden australasiatischen Impaktes die Menschheit der damaligen Entwicklungsstufe stark, besonders die reicher entfalteten Populationen in China und Ostafrika.

Wir haben bisher die geologischen Beweise betrachtet, die zahlreiche Impakte zu Lebzeiten des Menschen bezeugen. Wir möchten aber auch hier, so wie in der Frage des Sintflut-Impaktes, unsere Aufmerksamkeit auf die andere Möglichkeit einer Beweisführung hinwenden, nämlich die menschliche Tradition. Obwohl dies im ersten Moment paradox erscheinen mag, dürfen wir aber auch diese Perspektive nicht von vornherein aus unseren Überlegungen ausschließen. Immerhin konnten wir entgegen allen Erwartungen mit Sicherheit eine detaillierte Erinnerung des Menschengeschlechtes über einen Zeitraum von fast zehn Jahrtausenden feststellen, ja sogar noch darüber hinaus durchaus ernst zu nehmende Traditionen bis zurück in die Zeit der Hochkultur der Atlanter (siehe S. 505) – die nach Aussage dieser Überlieferungen bis zu 11600 Jahre alt sind – aufzeigen. Deshalb sollte man auch die Möglichkeit einer noch weiter zurückreichenden Erinnerung an solch gewaltige Erlebnisse wie Impakte zunächst einmal nicht grundsätzlich von der Hand weisen.

Welche Traditionen reichen nun mit klaren Aussagen noch deutlich über den Sintflutimpakt hinaus? Es handelt sich dabei um eine ganze Gruppe von Überlieferungen, die schon in der Antike weiträumig verbreitet waren. Sie tauchen in den großen Religionen der Inder, Perser und Ägypter auf und sind in der Naturphilosophie der Griechen und bei den Etruskern und Römern verankert. Diese Überlieferungen berichten mit größter Selbstverständlichkeit und Überzeugung, daß bereits vor der Sintflut in großen Zeitabständen ähnliche Weltkatastrophen eingetreten seien. Und alle waren durch Merkmale charakterisiert, die – wie wir heute wissen – für Impakte typisch sind, d.h. durch Weltenbrand, Flut, strengen Winter usw. In der Antike war sogar schon bekannt, daß diese Vernichtungsakte jeweils durch fremde Himmelskörper bedingt waren, wie auf S. 409 näher erläutert wird. Die Abstände zwischen solchen kosmischen Katastrophen wurden in der Antike in »Weltenjahren« gemessen. Die Dauer dieser »Weltenjahre« schwankt aufgrund der ungleichmäßigen Zeitabstände zwischen großen Einschlägen von vornherein und divergiert deshalb auch bei den verschiedenen Völkern innerhalb bestimmter Grenzen. Sie wurde in der Antike im Mittel zwischen 10 000 und 12 000 Jahren veranschlagt, wobei die Extremwerte (bei den Ägyptern und Indern) nach beiden Seiten hin stark abweichen (siehe S. 409).[575]

Die Versuche, dieses Weltenjahr aus Parametern des Sonnensystems oder der Erdbahn – etwa der Dauer der Präzession (Fortschreiten des Frühlingspunktes) oder eines Bruchteiles davon – zu erklären, waren alle zum Scheitern verurteilt. Unserer Meinung nach liegt es deshalb nahe, aufgrund der in so zahlreichen fundamentalen Traditionen und Religionen mit großer Bestimmtheit vorgebrachten einschlägigen Berichte anzunehmen, daß der Mensch, der seit 40 000 Jahren als Homo sapiens existiert, tatsächlich mehrere dieser vernichtenden Impaktkatastrophen überstanden und als dunkle Erinnerung bewahrt hat.

Gibt uns die Geologie Hinweise auf deutliche Zäsuren in diesem letzten Zeitraum der Erdgeschichte, deren Ursache in einem Impakt liegen könnte? Diese Frage ist noch von niemandem überdacht worden, so daß also auch noch kein Material dazu gesammelt worden ist. Einen ersten Hinweis darauf könnte man in den auffälligen Staubbändern aus der Zeit um 18000–17000 vor heute sehen, die in dem antarktischen Eisbohrkern der Byrd-Station entdeckt wurden und die auch die damit befaßten Forscher selbst als merkwürdig bezeichnet haben.[576] Diese großen Staubmengen lassen sich nicht einfach auf Vulkaneruptionen beziehen, wie sie sich in einige Jahrtausende älteren Aschenhorizonten dokumentieren. In dieser Zeit vor 17 000–18 000 Jahren aber setzte eine lang anhaltende Erwärmung ein, die das letzte Hochglazial beendete. Man könnte daher vermuten, daß diese Entwicklung auf eine Treibhauswirkung zurückgeht, die durch die Produktion von Treibhausgasen bei einem Impakt hervorgerufen wurde.

Die ersten Untersuchungen des Säure-Fallouts in arktischen Eisbohrkernen aus Grönland – wenn auch im Polargebiet der nördlichen Hemisphäre gelegen – durch die New Yorker Forscher M. Herron und

C. Langway (1985) haben allerdings keinen markanten Anstieg in dieser Zeit erbracht, sondern die Zunahme der Säuregehalte im Eis erreicht dort erst um 14 000 vor heute einen deutlichen Höhepunkt.

Angemerkt sei hier auch, daß sich der weitaus größte Bergsturz der Alpen, der Flimser Bergsturz am Vorderrhein in der Schweiz, bei dem mehr als zehn Kubikkilometer Material auf einer Fläche von 51 km^2 niedergingen, ebenfalls gerade in dieser Zeit ereignete. Der Schweizer Geologe Walter Nabholz[577] konnte zeigen, daß dieser Bergsturz vor knapp 17 000 Jahren stattfand. Man fühlt sich dabei an den Bergsturz von Köfels erinnert, der den Sintflut-Impakt begleitete (siehe S. 141).

Als nächstälteres Ereignis, das in diesem Zusammenhang interessiert, sticht die merkwürdige Wärmephase mitten im letzten Glazial ins Auge: In Österreich haben der Eiszeitforscher F. Fliri und andere Quartärgeologen[578] ursprünglich eine Wärmephase in den Alpen für die Zeit vor 31000 bis 26000 Jahren angenommen. Der Wiener Quartärgeologe Julius Fink[579] hat im Alpenvorland die Wärmeperiode aus dieser Epoche durch den im kaltzeitlichen Lößeingeschalteten wärmeanzeigenden Paläoboden-Horizont »Stillfried B« bei Stillfried an der March in Niederösterreich belegt, den er in die Zeit von etwa 28 000 bis 27 000 vor heute eingestuft hat.

Besonderes Interesse verdient in diesem Zusammenhang der Umstand, daß die Produktion von radioaktivem Kohlenstoff gerade in dieser entscheidenden Periode vor 30 000 Jahren um 40% erhöht war. Wir haben auf S. 258 f. ausgeführt, daß Impakte stets mit einem markanten Anstieg des ^{14}C-Gehaltes verbunden sind.

Wir möchten mit Nachdruck darauf aufmerksam machen, daß dieser Versuch, eine Korrelation zwischen Überlieferungen über das Weltenjahr und möglichen zugehörigen geologischen Ereignissen herzustellen, nur erste Überlegungen zu einem Thema bringt, das noch in keiner Weise unter diesem Gesichtspunkt untersucht worden ist. Trotzdem erscheint uns die Präzisierung dieser Fragestellung wichtig, weil sie dazu anregen soll, diesen für die Menschheitsentwicklung wichtigen Punkt zu überprüfen.

Man wird in Zukunft Angaben wie denen von Ch. Koeberl[580] über eine Iridiumanreicherung im Blaueisfeld des Beardmore-Gletschers in der Antarktis – deren Alter auf mehrere zehntausend Jahre geschätzt wird – mehr Beachtung schenken müssen, anstatt sie wie dieser Autor als Ergebnis eines antarktischen Vulkanismus zu erklären. Die Theorie der Gruppe um Officer, Iridiumanreicherungen auf Vulkanismus zu beziehen, ist zu Recht allgemein abgelehnt worden, während wir nun – auch aus den Augenzeugenberichten vom Sintflut-Impakt – wissen, daß Vulkanismus bei großen Einschlägen grundsätzlich als Sekundärerscheinung solcher Katastrophen ausgelöst wird. Die merkliche Erhöhung des Iridiumgehaltes in diesem Blaueis könnte vielmehr darauf hinweisen, daß der mehrere Jahrzehntausende zurückliegende Impakt in diesem Fall durch einen Planetoiden und nicht durch einen Kometen verursacht wurde. Der Nachweis oder die Widerlegung dieser Hypothese ließe sich unschwer erbringen, wenn man überprüfen würde, ob in dem entsprechenden Horizont des Blaueises Salpetersäure in größerer Menge vorhanden ist.

Doch ganz abgesehen von dieser noch nicht näher datierten Iridium-Anomalie im antarktischen Blaueis, wird es äußerst spannend sein, mit modernen geologischen Methoden auf die Suche zu gehen nach weiteren Impakten der jüngsten Erdgeschichte, die der Homo sapiens miterlebt hat, um den Wahrheitsgehalt der Traditionen über das Weltenjahr zu überprüfen.

Bisher erlebte regionale Großfluten

Regional begrenzte Flutkatastrophen mit verschiedenen Ursachen, die oft für Hunderttausende von Betroffenen »ihren« Weltuntergang bedeuteten, hat die Menschheit wiederholt erlebt. Berichte über solche schrecklichen Erlebnisse aus der Gegenwart ebenso wie Sagen über Fluten von außergewöhnlichem Ausmaß bei manchen Völkern haben die Sintflutforscher zu Ausgang des vorigen Jahrhunderts unter dem Eindruck der mechanistischen Weltauffassung des beginnenden Industriezeitalters bewogen, auch die Sintflut lieber auf eine Vielzahl von überall erlebten regionalen oder lokalen Einzelfluten zurückzuführen und so ihres mystischen Nimbus zu entkleiden. Oder man erklärte umgekehrt die Sintflut durch eine Lokalflut im Zweistromland, die ihren Weg über die Bibel und weiter über die Missionare in das Sagengut rund um die Welt gefunden habe. Der unerklärliche weltweite rasche Anstieg des Wasserspiegels des Weltozeans, der seine Ursache in den Mythen und Religionen der Völker in einer »Sintflut« hatte, wurde damit durch eine einfache Erklärung eliminiert, die als moderne Naturwissenschaft verbrämt und durch viele anschauliche Beispiele scheinbar konkret belegt war.

Die Vermischung des Sintflutphänomens mit Regionalfluten beherrschte aber auch bereits manche Mythen in der Antike und stiftete deshalb Verwirrung. Klassische Beispiele hierfür sind die gut datierbaren griechischen Lokalfluten des Ogyges und des Deukalion (siehe S. 366), in deren Berichte später Elemente des Sintflut-Impaktes eingefügt wurden. Eine solche Vermengung findet man auch in einer Reihe von chinesischen Flutlegenden, in denen Lokalfluten mit Sintflutphänomenen kombiniert werden.

Im Interesse einer klaren und endgültigen Unterscheidung von Sagen über lokale Fluten und Sintfluttradition erscheint es daher angebracht, diese beiden Quellen anhand der berühmtesten legendären Flutüberlieferungen voneinander zu trennen.

Zuvor aber noch ein Hinweis auf die vielfältigen Ursachen solcher Lokalfluten, die gewaltige Dimensionen annehmen können.[581]

Zunächst einmal gibt es die Hochfluten von Flußüberschwemmungen, die sich gerade in den dicht besiedelten, fruchtbaren Flußniederungen verheerend auswirken. Der Gelbe Fluß in Nordchina, der Hoangho, wurde durch seine zahllosen Überschwemmungen, bei denen jeweils Hunderttausende bis Millionen von Menschen umkamen, zum Symbol verheerender Hochwasserkatastrophen. Im August des Jahres 1887 forderte er 2 Millionen, 1931 sogar 3,5 Millionen und 1959 nochmals 2 Millionen Tote. Ähnlich berüchtigt sind die zeitweiligen Überschwemmungen von Tiefländern durch den Jangtse in Zentralchina, den Ganges und den Brahmaputra, den Nil, den Mississippi und den Missouri, den Kansas River usw.

Katastrophale Fluten auf dem Festland sind wiederholt auch beim Durchbruch von Schmelzwasserseen aufgetreten, die durch Gletscher aufgestaut waren, besonders in der späten Eiszeit. Berühmt geworden ist das Beispiel der Spokane-Flut des Missoulasees, die sich vor 12 000 Jahren im amerikanischen Bundesstaat Washington ereignete (siehe S. 53 f.) – nicht nur, weil diese Flut die Landschaft verwüstete, sondern auch, weil J. Harlen Bretz aus Chicago sein Leben lang um die Anerkennung dieses von ihm 1923 entdeckten Phänomens ringen mußte.[582] Damals rasten pro Sekunde 21,3 Millionen Kubikmeter Schmelzwasser in einer Breite von 100 km und einer Höhe bis zu 175 m mit einer Geschwindigkeit von 30 m/s über das Land.

Ein hervorragendes, erst vor kurzem untersuchtes Beispiel ähnlicher Fluten wird von John Shaw und Robert Gilbert[583] aus dem Gebiet des Ontariosees beschrieben. Dort hatten riesige spätglaziale Schmelzwasserfluten, die noch unter dem kanadischen Eispanzer entstanden, das Land in einer Breite von 450 km umgepflügt. Diese regionale Flut war den amerikanischen Geologen in Grundzügen schon seit dem vorigen Jahrhundert unter dem Begriff »debacle« bekannt.[584]

Eine Schmelzwasserflut, die zwar kleinere Ausmaße hatte, aber prinzipiell auf die gleiche Weise entstanden war, haben die Bewohner des Schajoktales in Ladakh im Himalaya im Juni 1841 aus eigener Anschauung geschildert. In einer schluchtartigen Talenge des Schajok stauten sich immer wieder Schmelzwasserseen auf, weil sich dort die Eisschollen der dahinterliegenden Gletscherzungen anhäuften. Dies zeigen hochliegende Strandlinien und Terrassen des Talabschnittes oberhalb der Engstelle. Beim Durchbrechen der Eisbarriere im Jahre 1841 stürzte der Wasserschwall mit verheerender Gewalt durch das untere Flußtal in das angrenzende Industal, in das der Schajok mündet. Vernichtet wurden alle Orte und der gesamte Baumbestand auf dem Talgrund. Nach Augenzeugenberichten kündigte ein »donnerähnliches dumpfes Rauschen das Herannahen der Flut an, die wie eine Mauer von Schlamm mit rasender Schnelligkeit daherschoß. Es war ein entsetzliches Gemisch von trübem Wasser, [500] toten Soldaten, Bauern, Streitrossen, Kamelen, feilen Dirnen, Zelten, Maultieren, Eseln, Bäumen und Wirtschaftsgeräten«.[585]

Noch vielfältiger sind die Ursachen von episodischen Meeresfluten, die in Küstenebenen landeinwärts rasen. Bangladesch bietet das berüchtigtste Beispiel dafür: Dort fielen in jedem der letzten Jahrhunderte jeweils mehr als 300 000 Menschen derartigen, von Zyklonen ausgelösten Flutwellen zum Opfer. In unserem Jahrhundert gab es in diesem heimgesuchten Land am 16. November 1970 bei einer 15 m hohen Zyklonen-Flutwelle sogar mehr als 500 000 Tote. Nur 15 Jahre später kamen dort noch einmal 100 000 Einwohner durch eine ähnliche Flut um.[586]

Ein anderes Gebiet mit Meeresfluten, deren Flut-Katastrophen sich weit in die Vergangenheit zurückverfolgen lassen, ist der langsam absinkende Tieflandstreifen von Holland und Norddeutschland entlang der »Mordsee«, also der wegen ihrer Sturmfluten berüchtigten Nordsee. Im 13. Jahrhundert wurden dort durch vier Sturmfluten jeweils mindestens 100 000 Einwohner getötet. Ebenso viele Opfer forderten Nordseefluten in den Jahren 1099, 1421 und 1446 in Holland und in England. Bei der Allerheiligenflut am 1. November 1570 ertranken in Westeuropa 400 000 Menschen.[587]

Eruptionen auf vulkanischen Inseln, unterseeische Hanggleitungen (siehe S. 260 f.) und Seebeben mit starker vertikaler Bewegung des

Meeresbodens haben immer wieder gewaltige Wogen, sogenannte Tsunamis ausgelöst, die beim Auflaufen an den Küsten verheerende Schäden anrichteten – oft sogar noch in weiter Entfernung vom Bebenzentrum. So verursachte etwa der Tsunami, der am 22. Mai 1960 von einem Beben in Chile ausgelöst wurde, in Hilo auf Hawaii in fast 10 000 km Entfernung noch zahlreiche Tote; sogar an der japanischen Küste, mehr als 15 000 km vom chilenischen Bebenherd entfernt, wurden durch die dort noch 4 m hohe Woge über hundert Menschen getötet. Japan wird jedoch in erster Linie von den gewaltigen Tsunamis aus Nahbebenbereichen bedroht, wie beispielsweise nach dem Erdbeben von Sanriku am 15. Juni 1896, als mehr als 27 000 Menschen starben. Insgesamt sind in Japan seit 684 n. Chr. bei 73 Tsunamis über 100 000 Menschen umgekommen.

Kehren wir zu der uns interessierenden Frage zurück, welchen Einfluß lokale Flutereignisse im Zweistromland auf den »Holotypus« des Sintflutmythos hatten: auf den Bericht über die babylonische und – in übernommener Form – die biblische Flut. Seit der aufsehenerregenden Mitteilung des englischen Archäologen Sir Leonard Woolley[588] im Jahre 1929, er habe in Ur am Unterlauf des Euphrat in einer zweieinhalb Meter dicken lehmigen Flutschicht, die unterhalb des Niveaus der Königsfriedhöfe liege, einen direkten Beweis für die sumerisch-biblische Sintflut gefunden, reißt die Diskussion über die Gleichsetzung mit einem der inzwischen in größerer Zahl bekannt gewordenen lokalen Flutereignisse Babyloniens nicht ab.

Sir Woolley[589] war unter dem Einfluß seiner Frau zu dieser Überzeugung gelangt, weil es eine scharfe Zäsur zwischen den Kulturschichten der Sumerer über dieser Flutschicht und dem darunter liegenden fremdartigen, primitiven Ubaid-Kulturhorizont gab. Von Anfang an hatte Woolley die Grabung in Ur in der Hoffnung angesetzt, Spuren der im Alten Testament geschilderten Personen und Ereignisse zu finden, speziell auch von Abraham, der laut Bibel aus Ur stammte.[590] Woolley hatte zwar ursprünglich Theologie studiert, aber dennoch zog er – nach seiner vermeintlichen Entdeckung in Ur – ganz im Gegensatz zur kirchlichen Tradition die Schlußfolgerung: »Diese Sintflut war nicht allgemein, sondern eine örtliche Katastrophe, die auf das untere Tal des Tigris und Euphrat beschränkt war.« Seine Sintflutschicht stufte er auf etwa 3 200 v. Chr. ein; spätere Autoren datierten diese Schicht mit 3 500 v. Chr.[591]

Als in der Folge bei weiteren Grabungen im Zweistromland eine wachsende Zahl verschiedener Flutablagerungen zwischen den Kulturschichten bekannt wurde – z. B. vier Horizonte in Kisch zwischen 2900 und 2600 v. Chr., zwei in Ur (3500 v. Chr. = Woolleys Schicht und 2700 v. Chr.), weitere in Schurrupak (2 850 v. Chr.) und in Uruk[592] –, bezeichnete fast jeder Autor »seine« Flutschicht als die richtige. Angesichts dieser Fülle von Flutschichten hält bereits jahrzehntelang der Disput unter den Gelehrten an, die konträre Schlußfolgerungen ziehen, so daß sich der Außenstehende nur schwer ein Bild von der Wahrheit machen kann. Die Erklärungen fallen entweder mehr im Sinne von Woolley aus, daß also die Sintflut des Alten Testaments keine universelle, sondern nur eine lokale Flut gewesen sei, die vor fünf Jahrtausenden stattfand und aus erzieherischen Gründen in der Bibel als weltweite Katastrophe beschrieben wurde,[593] oder aber dahingehend, daß in einem Land wie Mesopotamien die Bevölkerung an zahlreiche Überschwemmungen gewöhnt gewesen sei und deshalb keine dieser Flutschichten *die* Sintflutschicht sei, sondern die Sintflut ein ganz anderes, gewaltigeres Ereignis gewesen sein müsse.[594] Andere Forscher sind der Ansicht, daß durch all die Ablagerungen von lokalen Überschwemmungen keinerlei Sintflut nachgewiesen werde und eine solche weltweite Flut weder im Sinne des Gilgamesch-Epos noch in dem der Genesis naturwissenschaftlich überhaupt möglich sei: »Warum sucht man nach Beweisen, wo nichts bewiesen werden kann.«[571]

Die gesamten, seit sechzig Jahren gezielt auf die Frage der Sintflut abgestellten, intensiven archäologischen Forschungen in dieser Region haben deshalb lediglich zu vollkommener Konfusion geführt. Den verschiedenen Forschern ist innerhalb weniger Jahrzehnte etwas gelungen, was über Jahrtausende hinweg gerade in diesem Raum kaum geschehen ist: eine totale Vermengung von weltweiter Sintflut mit Lokalfluten, und das in einem Maße, daß man die Sintflut fast zu Grabe tragen wollte. Und dies, obwohl die weltweiten Fluttraditionen ebenso wie die babylonischen und biblischen Texte eine ganz klare Sprache sprechen: die Sprache des erlebten Impaktgeschehens.

Es ist geradezu paradox, daß sich die katholische Kirche so sehr von der Auffassung der Schule Woolleys hat beeinflussen lassen: Heute wird in ihren Kreisen inoffiziell weithin die Ansicht vertreten, daß die Sintflut im Gegensatz zur Aussage des Alten Testaments tatsächlich nur auf Mesopotamien beschränkt gewesen sei. Wir sind der Meinung, daß den Theologen nach unseren Darlegungen in diesem Punkt nichts anderes übrigbleibt, als zum Alten Testament zurückzukehren.

Wenden wir uns nun den klassischen griechischen Flutsagen zu, die sich – wie man heute zeigen kann – auf drei verschiedene, geologisch begründbare Lokalfluten zurückführen lassen. Die Urerinnerung hat bei diesen Flutmythen bereits in der Spätzeit der Antike eindeutige Elemente der sechs Jahrtausende weiter zurückliegenden Impakt-Sintflut einfließen lassen, die auch noch in den späten schriftlichen Überlieferungen dieser Sagen durchschimmern.

In der Antike waren in Griechenland vier verschiedene Fluten bekannt, die sich nach heutiger Kenntnis wie folgt einstufen lassen.

Tab. 7: Antike Fluten in Griechenland

Ereignis	Zeitpunkt	Schauplatz	Geologische Ursache
1) Sintflut	um 7550 v. Chr.	gesamte Erde	Kometenimpakt
2) Flut des Ogyges	um 1796 v. Chr.	Theben in Böotien	Durchbruch des Kopaissees?
3) Flut des Deukalion	um 1530 v. Chr.	Griechenland, östlicher Mittelmeerraum	Santorin-Vulkanexplosion
4) Flut des Dardanos	angeblich später (doch Sintflut?)	Samothrake, Dardanellen	Ausbruch des Pontischen Meeres

Diese Flutereignisse waren in der Antike in den griechischen Überlieferungen zunächst immer deutlich getrennt. Erst in der Spätzeit des klassischen Altertums kam es zunehmend zu einer Vermischung von Lokalflut-Traditionen mit der Sintflutüberlieferung. Bei der Datierung der lokalen Flutereignisse helfen neben der geologischen Einstufung der verursachenden Naturkatastrophen auch die vielfältigen Berichte einer Reihe von Chronisten des Altertums, von denen Sextus Julius Africanus mit seiner 221 v. Chr. abgefaßten Chronik der genaueste Berichterstatter ist.

Lassen wir nun die einzelnen Fluten der griechischen Mythen Revue passieren, versuchen wir, die jeweilige geologische Ursache zu ergründen, und vergleichen wir – so weit möglich – die historische Datierung mit der erdwissenschaftlichen Altersbestimmung.

1. Die Existenz einer *allgemeinen Sintflut* als ältestes Flutereignis war in der Antike geläufig, aber ein genauer Zeitpunkt wurde nicht genannt. Allerdings läßt sich Platons Dialog »Timaios« entnehmen, daß Solon von den ägyptischen Priestern in Sais erfahren hatte, Atlantis habe (bezogen

auf heute) bereits vor 11 500 Jahren eine hohe Kultur entwickelt, sei aber in der Folge durch eine Katastrophe untergegangen, in der wir die Sintflut sehen. Daraus läßt sich ein hohes Alter der Sintflut ableiten, aber über das nähere Datum dieses Untergangs haben weder Solon noch Platon etwas überliefert.

In der Spätantike wurde die Sintflut allerdings wesentlich später angesetzt. So nahm etwa der Kirchenhistoriker Eusebios von Caesarea (zw. 260 u. 265–339) für die biblische Sintflut einen Zeitpunkt an, der nur 2200 Jahre vor der Flut des Ogyges (1796 v. Chr.), also um 3996 v. Chr., lag. Die geologischen Fakten hingegen sprechen, wie mehrfach ausgeführt, für eine um rund 3560 Jahre ältere Einstufung in die Zeit um 7550 v. Chr.

2. Die *Flut des Ogyges* fand nach Eusebios 250 Jahre vor der größten griechischen Lokalflut, der des Deukalion von 1539 v. Chr., statt und fiele demnach etwa in die Zeit um 1790 v. Chr. Noch genauer datierte Julius Africanus die Flutkatastrophe des Ogyges: 1020 Jahre vor den ersten Olympischen Spielen, die 776 v. Chr. veranstaltet wurden – demnach genau 1796 v. Chr.[596]

Ogyges gilt als sagenhafter König von Theben in Böotien. Ein für die Schwankungen seines Wasserspiegels bekannter See füllte bis zum 19. Jahrhundert die böotische Beckenlandschaft Kopais aus. Seit der Spätantike gab es – angefangen mit Strabo und Pausanias – immer wieder Berichte über Überflutungen der Tiefebene durch die Wasser des Sees, so daß der englische Mythologe J. G. Frazer[597] ein solches lokales Ereignis für die Flut aus der Zeit des Ogyges verantwortlich machen möchte. Das letzte Wort hierüber ist noch nicht gesprochen.

3. Die bedeutendste und in der Erinnerung am stärksten nachwirkende griechische Regionalflut war die *Flut des Deukalion.* Der griechischen Mythologie zufolge war Deukalion der Sohn des Prometheus und mit Pyrrha verheiratet. Sein Sohn Hellen wurde zum Stammvater der Hellenen. Als Zeus das Menschengeschlecht durch eine Flut vernichten wollte, rettete Deukalion – auf den Rat seines Vaters hin – seine Familie in einer Arche, die neun Tage und Nächte auf der unermeßlichen Flut dahintrieb und auf dem Gipfel des Parnaß strandete, während der gesamte Peloponnes überflutet war.

Die Flut des Deukalion hat viele antike Geschichtsschreiber inspiriert, von Pindar und seinem Schüler Hellanicus im 5. Jh. v. Chr. angefangen über Aristoteles und Platon im 4. Jh., Appolodor im 2. Jh., Ovid und Strabo um die Zeitenwende bis zu Lukian und Pausanias im 2. nachchristlichen Jahrhundert.[598] Die Darstellung des Flutereignisses und des Helden Deukalion war in den ältesten Aufzeichnungen frei von biblisch-babylonischen Einflüssen, läßt aber später einen zunehmenden Einfluß der noachischen Sintflutlegende verspüren. Dies steigerte sich bis zur dichterisch phantasievollen Darstellung bei Ovid, die voller individueller Einfälle war, und schließlich weiter bis zur genauen Kopie Noahs bei Lukian, der alle Tierarten getreu dem biblischen Vorbild paarweise in die riesige Arche marschieren ließ, oder bei dem griechischen Historiker Plutarch, bei dem eine Taube ausgeschickt wird, um den Rückzug der Flut zu erkunden. Diese auffällige, in die gleiche Richtung gehende Entwicklung ist schon früh erkannt worden:[599] »Auf das ursprünglich Echte wurden die orientalischen Züge aufgepfropft.«

Aus der Tatsache, daß in der Spätzeit Elemente gerade dieser griechischen Sage über eine regional begrenzte Flut mit Ereignissen der wahren Sintflut vermischt wurden, erkennt man aber, welche Bedeutung die Chronisten der deukalionischen Flut zumaßen. Diese griechische Regionalflut spiegelt jedoch tatsächlich eine eigenständige Flutkatastrophe der Ägäis wider, wie aus dem eindeutig fixierbaren Zeitpunkt hervorgeht, der mit dem der großen, geologisch datierbaren Beben- und Vulkankatastrophe des Santorin in der südlichen Ägäis übereinstimmt. Der griechische Chronist Parian verlegt die deukalionische Flut auf seiner Zeittabelle von 265 v.Chr. in das Jahr 1265 vor seiner Zeit, also in das Jahr 1530 v. Chr.

Für eben diesen Zeitraum aber haben wir ganz konkrete Hinweise auf gewaltige Tsunamis in der Ägäis, die durch den mit Katastrophenbeben verbundenen Ausbruch des Vulkans Santorin ausgelöst wurden. Diese Eruption übertraf die berüchtigte Explosion des Krakatau im Jahre 1883 um das Dreifache. Die mythische Erklärung der Flut des Deukalion in der Antike war hingegen ein Fehlschlag: Laut Herodot war in alten Zeiten das Tiefland von Thessalien von einem See bedeckt, den Poseidon mit einem Beben, das die Peneus-(Pinios-)Schlucht aufriß, flutartig entleerte. Diese Schlucht ist aber vielmehr das Werk anhaltender Erosion, wie schon J. G. Frazer[600] zutreffend vermerkt hat.

Die Flutkatastrophe im östlichen Mittelmeer um die Mitte des zweiten vorchristlichen Jahrtausends geht, wie erwähnt, auf den durch Erdstöße angekündigten und von Erdbeben begleiteten heftigen Ausbruch des Vulkans Santorin auf der Insel Thera, 120 km nördlich von Kreta, zurück. Das vermutete bereits 1939 der griechische Archäologe S. Marinatos, der dem damit verbundenen Tsunami auch die Zerstörung der kretischen Flotte und als Folge davon das Ende der Seeherrschaft der Kreter zuschrieb.[601]

Die gewaltige Eruption des Santorin erfolgte laut radiometrischer Altersbestimmung ungefähr um 1525 v. Chr. 72 Millionen Kubikmeter Material wurden dabei ausgeschleudert und über eine Fläche von 200 000 km^2 verteilt. Die nach der Eruption einbrechende Caldera hatte mit 11 km Länge und 7 km Breite das dreifache Ausmaß der Caldera beim Ausbruch des Krakatau.[602] Das letzte Wort über die geologische Datierung des Santorin-Ausbruchs ist allerdings noch nicht gesprochen, denn z.B. C. U. Hammer und seine Mitarbeiter (1987) haben dieses Ereignis um mehr als 100 Jahre früher angesetzt.

In der Zwischenzeit hat man – sicherlich zu Unrecht – angezweifelt, daß der Ausbruch des Santorin wirklich so starke Tsunamis hervorrufen konnte, weil sich die Eruption in drei Teilschritten vollzog. Der größte Teil der Energie wurde jedoch erst bei der dritten Eruption freigesetzt, als der zentrale Teil des Vulkans gesprengt wurde und bis unter den Meeresspiegel einstürzte[603] – für uns nach wie vor ein Hinweis auf die Bildung eines gewaltigen Tsunami. Dagegen glaubt man heute nicht mehr, daß die minoischen Siedlungen auf der 120 km entfernten Insel Kreta bei dem Vulkanausbruch, sondern vermutlich bei einem schweren Erdbeben zerstört wurden, das sich etwa 50 Jahre später ereignete.[604]

Für unsere Frage, welche Ausmaße ein bebenbedingter Tsunami hat, ist der Umstand von Interesse, daß bereits ein Beben der Stärke 7,8 auf der Richter-Skala eine 40 m hohe Flutwelle produziert. Dies hat gerade in der Ägäis das Beben vom Amorgos in den Kykladen 1956 sehr anschaulich demonstriert.[605] Daher waren schon bisher[606] Vermutungen über einen Zusammenhang zwischen der Santorin-Eruption und der Flut des Deukalion laut geworden. Nun, nach dem Vergleich des ermittelten historischen Datums der Flut, nämlich 1530 v. Chr., mit der ähnlichen radiometrischen, stets mit einer gewissen Fehlerbreite verbundenen Einstufung der Eruption wird dieser Zusammenhang für uns zur Gewißheit.

Der Untergang der minoischen Kultur auf Kreta wurde allerdings nicht durch den Ausbruch des Santorin und auch nur zum Teil durch das etwa 50 Jahre spätere Erdbeben verursacht, sondern vor allem erst durch die Invasion mykenischer Griechen, die 1375 v. Chr. den Königspalast von Knossos völlig zerstörten.[607]

4. Am dunkelsten ist noch der Zeitpunkt der *Flut des Dardanos,* die ebenfalls Gegenstand antiker Mythen ist. Diese dritte griechische Einzelflut ist an die Sage von Dardanos, einem König von Arkadien auf dem Peloponnes, geknüpft, der durch eine das ganze Tiefland überschwemmende Flut mit dem Rest der Überlebenden auf die Insel Samothrake

westlich der Dardanellen vertrieben worden sein soll. Eine andere Version der Einheimischen dieser Insel geht jedoch dahin, daß Dardanos diese Flut auf Samothrake selbst, also in der Nordostecke der Ägäis, erlebt habe.

Die Überlieferung der Einwohner von Samothrake, diese Flut sei nicht die jüngste, sondern die älteste aller griechischen Regionalfluten gewesen, sollte ernsthaft geprüft und nicht einfach – wie bei Frazer[608] – damit abgetan werden, daß die Einheimischen dieser Insel Eiferer seien, die unbedingt die älteste griechische Flut für sich in Anspruch nehmen möchten. Die Flut ist nämlich nach Aussagen der Samothraker darauf zurückzuführen, daß sich das riesige Pontisch-Aralokaspische Meer, das bis in die jüngste Erdgeschichte durch einen Riegel im Bosporus vom Mittelmeer getrennt war, mit einem gigantischen Schwall in das Mittelmeer ergoß, als diese Schwelle plötzlich zerbarst. Der Wasserspiegel dieses überdimensionalen Schwarzen Meeres mit allen Nebenmeeren habe nämlich deutlich über dem des Mittelmeeres gelegen.[609]

Diese Legende ist aus geologischer Sicht durchaus plausibel. Hinter dem Riegel des Bosporus befand sich in diesem Raum der sogenannten »Paratethys« bis in die jüngste Erdgeschichte ein riesiges, vom Schwarzen Meer über Kaspi- und Aralsee bis zum Balchaschsee oder noch weiter reichendes Binnenmeer. Außerdem liegen die Riegel der Bosporushöhen und der Dardanellen in einem tektonisch äußerst unruhigen Bereich der mobilen Kruste, der von sich kreuzenden Bruchsystemen durchzogen wird. Das waren ideale Voraussetzungen für einen katastrophalen Ausbruch gewaltiger Wassermassen nach einem schweren Beben, das die Landschaft umgestaltete. Wir hoffen, daß die gerade laufende geologische Neuuntersuchung der jüngsten Tektonik dieser Region nähere Anhaltspunkte für ein solches Ereignis und seine Einstufung bringt.

Die Propagierung der Theorie, daß das Schwarze Meer und riesige hypothetische Meere, die östlich davon in Zentralasien angrenzten, durch diese Pforte hindurchgebrochen seien, wurde zum späten Lebensinhalt des Vermessungsingenieurs Franz von Schwarz.[610] Dieser hatte bei seiner langjährigen Arbeit im Auftrag des russischen Generalstabes in Innerasien, im Westen der Mongolei am Nordrand des Tienschan-Gebirges, bis zu einer gleichmäßigen Höhe Schliffmarken einer gewaltigen Flut zu entdecken geglaubt. Der Hinweis eines Kosaken, der ihn begleitete, »da kann man sehen, wie weit die Sintflut hinaufgereicht hat«, veranlaßte ihn zur Annahme, darin die Wirkung des Ausbruches eines gewaltigen innerasiatischen Meeres – seines Mongolischen Meeres – zu sehen, das sich seiner Theorie nach im Jahre 2297 v. Chr. über den Pontus durch den Bosporus und die Dardanellen ins Mittelmeer ergossen habe. Dieser Ausbruch der Meeresmassen sei die Großkatastrophe der asiatischen Völker gewesen. Sie stelle die »Sintflut« der Menschheit dar, die sich erst später von dort aus über die Erde zerstreut habe.

Obwohl Franz von Schwarz bestrebt war, dieser Idee in einer umfassenden Monographie 1894 zum Durchbruch zu verhelfen, sind seine Daten und Einstufungen als Beleg für die weltweite Sintflut irrelevant. Seine Beweise für die Flutwirkung in Innerasien in Form von balmenartigen Aushöhlungen der Felsen erinnern, wie er sie beschrieb und zeichnete,[611] mehr an typische Erosionsformen des semiariden Klimas als an Schliffkehlen. Auch wenn somit keine Beweise für die einstige Existenz seines »Mongolischen Meeres« vorliegen, sollte man trotzdem ohne Neuuntersuchung die Möglichkeit solcher Anschliffe durch strömende Wasserfluten nicht von vornherein in Abrede stellen, denn gerade für die Zeit nach dem Sturzregen der Sintflut können wir durchaus rasche Entleerungen neu entstandener Binnenseen erwarten.

Die Befassung mit einer Reihe von klassischen Sagen über lokale und regionale Fluten hat uns beispielhaft gezeigt, daß es beim heutigen Wissensstand oft unschwer möglich ist, lokale Traditionen zu verstehen, geologisch zu begründen und zu datieren und von der global wirksamen Sintflut mit ihren spezifischen Impaktmerkmalen abzutrennen. Diese Unterscheidung, die früher als schwierig betrachtet wurde, stellt dank der Kenntnis des Impaktmechanismus kein Problem mehr dar.

Die Lehre aus der Erkenntnis der Sintflut

Schicksalhafter nächster Impakt

Die Erkenntnis, daß es auf der Erde eine unerwartet hohe Zahl von Impakten – teilweise schon zu Lebzeiten des Menschen – gegeben hat, und das Wissen um die schrecklichen Auswirkungen von Einschlägen, wenn sie die Größenordnung des Sintflut-Impaktes haben, fordern dazu auf, über die sachliche Feststellung des Impaktgeschehens hinaus die Konsequenzen zu überdenken, die sich daraus für das weitere Schicksal der Menschheit ergeben.

Der Alptraum »Der nächste Impakt kommt gewiß« hat ja die Menschheit seit der Sintflut immer wieder beschäftigt. Schon in der Antike war bei vielen Völkern das Bewußtsein fest verankert, daß derartige Weltkatastrophen in größeren Zeitabständen mit Sicherheit bevorstünden. Als Zeitraum für den Eintritt wurde im Durchschnitt eine Spanne von zehn- bis zwölftausend Jahren angenommen, die als »Weltenjahr« bezeichnet wurde. Wir haben allen Grund anzunehmen, daß dieser feste, weit verbreitete Glaube auf einer dunklen Erinnerung der Menschheit an ältere Weltkatastrophen beruhte, die sich in solchen Abständen ereignet hatten (siehe S. 409). Schon unsere Urahnen überlegten sich Schutzmaßnahmen und entwickelten eine Abwehrstrategie, die von einfachen Mitteln wie der Bereitstellung von Holzschüsseln, um den Kopf gegen glühenden Niederschlag zu schützen (Südamerika), bis zu komplexen Strategien reichte. 1. Man hielt vor allem die Erinnerung an alle Einzelheiten des traumatischen Erlebnisses der Sintflutkatastrophe wach, auch um bereits die frühen Zeichen des nahenden Unglücks zu erkennen und Vorsorge treffen zu können (Aufsuchen von Höhlen etc.). Dies war auch der Hauptgrund, warum bestimmte Traditionen wider alle Erwartungen derart langlebig waren und zehn Jahrtausende überdauern konnten. Rituale, regelmäßige, häufig jährlich wiederkehrende Zeremonien, wortgetreue Wiedergabe dieses wichtigsten menschlichen Vermächtnisses am Höhepunkt von Initiationsriten und dergleichen mehr sorgten dafür, das Andenken über die mündliche Tradition hinaus aufrechtzuerhalten. 2. Eine große

Zahl von Weissagungen tut direkt kund, daß ein derartiger Weltuntergang mit Sicherheit bevorstehe. Zugleich wurde durch die detaillierte Schilderung im Rahmen solcher Offenbarungen, die sich auf die vom Sintflut-Impakt her bekannte Katastrophenabfolge stützte, das ganze Ausmaß des Schreckens festgehalten, das auch beim nächsten Schicksalsschlag zu erwarten war. 3. Da man glaubte, daß solche Weltkatastrophen die Strafe für eine böse, sündig gewordene Menschheit darstellten, wurde einerseits zur Besserung aufgerufen und wurden andererseits Opfer dargebracht, um vielleicht auf diese Art die Götter und Dämonen beschwichtigen zu können und sie zum Verzicht auf eine nächste Strafaktion zu bewegen.

Wenden wir unsere Aufmerksamkeit aber wieder der Gegenwart zu, um die Wirkungen eines Impaktes unter den heute gegebenen Bedingungen unserer Zivilisation abzuschätzen. Es soll hier beileibe nicht versucht werden, die ganze Palette der möglichen Auswirkungen eines nächsten bedeutenden Impaktes für die heutige Zivilisation zu überdenken. Statt dessen wollen wir uns auf einen wichtigen, vielleicht sogar *den* entscheidendsten Aspekt konzentrieren, der mit der modernen Technologie der Atomkraftwerke zusammenhängt. Die konkrete Bedeutung, die das neue Impaktwissen für die moderne Gesellschaft im Atomzeitalter hat, soll hier klargelegt werden. Und es soll uns zu Konsequenzen auffordern.

Die sogenannte friedliche Atomkraft hielt am 20. Dezember 1951 Einzug in das Leben der Menschheit, als zum ersten Mal eine Glühbirne aufflammte, deren elektrischer Strom von einem Kleinreaktor in Idaho in den USA erzeugt wurde. Das gefährliche Unterfangen der Atomtechniker war auch deshalb begonnen worden, um die mit dem Ende des Zweiten Weltkrieges frei gewordenen Kapazitäten der atomaren Rüstungsindustrie anderweitig beschäftigen zu können. Insgeheim war die friedliche Nutzung der atomaren Kräfte seitens der Atomtechnologen zugleich als Wiedergutmachung für das im Krieg der Menschheit angetane Grauen der Atombombe gedacht. Das Programm des amerikanischen Präsidenten Eisenhower »Atome für den Frieden« im Jahre 1953 sollte eine neue, glückliche, von Energiesorgen freie Zukunft für die Menschheit einleiten. Die visionäre Warnung des größten Denkers unserer Epoche, Albert Einsteins, verhallte hingegen: »Die entfesselte Gewalt des Atoms hat alles verändert, außer unsere Denkgewohnheiten, und wir gleiten einer Katastrophe ohnegleichen entgegen. Eine neue Art zu denken ist notwendig, wenn die Menschheit weiterbestehen will. Diese Bedrohung abzuwenden ist das dringendste Problem unserer Zeit.«

Bereits die Art, wie die Diskussion um diese neue Form der Energiegewinnung begann, war Warnung genug:[612] Bei der Ersten Weltkonferenz zur friedlichen Nutzung der Atomenergie in Genf im Jahre 1955 erhielt der amerikanische Nobelpreisträger für Medizin, der Biologe Hermann Joseph Muller, Redeverbot. Den Nobelpreis hatte er 1946 für die Entdeckung der Mutationen durch Röntgenstrahlen erhalten. Er wußte zu viel über die Schädigung der Zelle und des Lebens durch die Radioaktivität.

Derzeit sind weltweit 424 Atomreaktoren in Betrieb und 83 in Bau. Hinzu kommen die nicht so bereitwillig genannten militärischen Anlagen für die atomare Rüstungsindustrie. Das gesamte Ausmaß der in diesen atomaren Anlagen inzwischen angehäuften hochradioaktiven Stoffe, die für den menschlichen Organismus unvergleichlich gefährlicher als alle anderen Giftstoffe sind und deren Menge in jedem Jahr weiter anwächst, ist ins Gigantische gestiegen. Wenn sie freigesetzt würden, käme dies in seiner ungebändigten Wirkung einem vieltausendfachen Overkill für das gesamte Leben auf unserem Planeten, nicht nur allein für den Menschen, gleich.

Die hochradioaktiven Stoffe, die der Mensch unter großem Energieaufwand aus den Lagerstätten mit dem im Fels verstreut eingeschlossenen Uran herausgeholt und in hohem Maße angereichert hat – allen voran Uran 235 mit einer Halbwertszeit von 713 Millionen Jahren und das daraus erbrütete, noch wesentlich gefährlichere Plutonium 239 mit 24 360 Jahren Halbwertszeit und zehnmal so langer Abklingzeit –, konzentrieren sich jetzt in den laufenden Reaktoren und den mit Plutonium betriebenen Schnellen Brütern (Abb. 98), ferner als Ansammlungen von ausgebrannten, strahlenden Brennelementen in den Lagerbehältern der Atomkraftwerke, in den Wiederaufbereitungsanlagen, wo sie weiterverarbeitet werden, als Abfall in Säuren gelöst und als radioaktive Brühe in den seicht in den Boden eingesenkten Stahltanks der militärischen atomaren Anlagen der Rüstungsindustrie – in den USA z. B. in Savannah River in South Carolina und in Hanford in Südwashington.

Der Versuch, die rasch weiter anwachsenden Massen von hochradioaktivem Müll auch nur einigermaßen sicher in Endlagern viele hundert Meter unter der Oberfläche unterzubringen, ist trotz 35 Jahren intensiver, kostenaufwendiger Suche weltweit an der komplexen, gestörten Struktur der Erdkruste gescheitert. Deshalb lagert das gesamte, höchstgefährliche hochradioaktive Material an der Erdoberfläche und kann in den Atomkraftwerken ebenso wie in allen Zwischenlagern nur mittels ununterbrochen arbeitender Kühlung unter Kontrolle gehalten werden. Eine Störung dieser elektrisch betriebenen Kühlung durch Stromausfall, Reißen der Kühlrohre, Schäden an den Lagerbehältern etc. würde innerhalb von kurzer Zeit zur Überhitzung, zum Schmelzen bei einigen tausend Graden Temperatur und zur Explosion durch Kontakt mit dem in Dampf verwandelten Kühl- oder Grundwasser führen.

Sämtliche dieser vielen hundert, über die gesamte Erde verteilten atomaren Anlagen und Zwischenlager sind in ihrer Bauausführung jeweils auf die stärksten herkömmlichen Erdbeben ausgelegt, die man aufgrund der historischen Erfahrung und des geologischen Wissens im Ernstfall am jeweiligen Standort befürchten müßte. Impakte hat man bei der Installation der gesamten nuklearen Anlagen als Gefahrenmöglichkeit »ausgeklammert«. Realität und Häufigkeit von Impakten und die Stärke der Impaktbeben sind dabei nirgendwo berücksichtigt worden.

Wir wissen aber derzeit bereits zur Genüge, wie bedenklich diese Gefahrenfaktoren sind. Wie wir auf S. 384 ausgeführt haben, muß man die Erde heute als Planet sehen, der sich mitten in einem Schwarm von erdbahnkreuzenden Asteroiden und Kometen verschiedenster Größenordnung befindet. Die Wahrscheinlichkeit, daß die Erde von einem Impaktor namhafter Größe getroffen wird, der katastrophale Auswirkungen für die Menschheit haben könnte, liegt selbst schon nach dem jetzigen Kenntnisstand in der Größenordnung von mehreren zehntausend Jahren. Und welche Auswirkungen ein solcher, keineswegs seltener Treffer von der Größenordnung des Sintflut-Impaktes hätte, konnten wir ja sehr anschaulich aufzeigen. Der letzte dieser bedeutenden Einschläge, der Sintflut-Impakt vor rund 10 000 Jahren, und die Erinnerung der Menschheit an frühere Impakte sind Warnung genug, daß uns ein solches Ereignis in durchaus nicht allzuferner Zukunft bevorsteht oder aber – trotz aller Statistik nicht für den Einzelfall vorhersagbar – auch schon in nächster oder sogar allernächster Zeit ereilen kann.

Was aber ein durch einen nächsten Asteroiden- oder Kometeneinschlag ausgelöstes Impaktbeben, das viele hundert Male stärker als die stärksten herkömmlichen Erdbeben wäre und bei dem von den Gebäuden kein Stein auf dem anderen bliebe, bei der Vielzahl der atomaren Anlagen bedeuten würde, läßt sich einfach, aber todtraurig sagen: das Ende des Lebens, das sich seit 3,8 Milliarden Jahren in so vielfältiger Form auf unserem Planeten entfaltet hat. Mit Sicherheit könnte keine nukleare Anlage der Gewalt eines stärkeren Impaktbebens standhalten: Die Kühlleitungen, Lagerbecken und Lagertanks würden brechen, die Schaltanla-

Abb. 98: Weltuntergangsschlange (»Regenbogenschlange«) mit dem Impaktnacht-Himmel, verwendet als Weltuntergangssymbol auf einer Informationsschrift der japanischen Gegner der Plutoniumwirtschaft, Berkeley 1992.

gen zerstört werden, die Strom- und Notstromaggregate würden ausfallen, die Anlagen zusammenstürzen. Und ohne Kühlung würde die gesamte angehäufte Radioaktivität durch Überhitzung, Verdampfung und Explosionen freigesetzt werden und in dieser enormen Konzentration, aus vielen hundert Quellen ausströmend, jedes Leben, jede lebende Zelle mit Gewißheit zerstören. Man erinnere sich nur daran, in welchem Maße das Leben und die Natur allein schon durch den Unfall in Tschernobyl am 26. April 1986 geschädigt wurden, als aufgrund der sonst nicht üblichen Konstruktion mit 1700 durch Graphithüllen isolierten Druckstäben nur 3,5 % des nuklearen Materials des Reaktors freikamen.

Aber sogar eine Endlagerung des Atommülls tief im Fels würde bei einem solchen, für menschliche Begriffe unvorstellbaren Impaktbeben schwere Schäden erleiden, so daß Radioaktivität über Quellen und Grundwässer austräte. Bewegungen und Durchscherungen an allen Störungen und Kluftflächen auch in der Tiefe wären bei solchen extrem starken Beben zu erwarten (siehe S. 143 ff.). Einer solchen Bewegung der Erdkruste, die wie Meereswogen hochgehen würde, und der die gesamte Landschaft umgestaltenden Gewalt dieser Impaktbeben – wie sie die

Augenzeugen des Sintflut-Impaktes weltweit geschildert haben – könnte garantiert keine Atomanlage standhalten.

Während somit bis vor wenigen Jahrzehnten ein Einschlag von der Größe des Sintflut-Impaktes zwar die Menschheit schwer und das übrige Leben erheblich geschädigt hätte, aber die Schäden von der Natur in absehbarer Zeit korrigiert hätten werden können, hat der Mensch, der sich in seiner Überheblichkeit selbst zum Prometheus ernannt hat, zum ersten Mal in der langen Geschichte unseres Planeten eine absolut tödliche Falle installiert. Absolut tödlich wirkend durch die von ihm bereitgestellten Mengen hochradioaktiver Stoffe, absolut tödlich für das gesamte irdische Leben, diesen seltenen, zerbrechlichen, bunten Hauch in der starren Öde und Kälte des Universums. Es ist reiner Zufall, wann die – unwissend, in unverantwortlicher Weise und ohne Verständnis für die Natur – aufgerichtete Falle zuschnappt.

Der Ausweg

Hat die Menschheit eine Chance, auch diese äußerste, letzte Gefahr abzuwenden? Vom technischen Standpunkt aus gesehen sehr wohl. Die unseren Planeten »angreifenden« Impaktoren, die unsere Zivilisation ernsthaft gefährden könnten, haben etwa 0,5 bis 10 km Durchmesser, wobei kosmische Geschosse der oberen Größe bereits außerordentlich selten sind. Aber schon Impaktoren ab 0,5 km Durchmesser würden bei einem Einschlag im Ozean riesige Fluten erzeugen. Einen herannahenden Planetoiden der unteren Größenordnung mittels mehrerer, von Raumstationen abgeschossener atomarer Supersprengköpfe zu treffen, abzulenken und von der Erdbahn abzudrängen, ist bereits heute keine Unmöglichkeit mehr.

Überlegungen dieser Art, die unter der Bezeichnung »Projekt Weltraumüberwachung« zusammengefaßt werden, wurden ja schon seit der Woods-Hole-Konferenz der NASA im Juni 1980 und dem ein Jahr später stattfindenden Treffen in Snowmass in Colorado angestellt, durften aber unter dem Druck der Lobby aus politischen Gründen nicht veröffentlicht werden.[613] Wenn man das heutige Wissen allgemein bekanntmachen würde, wäre dies wahrscheinlich das Ende der Atomwirtschaft. Derzeit werden aber die damals unterdrückten Gedanken wieder aktuell, nämlich im Zusammenhang mit der rasch anwachsenden Kenntnis der großen Zahl von Weltkörpern, die die Erde bedrohen. Naturgemäß erhebt sich angesichts dieses Wissens die unabdingbare Forderung, die Errichtung weiterer atomarer Anlagen sofort zu stoppen. Darüber hinaus müssen wir uns aber überlegen, wie die Menschheit mit der von ihr selbst heraufbeschworenen heutigen Situation zurechtkommt.

Die erste Voraussetzung für ein erfolgreiches Impaktabwehrsystem besteht darin, das herannahende Objekt früh genug zu orten und seine genaue Bahn zu berechnen. Dies ist dank der präzisen Beobachtungsgeräte der modernen Weltraumforschung durchaus möglich. Es gibt zahlreiche Beispiele für die frühzeitige Erfassung und exakte Bahnberechnung solcher Objekte. Aber auch Gegenbeispiele, die die Schwierigkeiten bei der Sichtung und Überwachung kleiner, dunkler Weltkörper verdeutlichen, sind aus den Anstrengungen bekannt, kleine, bereits erfaßte erdnahe Asteroiden nicht wieder aus den Augen zu verlieren – wie etwa 1989 die Jagd nach dem Objekt 1989 FC gezeigt hat.[614]

Die Erfüllung der zweiten Voraussetzung, dem Impaktor rechtzeitig Raketen mit Super-Atomsprengköpfen entgegenzuschicken, ist im Zeitalter der Raumfähren und Weltraumstationen ebenfalls keine Utopie mehr. Wir haben auf S. 339 erwähnt, daß bei der Begegnung mit dem Halleyschen Kometen im März 1986 ein Raumfahrtprogramm erwogen wurde, bei dem eine Sonde Halley bis zum Jupiter entgegenfliegen, dann auf seine Bahn einlenken, den Kometen im Parallelflug begleiten und schließlich auf dem Kern dieses »schmutzigen Schneeballs« landen sollte, um in Ruhe alle Messungen auszuführen. Dieses wie Science-fiction anmutende Unternehmen lag völlig im Bereich der technischen Möglichkeiten, wurde aber – ausschließlich wegen der hohen Kosten – nicht realisiert.

Angesichts des erfolgreichen laufenden SDI-Programmes der USA könnte unter diesem neuen Aspekt ein entsprechendes, diesmal aber internationales Programm entwickelt werden, das nicht auf Krieg, sondern auf Impaktabwehr ausgerichtet wäre. Eine Kontrolle und Beherrschung des erdnahen Weltraumes von mehreren Raumstationen aus, die auf hohen Umlaufbahnen und in diametral zueinander gelegenen Positionen die Erde umkreisen könnten, wäre auf diese Weise möglich. Zugleich würden damit die gewaltigen menschlichen Kraftanstrengungen auf diesem Gebiet in eine sinnvolle, friedliche Bahn gelenkt werden.

Angesichts der wachsenden Kenntnis über das Ausmaß der konkreten Bedrohung der Erde durch Impaktoren hat nun die NASA begonnen, sich erneut mit dieser realistischen Gefahr auseinanderzusetzen. In einer 1990 begonnen Serie von Meetings hinter verschlossenen Türen treffen sich Experten, um Abwehrmaßnahmen gegen drohende Kollisionen zu finden:

Ein Komitee von Astronomen soll ein Erkundungssystem entwickeln; ein anderes aus Weltraumtechnologen soll für ein effizientes Abwehrsystem sorgen. Man plant, die bedrohlichen Weltkörper nicht zu zertrümmern, sondern mittels Zündung von strahlungsstarken Neutronenbomben die Asteroiden einseitig zu verdampfen und sie so nach dem Rückstoßprinzip vom Kollisionskurs abzulenken. Das Ausmaß der mit dem Unternehmen verbundenen Gefahren läßt allerdings manchen der Teilnehmer über den eigenen Mut erschrecken. Hinzu kommt, daß nun statt zügiger Fortschritte ein Streit zwischen den beiden Komitees über die Größe der in die Überlegungen einzubeziehenden Objekte die weitere Arbeit lähmt – wie der Wissenschaftsjournalist Robert Matthews im März 1992 verriet.

Es bleibt nur die Frage, ob auch die dritte Voraussetzung erfüllbar ist, nämlich der koordinierte Einsatz der Vernunft und des guten Willens, statt die Technologien für nationale Interessen, religiösen Fanatismus, Konzerne, Machtgruppen und Kriege zu verwenden. Denn bei einem positiven Gebrauch der Vernunft wäre es schon längst eine Selbstverständlichkeit gewesen, die viel zu teure, immense Gefahrenquelle Nukleartechnologie mit der ständigen Produktion von nicht entsorgbarem radioaktivem Müll und mit ihrem immer größer werdenden »friedlichen« Vernichtungspotential abzustellen und durch die Solarenergie zu ersetzen – auch ohne die erst jetzt klar werdende Bedrohung durch bevorstehende Impakte.

Historische Aspekte

Die bisherige Unterschätzung von irdischen Impaktkatastrophen

Wir alle einschließlich der Erdwissenschaftler waren blind bei der Deutung der Entwicklung der Erde und des Lebens, indem wir grundsätzlich nicht an die wichtigsten und einschneidendsten Zäsuren in diesem Prozeß gedacht hatten, die durch Einschläge von Asteroiden und Kometen verursacht worden waren. Dies ist auch verständlich, denn in unserer bürgerlichen Geborgenheit, in unserer jahrtausendealten Geschichte sind wir nie mit diesem elementaren Ereignis konfrontiert worden. Die Krater aus früherer Zeit aber sind aufgrund der intensiven Verwitterung, die bei den klimatischen Bedingungen unserer Erde herrscht, rasch beseitigt

Abb. 99: Der Meteorkrater in Arizona entstand in der letzten Eiszeit. Der 1200 m breite Krater geht auf den Einschlag eines Eisenmeteoriten zurück, von dem aufgrund der Explosion beim Aufprall wenig erhalten geblieben ist. – Foto: A. Tollmann.

worden oder ohnehin – da die Erde zu mehr als 70 Prozent von Meeren bedeckt ist – seit je zum größten Teil gnädig unseren Blicken entzogen gewesen. Die jüngsten, kleineren, noch deutlich erhaltenen Krater erklärte man entweder als Vulkankrater, oder sie wurden – wie der rund 25000 Jahre alte, 1100 m große Meteoritenkrater in Arizona – in erster Linie nur als romantische Touristenattraktion betrachtet (Abb. 99).

Wir Zivilisationskinder haben diese Art der Katastrophe eines Boliden-einschlages aus dem All im Vergleich zu allen übrigen, so realistischen Gefahren des täglichen Lebens vollends verdrängt, abgeschrieben. So auch die Erdwissenschaftler. »Die meisten Geologen haben die Vorstellung gar nicht gern, daß Steine von der Größe eines Berges oder kleiner Gebirge aus dem Himmel herausfallen«, sagte der Astrogeologe Eugene M. Shoemaker vom amerikanischen Geologischen Dienst in Flagstaff, Arizona, treffend in seiner Ansprache, als er 1984 den Gilbert-Preis erhielt. Man fühlt sich dabei unwillkürlich an den Ausspruch des großen französischen Wissenschaftlers George Cuvier – also ausgerechnet des Vaters der Katastrophenlehre – erinnert, der die Auffassung vertrat: Vom Himmel können keine Steine fallen, denn da sind keine drinnen!

Wie vehement sich aber auch heute noch – sogar nach Alvarez – manche Erdwissenschaftler aus Scheu vor dem Großartigen allen modernen Argumenten verschließen, zeigt symptomatisch die Stellungnahme, die Hermann Jaeger vom Paläontologischen Museum der Humboldt-Universität in Berlin 1986 zum »Extremkatastrophismus« abgab. Seine Kritik enthält Äußerungen wie »Abenteuerliche Szenarien ... der Extrem-Katastrophisten«, »Bombenabwurf aus dem Kosmos«, »Turm von Hypothesen ... erreicht neue Qualität von Spekulationen«, »ein kosmischer Deus ex machina ist unnötig«, »noch 15 Ma [Millionen Jahre] Zeit für uns ..., um etwaige Luftschutzmaßnahmen gegen den zu erwartenden Angriff zu treffen« und dergleichen mehr. Der Stil des gesamten Artikels ist geprägt von Unbehagen über die aufgezwungene Konfrontation mit dem Ungewohnten, dem Großartigen, weitab von den konventionellen Denkkategorien. Zur Abrundung des Bildes verallgemeinert Jaeger schließlich noch in seinem Beitrag zur Abwehr dieses fremdartigen Einbruches in seine vertraute Gedankenwelt: »Die Geschichte der Geologie lehrt, daß die Herbeirufung kosmischer Kräfte zur Erklärung geologischer und paläontologischer Phänomene gewöhnlich nur eine Ausflucht ist und in der Regel einem Erklärungsverzicht gleichkommt. Als in einem der unvergeßlichen Kolloquien des Geologisch-Paläontologischen Institutes der Humboldt-Universität zu Berlin vor 35 Jahren kosmische Hypothesen zu unserem Thema zur Sprache kamen, rief uns Gothan eindringlich warnend zu: ›Merken Sie sich, der Kosmos kommt zu allerletzt.‹ So bleibe es.« So anachronistisch diese Denkweise auch heute wie damals ist, so sind diese Ausführungen doch ein interessantes wissenschaftsgeschichtliches Dokument, das einmal mehr unsere so häufige Beobachtung bestätigt: Je größer, je gewaltiger eine neue Erkenntnis ist, desto größer, desto hartnäckiger ist der Widerstand in den breiten konservativen Fachkreisen.

Wie bereits W. Alvarez und seine Mitarbeiter[615] ausgeführt haben, liegen die Wurzeln der Ablehnung von Impakten in der Denkvorstellung der konservativen Erdwissenschaftler, die tief im Gefühlsbetonten verankert ist. Diese Einstellung wird erstaunlicherweise auch nicht durch die Entdeckung von immer mehr irdischen Einschlagskratern und die wachsende Kenntnis von Streufeldern von Impakt-Schmelzprodukten in den Schichtfolgen beeinflußt. Sogar der große englische Stratigraph Anthony Hallam beharrt im Zeitalter nach Alvarez (1981) darauf: »Umweltveränderungen auf diesem Planet, wie sie in der Fazies ablesbar sind, sollten sorgfältig erforscht werden, bevor ein *Deus ex machina* von seltsamen Ereignissen im äußeren Weltraum herbeigerufen wird ... Es ist intuitiv befriedigender, die Ursachen unter den Phänomenen zu suchen, welche vergleichsweise vertraut mit unserer Erfahrung sind.«

Ganz anders hingegen hat seit Jahrhunderten, ja Jahrtausenden der einfache Bürger die Frage »Impakt« gesehen. Für ihn war das Erscheinen eines Kometen seit je mit seinem Urtrauma, der Angst vor der großen, endgültigen Katastrophe, verknüpft. Diese Angst wiederum ist die Nachwirkung des realen Sintfluterlebnisses der Menschheit, wie wir durch die Analyse der Mythen gezeigt haben. Und dabei blieb es, auch wenn dieser Bürger seit dem Zeitalter der Aufklärung von den Wissenschaftlern bis vor kurzem dafür nur verspottet worden ist.

Wie überraschend tief das Unvermögen der Wissenschaftler war, dies zu begreifen, zeigt beispielhaft die Stellungnahme des sonst so treffsicheren und feinsinnigen deutschen Forschers Arthur Stentzel in seinem Werk »Weltschöpfung, Sintfluth und Gott« von 1894. Obwohl er durchaus nicht abgeneigt war, bei der Sintflutkatastrophe an einen Kometeneinschlag zu denken,[616] verleitete ihn der stolze Geist des Fortschrittsglaubens in dem Augenblick zu grober Ungerechtigkeit, als er in der Kometenangst der Menschen Mystisches oder Gottesfurcht zu verspüren glaubte: »Der damaligen Unkenntniss der Himmelskörper ... ist natürlich auch die kindliche Anschauung der zur Zeit der Sintflut lebenden Menschen von dem ... damals sichtbaren Kometen zuzuschreiben; sie bildeten sich ein, das merkwürdige, geisterhafte, schnell durch die übrigen Sterne schreitende und unter die Erde tauchende Gestirn, der Geist Gottes, müsse die Katastrophe angerührt haben ... Diese Furcht vor dem Sintflut-Kometen, die Gottesfurcht, hat man in der Folgezeit vor allen anderen auffälligen Kometen auch empfunden und die letzteren zu Unheilstiftern ersten Ranges gemacht, obwohl sie trotz ihrer theilweise riesenhaften Größe die denkbar unschuldigsten und harmlosesten Himmelskörper sind und sich nach M. W. Meyer's Ausspruch bezüglich ihrer Masse zu derjenigen unseres Erdballes verhalten wie ein Papierschnitzelchen zu einer Kanonenkugel. Nur auf diese Weise läßt sich die Kometenfurcht erklären, ... denn daß man sich vor einer fernen Himmelserscheinung fürchten sollte, welche noch nie den Menschen geschadet hat, das wäre doch zu unlogisch und selbst für einen Kindesverstand lächerlich.«[617] Was für eine überhebliche Fehldiagnose der Wissenschaft in der Epoche des unbegrenzten modernen Fortschrittsglaubens gegenüber dem tradierten Urwissen über den erlebten Kometeneinschlag beim Sintflutgeschehen und seine gigantischen Auswirkungen, die fast die Ausrottung der Menschheit zur Folge gehabt hatten.

Die Erdwissenschaftler hätten wenigstens dann aufwachen müssen und die Bedeutung von Impakten für das Schicksal der Erde und der Menschheit ermessen können, als in neuerer Zeit die Zahl der entdeckten Planetoiden, die die Erdbahn kreuzen – seit der Erfassung des ersten derartigen Objektes, 887 Alinda, durch M. Wolf in Heidelberg im Jahre 1918 –, alljährlich zunahm. Zumal auch schon 1942 H. Nininger vom Museum of Natural History in Colorado am konkreten Beispiel des 1937 vorbeigezogenen Asteroiden Hermes erste ernstzunehmende Überlegungen über die Auswirkungen eines solchen Einschlages angestellt hatte: im Hinblick auf Flutwellen, Verschiebung von Krustenschollen, Bildung von Inseln, Aufbrechen von Vulkanismus, plötzliches Aussterben von Tiergruppen usw.

Derzeit sind rund 150 solche Planetoiden und Asteroiden bekannt; insgesamt vermutete man bis vor wenigen Jahren,[618] daß es 1500 derartige Himmelskörper gäbe, während man ihre Zahl heute bereits auf mehrere tausend schätzt (Abb. 100). Zumindest hätten die Erdwissenschaftler Rückschlüsse auf die Erde ziehen müssen, als mit den im Raumfahrtzeitalter rasant anwachsenden, detaillierten Informationen über den Mond und die Planeten zur Gewißheit wurde, daß die pockennarbige Oberfläche unseres Trabanten und der anderen Planeten im Sonnensystem einem

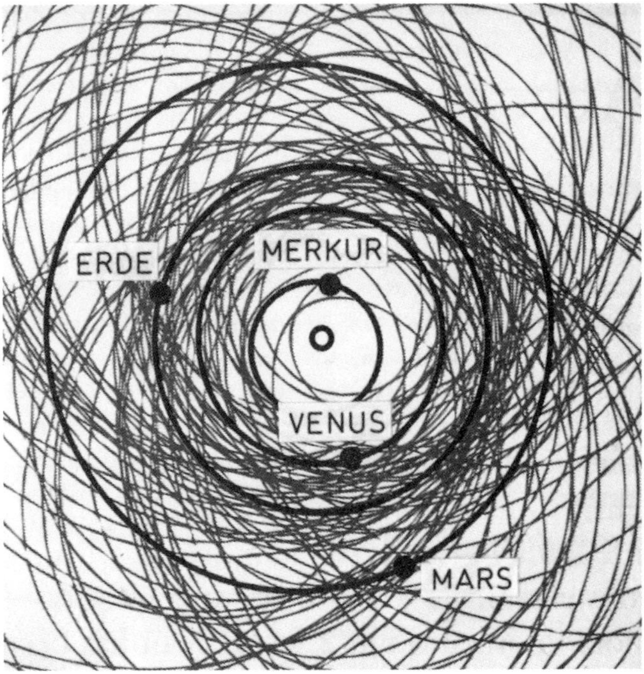

Abb. 100: Der Ausspruch des amerikanischen Astronomen Eugen Shoemaker »Die Erde befindet sich in einem Schwarm von Asteroiden« kommt einem unwillkürlich in den Sinn, wenn man die Umlaufbahnen von 107 erdnahen Asteroiden betrachtet. Dabei sind bisher überhaupt erst zwei bis höchstens zehn Prozent dieser die Erde bedrohenden Weltkörper erfaßt. – Nach R. Matthews 1992.

dichten, ständigen Hagel von Einschlägen kleinerer Weltkörper ihre Entstehung verdanken und daß demgegenüber Vulkankrater nur eine ganz untergeordnete Rolle spielen. Da es dort keine Atmosphäre gab oder Wasser in freier Form fehlte, blieben diese Denkmäler des Impaktgeschehens als eindrucksvolle Zeugen über alle Zeiten hinweg erhalten. »Die Erde residiert in einem Asteroidenschwarm«, charakterisierte Eugene M. Shoemaker treffend die gefährliche Situation. Hinzu kommen noch die von den Fachleuten bis jüngst in der Impaktfrage entscheidend unterbewerteten erdbahnkreuzenden Kometen.

All diesem Wissen zum Trotz verschlossen sich die Geologen und Paläontologen weiterhin der logischen Konsequenz, für die Erde das gleiche, ganz allgemein gültige Schicksal entsprechend dem der übrigen Planeten des Sonnensystems anzunehmen, als ob wir eine Ausnahmestellung im Kosmos hätten. Die Schlußfolgerung über die Grenzen der

Disziplinen Erdwissenschaft und Astronomie hinweg unterblieb lange Zeit. Und die Planetologen trösteten sich meist offenbar mit der Erkenntnis, daß sich das Hauptbombardement der Erde durch Asteroide auf die frühe Phase der Bildung unseres Sonnensystems aus einer interstellaren Wolke vor 4,6 Milliarden Jahren und die unmittelbare Folgezeit konzentriert hatte. In den ersten 100 Millionen Jahren entstand die Erde ebenso wie die übrigen Planeten durch Zusammenballung der damals noch in großer Zahl vorhandenen, früh kondensierten Gesteinsbrocken und Planetesimalen des werdenden Sonnensystems. Man schätzt heute, daß sich bereits in den ersten 50 Millionen Jahren fünf Sechstel der Erdmasse angesammelt hatten, bevor diese Urerde durch den Einschlag eines riesigen Asteroiden wieder einen Teil ihrer Masse verlor, der als Erdmond zu ihrem Trabanten wurde.[619]

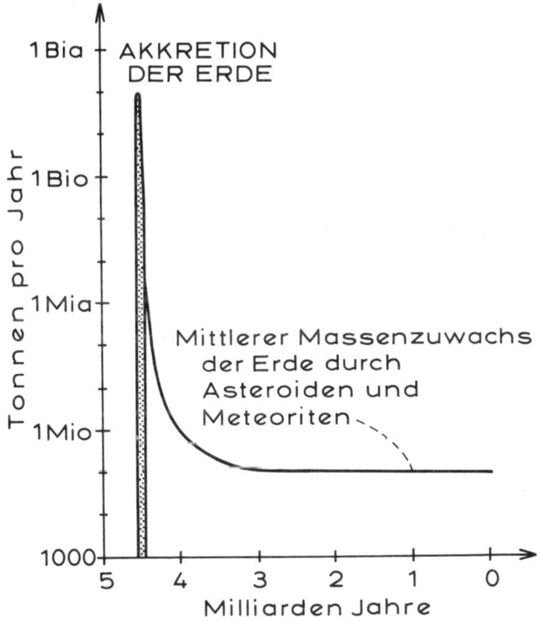

Abb. 101: Diagramm über das rasche Anwachsen der Erde in der Zeit ihrer Entstehung von rund viereinhalb Milliarden Jahren durch Zusammenballung (Akkretion) von riesigen Asteroiden und über den sich später schnell verlangsamenden Massezuwachs infolge des spärlicheren Einfalles von Impaktoren. In den ersten 50 Millionen Jahren der Erdentstehung sammelten sich vermutlich etwa 5 Trilliarden Tonnen an, im nachfolgenden gleich langen Zeitraum nur mehr 1 Trilliarde Tonnen; bis heute sind danach nur noch rund 1 Trillion Tonnen hinzugekommen. – Nach A. Preisinger 1987.

Erst vor 3,8 Milliarden Jahren ließ, wie erwähnt, dieses apokalyptische Bombardement unseres Planeten nach. Doch selbst aus der Zeit der Bildung des archäischen Ophiolithgürtels (greenstone-belt) von Südafrika und Westaustralien vor 3,4 bis 2,8 Milliarden Jahren kann man indirekt noch immer eine deutlich höhere Zahl von Einschlägen als heute ermitteln (Abb. 101).

Die Erdwissenschaftler gaben sich jedoch mit der Vorstellung zufrieden, daß die späteren Impakte wegen ihrer vermeintlichen Seltenheit für die Erdgeschichte bedeutungslos gewesen seien. Als aber in jüngerer Zeit bei der genaueren Untersuchung und Kartierung der Erdoberfläche immer mehr Krater erfaßt wurden, gab es zunächst einen zähen Streit um fast jede einzelne dieser Strukturen. Eine Auflehnung gegen die Naturgewalten, die zu groß waren, um sie mit menschlichen Maßstäben zu messen! So war es ja auch bei den übrigen großartigen Erkenntnissen in der Geologie: zuletzt bei der fundamentalen Erkenntnis der Kontinentalverschiebung durch den weitblickenden Berliner Geophysiker Alfred Wegener. Sie wurde erst ein halbes Jahrhundert nach der Formulierung der Theorie im Jahre 1912, nämlich 1964, unter der neuen Bezeichnung »Plattentektonik« aufgrund der Kraft der Beweise – noch immer unter heftigen Rückzugsgefechten seiner Gegner – akzeptiert. Dreieinhalb Jahrzehnte nach dem Tode Alfred Wegeners.

Man erinnere sich ferner nur an das jahrelange Ringen unter den deutschen Geologen um die Anerkennung des 24 km^2 großen Impaktkraters des Nördlinger Ries in Schwaben, dessen Konturen trotz seines ehrwürdigen Alters von 14,7 Millionen Jahren noch heute in eindrucksvoller Weise erhalten sind (Abb. 64).

Frühere Sintflut-Deutungen

Die Sintflut aus der Sicht der Theologen

Die Theologen hatten es bei der Erklärung der Phänomene der Sintflut und ihres Wesens am leichtesten. Sie brauchten und sollten nur glauben, was ihnen das Alte Testament bot. Sie hatten keinen Grund oder Anlaß zu einer naturwissenschaftlichen Analyse des Ereignisses, zumal eine solche über lange Jahrhunderte hinweg weder erwünscht war noch geduldet wurde.

Ja, sogar die Naturwissenschaftler wagten es lange nicht, sich von der orthodoxen Betrachtungsweise des mosaischen Schöpfungsberichtes zu lösen. Sie führten vielfach unter strenger Bezugnahme auf die Genesis – wie etwa der englische Geologe und Physiker John Woodward noch 1695 – die geologische Gestaltung der Erdkruste exakt auf die noachische Sintflut zurück, genau der Bibel entsprechend, um nicht wie sein etwas älterer Zeitgenosse Thomas Burnet der Ketzerei beschuldigt zu werden.[620]

Bemerkenswerterweise herrschen in den konservativen islamischen Ländern, in denen eine orthodoxe Glaubensauffassung Staatsreligion ist, in mancher Hinsicht noch heute ähnliche Verhältnisse wie in Europa vor Jahrhunderten. Nicht nur in den Basaren mit der Ansiedlung der Zünfte in jeweils eigenen Gäßchen, sondern auch in der Wissenschaft, an den Hochschulen, wo z.B. im Iran unter dem Regime des Ajatollah Khomeini, im universitären Geologieunterricht regelmäßig kurze Pausen eingeschaltet wurden, um die Übereinstimmung des vorgetragenen Stoffes mit den Aussagen des Korans obligatorisch festzustellen.

Die Theologen und Schriftgelehrten des Abendlandes mühten sich jahrhundertelang ab, die Einzelheiten des Sintflutgeschehens in weitschweifigen Diskussionen zu ergründen, die sich mit der Übersetzung und Auslegung der alten Texte befaßten – ganz im Sinne der scholastischen Denkweise des Mittelalters, in der Sophismus statt Beachtung der natürlichen Fakten im Vordergrund stand und Offenbarung und Dogma der Schlüssel zum Verständnis der Wirklichkeit waren. Das »credo, ut intelligam« (»Ich glaube, um zu erkennen«) eines Erzbischofs von Canterbury im 12. Jahrhundert und der Vorrang des Glaubens vor der Vernunft bei Johannes (Duns) Scotus, dem scharfsinnigen, spitzfindigen Franziskaner im 13. Jahrhundert, der den bezeichnenden Beinamen »Doctor subtilis« trug, wirkten noch Jahrhunderte nach.

Bis in die Mitte des 19. Jahrhunderts blieben alle Einzelheiten des biblischen Sintflutberichtes in Theologenkreisen buchstäblich gültig. Bezeichnenderweise hielt in unserem Jahrhundert der bekannte katholische Sintflutexeget Monsignore Dr. Karl Fruhstorfer, Kanonikus des Linzer Domkapitels, in seinem 1945 durch das Bischöfliche Ordinariat in Linz freigegebenen (»Nihil obstat«) Buch »Die noachische Sintflut« noch immer daran fest, daß es »uns nicht zusteht«, das große Sintflutereignis der Urzeit »naturwissenschaftlich näher zu bestimmen«.[621] Der ganze Unwille über die naturwissenschaftliche Deutung und Erkenntnis äußert sich in diesen Kreisen bis in die Gegenwart hinein.

Die Sintflut ist bereits im Alten Testament gedanklich zur »Sündflut« umgemünzt worden; ihr Zweck war laut Genesis ausschließlich die Be-

Abb. 102: Die Sintflut in der dramatischen Darstellung aus der Bilderbibel von G. Doré 1880.

strafung der sündigen Menschheit durch Gott: »Und die Erde war ganz verderbt in Elohims Augen, und die Erde war voll Unrecht«[622] (Abb. 102). Auch in den indischen Mythen wird die Ursache der Sintflut mit der »Verdorbenheit des Zeitalters« begründet. Und nach Ovid »beschloß der Vater [Zeus] das frevle Geschlecht zu vertilgen unter der Flut«.

An diesem seit mehr als zwei Jahrtausenden als gültig hingenommenen Fundament des Alten Testaments, daß die Sintflut ein Strafgericht gewesen sei, wurde mit Beginn des technisch-naturwissenschaftlichen Zeitalters zunächst mit sehr einfachen, leicht verständlichen logischen Argumenten gerüttelt. Der Hamburger Prä- und Frühhistoriker Arthur Stentzel präzisiert die Argumentation dieser Aufklärung: »Die ägyptische, persische und germanische Tradition weiß dagegen nichts von einer einstigen Fluth zur Strafe der bösen Menschen. Und weil die Idee an und für sich schon uncorrect ist, da 1. der Gott, welcher die Menschen geschaffen hat, sie wieder vertilgt, 2. dieser Gott in seiner Allwissenheit nicht vorausgesehen hat, daß die anfangs guten Menschen schlecht werden würden, und 3. die Menschen nach der Fluth ebenso böse ›in ihrem Dichten‹ wurden, als diejenigen es waren, welche vor der Fluth lebten, der Zweck der Fluth darum gänzlich verfehlt zu nennen ist – so sagen auch wir uns a priori von dieser Ansicht los und ziehen wiederum nur das in Betracht, was faktisch passiert ist, ohne Ansehen auf den Zweck der Fluth, denn ein solcher existiert für die Menschen absolut nicht.«[623]

Von der Auslegung des Sintflutereignisses als »göttliches Strafgericht über eine gänzlich verderbte Menschheit« – wie sie H. Junker noch 1964 im »Lexikon für Theologie und Kirche« vornahm[624] – kann die Theologie aber auch heute und morgen nicht abgehen, ohne eines der Fundamente der christlichen Religion preiszugeben. Zugleich wäre es für einen allmächtigen, gütigen Gott unverantwortlich, wenn er es zuließe, daß sich ein solches Meer von Leid über fühlende und denkende Wesen ergießt, nur um der astronomischen statistischen Wahrscheinlichkeit in der Häufigkeit der Impakte zu gehorchen.

Die Kirche könnte von dieser festgelegten Deutung der Sintflut als Strafgericht Gottes nur loskommen und dabei zugleich auch die vielen anderen Ungereimtheiten des Alten Testaments abwerfen, falls sie eine großangelegte Reform der christlichen Lehre vornehmen und sich auf die Lehre Jesu im Neuen Testament beschränken würde. Daß weder dies geschehen noch eine Revision der Sintflutlegende erfolgen wird, ist abzusehen. Da hilft auch keine erdwissenschaftliche Erkenntnis, daß dieser spezielle Impakt nur einer unter vielen war, die diese Erde und die anderen Planeten und Monde getroffen haben, die mit statistisch berechenbarer Häufigkeit immer wieder in der erdgeschichtlichen Entwicklung eintreten und dieselben Auswirkungen auch schon in der Zeit der Saurier hatten, als es weder sündige Menschen noch sündige Säugetiere gab, und die Erde sogar vor dem Beginn des Lebens heimsuchten. Nicht vergessen werden darf dabei, daß der Sintflut-Impakt nur eine von mehreren solchen

Katastrophen war, die die Menschheit in ihrer langen Geschichte getroffen haben (siehe Tab. 6).

Die theologische Sintflutinterpretation hatte in der Neuzeit drei Klippen zu umschiffen, was sie mit sehr unterschiedlichen Methoden und ebenso unterschiedlichem Erfolg unternahm. Soeben aber erhebt sich aufgrund der vorliegenden neuen Erkenntnisse eine vierte Klippe. Diese Klippen tauchten aus dem Nebel der Unwissenheit auf, als 1. die Naturwissenschaften seit der Renaissance aufblühten, 2. 1872 die Geschichte von Gilgamesch zutage gefördert wurde, 3. 1929 die in Ur freigelegte »Sintflutschicht« bekannt wurde und 4. in dem hier vorgelegten Text der Nachweis für einen großen Impakt als Ursache der Flut geführt werden konnte.

Es ist reizvoll, wenigstens mit ein paar Sätzen die Maßnahmen zu umreißen, mit denen die christliche Lehre diese Bedrohung durch die rationale Erkenntnis zu überwinden versuchte. Der schwerste Einbruch für die Glaubenslehre kam mit dem Augenblick, als die Naturwissenschaft nach dem mittelalterlichen Dunkel in der Neuzeit ihr Haupt zu erheben begann. Viele Entdeckungen und Erkenntnisse ließen die bis dahin als fundamental geltenden Prinzipien der Heilslehre in ganz anderem, neuem Licht erstehen. Das neue Selbstbewußtsein der Menschheit, die Freude an der Entdeckung neuer Wahrheiten, die logisch und widerspruchsfrei begründbar waren, gab den Anstoß dazu, Wissen vor Glauben zu setzen. Über die Jahrhunderte hinweg entbrannte ein Kampf, bei dem zunächst – als noch das alte Kräfteverhältnis galt – die Scheiterhaufen für die Ketzer loderten, dann, im vorigen Jahrhundert, unter heftigen und ausfälligen Rückzugsgefechten unhaltbare Bastionen gegenüber dem raschen Fortschritt der Wissenschaften preisgegeben werden mußten und schließlich, in der Gegenwart, aufgrund der rasanten Entwicklung der Erdwissenschaften und ihrer subtilen Methodik die Würfel zugunsten einer nüchternen, natürlichen Erklärung des Sintflutphänomens gefallen sind – ohne anthropomorphe oder religiöse Verbrämung, wie sie in so vielfältiger Form in den Mythen und Religionen der Menschheit vorkommt.

Dieser Prozeß der rationalen Durchleuchtung des Sintflutgeschehens setzte übrigens schon vor der modernen, neuzeitlichen Entwicklung der Naturwissenschaften ein: Der »Ketzer« Apelles z. B. stellte bereits im 2. Jahrhundert n. Chr. die herausfordernde Frage, »wie doch Noah die sämtlichen Thiere habe kennen und sammeln können, da die Arche doch höchstens vier Elephanten habe fassen können«. Selbst einer der Kirchenväter des 5. Jahrhunderts, der Bischof Theodoret von Kyros, warf die schwer beantwortbare Frage auf, wo denn all das Wasser geblieben sei, welches die Erde bei der Sintflut so hoch bedeckt habe.[625]

Die Situation, in der die Naturwissenschaften gleich zu Beginn ihres aufklärerischen Kampfes in der Renaissance standen, zeigt am deutlichsten der Tod des überragenden italienischen Philosophen, des Dominikaners Giordano Bruno, auf dem Scheiterhaufen in Rom am 17. Februar 1600. Nach siebenjähriger Gefangenschaft hatte das Richterkollegium der Inquisition diesen begnadeten und literarisch so fruchtbaren Wissenschaftler, dessen Geist noch jahrhundertelang einen Spinoza, Herder, Goethe und Schelling inspirierte, unter anderem auch deshalb zum Feuertod verurteilt, weil er die Realität der noachischen Flutdarstellung des Alten Testaments geleugnet hatte.

Einen solchen Märtyrertod für ihre wissenschaftliche Überzeugung heraufzubeschwören war aber beileibe nicht das Ziel der meisten Wissenschaftler in der damaligen Epoche, so daß sie halbwegs ehrenvolle Ausflüchte suchten, um Bibel und Naturbeobachtung einigermaßen in Übereinstimmung zu bringen. Für viele, selbst tiefgläubige Forscher war der Konflikt groß. Diese gaben sich meist mit der seit Tertullian, also seit 1400 Jahren, bestehenden Erklärung zufrieden, die marinen Fossilien in den vielfältigen Schichten der Gebirge müßten durch die Sintflut dorthin verfrachtet worden sein.

Noch zweihundert Jahre nach Giordano Brunos Fanal war der Kampf der Theologen gegen die gefährlichen und aufrührerischen Geologen trotz aller Fortschritte im Denken in vollem Gange. Um das geistige Klima in dieser späten Phase der lautstark geführten Rückzugsgefechte der orthodoxen Linie zu charakterisieren, wollen wir die einleitenden Worte der Rede des Grafen Johann Fortunatus Zamboni, geheimer Kämmerer Sr. Heiligkeit Pius VII., Domherr von St. Maria Maggiore und Sekretär der Religionsakademie zu Rom, vom 10. Mai 1821 zitieren, die den bezeichnenden Titel »Von der Nothwendigkeit, die Leichtgläubigen vor den Kunstgriffen einiger neuerer Geologen zu warnen, die unter dem Schatten ihrer physischen Beobachtungen die mosaische Geschichte der Schöpfung und der Sündfluth zu läugnen sich erkühnen« trug:

»Mit doppelter Waffe trachtet die Schule der falschen Philosophie der heiligen Geschichte der Schöpfung und der allgemeinen Sündfluth jenes Ansehens zu rauben, das ihr so viele Jahrhunderte, so viele Philosophen und Nationen erhalten haben. Zuerst verkehrt man mit aller Sorgfalt, aber fruchtlos die Archive der Nationen und wandte sich dann an die Urkunden der Natur. Der Schoos der Erde, die Eingeweide und die Gipfel der Berge,

Abb. 103: Der Einzug der Tiere in die Arche Noah. Relief von Josef Matthias Götz in der Pfarrkirche Stadl-Paura in Oberösterreich (1724).

die Tiefe der Meere, alles dieß wurden neue Schlachtfelder, auf denen man Mosen anzugreifen sich erfrechte. Mit einem Häuflein von Halbgelehrten, die sich ereiferten, der Welt ihren Platz anzuweisen und Theorien der Erde zu erschaffen, mit diesen behauptet man mit aller Zuversicht, als ob man die entschiedenste und bekannteste Wahrheit lehrte, daß die Schöpfung in der Zeitfolge falsch wäre und in der Geschichte den ältesten Werken nachstehe, und daß die Schöpfungsgeschichte des Moses nur ein

Inbegriff von pöbelhaften Überlieferungen und Fabeln wäre, die keiner Prüfung mehr wert sind und die den Kenntnißen nicht entsprechen, die wir den glücklichen Fortschritten des Studiums der Geologie verdanken.«

Bis in unser Jahrhundert tobte der sinnlose Streit um die Glaubwürdigkeit der Legende von der Arche Noah, ihrer Fahrt und Landung, die mit orientalischer ausschmückender Phantasie um das wahre Ereignis der Sintflut herum erfunden worden war, mit der Heftigkeit von Glaubenseiferern, wie es F. de Rougemont[626] und K. Fruhstorfer[627] anschaulich belegen. Den Einwänden, die auf den Mangel an Platz, Futter, Wasser und Betreuung angesichts einer achtköpfigen Besatzung für sämtliche in Noahs Arche aufgenommenen Tierpaare aller bestehenden Arten hinwiesen (Abb. 103), begegnete man mit dem Erklärungsversuch, daß sicherlich viele Tiere in Form von Eiern, Larven und Puppen an Bord genommen worden seien (was allerdings dem Originaltext vom paarweisen Einzug klar widerspricht), daß zu Noahs Zeiten noch nicht so viele Tierarten wie heute existiert hätten, daß für die Betreuung der Tiere auch noch eine nicht genannte Schar von Kindern der acht Personen zur Verfügung gestanden haben könnte und daß Noah wohl keine Raubtiere mitgenommen habe. Wieso konnten die Raubtiere aber dann überleben? Wenn sie andererseits ebenfalls Aufnahme in der Arche gefunden hätten, woher wäre dann das Fleisch für sie gekommen, da doch nur pflanzliche Nahrungsmittel mitgeführt wurden und laut dem Bericht der Priesterschrift im Alten Testament von jeder Art nur ein Paar mitkam und damit auch keine Fleischlieferanten verfügbar waren.

Die noch peinlicheren Fragen aber nach Beschaffung von Futter und Wasser, Belüftung bei nur einem Fenster und Reinigung dieser Arche sollten – nach Ansicht mancher Exegeten – »besser überhaupt nicht aufgeworfen werden, man müsse hier einfach glauben. Doch glauben heißt hier Wunder an Wunder reihen«, wie Fruhstorfer[628] erklärte.

Der lange und heftige Streit um die Existenz der 162 m langen, 27 m breiten und 16 m hohen Arche[629] mutet in Anbetracht des heute bekannten Zeitpunktes der Sintflut in der Mittelsteinzeit vor fast zehn Jahrtausenden naiv an und hat schon die spöttische Kritik von Celsius und Voltaire herausgefordert. 1990 schrieb Richard Milner in einem historischen Rückblick hierzu: »Das Arche-Noah-Problem erscheint uns heute die absurdeste aller religiös-wissenschaftlichen Debatten des 19. Jahrhunderts.«[630] (Abb. 104).

Während auf der einen Seite der Streit um die Arche tobte, wurde seit dem Jahre 1655 eine zweite Front im Disput um die Bibeltext-Auslegung

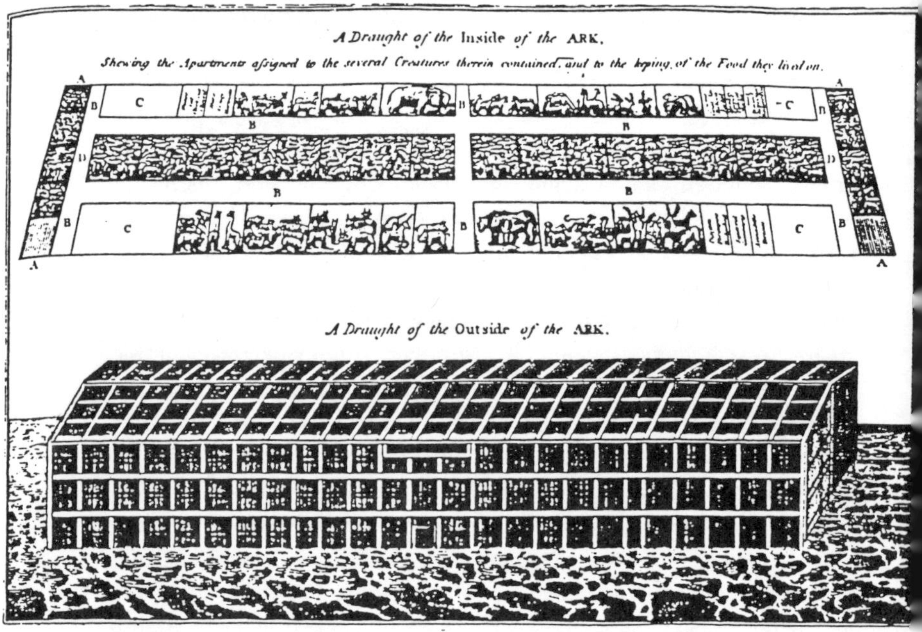

Abb. 104: Der Fassungsraum der Arche Noah, wie er nach Dr. Eduard Wells in seiner »Historical Geography« von 1801 rekonstruiert worden ist. Die fromme Legende der Arche Noah hat sich inzwischen längst als Produkt orientalischer Phantasie erwiesen, denn sie hätte weder die ihr u. a. zugedachte Funktion der Erhaltung des tierischen Lebens auf der Erde erfüllen noch zur Zeit der Sintflut, also vor neuneinhalb Jahrtausenden, entsprechend groß errichtet werden können.

eröffnet. Damals äußerte der französische Diplomat Isaac de la Peyrère in seiner Schrift »Praeadamitae« die Vermutung, die Sintflut sei doch eher ein begrenztes Ereignis in Europa und dem Nahen Osten gewesen, weil man ansonsten nur schwer erklären könnte, wie die Tiere, die nach der Flut auf dem Ararat ausgesetzt wurden, über den Ozean in alle übrigen Erdteile jenseits des Atlantiks und Pazifiks gelangt sein sollten. Diese Auffassung hatte zwar den Vorteil, daß man dann die nicht in die Arche mitgenommenen Raubtiere in anderen Kontinenten überleben und nicht alle erst nach der Sintflut – im Widerspruch zur Paläontologie – neu erschaffen lassen müßte. Da dann aber auch eine Reihe von Völkergruppen der Flut entgangen wäre, hätte die Arche ihren Zweck als Rettungsschiff für die wenigen Gerechten verfehlt und wäre als Ganzes sinnlos gewesen.

Für seine frevelhaften Ansichten wurde Peyrère in Paris verurteilt, floh nach Brüssel, wurde verfolgt, verhaftet und nach Rom eskortiert und mußte dort in Anwesenheit von Papst Alexander VII. seine ketzerischen Behauptungen öffentlich zurücknehmen.[631] Dem Protestanten Isaak Vossius, der nur vier Jahre später in seiner Dissertation »De vera mundi aetate« im Kapitel 12 ebenfalls von einer regionalen Begrenzung der biblischen Sintflut schrieb, erging es ähnlich. Sein Buch kam auf den Index.

Zweihundert Jahre später flammte diese Idee von der regionalen Begrenzung der Flut erneut auf.[632] Auch diese Diskussion zog sich bis in unsere Zeit hin.[633] Heute allerdings lassen sich, wie hier dargelegt, die globalen Auswirkungen der Impaktkatastrophe in mehrfacher Form eindeutig nachweisen, was also zu einer sowohl von Vossius als auch von seinen Gegnern abweichenden Lösung führt.

Daß die Angaben in der Bibel von orthodoxen Exegeten selbst heute noch ernsthaft diskutiert werden, soll das Beispiel des detaillierten, ernstgenommenen Kalenders über das Abflauen der Flut aus dem Buch »The Genesis Flood« demonstrieren, das der reformiert-evangelische Professor für das Alte Testament John C. Whitcombe vom Theologischen Seminar von Winona Lake in den USA und seine Mitarbeiter – darunter der Vorstand der Geologischen Abteilung der Universität von Südwest-Louisiana – 1962 verfaßt haben (Abb. 105). In diesem Werk wird an jedem Buchstaben der Bibel festgehalten, was zur Folge hat, daß geologische Daten verdreht, fossile Fußspuren von »Menschen« in das Karbon und in die Kreidezeit eingestuft und zusammen mit Dinosaurierspuren vorgeführt, alle Eiszeiten der Vergangenheit außer der letzten Sintflut-Eiszeit abgestritten, alle Berge bei dieser Flut bis über die höchsten Gipfel unter Wasser gesetzt und dergleichen Ungereimtheiten mehr verzapft werden. Das katastrophale Ausmaß der Konsequenzen bei einer solch tiefgläubigen Auslegung der Heiligen Schrift des Alten Testaments wird hier noch an einer Universität der Gegenwart in reinster Form vorgeführt. Fossilisiertes Mittelalter!

Auf der anderen Seite hat sich aber neuerdings – wie etwa im »Lexikon für Theologie und Kirche« bei H. Junker[634] – die Auffassung durchgesetzt, daß man auch in Kirchenkreisen die biblischen »Angaben über Bau und Größe der Arche, Verlauf, Dauer und Ausdehnung der Flut als freie volkstümliche Komposition« betrachten darf. Die Doktrin muß schrittweise den Rückzug antreten. Aber dieser Weg ist nicht ungefährlich, weil mit der Freigabe immer weiterer Inhalte des Alten Testaments als »freie

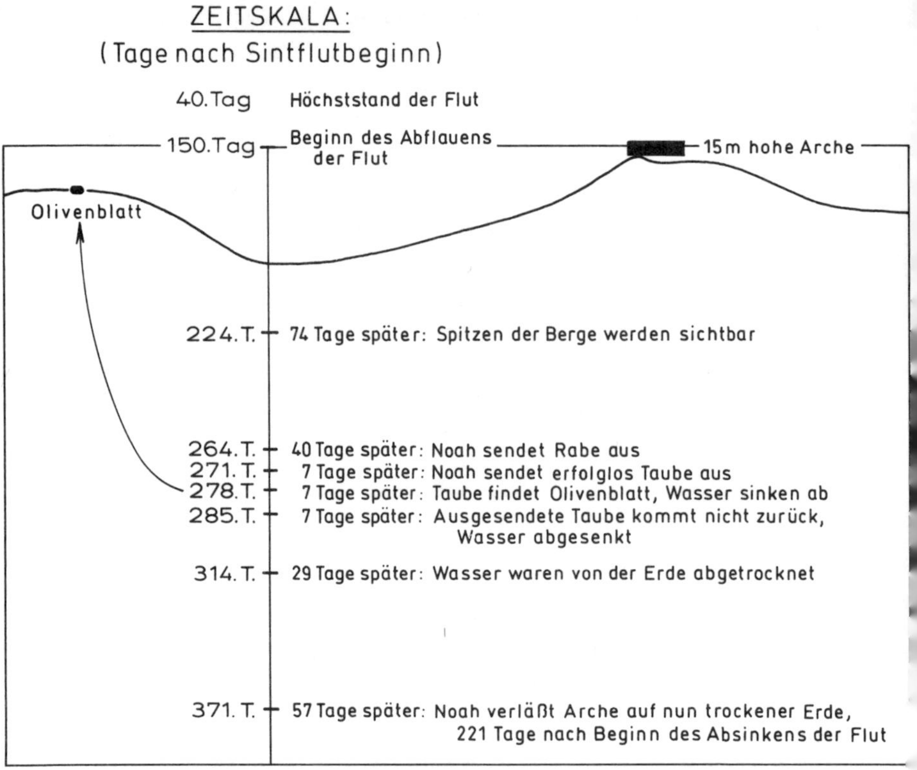
ZEITSKALA:
(Tage nach Sintflutbeginn)
40.Tag
Höchststand der Flut
150.Tag
Beginn des Abflauens der Flut
15m hohe Arche
Olivenblatt
224.T.
74 Tage später: Spitzen der Berge werden sichtbar
264.T.
40 Tage später: Noah sendet Rabe aus
271.T.
7 Tage später: Noah sendet erfolglos Taube aus
278.T.
7 Tage später: Taube findet Olivenblatt, Wasser sinken ab
285.T.
7 Tage später: Ausgesendete Taube kommt nicht zurück, Wasser abgesenkt
314.T.
29 Tage später: Wasser waren von der Erde abgetrocknet
371.T.
57 Tage später: Noah verläßt Arche auf nun trockener Erde, 221 Tage nach Beginn des Absinkens der Flut

Abb. 105: »Exakte« Darstellung des Sinkens der Flut im Buch »The Genesis Flood«. Noch im Jahre 1962 hielten darin der Professor für das Alte Testament des Theologischen Seminars in Winona Lake und Prof. Henry Morris, Leiter der Abteilung für Bauingenieurwesen am Polytechnischen Institut von Virginia, USA, in allen Punkten strikt am Wortlaut des biblischen Textes fest. – Nach J. C. Whitecomb jr. & H. M. Morris 1962.

volkstümliche Komposition« alle Grenzen zwischen Phantasie, Willkür und für den Glauben unabdingbaren Inhalten verschwimmen. Man versteht deshalb den jahrhundertealten Warnruf der konservativen Kreise nur zu gut: »Wehret den Anfängen!«

Wenn man aber schon das Arche-Noah-Problem mit den modernen Kenntnissen angeht, muß man auch klarstellen, daß – nach allem, was wir nunmehr über den Zeitpunkt der Sintflut sowie das Ausmaß und die Gewalt der Flutwelle bei einem solchen Impakt wissen – alle später hinzuerfundenen Rettungsmittel wie Kähne, Kanus, Tierschläuche, Archen etc. zur Gänze der Phantasie entsprungen sind und daher auch die

Abb. 106: Die Arche Noah landet nach der dritten Aussendung der Taube als Kundschafter auf der wieder trocken gefallenen Erde. Szene aus der Genesis nach der Darstellung von G. Doré 1880.

noachische Arche samt ihrem ersonnenen Schicksal bis hin zur Landung auf dem Ararat aus dem realen Inventar des Impaktgeschehens gestrichen werden muß – ebenso wie alle einfallsreichen dazukomponierten, von Menschen verschuldeten Ursachen als Auslöser der Großen Flut.

Eine weitere Hürde auf dem zunächst fast zwei Jahrtausende lang währenden ruhigen Weg der alleinigen Autorität des Alten Testaments in Fragen der biblischen Sintflut tauchte mit der sensationellen Entdeckung und Entzifferung eines babylonischen Sintflutberichtes in akkadischer Sprache auf, den der englische Forscher George Smith unter ebenso sensationellen Umständen im Jahre 1872 gefunden hatte (vgl. Abb. 33). Der Bericht war Teil des auf Tontafeln aufgezeichneten Gilgamesch-Epos aus der Bibliothek des assyrischen Königs Assurbanipal, das der mit Umsicht und Glück angesetzte Spaten nach über zweieinhalbtausend Jahren zutage gefördert hatte. Zur allgemeinen Überraschung glich der Text des Epos, der sich auf den sumerischen König Gilgamesch aus der Zeit um 2700–2650 v. Chr. bezog, in verblüffend vielen Einzelheiten dem des Sintflutberichtes im Alten Testament: von der Warnung des Helden Gilgamesch bzw. Noah vor der Flut über den Bau der riesigen, vielstöckigen Arche, den Einzug der zu rettenden Tiere, die mehrmalige Aussendung von Vögeln, die nach der Flut nach trockenem Land suchen sollten, und die Landung im armenischen Gebirgsland bis zum Wohlgefallen der Götter bzw. Gottes am Wohlgeruch des dargebotenen Opfers. In Babylonien hieß es dazu: »Die Götter rochen den Wohlgeruch, sie sammelten sich wie Fliegen um das Opfer«, während der Jahvist schrieb: »Jahve roch den angenehmen Duft.« Zweifellos stellt die hebräische Sintflutversion gegenüber der älteren babylonischen Mythe, die noch reicher an Einzelheiten des Flutgeschehens selbst ist, die abgeleitete Form dar.

Der Gedanke, daß die mosaische Version der Legende in der monotheistischen Religion ihr Gedankengut einfach aus der babylonischen religiösen Tradition, die der Vielgötterei huldigte, übernommen und nur leicht abgeändert haben könnte, war für die gläubigen Bibelexegeten unerträglich. Die scharfe Ablehnung eines derartigen Gedankens seitens der katholischen Religionswissenschaft ist deshalb verständlich. Monsignore Fruhstorfer[635] möchte auch die engsten Gemeinsamkeiten unbedingt beiseiteschieben: »Der biblische und der babylonische Flutbericht stechen grell voneinander ab. Die biblische Fluterzählung ist ihrem innersten Wesen nach grundverschieden von der babylonischen ...«

Die nächste Sensation, die Entdeckung einer 2,5 m mächtigen Lehmschicht zwischen unterschiedlichen Kulturschichten in Ur, in der Sir C. Leonard Woolley im Jahre 1929[636] die »Flutschicht« der biblischen Sintflut sah, war der Theologie zunächst als scheinbarer Beweis der Sintflut nicht unlieb gewesen. Hatte doch der protestantische Theologe

L. Diestel[637] schon vor Eduard Sueß[638] die Sintflut als ein lokales Ereignis in Mesopotamien gedeutet, das später in der Phantasie überregionale Dimensionen angenommen habe. Aber trotzdem ist Woolleys Erkenntnis zu Recht später »mit großer Vorsicht und Zurückhaltung« aufgenommen [639] bzw. in theologischen Kreisen mit Entschiedenheit abgelehnt worden, da eine Umdeutung der Aussage des mosaischen Berichtes über das weltweite Ausmaß der Sintflut in klarem Gegensatz dazu stand. Fruhstorfer spottete darüber noch 1945 unter Hinweis auf Woolleys eigene Aussage, daß die höher gelegenen Städte der Sumerer damals dieser Flut entgangen seien: »Da hätten wahrhaftig die Götter [die sich laut Gilgamesch-Epos vor Angst beim Toben der Sintflut in die letzten Winkel des Himmels verkrochen hatten] sich nicht in den obersten Himmel zurückzuziehen brauchen, sie hätten getrost in sumerische Städte sich flüchten können.«[640]

Auch die neueste Erkenntnis über einen Impakt als Ursache der eben doch weltweit wirksamen Sintflut – wie sie hier dargelegt wird – ist für die Theologie ein zweischneidiges Schwert: Einerseits hat schon der Pfarrer Karl Staudacher[641] im Jahre 1918 in der Katholischen Kirchenzeitung den Einschlag eines Planetoiden mit dickem Eismantel im Sinne von Hörbigers Welteislehre[642] postuliert, um das Problem der Sintflutursache zu lösen; andererseits aber wird mit der modernen Erkenntnis, daß es sich bei den Impakten um regelmäßige Katastrophen in der Erdgeschichte handelt, die sich auch schon vor der Existenz der Menschen ereignet haben, die biblische Lehre vom Zweck der Sintflut als Bestrafung – speziell für die sündige Menschheit veranstaltet – völlig ad absurdum geführt.

Der jahrhundertelang wogende, zeitweise äußerst heftige Kampf der Theologie gegen die Geologie ist damit beendet. Als Erfindung überführt ist das phantasievolle Beiwerk verschiedenster Art, das sich in ganz unterschiedlicher Weise bei vielen Völkern der Erde um das schreckliche Urerlebnis gerankt hat – im biblischen Fall die schöne, reich ausgeschmückte Legende von Noahs Arche. Widerlegt aber ist ebenso die dem anthropomorphen und egozentrischen Denken des Menschen entsprungene Deutung des Impakt-Tsunami als Strafe für Vergehen der Menschheit, wobei die verschiedenen Völker die vielfältigsten Begründungen dafür gefunden haben – von der Beleidigung eines sensiblen Láxuwa-Zugvogels durch die freudige, aber zu laute Begrüßung dieses Frühlingsboten durch die Yámana in Feuerland über das den Gott Enlil störende, typisch orientalische Geschrei und Gefeilsche (akkadisch »huburum«) der Babylonier in ihren Basaren schon zur Zeit von Gilgamesch[643] bis hin zu dem ganzen Sündenregister, das dem Gott der Bibel an der von ihm zugegebenerweise keineswegs perfekt geschaffenen Menschheit so sehr mißfällt, daß er – überhaupt nicht gütig – fast alle Menschen brutal ausrottet. Die Impakte haben jedoch mit berechenbarer statistischer Wahrscheinlichkeit das Leben auf diesem Planeten immer wieder dezimiert, Milliarden Jahre hindurch, auch schon lange vor der Existenz des Homo sapiens, der in unbelehrbarer Naivität die längste Zeit geglaubt hat, daß er im Zentrum des Geschehens der Welt stünde. In seiner maßlosen Überheblichkeit hat er sein im Weltgeschehen so unwichtiges Verhalten – von der Beleidigung des Láxuwa-Vogelweibchens angefangen – als zureichendes Motiv für die Auslösung gigantischer astronomischer Katastrophen wie der eines Kometeneinschlages auf der Erde gehalten, die aber keine Ausnahmestellung unter allen anderen Planeten einnimmt.

Die Sintflut aus der Sicht der Geologen

Die erwachende Geologie

Die Geologie mit ihren Teildisziplinen ist neben der Astronomie eine der ältesten Wissenschaften der Menschheit. Mit dem einen Zweig, der Bergbaukunde, reicht sie 45 000 Jahre, also bis in das Altpaläolithikum, zurück; damals wurden fachkundig die besten Quarzitlagen in Löwenburg im Schweizer Jura im ältesten Tagbau Europas abgebaut, um Feuerstein für Werkzeuge zu gewinnen.

Mit ihrem zweiten Ast, den kosmo- und geogonischen Vorstellungen, reicht die Geologie ebenfalls weit in die frühen Kulturstufen vieler Völker zurück, zunächst verquickt mit Religion und Philosophie[644] und erst bei den griechischen Naturphilosophen klarere Konturen annehmend.

Diese zweite Wurzel im Prozeß des Nachdenkens über die Entstehung und Entwicklung der Erde ist zwar nicht ganz so alt wie die Bergbaukunde, aber sie greift immerhin fast zehn Jahrtausende weit in die Vergangenheit zurück, nämlich bis zur Sintflut. Diese Erfahrung sollte für die Vorstellung, wie sich unser Planet entwickelt hatte, bis in die Neuzeit hinein entscheidend bleiben. Bei diesem Ereignis hatte die Menschheit ja selbst erlebt, daß der Weltuntergang – zugleich der Beginn einer neuen Welt – das Chaos bedeutete, ein Chaos, in dem die Wasser vom Himmel und von der Erde nicht mehr zu trennen waren, weil der Mensch sah, wie Meeresflut und Sturzregen ineinanderflossen. Und man glaubte von China bis Babylon und darüber hinaus zu wissen, woher die Wasser stammten: Sie waren offensichtlich zum Teil oberhalb des Himmelsgewölbes beheimatet, von wo sie beim Weltenbeben nach dem »Bruch einer Säule des Himmelsgewölbes« herabstürzten. Sie waren aber ebenso offenkundig in einer zweiten Wasserschale unter der festen Kruste der Erde gespeichert, weil bei diesem Weltenbeben zugleich »alle Brunnen der Tiefe aufbrachen«. Man konnte dies nicht nur an den Einschlagsstellen beobachten, wo vom Meeresgrund Fontänen emporschossen (»...und er tat den Brunnen des Abgrundes auf. Und es ging ein Rauch aus dem Brunnen.«), sondern erlebte es auch im kleinen in den Tiefebenen der Flüsse – etwa in Mesopotamien – an Hunderten von neu entstandenen Brunnen, die in hohem Strahl zum Himmel spritzten (siehe S. 144). Daher war man auch überzeugt, daß sich die Wasser der Flut zum Schluß wieder in den »Abyssus« zurückgezogen hätten. Dieses Bild vom Bau der Erde mit einer festen Kruste unter dem Himmelsgewölbe, einer darunter liegenden Wasserschale und einem Zentralfeuer erhielt sich seitdem bis weit über die Zeit eines Descartes hinaus (Abb. 108). Und die Neuentwicklung des Antlitzes der Erde nach dem Impakt, wie sie etwa in der »Genesis« von Moses so vorzüglich dargestellt worden war (siehe S. 238), war ein ebenso gewichtiger Anstoß für das Verständnis des vielaktigen, evolutionären Geschehens, das einen Grundpfeiler in der modernen Geologie darstellt. So sehen wir aus dem Sintfluterlebnis sowohl das eigenartige Bild vom Aufbau der Erde, das jahrtausendelang das Denken beherrschte, als auch den fundamentalen Evolutionsgedanken erfließen.

Die dritte Linie, die der rein wissenschaftlichen Grundlagenforschung, entfaltete sich mit dem Aufkommen der Universitäten: Sie war in dieser Form eine abendländische Spezialität, die sich bezeichnenderweise aus den Theologieschulen entwickelte, so die älteste europäische Universität in Bologna im Jahre 1119 oder die Sorbonne in Paris, die 1253 aus einem Internat für arme Theologiestudenten erwuchs.

Die ursprünglich enge Beziehung zwischen Theologie und Geologie kommt sogar bei der Namensprägung zum Ausdruck: Der Durhamer Bischof Richard de Bury führte in dem kurz vor seinem Tode in den Jahren 1342–45 verfaßten Buch »Philobiblon«[645] den Begriff »geologia« für Erd- oder Weltkunde als Gegensatz zur »theologia« ein. Seine »theologia« war für ihn die einzig wahre Wissenschaft, während die anderen Disziplinen der Natur- und Kunstlehre, darunter die »geologia«, nützliche Hilfswissenschaften zum Verständnis der Heiligen Schrift und der bereits damals laufenden Sintflutdiskussion darstellten.[646] Bald jedoch sollte sich diese Geologie, die bis zum Ende des Mittelalters kritiklos dem Postulat der Theologie in der Erdgeschichte zugestimmt hatte, mit dem Erwachen in der Renaissance allmählich zur gefährlichsten Front im beginnenden Kampf der Kirche mit den Naturwissenschaften entwickeln.

Geologische Beweise für die biblische Sintflut

Den gewichtigsten Nachweis für die Sintflut im Sinne der Bibel schienen zunächst die versteinerten Muscheln, Meeresschnecken und Fische darzustellen, die vielerorts fernab von den Küsten bis hoch ins Gebirge auftraten und für deren Vorkommen tief im Landesinneren man keine andere Erklärung fand. In der Zeit des mittelalterlichen Mystizismus und der Scholastik sah man in den Fossilien zwar zunächst »Naturspiele«, Launen der Natur. Die Vorstellung entsprang der Verbindung der aristotelischen Theorie von der Urzeugung des Lebens aus dem Schlamm mit der Idee der »vis plastica« eines Avicenna (980–1037) oder aber auch mit der Idee der »vis formativa« eines Albertus Magnus (1192–1280). Danach habe die Natur auf anorganischem Wege spielerisch Tiere nachgeahmt. Oder Fossilien waren Werke des Teufels, mißglückte Schöpfungen, die den Betrachter narrten.[647]

Ein Schuß Zynismus liegt in der Deutung der Meeresmuscheln im Gebirge, die der geistreiche französische Schriftsteller Voltaire (1694 bis 1778) etliche Jahrhunderte später – ganz im Sinne der Aufklärung – vornahm, indem er sie als Gegenstände interpretierte, die Pilger verloren hätten.[648]Man spürt darin deutlich genug seinen Spott gegen die von ihm unerbittlich bekämpfte Kirche, die lange Zeit Fossilien als Argumente für die biblische Sintflut verwendete.

Dieses Argument ist erstmals von dem römischen Kirchenschriftsteller Tertullian aus Karthago (160–225) in die geologische Diskussion eingebracht worden. Zwar hatten schon der griechische Naturphilosoph Xenophanes aus Kolophon (570-480 v. Chr.) und der Geschichtsschreiber Herodot aus Halikarnassos (490–420 v. Chr.) in den Fossilien versteinerte Schalen von Meerestieren erkannt und damit zugleich herausgefunden, daß das Festland dort früher von Meer bedeckt war; doch mit Tertullian begann die lange Reihe der »Diluvianer«, die der Meinung verhaftet waren, die ganze Serie der Sedimentschichten sei trotz der unterschiedlichen Fossilien, die aus verschiedenen Abschnitten der Erdgeschichte stammten, einzig der noachischen Sintflut zu verdanken: Nur diese habe

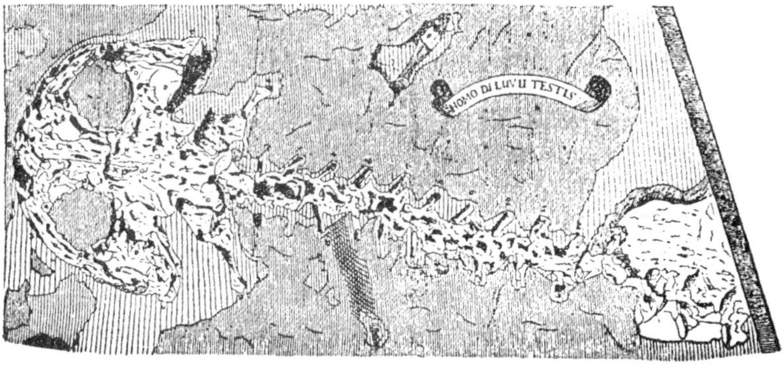

Abb. 107: An seinem Lebensabend glaubte der berühmte Züricher Naturforscher Johann Jacob Scheuchzer noch das Glück zu erleben, in Oeningen den – seiner Meinung nach – »traurigen Zeugen des Vorsintflut-Menschen« in Form eines zwei Meter großen fossilen Skelettes entdeckt zu haben, nämlich »das Beingerüst eines verruchten Menschenkindes um dessen Sünde willen das Unglück über die Welt hereingebrochen sei« vor sich zu haben. In diesem Fund erkannte man später allerdings einen Riesensalamander aus dem Tertiär. – Physica Sacra Augusta Vindelic. 1731–35, Bd. 1.

die Kraft gehabt, Meerestiere so weit ins Innere des Festlandes und so hoch ins Gebirge zu verfrachten. Diese Auffassung wurde auch von dem Kirchenhistoriker Eusebios von Caesarea (263–339) und von Orosius von Spanien (5. Jh.) vertreten und setzte sich das gesamte Mittelalter hindurch fort bis weit in die Neuzeit[649], nämlich bis zu berühmten Naturwissenschaftlern wie dem englischen Physikprofessor John Woodward (1695), dem Nachfolger von Newton auf dem Lehrstuhl für Mathematik in Cambridge, William Whiston (1698), dem deutschen Geologen M. David Sigismund Buttner (1710) und dem geistigen Oberhaupt der Diluvianer, dem Züricher Arzt und Gelehrten Johann Jacob Scheuchzer (1728). Von letzterem kennt man heute kaum mehr eines seiner zahlreichen und voluminösen naturwissenschaftlichen Werke, wohl aber seinen berühmt gewordenen Irrtum: Er schätzte sich glücklich, an seinem Lebensabend »das Beingerüst eines verruchten Menschenkindes, um dessen Sünde willen das Unglück der Sintflut über die Welt hereingebrochen sei«, gefunden zu haben (Abb. 107).[650] Dieses Fossil aus dem Jungtertiär von Oeningen am Bodensee in der Schweiz, das er als »homo diluvii tristis testis« beschrieb, identifizierte Georges Cuvier später als eine neue Riesensalamanderart, die er pietätvoll »Andrias Scheuchzeri« benannte.[651]

Der prominenteste und zugleich radikalste Diluvianer unter den Theologen war Martin Luther, der sich in seinem Kommentar »In primum librum Mose enarrationes« von 1544 auch mit den geologischen Wirkungen der Sintflut einschließlich der Fossilentstehung befaßt hat.[652]

Der letzte, voll von der Sintflut-These im alten Sinne überzeugte Diluvianer war James Buckland mit seinem Werk »Beobachtungen über die geologischen Erscheinungen, die eine universelle Flut bezeugen«, das 1823 in London erschien. Dieser Titel wäre übrigens heute wieder passend für eine Studie über den weltweiten, schmalen Sintflut-Impakt-Horizont samt Begleiterscheinungen (siehe S. 268).

Leonardo da Vinci (1492–1519), das unübertroffene Universalgenie der Renaissance, das seiner Zeit weit voraus war, den damaligen Geologen etwa um 160 Jahre, unterbrach mit seinen Mailänder geologischen Studien (1506–13) diese 1600 Jahre lange Reihe der Fehleinschätzungen hinsichtlich der Bedeutung der Sintflut für die Schichtfolge und die Abfolge der Fossilien der Erdgeschichte. Mit seinem unverbildeten Denken und seiner fast seherischen Intuition umriß er erstmals klar die Grundprinzipien der Geologie: die ungeheuer lange Dauer der Erdgeschichte, die Bedeutung der Fossilien als Überreste von Tieren in Meeresablagerungen, die zugleich Zeugen einer sehr langen Entwicklungsgeschichte sind, die tektonische Hebung und Senkung von Land und Meer, den Kreislauf der Stoffe, das Wesen der Erosion usw. Damit aber war die Sintflutlegende als Erklärung für die Fossilabfolge weggefallen und der Bann gebrochen. Anhänger seiner Auffassung, wie Hieronymus Fracastro in Padua (1517) und Bernard Palissy in Frankreich, der 1589 für seine Überzeugung in der Bastille zugrunde ging,[653] leiteten mit ihrem neuen Verständnis zu dem Begründer der Historischen Geologie über, dem aus Dänemark stammenden Anatomen, Arzt, Theologen, Geologen und schließlich sogar Bischof Nikolaus Steno (1638–1686), für den als einzigen aus der »rauhen Sippe« der Geologen ein Seligsprechungsprozeß eingeleitet wurde. Und dies trotz seines 1669 erschienenen geologischen Werkes »Prodromus«, das die Wende zu einer wissenschaftlich fundierten Schicht- und Fossilkunde brachte und so das Tor zum neuen, nichtdiluvialen Verständnis der Erdgeschichte öffnete.

Aber diese seine geologische Dissertation war keineswegs anstößig, weder gegen den katholischen Glauben noch gegen die guten Sitten gerichtet, wie die an erster Stelle in der Reihe der Begutachtungen abgedruckte Approbation bezeugt: »D. Vincentius Viviani videat & referat an in hoc opere sit aliquid quod Fidei Catholicae vel bonis moribus sit adversum.«[654] Zu der sofort nach seinem Tode eingeleiteten und ab 1975 erneut betriebenen Seligsprechung dieses großen Naturforschers und Bischofs ist es dann allerdings doch nicht gekommen. Das Verfahren für einen Geologen schleppt sich verständlicherweise hin, bis heute und wahrscheinlich noch länger. Und über den wahrscheinlichen Ausgang gibt es schon eine begründete Vermutung: »Eher nicht.«

Universelle Verbreitung der Sintflut

Auch in der Geologie galt das nächste Interesse der Frage, ob die Sintflut ein weltweites oder nur ein regional begrenztes Phänomen gewesen sei. Den Anstoß für diese Diskussion im Kreise der Geologen gab wiederum Leonardo da Vinci, der allerdings eine überregionale Natur dieser Flut in Zweifel zog.[655]

Daneben aber hatte man in den Reihen der Geologen erkannt, daß es außer der noachischen Flut noch eine Reihe anderer Fluten gegeben haben mußte – von John Woodward im 17. Jh. über den aus Frankreich stammenden Wahlösterreicher Ami Boué[656] und den New Yorker Staatsgeologen James Hull bis hin zu den modernen Vertretern.

Die geologische Ursache der Sintflut

Ein geologisches Grundproblem aber war von Anfang an die Ursache der Sintflut mit ihren unvergleichlichen Auswirkungen – besonders für diejenigen unter den Erdwissenschaftlern, die die weltweit hierüber kursierenden Mythen ernst nahmen. Das Nachdenken hierüber begann bereits in der Antike bei den griechischen Naturphilosophen und setzte nach der großen Zäsur des Mittelalters in der Neuzeit wieder ein. Inzwischen sind bis zur Gegenwart, auch aus geologischer Sicht, alle nur denkbaren Alternativen durchdacht, diskutiert und verfochten worden – ohne Erfolg. Keiner der vorgebrachten Lösungsversuche hat der Kritik standgehalten, keiner hat die allseits befreiende Lösung erbracht, die allen Aspekten des komplexen Gesamtgeschehens der Sintflut gerecht werden konnte.

Auch die Vorstellungen der Naturwissenschaftler zu Beginn der Neuzeit fußten noch auf dem Weltbild von Babylonien und der Bibel, das unter der festen Erdkruste eine Zone des Wassers (vermutlich wegen des Grundwassers) und ganz tief unten eine Zone des Feuers (wohl aus der Kenntnis des Vulkanismus) annahm. Im Jahre 1644 lieferte der französische Philosoph und Mathematiker René Descartes in seinen »Principia Philosophiae« ein kosmogonisches System, in dem auch die Sintflut ihren Platz fand (Abb. 108) und das zum später vielfach variierten Leitbild

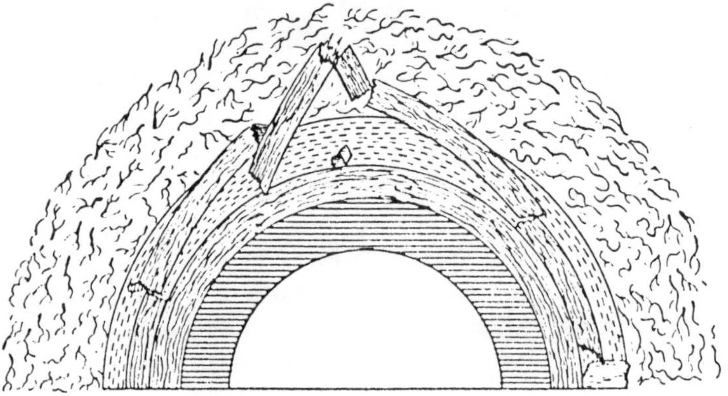

Abb. 108: Der Schalenbau der Erde nach René Descartes (1596–1650). – Nach H. Hölder 1960.

wurde: für den deutschen Philosophen und Mathematiker Gottfried Wilhelm Leibnitz (1646–1716), für den noch »diese Welt die vollkommenste aller möglichen Welten« sein konnte, für den englischen Geistlichen Thomas Burnet, dessen »Telluris theoria sacra« 1681 erschien, für den deutschen Geologen M. David Sigismund Buttner in seinen »Zeichen und Zeugen der Sündfluth« (1710) und für viele andere mehr.[657]

Noch in Anlehnung an die biblischen Worte »da aufbrachen alle Brunnen der Tiefe« leiteten all diese Wissenschaftler die Wasser der immensen Flut aus dem Abyssus, also der in der Tiefe angenommenen Wasserschale, oder aus Wasserkavernen im Untergrund der festen Erdkruste ab. Buttner betonte, daß die im Inneren des Erdkörpers befindlichen Wasser »gern den 8 ten bis 10 ten Theil, wo [= wenn] nicht mehr von der Erdkugel ausmachen«, von denen bei der Sintflut »265 693 380 gewürffelte Meilen« ausgetreten seien.[658]

Die Erdkruste zerbrach nach den damals gängigen Vorstellungen durch einen Eingriff Gottes in Schollen, die z.T. kippten, dadurch die Gebirge bildeten und zugleich an den Fugen und Spalten Raum für hochkommende Wassermassen aus dem Abyssus gaben. Das Zerreißen der Kruste aber wurde je nach Geschmack auf Erdbeben zurückgeführt oder auf Überhitzung der Wasser der Tiefe durch das Zentralfeuer der Erde, wodurch sich diese Wasser unter Dampfexplosionen ihren Weg bahnen konnten. Oder aber die Kruste barst entlang von Trockenrissen, die von der gleißenden Sonne verursacht worden seien. Auch noch in diesen erdwissenschaftlichen Erklärungen schimmert überall das Flutsagengut durch: die explosionsartig hochschießenden Wasser der Tiefe, die den Sintbrand verursachende andere, feindliche Sonne etc.

Bereits früh tauchte in den Vorstellungen der Wissenschaftler noch ein anderer Mechanismus auf, der die Auslösung der Sintflut erklären sollte: eine plötzliche Kippung der Erdachse, die eine rund um den Globus rasende Flutwelle zur Folge gehabt habe. Als erster hat der neapolitanische Jurist Alessandro degli Alessandri in seinen »Dies geniales« (1522) diese Lösung angeboten, gefolgt von dem berühmten englischen Naturforscher Isaac Newton (1687) und dem englischen Physiker Robert Hooke (1688), dem dänischen Autor Frederik Klee (1843), dem Astronomen John Lubbock (1848) und vielen anderen bis in die jüngste Gegenwart. Die heutige Anfälligkeit des Lesers für Berichte über Katastrophen hat eine wahre Flut von journalistischen Büchern und Artikeln ausgelöst, in denen dieses Kippen der Erdachse eine Schlüsselstellung einnimmt: Von dem amerikanischen Ingenieur Hugh Auchincloss Brown (1948, 1967) angefangen, über die phantasiereichen, sich von der Realität weit entfernenden Bücher des Schriftstellers Immanuel Velikovsky in den USA (ab 1950) bis zur Idee eines wiederholt kippenden Erdkreisels bei dem österreichischen Ingenieur Louis Subball (1958) und dem Tippe-top-Spiel eines Peter Warlow (1978, 1982, 1987) reicht diese schillernde Palette von Ad-hoc-Hypothesen, die ebenso schnell, wie sie aufkamen, auch wieder in Vergessenheit gerieten[659] (siehe S. 445).

Bezeichnend für die Ära des Aktualismus, der 1830 mit Charles Lyells »Principles of Geology« begründet und mit dem von Alvarez im Jahre 1980 stimulierten »Neokatastrophismus« zu Grabe getragen wurde, war die Umdeutung der unverständlichen mystischen Sintflut in eine lokal begrenzte, überschaubare Flut. Diese konnte dann auch leicht durch herkömmliche, auch heute zu beobachtende Mechanismen, also aktualistisch erklärt werden.

Ein typisches Beispiel hierfür ist die in ihrer Darstellung glänzende,[660] im Wesen aber gänzlich fehlgeschlagene Erklärung der Sintflut durch Eduard Sueß. Im ersten Abschnitt seines grandiosen Werkes »Das Antlitz der Erde« widmete Sueß ganze 74 Seiten dem Thema Sintflut, weil er offensichtlich die Bedeutung dieses geologischen Großereignisses spürte. Er deutete sie als eine Lokalflut im Zweistromland, hervorgerufen durch eine vom Persischen Golf heranziehende »Zyklone«, die zufällig von einem Erdbeben begleitet war (siehe S. 512, Anm. 116). Seine scheinbar so einleuchtende, einfache Erklärung des Phänomens wirkte noch lange nach: im begeisterten Sintflutvortrag des Basler Geologieprofessors Carl Schmidt von 1895, ebenso wie bei dem großen Wiener Paläontologen Melchior Neumayr (1900)[661] oder bei dem deutschen Paläontologen Heinrich K. Erben, der noch im Jahre 1981 – also nach Alvarez – die quietistische Vorstellung des kleinen, »rein lokalen Ereignisses« einer mesopotamischen Sintflut vehement verteidigte.[662]

Eine andere Form der aktualistischen Erklärung begegnet uns in der Hypothese von Cesare Emiliani und seinen Mitarbeitern, die noch 1975[663] das »rasche« Abschmelzen des nordamerikanischen Eisschildes in der Valders-Rückzugsphase vor 11 600 Jahren für die Sintflut verantwortlich machen wollten. Sie stützten sich dabei auf Platons angebliche Mitteilung über den Untergang von Atlantis durch die Sintflut vor 11 600 Jahren. Aber Platon hatte in seinem Bericht (siehe S. 498 f.) nur mitgeteilt, daß Atlantis vor (umgerechnet) 11600 Jahren noch existiert habe und später durch eine Katastrophe untergegangen sei. Leider fügte er nicht hinzu, wann sich diese Katastrophe ereignet hatte. Abgesehen von diesen Unstimmigkeiten ist es aber offenkundig, daß der mäßige und vor allem langsame Anstieg des Meeresspiegels, der auf das Abschmelzen des Eises in der Späteiszeit zurückgeht, keineswegs mit der Sintflut in Zusammenhang gebracht werden kann. Das legten schon ein Jahr später H. E. Wright und J. Stein[664] dar.

Am spannendsten bei diesem historischen Überblick ist die Prüfung der Ideen derjenigen Autoren, die bereits früher die Ursache der Sintflut in einem außerirdischen Ereignis gesehen haben – sei es in einem Impakt oder im nahen Vorbeiflug eines Weltkörpers an unserem Planeten. Heute wissen wir, daß ein Impakt dafür verantwortlich war. Eine Reihe von Forschern vertrat – teilweise schon vor sehr langer Zeit – diese Vorstellung zu Recht, aber damals ließ sie sich noch nicht beweisen, weil man zu wenig über die speziellen Auswirkungen eines Impaktes wußte, den Ablauf nicht rekonstruieren konnte und die Folgen nicht im einzelnen durchschaute. So blieb auch diese Hypothese von der kosmischen Ursache in der Öffentlichkeit stets nur eine unbewiesene Theorie neben vielen anderen. Da die Menschheit – und vor allem auch die Erdwissenschaft – keine vergleichbare Erfahrung in historischer Zeit besaß, war sie noch weniger leicht vorstellbar und annehmbar als alle übrigen Hypothesen.

Erstaunlicherweise waren auch hier wieder einmal die griechischen Naturphilosophen der Antike bereits auf dem richtigen Weg. Lange vor der tiefen Unwissenheit des »finsteren«, in die Mystik verliebten Mittelalters hatten hier die genialen Denker der Antike schon herausgefunden, daß der Verursacher der Sintflut ein Himmelskörper gewesen sein mußte, der der Erde zu nahe gekommen war, daß solche katastrophalen Begegnungen in großen Zeitabständen immer wieder auftreten und daß dann ein Weltenfeuer, ein langer strenger Winter und eine große Flut die gemeinsame Konsequenz sind! Dies ist eine klarere Vorstellung, als sie in den folgenden zweieinhalbtausend Jahren bis in unsere Zeit entwickelt wurde.

Heraklit aus Ephesus (540–475 v. Chr.), ein Vertreter der Ionischen Schule, nannte für die Wiederkehr solcher kosmischer Katastrophen eine Periode von 10 800 Jahren. Das ist gar keine schlechte Schätzung, wenn man bedenkt, daß sie beim heutigen Kenntnisstand der erdbahnkreuzenden Planetoiden auf mehrere zehntausend Jahre geschätzt wird – zumal man mit einberechnen muß, daß wir seit der letzten Million Jahre in eine Periode eines verstärkten Kometenflusses eingetreten sind, in der diese langzeitigen Durchschnittswerte nicht mehr gelten.

Platon (427–347 v. Chr.), der Schüler von Sokrates in Athen, hat in seinem »Timaios« ebenfalls von diesen periodisch wiederkehrenden Vernichtungen der Erde durch Feuer und Flut berichtet, die von fremden Himmelskörpern verursacht werden. Und Aristoteles (384–322 v. Chr.), ein Schüler Platons, warnte seinerseits in seinen »Meteorologica« vor diesen Katastrophen, die in riesigen Zeitabständen mit Ekpyrosis (Weltenbrand), Flut und Kataklysmos (Großer Winter) über die Erde hereinbrechen.[665]

Dieser Zeitraum der regelmäßig wiederkehrenden Weltuntergänge spiegelt die in der Antike allgemein verbreitete Vorstellung des »Weltenjahres« wider, das als »Weltenalter« bei Platon 10000, bei den Persern und Etruskern 12 000 und bei Cicero 12 924 Jahre lang war und bei anderen Autoren und Völkern eine davon stark abweichende Dauer hatte.[666]

A. Stentzel[667] suchte die Grundlage all dieser Einschätzungen »in dem Zeitraum, in welchem die große Achse der Erdbahn einmal die Äquinoctiallinie passiert«, und den er mit 10464 Jahren angibt. Da aber die offensichtlich damit gemeinte Präzession (also die Kreiselbewegung der Erdachse aufgrund der Neigung der Äquatorialebene gegen die Ekliptik und der Anziehung von Sonne und Mond) 25800 Jahre dauert, ist Stentzels Zeitangabe als Anregung für die Antike hinfällig.

Die Dauer der Weltenjahre und damit die Wiederkehr der Weltkatastrophen, die in der Antike mit rund einem Dutzend Jahrtausenden veranschlagt wurde, läßt sich weder hieraus noch aus anderen astronomischen Parametern ableiten. Wir vermuten hierin vielmehr eine Erinnerung des Homo sapiens an frühere, etwa in solchen Zeitabständen erlebte Impakte (siehe S. 359).

Heute haben wir die Möglichkeit, diese Frage in Kürze durch die Überprüfung der vorhandenen Eisbohrkerne aus der Arktis und der Antarktis auf Salpetersäure-Horizonte und Iridium-Niveaus zu klären. Übrigens gibt es auch in der christlichen Religion ein entfernt vergleichbares »Weltenjahr«, das hier allerdings »Tausendjähriges Friedensreich« heißt. Diese tausend Jahre werden jedoch auch in der theologischen Auslegung nicht wörtlich genommen (was sich ja schon zwingend daraus ergibt, daß seit der Sintflut ein größerer Zeitraum als 1000 Jahre verstrichen ist), sondern sollen nur eine große Zeitspanne anzeigen, deren Dauer Gott bestimmt.[668] Nach der Offenbarung des Johannes ist dieses tausendjährige Reich des Friedens dem Eingreifen eines Engels zu verdanken: »Und der Engel ergriff den Drachen, die alte Schlange, die der Teufel und der Satan ist, und legte ihn tausend Jahre in Fesseln.«[669] Er wirft ihn sodann in den Brunnen (aus dem dieser Dämon beim Impakt herausgestiegen ist), verschließt die Öffnung mit einem festen Deckel und versiegelt diesen (Abb. 109). Damit wird deutlich die Überwindung des »alten Drachen«, also des Sintflut-Kometenimpaktes, zum Ausdruck gebracht. Nach Johannes wird dieser Drache nach diesen »tausend Jahren« aber noch einmal losgelassen. Erst dann, nachdem er erneut besiegt worden ist, folgt das Weltgericht, und ein neuer Himmel und eine neue Erde entstehen. In der christlichen Darstellung kehrt demnach die Weltkatastrophe nur einmal wieder – dies ganz im Gegensatz zum übrigen Wissen der Antike in Europa und im Orient und vor allem im Gegensatz zur Realität, denn diese Impakte auf der Erde werden sich bis in die ferne Zukunft fortsetzen.

Die christliche Version hat aber trotzdem eine hohe Chance zur Realisierung – allerdings mit umgekehrten Vorzeichen als bisher gedacht: Die nächste Weltkatastrophe durch Großimpakt wird nämlich im atomaren Zeitalter für den Menschen tatsächlich »die letzte« sein, da die weltweit ausgelegten atomaren »Minen« (=Atomkraftwerke) die Wirksamkeit eines solchen Impaktes gigantisch steigern (siehe S. 377). Daher ist es allerdings nicht das erhoffte Reich des Friedens, sondern das des Todes – auch eine Form des Friedens –, das dann endgültig Einzug hält.

Abb. 109: Fesselung, Versenkung und Einschluß des Teufelsdrachen (Sintflutimpaktor) in der Tiefe. Der Holzschnitt des Antwerpener Künstlers Martin Lempereur illustriert den Beginn des »Tausendjährigen Friedensreiches« auf Erden (Offenbarung des Johannes 20,4). Dieses Tausendjährige Reich der Bibel entspricht dem »Weltenjahr« der anderen Religionen, also der Ruhezeit zwischen zwei Großimpakt-Katastrophen. – Bibelillustration von M. Lempereur (1529).

Daß man in der Antike so erstaunlich viel über Impakte und ihre Auswirkungen wußte, erklärt sich aus dem noch unmittelbareren Kontakt zum menschlichen Urerlebnis der Sintflut. Die griechischen Naturphilosophen waren sich einfach bewußt, daß viele der alten Mythen ebenso wie die Berichte der ägyptischen Priester nicht bloß Sagen und Märchen, sondern Überlieferungen eines wirklich erlebten Geschehens waren. Erst heute, zweieinhalbtausend Jahre später, können wir uns dieses Wissen nur mühsam wieder erarbeiten.

Dieses Wissen im Altertum um die Wiederholung von Impaktkatastrophen hatte verschiedenartige Konsequenzen. In großer Zahl wurden die Schilderungen des letzten »Weltunterganges« in Vorhersagen eingekleidet, da dies die Aufmerksamkeit der Zuhörer beträchtlich erhöhte. Den mythischen Helden wurde dabei die Fähigkeit zugeschrieben, die Zukunft vorauszusehen.[670] Die Prophezeiungen einer nächsten Flut durch Noah, Utnapistim und den indischen Manu sind klassische Beispiele dafür. Daß man Vorsorge traf, den wertvollsten Schatz der Menschheit, ihr Wissen und ihre Tradition, zu retten, zeugt ebenfalls vom Vorauswissen um die nächste Großflut. So soll Seth, der Sohn Adams, laut Josephus im syriadischen Land zwei riesige, berühmt gewordene Säulen errichtet haben, auf denen das gesamte Wissen der Menschheit verewigt wurde, um eine kommende Sintflut zu überstehen. Die gleiche Überlieferung über zwei Säulen des Wissens gibt es nach Manetho vom ägyptischen Thot. Vom mythischen Cham, dem Sohn Noahs, berichtete der Mönch Johannes Cassianus im 5. Jh., daß er die Künste in Metall und Stein für eine künftige nachsintflutliche Zeit festhalten ließ. In manchen ägyptischen Katakomben, besonderns in Theben, gibt es eigenartige, gekrümmte Gänge, die »Syringe«, in denen man nach Ammian die ganze Vielfalt des Lebens, der Tierwelt samt den Vögeln, abbildete, um sie der Nachwelt zu überliefern – in der Gewißheit, daß eine nächste Sintflut kommen würde.[671]

Dieser Versuch, das menschliche Wissen in einer unzerstörbaren Form zu bewahren, beweist aber auch noch eine weitere Erfahrung: Man wußte, daß bei der vorangegangenen Sintflut nicht nur zahlreiche Tierarten für immer ausgerottet worden waren, sondern auch viel Kulturgut und Wissen verlorengegangen war. Die versprengten kleinen Gruppen der Menschheit waren nach der Sintflut überhaupt nicht mehr imstande, das gesamte Wissen wieder zu rekonstruieren, so daß es für immer verloren war – z.B. das der Atlanter weitgehend für Europa und den Mittelmeerraum. Denn in erster Linie waren gerade die Zentren der alten Hochkulturen in den Tiefebenen Opfer der Flut, während die Hirten im Hochland und im Gebirge – wie in etlichen Traditionen berichtet wird – eher verschont blieben, aber dieser kulturellen Errungenschaften entbehrten.

Verlassen wir die Antike. Ein neuer Ansatz, die Sintflut als kosmische Katastrophe zu sehen, kam erst wieder im 17. und 18. Jahrhundert in Mode. Wieder war es einer der großen Geister, der die – in der Zwischenzeit vergessene – Richtung wies: der geniale englische Astronom, Mathematiker und Physiker Edmond Halley, der Entdecker des nach ihm benannten berühmten Kometen. Seine intensive Beschäftigung mit diesem Kometen, der damals im Jahre 1682 wiederkehrte, brachte ihn zu der Überzeugung, daß die Sintflut durch den Einschlag eines Kometen verursacht worden sei. Er trug seine Auffassung am 21. Dezember 1694 der Royal Society in London vor, wobei er die Meeresflut nicht mit dem

Einschlag im Meer, sondern mit einer Verlagerung des Schwerpunktes der Erde begründete.[672]

Berühmter noch als diese erst dreißig Jahre später (1724) publizierte Theorie wurde das Szenario eines sintflutverursachenden Kometen, das William Whiston (1696, 1725) phantasievoll schilderte. Als Nachfolger von Isaac Newton auf dem Lehrstuhl für Mathematik in Cambridge glaubte er, die Erde sei – da Kometen damals sehr in Mode waren – ursprünglich ein Komet gewesen, der erst durch die Sintflut in Rotation versetzt worden sei. Verursacht worden sei diese Flut durch den dichten Vorbeiflug des Halleyschen Kometen am 18. November vor 2365 Jahren vor 1696. Dabei habe dieser mit seinem Schweif aus wäßrigen Dünsten die Erde berührt und 40 Tage lang das Wasser für die Sintflut geliefert. Als er die Erde beim Rückflug erneut passierte, habe er, von der Sonne ausgetrocknet, das Wasser wieder weggenommen.

Dieses Szenario trug ihm und seinem Mitstreiter Worton noch lange später den beißenden Spott eines Fachkollegen, des königlichen Berghauptmannes J. H. v. Justi, ein: »Herr Worton läßt den Cometen, der uns vorhin so freygebig mit Wasser beschenket hatte, wieder zurückkommen, nachdem er der Sonne nahe genug gewesen war, um recht ausgetrocknet und lächzend zu werden, um eines guten Trunks nöthig zu haben. Er läßt denselben noch einmahl die Erde berühren, und nimmt aus unserem Dunstcreise das Wasser wieder zurück, das er uns vorhero zu unserm tringenden Bedürfnissen geliehen oder auch allenfalls nur in Verwahrung gegeben hatte.«[673]

Trotz solcher Angriffe blieb die von Halley und Whiston entwikkelte Kometentheorie weiterhin von Bedeutung. Bereits zu Beginn des 18. Jahrhunderts tauchte sie bei Detlev Clüver wieder auf, der die Katastrophe der Sintflut auf den Zusammenstoß der Erde mit einem Kometen zurückführte, also – wie er es ausdrückte – auf die »Atmosphaera oder Dunst-Kugel eines ausstrahlenden Sterns, so man wegen seiner harichten Gestalt einen Cometen zu nennen pflegt«. Die Wassermassen der Sintflut ergossen sich dabei – laut Clüver – teils aus den Tiefen der Erde, nachdem die Kruste aufgrund der Hitze geborsten war, teils direkt als »unleidlicher Regen« aus der unermeßlichen Menge von Dünsten und Feuchtigkeit des Kometen selbst.[674] Im gleichen Jahrhundert griffen Thomas Wright aus Durham (1755), der deutsche königliche Hof- und Kriminalrat Friedrich Wilhelm Sack (1782) und der französische Mathematiker und Astronom Pierre Simon de Laplace (1796) den gleichen Gedanken in leicht abgewandelter Form wieder auf. Sack vermutete sogar, »der Komet habe mit seinem Äquator just auf den Süderpol der Erde gestoßen ... und druckte ... folglich alles Wasser aus der südlichen Halbkugel heraus über das feste Land«.[675]

Unverständlicherweise wurde diese zunächst sehr realistisch erkannte Möglichkeit in der Folge mehr als zwei Jahrhunderte lang fast ausnahmslos ausgeschlossen, obwohl die Sintflutspekulationen weitergingen. Die großartige, präzise ausgeführte, in vielem zutreffende Sicht des Amerikaners Edmund Boisgilbert, die er 1883 unter seinem Pseudonym Ignatius Donnelly in »The Age of Fire and Gravel« veröffentlichte, ging deshalb unter, weil die geologische Grundlage damals in keiner Weise tragfähig war. Ganz im Gegensatz dazu machte Eduard Sueß lediglich zwei Jahre später mit seiner unzutreffenden Erklärung Furore, nur weil sie dem Zeitgeist entgegenkam (siehe S. 15), während Donnellys erstaunliches, geistvolles Werk scheiterte.

In neuerer Zeit tauchte die Impaktidee abermals auf, allerdings phantasievoll verkleidet und in unhaltbare kosmologische Theorien verpackt, wie etwa in Hanns Hörbigers Glazialkosmologie (1913) – ausgebaut bei Hanns Fischer (1925) und abgewandelt bei dem Münchner Paläontologen Edgar Dacqué (1931).[676]

Bis heute blieb gerade in den Kreisen der seriösen Astronomen und Kosmologen die Sintflut aus der Impaktdiskussion ausgeklammert – sogar noch dann, als man immer mehr Planetoiden entdeckte, die die Erdbahn kreuzen. Auch hochrangige Astronomen wie M. E. Bailey hielten eine derartige kosmische Katastrophe selbst noch im Zeitalter von Alvarez für unwahrscheinlich und nur für einen Salonwitz geeignet.[677]

Der Zeitpunkt der Sintflut in historischer Sicht

Interessant oder zumindest amüsant ist es auch, die bisherigen, in hohem Maße divergierenden Meinungen über den Zeitpunkt der Sintflut Revue passieren zu lassen. Wir bringen eine Zusammenstellung der Auffassungen bekannter Autoren, teils Geologen, teils Theologen, Ethnographen, Mythologen und Journalisten, wobei wir durchaus wissen, daß diese Synopse vom Inhalt her wertlos ist, ja sogar nur die Unsicherheit und den Mangel an Argumenten bei der Einstufung dokumentiert, andererseits aber doch historisch von Interese ist.

Am weitesten in die graue Vorzeit wagte sich der Münchener Paläontologe, Geologe und Philosoph Edgar Dacqué[678] zurück: Die Sintflut sei durch einen Impakt an der Kreide-Tertiär-Grenze verursacht worden. Mit

Tab. 8: Das Datum des Sintflut-Impaktes nach Meinung verschiedener Autoren

Alter	Autor	Zitat	Grundlage
66 400 000 J.	E. Dacqué	1924, S. 178	Impakt an Kreide/Tertiär-Grenze
12 000 000 J.	H. Fischer	1925, S. 144	Tertiärmond-Absturz nach H. Hörbiger
2 000 000 J.	J. Riem	1925, S. 170	Grenze Tertiär/Quartär
9 000 v. Chr.	M. Zanot	1976, S. 63	Mit Ende der Eiszeit, Untergang von Atlantis
8 500 v.	G. v. Hassler	1976, S. 292	Von O. Muck übernommen
5.,6. 8 498 v. 20^h	O. Muck	1976, S. 342	Angebl. Beginn des Maya-Kalenders (real: 3 114 v. Chr.)
8.000 v.	A. Solschenizyn	1972, S. 211	»Vor zehntausend Jahren ist fast alles Lebendige untergegangen«
vor 5 000 v.	J. Riem	1925, S. 174	Nach Reichweite der Überlieferungen
4 000 v.	Eusebius v. Caesarea	4. Jh. n. Chr.	Noahs Flut war 2200 J. vor Ogyges-Flut (diese angebl. 1800 v. Chr.)
älter als 4 200–3 200 v.	G. Cuvier	1822, S. 138	Über 5000–6000 J. vor Cuvier
3 332 v.	A. Stentzel	1894, S. 178	Halleys Annäherung zur Sintflutzeit
3 332 v.	J. Riem	1925, S. 171	teste A. Stentzel 1894
3 200 v.	C. L. Woolley	1931, S. 21	Flutschicht von Ur = Sintflutschicht, später mit 3500 v. Chr. datiert
3 134 v.	H. Lüken	1856, S. 242	Septuaginta-Text der Bibel
3 101 v.	H. Lüken	1856, S. 246	Jetztzeitbeginn bei Indern
2 903 v.	H. Lüken	1856, S. 242	Samaritanischer Text der Bibel
2 900 v.	M Mallowan	1964, S. 81	Flutschicht in Kish = Genesis-Flut
2 894 v.	H. Lüken	1856, S. 250	Mexikanische Datierung nach F. de Alva Ixtilxochitl
2 720 v.	Th. Burnet	1681; 1684	Erdentstehung vor 6000 J., Dauer der Vorsintflutzeit 1600 J.
2 658 v.	H. Lüken	1856, S. 250	Carreri/Mexiko: Weltbeginn 3983 v. Chr., Sintflut 1325 J. später
2 637 v. od. 2 357 v.	H. Lüken	1856, S. 248	Beginn der Jetztzeit in China nach der Flut
zw. 2 500 v. u. 2 400 v.	O. Zöckler	1870, S. 324	1–2 Jh. vor Bau des babylon. Turmes
2 450 v.	F. Klee	1843, S. 282	4300 Jahre vor Klee
2 379 v.	E. Sueß	1908, S. 53	teste Bosanquet/London nach Sonnenfinsternissen
2 362 v.	B. Silliman	1838, S. 131	4200 J. vor Silliman
2 350 v.	J. v. Klaproth	1826, S. 11	Hebräischer Text der Bibel
2 348 v.	F. de Rougemont	1856, S. 264	Alter der Diluvial-Ablagerungen
vor 2 316 v.	H. Lüken	1856, S. 244	teste Syncellus: König Bel Cham in Assyrien war 1. nachsintflutl. Herrscher ab 2316 v.
2 304 v.	F. v. Schwarz	1894, S. 432	teste Erzbischof Johannes Magnus
2 297 v.	F. v. Schwarz	1894, S. 432	Ausbruch des Schwarzmeeres
2 293 v.	J. v. Klaproth	1826, S. 31	Flut des Xisuthros/Mesopotamien
2 253 v.	H. Lüken	1856, S. 242	Hebräischer Text der Bibel
2 200 v.	J. A. Deluc	1809	teste Ch. C. Gillispie 1959, S. 65
669 v.	W. Whigton	1696	Halleys naher Vorbeiflug 2365 Jahre vor 1696

einem Impakt an dieser Grenze sollte Dacqué überraschenderweise recht behalten, doch für das Sintflut-Ereignis hatte er mit dem über 65 Millionen Jahre zurückliegenden Endkreide-Impakt – der die Dinosaurier, nicht aber die damals noch längst nicht existierende Menschheit traf – um Äonen zu weit zurückgegriffen.

Auch die nächstjüngere Datierung der Flut durch Hanns Fischer[679], dem überzeugten Anhänger von Hörbigers Welteislehre, bei dem sich die Weltkatastrophe vor 12 Millionen Jahren abspielte, ist viel zu früh angesetzt. Die Flut sei damals gemäß der Welteislehre hochgegangen, als die Trümmer eines zerbrechenden Tertiärmondes einschlugen, also in einer Zeit lange vor der Existenz von Menschen.

Auch die Einstufung an der Grenze von Tertiär und Quartär durch den Berliner Astronomen Johannes Riem[680] gehört in diese erste, wesentlich zu früh angesetzte Reihe von Datierungen. Riem hatte damals das Alter dieser Grenze mit »einigen 10 000 Jahren« angenommen, während sie nach heutigem Wissen etwa zwei Millionen Jahre zurückliegt. Angesichts dieses Alters würde vermutlich auch Riem selbst, der ein ambitionierter Sammler der inhaltsreichen Mythen war, zugeben, daß eine so weit zurückreichende detaillierte Erinnerung des Menschen und ihre mündliche Überlieferung über einen so langen Zeitraum nicht wahrscheinlich sind und damit eine solche Datierung nicht akzeptabel ist.

Die übrigen Alterseinschätzungen fallen hauptsächlich in den Zeitraum zwischen 9000 und rund 2000 v. Chr., also in die Zeitspanne von 11 000 bis 4000 Jahre vor heute. Wir wollen auf diese Altersangaben, die mehrheitlich viel zu jung angesetzt sind und vor allem nicht stichhaltig begründet werden, nicht im einzelnen eingehen, aber eine Tabelle soll die wichtigsten dieser Datierungen in übersichtlicher Form zusammenfassen.

Ein Blick auf diese Tabelle belehrt uns, daß sie ein Symbol der Hilflosigkeit ist. Den geschichtlichen und mythologischen Überlieferungen konnte man trotz redlicher Bemühungen so vieler Forscher kein brauchbares Datum abringen. Hier bietet jedoch die moderne Geologie eine ganze Reihe erster konkreter Altersdaten an, die mit radiometrischen oder anderen Methoden gewonnen worden sind – wie wir auf S. 248 ff. und in Tab. 4 gezeigt haben. Zum ersten Mal haben wir damit auch in der Altersfrage festen Boden unter den Füßen – nach all dem jahrhundertelangen Rätselraten.

Neokatastrophismus – das neue erdwissenschaftliche Weltbild Von Lyells Aktualismus zurück zu Cuviers Katastrophenlehre

Wir dürfen unsere Betrachtung über die Stellungnahme der Geologen zur Sintflut nicht abschließen, ohne den Umbruch zu berücksichtigen, der sich gerade im letzten Jahrzehnt innerhalb der Erdwissenschaften vollzogen hat, ausgelöst durch die Alvarezsche Entdeckung im Jahre 1980. Die selbstzufrieden im Lyell-Darwinschen Aktualismus der kleinen Schritte verharrenden Paläontologen und Geologen wurden dadurch schlagartig aufgeschreckt.

Wir erinnern uns noch sehr gut an unseren angesehenen Universitätslehrer in Wien, den Zoologen Prof. Wilhelm Marinelli, der – wenn er besonders paradoxe, besonders unsinnige Sachverhalte erwähnte – zur Verdeutlichung überlegen hinzuzufügen pflegte: »Da können wir ja gleich auf Cuviers Katastrophenlehre zurückgreifen.« Und dies noch nach dem Zweiten Weltkrieg im Jahre 1950.

Die Katastrophenlehre Cuviers von 1812, nach der es in der Erdgeschichte nicht nur *eine* Sintflutkatastrophe gab, sondern – die ganze Entwicklungsgeschichte der Erde und des Lebens hindurch – Katastrophen Schlag auf Schlag folgten, war 1830 durch Lyells Prinzip des Aktualismus abgelöst worden. Diese Theorie, die eine ruhige, langsame, gleichmäßige, unmerkliche, vor unseren Augen ablaufende und daher für uns auch gut verständliche Entwicklung postulierte, verdrängte die Katastrophentheorie so nachhaltig, daß es 170 Jahre brauchte, in denen sich die Wissenschaften rasant entwickelten, bevor man die Gültigkeit der Cuvierschen Erkenntnis endlich wieder begriff.

Der Gegensatz zwischen den beiden großen Kontrahenten, dem aus der Französischen Schweiz stammenden genialen, ideenreichen Autodidakten Leopold Christian Friedrich Dagobert Georges Cuvier (1769–1832) auf der einen Seite und dem förmlich ausgebildeten (Oxford-Absolvent), vielgereisten Engländer Charles Lyell (1797–1875), der nüchtern und schrittweise vorging, auf der anderen Seite, ist symptomatisch – hinsichtlich ihrer Nationalität und ihrer Denk- und Arbeitsweise ebenso wie im Hinblick auf die konträren, ganz spezifischen naturwissenschaftlichen Weltbilder, die sie eröffneten.

Cuvier (Abb. 110), der im Jahre 1794 als Professor für vergleichende Anatomie nach Paris berufen worden war, machte zunächst diese von ihm begründete Forschungsrichtung zu einer anerkannten Wissenschaft, indem er eine Fülle von bis dahin nicht bekannten fossilen Wirbeltieren rekonstruierte und damit über die Fachkreise hinaus Aufsehen erregte,

Abb. 110: Leopold Christoph Friedrich Dagobert Georges Cuvier (1769–1832), geboren in Mömpelgart im damaligen Württemberg und ausgebildet an der Karlsschule in Stuttgart, erlangte aufgrund seiner genialen Entdeckungen und seiner präzisen naturwissenschaftlichen Arbeit in seiner Hauptschaffensperiode in Paris höchstes Ansehen in Wissenschaft und auch Politik. Trotzdem dauerte es fast 180 Jahre, bis die Fachkollegen seine wohl wichtigste Erkenntnis, die Katastrophenlehre, begriffen, zögernd akzeptierten und ihr endlich Beifall zollten. – Frontispiz aus Ottavio Ferrario 1858.

und zugleich die alten Raritätenkabinette – wie die chaotischen Fossilsammlungen dieser Zeit hießen – zu Forschungsinstituten. Mit seinem 1812 erschienenen Werk »Discours sur les révolutions de la surface du globe« leitete er jedoch eine gänzlich neue Epoche der Naturwissenschaften ein. Seine detaillierten Studien der fossilen Faunen in der Abfolge der tertiären Formationen des Pariser Beckens ließen ihn abrupte Zäsuren in der Entwicklung des Lebens, meist an den Formationsgrenzen, erkennen. Cuviers Schlußfolgerung war einfach und logisch – daß nämlich in der Erdgeschichte wiederholt gewaltige Umwälzungen vor sich gegangen seien, verbunden mit dem Untergang der jeweiligen Fauna, bedingt durch »große und fürchterliche Ereignisse«, und zwar »plötzlich und ohne Zwischenstufen«. Die Ursache dafür konnte er nicht angeben, weil er wilden Spekulationen, wie sie damals in der Geologie alltäglich waren, durchaus ablehnend gegenüberstand.

Auch sein begeisterter Anhänger, der bewundernswert produktive Alcide d' Orbigny[681] (Abb. 111), begnügte sich damit, die gewaltigen Zäsuren in der Erdgeschichte zu konstatieren. »Das sind sichere, aber unbegreifliche Tatsachen, mit deren Feststellung wir uns genügen lassen, ohne in das sie umschließende überirdische Geheimnis einzudringen zu versuchen.« D'Orbigny sah die Zäsuren in der Geschichte des Lebens noch schärfer als Cuvier und ging auch bei der Zahl der großen Katastro-

Abb. 111: Der französische Naturforscher Alcide Charles Victor Marie d'Orbigny (1802–1857) hat in seinem von Forschung und Reisen erfüllten Leben grundlegende paläontologische und stratigraphische Ergebnisse erzielt, die ihn weit über die Grenzen seines Landes berühmt machten. Sein globales Denken spiegelt sich in der breiten Palette seines erstaunlichen Südamerika-Werkes wider, das über die Naturwissenschaften hinaus tief in die Ethnologie, Geschichte und Archäologie dieses Kontinentes vordrang. Deshalb stimmte er auch nicht in den Chor der Gegner der Katastrophenlehre Cuviers ein, sondern wurde zum entschiedensten Vertreter dieser Denkrichtung, die er sachkundig weiter ausbaute. – Porträt aus A. d'Orbigny 1834.

phen weiter, indem er 29 Neuschöpfungen annahm, die von den bisher erfolgten 28 Katastrophen, einsetzend mit dem Ende des Silurs (also vor 408 Millionen Jahren), jeweils wieder hinweggerafft worden seien.

Für diese Zeit des Phanerozoikums, d.h. für die durch Großfossilien belegte Zeitspanne der Erdgeschichte der letzten 570 Millionen Jahre, gibt die moderne Untersuchung der Faunengeschichte 14 bedeutende und zahlreiche kleinere Zäsuren mit Massensterben an,[682] so daß d'Orbignys 150 Jahre alte und ebenso lange heftig kritisierte Erkenntnis heute Bewunderung verdient. Auch wenn der hochgeschätzte, aber kritisch-konservative deutsche Paläontologe und Geohistoriker Helmut Hölder aus Münster noch 1960[683] urteilte, daß d'Orbignys erdgeschichtliches Bild bereits im 19. Jahrhundert »als ein schon fast fossiler Fremdkörper erscheinen mag« und sich nur wundert, daß es bis »heute noch nicht schlechthin tot« ist.

Ein Vierteljahrhundert später stellen wir nicht nur die Realität der scharfen Faunenschnitte an vielen Formationsgrenzen fest, sondern dringen auch allmählich in das »überirdische«, sprich außerirdische Geheimnis der Impakte ein, die in vielen dieser Fälle eine entscheidende Rolle spielten (vgl. Tab. 5). Es ist deshalb bewundernswert, mit welch prophetischem Spürsinn die Pioniere vor fast zwei Jahrhunderten die richtigen Worte für die Fakten gefunden haben, ohne schnell eine umfassende Erklärung aufpfropfen zu wollen, die damals durch nichts zu beweisen gewesen wäre.

Aber der heute wieder hell erstrahlende Ruhm von Cuvier darf nicht die Leistung seines großen Vorgängers Nikolaus Steno (siehe S. 404) vergessen machen, der bereits 143 Jahre vorher mit dem gleichen Spürsinn, aber auf einer unendlich schmäleren, selbstgeschaffenen Basis in seinem »Prodromus« von 1669 erkannt hatte, daß die Erdgeschichte eine Folge von Katastrophen ist, bis hin zur letzten, der Sintflut. Dies zeigt jedoch auch beispielhaft, daß grundlegende Entdeckungen oft mehrmals neu gemacht werden müssen, bis sie angesichts der »Trägheit des Geistes« in die Gedankenwelt der Fachgenossen einzudringen vermögen: 1669 (Steno), 1812 (Cuvier) und 1980 (Alvarez) sind die drei Stufen der Erkenntnis, nach welchem fundamentalen Prinzip die Entwicklung der Erde und des Lebens in einem ständigen Auf und Ab verläuft – Erkenntnisstufen, die durch längere Phasen der Ignoranz getrennt waren.

Der Zeitgeist war in der Epoche nach Cuvier der breiten Entfaltung des Aktualismus, dem Uniformitarianismus eines Lyell und Darwin, enorm entgegengekommen, der einer ruhig dahinfließenden Entwicklung das Wort redete: der allmählichen, für uns kaum merklichen Erosion der Täler durch die Flüsse, der Anhäufung von Abtragungsprodukten zu neuen Sedimenten und Sedimentgesteinen, der Hebung des Landes im Bereich von wenigen Millimetern pro Jahr, was aber im Verlauf von Jahrmillionen bis zur Entstehung eines Hochgebirges führt. Das Gegenstück dazu war, bezogen auf die Entwicklung der Organismen, die Lehre von der rein mechanischen Auslese des Lebenstüchtigeren innerhalb der zufallsbedingten Mutationen, was im Laufe von Äonen zur Entstehung neuer Arten und zu einer weitreichenden Veränderung des irdischen Lebens führt.

Das waren nicht nur leicht glaubwürdige und noch dazu für große Teilbereiche absolut richtige, überall mitwirkende Prozesse und Prinzipien, sondern sie fügten sich auch nahtlos in den damals vorherrschenden materialistischen Fortschrittsglauben des heraufdämmernden technischen Zeitalters ein, ja, sie gestalteten diese Entwicklung sogar entscheidend mit. Der Weg von Darwin zu Marx war in dieser Denkrichtung vorgezeichnet, tief eingreifend in die Weltanschauung, Politik, Gesellschaft und Religion. Trotzdem ist es verblüffend, daß genau zu dem Zeitpunkt, als das politisch-ideologische System des Materialismus und Marxismus zerbrach, auch seine geistig-naturwissenschaftliche Grundlage erschüttert wurde und eine völlige Hinwendung zum Neokatastrophismus eintrat. Dieser schlägt uns aus jedem einschlägigen naturwissenschaftlichen Werk der achtziger Jahre entgegen – in einem Ausmaß, das vielfach für die beteiligten Autoren selbst überraschend ist, so daß sie angesichts der explodierenden Flut von Literatur der neuen Richtung kaum mehr Schritt halten können. Neben speziellen Themen- und Symposiumsbänden über erdgeschichtliche Katastrophen und paläontologische Aussterbe-Ereignisse gibt es auch schon Studien, die tief ins Prinzipielle vorstoßen und die neue Sicht der Entwicklung von der geistesgeschichtlichen Seite her beleuchten, wobei sie den Uniformitarianismus scharf kritisieren und Lyell und Darwin vom Sockel stürzen (ähnlich wie es gleichzeitig den Denkmälern von Lenin und Stalin in den einstigen Ländern des »realen Sozialismus« ergeht) – J. H. Shea 1982, W. A. Berggren und J. A. van Couvering 1984, D. K. Elliott 1986, O. H. Walliser 1986, G. P. Larwood 1988, St. M. Stanley 1988, C. C. Albritton 1989, S. Clube 1989, St. Donovan 1989, K. J. Hsü 1990, E. G. Kauffman und O. H. Walliser 1990 und andere mehr.

Die große moderne Kontroverse, die ganze emotionelle Empörung gegen Lyell, Darwin und die Uniformitarianisten insgesamt, wie sie z. B. bei Hsü[684] durchbricht, ist in Wahrheit völlig überflüssig. Wie zuerst der Wiener Geologe Eduard Sueß 1910 festgestellt hat und wie auch wir immer wieder betont haben[685], sind es zunächst einmal drei wichtige, sehr eng zusammenwirkende Grundprinzipien, die die Entwicklungsgeschichte des Lebens *gemeinsam* steuern und zu denen noch ein viertes hinzukommt: 1. die von Jean Baptiste de Lamarck (1809) erkannte Anpassungsmöglichkeit des Lebens an die Veränderungen der Umwelt einschließlich der – auf lange Sicht – Weitergabe dieser erworbenen Fähigkeiten an die Nachkommen; 2. das von Darwin (1859) hervorragend beschriebene Prinzip der Selektion aus ungerichteten Mutationen unter den Bedingungen des rücksichtslosen Kampfes ums Dasein; 3. die von Cuvier (1812) klar erfaßten katastrophalen Zäsuren in der sonst ruhig und gleichmäßig verlaufenden Entwicklung des Lebens, die nach jeder Vernichtung von Gattungen und Arten immer wieder Platz für Neues schaffen, das dann jeweils in erstaunlich rascher »Strahlung« explosionsartig den freien Lebensraum mit neu entstandenen Arten ausfüllt; und schließlich 4. – von den noch immer unbewußt im Netz des materialistisch-mechanistischen Denkschemas gefangenen Naturwissenschaftlern bis zum Format eines Nobelpreisträgers wie Konrad Lorenz meist übersehen – das Prinzip der geistig-seelischen Kraft des Weltgeistes, des »Gottes« oder wie auch immer genannt, das jedem Lebewesen, jeder Zelle auch ohne Selbstbewußtsein, ohne Sprache, ohne anthropomorphe Sinnesorgane die Einzelheiten der Umwelt, ihre Gefahren, Möglichkeiten und Sachzwänge, spüren läßt und hierdurch eine sinnvolle Reaktion und Weiterentwicklung ermöglicht. Es war bisher in der exakten Naturwissenschaft verpönt, dieses letztgenannte Prinzip auszusprechen, aber heute läßt es sich anhand von Pflanzenversuchen belegen und, instrumentell verstärkt bis in meßbare Bereiche, direkt erfassen.

Die Sintflut aus der Sicht der Mythologen und Ethnologen

Zunächst sollte ganz besonders das große Verdienst der Ethnologen hervorgehoben werden, daß sie mit enormen Kraftanstrengungen viel wertvolles Kulturgut der Traditionen der Menschheit gesammelt und zugänglich gemacht haben. Bereits in der Zeit des Barocks hatte der Franzose Nicolas-Antoine Boulanger im Jahre 1768 damit begonnen, Mythen zur Kosmogonie und zu den Weltkatastrophen zu sammeln, und darüber hinaus sogar das einschlägige Brauchtum aufgezeichnet. Voll Begeisterung trug noch in der Frühphase der Gymnasiallehrer Heinrich Lüken die Sagensammlung über »Die Uroffenbarung Gottes unter den Heiden« (1856) zusammen.

In der zweiten Hälfte des vorigen Jahrhunderts entstanden dank der intensiven Forschung der Ethnologen die ersten großen ethnographischen, nun schon fundierten Flutsagensammlungen von François Lénormant in Paris (1880), dem amerikanischen Abgeordneten Edmund Boisgilbert (Pseudonym für Ignatius Donnelly; 1882), Richard Andree in Heidelberg (1891; 88 Mythen) und Arthur Stentzel (1894) in Hamburg.

Die zweite Phase großer Mythensammlungen fällt in die erste Hälfte unseres Jahrhunderts. Forscher wie M. Winternitz in Prag (1901; 73 Mythen), James George Frazer in London (1919; 175 Sagen), Walter Anderson in Dorpat (1923; 21 Sagen aus der Region des »weißen Flecks« in Nordasien), Prof. Johannes Riem, ein Astronom in Berlin, der 1925 303 Mythen veröffentlichte und unermüdlich weitersammelte, so daß sein Manuskript 1930 bereits auf 563 Beispiele angewachsen war, und schließlich Werner Müller mit seiner Bonner Dissertation von 1930 über »Die ältesten amerikanischen Flutsagen« waren in ihrer Sammeltätigkeit so erfolgreich, daß spätere Autoren wie Byron C. Nelson (1968) diesen Fundus kaum mehr bereichern konnten.[686]

Diese großen Flutsagensammlungen der Ethnologen des 19. und 20. Jahrhunderts sind alle durch zwei Bestrebungen gekennzeichnet: Zunächst sollte der vielfältige Schatz an Flutmythen in nüchterner, teilweise sogar statistischer Form verarbeitet werden, um einen Überblick über die Gemeinsamkeiten und Gegensätze, über Fernbeziehungen und enger begrenzte Mythenprovinzen, über ursprüngliches und transportiertes Sagengut, aber auch nur über den Ideenreichtum in der phantasievollen, ethnisch bedingten Ausgestaltung zu gewinnen. Das zweite, noch viel wichtigere Anliegen, eigentlich sogar das Ziel der Auswertung, bestand dann jeweils darin, nach Möglichkeit die Ursachen für die weite Verbreitung der Flutsagen zu ergründen. Wir wollen hier beiden Bestrebungen der Mythologen, Ethnologen und Sprachwissenschaftler unsere Aufmerksamkeit schenken, da sie ja das Problem aus einem ganz anderen Blickwinkel betrachtet haben als die Theologen und die Geologen.

Diese nüchtern-objektive Sichtung und Verarbeitung des überreichen Materials haben am vorbildlichsten Riem[687] und Andree[688] vorgenommen. Es wäre zwar reizvoll, den vielen Einzelaspekten nachzugehen, als da sind: die Häufigkeit spezieller Themen wie Flut, Sturzregen, Schneefall, Pechregen, Sintbrand, Regenbogen usw. im Sagenschatz, die phantasievoll unterlegten sündhaften Ursachen für diese grausame Bestrafung, die Vielfalt der Rettungsideen, der Überlebensstrategien danach, die Rolle der Tiere – besonders in den Indianersagen – bei der Schaffung des Neulandes nach der Flut usw., aber aus Platzgründen müssen wir uns diese Exkurse versagen.

Dennoch wollen wir wenigstens als Kostprobe daraus einige Beispiele für die oft naiven Vorstellungen erwähnen, wodurch diese für die Menschheit apokalyptische kosmische Katastrophe heraufbeschworen worden sein soll.[689] Teils handelt es sich um ein zufälliges Versehen, wie etwa ein unbeabsichtigtes Zerbrechen der dünnen Erdkruste durch Gott bei den Binua in Malaysia, eine Kopfbewegung der erdtragenden Schlange bei den Batak auf Java oder das versehentliche Umstoßen des Kürbiskruges, in dem das Meer eingeschlossen ist, bei den Haiti-Insulanern. Oder die Verletzung eines Tabus ist der Urgrund, wie die Tötung einer Boaschlange bei den Dajak auf Borneo oder eines Lieblingsvogels des großen Gottes bei den Fidschi-Insulanern, wie das Fischen in verbotenen Gründen bei den Leeward-Insulanern usw.

Die bewußte Bösartigkeit des Menschen ist allerdings trotzdem ein weltweit bevorzugtes Motiv für die Sintflutstrafe durch die Götter – von Babylonien und vom Heiligen Land angefangen bis zu den Australiern und den Indianern in beiden Erdteilen Amerikas. Ein anschauliches Beispiel dieser Art liefern die Mundari in Ostindien, die böse waren, sich nicht waschen und nicht arbeiten, sondern immer nur tanzen und sich betrinken wollten. Ein anderes Beispiel nennt zwei Angehörige des Marndistammes der Santals in Bengalen, die bei der Vergabe von Würden und Ämtern übergangen worden waren und daher verständlicherweise Sintbrand und Sintflut auf die anderen Stämme herabbeschworen …

Wir wollen darüber aber keineswegs vergessen, daß zahlreiche naturnahe denkende Völker – von den Altgermanen und Persern bis zu den Athapasken und Algonkin – realistisch genug waren, in der Naturkatastrophe ein Naturereignis zu sehen und keine Strafe Gottes wegen oft läppischer Anlässe wie eines gestohlenen Wunderfeuersteines bei den Wintun-Indianern, gestohlenen Muschelgeldes bei den Miwok, einer verschmähten Liebe bei den Patwin usw. In diesen Fällen werden die Menschen oft sogar als unbedeutend angesichts der kosmischen Dimension der Katastrophe völlig ausgeklammert und in der Gesamtdarstellung überhaupt nicht erwähnt.

Wie anregend es ist, dieser phantasiereichen Schuldzuweisung und der Bestrafungsweise in den Flutmythen der Völker nachzugehen, um einen tiefen Einblick in die Denkweise dieser Völker zu gewinnen, demonstriert der international angesehene Rechtswissenschaftler und -philosoph Hans Kelsen, der Schöpfer der österreichischen Staatsverfassung von 1920, der 1943 das Prinzip der Bestrafung in den Flutmythen analysierte.[690]

Ein wichtiges Problem für die Ethnologen war die sichere Trennmöglichkeit von originärem und entlehntem Sagengut. Eine solche Trennung war deshalb so vordringlich, weil ja diejenigen Forscher, die die Sintflut zu einem lokalen Ereignis im Zweistromland umfunktionierten, die weltweite Verbreitung der Flutsage oft einfach auf die Missionarstätigkeit zurückführen wollten. Wohlgefügte Schemata wurden entwickelt – am exaktesten in der tabellarischen Zusammenstellung bei M. Winternitz[691] –, mit deren Hilfe man je nach Auftauchen bestimmter Motive (Arche, Mitnahme des Lebenssamens, Aussendung von Vögeln, Opferdarbietung, Vorhersagung, Heldenrettung, Regenbogen etc.) Originalität oder Transport rein mechanisch unterscheiden können sollte. Obgleich die späteren Ethnologen über diesen starren Schematismus spotteten,[692] haben sie selbst weiterhin damit gearbeitet. Aber sie hatten mit ihrer abfälligen Beurteilung des Schematismus insofern recht, als man bei der Lektüre spätestens der »hundertsten« Flutsage den gelegentlich auftretenden biblischen Einfluß mit den spezifischen Ausschmückungen orientalischer Provenienz schon von weitem erkennt und von dem originären Inhalt unterscheiden kann, so daß man auf die Tabelle und Punktebewertung gerne verzichten möchte.

Für uns hat sich diese Problematik rasch von selbst aufgelöst, da uns heute mit der detaillierten Kenntnis des geologischen Impaktgeschehens ein verläßlicher Schlüssel zur Verfügung steht, mit dem wir ohne Mühe einerseits echte Sintflutmythen mit Impaktmerkmalen und lokale Flutsagen ohne solche Anzeichen, andererseits originäre Überlieferungen, die oft reich an Schilderungen über spezielle Impaktauswirkungen sind, unschwer von der ja gerade in dieser Hinsicht sehr ärmlichen biblischen Legende unterscheiden können.

Beim zweiten, wichtigeren Fragenkomplex, der Frage nach der eigentlichen Ursache der Flut, waren die Ethnologen und Mythologen noch weniger erfolgreich als die Geologen, da sie in den meisten Fällen überraschend naturfremd an das Problem herangingen. Ja, sie schenkten sogar vielfach den in den Mythen stets enthaltenen Naturbeobachtungen keine nennenswerte Beachtung.

Drei Denkrichtungen begegnet man in diesem Forscherkreis bei dem Versuch, eine Ursache für die Flut zu finden:[693]

1. Es gibt Mythenforscher, die in dem von den inhaltsreichen Überlieferungen geschilderten Geschehnis kein tatsächliches, natürliches Ereignis aus der Menschheitsgeschichte sehen wollen und keinen realen Hintergrund akzeptieren, sondern eine Erklärung dafür nur im Mythologischen bzw. Mystischen suchen. Bei ihnen wird der Mond-, Sonnen- oder Ster-

nenmythos als einzig maßgebliches Motiv zur Erfindung der Sintflutsage angenommen. Ihre Vorgehensweise, daß sie in vorgefaßter und einseitiger Betrachtung das Problem angehen, die störenden, nicht in ihre Deutung hineinpassenden Naturerscheinungen weglassen, nur bestimmte Sageninhalte auswählen, die wir teilweise aus dem Originaltext ganz anders kennen, und sich in ihrer Interpretation von einem subjektiven Mystizismus leiten lassen, befremdet und schockiert vor allem den naturwissenschaftlichen Leser.

Der Romantiker G. Gerland[694] war dem Mondmythos verfallen. Schon der Münchener Paläontologe Edgar Dacqué[695] distanzierte sich deutlich von der Fruchtlosigkeit solcher Interpretationen: »Da ist der Noah der Mond, die drei Stockwerke der Arche sind die drei Phasen des zunehmenden Mondes, die Arche selbst ist die zunehmende Mondsichel; sie fährt hoch am Himmel dahin, als das Wasser der Sintflut so hoch gestiegen war.«

Die Mondmythologie nimmt auch einen breiten Raum in der umfassenden Arbeit des württembergischen Stadtpfarrers Dr. Ernst Böcklen[696] zur Sintflutdeutung ein: »Der Mond ist ein goldener Kahn, der über diesen Ozean fährt, ... die Flut entsteht nun durch das Hereinbrechen der Gewässer des Urmeeres, ... sie kann dem am Himmel hinfahrenden Mondkahn nichts anhaben.«

Es schmerzt fast, wenn präzise beschriebene und tradierte Naturphänomene ebenso mißbraucht und als Sonnenmythos erklärt werden, wie bei dem Bonner Professor Fritz Graebner,[697] der aus dem von den südaustralischen Aborigines angstvoll erlebten und naturgetreu geschilderten Sintbrand und glühenden Fallout-Regen (siehe S. 169) einen »naiven Tagesanbruchsmythos« mit eindrucksvollem Sonnenaufgang macht. Bei Graebner sind »die Menschen ... die Sterne, über die zuerst das Morgenrot [Sintbrand] hinweggeht und die dann in der wasserhellen Flut [Sintflut] des Tageshimmels endgültig untergehen. Erst am Abend kommt zunächst ein Teil von ihnen wieder hervor und vermehrt sich allmählich.« Man entwickelt lieber solche abstrusen Vorstellungen und schiebt sie den bedauernswerten Aborigines unter, als einfach ihrer klaren und schlichten Schilderung zu glauben, der deutlich erkennbar ein Sintbrand-Sintflut-Erlebnis zugrunde liegt. Derartige Vergewaltigungen der Originalberichte sind in diesem Kreis der Mythenforscher an der Tagesordnung. So verknüpft z.B. C. Schirren[698] die polynesische Weltenbrandtradition ganz einfach mit dem Sonnenuntergang.[699]

Bei Mythologen, die tiefschürfende Analysen über Beziehungen zwischen Flut und Astrologie oder Philosophie vornehmen, spürt man auch heute noch – wie etwa bei Gian Andrea Caduff – die tiefe Abneigung, sich auf konkrete naturwissenschaftliche Überlegungen zum Thema einzulassen: »Doch alle Versuche, die Sintflutsagen auf bestimmte Ereignisse einer fernen Vergangenheit zurückzuführen, sind ja eigentlich recht unergiebig. ... [es] sagen derartige Untersuchungen überhaupt nichts zur Stellung und Funktion des Sintflutmotivs innerhalb der jeweiligen mythologischen Systeme aus.«[700]

Wie weit die Realitätsferne bei manchen Mythologen reicht, zeigt das Beispiel von Géza Róheim[701] aus dem Jahre 1952, der als psychoanalytisch »vorbelasteter« Folklorist trotz aller eigenständigen Feldarbeit als Mythologe in Australien und Amerika die Entstehung der Sintflutmythen nur auf unangenehme Träume zurückführt und ganz im Sinne des Freudianers Otto Rank eine gefüllte Harnblase im Schlaf für den Auslöser hält. Der Harndrang werde dann in der Nacht in den Träumen des Schläfers transformiert: Der Urin erhält überdimensionale Bedeutung und wird als See oder steigender Ozean in die Welt hinausprojiziert, wobei sich mit dem Harndrang im Schlaf zwangsläufig ein Angstgefühl einstellt. Damit aber haben wir im Sinne dieser Freudianer auch schon einen handfesten Grund für die weite Verbreitung der Sintflutsagen rund um die Welt!

Wie zutreffend hat hingegen im Vergleich zu manchem Mythologen der deutsche Philosoph Friedrich Wilhelm von Schelling[702] die Bedeutung des Mythos eingeschätzt, indem er dem Mythos »den Wert einer wirklichen Überlieferung« zubilligte, die auf tatsächlich Erlebtes zurückgehe und weder auf vagen mystischen Vorstellungen noch auf philosophischen Spekulationen basiere.

Im Gegensatz zu Sagen und Märchen sind die Mythen für die Völker selbst kostbare und heilige Berichte, die durchaus ernst genommen werden. Platon hat das Wesen dieser Traditionen mit seiner Charakterisierung »Mythen sind die allerältesten Geheimnisse der Menschen« prägnant zum Ausdruck gebracht. Welche Bedeutung gerade auch die Urvölker ihren Mythen beimessen, zeigt die Tatsache, daß diese Mythen vielerorts einen wesentlichen Bestandteil ihrer Initiationsriten darstellen und dadurch jene Weihe erhalten, die mithilft, daß sie über Jahrtausende hinweg getreu bewahrt und weitergegeben werden.

2. Ein wichtiger Aspekt für die Ermittlung der Ursache war auch bei den Ethnologen die Frage, ob man in diesem Flutereignis nicht statt einer

universellen nur eine lokale Flut großen Ausmaßes sehen müsse. Für viele prominente Flutsagenforscher lag hierin ein bereitwillig akzeptierter Ausweg. Die großen Monographien von L. Diestel (1871), R. Andree (1891), R. de Girard (1893/85), J. G. Frazer (1919), L. Walk (1930) u.a. wurden von dieser Annahme geprägt, die schließlich C. L. Woolley (1931) wissenschaftlich zu bestätigen schien. Aus Andrees[703] Formulierung als Mythologe spricht wiederum deutlich genug der herrschende Zeitgeist: »Die Sage hat überhaupt die Neigung, das Kleine zum Großen zu gestalten, ein Ereignis, das nur örtlich war, wird von ihr zur Weltbegebenheit aufgebauscht.« Welch erschreckend abwertende, unrichtige und wenig einfühlsame Haltung eines Forschers gegenüber seinem Forschungsobjekt, das letztlich der Mensch ist, der hinter dem getreu tradierten Sagengut steht!

Schlicht und logisch fiel hingegen die Argumentation zu diesem Thema bereits bei Cicero[704] aus: »De quo autem omnis natura consentit, id verum esse necesse est.« Das bedeutet, daß die Allgemeinheit der Sintfluttradition auch die Allgemeinheit der Katastrophe selbst beweist.

3. Die wenigen aber, die sich selbst nichts vormachten und die Größe des dahinterstehenden Naturereignisses und seiner globalen Auswirkungen erahnten, konnten die scheinbar konträren, in ein und derselben Überlieferung beschriebenen Naturphänomene in keiner Weise in Einklang bringen und kapitulierten offen vor diesem Problem, wenn sie aufrichtig genug waren – wie etwa Werner Müller[705] aus Bonn: »Der ursächliche Zusammenhang, in den Winter, Hitze und Flut zueinander gesetzt werden, ist lediglich als typische Kausalverknüpfung primitiven Denkens zu werten, das Dinge in Abhängigkeit voneinander bringt, die nichts miteinander zu tun haben.« Dennoch hat Müller das Gefühl, daß diese Aussagen über die Verknüpfung von Winter, Hitze und Flut trotzdem ernst genommen werden sollten, »da sie sich von den Algonkins und … von den arktischen Völkern bis zu den Feuerländern belegen läßt«. Resignierend muß er allerdings hinzufügen: »An dieser Klippe scheint jede Theorie bis heute zu scheitern.« Müller trifft damit genau das Kernproblem, das als scheinbar unlösbarer gordischer Knoten alle Deutungsversuche der Ethnologen und Sagenforscher vereitelt hat. Sie sahen sich, wie K. Ziegler[706] ausführte, immer wieder mit Weltuntergangstraditionen konfrontiert, in denen »Weltvernichtungsmotive zusammengeschoben sind, die einander … eigentlich ausschließen«: Weltenbrand mit unvorstellbarer Hitze, Fimbulwinter mit mehrjährigem

klirrendem Frost, Sintflutwogen, die die Kontinente überrollen, usw. Diese Fülle von Katastrophen ließ sich mit den damaligen naturwissenschaftlichen Kenntnissen unmöglich auf einen gemeinsamen Nenner bringen, d.h. auf eine gemeinsame Ursache beziehen.

Deshalb behalfen sich manche Ethnologen dadurch, daß sie die Weltenbrandmotive aussortierten und innerhalb einer eigenen Kategorie sammelten, die mit den Sintflutsagen nicht zusammengeworfen werden sollten.

Interessanterweise spürten auch manche Völker, die das Sintfluterlebnis ihrer Urahnen überlieferten, selbst diesen – scheinbaren – krassen inneren Widerspruch und behalfen sich in ähnlicher Weise, indem sie bei der Weitergabe der Berichte diese konträren Inhalte zeitlich auseinanderlegten und in oft durch sehr lange Zwischenräume voneinander getrennten Zeiten ablaufen ließen. So etwa schalteten die Azteken und andere mittelamerikanische Altkulturen jeweils eine Epoche von 4000 bis 5000 Jahren als Weltenalter zwischen die Einzelschritte des Weltunterganges ein, während in Indien noch unendlich größere, viele Millionen Jahre umfassende Weltenperioden, sogenannte »Kalpas«, zwischen den einzelnen Weltkatastrophen lagen: In einem Zyklus von 64 großen Kalpas wird die Welt 56mal durch Feuer, siebenmal durch Wasser und einmal durch Wind vernichtet. Ein Kalpa währt dabei länger, als es dauert, bis ein Fels von 16 Quadratmeilen Fläche durch die einmal in hundert Jahren erfolgende Berührung mit feinstem Benaresgewebe zur Größe eines Mangokernes abgewetzt ist.[707] Die scheinbar nicht zusammenpassenden Untergangsetappen sind hier vorsorglich zeitlich weit auseinandergelegt.

Für uns Geologen liefert aber gerade diese Kombination von Weltenbeben, Sintbrand, Sintflut, Sintnacht und Sintfrost, die in den meisten Sintflutberichten als sehr eng miteinander verknüpft dargestellt werden, eine logische Grundlage für ihre natürliche Erklärung. Diese merkwürdige Koppelung von scheinbar widersprüchlichen Naturerscheinungen ist durch die geologischen Forschungen der achtziger Jahre am Beispiel des Dinosaurier-Impaktes sehr genau herausgearbeitet worden, ohne daß diese Forschergruppe ahnte, daß sie damit endlich die erlösende Antwort auf dieses uralte Ignorabimus des Sintflutproblems und vor allem der Mythenforscher gab. Schließlich hatten diese Wissenschaftler ja nie etwas von diesem Problem erfahren, das ihre hinter der hohen Mauer ihrer Fakultätsgrenze arbeitenden Kollegen von der Völkerkunde so sehr bedrückte.

Die Sintflut aus der Sicht der Propheten

Die Propheten haben sich von jeher zur Sintflut und zu dem damit verbundenen Weltuntergang geäußert, ohne daß dies bisher allgemein bekannt war. Allerdings nahmen sie dazu meist nicht unmittelbar Stellung, sondern kleideten ihren Bericht in eine visionäre Form ein, wodurch ihre Aussage noch nachhaltiger wurde. All die berühmten Propheten der Antike und auch der späteren Zeit hatten sich zweifellos intensiv mit den im ursprünglichen Wissensgut noch sehr lebendig erhaltenen, oft sehr detaillierten Schilderungen des Weltunterganges beim Sintflutereignis beschäftigt. Sie hatten offenbar die Berichte, die sie selbst stark bewegten, und die darin geschilderten Ereignisse in ihr Wissen und Empfinden eingebaut, da diese Geschehnisse in ihren Offenbarungen mit allen Einzelheiten verwertet sind. So finden wir in einigen der großen Offenbarungen der Antike ein dichteres, realistischeres und anschaulicheres Bild vom Sintflut-Impakt als in den individuellen Fluttraditionen der Völker. Das alte Wissensgut ist in solche Weissagungen gleichsam in gefilterter, verdichteter und konzentrierter Form eingeflossen, weshalb es sich auch durchaus lohnt, sich mit diesen eschatologischen Epen zu befassen.

Dies erklärt auch manches, was bislang unverständlich für uns war. Bisher haben wir die detaillierten großen Prophezeiungen von der Antike bis in unsere Tage immer nur mit Staunen zur Kenntnis genommen, ohne uns ein objektives Bild über ihren Wahrheitsgehalt machen zu können. Woher nahmen die Propheten ihr Wissen über all die Einzelheiten, die sie in ihren Offenbarungen über einen kommenden Weltuntergang enthüllten? Wo lag die Quelle für diese Apokalypsen? Handelt es sich dabei wirklich ausschließlich um eigenständige, individuelle Visionen von Menschen mit besonderen Fähigkeiten? Oder gibt es noch andere Möglichkeiten, andere Quellen für die Vorhersage der Endkatastrophe? Wir wollen die Möglichkeit von Visionen nicht grundsätzlich ausschließen, aber unabhängig davon läßt sich jedenfalls eines mit Sicherheit sagen: Die Schilderungen in den Offenbarungen halten sich fast wortwörtlich an das tradierte Wissen über das Sintflut-Impaktgeschehen, wie wir es aus den Überlieferungen der Völker abgeleitet haben. Da diese Traditionen aber zu Recht gleichzeitig ein sicheres Wissen darüber enthalten, daß solche Katastrophen für die Erde wiederkehren werden, beweist dies auch die grundsätzliche Richtigkeit derartiger Offenbarungen. Nur der Zeitpunkt, wann sich die Prophezeiung erfüllt, bleibt dunkel, auch für den modernen Naturwissenschaftler.

Die monumentalste Offenbarung oder Apokalypse (griech. »Enthüllung«) stammt von Johannes, der weder mit Johannes dem Täufer noch mit dem Apostel und Evangelisten Johannes identisch ist. Diese um 96 n. Chr. entstandene Schrift war innerhalb der Kirche lange Zeit umstritten (in der Ostkirche beispielsweise war sie vom 3.–6. Jahrhundert geächtet), bevor sie doch noch als letztes Buch in das Neue Testament aufgenommen wurde. Zu Recht aufgenommen, wenn man nach dem großartigen, aufwühlenden und – wie man aus geologischer Sicht sagen kann – zutreffenden Inhalt urteilt, zu Unrecht aus theologischer Sicht, da ein derartiges unvorstellbar grausames Blutgericht den christlichen Gott in ein schreckliches Licht stellt und ihm unverzeihliche, unüberbietbare Greuel zuschreibt. Letzteres erklärt auch die zunächst jahrhundertelange Ablehnung seitens der Kirche.

Neben dieser wohl berühmtesten Offenbarung der Antike, der sogenannten Geheimen Offenbarung, gibt es noch eine ganze Reihe weiterer eschatologischer Offenbarungen, so etwa die jüdischen Apokalypsen von Baruch, von Henoch im 2. Jh. v. Chr., im Buch Daniel aus der Zeit um 165 v. Chr. sowie im Neuen Testament bei Matthäus[708], außerdem vierzehn Bücher sibyllinischer Weissagungen, an die die mittelalterlichen Sibyllenbücher anknüpfen. Die Reihe dieser Weissagungen reicht in der Alten Welt über die »Centuries« des berühmten Nostradamus bis in die Gegenwart hinein. Ähnliche Weissagungen sind aber auch bei den Indianern des gesamten amerikanischen Kontinents weit verbreitet.[709]

Bisher stand man, wie erwähnt, auch als Wissenschaftler diesen Apokalypsen praktisch hilflos gegenüber, weil man keine Möglichkeiten besaß, sie zu verifizieren. Selbst für Religionswissenschaftler blieben die großen Offenbarungen wie die von Johannes dunkel. Sie gestanden die schwere Deutbarkeit der verwirrenden Bilder ein und machten – wie wir noch zeigen werden – hilflose Ansätze für banale Erklärungen, die sie bald wieder zurücknehmen mußten. Und dies bis in die Gegenwart, obgleich bereits 1843 F. Klee[710] die enge Beziehung dieser Apokalypse zu den Sintflutelementen überzeugend herausgearbeitet hatte.

Nicht nur in der Wissenschaft, auch im Volksmund kommt die Undurchschaubarkeit der Apokalypse des Johannes deutlich zum Ausdruck: Die Redewendung »ein Buch mit sieben Siegeln« ist im Sprachgebrauch zum Synonym für »völlig unverständlich« geworden.

Nachdem nunmehr die Einzelheiten des vom Menschen erlebten Sintflut-Impaktgeschehens geklärt sind, ist es heute für uns ein leichtes, diese Prophezeiungen über die zu erwartenden Vorgänge bei einer zukünftigen Weltkatastrophe zu verstehen, denn sie bauen durchwegs auf den Erlebnissen der Sintflut auf. Die Geheime Offenbarung liest sich unter diesem Aspekt leicht und flüssig wie ein detaillierter, realistischer Augenzeugenbericht. Daß man auch schon in der Antike sein Wissen gerne als Vorauswissen ausgab, ist verständlich, da man damit die Aufmerksamkeit der Zuhörer oder Leser erheblich steigern konnte. Deshalb sind ganze Über-

lieferungen bisweilen in Prophezeiungen eingekleidet, wie etwa die Flutmythen der Inder. Folgerichtig bedienten sich auch die religiösen Warner dieser Methode und traten als Propheten, als Seher auf. Wir wollen dabei aber nicht übersehen, daß es darüber hinaus zweifellos noch eine spezielle individuelle Präkognition, d.h. ein Vorauswissen zukünftiger Ereignisse, gibt.

Da es in jeder Hinsicht den Rahmen dieser Ausführungen sprengen würde, die naturwissenschaftlichen Aussagen all dieser Offenbarungen herauszuarbeiten, wollen wir uns darauf beschränken, ihr Prinzip an einem berühmten Beispiel, eben der Offenbarung des Johannes im Neuen Testament, zu demonstrieren. Der Leser, der aufgrund unserer Darstellungen mit den Vorgängen des Sintflut-Impaktes vertraut ist, wird mit Erstaunen die überraschenden Übereinstimmungen feststellen, die in dieser Apokalypse enthalten sind.

Bei den zahlreichen Übersetzungen, die von dieser Offenbarung vorliegen, sei neben den älteren, ursprünglicheren Darstellungen auch auf die moderne, offizielle Einheitsübersetzung der Heiligen Schrift hingewiesen.[711] In der folgenden Analyse soll nur auf die Hauptpassagen, die das für den Impakt relevante Geschehen enthalten, Bezug genommen werden.

Die Impaktszene wird in der Apokalypse von Johannes interessanterweise an drei verschiedenen Stellen ausführlich dargestellt. Wir werden über die Bedeutung dieser mehrfachen Beschreibung zu sprechen haben, zuerst aber wollen wir ihren Inhalt vorstellen.

Weitere kurze Wiederholungen von Merkmalen des Impaktgeschehens werden über diese drei ausführlichen Schilderungen hinaus noch in

←
Abb. 112: Das Untier aus dem Meer in der vierten Vision von Johannes, das als Meeresdrache aufsteigt und alles Unheil über die Welt bringt, ist in richtiger Folgerung von Cranach siebenköpfig wie der kosmische, vom Himmel herabfahrende Typhon-Drache dargestellt. Himmelsdrache und Meeresdrache sind die untrennbar zusammengehörenden beiden Seiten des gleichen Impaktereignisses: Der Kometeneinschlag im Meer verursacht die unterseeische Explosion, die die Fontäne aus Gift und Unheil vom Meer an Land zurückschleudert. Prüft man den Text der zugehörigen Offenbarung des Johannes (13, 1, 2, 11), dann wird auch die Bedeutung des Ungeheuers aus der Erde klar, das auf den Illustrationen stets dem Meeresdrachen gegenübergestellt wird: »Und ich sah ein anderes Tier aus der Erde heraufkommen, und es … redete wie ein Drache.« Dieses kleinere Untier ist die Reaktion auf die kleineren Festlandsimpakte, von denen ebenfalls Unheil ausging. Die Impaktszenerie wird im Holzschnitt durch das Feuer vom Himmel und den Hagel unterstrichen. – Bibelillustration von L. Cranach (1522).

etlichen anderen Szenen, wie etwa bei Michaels Kampf mit dem siebenköpfigen Drachen[712], beim Auftauchen des siebenköpfigen Untieres aus dem Meer[713] (Abb. 112) und bei der Hure von Babylon und ihrem Untergang durch ein Erdbeben[714], eingeflochten.

Die Sieben-Siegel-Vision

Offenbarung, Kapitel 6:[715] »Und siehe ..., da ward ein großes Erdbeben, und die Sonne ward schwarz wie ein härener Sack (ein Trauergewand), und der Mond ward wie Blut. Die Sterne des Himmels fielen herab auf die Erde, wie ein Feigenbaum seine unreifen Früchte abwirft, wenn ein heftiger Sturm ihn schüttelt. Der Himmel verschwand wie eine Buchrolle, die man zusammenrollt, und alle Berge und Inseln wurden bewegt von ihren Stellen. Und die Könige der Erde ... und alle Freien verbargen sich in den Höhlen und Felsenklüften der Berge.«

Hier wird die nicht ganz vollständige Abfolge eines Teilimpaktes der Sintflut geschildert, der weiter entfernt niedergeht. Am Beginn steht das gewaltige Impaktbeben, dessen gigantische, die Landschaft verändernde Auswirkungen auf dem Festland und auf den Inseln erwähnt werden. Dann folgt die aufgrund des Impaktstaubes einsetzende partielle Verdunkelung der Sonne und des Mondes, was nochmals dadurch zum Ausdruck gebracht wird, daß der Himmel verschwindet und den Blicken entzogen wird. Danach wird das Herabstürzen von kleineren Kometensplittern (vielleicht auch von glühendem Fallout) beschrieben. Auch das Verhalten der Menschen kommt zur Sprache. Natürlich hatten eher diejenigen eine Überlebenschance, die in Höhlen in den Bergen Zuflucht finden konnten – wie wir bereits aus vielen Berichten, besonders aus der Neuen Welt, erfahren haben.

Schon im Originaltext bei Johannes[716] wird das Verhalten der Menschen fehlinterpretiert, indem die Flucht in die Höhlen religiös umgedeutet wird als ein Verbergen vor dem Zorn Gottes (vgl. Abb. 26). Dem Blick Gottes kann man sich aber auf diese primitive Art nicht entziehen. Es ist vielmehr sehr real die Höhle, die den besten Schutz zum Überleben bietet, wenn man die mit einem Impakt verbundenen Bedrohungen wie Hitzepuls, Weltenbrand, glühenden Fallout, Regen aus konzentrierter Säure etc. betrachtet. Diese Nebenwirkungen, die hier durch die weitere Entfernung dieses Ersteinschlages bedingt sind, werden wegen der geringeren Intensität zwar nicht ausdrücklich aufgezählt, aber natürlich lassen sich aus dem Versuch der Menschen, sich in Höhlen zu schützen, gewisse Rückschlüsse ziehen. Der deutsche Theologe Ernst Lohmeyer hat die universelle Bedeutung dieser Maßnahme zu Recht herausgestellt, wenn er kommentiert: »Die Flucht in Höhlen ist ein fester apokalyptischer Zug.«[717] Dieser Aspekt wird jedoch selbst noch bei den modernen Exegeten verkannt, die wie J. Roloff in Anlehnung an Johannes der Ansicht sind, die Flucht in die Höhlen erfolge »selbstverständlich nicht, um sich vor äußeren, leiblichen Gefährdungen zu schützen, sondern um dem Zornesblick des Weltrichters zu entgehen«.[718]

Die Posaunen-Vision

Offenbarung, Kapitel 8: »... Da fielen Hagel und Feuer, die mit Blut vermischt waren, auf das Land. Es verbrannte ein Drittel des Landes, ein Drittel der Bäume und alles grüne Gras. ... Und es fuhr wie ein großer Berg mit Feuer brennend ins Meer [Abb. 113]. Ein Drittel des Meeres wurde zu Blut. Und der dritte Teil der lebendigen Kreaturen im Meer starben. ... Da fiel ein großer Stern vom Himmel; er loderte wie eine Fackel und fiel auf ein Drittel der Flüsse und der Quellen.

Und der Name des Sternes ist ›Wermut‹. Und ein Drittel des Wassers wurde bitter, und viele Menschen starben durch das Wasser, weil es bitter geworden war. ... Da wurde ein Drittel der Sonne und ein Drittel des Mondes und ein Drittel der Sterne getroffen, so daß sie ein Drittel ihrer Leuchtkraft verloren und der Tag um ein Drittel dunkler wurde und ebenso die Nacht.«[719]

Offenbarung, Kapitel 9: »... Da sah ich einen Stern, der vom Himmel auf die Erde gefallen war. Ihm wurde der Schlüssel zu dem Schacht gegeben, der in den Abgrund führt. Und er öffnete den Schacht des Abgrundes. Da stieg Rauch aus dem Schacht auf, wie aus einem großen Ofen, und Sonne und Luft wurden verfinstert durch den Rauch aus dem Schacht. Aus dem Rauch kamen Heuschrecken über die Erde, und ihnen wurde Kraft gegeben, wie sie Skorpione auf der Erde haben. Es wurde ihnen befohlen, die Menschen nicht zu töten, sondern zu quälen, fünf Monate lang. Und der Schmerz, den sie zufügen, ist so stark, wie wenn ein Skorpion einen Menschen sticht ...«[720](vgl. Abb. 34).

Die Schilderung dieses Impaktes deckt sich keineswegs mit der ersten, d.h., hier wird ein anderer, zweiter Teilimpakt beschrieben. Daß insgesamt drei individuelle Teilimpakte dargestellt werden, kommt deutlich in den wiederholten Bemerkungen zum Ausdruck, jeweils ein Drittel der Wasser, des Meeres, der Flüsse etc. sei vergiftet, jeweils ein Drittel des Lebens zerstört worden.

Die Beschreibung dieses zweiten Teilimpaktes ist so anschaulich und so naturgetreu, daß kaum noch eine Interpretation nötig ist. Ein »Stern« fällt wie ein flammender Berg vom Himmel und schlägt im Ozean ein. Wie aus einem geöffneten Schacht oder wie aus einem Ofen steigt das verdampfte Gestein und Meerwasser aus dem Trichter, der bei dem Einschlag im Ozean entstanden ist, zum Himmel empor und verdunkelt

diesen um ein weiteres Drittel, wodurch die Impaktnacht nochmals um ein Drittel intensiver wird. Eine Besonderheit dieses Impaktes ist der starke Niederschlag von stickoxidgesättigter Salpetersäure in Form von verätzendem Regen, der Meer und Land teilweise rot färbt, die Wasser vergiftet, so daß sie abscheulich wie Wermut schmecken, und die Menschen aufgrund der hohen Säurekonzentration verätzt, so daß sie monatelang wie unter dem Gift von Skorpionen (verursacht durch »Heuschrecken«, die aus der achten ägyptischen Plage übernommen worden sind) zu leiden haben. Feuer als erste Etappe des Weltenbrandes vernichtet die Vegetation.

Es ist bereits einer Reihe von Autoren aufgefallen, daß in diesen Katastrophenberichten mehrere der zehn ägyptischen Plagen eingeflossen sind.[721] Und zwar handelt es sich auch noch um die erste Plage, durch die das Wasser in giftiges, nicht trinkbares »Blut« verwandelt wird, die siebente Plage mit Hagel und Blitzschlag, die die Vegetation zerstört, und die neunte Plage, die berühmte ägyptische Finsternis, die nichts anderes ist als die Impaktnacht, die sich über die Erde senkt. Es ist auch keineswegs verwunderlich, daß auf diese ägyptischen Plagen zurückgegriffen wird, denn sie stellen typische Impakteigenschaften dar, die im biblischen Buch Exodus als Zeichen der Macht Moses zugeschrieben worden waren.

Von dieser seit langem bekannten, deutlichen Parallele abgesehen, verfehlten alle anderen Interpretationsversuche der Exegeten ihr Ziel. So etwa, wenn Th. Zahn den Vers 8 mit dem großen brennenden Berg, der ins Meer stürzt, folgendermaßen deutet: »Was kann dieses Meer anderes sein als der Golf von Capri bis nach Cumae, und der in dieses hinabstürzende brennende Berg anderes als der Vesuv.«[722] Und damit den Impakt

← *Abb. 113:* Das komplette Impaktszenario bietet der Holzschnitt von Albrecht Dürer als Illustration zur Johannes-Offenbarung bei der Öffnung des sechsten Siegels (Offenb. 6,12–17): In der Mitte unten der Impaktor, der wie ein »flammender Berg« ins Meer fährt und die Flutwelle auslöst – an den davon erfaßten Schiffswracks ersichtlich; der Weltenbrand auf dem Lande (rechts vorn) und in den Siedlungen (linker und rechter Rand); sodann der Regen aus Blut und Hagel (Mitte rechts); schließlich die anbrechende Impaktnacht (Verdunklung von Sonne und Mond). Die sieben Posaunenstöße der Engel könnten als Explosionslärm der sieben Impakte interpretiert werden, der den Überlieferungen nach jeweils kontinenteweit zu hören war. Um auch noch den Brunnen, den mehrfach erwähnten Schacht aus der Tiefe, unterzubringen, aus dem nach dem Einschlag die Explosionsfontäne hochsteigt, zeichnete Dürer – getrennt vom Haupteinschlag des flammenden Berges – einen parallelen, kleineren Festlandseinschlag in der linken vorderen Ecke, wobei er mit dem Stern den Kometensplitter andeutete. – Holzschnitt von A. Dürer (1498).

vor zehn Jahrtausenden zum Vesuv-Ausbruch im Jahre 79 n. Chr. verniedlicht. Oder wenn E. Lohmeyer die durch den Salpetersäure-Fallout verursachte blutrote Färbung von Meer und Land damit erklärt, daß »die Luft von Teilchen roten Sandes aus der Sahara wie erfüllt ist«.[723] Oder wenn J. Roloff[724] im herabstürzenden Stern den Sturz eines rebellischen Engels und im Rauch aus dem Abyssus das Sinnbild des Zornes Gottes sieht.

Die Sieben-Schalen-Vision

Offenbarung, Kapitel 16: Bei diesen sieben letzten Plagen gießen die sieben Engel die sieben Schalen mit dem Zorn Gottes über die Erde aus. »Der erste ging und goß seine Schale über das Land. Da bildete sich ein böses und schlimmes Geschwür an den Menschen ... Der zweite Engel goß seine Schale über das Meer. Da wurde es zu Blut, das aussah wie das Blut eines Toten; und alle Lebewesen im Meer starben. Der dritte goß seine Schale über die Flüsse und Quellen. Da wurde alles zu Blut. ... Der vierte Engel goß seine Schale über die Sonne. Da wurde ihr Macht gegeben, mit ihrem Feuer die Menschen zu verbrennen. Und die Menschen verbrannten in der großen Hitze ... Der fünfte Engel goß seine Schale über den Thron des Tieres. Da kam Finsternis ... Der sechste Engel goß seine Schale über den großen Strom, den Euphrat. Da trocknete sein Wasser aus ... Und der siebte Engel goß seine Schale über die Luft ... Und es folgten Blitze, Stimmen und Donner, es entstand ein gewaltiges Erdbeben, wie noch keines gewesen war, seitdem es Menschen auf der Erde gibt, so gewaltig war dieses Erdbeben. ... Alle Inseln verschwanden, und es gab keine Berge mehr. Und gewaltige Hagelbrocken, zentnerschwer, stürzten vom Himmel auf die Menschen herab...«[725]

Die Szene gleicht stark dem in der Posaunen-Vision geschilderten Geschehen, aber die Auswirkungen des Impaktes sind deutlich intensiver, weil der Einschlag näher beim Beobachter lag. Es ist atemberaubend, wie genau die Details über die Jahrtausende hinweg überliefert werden. So wird der rote Farbton des Meeres durch den Regen aus Stickoxiden und Salpetersäure ganz präzise und anschaulich beschrieben: Er ist nicht einfach »rot wie Blut«, wie man selbstverständlich erwarten würde und was im Sprachgebrauch hellrotes, sauerstoffreiches, systolisches Blut implizieren würde, sondern »wie das Blut eines Toten«, also sauerstoffarm, rotbraun. Und das ist exakt die Farbe von stickoxidgesättigter Salpetersäure, die rotbraun, nicht hellrot aussieht. Auch die Auswirkung dieses konzentrierten Säureregens in Form von Geschwüren auf der Haut wird geschildert.

Auf die unmittelbare Nähe des Einschlages – offenbar mehr im westlichen als im zentralen Teil des Indischen Ozeans – weist die erwähnte enorme Hitze hin, die sogar den großen Euphratstrom austrocknen ließ. Das ist keine Übertreibung, denn wir wissen aus den Schilderungen der Indianer und anderer Völker, daß Hitzesturm und Weltenbrand tatsächlich auch manche großen Ströme verdampften.

Auch die Gewalt des Erdbebens ist hier größer als bei den vorangegangenen Impakten. Die Aussage, daß »alle Inseln verschwanden«, kann man wohl zu Recht im Hinblick auf Berichte über den Untergang labiler Inseln auf den mittelozeanischen Rücken im Atlantik und im Indik entsprechend auslegen. Der Nachsatz »es gab keine Berge mehr« besagt aber wohl, daß hiermit zugleich die Wirkung der gewaltigen Flutwelle umrissen wird. Denn nur diese Flut bringt sämtliche Inseln und auch alle Berge dieses Raumes im Nahen Osten – wenigstens vorübergehend – zum Verschwinden. Die Flut war ja über das Land hinweg bis zum Mittelmeer hinübergeschwappt. Hingegen könnte auch ein noch so starkes Erdbeben nicht alle Berge endgültig dem Erdboden gleichmachen.

Die bisherigen Interpreten registrierten, wie erwähnt, zutreffend zunächst die beträchtliche Ähnlichkeit zwischen den beiden letztgenannten Visionen. Lohmeyer bemerkt hierzu: »Die Verwandtschaft ist durchgängig und erstreckt sich bis auf Einzelheiten, wie das Vorkommen geheimnisvoller hebräischer Namen.«[726] Den Grund dafür sieht er darin, daß Johannes versuchte, die Wirkung zu steigern. Das mag durchaus richtig sein, aber der Hauptgrund ist ein anderer. Das Impaktgeschehen läuft nun einmal nach einem sehr gleichartigen Prinzip ab, was diese Ähnlichkeit der geschilderten Vorgänge ganz natürlich erklärt. Das gleiche gilt auch für den erneut herangezogenen Vergleich mit den ägyptischen Plagen. Die bösen Geschwüre, die den Menschen befallen (sechste Plage), haben als gemeinsame Ursache die Verätzung der Haut durch den Regen aus konzentrierter Säure, entnommen aus den in beiden Fällen verwerteten Überlieferungen vom Sintflut-Impakt.

Da die früheren Exegeten diesen Säureregen nicht kannten, haben sie das Blut im Meer von getöteten Meerestieren abgeleitet: »Der Vergleich ›wie ein Toter‹ ruft wohl das Bild eines in seinem Blut schwimmenden Ermordeten wach; so schwimmen die toten Lebewesen im Meer von Blut.«[728] Dies trifft aber nicht zu, denn diese Blutfärbung trat auch auf dem Festland in den Flüssen und Quellen und auf Felsen auf und ging auf den generellen Säureniederschlag zurück (siehe S. 212 ff.). Das Massensterben im Meer aber ist auf die Explosionsdruckwelle, den kochenden Ozean und die starke Ansäuerung des sonst leicht basischen Lebensmilieus der Meeresfauna zurückzuführen.

Als Grundtenor durchziehen alle bisherigen Deutungen der Johannes-Apokalypse die Undurchschaubarkeit des »chaotischen Gewirrs von Visionen, die wirre und verwirrende Fülle von Zügen und Bildern« und »die unausgeglichene Buntheit der sich ungeordnet jagenden Ereignisse«, wie Lohmeyer betont und damit hervorragend der allgemein herrschenden Meinung Ausdruck verleiht. Für den Geologen, der das Impaktgeschehen kennt, stellt diese Apokalypse hingegen eine bewundernswert präzise Schilderung des Naturereignisses »Sintflut« dar, in jeder Einzelheit leicht verständlich und tatsächlich so in der Vergangenheit abgelaufen. Die Wahl der Vergangenheitsform für die Darstellung weiter Passagen dieser Offenbarung durch Johannes selbst ist wohlüberlegt und in doppelter Weise sinnvoll: Sie entspricht einerseits der historischen Wahrheit, läßt aber trotzdem eine Prophezeiung zu, da ja Johannes auch bei einer die Zukunft betreffenden Vision die bevorstehenden Bilder geschaut hat und daher über bereits von ihm Erlebtes, also Vergangenes, berichten kann.

Der Aufbau der Offenbarung von Johannes ist wohldurchdacht, kunstvoll auch in der Verknüpfung der Einzelabschnitte und deutlich auf seine Wirkung hin angelegt. Hochinteressant ist auch der Umstand, daß die Abfolge des Impaktgeschehens dreimal mehr oder weniger komplett in getrennten, in den Einzelheiten differierenden Schilderungen dargeboten wird, und zwar in der Sieben-Siegel-Vision in Kapitel 6, in der Posaunen-Vision in Kapitel 8 und 9 und in der Sieben-Schalen-Vision in Kapitel 16. Dies ist kein Zufall. Der Grund für die dreimalige Wiederholung ist aber vermutlich nicht einfach in didaktischen Überlegungen zu suchen, dem Zuhörer die Strafandrohung für die sündige Menschheit möglichst eindringlich einzuprägen. Aufgrund der recht deutlich beschriebenen Unterschiede in den einzelnen Abfolgen, vor allem aber durch die Aussagen, daß bei jeder der drei Einzelkatastrophenakte der Tag jeweils um ein Drittel dunkler wurde, gewinnt man den begründeten Eindruck, daß hier drei Teilimpakte geschildert werden, die nacheinander erfolgten. Dies ist für den Raum des Nahen Ostens naheliegend, weil hier zweifellos die Nahwirkungen von den Einschlägen der uns bekannten Teilfragmente der westlichen Hemisphäre zu verspüren waren, nämlich zum einen die Auswirkungen der Impaktoren, die über diese Region hinwegflogen und im Mittel- und Nordatlantik niedergingen, zum anderen natürlich die des stärksten Impaktes im westlichen Teil des zentralen Indischen Ozeans. Daß man über mehrere Katastrophen mit verschiedenen Zentren schon in der Antike im Nahen Osten Bescheid wußte, bezeugt z.B. der aus Ägypten stammende Bericht von Solon bzw. Platon über den Untergang von Atlantis (siehe S. 392).

Abschließend noch ein Wort zur bereits eingangs angeschnittenen Frage, warum Johannes nur von drei Teilimpakten berichtet, obwohl doch heute bekannt ist, daß beim Sintflutereignis sieben getrennte Einschläge auf der Erde niedergingen (siehe S. 135). Die Antwort liegt nahe: Auch aus anderen Überlieferungen ergibt sich, daß man im Nahen Osten immer wieder über drei Teilimpakte berichtete, die dort eben besonders intensiv verspürt wurden. Die übrigen Einschläge, die auf der anderen Erdhalbkugel niedergingen, lagen hingegen bereits außerhalb ihres Gesichtskreises und vor allem außerhalb der Reichweite der Verbreitung der orientalischen Mythen. Aus eigenem Erleben haben noch die Perser, ja sogar noch Völker in Westsibirien über drei getrennte Sintfluterlebnisse berichtet (siehe S. 127 f.). Und der mehrfache Hinweis von Johannes bei dieser Impaktschilderung, daß jeweils ein Drittel der Lebewesen starb, sich ein Drittel des Meeres wie Blut färbte und ein Drittel der Helligkeit von Sonne und Mond schwand, spricht hier ebenfalls eine eindeutige Sprache.

Dank der sehr aussagekräftigen Indizien wollen wir versuchen, die drei verschieden beschriebenen Impakte von Johannes zu lokalisieren.

Am einfachsten und sichersten gelingt die Lokalisierung beim dritten Impakt, dem der Sieben-Schalen-Vision. Er ist der stärkste, denn bei ihm wird unverkennbar die Wirkung in nächster Nähe von der Einschlagsstelle geschildert: das unfaßbar starke Erdbeben, die totale Rotfärbung der Meere (durch Regen aus konzentrierter Salpetersäure), die unvorstellbare Hitze nahe dem Herd, die sogar den Euphrat austrocknet. Dieser Einschlag ging zweifellos im Westen des zentralen Indischen Ozeans nieder und ist identisch mit dem Impakt, dessen Explosionsfontäne die indischen Augenzeugen mit beklemmender Eindringlichkeit geschildert haben (siehe S. 112).

Auch die Lokalisierung des zuerst beschriebenen Impaktes aus der Sieben-Siegel-Vision läßt sich mit großer Wahrscheinlichkeit durchführen. Die Beschreibung deutet darauf hin, daß die Einschlagsstelle recht weit entfernt war, weil weder der rotbraune Säureregen als Zeugnis der Impaktnähe erwähnt noch über den Einschlag selbst berichtet wird. Vermutlich handelt es sich daher um den Einschlag, der Atlantis im zentralen Atlantik vernichtete und über dessen Einzelheiten kein Augenzeugenbericht vorlag, so daß hier nur die allgemeinen Impakterscheinungen wie Fall von Kometenfragmenten, Impaktbeben und -nacht mitgeteilt werden.

Typische Merkmale des mittleren Impaktes, der in der Posaunen-Vision beschrieben wird, sind der Beleg über den Einschlag im Meer, über die Explosionsfontäne, die zur weiteren Verfinsterung des Himmels beiträgt, und die blutrote Färbung des Meeres. Es liegt deshalb nahe, darin den Teilimpakt im Nordatlantik zu sehen, weil Johannes hier wesentliche Elemente wie den herabstürzenden brennenden Himmelskörper und die Rotfärbung des Ozeans übernommen hat.

Die Reihenfolge der Schilderung der drei Einzelimpakte durch Johannes könnte natürlich dem tatsächlichen Ablauf der Einschläge in der westlichen Hemisphäre entsprechen: zuerst Atlantis, dann Nordatlantik, zum Schluß Indischer Ozean. Dies wäre insofern durchaus möglich, da ja ein Beobachter im Nahen Osten bei einer derartigen Abfolge tatsächlich zuerst gesehen hätte, wie die von Südosten kommenden und im Atlantik niedergehenden Teilimpaktoren über ihn hinwegflogen. Und er hätte trotz des für ihn unvergleichlich stärkeren und nachhaltigeren Erlebnisses des Impaktes im Indik auch noch die Auswirkungen der beiden atlantischen Einschläge mitbekommen, falls der Treffer im Indischen Ozean der letzte auf dieser Seite der Erde gewesen wäre. Da aber die Steigerung der Impaktwirkung von mäßig über mittel zu extrem zugleich ganz dem übrigen Aufbau dieses Werkes von Johannes, das psychologisch genau durchdacht ist, und auch dem allgemein gebräuchlichen Prinzip der Steigerung des Geschehens mit fortschreitender Handlung entspricht, könnte zunächst darin ein Grund für diese Reihenfolge der Schilderung gesehen werden.

Aber die Mitteilung im Gilgamesch-Epos, daß vor dem Hauptimpakt, der den Nahen Osten betraf und sich gerade bei Tagesanbruch ereignete, bereits am Abend vorher ein Schlammregen niederging (also offenbar der Fallout eines vorausgegangenen Teilimpaktes), spricht doch sehr dafür, daß die zuvor dargelegte Abfolge zutrifft und der Impakt im Indik der letzte auf der westlichen Hemisphäre gewesen ist.

Um zu demonstrieren, wie verblüffend Offenbarungen über Jahrtausende hinweg einander gleichen und dabei doch nur jedesmal das Sintflut-Impakterlebnis beschreiben, möchten wir als Gegenstück zur Johannes-Offenbarung in aller Kürze ein paar Verse aus der althochdeutschen Dichtung des Muspilli zitieren, in denen ebenfalls der Weltuntergang angekündigt wird. Dieses Muspilli wurde als geistliches Gedicht im bayerischen Sprachraum zu Beginn des 9. Jahrhunderts verfaßt und gegen Ende desselben Jahrhunderts niedergeschrieben. Das Gedicht ist nur fragmentarisch erhalten, wir kennen lediglich 103 Zeilen davon. Wir bringen daraus eine kurze Passage, die wiederum die Impaktmerkmale beschreibt, nämlich Blutregen, Sturm, Weltenbrand, der bis zum Austrocknen der Gewässer führt, Glutwolken und das Verschwinden des Mondes in der Impaktnacht:

»Wenn des Elias Blut auf die Erde träuft,
so entbrennen die Berge, Baum steht nicht
länger auf Erden, Wasser vertrocknet,
Sumpf verschluckt sich, es verbrennt in Lohe der Himmel,
der Mond fällt, es brennt das Erdenrund,
ein Stein nicht steht, wenn der Gerichtstag ins Land
fährt mit Feuer die Menschen zu suchen.
Da nicht mag ein Verwandter dem anderen helfen vom
Weltenbrand [Muspilli]
wenn der breite Glutregen alles verbrennt
und Feuer und Luft [Sturm] es alles wegkehrt.«[728]

Wir finden all die Elemente wieder, die uns aus den antiken Mythen des Nahen und Mittleren Ostens bis zur Edda vertraut sind. Der germanische mythische Riese Muspell ist wohl mit dem Feuerriesen Surtr identisch, der mit den (Muspel-)Söhnen in der Endzeit zum Kampf gegen die Götter antritt und den Weltenbrand entfacht (siehe S. 160). Das etymologisch dunkle althochdeutsche Wort »Mutspelli« bedeutet vermutlich »Feuerkugeln« und im weiteren Sinne »Weltende durch Feuer«. Auch noch in einer so gedrängten Form bleibt das Grundmotiv in solchen eschatologischen Gedichten offensichtlich und klar erkennbar.

Die Sintflut aus der Sicht der Schriftsteller

Schriftsteller haben das Recht, an reale Fakten und Szenarien anzuknüpfen und ein phantasievolles, spannendes und unterhaltendes, auch gruselig-schockierendes Bild zu entwerfen, das den Leser fesselt und seine Phantasie anregt. Das müssen wir bedenken, wenn wir uns dem vierten Personenkreis zuwenden, der sich gerade in jüngster Zeit sehr intensiv mit den Themen Sintflut und Weltuntergang befaßt hat.

Warum gerade in jüngster Zeit? Handelt es sich dabei um eine Reaktion auf Alvarez' konkrete Erkenntnisse von der Realität, dem Wesen und den katastrophalen Auswirkungen von Impakten auf das Leben dieses Planeten? Keineswegs. Die Flut der Untergangs- und Sintflutszenarien aus der Feder der Journalisten und Schriftsteller hat bereits deutlich vorher eingesetzt. Es ist einfach die Woge der Endprophezeiungen, die nach dem Inferno des Zweiten Weltkrieges und angesichts der täglichen Bedrohung durch einen möglichen, alles vernichtenden Atomkrieg in der Zeit des Kalten Krieges hochschwappte und immer noch anhält, zumal wir uns der ominösen Wende vom zweiten zum dritten Jahrtausend nähern, die von vielen Sehern als entscheidende Schwelle bezeichnet wurde. Düstere, auf die Endzeit bezogene Prophezeiungen erleben eine Renaissance: Das gilt für die Weissagungen der zwölf Sibyllen aus dem Dunkel der Jahrtausende ebenso wie für die klassischen Prophezeiungen wie etwa die von Nostradamus oder auch für neuere Weissagungen von der Art des Mühlhiasl aus dem Bayerischen Wald.

Interessanterweise tauchen in diesen Prophezeiungen, die angeblich einen vernichtenden atomaren Weltkrieg noch vor dem Ende des 20. Jahrhunderts voraussagen, stets neben den Visionen moderner Kriege auch die typischen Impaktelemente wie Flutkatastrophe, Erdbeben, dreitägige Nacht, Hagelwinter, Zeichen am Himmel usw. mit auf.

Das ist für uns aber keineswegs erstaunlich, weil wir schon bei vielen klassischen Prophezeiungen von der Antike an immer wieder diesem Szenario begegnet sind, das die erlebten Fakten der Sintflut-Weltkatastrophe als hervorragende Vorlage für künftige Weltkatastrophen aller Art einbezieht. Zudem sind ja einige große Sintflutepen selbst schon als Prophezeiungen eingekleidet gewesen, wie wir bereits erwähnt haben.

Diese in der Gegenwart hochschlagende Woge von Mystik und Prophetie auf der einen Seite und die neuen, oft sensationellen, wenn auch nicht immer gesicherten oder aber vom Laien mißverstandenen wissenschaftlichen Theorien auf der anderen Seite waren ein idealer Nährboden für diese sogenannten modernen Sachbücher, die mit fiktionalen Mitteln, oft kaum von einem Roman unterscheidbar, vergangene und zukünftige, historisch nachweisbare und hypothetische Katastrophen vermengten. Die Erdwissenschaft kann zu diesen Katastrophenszenarien heute viel beisteuern: Sie kann mit wandernden Kontinenten, Polsprüngen, Magnetfeldänderungen, Klimaschwankungen und anderen vorhersagbaren ökologischen Katastrophen dienen.

Das Ergebnis dieser Vermischung von Fakten, Spekulationen und Fiktionen erkennt man bereits unschwer z.T. an den Titeln, wie schon eine kleine Auswahl aus den einschlägigen Büchern zeigt: »Die Neuentdeckung der Erde« von Louis Suball (1958), »Alles über Atlantis« von Otto Muck (1976), »Die Welt ging dreimal unter« von Mario Zanot (1976), »Noahs Weg zum Amazonas« von Gerd von Haßler (1976), »Welten im Zusammenstoß« (1950 engl., 1978 dt.), »Zeitalter im Chaos« (1978) und »Erde in Aufruhr« (1980) von Immanuel Velikovsky, »Vor uns die Sintflut« von Peter Kaiser (1980), »Wenn die Erde kippt« von Gerd von Haßler (1981), »Der 8. Kontinent« von Charles Berlitz (1991) und viele mehr.

Für das Verschwinden früherer Kulturen, den Untergang von Atlantis und die Sintflut werden darin phantastische Ursachen bis hin zu einem »Atomkrieg in ferner Vergangenheit« genannt. Als Autor von spekulativen, quasi-belletristischen Sachbüchern kann man sich das alles leisten, wenn man wie Berlitz behauptet: »Aber die Grenze zwischen wissenschaftlicher Fiktion und wissenschaftlichen Fakten hat sich in letzter Zeit immer mehr verwischt ...«[729] Wir selbst vernehmen eine solche Erkenntnis allerdings mit Staunen.

Erstaunlich ist auch, für welches Aufsehen solche Bücher sorgen können – in Amerika sogar in Fachkreisen. So hat etwa Immanuel Velikovskys »Welten im Zusammenstoß« mit seiner Flut von phantasievollen Vorstellungen bereits vor seinem Erscheinen prominente amerikanische Wissenschaftler in Aufruhr versetzt. Was auch nicht verwunderlich ist, wenn ein Autor beispielsweise ernsthaft den Planeten Venus aus einem Kometen ableitet, der mit dem Mars kollidiert sei, usw. In der Folge wurden die Leser Velikovskys Zeugen eines einmaligen Spektakels einer öffentlichen »wissenschaftlichen« Debatte. Die Wellen schlugen so hoch, daß noch 16 Jahre später eine Gruppe erregter Autoren in einem umfassenden Kompendium mit dem Titel »The Velikovsky Affair. Scientism versus Science« den paradoxen Streit wissenschaftsgeschichtlich nochmals aufrollte[730] und damit ungewollt für Velikovsky ein publikumswirksameres Denkmal setzte, als es manchem Wissenschaftler zuteil wurde.

Bücher dieser Art, die häufig genug sehr hohe Auflagen erleben, sind durch die phantasievolle Vielfalt der dargebotenen Katastrophen und eine überreich genutzte dichterische Freiheit gekennzeichnet, wie man sie den Verfassern von publikumswirksamen Bestsellern wohl zugestehen muß. Für den Fachmann allerdings gestaltet sich die Lektüre zu einem Akt des Willenstrainings, damit er auch bis zum bitteren Schluß durchhält, vor allem wegen der vielen Tiefschläge, die er in seiner Sparte einstecken muß. Daß für diese Literatur in einer für Katastrophen sensibilisierten Welt ein Bedürfnis besteht, beweist die hohe Zahl der Leser.

Ausblick

Homo sapiens philosophicus

Das an Schreckensszenarien unüberbietbare Erlebnis »Sintflut«, das mit seinen einzelnen Etappen eine ununterbrochene Folge von völlig unerwarteten, furchtbaren Katastrophen darstellte, veranlaßte den Menschen zu einer neuen, nächsten Stufe des Denkens. Es hat den Homo sapiens sapiens – den Menschen, der zwar »weise« war, aber sein Denken in erster Linie einsetzte, um physisch zu überleben, indem er seine Handfertigkeit steigerte und immer weiter verfeinerte Werkzeuge herstellte – zum »Homo sapiens philosophicus« gemacht, wie wir das neue Produkt nennen möchten. Eben zu jenem Menschen, der im modernen Sinne auf einer höheren Stufe zu denken begann und damit der Menschentypus der Gegenwart wurde. Diese Gegenwart wird in der Geologie mit der Formation Alluvium oder dem Terminus »rezent« bzw. »Jetztzeit« als Zeitbegriff definiert und von dem davor liegenden Diluvium oder Pleistozän oder der »Eiszeit« unterschieden. Es ist demnach die Gegenwart, die vor knapp zehn Jahrtausenden begann.

Die Geologie hat somit, ohne daß sie von der Existenz und vom Datum der alles verändernden Sintflut wußte, intuitiv diese jüngste Formationsgrenze völlig zutreffend an die entscheidende Zäsur gelegt. Die Prähistoriker hingegen haben bei ihrer Einteilung in Steinzeit, Bronzezeit und Eisenzeit andere Grenzen gezogen und dabei diesen entscheidenden, unerhörten Einschnitt gerade in der Entwicklung der Kultur, der sich bald nach dem Beginn der Mittelsteinzeit ereignete (7550 v.Chr.), völlig übersehen.

Aufgrund der ungeheuren Erschütterung durch das Sintflutereignis entwickelte sich der Mensch zum metaphysisch denkenden Wesen, zum »Homo sapiens philosophicus«. Die mit unsagbarem Leid verbundene, grenzenlose »Strafe der Götter« gab den entscheidenden Anstoß zu einer neuen Denkweise, die vorher unnötig gewesen war. Die Sintflut grenzt die geschichtslose Zeit davor von der folgenden Zeit ab, in der sich der Mensch bewußt und mit heiligem Ernst der Tradition seines großen Erlebnisses zuwendet und aufs äußerste bestrebt ist, diese seine »Geschichte« nicht zu verlieren. Dieses Geschichtsbewußtsein hält sich nicht an die konventionell gezogene Grenze des ersten geschriebenen Wortes, sondern bevorzugt das lebendige, gesprochene Wort, das die Geschichtstradition besser, ehrfurchtsvoller und nachhaltiger über die Jahrtausende hinweg bewahrt hat als die Papyrus-Bibliotheken, die später teilweise aus Rache oder Neid wieder verbrannt wurden.

Feinfühlig hat Johann Gottlieb Rhode bereits im Jahre 1819 die ganze Tragweite der Tragödie der Sintflut (die er übrigens zutreffend auf einen Kometen zurückführte) für die Prägung des Geschichtsbewußtseins, des Beginns wissenschaftlichen Denkens und die Begründung der großen Religionen erfaßt: »Durch jenes große Ereigniß wurde der menschliche Geist gewaltsam aus dem Schlummer gerissen, und seine Kräfte wurden in Thätigkeit gesetzt. Erwacht und um sich schauend, wurd' er durch die Folgen jener großen Naturscene von selbst auf den Weg geleitet, auf dem er sich zu wahrer Religion erhob, und die Wissenschaft sich eigen machte.«[731]

Die neue Zeit beginnt für die Menschheit mit der naheliegenden, allerdings grundfalsch gestellten Frage »Warum kommt eine derartige Strafe über uns, was haben wir Unrechtes getan?« An diese erste Frage nach Schuld und Sühne schließt sich in den Traditionen oft sogleich als nächstes die Frage nach einer möglichen Wiederkehr einer derartigen Apokalypse an. Sie wirft weitere Fragen auf: nach Vergangenheit und Zukunft, dem Woher und dem Wohin, Ende oder Ewigkeit.

Die Antworten als Reaktion des aufgeschreckten menschlichen Geistes sind enorm breit gefächert. Sie gaben den Anstoß zur Entwicklung der großen geistesgeschichtlichen Linien der Weltreligionen, der Schöpfungsmythen, der großen nationalen Epen zu Ehren der Helden, die sogar eine solche Katastrophe überstehen konnten, von Mythen und Traditionen, der Philosophie, aus der die Wissenschaft entsprang, der Offenbarungen und Prophezeiungen und der Astrologie. Sie dienten – oft mehrfach umgestaltet – in vielfältiger Form als Motive des kulturellen Schaffens. Und sie waren all die Jahrtausende Wurzeln der Mystik bis herauf zur heutigen Esoterik.

Weltreligionen

Die entscheidenden Erlebnisse der Sintflut sind zu Kernstücken der Weltreligionen geworden. Vom altägyptischen und altgriechischen Götterglauben über die altindischen Veden und viele andere heiligen Schriften bis zur christlichen und islamischen Religion, ebenso aber auch in den indianischen religiösen Mythen, ziehen sich diese unauslöschlichen Eindrücke wie ein roter Faden durch die religiösen Vorstellungen: Im Kampf zwischen Licht/Sonne/Sonnengott/Gott und Dunkelheit/ Schwarzem Gott/Prinzip des Bösen siegt zunächst kurzfristig – beim Sintflut-Impakt konkret eine Woche lang – die Nacht. Die Sonne wird vom Bösen besiegt, zum unsagbaren Entsetzen der Menschen verschlungen, um dann doch wieder als neue Sonne aufzutauchen.

Daß man seit diesem nachhaltigen Erlebnis, das nur zu deutlich die Macht der Götter und die Ohnmacht der Menschen demonstriert hatte, mit allen Mitteln danach trachtete, das Wohlwollen der Götter durch Dankgebete zu erhalten und zugleich die bösen, offensichtlich rachsüchtigen Götter bzw. Dämonen durch Opfer zu besänftigen, liegt auf der Hand. Diese Verehrung überirdischer Mächte wird seither bis heute weltweit praktiziert. Da der Mensch den Kampf der lebensspendenden Sonne gegen das Dunkle, Böse direkt miterlebt hatte, spielt in all diesen Religionen naturgemäß der Sonnengott, der Allmächtige, die Hauptrolle. Ihm wird seit dem Flutereignis unter verschiedenen Namen und Vorzeichen gehuldigt: von dem ägyptischen Sonnengott Ra und dem babylonischen Marduk mit seinem Sieg über das verderbenbringende Chaos-Meeresungeheuer Tiamat, übertragen im Alten Testament auf Jahve, der den Drachen tötete[732], bis zum Mithraskult im spätrömischen Europa, der sich aus dem vorderasiatischen Mithrakult entwickelte und damals in Konkurrenz zum Christentum stand. Ja, selbst noch die aus dem Nahen Osten stammende Kreuzfahrerlegende vom Ritter St. Georg, der den Lindwurm besiegte, geht auf die gleiche alte Wurzel zurück[733] – nämlich auf die Sonne, die als Sonnengott den Drachen oder die Schlange, beim christlichen Gott auch das Untier aus dem Meer oder im Mittelalter den Basilisken überwunden und besiegt hat. Die Bedeutung all dieser Schilderungen und Darstellungen ist offensichtlich. Der vom Himmel herabstoßende Drache oder die Himmelsschlange – also der Sintflutkomet (siehe S. 456) – als Verursacher der Katastrophe sowie (da alle Kometentrümmer ins Meer einschlugen) die danach aus diesen Einschlägen vom Grunde des Meeres aufsteigende und als Meeresungeheuer erklärte Folgekatastrophe haben nämlich das geistig-religiöse Weltbild des Menschen so tief geprägt, daß bis heute alle Weltreligionen in ihrem Grundkonzept (Schicksal der Welt vom »Es werde Licht« bis zum Untergang, Weltgericht, Fegefeuer, zur Hölle etc.) ebenso wie in ihren sonst unverständlichen Zeremonien (Hekatomben von Blutopfern, Gebets- und Beschwörungsformeln, gemeinsame Massenkulte,

Liturgien, Devotionalien usw.) von diesem Grundthema durchwoben sind.

Doch auch die heutigen, sublimierten Religionen bis zum Christentum, die sich meist auf eine menschliche Person, einen Propheten und Verkünder als Vermittler stützen, enthalten noch die gleichen Grundinhalte, Symbole und Opfer, die auf ein zentrales Thema bezogen sind: den Kampf des allmächtigen Gottes gegen das Böse aus der Tiefe, der »Teufe« (wie die alte, vollständigere Form noch heute in der Bergmannssprache heißt), dem Teufel, dem Satan, dem Seth-Typhon der Ägypter.

Das zweite zentrale Thema auch in diesen modernen Religionen ist die Frage, die den menschlichen Geist seit dem Fluterlebnis zutiefst bewegt, aber anthropomorph und daher naturwissenschaftlich gesehen falsch gestellt wird: Wodurch haben wir dieses Desaster verschuldet? Und auch diese Frage sucht der Mensch in der hierzu entwickelten Religion zu beantworten und zu lösen. Sühne für sündhafte Schuld und das tiefe Hoffen der Menschen auf eine Wiederkehr des einst erlebten goldenen Zeitalters, also die Erlösung nach all der Pein, wie sie in allen bestehenden Religionen versprochen wird, sind die Antwort auf diese zweite Frage.

Als Kulträume für all diese Religionen dienten von früh an sehr häufig natürliche oder künstliche Höhlen. Ein Grund dafür kann sein, daß es ja die Höhlen waren, die in entscheidendem Maße das Überleben des Menschen zur Zeit der Sintflut-Impaktkatastrophe ermöglicht hatten, die Schutz vor Weltenbrand, Säureregen und Strahlung gewährt und auch noch danach die Überlebenden in einer vergifteten Umwelt mit reinem, im Fels gefiltertem Wasser versorgt hatten. Das Wissen um die schätzenswerte Qualität des Höhlenwassers war übrigens noch in der Jungsteinzeit erhalten, wie die vielen bis zu 70 cm hohen Tongefäße zum Auffangen des Tropfwassers als wertvolles Trinkwasser zeigen, die man in den zu dieser Zeit genutzten Höhlen in Südfrankreich gefunden hat (in manchen Höhlen bis zu 150 solcher Töpfe).

Diese Höhlen geben uns aber auch mit einer Fülle von Felsbildern Zeugnis vom künstlerischen Schaffen und von den Kulten des Steinzeitmenschen. Bezeichnenderweise sind die Felsmalereien des Altsteinzeitmenschen, wie man sie etwa in Höhlen in Spanien und Südfrankreich entdeckt hat, noch frei von allen späteren Kennzeichen des Höhlenkultes. Entgegen manchen Kommentaren, die von Jagdzauberabsichten sprechen, stellen sie durchwegs realistische, erstaunlich kunstvolle Erlebnisberichte dar, einschließlich spezieller Szenen wie Jagdunfälle. Bei all diesen sachlichen Darstellungen aus der Zeit vor dem Sintflutereignis, also vor dem zehnten Jahrtausend vor heute, ist über Jahrzehntausende hinweg kein Anzeichen für Opferriten, Dämonenbeschwörung, Anbetung eines Sonnengottes usw. zu finden. Derartige Motive in Bildnissen und Plastiken sowie die Benutzung der Höhlen als Kulträume in Anknüpfung an das Urtrauma und die hieraus entwickelten Religionen kommen erst später mit dem jungsteinzeitlichen Menschen auf. Von den sehr frühen Zeugnissen der Totenehrung können wir in diesem Zusammenhang absehen.

Satan-Teufel

Das Böse, der Seth-Typhon der Ägypter, ist – abgewandelt, auch etymologisch – der Satan-Teufel der christlichen Religion. Das erlebte ungeheure, nicht enden wollende Weltenfeuer, der extrem heiße Sintbrand, wird zum ewig währenden Höllenfeuer. Die wenigen Überlebenden sind durch das Fegefeuer gerade noch durchgekommen. Die von Brahma laut indischer Veden erschaffenen Menschen Adima (Adam) und Héva (Eva) lebten zuerst glücklich und im Überfluß, wurden dann aber von ihrer Insel der Seligen vertrieben. Auch Adam und Eva wurden nach der glücklichen goldenen Zeit aus dem Paradies vertrieben. Mühsal und Pein wartete in der zerstörten Welt nach dem Impakt auf sie.

Opfer

Die Erfahrungen aus dem Sintflut-Impakt prägten die Weltreligionen. Aufgrund der Erfahrung mit den so unerwartet rachsüchtigen Göttern, die Menschenleben in derartigem Umfang forderten, hatte nun die Religion die Aufgabe zu übernehmen, den Dialog mit diesen Göttern zu führen, Maßnahmen zu ergreifen, um die Götter zu besänftigen und einen Stand von Experten – die Priesterschaft – zu etablieren, die sachkundig und mit entsprechend symbolträchtigen Zeremonien dieses offenbar so wichtige Amt ausübten. Neben dem Anführer des Stammes im Kampf gegen die herkömmlichen Gefahren des Daseins war durch die Sintfluterfahrung eine zweite Instanz zu eminenter Bedeutung gekommen. Sie war für den Umgang mit den Göttern zuständig, um die neu erkannte, noch viel größere Gefahrenquelle, den Zorn der Götter, in Grenzen zu halten. Zwei bedeutende Machtzentren, teilweise in Personalunion, aber zumeist personell getrennt, später etwa als Kaiser und Papst, Politiker und Priester, sind uns ab diesem traumatischen Erlebnis bis heute erhalten geblieben.

Um die erkennbar nach dem Leben der Menschen und auch der Tiere (die gleichermaßen wie Baumstämme in den Schlammassen der abfließenden Sintflut dahintrieben) gierenden Götter zu besänftigen, wurde damals das »Opfer« erfunden und eingeführt. Dieses Opferritual hätte vorher keinen Sinn gehabt, niemand hätte es grundlos erfunden. Allerdings bestünde noch die Möglichkeit, daß der Homo sapiens bereits bei einem vorher erlebten Impakt auf die gleiche Idee gekommen war.

Nun wurden die Opferkulte, die den Priestern zugleich eine höhere Macht gaben, auf grausame Weise installiert. Mit dem freiwillig dargebotenen Opfer hoffte man die Gier der Götter zu befriedigen. Die phantasiereichen Orientalen verwendeten neben dem Menschenopfer, das sie sicherlich für wirkungsvoller hielten, bald Tieropfer als Ersatz. Die grausamen Azteken, die als Indianer letztlich von den ebenso grausamen Mongolen abstammten, schwelgten im Blut unzähliger Menschenopfer und unternahmen zu diesem Zweck sogar Kriegszüge, nur um genügend Opfermaterial an Menschen zur Verfügung zu haben. All dies waren langfristige Folgen des Sintflut-Traumas.

Nun verstehen wir auch die uns vorher unbegreifliche, grauenerregende Darstellung der Götter auf den Monumenten der Azteken. Sie hatten sich mit Erfolg bemüht, das Ausmaß der Bösartigkeit dieser Dämonen im Ausdruck ihrer abstoßenden Fratzen hervorzuheben.

Ähnliche Menschenopfer – wenn auch nicht in solcher Zahl – waren in der Antike zum Zweck der Besänftigung der Sintflutdämonen ebenso im Nahen Osten wie im Mittelmeerraum Europas üblich, wie Darstellungen und Texte beweisen. Vor allem aus Babylonien liegen uns zahlreiche Dokumente hierüber vor.

Daß dieses Prinzip des Opferns in unmittelbarer Folge der Sintflut bei den Überlebenden auftauchte, geht indirekt aus zahllosen klassischen Mythen hervor, in denen die Helden nach ihrer Rettung umgehend den Göttern Opfer darbrachten – von Noah über Utnapischtim bis zu Manu in den indischen Epen.

Welch ungeheuer tiefen Schock das Sintfluterlebnis bewirkt hat, zeigt sich gerade darin, daß man so lange beharrlich an Menschenopfern festgehalten hat, um die Götter umzustimmen. Das geht trotz aller modernen Denkweise so weit, daß noch heute – zehn Jahrtausende später – in der christlichen Religion täglich das Opfer des Gottessohnes in der heiligen Messe erneuert wird – wenn nun auch nur mehr symbolhaft: »Dies ist mein Fleisch, dies ist mein Blut.« Und dies bei einem Gott, der für seine unendliche Güte gepriesen wird, aber dennoch Gefallen daran finden soll, wie ihm, dem Vater, sein eigener Sohn geopfert wird!

Schöpfungsmythen

Ebenso wie in den Religionen tritt uns in den Kosmologien der Völker weltweit das Sintflutmotiv als entscheidendes Element entgegen. Immer wieder setzen die kosmogonischen Mythen der Alten und der Neuen Welt mit Chaos und Finsternis zu Beginn der Welt ein. Erst am Ende dieser schauerlichen Nacht erscheint das »Es werde Licht«.

Der Prototyp dieser Überlieferungen, in denen das Chaos am Anfang der Welt steht, ist der babylonische Schöpfungsbericht, den George Smith im Jahre 1872 in der Bibliothek des Königs Assurbanipal in Ninive entdeckte.

Nach dieser babylonischen Kosmogonie herrschten am Anfang, noch vor der Weltschöpfung und bevor die Götter entstanden waren, der Urvater Apsu, der Süßwasserozean, und die Urmutter Tiamat, das Salzmeer, in einer Zeit des schrecklichsten Winters, der Finsternis und des Wassers mit den Gewalten der Tiefe.[734] Und in diesem Urwasser, das noch nicht durch Marduk, den Gott der Sonne, in ein oberes Wasser (Himmel mit Regenwolken) und ein unteres Wasser (Abyssus) gespalten war, wimmelte es von schrecklichen Wesen, die bezeichnenderweise (s.u.) zu den Gestirnen des Tierkreises wurden. Tiamat aber, das Urwesen des Chaos dieser bedrohlichen Wasser, wurde nach ihrer Auflehnung gegen die neuen Götter von deren Beauftragten, Marduk, in einem fürchterlichen Kampf (=Impakt) besiegt. Tiamat als Verursacherin dieses Kampfes von kosmischer Dimension, der fast an den Rand des Weltunterganges führte, wurde bereits von den Babyloniern auf ihren Rollsiegeln stets als Drache dargestellt. Und der Drache ist zugleich weltweit das Symbol des Sintflut-Kometen, der mit seinem langen Schweif weit über den Tierkreis hinzog. Damit ist zugleich die Verbindung gegeben zur oben erwähnten mystischen Vorstellung vom Tierkreis als Unheilbringer.

Da die Schöpfungsberichte der Völker der Welt in wechselndem Ausmaß durch die Erinnerung an den Neuanfang nach der Sintflutkatastrophe geprägt sind, darf es nicht verwundern, daß sie einander in so vielen Zügen »überraschend« gleichen – wie manche Forscher staunend festgestellt haben. Zunächst besticht die weitreichende Konvergenz der antiken Kosmogonien im Nahen Osten.

Die gleichen Elemente wie im eben geschilderten *babylonischen* Schöpfungsbericht treten uns in der *ägyptischen* Mythologie entgegen: Die Entwicklung der Welt beginnt mit dem dunklen Urozean, aus dem der Schöpfer der Welt, der oberste Gott (des Alten Reiches) Ptah stammt, der aber selbst am Anfang noch die Dunkelheit, das Negative, die große

Verneinung symbolisiert. In der Folge jedoch schafft er Himmel und Erde, trennt Land und Meer und gibt dem Sonnengott seine Macht.

Analog steht in den Schöpfungsmythen der *Sumerer* das Urmeer am Anfang der Entwicklung der Welt. Bei den Sumerern zeichnet sich übrigens bereits in einem speziellen Schöpfungstext, dem Dilmun-Mythos, das Wissen um das »Paradies«, diesen noch heilen Zustand der Welt vor der Sintflut, ab: In dieser unberührten Welt von Dilmun »krächzt kein Rabe, es kräht kein Hahn. Der Löwe tötet noch nicht, der Wolf raubt noch keine Lämmer ...«[735]

Die Weltentstehungsmythen der *griechischen Antike* zeigen in der Frühphase, noch vor der späteren, nüchternen naturphilosophischen Betrachtung, in den thrakischen, nordgriechischen orphischen Schöpfungstexten noch ganz die archaischen Züge: Zu den Beschreibungen des Neubeginns (nach der Flut) mit Urozean und Schlammassen kommen noch alle die aus dem Nahen Osten bekannten Symbole des Sintflut-Impaktes hinzu. Der ewige Zeitgott Chronos erscheint in Schlangengestalt; er repräsentiert das Urchaos, verbunden mit Finsternis und einer wassergeschwängerten Atmosphäre. Aus dieser Dunstwolke schickt er ein Ei (Impaktor), das zerplatzt und dabei die typischen Impaktsymbole freigibt: eine Schlange mit dem Kopf eines Stieres und eines Löwen, einem Dämonengesicht und goldenen Flügeln.

Die unübertrefflich präzise Darstellung der Weltentwicklung nach dem Sintflut-Impakt, die uns die *israelische Tradition* im Bibeltext vermittelt, ist bereits auf S. 238 ff. gewürdigt worden: Sie wird, ihrer Wichtigkeit entsprechend, ganz zu Beginn im ersten Buch der Genesis als erster Schöpfungsbericht der Bibel vorgestellt, der etwa im 5. Jahrhundert v. Chr. im babylonischen Exil entstanden ist. Der zweite, ältere Schöpfungsbericht der Heiligen Schrift, der vom Jahwisten verfaßt wurde und wohl auf die Zeit von König Salomon (961–931 v. Chr.) in Jerusalem zurückgeht, verweilt länger bei der Schilderung der paradiesischen Zustände im Garten Eden, was einem Wüstenvolk nicht zu verdenken ist.

Die Kosmologien aber beinhalten weit über die Altkulturen des Nahen Ostens hinaus weltweit gleiche – eben durch reale Erlebnisse begründete – Elemente: so z.B. das Niederbrechen des Himmelsgewölbes beim Einsetzen der Sturzregen (die bis nach China hin durch ein Einstürzen der tragenden Säulen des Firmamentes erklärt werden) als Auftakt der Katastrophe oder aber die spätere Hebung des Himmels am Ende des Infernos, die sich in den Überlieferungen der Polynesier und Feuerländer ebenso wiederfindet wie in denen der Ägypter.

a

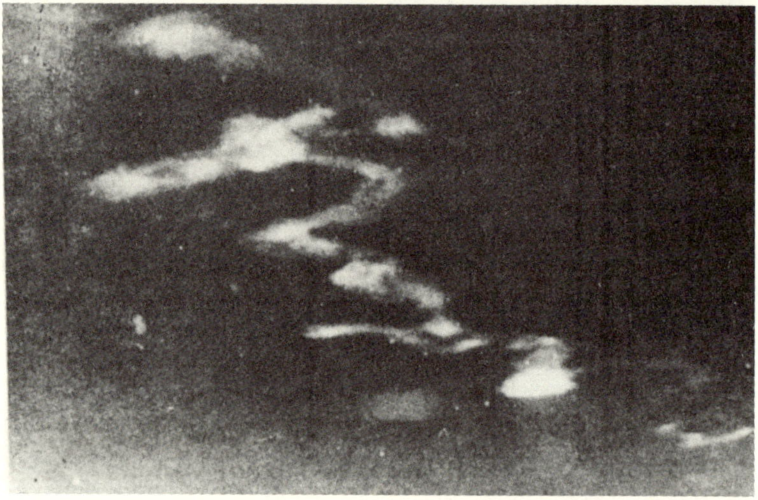

b

Abb. 114: Zum »Himmlischen Drachen« deformierter Schweif eines Boliden, der in die Atmosphäre eindringt: a) noch fast unverformt, b) einige Zeit später durch Luftströmungen deformiert. Beobachtet am 19. Oktober 1941 über Chukota, Rußland, fotografiert von D. Debabow. – E. L. Krinow 1960.

Ursprache

Über die »babylonische« Sprachverwirrung nach der Dezimierung und Isolierung der versprengten Menschenreste, die dadurch ihre gemeinsame Ursprache verloren hatten, wird weltweit berichtet – sogar bei vielen Indianerstämmen in beiden amerikanischen Erdteilen, von den Tlingit im hohen Norden[736] bis zum Popol Vuh der Quiché in Guatemala.

Ohne hier näher auf die vieldiskutierte Frage nach einer Ursprache eingehen zu können, sei doch daran erinnert, daß auch noch Wörter, die sich auf das gemeinsame Urerlebnis der Sintflut beziehen, von Ägypten bis China die gleiche Wurzel erkennen lassen – wie etwa Typhon/Taifun, Phönix/Feng etc. – und daß wir sehr spezifische indogermanische Sprachelemente noch in der Sprache der Azteken antreffen.

Der kosmische Drache – die Schlange als Symbol des Bösen

Symbolträchtig taucht der verderbenbringende Sintflut-Komet auch in zahlreichen anderen Kosmogonien und Mythen auf – nicht selten als rächender, feuriger, mit gleißendem Schwert vom Himmel herabstürzender Gott (Edda), zumeist aber als unheilbringende Schlange oder als Drache.

Es ist durchaus verständlich, daß bei den verschiedensten Völkern der Erde die Schlange oder der Drache als Symbol für den Sintflut-Kometen fungiert. Gelegentlich wird nämlich der unterste Teil des Staubschweifes einfallender Kometen, der in die atmosphärischen Strömungen eindringt, ungleichmäßig verformt und erhält dadurch eine schlangenförmige Gestalt. In unserem Jahrhundert sind von Astronomen auch solche Bilder einer »himmlischen Schlange« fotografiert worden (Abb. 114, 115). Dieses stets verwendete Symbol der Naturvölker für die Einschläge von Kometenfragmenten geht zweifellos auf unmittelbare derartige Beobachtungen zurück. Bei den europäischen und asiatischen Völkern bis zu den ganz vom Drachensymbol beherrschten Chinesen wurde diese vom Himmel herabstoßende Figur phantasievoll eben mit Drachen verglichen, während die Indianer und die Aborigines in Australien in ihren Traditionen das Schlangensymbol führen.

Für viele Indianerstämme Nordamerikas ist es deshalb die Schlange, die die Menschen haßt und sie durch eine Weltkatastrophe von ihren alten Wohnsitzen vertrieb, so z. B. für die Kato-Indianer in Zentralkalifornien, und zwar speziell durch eine Wasserflut, so etwa in der 1836 veröffentlichten Walam-Olum-Chronik der Delawaren, eines atlantischen Algonkin-

Stammes.[737] Berühmt ist ihre auf Birkenrinde gemalte Bilderfibel über die Sintflut, die der französische Gelehrte Rafinesque um 1820 von ihnen erhalten konnte. Wir zeigen in Abb.116 die 16 Gesänge, die unser Thema betreffen. Die später unterlegten Gesangstexte beweisen, daß der ursprüngliche Sinn bei deren Ausformung bereits stark verdunkelt war. Werner Müller[738] präzisiert zutreffend: »Einigermaßen deutlich sind nur die drei ersten Bilder. Sie zeigen den Kampf des Sonnengottes, der an der Strahlenkrone kenntlich ist, mit der Schlange. Er kommt in die Gewalt der Schlange (No. 2) ...«

Der zugehörige Text lautet: »Und die große Schlange entschloß sich, die Wesen oder die Menschen zu vernichten. Und die finstere Schlange brachte sie herbei, das Ungeheuer Amanyam brachte sie, Wasser, das von

Abb. 115: Immer wieder taucht die Frage auf, wieso der Sintflutkomet rund um den Erdball von so vielen Völkern als »(Kosmische) Schlange« oder »(Kosmischer) Drache« bezeichnet und in zahllosen Zeichnungen und Skulpturen in dieser Weise festgehalten worden ist. Das vorliegende Foto eines durch die Luftströmungen deformierten Meteorschweifes in der Dämmerung (Tagschweif), aufgenommen in Südafrika am 2. Juni 1912, gibt eine beredte Antwort: Eine ganze Zeitlang noch nach dem Impaktereignis steht das Signum des Verursachers als Menetekel am Himmel. Aus den Überlieferungen können wir sogar die Besonderheiten der Deformation bei den einzelnen Kometenschweifen entnehmen: Beim Nordatlantik-Impakt fuhr laut Edda der Feuerriese Surtr wie ein gleißendes Schwert gerade herab; beim »Typhon« des Indischen Ozeans war seine Bahn nur spiralig deformiert, während der chinesische und der australische Einschlag sowie die amerikanischen Einschläge nach den dortigen Augenzeugenberichten durchweg drachen- bis schlangenartig verformte Schwänze aufwiesen. – Archivbild der Wiener Universitäts-Sternwarte Nr. D 88.

Abb. 116: Sintflutbericht aus der Stammeschronik der Delawaren, einem Indianerstamm der atlantischen Algonkin. Der Flutbericht stellt den zweiten Gesang dieser als Walam Olum (»gemaltes Kerbholz«) bezeichneten Chronik dar. Er wurde von dem französischen Wissenschaftler Rafinesque um 1820 entdeckt und samt Text 1836 veröffentlicht.
Die Bilder lassen – von oben nach unten gelesen – folgenden Ablauf erkennen: In den ersten drei Bildern kämpft der Sonnengott mit der Schlange, dem Unheilbringer, der (in Bild 5–7) die große Flut bringt (Text hierzu: auf S. 456). Dann schließt sich (in zwei Bildern) eine Rückblende auf den Ahnherrn an, der auf dem Festland, der »Schildkröte«, gezeigt wird. Es folgt nochmals in zwei Bildern der Kampf des Menschen mit dem Wasser und mit den Untieren dieser Flut. Die Tochter Manitus rettete mit ihrem Boot hilfesuchende Menschen. Zuletzt sieht man die übriggebliebenen Delawaren auf dem wieder trokkenen Festland, der »Schildkröte«.

Schlangen rauschte, brachte sie. Viel Wasser rauscht; viel geht die Berge hinauf; viel dringt überall hin; viel zerstört.«[739]

Besonders eindrucksvoll erscheint die Schlange auf zahllosen Darstellungen der Azteken in Mexiko stets als Wassergöttin, die für die Sintflut verantwortlich ist (Abb. 118). Sie umschließt den großen Wassersack, aus dem sich die Sintflut ergießt, wenn sie ihn im Zorne öffnet. Auf diese Weise ging das Zeitalter der Wassergöttin mit einer riesigen Überschwemmung zu Ende.[740] Und Chac, der Regengott, wird auf der Schlange mit dem Kopf des Wassergottes reitend dargestellt (Abb. 119). Daß diese Schlangen mit dem drachenförmigen Kopf auch direkt als Drachen gedeutet werden können, wird bereits vom Altmeister der Aztekenkunde, Eduard Seler,[741] am Beispiel der berühmten Steinscheibe des Aztekenkalenders dargelegt.

Wir sind heute aufgrund der Darstellungen in zahlreichen Traditionen sicher, daß die weltweite Hauptbezeichnung des Sintflut-Impaktors als Schlange bzw. Drache auf den Anblick des Kometenschweifens zurückgeht, der damals durch Luftströmungen in der unteren Atmosphäre zu einer Zickzacklinie verformt wurde. Solche Abbildungen demonstrieren dies eindrucksvoll (Abb. 114, 115).

Deshalb erscheint es zunächst eigenartig, daß dieser Komet in etlichen Mythen noch unter weiteren Symbolnamen auftaucht. In der griechischen Mythologie tritt er bei Hesiod mit dem Kopf eines Löwen, dem Leib einer Ziege und dem Schweif einer Schlange auf. Wie weit verbreitet gerade diese symbolhafte Darstellung des sintflutverursachenden Dämons ist,

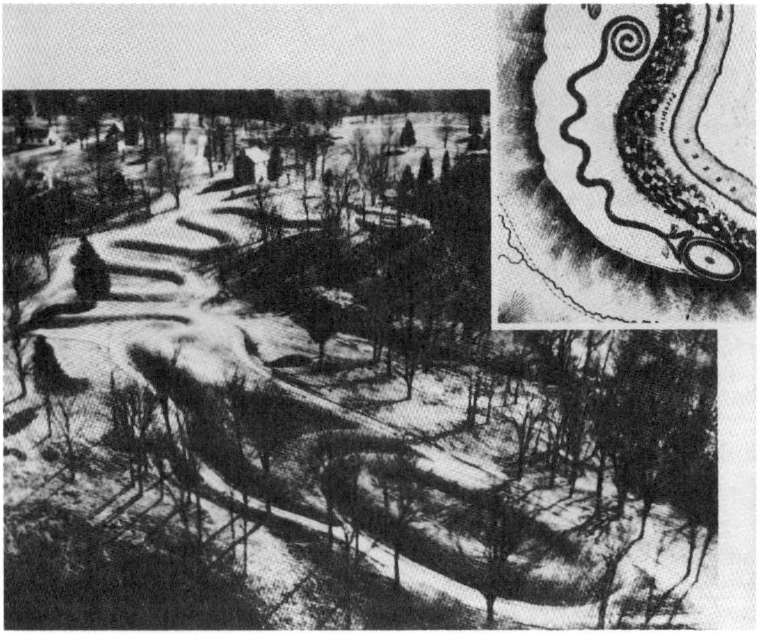

Abb. 117: Nun wird auch der »Große Schlangen-Mound« in Adams County in Ohio, USA, verständlich. Das 405 m lange, so sehr umrätselte Monument, das von Indianern errichtet wurde, stellt die kultische Reaktion auf ihr Urerlebnis mit der kosmischen Schlange beim Sintflut-Impakt im Pazifik dar – entsprechend den ähnlichen Reaktionen vieler anderer Völker. – Zeichnung des Forscherpaares Squier & Davis (1848).

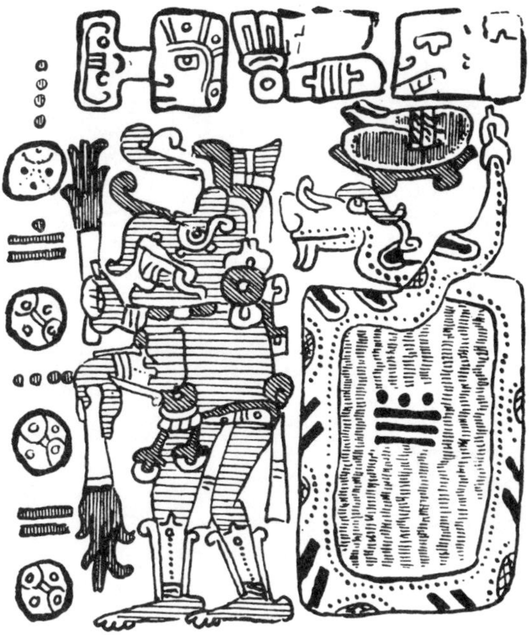

Abb. 118: Die Schlange mit dem Wassersack als Bringer der Flutkatastrophe ist in zahlreichen aztekischen Darstellungen zu finden. – Codex Cortes 5a.

beweist die Mizteken-Legende aus Mexiko, in der sich in der Zeit der großen Dunkelheit und des Chaos, der Sintflut und der mit Schlamm bedeckten Erde der Gott mit dem Beinamen »Löwenschlange« zeigte.[742] Bei den Persern ist es ein weißes Pferd, das bei der Sintflut vom Himmel herunterstieß. Im Nahen Osten, in Ägypten und in der minoischen Kultur wurden dem Stier Opfer dargebracht, um Rache und Verderben zu bannen. Der römische Philosoph Seneca läßt in seinen »Naturales quaestiones« aus dem Jahre 63 n.Chr. seinem Zorn darüber freien Lauf, daß Hesiod diesen schrecklichen Unglücksbringer so unpassend teilweise einer Ziege gleichsetzte. Er hatte die Bedeutung dieser Tiervergleiche nicht erfaßt: In zahlreichen Überlieferungen wird berichtet, daß der verderbenbringende Komet (die Schlange, der Drache) mit seinem Schweif über den ganzen Tierkreis hinwegzog. Je nachdem, zu welcher Zeit man ihn damals zu Gesicht bekam, ist er nach seinem jeweiligen Stand im Tierkreis unterschiedlich klassifiziert worden – vom Löwen über den Stier, den Widder und den Pegasus bis zur Schlange wurden daher die Sternbilder als Symbole des durchziehenden Kometen verwendet, als

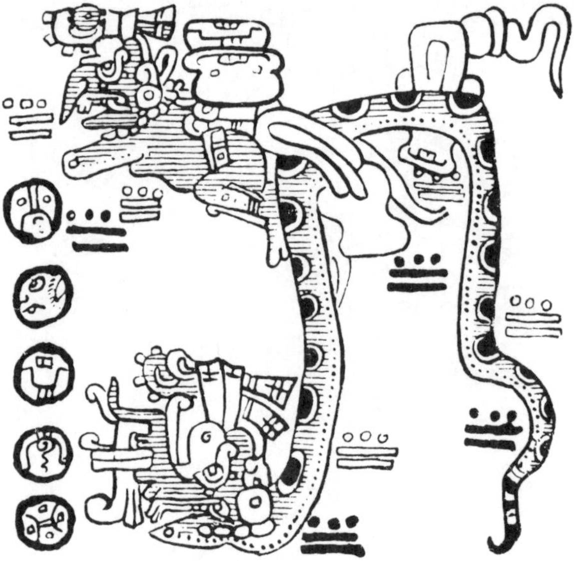

Abb. 119: Der Regengott Chac, auf der Schlange mit dem Kopf des Wassergottes reitend. Symbol für die große Wasserflut (Sintflut) bei den Azteken. – Codex Tro 26 b.

Abb. 120: Felsbild der Regenbogenschlange im Oberen Yule-Flußtal in Nordwestaustralien, geschaffen vom Stamm der Njamals. Die Schlange, das Unheil, ist gemäß einer Erläuterung von Big Bill Neidje vom Stamm der Gagudja zwar zunächst besiegt worden (wie der Speer anzeigt), kann aber erweckt jederzeit wieder zum nächsten Schlag ausholen (vgl. Weltenjahr). Die begriffliche Kombination von Schlange (Sintflut-Komet) und Regenbogen (weltweites Symbol für das Ende und die Überwindung der Flut) weist eindeutig auf das Impakterlebnis hin. – »Salzburger Nachrichten« vom 9.3.1992.

Unheilbringer betrachtet oder sogar als rächende Götter durch Opfer besänftigt.

Die Namensgebung für den Impaktor vollzog sich demnach offenbar auf mehreren Ebenen: in erster Linie nach dem schlangenförmigen Aussehen seines deformierten Schweifes, sodann nach seiner jeweiligen Position in den Sternbildern und schließlich nach seiner Auswirkung, was z.B. in der weit verbreiteten Bezeichnung »Typhon« (Taifun) zum Ausdruck kommt.

Die Regenbogenschlange

In Kreisen der Umweltschützer ist seit kurzem das Felsbild der Njamal, eines Stammes der Aborigines in Nordwestaustralien, berühmt geworden (Abb. 120). Es zeigt eine von einem Speer durchbohrte, besiegte Schlange. Nach der heute von den Einheimischen erzählten Sage schläft dieses Wesen, das von ihnen als »Regenbogenschlange« bezeichnet wird, im Inneren der Erde und wacht über die Kräfte, die dem Menschen gefährlich werden können. Der Griff des Menschen nach solchen Kräften wird die Regenbogenschlange wecken und Unheil über die Menschen bringen. Die Umweltschützer sehen nun in dem Griff des Menschen im Atomzeitalter nach dem Uran als Kraft aus der Erde die unheilvolle Prophezeiung in Erfüllung gehen (vgl. Abb. 98).

Unabhängig von dieser modernen Auslegung des Felsbildes der Njamal am Oberen Yule-Fluß, die sehr gerechtfertigt ist (siehe S. 376 f.), steht aber die ursprüngliche Bedeutung dieser Darstellung nach allem bisher Ausgeführten außer Zweifel. Im Bild und im Namen der Regenbogenschlange sind die uns geläufigen drei Symbole der Sintflut vereint: die Schlange als weltweites Symbol für den Unheilkometen, der den Sintflut-Impakt samt allen Folgen gebracht hat; sodann der Speer, der diese Schlange getötet hat, als Zeichen dafür, daß am Schluß mit dem Wiederauftauchen der Sonne das Böse doch wieder besiegt werden konnte; und schließlich der im Namen genannte Regenbogen, der von allen Völkern als glücksbringendes Himmelszeichen am Ende der Flut gewertet wurde, das sich nach dem Ende der Impaktnacht beim Durchbruch der Sonne farbenprächtig am Himmel zeigte (siehe S. 208) und das zugleich als Versprechen Gottes für die endgültige Überwindung solcher Weltkatastrophen aufgefaßt wurde.

Der chinesische Drache und der feurige Löwe

Das symbolträchtige Motiv vom Sintflut-Kometen und seinem Einschlag wurde in Form des Sinnbildes vom Drachen mit der Feuerkugel zum

Abb. 121: Chinesisches Drachenmotiv mit Drache in Frontalansicht, der rotierenden feurigen Impaktorkugel im Zentrum, neun kleinen, symbolisch angedeuteten Drachenjungen und dem Wellenberg an der Einschlagsstelle. Die Darstellung befindet sich auf einer Münze aus der Regierungszeit von Guanz Xu (1875–1908) der Qing-Dynastie aus der Provinz Hupeh in China. – Sammlung A. und E. Tollmann.

Leitmotiv in der chinesischen Kunst und in den chinesischen Mythen. Es erlangte eine so hervorragende Bedeutung, daß es als Zeichen der absoluten Macht ab der Han-Dynastie (206 v. Chr. – 220 n. Chr.) zum Symbol für die Insignien des Kaisers wurde und seitdem auf der Krone, der Kleidung und im Schmuck des Kaisers erschien. Seine ursprüngliche Bedeutung ist auch in China schon seit langem verkannt und wird dort als Spiel der Drachen mit einem Ball oder, wenn der Feuerball in der Krone durch eine Perle symbolisiert war, als Spiel mit der Perle gedeutet.[743] In der Sage gelten deshalb Perlen und Jade als Nahrung der am Boden des Meeres hausenden Drachen, da sie ja scheinbar mit offenem Maul auf diese solchermaßen verzierte Feuerkugel losstreben.

Die Szene wird aber zu Unrecht so interpretiert, denn in den detailliert ausgeführten Skulpturen (Abb. 121) erkennt man ganz deutlich, daß der mit einem Feuerschweif versehene »Ball« (oder »Perle«) nichts anderes als ein Komet ist, der gerade im Meer einschlägt und die naturgetreu dargestellte Woge der Sintflut hervorruft (siehe S. 113 f.). Häufig gibt man dem Hauptkometen sogar eine Anzahl abgesplitterter Feuerkugeln bei.

Auch im Nahen Osten ist ja der vom Himmel ins Meer stürzende Komet wiederholt als »flammender Berg« geschildert worden. Und der Drache, vor dessen Kopf dieser Kometenkern erscheint, ist wie in allen anderen Kulturkreisen der Sintflut-Komet mit seinem langen Schweif.

Dies geht auch daraus hervor, daß in der bedeutungsvollsten Form des chinesischen Drachen, dem schwarzen Drachen Kung Kung, der Urflut-erreger beschrieben wird, der gemäß seiner Satansfunktion – worin er ganz dem orientalischen Leviathan gleicht – die ganze Palette des mit der Urflut verbundenen Unglücks über die Erde gebracht hat (siehe S. 473). Dieses Grundmotiv des menschlichen Urtraumas durchzieht wie kein anderes die chinesische Mythologie und Kunst bis in die Gegenwart. Wie in chinesischen Sagen üblich, variiert auch der Drache stark in Form und Funktion, wird ähnlich wie im Nahen Osten mit anderen Tierkörpern und -köpfen kombiniert und ist ebenso wie dort in Begleitung von Hilfsdämonen bzw. steht in einer Verwandtschaftsreihe vom »Flammenden Gott« über Feuergott, Urflutdämon bis zur Urschlange.[744]

Die Analogie des Symbols zu dem des Nahen Ostens und des Abendlandes reicht aber noch weiter. Zum einen wurde dieses Schreckensmotiv ebenfalls als Hüter und Wächter von Schätzen und Heiligtümern verwen-

Abb. 122: Feuerlöwe mit flammender Mähne und feurigem Schweif auf einem Kandelaber im Higashi-Honganji-Tempel in Kyoto, Japan. Der Feuerlöwe stellt eines der Symbole für den Impaktor der Sintflutkatastrophe dar. – Foto A. Tollmann.

det (vgl. Sphinx, Fafner), da die schrecklichste Drohung, die die Menschheit überhaupt kennt, der Sintflut-Impakt, naturgemäß die abschreckendste Wirkung auf Grabplünderer und Schatzräuber ausüben mußte. In Ostasien wird dieses Wächtersymbol weithin als Löwe mit beweglicher Kugel (entspricht dem Ball der Drachen) im Maul dargestellt (Abb. 122) – wiederum eine Versinnbildlichung des Impaktors als Gegenstück zur ägyptischen Sphinx mit ihrem Löwenkörper und dem geflügelten Löwen der Babylonier.

Zum anderen hat hier das menschliche Wunschdenken – ebenso wie bei der symbolträchtigen, aus dem gleichen Vorstellungskreis geborenen »Büchse der Pandora« (siehe S. 475 ff.) – in späterer Zeit den Drachen in euphemistischer Weise zum Glücksbringer umgedeutet, ähnlich wie aus dieser Büchse der Antike ursprünglich alle Schrecken dieser Welt kamen, später aber alles Glück dieser Welt entströmte.

Der Feuervogel Phönix

Ähnlich umrätselt wie die Sphinx ist auch der mythologische Feuervogel, der Phönix der Ägypter, der sich jedes Mal, nachdem er im Feuer verbrannt ist, stets neu und strahlend aus der Asche erhebt – ein Sinnbild der Auferstehung, der Unsterblichkeit des Lebens. In Ägypten genoß er im Sonnentempel in Anu (Heliopolis) göttliche Verehrung. Auch das Phönix-Symbol finden wir über die ganze Alte Welt bis hinüber nach China verbreitet.

Wie der Weltuntergangsdrache ist auch der Phönix mit krisenhaften Wendepunkten der Weltentwicklung verbunden, so daß nach Ablauf einer Phönix-Periode ein neuer Zeitenlauf beginnt. In Ägypten wurde diese Periode mit nur 500 Jahren angesetzt, in anderen Ländern aber umfaßte sie größere Zeiträume – wiederum bis zu mehr als einem Dutzend Jahrtausende. Die Parallele zum Weltenjahr ist offensichtlich.

»Ein klares Bild ist aus der ganz verwirrten und zersplitterten Überlieferung über dieses mystische Vogelwesen und seine Periode nicht zu gewinnen«, stellt K. Ziegler resigniert fest.[745] Und doch drängt sich auch hier nach dem, was wir heute über die durch Impakte geprägte Geschichte des Lebens wissen, die Deutung fast von selbst auf: Zunächst einmal erkennt man in den periodischen Untergängen durch Feuer den Sintbrand. Außerdem gibt es eine gewisse Parallele zum heranfliegenden feurigen Kometendrachen, der der Verursacher dieses periodischen Unterganges ist. Der Phönix aber symbolisiert als Gegenstück zum Untergangsdrachen die Wiederauferstehung unter Betonung der stärkeren

Kräfte des Lebens, die allen Erwartungen zum Trotz sogar die Hölle des Sintbrandes überstehen und sich immer wieder neu entfalten konnten. Und doch ist in seiner subtilen Gestalt die ganze Zerbrechlichkeit dieses bedrängten Lebens eingefangen. Sein Gefieder in den Regenbogenfarben steht für das glücksbringende Regenbogensymbol als Zeichen für die Überwindung der Sintflutkatastrophe.

Diese in der chinesischen Kunst zart und luftig dargestellte Symbolfigur, die deutlich die spirituelle Seite des Dramas verspüren läßt, hat endlich die in den düsteren Untergangsmythen stets vernachlässigte positive Seite des Geschehens herausgekehrt. Diese Seite darf in ihrer Bedeutung für die weitere Entwicklung des Lebens genauso wenig übersehen werden wie das Drama des Weltunterganges selbst.

»Der chinesische feng-huang [Phönix] hat nichts mit dem europäischen Phönix zu tun«, eröffnet ganz unangebracht W. Eberhard[746] die Betrachtung der wichtigen chinesischen Symbolfigur des Phönix, die in der chinesischen Mythologie nach dem Drachen die zweitwichtigste Stellung unter den übernatürlichen Wesen einnimmt. Tatsächlich stechen jedoch so viele enge Beziehungen zwischen dem fernöstlichen Wundervogel und seinem ägyptisch-orientalischen Gegenstück ins Auge, daß kein Zweifel an der gemeinsamen Wurzel dieses Symbols bestehen kann, die
wohl sogar bis zum Namen Phönix/Feng reicht.

Auch in China ist der Phönix das Symbol für eine friedliche, ruhige, erfolgreiche Epoche nach Zeiten der Unruhe, allerdings wird ihm in alten chinesischen Texten eine zinnoberrote Farbe zugeschrieben, vermutlich wegen der Wiedergeburt aus dem Feuer, wie dies vom Phönix im Westen der Alten Welt geschildert worden ist. Der Phönix bildet aufgrund dieser Eigenschaft in China genauso wie im Westen den Widerpart zum Schreckensdrachen und wird in chinesischen Kunstwerken häufig direkt dem Drachen symmetrisch gegenübergestellt (Abb. 123). Bis in die Zeit von Huang-ti, der um 2600 v.Chr. herrschte, läßt sich dieses Motiv in China zurückverfolgen[747], doch geboren wurde es ohne Zweifel ebenso wie der Feuerdrache aus dem Erlebnis des Sintflut-Kometen und der Entwicklung danach.

Die enge Beziehung des Phönix zum Impaktgeschehen ist auch in China deutlich zu erkennen. Auf den Abbildungen wird er ähnlich wie der (Kometen-) Drache mit dem fallenden Feuerball (Impaktor) dargestellt und ebenso wie dieser mit neun Jungen umgeben. Während im Westen die Siebenzahl zur gefürchteten, magischen, religiösen Hauptzahl wurde

– weil man sich dort voller Angst an den siebenköpfigen, siebenteiligen Sintflut-Kometen erinnerte, der der Menschheit ihre größte Katastrophe gebracht hatte –, war für die Chinesen ihr individueller Impakt, verursacht durch den Einschlag eines dieser sieben Hauptfragmente im Südchinesischen Meer, das prägende Moment. Und dieser Impaktor war offensichtlich, wie aus den graphischen Darstellungen kleinerer Feuerkugeln um ihn herum hervorgeht, von einer Reihe gleißender Splitter umgeben, die ihn begleiteten – ganz genauso wie der große feurige Impaktor, der im nördlichen Atlantik niederging und den die Edda als den Feuerriesen Surtr beschreibt, der von einer Schar von kleinen Feuerkugeln, von »Muspel-Söhnen«, begleitet wird (siehe S. 160). Die Zahl der den (Kometen-) Drachen in China begleitenden Söhne wird dort mit neun angegeben und auch graphisch so dargestellt. Ebenso wird das Gegenstück zum Impaktdrachen, der Phönix, in Begleitung von neun Jungen gezeichnet (Abb. 124). Die magische, religiöse Hauptzahl in China ist auf diese Weise die Neun geworden, wie sie im Nahen Osten die Sieben wurde, in beiden Fällen von konkreten Eindrücken beim Schreckenserlebnis des Impaktes geprägt.

Abb: 123: Bis in die Gegenwart stellt die Synthese von Drache und Phönix das beliebteste dekorative chinesische Motiv dar. Beispiel eines solchen Paares aus dem Chinarestaurant Man Po in Wien. – Foto A. Tollmann.

Abb. 124: Chinesische Darstellung des Phönix mit neun Jungen. Der Phönix ist von Ägypten bis China (und abgewandelt als Garuda bis Indonesien) das glückliche Symbol für das Wiedererstehen der Welt aus der Asche des Weltenbrandes nach der Sintflut-Impaktkatastrophe. Daß auf dem Bild neun Junge herumflattern, ist eine analoge Bildung zum ursprünglichen negativen Gegenstück, dem chinesischen Drachen mit seinen neun Jungen. Letztere sind wohlbegründet, da offensichtlich der Impaktor des Südchinesischen Meeres von neun kleineren Kometensplittern begleitet war. – Aus W. Eberhard 1983.

Für den Paläontologen der Gegenwart drängt sich bei der Betrachtung des Verhältnisses von Drache zu Phönix ein Vergleich zur Arbeitsweise des mit Alvarez neuerstandenen Neokatastrophismus auf. Diese Theorie widmete sich zunächst ausführlich dem Untergangsdrachen, dem Kung Kung, dem Leviathan und seinen Missetaten – was sich für den Paläontologen in dem Massensterben an den biologischen Zäsuren der Erdgeschichte manifestiert. Inzwischen hat sich die Paläontologie darauf besonnen, auch die Kehrseite, das Danach nicht zu vergessen, und sich in einer plötzlichen Kehrtwendung der Frage der Neuentfaltung des Lebens, der Artenexplosion nach diesen Ereignissen zugewendet, hat also endlich auch dem Phönix ihre Reverenz erwiesen.

Abb. 125: Garuda, Holzskulptur aus Indonesien. Der Garuda gilt von Indien bis Indonesien als Glückssymbol und als Überwinder der »Schlange«, des Unheils. – Sammlung A. & E. Tollmann.

Der Garuda

Nur eine leichte Abwandlung des ägyptisch-chinesischen Phönix stellt der Garuda dar, der als glücksbringendes Symbol heute vor allem in Indonesien verehrt wird. Er ist ein Fabelwesen mit gezähntem Schnabel, krallenbewehrten Flügelarmen und Leierschwanz, das beherrschend auf einem geflügelten und schuppig geschwänzten Untier thront (Abb. 125). Dieser sagenumwobene Vogel hat seine Heimat in der indischen Mythologie und ist letzten Endes wieder ein Sonnensymbol. Die Sonne gilt hier wiederum als die Überwinderin der Nacht, des Weltunterganges. Der Garuda ist in der Meinung des Volkes der Glücksbringer. Er ist der König der Vögel und vor allem der Feind der Schlange, der Überwinder dieses Symboles des Unterganges.

Die Sphinx

Nun verstehen wir endlich auch den Symbolcharakter der geheimnisumwitterten Sphinx, die einzeln oder paarweise im Spalier vor den Königsgräbern Wache hält. Der geflügelte Löwe, der schon in der Antike als

Abb. 126: Die Sphinx von Giseh ist als drohendes, wachendes Impaktorsymbol ebenso wie die Pyramiden mit ihren gewaltigen Quadersteinen bewußt robust gebaut, um die mit Sicherheit kommende Sintflut am Ende des nächsten »Weltenjahres« zu überstehen, indem diese 20 m hohe und über 70 m lange Figur zur Gänze in den Fels gemeißelt ist. Auch die Sphinx ist ein Symbol des bedrohlichen Impaktors – was man sogar noch in der Bezeichnung der Araber »Vater des Schreckens« spürt.

Symbol für den Kopf des verderbenbringenden Kometen erwähnt wird, ist das Sinnbild des bedrohlichen, zutiefst gefürchteten, zuschlagenden Ungeheuers und daher hervorragend als Wächter geeignet (Abb. 126).

Unschwer erkennen wir in der weiblichen ägyptischen Sphinx die gleiche Symbolik wieder wie in der babylonischen Tiamat (Ur- und Göttermutter), dem weiblichen Ungeheuer des Chaos, der Nacht, der Flut. Hermann Gunkel, Professor für Theologie in Berlin, hatte bereits 1895[748] ausgezeichnet die symbolische Darstellung und Bedeutung dieses weiblichen Unwesens des babylonischen Urmythos herausgearbeitet, das schließlich in einem furchtbaren Kampf gegen Marduk unterlag: »Wir besitzen eine sehr große Zahl von Darstellungen des Kampfes, namentlich auf Siegelcylindern. Auf der bekanntesten dieser Abbildungen erscheint Tiamat als ein Drache, vorne ein Löwe, dessen Maul und Vordertatzen sie hat, am Leib und hinten ein Adler, von dem sie die Flügel und die Klauen der Hinterfüße trägt. ... Tiamat führt ein Schreckensregiment unter den Menschen. ... Das Ungeheuer erscheint als Feindin der Menschen und der Götter ...«

Zweifellos geht auch der *Vogel Greif* als Sinnbild der (bösen) Macht auf die gleiche Wurzel derartiger Symbole zurück. Das antike Symboltier mit geflügeltem Löwenkörper, Krallen, Schwanz und Adler- oder Schlangenkopf hat sich von Babylonien und Ägypten über Kreta und Mykene in den Mittelmeerraum und schließlich in das mittelalterliche Europa verbreitet. In den phantasiereichen persischen und orientalischen Sagen verdunkeln die gewaltigen Schwingen des Vogel Greif bedrohlich die Sonne.

Die ägyptischen Pyramiden

Auch der Bau der von der Sphinx bewachten Pyramiden (Abb. 127) stand offenbar unter dem Eindruck des Sintfluterlebnisses. Die Wiederkehr einer solchen Katastrophe war im Altertum in aller Bewußtsein. Nicht nur die erwähnten ägyptischen Syringe, die tiefen, gewundenen Gänge mit ihrer bilderbuchartigen Darstellung alles Wissenswerten einschließlich der Tier- und Pflanzenwelt, sind angelegt worden, um dieses Wissen vor der nächsten Sintflut zu bewahren. Vermutlich sollten auch die gigantischen Quaderbauten der ägyptischen Pyramiden zur Sicherung der

Abb. 127: Die Pyramiden von Giseh: Mykerinos-, Chephren- und Cheopspyramide sowie die Nebenpyramiden von Mykerinos (Kultpyramide rechts, Königinnenpyramiden links) im Vordergrund. – Aus R. Stadelmann 1990.

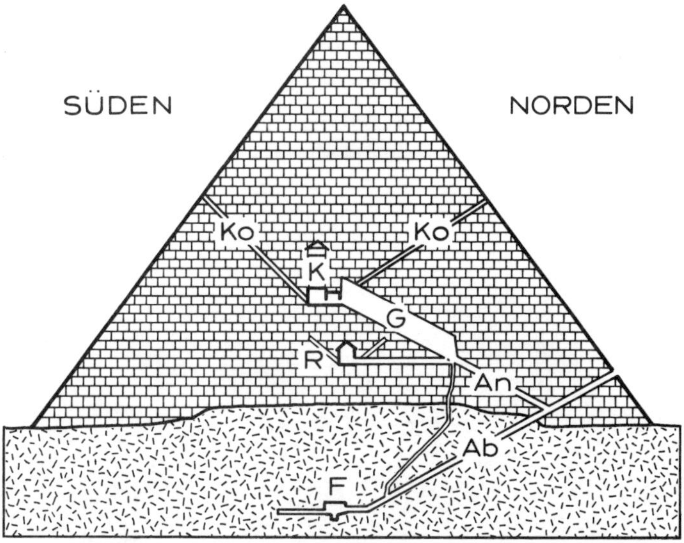

Abb. 128: Meridionaler Längsschnitt durch die Cheopspyramide, der die geknickte Anordnung des Zuganges zur hochgelegenen Grabkammer zeigt. Nach Stadelmann 1990.
Abkürzungen: Ab – abwärts führender Gang, An – ansteigender Gang, F – Felsenkammer, G – Große Galerie, K – Königskammer, Ko – Korridore für den Aufstieg der Seele des Pharao.

Königsgräber für alle Ewigkeit dienen und sogar einer nächsten Flut trotzen können. Die gleiche Funktion hatten später die tiefen Felsengräber der Könige.

Die eigenartige Anlage der Gänge im Inneren der Cheopspyramide (Abb. 128), die zur Grabkammer des Herrschers führen, ist am besten im Hinblick auf eine erwartete Sintflut am Ende des nächsten Weltenjahres verständlich. Ein schmaler Korridor führt zunächst tief hinunter bis zu einer Felsenkammer, die aber nicht die Grabkammer des Pharaos ist, sondern eher eine Ablenkung für Grabräuber darstellen sollte. Von diesem Gang zweigt früh nach oben hin in einem stumpfen Winkel ein niedriger Gang ab, der 38 m lang ist und dort in eine geräumige, 8 m hohe und 47 m lange, steil ansteigende Galerie mit einem beträchtlichen Luftvolumen mündet. Die Kalkplatten an den Wänden sind poliert, so daß sie absolut dicht gefügt sind. Erst dann gelangt man durch eine Schlupföffnung, die früher einmal durch einen Sperrstein dicht verschlossen war, zu der Grabkammer des Königs, die mit fein poliertem Granit ebenfalls fugenlos ausgekleidet ist. Die von dort steil nach oben führenden, fälschlich als »Luftkanäle« bezeichneten schmalen Schächte sind nach heutiger Meinung Korridore, durch die die Seele des Pharao den Aufstieg zum Himmel antreten konnte. Sie waren ursprünglich mit größter Wahrscheinlichkeit sowohl in der Außenumkleidung der Pyramide als auch von der Grabkammer her mit Steinpfropfen verschlossen und gegen Wasser

Abb. 129: Leviathan, das biblische Chaosungeheuer aus dem Meer, das durch Jahwe vernichtet wird. – (Doré 1880) Bei Doré allerdings ist dieser sonst siebenköpfige Meeresdrache weniger einfühlsam mit einfachem Kopf dargestellt.

abgedichtet, konnten aber trotzdem nach altägyptischer Vorstellung von der Seele des Pharao durch die vorgegebene Öffnung durchschritten werden.[749]

Bei einer Überflutung der Pyramide nach Ablauf des nächsten Weltenjahres würde die Königskammer dank dieser Bauweise, die das Prinzip der Biberburgen nachahmte, vor einer Überschwemmung sicher sein, weil das Luftpolster der hohen Galerie den Wasserdruck ausgleicht und ihre Abschlußpfropfen und ihre fugenlose Ausführung ein Eindringen des Wassers verhindern. Wenn diese Auffassung zutrifft, so fragt man sich, ob nicht bei anderen Pyramiden, bei denen nur der abwärts führende Gang zu einer unteren Felsenkammer bekannt ist, möglicherweise der ursprünglich zur Tarnung verschlossene, abzweigende und nach oben zu der hierdurch besser gesicherten eigentlichen Königskammer führende Gang noch gar nicht entdeckt, sondern sowohl von den Grabräubern als auch von den Archäologen bisher übersehen worden ist.

Leviathan

Das Gegenstück zur ägyptischen Sphinx und zur babylonischen Tiamat sind in der biblischen Genesis der Chaosdrache Rahab, vor allem aber der Drache im Wasser, die gewundene Schlange, das feuerspeiende, mehrköpfige Chaosungeheuer Leviathan, das Gott Jahwe zerschmettert hat – was wiederum bereits H. Gunkel[750] prägnant analysiert hat (Abb. 129). Der für Gunkel[751] aber noch recht sonderbare Gegensatz, daß dieser ebenfalls weibliche Chaosdämon einerseits ein feuerspeiendes Ungetüm, andererseits ein Wasserungeheuer sein soll und daß er zwar von oben herabkommend Vernichtung und Zerstörung bringt, trotzdem aber in die Tiefe hinabsteigt und dort das Meer wie einen Topf zum Sieden, wie einen Salbenkessel zum Kochen bringt: all dies ist für uns heute leicht verständlich. Denn genau das hier gezeichnete Bild ist das in so vielen Traditionen beschriebene Bild vom Einschlag des von oben kommenden Sintflutkometen im Meer, das daraufhin von unten her aufwallt und kochend hochschlägt.

Der Zerberus

Der Höllenhund der griechischen Mythologie liefert ein weiteres gutes Beispiel für die breite Auswirkung des Impakterlebnisses auf die Mythen. Der griechischen Sage nach bewacht der Zerberus den Eingang zur Unterwelt, zum Reich der Toten. Er läßt, freundlich mit dem Schwanze wedelnd, jeden passieren, aber niemand darf zurück auf die Oberwelt.

Bezeichnend für diesen Hüter des Reiches der Nacht und des Todes sind seine Dreiköpfigkeit und sein Schlangenschwanz. Hier wird also nicht, wie sonst üblich, die Siebenzahl in Erinnerung an die sieben weltweiten Einschläge verwendet, sondern die Dreizahl betont, die auf die drei in der westlichen Hemisphäre wahrgenommenen Impakt-Ereignisse zurückgeht (siehe S. 487). Hinzu kommt das bezeichnende Symbol der Schlange als Schweif dieses Höllenhundes.

Der Basilisk

Eine in den Sagen bis heute weit verbreitete Spielart aus der Familie der giftspeienden Drachen repräsentiert das aus dem alten Orient stammende, aber ebenso in Europa bekannte Fabeltier Basilisk[752], ein Mischwesen aus Drache bzw. Schlange und Hahn (Abb. 130). Der Basilisk ist so giftig, daß allein schon sein Blick tötet. Es ist bewundernswert, wie in dieser Symbolfigur noch immer die Erinnerung an die Giftwirkung des Drachen aus den Wassern der Tiefe bewahrt wird. Diese Erinnerung erklärt auch,

Abb. 130: Basilisk in voller Ausrüstung mit Drachenschweif und Krone, entsprechend den gekrönten Häuptern des »Untieres aus dem Meer« in den Illustrationen zur Apokalypse.

Abb. 131: Der Basilisk aus dem Hausbrunnen in Wien I., Schönlaterngasse 7, diente lange als Hauszeichen. Auch diesem Basilisken wurde hier seine ererbte Rolle als ein in der Tiefe des Schachtes sitzendes, Gift aushauchendes Untier zugeschrieben, so daß man den Brunnen, aus dem die Schwefeldämpfe aufstiegen, schleunigst zuschüttete.

warum die Basilisken in Europa zu Bewohnern von tiefen Brunnen wurden, die giftige Dämpfe ausstoßen.

In der Wiener Innenstadt gibt es in der Schönlaterngasse Nr. 7 am Ende der »Drachengasse« das Basiliskenhaus mit dem Relief eines Basilisken (Abb. 131). Dieser entließ – laut einer ehemaligen Inschrift auf diesem Haus – aus der Tiefe des Hausbrunnens, wo er hauste, giftige Dämpfe, worauf der Brunnen im Jahre 1212 zugeschüttet wurde: »ohne Zweifel weil ob seiner giftigen Aigenschaften viel Menschen gestorben und verdorben seynd.«[753] Der Geologe weiß, daß die schwefelig stinkenden Dämpfe dieses Brunnens aus den sich zersetzenden Pyriten (Schwefeleisen) in der tonigen Schicht unter dem wasserführenden Sand stammen und daß der ausgestellte Basilisk eine Sandsteinkonkretion, d.h. ein unregelmäßig geformter, verfestigter Sandsteinklumpen aus der Tiefe des Brunnens ist. Man muß die Hartnäckigkeit der Erinnerung der Menschen an das Untier aus der Tiefe, das seine giftigen tödlichen Dämpfe entläßt, wenn der Deckel des Brunnens geöffnet wird, bewundern.

Noch im Mittelalter galt der Basilisk allgemein als Symbol für Tod und Teufel, so daß Christus in Plastiken dieser Zeit gerne dargestellt wurde, wie er den Basilisken oder die Schlange zertritt.

Die Büchse der Pandora

Es ist erstaunlich, in welch vielfältiger, sublimierter und zunächst kaum durchschaubarer Form das menschliche Trauma des Sintflut-Impaktes immer wieder in hundertfacher Gestalt die mythische Welt des Abend-

Abb. 132: Die Büchse der Pandora auf der Zeichnung von Rosso Fiorentino (um 1530). Der Künstler hat mit prophetischem Feingefühl die Explosion des Impaktors – der als letzte Ursache dem Urunglück zugrunde liegt – graphisch zum Ausdruck gebracht. Mit ungehemmter Urkraft entströmen beim Öffnen des Behälters diesem die personifiziert dargestellten Laster und Leiden dieser Welt.

und Morgenlandes seit der Antike durchzieht: dieses Ausbrechen des Unglückes, das aus der Tiefe über die Menschen kam, nachdem bei der Sintflut die Brunnen der Tiefe aufbrachen, nachdem der feste Deckel, mit dem die Engel der Offenbarung diese Quelle des Unheils für tausend Jahre versiegelt hatten (Abb. 109, siehe S. 411), wieder geöffnet worden war, nachdem das »Ei« (Impaktor), das bei den thrakischen Griechen aus den Wolken fiel, beim Zerplatzen alle Übel dieser Welt ausströmen ließ (siehe S. 476).

Für das Abendland soll die mannigfaltig abgewandelte Sage von der Büchse der Pandora als Beispiel für eine solche sublimierte Darstellung der Schreckenssituation dienen, bei der nach dem Öffnen des Deckels dem Gefäß alles Unheil dieser Welt entströmt. In der Antike noch keineswegs als Büchse, sondern als schweres, mit festem Deckel abgeschlossenes Gefäß dargestellt, gab dieses Behältnis des Bösen beim Öffnen zunächst immer nur Unglück und Untergang preis. Dieses Motiv, das in der

Abb. 133: Die Büchse der Pandora in der Radierung von Giulio Bonasone. Das Gefäß erscheint hier noch in der ursprünglichen Form als großer, mit einem Deckel verschlossener Krug, aus dem nach dem Öffnen die Geister entfliehen. Der tiefe Krug erinnert noch mehr an die verwandte Sage von dem mit einem Deckel verschlossenen Schacht oder Brunnen des Tausendjährigen Reiches in der Apokalypse. Die Symbolfiguren sind hier allerdings bereits, ganz der menschlichen Mentalität entsprechend, ins Positive verkehrt worden. (vgl. chinesisches Drachensymbol S. 464)

Kunst zwei Jahrtausende lang ein überaus beliebtes Thema lieferte, erlebte später zahlreiche Veränderungen. Einerseits zur zierlichen, aber um so geheimnisvolleren Büchse – wie etwa die Abb. 132 nach Rosso Fiorentini von 1530 zeigt, bei der im Einklang mit der dahinterstehenden Vision beim Öffnen dieser symbolische Abyssus »mit explosionsartiger Gewalt die Übel dieser Welt freigibt«,[754] auf der Zeichnung aus dem 16. Jahrhundert einfach als die sieben Todsünden des Christentums symbolisiert. Andererseits aber vollzog sich schon im Wunschdenken des römischen Fabeldichters Babrius die Wandlung zum Schönen, zum Ersehnten, indem beim Öffnen des Gefäßes nur Wohltaten herausquellen. Die hierzu passende Radierung von Giulio Bonasone (Abb. 133) erinnert mit ihrem mächtigen Gefäß schon sehr an die Darstellungen des Brunnens mit dem massiven Deckel, der beim Öffnen die Geister der Tiefe freigibt, wie man sie in den Darstellungen zur Offenbarung als Ankündigung der Weltkatastrophe wiederfindet.

Das phantasievolle Rätselraten über die Bedeutung dieser oft dargestellten Szene hat zwar immer wieder zu den unterschiedlichsten Interpretationen geführt, aber diese gingen alle über Jahrtausende hinweg immer wieder am Kern der Aussage vorbei. Die Mischung von Bitterem (ursprünglich) und Süßem (später), von Untergang und Glück legte den Vergleich mit dem Sündenfall Adams und Evas und der Erbsünde als Folge nahe oder, in späterer Zeit, jenen mit dem Wissensdurst des Homo sapiens, der immer mehr an Tugend verliert, je mehr Wissen und Macht er gewinnt. Der zutreffenden Deutung am nächsten kamen noch die Interpretationen, die am Anfang und am Ende dieser langen Interpretationsreihe standen, die Dora und Erwin Panofsky (1992) in ihrem der »Büchse der Pandora« gewidmeten Werk schildern. So hat Hesiod in seinen »Werken und Tagen« aus diesem Behälter der Pandora alle Übel über die ganze Welt kommen lassen, also das globale Ausmaß, die Universalität der Katastrophe beim Öffnen dieses Gefäßes ausdrücklich betont, während Max Beckmann in seinem Gouachebild von 1947 visionär den Weltenbrand aus der Büchse aufsteigen ließ.

Klingt in dieser schon sehr stark abgeleiteten Mythe überhaupt noch an, daß sich das geschilderte Ereignis auf die Sintflut bezieht? Es gibt nur mehr sehr wenige und vage Hinweise, denn sonst hätten die vielen Autoren, die dieses anmutige, aber schwer durchschaubare Thema bereits analysiert haben, zuvor schon die Wurzel dieses Gleichnisses erkannt. Dora und Erwin Panofsky waren nahe daran, die Zusammenhänge zu durchschauen, als sie über Pandora schrieben: »Ihre Pithoigia, ihr Faß, spiegelt wohl Ritual wider, das mit dem griechischen Anthesterienfest verbunden war.«[755] Wären sie noch einen Schritt weiter gegangen und hätten sie hinzugefügt, daß dieses Wassertragefest, das im antiken Griechenland alljährlich gefeiert wurde, das Fest zum Andenken an die Flutkatastrophe war, dann wäre die Brücke geschlagen gewesen. Aber auch die Erklärung, die Hesiod in seinen »Erga« in Vers 90–93 hinsichtlich des Zeitpunktes gibt, wann das Unheil aus der Büchse der Pandora kam, deckt sich mit dem Zeitpunkt des Eintrittes der Sintflutkatastrophe, die das Goldene Zeitalter der Menschheit beendete: »nämlich zuvor, da lebten die Menschenstämme auf Erden frei von all den Übeln und frei von Elend, Mühsal und von quälenden Leiden, die Sterben bringen den Menschen«.

Also gibt es doch konkrete Hinweise dafür, daß diese Überlieferung von Anfang an auf die Sintflut, auf das fundamentale Ereignis, in dem die Ursache für das Ende des Goldenen Zeitalters der Menschheit zu suchen ist, bezogen war.

Der Geist aus der Flasche

Als Gegenstück aus dem Morgenland taucht das gleiche Motiv, noch phantasievoller eingesponnen, wieder auf. Statt der Büchse ist es dort eine Flasche, die – mit dem Siegel Salomons verschlossen – den bösen Geist des Dschinns, des Teufels, des Dämons, enthält. Nicht zufällig eröffnet dank seiner Bedeutung dieses Motiv in der Erzählung »Fischer und Ifrit« die berühmte arabische Märchenerzählung »Tausendundeine Nacht« – z.B. in der einfühlsam illustrierten (siehe Abb. 134) Kurzausgabe von M. Henning und H. W. Fischer[756]. Aber auch noch in der Gesamtausgabe umfaßt diese Erzählung die dritte bis neunte Nacht.

In diesem Märchen wird der abtrünnige Dämon von König Salomon in eine Flasche gesperrt und ins Meer geworfen, wo er achtzehnhundert Jahre bleibt. In seinem Gefängnis verspricht er zuerst seinem Befreier Segen und Reichtum, dann – mit wachsendem Unmut – Tod und Verderben. Als »am Ende der Zeit« schließlich ein Fischer die Flasche vom Grund des Meeres heraufholt und den Verschluß öffnet, steigt Rauch heraus, »der bis zu den Wolken am Himmel aufstieg und sich über die Erde legte« (Abb. 134). Der in dem Rauchpilz bald erkennbare gewaltige Dämon zeigt sich aber nicht dankbar, sondern hat nichts anderes im Sinn, als seinem Retter, dem Menschen, auf grausame Art den Tod zu bringen. Am Schluß jedoch gelingt es dem Menschen, den Rauchgeist zu überlisten und ihn zur Rückkehr in die Flasche zu bewegen. Als der Dämon

Abb. 134: Der Geist aus der Flasche, die aus dem Meer stammt. Illustration zum Märchen »Der Fischer und der Geist« aus »1001 Nacht«. Als das Gefäß aus dem Meer aufgebrochen wird, strömt daraus so viel Rauch hervor, daß der Himmel verfinstert wird; der Geist, der sich daraus bildet, bringt Tod und Verderben. – Aus P. Benndorf (o. J.).

verspricht, dem Fischer aus seiner Armut zu helfen und ihm nicht zu schaden, läßt ihn dieser endgültig frei.

Die Ambivalenz des Ausbrechens des eingesperrten Rauchgeistes ist in beiden Legenden gegeben: Die Büchse der Pandora bringt ebenso wie der Geist in der Flasche in der ursprünglichen Fassung Vernichtung und Untergang am Ende, aber daneben klingt jeweils auch die Möglichkeiten von Glück und vom Sieg des Guten an, was der erlebten Realität entspricht. Die Urangst, daß aus dem entsiegelten Gefäß, der Büchse oder der Flasche, besonders wenn diese vom Meeresgrund stammt, der Rauch herausströmt, der den Weltuntergang bringt, ist aber beiden Versionen gemeinsam. Zweifellos kann man diesen symbolhaften Vorgang mit dem Geschehen des Sintflut-Impaktes gleichsetzen, daß die Brunnen der Tiefe aufbrechen und daraus eine alles vernichtende Rauchsäule hervorschießt, die den Himmel nachtschwarz färbt. Mit der Kenntnis des Impaktgeschehens werden auch so stark modifizierte Symbole wie die Büchse der Pandora oder der Geist aus der Flasche verständlich, deren Hintergrund man trotz einer Vielfalt von Erklärungsversuchen nie deuten konnte.

Die mythische Neun

Die mythische Neun kommt aus Ostasien. In Europa fand sie gegenüber der Sieben und Drei nur untergeordnet Anwendung. Wir haben auf S. 462 berichtet, daß der Hauptimpaktor, der in das Südchinesische Meer einschlug, von neun kleineren glühenden Trümmern, den »Drachensöhnen«, begleitet war – wie den chinesischen Mythen zu entnehmen ist. Gleichermaßen wird der Phönix in chinesischen Darstellungen häufig von neun Jungen begleitet (siehe S. 467). Daher kommt dieser Symbolzahl in China die gleiche bedeutende Rolle zu wie der »bösen Sieben« (siehe unten) im Westen. Nur hat sich in China – wie so oft im menschlichen Denken – ein Bedeutungswandel vom Negativen zum Positiven durchgesetzt, so daß dort heute die Neun ebenso wie auch der Drache selbst als Glücksbringer gewertet wird.

Die Ausstrahlung dieser ostasiatischen mythischen Zahl Neun nach Westen ist an ihrer Verwendung in manchen Kulthandlungen in Europa erkennbar: so z.B. an der einst alle neun Jahre stattfindenden Opferung von sieben Jungfrauen und Jünglingen für den Minotaurus (siehe S. 489) . Ferner scheint das Kegelspiel auf eine asiatische symbolische Kulthandlung zurückzugehen, wobei die neun Kegel durch die Kugel (!) möglichst mit einem Wurf – »alle neun« – getroffen werden sollen. Bei der angloamerikanischen Variante, dem Bowlingspiel, werden die neun Kegel um einen zehnten Zentralkegel gruppiert, wie die Drachensöhne um den Hauptdrachen. Schließlich könnte auch die volkstümliche Bezeichnung »neunmalklug« auf eine Klugheit zurückgehen, die jene aller neun Dämonen übertrifft.

Die böse Sieben

Im Anschluß an unsere Betrachtung dieser traditionsbeladenen Symbole, die unmittelbar auf das Impakterlebnis zurückgehen, müssen wir nochmals auf die gefürchtete, mystische und heilige Zahl Sieben zurückkommen, deren unwahrscheinlich große Bedeutung in den antiken Mythen und Religionen wir bereits kurz erwähnt haben. Man versucht schon seit langem den Ursprung und die Bedeutung dieser kryptischen Zahl zu klären, wobei sich Assyrologen, Sprachforscher, Mythologen, Historiker und Theologen an diesem Versuch beteiligt haben. Doch die wenigen Hypothesen, die dabei entwickelt wurden und die böse Sieben vom Planetenkult, von der Plejaden-(Siebengestirn-)Verehrung oder vom gevierteilten Mondmonat ableiten wollten, wurden jedesmal rasch und stichhaltig widerlegt, was leicht gelang, während die Aufstellung neuer glaubhafter Theorien immer schwieriger wurde.

Dieser bedeutsamen, heiligen oder mystischen Zahl »Sieben« hat die Religionswissenschaft geradezu eine eigene kleine Literatur gewidmet. Vor allem fällt die Siebenzahl als straff formendes Grundprinzip in den Apokalypsen der Antike auf, von Esra und Baruch über Vergil bis zu Johannes.[757]

Sie erscheint ferner in verschiedenen Religionen, wobei nur an die sieben brennenden Fackeln vor dem Thron Gottes und die sieben Sterne in der Hand Christi erinnert sei. Trotz aller Spezialstudien hatte man bisher nie den Urgrund für diese gefürchtete Zahl erkannt. Heute können wir sagen, daß diese »unglückbringende« magische Zahl Sieben auf das nachhaltig prägende, unauslöschliche Urerlebnis der Menschheit zurückgeht und die Urangst vor den sieben auf die Erde zurasenden brennenden Kometentrümmern widerspiegelt.

Wir wollen hier zunächst den Schleier lüften, mit dem diese geheimnisumwitterte, auch von den Religionen häufig in Anspruch genommene Zahl Sieben bisher umgeben war, was nun dank des Impaktwissens ein leichtes ist. Was bedeutet diese vielbeachtete böse Sieben? Bereits die babylonische Literatur läßt überaus klar erkennen: »Die Charakteristik der Sieben ist so, daß sie einfach als Inbegriff aller Schlechtigkeit, als Verüber jeglicher nur erdenkbarer Bosheit erscheinen. Sie treten in allen möglichen Formen, an allen Orten, als die scheußlichsten Bestien, als die fürchterlichsten Wetterdämonen, als Einheit und als Vielheit auf.«[758] Eine bessere Charakterisierung als diese von dem deutschen Semitisten Johannes Hehn stammende kann man gar nicht geben. Hieraus und noch stärker aus den folgenden Originalzitaten von babylonischen Beschwörungsformeln gegen diese Sieben geht das Wesen der Siebenzahl ganz klar hervor: Es sind die sieben Bringer der sieben Teilimpakte im Zuge der Sintflutkatastrophe. Noch ohne die wahren Hintergründe zu kennen, drückte Hehn mit der Formulierung »Sie treten ... als Einheit und Vielheit auf« auf prägnante Weise diesen Umstand aus, der sich aus dem Anblick des nahenden Riesenkometen mit langem Schweif als Einheit und gleichzeitig mit sieben selbständigen, aber zunächst noch gemeinsam im Verband heranfliegenden, gleißenden Fragmenten im Kopf dieses Kometen ergibt. Weder die Planeten, von denen in der Antike ja nur fünf (Merkur, Venus, Mars, Jupiter, Saturn) bekannt waren, noch das ferne, Ruhe ausstrahlende Siebengestirn der Plejaden am nördlichen Sternhimmel oder eine theoretische Teilung des Mondmonates in vier Abschnitte konnten die Menschheit so tief aufwühlen, so zutiefst erschüttern, daß die Sieben in der Antike geradezu zum zentralen, Furcht und Schrecken einflößenden Symbol wurde, dem man bei jedem Opfer sieben gleiche Opfergaben darzubringen hatte, um ja alle sieben Teildämonen versöhnlich zu stimmen. Diese durch grenzenlose Furcht bedingte Prägung ist für jeden verständlich, der sich die zuletzt immer rascher heranrasende, durch nichts aufzuhaltende (vgl. untenstehende Beschwörungsformel) geschweifte Bedrohung am Himmel vergegenwärtigt: den riesigen Himmelskörper, von dem jedes Teilstück am Schluß so groß wie ein Berg und greller als zwölf Sonnen erschien und nach dem Aufschlag und der Explosion die Menschheit in einem Hitze-, Feuer-, Beben- und Flutinferno fast zur Gänze auslöschte.

Hier ein paar Kostproben von dieser Sieben-Gottheit oder besser Sieben-Dämonie aus den babylonischen Beschwörungsformeln, die R.C. Thompson[759] und Delitzsch von den Tontafeln im Britischen Museum übersetzt haben[760]:

1. Beschwörungsformel, die durch Aufdecken ihrer Untaten die Dämonen bannen soll:
   »Finstere Stürme, böse Winde sind sie,
   Unheilsstürme, die Diener des bösen Windes sind sie,
   Unheilsstürme, die Herolde des bösen Windes sind sie,
   rächende Kinder, rächende Söhne sind sie,
   die Boten des Todesgottes sind sie,
   die Thronträger der Höllengöttin sind sie,
   eine Sturmflut, die durch das Land dahinbraust, sind sie.
   Sieben Götter des weiten Himmels,
   sieben Götter des weiten Landes,
   sieben Räubergötter,
   sieben Götter der Gesamtheit,
   sieben böse Götter,
   sieben böse Dämonen,
   sieben böse Fieberdämonen,
   im Himmel sieben, und auf Erden sieben.«
2. Beschwörungsformel, die durch Aufdeckung des Ortes ihres Auftretens die bösen Geister bannen soll:
   »[Sieben] sind sie, sieben sind sie,
   in der Tiefe des Ozeans sieben sind sie,
   in Eridu sind sie sieben, die Ea fesseln, sieben sind sie,
   sie, aus der Wassertiefe sind sie hervorgegangen,
   eine böse Husten[eruption], die im Inneren sich aufstellt, sind sie.
   Beim Himmel seien sie beschworen, bei der Erde seien sie beschworen.«
3. Beschwörungsformel, die durch möglichst genaue Bezeichnung der Eigenheiten der Dämonen diese entlarven soll und so jeden einzelnen persönlich trifft:
   »Von den Sieben ist [der Erste] ein Südsturm …,
   der Zweite ein Drache mit aufgesperrtem Rachen …,

dem ni[emand Widerstand leisten kann],
der Dritte ein grimmiger Panther, der einen Elefanten (?) [fortschleppt (?)],
der Vierte eine furchtbare Schlange ...,
der Fünfte ein wütender *abbu*, den zurückzuwerfen nicht [möglich ist],
der Sechste ein anstürmender ..., der gegen Gott und König ...,
der Siebte ein Wolkensturm, ein böser Wind, der Schonung [nicht kennt].
Sieben sind sie, die Boten Anu's, ihres Königs,
Stadt auf Stadt versetzen sie in Traurigkeit.
Ein Orkan, der am Himmel rasend dahinjagt, sind sie.
Eine dichte Wolke, die am Himmel Finsternis verursacht, sind sie.
Ein losbrechendes Sturmesbrausen, das am hellen Tag Dunkelheit verursacht, sind sie.
Mit dem Sturme, dem bösen Winde, ziehen sie einher.
Die Überschwemmung Adad's, gewaltige Zerstörer sind sie.
Zur Rechten Adad's ziehen sie einher.
Am Fundament des Himmels wie ein Blitz zucken [sie empor].
Vernichtung zu vollführen, ziehen sie voraus.
Am weiten Himmel, der Wohnung des Königs Anu,
stellen sie sich feindselig auf und haben keinen Widerpart.«

Nachdem wir die sieben Missetäter, also die sieben heranfliegenden Fragmente im Kopf des Kometen, die Orkan, Finsternis, Überschwemmung und alles Grauen über die Menschheit brachten, entlarvt haben, wollen wir versuchen, die Allgegenwart und die Allmächtigkeit dieser Siebenzahl im Denken der Antike vor Augen zu führen. Wir beschränken uns hierbei auf einige Beispiele aus der von Prof. Johannes Hehn, Semitist an der Universität Würzburg, bereits im Jahre 1907 zusammengestellten Synopsis über »Die Siebenzahl und Sabbat bei den Babyloniern und im alten Testament«. Die Zahl von tiefgreifenden Siebenersymbolen im Bereich der Religion, der Dämonenbeschwörung, der Mythologie, der Eschatologie, der Opferriten, der Kunst, der Heilkunde und Gesundbetung, der Magie, der Wahrsagerei, der Zauberei, der Zeiteinteilung und noch zahlreicher weiterer Anwendungen ist Legion und geht in die Hunderte.

Hier nur einige wenige Beispiele, um die Reichhaltigkeit dieser Palette bei Hehn[761] anzudeuten:

Die babylonische *Religion* hat die großen Götter des Himmels und der

Abb. 135: Altbabylonische Darstellung der Dämonen, die das Unglück über die Menschen gebracht haben. Die sieben Dämonen, die die Sintflut verursachten, wurden seit der babylonischen Zeit mit Tierköpfen (Löwe etc.) dargestellt, was man auch noch bei den mittelalterlichen Abbildungen des siebenköpfigen Sintflutdrachen der Apokalypse beibehalten hat. Der Anblick der Dämonenfratzen der Babylonier erweckt den Eindruck, daß in den Darstellungen neben den Tierköpfen auch noch die Erinnerung an die (durch Strahlung nach dem Impakt) verunstalteten Gesichter der Mißgeburten verarbeitet sind.

Erde zu einer Siebengottheit zusammengefaßt. Die Göttin des Kampfes und der Liebe, Ischtar, hatte sieben Namen. Nach ihrer Höllenfahrt hatte die Unterwelt sieben Tore. Ebenso treten die Dämonen der Babylonier in Siebenzahl auf, als sieben böse Labartus. Im Ira-Mythos der Babylonier erscheint die Siebengottheit als Unheilbringer im Gefolge des Gottes Ischum.

In den babylonischen *Bußgebeten* drückte man eine große Zahl von Sünden in Siebenerzahlen aus. Das Bußgebet wurde siebenmal wiederholt, wobei man um siebenfache Läuterung bat. Sieben war auch die Zahl der Opfer in der babylonischen Religion, ebenso wie noch im Alten Testament. In Babylonien wurden sieben Räucherbecken und sieben Fackeln aufgestellt und je sieben Schafe, sieben junge Dattelpalmen, sieben Stierfelle, sieben Schalen Wein usw. geopfert. Im Alten Testament wurden auf Bileams Anweisung sieben Altäre errichtet, um sieben Stiere, sieben Lämmer, sieben Widder, sieben Ziegenböcke usw. als Opfer darzubringen. Gerade bei diesen Bußgebeten, Beschwörungsformeln und Opfern leuchtet uns die Siebenzahl völlig ein, wenn wir an die Darstellung des kosmischen (Kometen-)Drachen mit seinen sieben Köpfen denken, denen verschiedene Arten der Verwüstung zugeschrieben wurden und die auf Kunstwerken sogar sieben individuelle Gesichter trugen und in etlichen Religionen eigene Namen führten. Man durfte keinen der sieben Teilimpaktoren bzw. Dämonen beim Gebet und Opfer übergehen, denn sonst zog man sich gerade dessen Zorn, verstärkt durch diese persönliche Beleidigung, in noch weit größerem Ausmaß zu.

Über die mit der Zahl Sieben buchstäblich durchtränkten *Offenbarungen* haben wir bereits anhand der Offenbarung des Johannes (siehe S. 433 ff.) berichtet. Daß gerade Offenbarungen dieses Zahlensymbol in besonderem Maße verwenden, liegt in der Natur der Sache. Sie sind nämlich in vielfacher Wiederholung mit den grausamen Szenen des Impaktgeschehens angefüllt, das der siebenteilige Sintflut-Komet verursacht hat. Die Siebenzahl ist der Leitfaden dieser Darstellungen, wie schon früh betont worden ist.

Auch in der babylonischen *Wahrsagerei* spielt die Sieben eine entscheidende Rolle. Bei der Ölblasen-Wahrsagekunst fällt die Entscheidung bei der siebenten Ölblase: Die Weissagung wird danach abgeschlossen.

Waffen mit besonders furchtbarer Wirkung mußten in der babylonischen Mythologie naturgemäß ebenfalls mit der Siebenzahl verbunden sein. Die schreckenerregende Wirkung von Gischgaschagimina, der Waffe von Ninib, beruhte darauf, daß ihr ebenso wie der furchtbaren Schlange Muschmahhu sieben Köpfe zugeschrieben wurden. Und Gudea stattete seine Waffe Schargaz zwecks höchster Wirksamkeit mit sieben Augen aus – wobei Schargaz »alles mordend« bedeutet.

In der *Baukunst und Ornamentik* genoß die Sieben hohe Verehrung. Die babylonischen Türme, auf denen die als Götter verehrten Weltenherren thronten, wurden siebenstufig gegliedert, und ebenso wurde der Thron Salomons siebenstufig ausgeführt, der Aufgang durch zwei Wächteralleen aus Löwen flankiert. Der Lebensbaum auf den babylonischen Rollsiegeln trug sieben Äste oder sieben Palmettenfächer mit je sieben Blättern. Und Gottes Hand zeigte auf manchen dieser Rollsiegel sieben Finger, um seine allumfassende Macht zu dokumentieren.

In der *Heilkunde und Zauberei* sollte den Aussätzigen durch siebenmaliges Besprengen ihres Körpers und ihres Hauses mit geweihtem Wasser geholfen werden, während man die Heilung von Skorpionstichen durch siebenmaliges Untertauchen im Fluß und durch Einnehmen von sieben Körnern des Bergkrautes erreichen wollte. Oder man verwendete gegen bestimmte Krankheiten sieben verschiedene Pflanzenstoffe, ließ den Kranken am siebenten Tage fasten und knüpfte zur Wunderheilung sieben oder zweimal sieben Knoten, um den Bann zu lösen. Auch die Zauberinnen traten in Babylonien bei ihren Aktionen in der Siebenzahl auf – wiederum, um jedem einzelnen der ebenfalls in Siebenzahl wirkenden bösen, zerstörerischen Dämonen Paroli bieten zu können.

Ganz besonders aber wird im Nahen Osten seit der Antike auch der zeitliche Ritus und *Rhythmus des Schaffens* und des Lebensablaufes durch die Siebenerperiode geprägt. Im Gilgamesch-Epos treffen wir immer wieder auf die siebentägige Dauer verschiedenster kurzperiodischer Abläufe. Die Feierlichkeiten nach der Errichtung des Eninnu-Tempels dauerten sieben Tage. Enorm viele Beispiele für die Siebentage-Spanne liefert uns das Alte Testament anläßlich von Totenfeiern, Trauerfeiern, Hochzeitsgelagen und anderen Zeremonien. Schließlich ist auch der Sabbat als der siebente Tag, an dem gefeiert wird, Ruhe herrscht und das Werk abgeschlossen ist, Symbol dieser Siebenermystik – als Entsprechung zum Schaffen Gottes, von dem die Genesis ausführt, daß Gott sein Werk am siebenten Tage vollbracht hatte und Ruhe eintrat. Hehn glaubt, das Wort »Sabbat« als Tag der Ruhe vom assyrischen *»sibitti«* mit der Wurzel *šebu* (gesättigt sein, voll sein) ableiten zu können, wobei sogar eine Querverbindung von *šebu* bzw. *sibitti* zu sieben gesehen werden kann.

Abschließend sei daran erinnert, daß noch in unserem heutigen Sprachgebrauch der Spruch »eine böse Sieben« synonym ist zu »eine böse Frau«. Während man ihn vordergründig noch auf das Bild eines bösartigen Weibes auf einer alten Trumpfkarte mit sieben Augen zurückführen kann, steht am Anfang dieser Formel wiederum das meist siebenköpfig dargestellte Ungeheuer, entwachsen dem weiblichen Urchaos Tiamat, ein Drache, der fast den Weltuntergang herbeigeführt hat (siehe S. 452).

Die magische Drei

Das zwar in seiner Bedeutung weit gegenüber der Sieben zurücktretende Gegenstück ist in der Antike und später im Märchen sowie im Aberglauben bis in unsere Tage die magische Zahl Drei. Wir glauben, daß sie den gleichen Ursprung wie die Siebenzahl hat. In vielen Überlieferungen des Nahen Ostens und des übrigen Asiens ist von einer dreimaligen Wiederholung des Impaktszenarios oder von Teilen dieser Ereignisse die Rede (siehe S. 127 f.). In der Apokalypse des Johannes wird in grandiosen Visionen dreimal die fast komplette Impaktabfolge mit individuellen Unterschieden geschildert, so daß wir zur Auffassung gelangt sind, hier seien die drei in unserer Hemisphäre getrennt nacheinander spürbaren Teileinschläge verzeichnet worden (siehe S. 440), während die in weiter Ferne niedergegangenen Fragmente für den Raum der Alten Welt im Chaos des letzten Impaktes der westlichen Welt, des Einschlags im Indik,

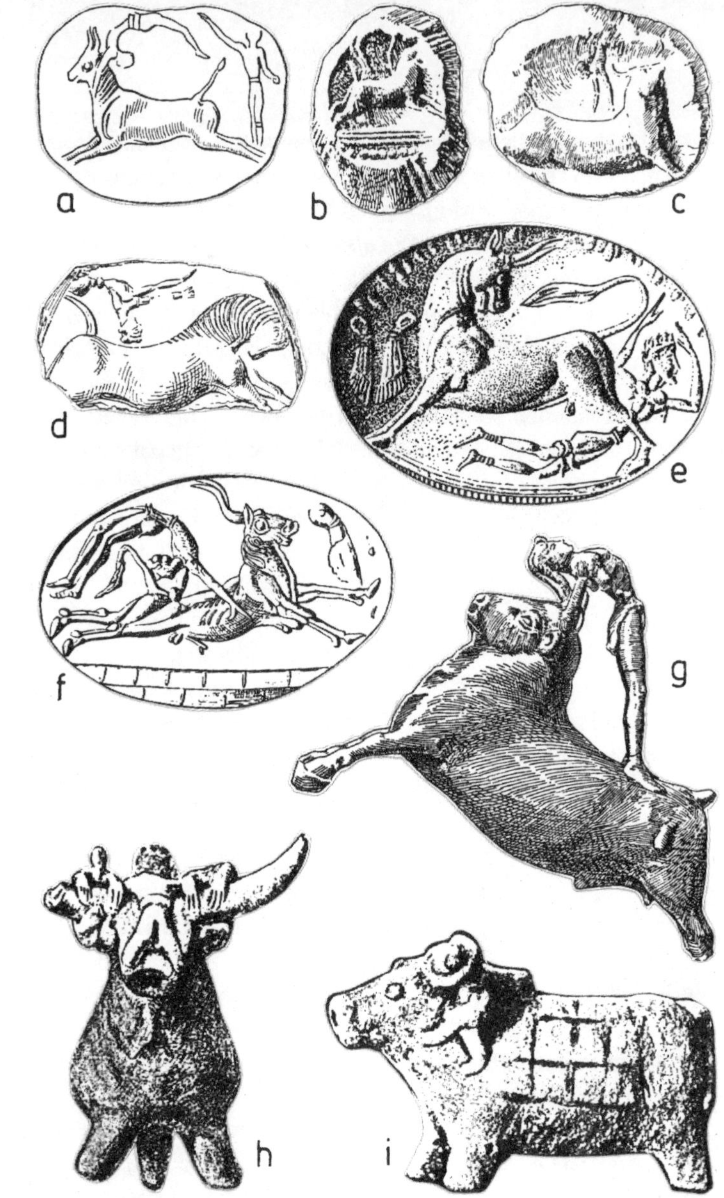

Abb. 136: Der antike Stierkult Vorderasiens und des Mittelmeerraumes ist durch die Minotaurussage von Kreta am populärsten geworden. Daß dort tatsächlich ein Stierkult mit Menschenopfern bestand, geht unzweifelhaft aus den Darstellungen zahlreicher, in Kreta gefundener Siegel hervor, auf denen sich die dem Stier geopferten Jungfrauen und Jünglinge zwar oft durch einen Sprung über die Hörner hinweg zu retten versuchten, aber häufig auch unter den Stier zu liegen kamen oder aufgespießt wurden. Die folgenden Abbildungen verdeutlichen diese Aussagen (Fig. a,b – Siegel aus Knossos, c, d – Siegel aus Zakro, e – Siegel aus Smyrna, f – Siegel aus Arkhanes, g – kretischer Bronzestier, h – Darstellung aus Kumasa, i – Stierrhyto aus Porti). – Aus L. Malten 1929.

untergingen. Nach unserer Ansicht ist die Dreizahl vom tiefen Erlebnis der dreimaligen Wiederholung der Sintflut-Einschläge geprägt, die auf der westlichen Hemisphäre deutlich getrennt wahrzunehmen waren. In manchen Impakt-Symbolfiguren Europas erscheint daher statt der Sieben die Dreizahl, etwa beim Zerberus mit seinen drei Köpfen (siehe S. 473).

Der Stierkult, der Tanz um das Goldene Kalb und der Mithraskult

In der Antike erlangte im Nahen Osten und im Mittelmeergebiet der Stierkult, die Verehrung des Stieres, eine enorme Bedeutung. Am geläufigsten ist uns der Stierkult aus den zahlreichen Sagen mit Stiermotiven aus Kreta, allen voran aus der Minotaurus-Sage über dieses Mischwesen eines Menschen mit Stierkopf. Nach dieser Sage hielt der mythische König Minos den Minotaurus im Labyrith von Knossos gefangen und warf ihm alle neun Jahre sieben Jungfrauen und sieben Jünglinge zum Opfer vor. Daß dem heiligen Stier in Kreta tatsächlich Menschenopfer dargebracht wurden, belegen deutlich zahlreiche Darstellungen (Abb. 136), die trotz ihrer klaren Aussage früher gern als sportliche Spiele mißdeutet worden sind. Der Platz des Stierkultes auf Kreta ist bis heute allerdings noch immer nicht entdeckt worden.

Vordergründig galt diese Verehrung, dieser Dienst, in der Antike der unbändigen Kraft, der Stärke und der Fruchtbarkeit des Stieres. Sieht man aber genauer hin, so sind unschwer die Konturen des dahinterstehenden Motivs zu erkennen: Bei den Babyloniern war der Stier das Symboltier des Wettergottes Adad, also des Gottes, der laut Gilgamesch-Epos den Sturm und Donner zum Auftakt der Sintflut erzeugt hatte. Dieser von Anu geschaffene Himmelsstier versengte aber zugleich die Vegetation der Erde. Der Stier war nämlich der Träger des Blitzsymboles, wie eine Reihe babylonischer Rollsiegel zeigt. In der babylonischen Hymne an Adad-Ramman erhielt der Stier den Beinamen »der Brüller« und »der brüllende Sturm«, so daß der Breslauer Archäologe Ludolf Malten in seiner grundlegenden Studie zum Stierkult aus dem Jahre 1929 daraus ableitete, daß die Babylonier im Orkan selbst, der über den Himmel jagt, den brüllenden Stier sahen. Bezeichnend ist auch der Kampf von Gilgamesch und Engidu gegen diesen Himmelsstier, der im Gilgamesch-Epos mit glühendem, von Feuer erfülltem Leib vom Himmel herabfährt, alles versengt, und durch sein Schnauben allein 200 Mann hinwegfegt. Die Szene gleicht vollkommen den vielfältigen Darstellungen des Kampfes des jeweiligen Nationalhelden gegen das Weltuntergangsungetüm, von Tiamat bis zum Himmelsdrachen, in dem immer wieder das Urerlebnis der Menschheit aufgearbeitet worden ist, nämlich der Kampf mit dem Sintflut-Impaktor, bei dem das Leben letztendlich doch gesiegt hatte.

Bei den Hethitern galten die Stiergottheiten als die Söhne des Wettergottes. Für den kanaanäischen Wettergott Baal mit seinem Symboltier, dem Stier, ist das furchtbare Brüllen ein charakteristischer Wesenszug.

Zusammenfassend erkennt man in der unbändigen Kraft des im Orkan schnaubenden und brüllenden, Blitze sendenden, glühenden, das Land verbrennenden »Himmelsstieres« die klaren, wohlbekannten Konturen des Impaktors, des vom Himmel kommenden Zerstörers der Erde. Es ist daher auch kein Wunder, daß man diesem Stier diente, ihn anbetete, ihm Opfer brachte und dabei auch vor Menschenopfern nicht zurückschreckte, um ihn zu besänftigen und künftige Angriffe zu verhindern.

Eine andere Variante des Stierdienstes ist uns als »der Tanz um das Goldene Kalb« aus der Bibel (Exodus 32) bekannt. In Babylon hatte man als Kultobjekt Stierbilder aus Gold verwendet, in Ägypten Holzskulpturen mit Goldbeschlag. Noch Aaron soll am Berg Sinai ein goldenes Stierkalb aufgestellt haben. Dieser Stierkult bestand darin, daß man das Goldene Kalb anbetete, küßte und ihm Opfer darbrachte, vor allem aber auch im Tanz um das Kalb, der neben dem Opfer einen entscheidenden Bestandteil des Kultes darstellte. Durch ekstatischen Tanz sollten Tänzer und Getanztes ineinanderfließen. Erst Moses und die Propheten sagten der Verehrung des Goldenen Kalbes auf das entschiedenste den Kampf an.[762]

Abb. 137: Mithraskultbild aus dem dritten Mithraeum in Carnuntum, Niederösterreich. Die 3,6 x 2,4 m messende Reliefplatte aus Kalksandstein stellt eines der eindrucksvollsten Denkmäler der römischen Religion im Bereich des Donaulimes dar. Gott Mithras versetzt dem Stier gerade den tödlichen Dolchstoß hinter dem Kopf.

In spätrömischer Zeit hielt der Stierkult erneut, aber nun in abgewandelter Form, von Osten kommend, in ganz Europa Einzug: im sogenannten Mithraskult, einer Mysterienreligion, die Männern vorbehalten war. In ihrem Mittelpunkt stand die Tötung eines Stieres. Mithras, ursprünglich ein indischer Gott, dann im alten Iran der Gott der Männerbünde, wurde im Römischen Reich zum Erlösergott mit der Sonne als Symbol, der das Prinzip des Bösen, den Stier, besiegt hatte. Seit dem 2. Jh. n. Chr. war dieser Bund, von dem nach wie vor Frauen ausgeschlossen waren, über das ganze Römische Reich verbreitet. Heute hat man eine große Zahl dieser unterirdischen Kulträume, die Mithräen, in den einstigen römischen Provinzen freigelegt. An der Stirnseite der tonnenförmigen Gewölbe mit dem Sternenhimmel prangte ein kunstvolles Relief mit der Kampfszene zwischen Mithras und dem Stier (Abb. 137). Die Ausstattung der Mithräen mit den Symbolfiguren Schlange und Löwe auf den Kultgeräten und dem Widerpart Sonnensymbol und Stiertötungsszene zeigt deutlich das Grundmotiv der Errettung des Lebens vor dem Weltvernichter und damit den eindeutigen Bezug zur Impaktsymbolik.

Überraschend ist der Umstand, daß wir auch noch beim Mithraskult die Sintfluterfahrung von der Kraft des Blutes des erschlagenen Unheilbringers (= des Impaktors) wiederfinden. Dieses Blutmysterium zieht sich seit dem Wissen über die fruchtbare Wirkung des »Blutregens« des Sintflut-Impaktes (siehe S. 216 f.) über Jahrtausende hin durch zahllose Sagen, Mythen und Religionen. Das Drachenblut, in dem Siegfried nach dem Sieg über das Untier badete, machte ihn unverwundbar und fest. Im Blute des getöteten Stieres badeten die Anhänger des Mithraskultes und tranken darüber hinaus das »Götterblut« dieses Dämons, das stärkte und fruchtbar machte. Die sprießenden Ähren am Schwanzende des Stieres im Mithraskultbild (Abb. 137) symbolisieren die Fruchtbarkeit dieses Blutes.

Die christliche Religion, die von Anfang an mit dem – durch kilikische Seeräuber um 67 v. Chr. nach Griechenland gebrachten und sich im römischen Imperium rasch ausbreitenden – Mithraskult in Konkurrenz stand, hat in Analogie dazu eine derartige Blutkulthandlung als Höhepunkt ihres rituellen Gottesdienstes eingebaut, und zwar als symbolisches Opfer des Leibes und Blutes Christi. In dieser rituellen Handlung wird durch Transsubstantiation Brot und Wein durch die Wiederholung der von Jesus Christus ausgesprochenen Einsetzungsworte »Nehmet hin, das ist mein Leib« bzw. »... das ist mein Blut« (Markus, Kap. 14, 22–24) in Fleisch und Blut des Gottessohnes verwandelt. Durch die Aufnahme dieses göttlichen Leibes und des Blutes während der Heiligen Messe tritt bei den Teilnehmern die Stärkung für das religiöse Leben ein.

Die Antinomie im Kampf des Sonnen-Mithras und des Untergangsstieres entspricht vollkommen dem sonst viel häufigeren Motiv des Kampfes zwischen dem strahlenden, heroischen Drachentöter und dem finsteren Drachen – nicht nur in den Traditionen, sondern auch in zahllosen Götter- und Heldensagen, wie uns die Beispiele Apoll, Diomedes, Herakles, Perseus, Theseus, Jason, Siegfried, Sigurd, Thor, Sankt Georg etc. trefflich vor Augen führen. Es ist stets das gleiche, vielfach abgewandelte Grundthema, das auf den bei der Sintflutkatastrophe erlebten Kampf zwischen den Mächten des Lichtes und der Dunkelheit zurückgeht.

Das Labyrinth und die Trojaburgen

Überraschend weit ist das Symbol des Labyrinths in Form von Felszeichnungen und Felsritzungen im atlantischen Raum Europas, darüber hinaus in geringerem Maße in ganz Europa und sogar weltweit bis zu den pazifischen Inseln verbreitet. Solche Labyrinthe sind in der ältesten, primitivsten Form noch als konzentrische Kreise dargestellt. Später erscheinen sie zu zwei eng ineinandergreifenden Spiralen mit sieben Umgängen umgestaltet, oder das verwirrende Gangsystem ist in eine quadratische Form gepreßt. Nach der indogermanischen Trojasage wird in der Mitte des Labyrinths die gefangene Sonnenjungfrau von einem Drachen bewacht. In der kretischen Labyrinthsage hingegen war es – wie erwähnt – der Minotaurus, der im Zentrum des Labyrinthes hauste und dem Jungfrauen und Jünglinge geopfert wurden.

Noch heute kann man eine große Zahl solcher Labyrinthe in Form von sogenannten Trojaburgen finden. Es handelt sich dabei um begehbare Irrgärten mit bogenförmigen labyrinthischen Gängen, die durch Gerölle begrenzt und markiert waren und in denen seit je rituelle Tänze durchgeführt wurden (Abb. 138), die sich später sowohl in den mittelalterlichen Tanzspielen in Trojaburgen und im Bandltanz der Volkstänze sowie im Kinderspiel »Mariechen saß auf einem Stein« widerspiegelten. Im letztgenannten Kinderspiel wird die schlafende Jungfrau durch die Sonnenstrahlen oder durch einen Prinzen wachgeküßt – analog zur Befreiung der Sonnenjungfrau aus dem Labyrinth. Diese Zusammenhänge, die bereits 1893 der deutsche Sagenforscher Ernst Krause klarstellte, sind samt der einschlägigen Literatur 1988 von dem schwedischen Vorgeschichtler und Schriftsteller Frithjof Hallman nochmals gründlich analysiert worden. Er konnte zeigen, daß gerade in Skandinavien noch heute zahllose Relikte

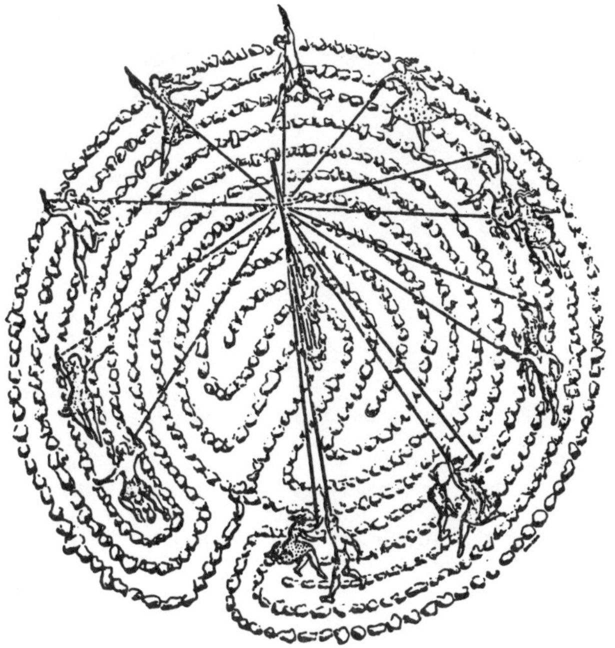

Abb. 138: Rekonstruktion des Kulttanzes in den Labyrinthen/Trojaburgen, nämlich des altgriechischen Kranichtanzes (Geranostanz) bzw. des altenglischen Morristanzes, bei dem vom Innersten ausgehend entlang der Schlingen des Labyrinthes hinausgetanzt wurde. Ohne Zweifel stellen die deutschen und alpinen »Bandltänze« im heutigen Volkstanz eine Reminiszenz an diese uralten Kulttänze dar. – Skizze aus F. Hallman 1988.

solcher Trojaburgen nachweisbar sind, in Norwegen 21, in Finnland 175 und in Schweden 256.

Die ältesten Felszeichnungen von der Urform der Labyrinthe stammen aus dem Neolithikum, aber es gibt auch noch Darstellungen aus der Bronzezeit. Wir kennen diese Urform des Labyrinths vornehmlich aus Northumberland, Schottland, Irland, Schweden, Dänemark und Norwegen. In Irland konnte man ihre Entstehung mit Hilfe der ^{14}C-Methode auf 3500 bis 3000 Jahre v. Chr. datieren.

Diese Urform, das »Urlabyrinth«, läßt aufgrund einiger spezifischer Details unschwer die Herkunft und Motivation dieses dem Steinzeitmenschen so wichtigen Symbols erkennen: Stets handelt es sich um konzentrische Ringe, angeordnet um eine Kugel im Zentrum, von der ein leicht gewellter oder geschwungener bis gerader, langer, selten kurzer Strich

Abb. 139: Die Urlabyrinthe zeigen stets konzentrische Kreise um die zentrale Kugel sowie eine die Kreise radial durchquerende, leicht geschlängelte Linie. Als Beispiel einer solchen bronzezeitlichen Felszeichnung ist hier jene aus Auchnabreak in Schottland zu sehen. Solche Felszeichnungen findet man in Europa vor allem in den Ländern entlang dem Atlantik, von Spanien bis Schottland. Es besteht für uns kein Zweifel, daß es sich um die Darstellung des Einschlages der Kometensplitter handelt, die den Sintflut-Impaktor des Nordatlantiks begleiteten, hier durch den Kometenkopf, ihren Schweif, und die beim Einschlag um das Zentrum entstehenden Wellenringe im Ozean dargestellt. – Aus F. Hallman 1988.

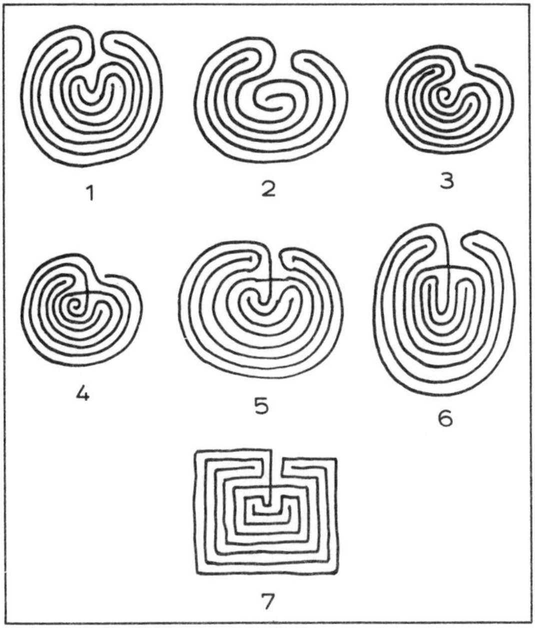

Abb. 140: Die häufigsten Typen der vom Urlabyrinth abgeleiteten späteren Labyrinthe der Menschheit. Die klassischen Variationen umfassen einfache Spiralen oder Spiralen mit einer Querlinie, so daß eine Kreuzform entsteht (»Trojaburg«), oder den kretischen Typus des rechteckigen »Labyrinths« mit Umgängen im Ausmaß der heiligen Zahl sieben. Auch diese abgeleiteten Labyrinthe wird man – vielleicht durch eine spätere Kombination mit der Sonnenumlaufbahn – auf das gleiche Ereignis zurückführen können wie die Urlabyrinthe. – Aus F. Hallman 1988.

ausgeht, der die Kreise schneidet (Abb. 139). Meist sind diese Schweife in der gleichen Richtung orientiert. Es ist für uns nicht schwierig, aus dieser Bilderschrift das Erlebnis des Steinzeitmenschen abzulesen, das ihn bzw. seine Nachkommen dazu trieb, diesen Anblick seiner Bedeutung entsprechend so häufig in Felsritzungen festzuhalten. Zwanglos sind darin der Kopf und der Schweif eines Kometen zu sehen, der in das Wasser einschlägt und dabei konzentrische Wellenberge um das Einschlagszentrum herum verursacht. Wir wissen ja aus der Edda, daß in Begleitung des großen Sintflut-Impaktors, des gleißenden Surtr, auch eine Unzahl von kleineren glühenden Kometensplittern, den sogenannten »Muspelsöhnen«, im Nordatlantik einschlugen. Genau dieses einprägsame und aufwühlende Bild aber trieb den Steinzeitmenschen der atlantischen Küstenländer dazu, den Kometeneinschlag in sehr präziser Darstellung immer wieder in Felsbildern festzuhalten. Was sonst hätte ihn so stark beeinflussen können, sich gerade diese Szene immer wieder vor Augen zu führen und zu verarbeiten. Erst in den späteren, weiterentwickelten Labyrinthen tauchen andere Kombinationen auf, wie sie Abb. 140 zeigt.

Stonehenge

Die lange umrätselten Stonehenges sind offensichtlich nichts anderes als eine vergrößerte Nachbildung dieses Urlabyrinths mit Hilfe von gewaltigen, bis zu 20 m hohen Steinquadern, die gegen eine mögliche Sintflut gefeit waren. Die bekannteste und am besten erhaltene Anlage befindet sich bei Salisbury in Südengland, wo die prähistorischen Steinkreise durch Megalithe markiert sind (Abb. 141). Ähnliche Megalithanlagen sind – nicht zufällig – besonders aus den atlantischen Ländern Europas bekannt. Der klassische Typus besteht aus mehreren konzentrischen Steinkreisen im Inneren, die außen von einem kreisförmigen Wall und Ringgraben umgeben sind und einen »Altarstein« im Zentrum sowie eine gerade oder gewellte, bis zwei Kilometer lange schwanzförmige »avenue« besitzen. Diese Anlage präsentiert uns präzise ein »Urlabyrinth« in riesigem Maßstab. Erinnerung an den Impakt, Kultplatz zur Beschwörung des Impaktdämons, Bezug zum Sonnenlauf und zur Sonnenverehrung (und vielleicht zugleich auch eine ferne Reminiszenz an die konzentrische Anlage des Zentrums der Altkultur in Atlantis) sind hier harmonisch vereint. Angesichts des Impaktgeschehens im Nordatlantik lassen sich diese Anlagen leicht als natürliche Reaktion der Betroffenen in den Anrainerländern erklären.

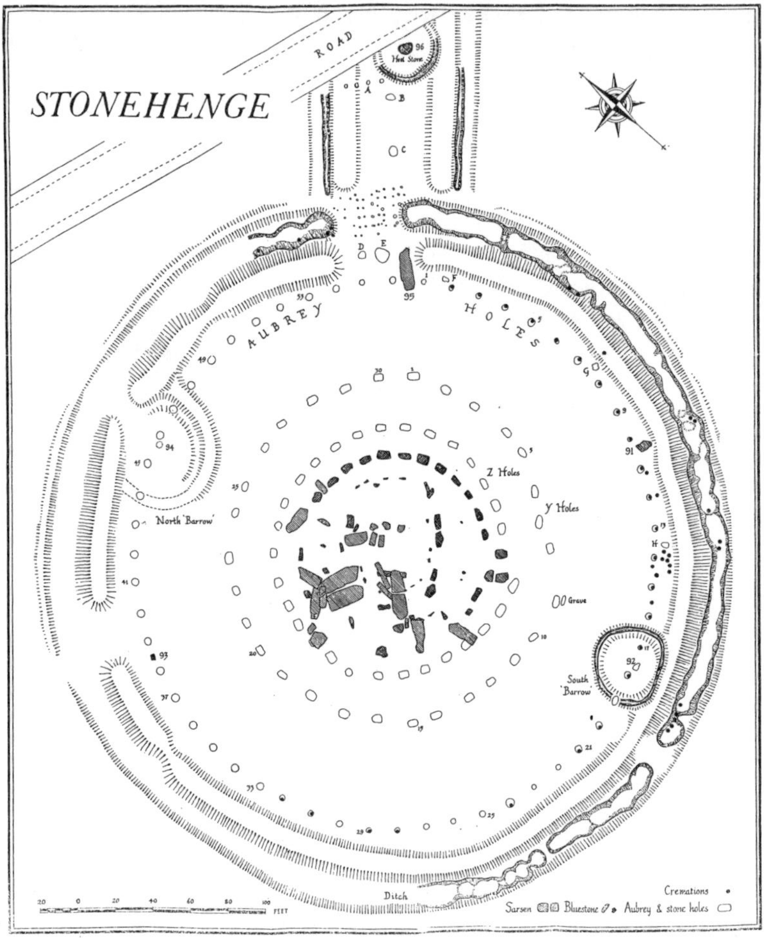

Abb. 141: Grundriß von Stonehenge bei Salisbury in Südengland. Megalithanlage aus dem 3. bis 2. Jahrtausend v. Chr. Die Anlage besteht aus einer Reihe konzentrischer Steinkreise und einer hinführenden »Avenue«. Die beiden inneren, z. T. noch erhaltenen Kreise bestehen aus bis zu 20 m hohen, aufrechtstehenden Steinquadern. Von den einst außen anschließenden weiteren Steinringen sind nur noch die Gruben der einstigen Megalithe zu sehen. Außen umrundet ein kreisförmiger Wall und Graben die großzügige Anlage. Dieses vielumrätselte prähistorische Denkmal ist zweifellos die makroskopische Nachbildung des kreisförmigen Urlabyrinthes (vgl. Abb. 139). Aus Atkinson 1956.

Der gemeinsame Schwerpunkt der Verbreitung dieser beiden Symbole im atlantischen küstennahen Bereich Westeuropas weist ebenso wie ihre grundsätzlich gleiche Gestalt auf ihre enge Beziehung hin. Die enge Beziehung legt daher auch eine gleiche Bedeutung nahe. Die Bedeutung aber ist an den fein ausgeführten Labyrinthfelsbildern unschwer abzulesen, die Kopf und Schweif eines Kometen und die sich ringförmig darum ausbreitenden Einschlagswogen im Meer in vielsagender Weise erkennen lassen. Mit diesen Felsbildern ist eine Botschaft des Steinzeitmenschen zu uns gekommen, die in ihrer Aussagekraft nicht zu überbieten ist.

Die Entschleierung des Bildnis zu Sais

Am westlichen Arm des Nildeltas, dem Rosettearm, liegt bei dem Dorf Sa el-Hagar das noch nicht ausgegrabene Ruinenfeld der altägyptischen Stadt Sais. Hier wurde seit dem 3. Jahrtausend die streitbare Göttin Neith bzw. Neret mit der roten Krone von Unterägypten verehrt – die ägyptische Entsprechung zur griechischen Athene, der Göttin der Weisheit und Kunst. Eine Priesterkaste hütete das Heiligtum der Weisheit und war gleichzeitig selbst berühmt für ihr Wissen um die Welträtsel. Dem griechischen Weisen Solon vertraute diese Priesterschaft manches von ihrem Wissen über den Weltuntergang an, darunter auch über den Untergang von Atlantis bei der Sinflutkatastrophe.

Dem griechischen Historiker Plutarch verdanken wir die Sage über das Geheimnis von Sais. Danach wurde die in Sais von der Priesterschaft gehütete letzte Wahrheit im dortigen Standbild der Göttin bewahrt, das durch einen Schleier verhüllt und damit den Blicken der Menschen entzogen war, weil kein Sterblicher diesen Anblick in seiner ganzen Größe, Gewalt und Schrecklichkeit ertragen konnte. Allgemein bekannt wurde diese Legende aber erst in der dichterischen Gestaltung durch Friedrich von Schiller: In seinem Gedicht »Das verschleierte Bild zu Sais« wird der nach der letzten Wahrheit strebende kecke Jüngling, der frevlerisch den Schleier entfernt, durch den Anblick der grausamen Wahrheit in geistige Umnachtung gestürzt.

Heute fällt es uns nicht schwer, den Hintergrund dieser Mythe zu erfassen und damit zugleich das verschleierte Bildnis zu Sais zu entschleiern. Die Priesterkaste von Sais kannte offensichtlich die Einzelheiten der Überlieferungen über die Sintflutkatastrophe eingehend – wie man aus den Fragmenten, die über Solon und Platon aus dieser Quelle auf uns gekommen sind, ableiten kann. Sie wußte darüber hinaus aber sicherlich auch – weil dieses Wissen in der Antike weit verbreitet war – von der Gewißheit einer Wiederholung dieses unvorstellbaren Infernos auf der Erde (das angesichts eines zukünftigen, nächsten Impaktes mit Sicherheit zu erwarten war). Dieses Wissen behielt sie aber grundsätzlich für sich. Wer über dieses größte Welträtsel der Antike wirklich Bescheid wußte, hatte zwar tatsächlich den tiefsten Einblick in das zentrale, in vielfältiger Weise alle Kulturen prägende Urerlebnis der Menschheit gewonnen, doch gleichzeitig war damit die den Menschen tragende Hoffnung auf ein glückliches Schicksal, auf eine glückliche Zukunft des Menschengeschlechtes aufs grausamste zerstört und seine Seligkeit endgültig dahin.

Atlantis

Ein bis in die Antike zurück umrätseltes Thema, das in einem engen Zusammenhang mit der Sintflut steht, ist das Schicksal der sagenhaften Insel Atlantis, die sich in grauer Vorzeit mitten im Atlantischen Ozean vor den Säulen des Herakles, vor der Meeresenge von Gibraltar, erstreckt haben soll. Auf diesem Mikrokontinent soll sich in einem milden, feuchtwarmen Klima und auf fruchtbaren vulkanischen Verwitterungsböden die älteste Hochkultur der Erde entwickelt haben. Dann aber soll Atlantis zusammen mit dieser Hochkultur über Nacht bei einer gewaltigen Katastrophe spurlos im Ozean verschwunden sein.

Eine umfangreiche Literatur unterschiedlicher Qualität hat sich mit dieser die Phantasie sehr stark beschäftigenden Hochkultur und ihrem tragischen Ende auseinandergesetzt. Das Thema besitzt zwar nicht die gleiche Durchschlagskraft wie der Sintflutmythos, aber in weit über 1500 Publikationen war man bemüht, Licht in das Mysterium zu bringen und die einstige Existenz zu beweisen oder zu widerlegen.

Auch zu diesem Thema liegen ähnlich detaillierte antike Überlieferungen vor, die – gerade nach der für manche überraschenden Erfahrung mit den Sintflutlegenden und ihrer getreuen Überlieferung über zehn Jahrtausende – nicht einfach deshalb beiseite geschoben werden dürfen, weil sich naturgemäß auch viele Scharlatane dieses Stoffes bemächtigt haben. Der Untergang dieses Inselreiches wurde bereits in der Antike mit der Sintflut in Zusammenhang gebracht, so daß nun mit dem Nachweis der Sintflut automatisch ein neues Licht auf das Problem Atlantis geworfen wird und sich auch infolge neu aufgetauchter geologischer Gesichtspunkte ein erneutes Überdenken des Themenkreises durchaus lohnt.

Die letzte eingehende, seriöse geologische Untersuchung über die Möglichkeit der Existenz und des Unterganges von Atlantis stammt von dem tschechischen Quartärgeologen Zdenêk Kukal aus dem Jahr 1984. Kukal hat mit wissenschaftlicher Akribie alles Material aus der Sicht der Erdwissenschaften zu diesem Thema zusammengetragen – nicht hingegen das mindestens ebenso wichtige Mythengut der Tolteken und Azteken über Aztlan (= Atlantis).

Nachdem er alle Fakten geprüft hatte, war die Geschichte von Atlantis für ihn nicht mehr akzeptabel. Zunächst einmal glaubte er nicht an die Möglichkeit, daß ein solches Ereignis über Jahrtausende hinweg mündlich tradiert werden konnte. Platon hatte mit Verweis auf Solon mitgeteilt, daß ihm die ägyptischen Priester in Sais detailliert über die Existenz von

Atlantis 9000 Jahre vor ihrer Zeit berichtet hätten. Nachdem Solon dies im 6. Jh. v.Chr. erfahren hatte, muß Atlantis vor fast 11 600 Jahren existiert haben. Das heißt, daß dieses Wissensgut enorm lange in der mündlichen Überlieferung bewahrt worden wäre, was unglaubwürdig sei.

Dieser Einwand ist nun jedoch hinfällig, weil wir in unseren Ausführungen über die Sintflutmythen vielfach belegen konnten, daß sich hochspezifische, heute geologisch verifizierte Einzelheiten eines Impaktgeschehens in den mündlichen Traditionen vieler Völker seit der Sintflut vor etwa 9545 Jahren unabhängig bis zur Aufzeichnung als wohlgehüteter, meist religiös eingekleideter Schatz erhalten haben.

Außerdem fehlte uns bisher ein natürlicher Mechanismus, der in dem von Platon und Solon genannten Zeitraum – also in einem Tag und einer Nacht – Atlantis hätte verschwinden lassen können: »Späterhin aber entstanden gewaltige Erdbeben und Überschwemmungen, und da versank während eines schlimmen Tages und einer schicksalsschweren Nacht ... die Insel Atlantis, indem sie im Meere unterging.«

Auch Kukals moderne Analyse[763] der geologischen Möglichkeiten einer Zerstörung von Atlantis blieb erfolglos: Alle aus historischer Zeit bekannten Kräfte wie Erdbeben, Tsunamis, Sturmfluten und Vulkaneruptionen könnten niemals einen mittelatlantischen Mikrokontinent im Handumdrehen untergehen lassen. Ein sehr wohl ebenfalls in die Überlegungen Kukals einbezogener Impakt – seine Publikation fällt in die Nach-Alvarez-Zeit – ist laut diesem Autor im Bereich des mittelatlantischen Rückens angeblich nirgends nachweisbar, weder durch einen untermeerischen Krater noch durch eine Störung im regelmäßigen Verlauf des Magnetstreifenmusters am Ozeanboden.

Nun, der in die Zeit des Unterganges passende Großimpakt auf der Erde ist heute nachgewiesen. Der in sieben Fragmente zerbrochene mächtige Kometenkörper schlug weit gestreut in verschiedenen Ozeanen der Erde ein. Wenn wir zunächst den gerade unter diesen Umständen zwar durchaus möglichen, aber durch geologische Fakten oder Indizien bisher noch nicht beweisbaren Fall eines Einschlages auf Atlantis selbst beiseite lassen, so ist der Untergang dieser Insel unter den gegebenen Impaktbedingungen noch immer durchaus einleuchtend: Atlantis lag an einer der verwundbarsten Stellen in der labilsten, größten Nahtstelle der Erde, der mittelozeanischen Grabenbruch-Riftzone. Kukal hat ebenso wie die anderen Erdwissenschaftler für diese Zeit weder einen Impakt auf der Erde ernsthaft ins Auge gefaßt, noch hat er vor allem die auf S. 152 ff. geschilderte katastrophale Auswirkung eines Impaktbebens gerade auf diese

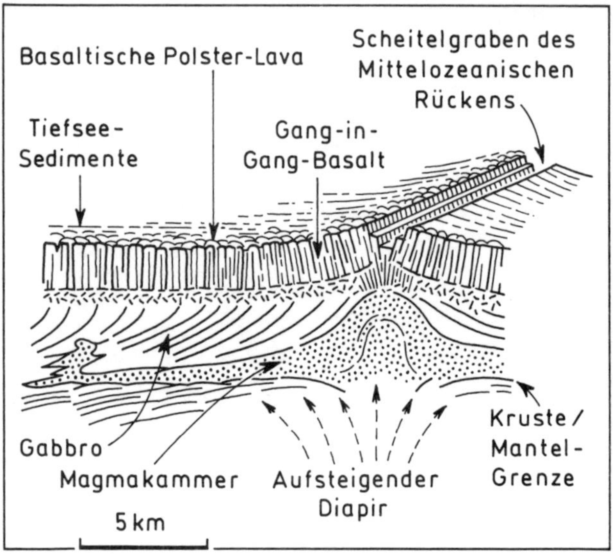

Abb. 142: Die oft Dutzende von Kilometern breite Magmakammer (punktiert) mit ihrer hochmobilen heißen Basaltlava liegt genau unter dem Mittelozeanischen Rücken. – Nach G. H. Eisbacher 1991.

geologische Schwächezone erster Ordnung bedacht. Hier steht die extrem dünne Erdkruste, die dünnste des ganzen Globus, unter permanenter Zugspannung und ist noch dazu von einem dichten, aktiven Netz riesiger Längs- und ebenso bedeutender Querbrüche durchsetzt. Und dieser außergewöhnliche Krustentypus lagert noch zusätzlich auf einer oft Dutzende Kilometer breiten Lavakammer, also einem dünnflüssigen, rund 1 200° C heißen Basaltlavakissen (Abb. 142). Daß es bei solch instabil

→
Abb. 143: Die geologische Position des Azorenplateaus im Mittelatlantik, in dessen Bereich die einstige Insel Atlantis gelegen war. Diese Region stellt eines der mobilsten Gebiete der Erdkruste dar, weil die dünne Kruste des Mittelatlantischen Rückens dort zusätzlich durch das vom Mittelmeer herüberkommende Azoren-Störungsbündel zerhackt ist und sich überdies dort im Erdmantel unterhalb der dünnen Kruste ein aktiver »Hot spot« befindet – ein heißer Fleck, der durch heißes, aufsteigendes Magma bedingt ist. Das begründet auch den ausgedehnten, heute noch aktiven Vulkanismus dort. Es ist daher verständlich, daß in dieser Region des Atlantis-Impaktes das alte Magnetstreifenmuster des Ozeanbodens kaum mehr erfaßbar ist. Ein weiträumiges Niederbrechen dieser labilen Kruste ist bei einem nahegelegenen Impakt – der keineswegs genau Atlantis getroffen haben muß – allein schon wegen des damit verbundenen Weltenbebens zu erwarten. – Kompiliert nach den Kartengrundlagen von K. O. Emery u. a. 1984 (ergänzt).

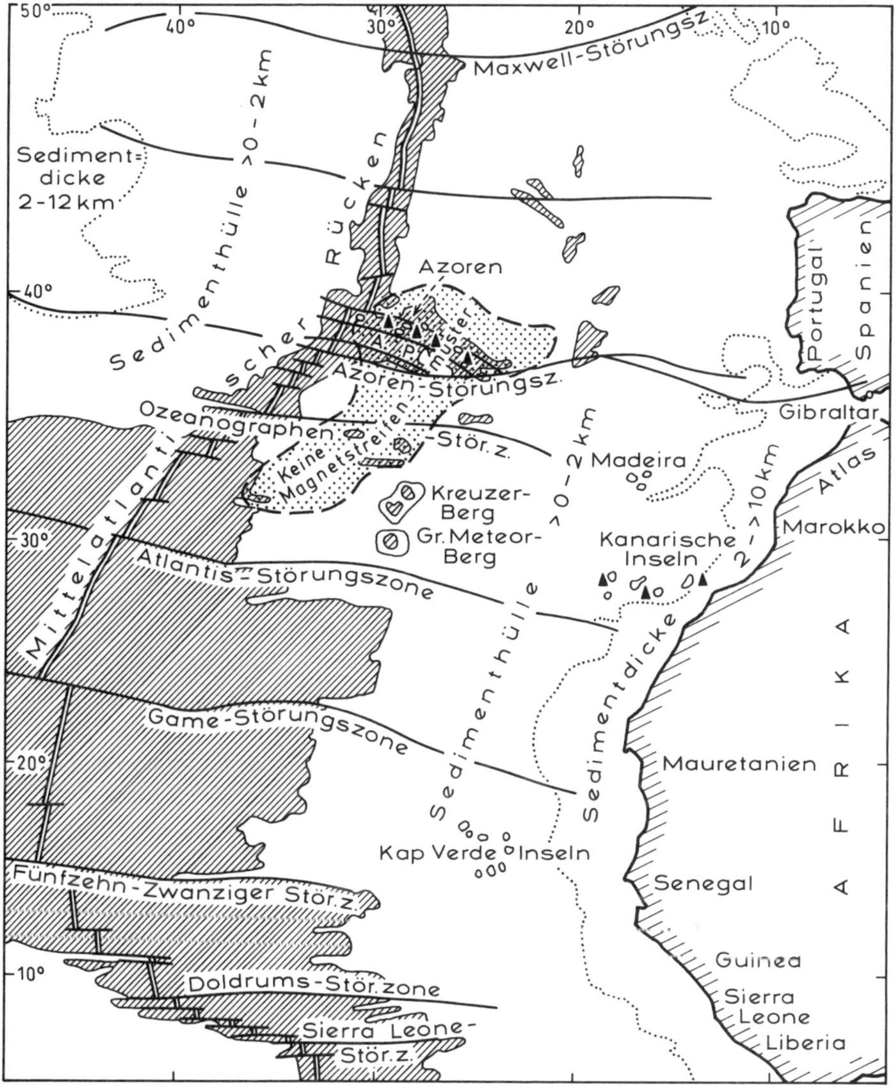

Region aktiven Vulkanismus

Basaltischer Ozeanboden ohne Sedimentbedeckung. 0 (Mitte) - 40 Mio. J. (Rand)

Scheitelgrabenbruch des Mittelatlantischen Rückens

Hauptstörungen mit Seitenverschiebung

Junge Basaltergüsse am Azorenplateau (A. P.)

Keine Magnetstreifenmuster am Ozeanboden

gelagerten, kühlen und daher dichteren und schwereren Krustenschollen über der heißen, spezifisch leichteren Lava im Untergrund bei einem Weltenbeben unvorstellbarer Stärke zu einem Zusammenbruch dieser Kruste kommen muß, ist vorherbestimmt. Die schwereren Krustenfragmente tauchen dabei in die heiße, flüssige Lavamasse ab, die über der versunkenen Scholle, in unserem Falle Atlantis und die südlich und nördlich benachbarten Schollen dieser Hochzone des Rückens, überquellend zusammenschlägt.

Hinzu kommt noch, daß wir erst heute wissen, daß sich gerade in der entscheidenden Region im Mittelatlantik im Bereich der Azoren einer der wenigen »heißen Flecke« (Hot spots) der Erde befindet, an dem heiße Magmaströme aus der Tiefe des Erdmantels aufsteigen und zusätzlich für eine Mobilität der Lava sorgen.[764] Der Bereich der Azoren markiert mit seinen aktiven Vulkanen diesen Hot spot des Mantels, der zugleich am Schnittpunkt, am Tripelpunkt von drei aktiven, in Bewegung befindlichen Schollen des Ozeanbodens liegt.[765]

Nicht unwesentlich für unsere Frage ist ferner, daß Kukals Meinung über das regelmäßige, ungestörte Magnetstreifenmuster auf dem Boden des Atlantiks nicht zutrifft. Diese Magnetstreifen wurden dem Ozeanboden beim Abkühlen des austretenden Basalts entlang dem Mittelozeanischen Rücken durch die hierbei erfolgende neue Magnetisierung der Eisenminerale aufgeprägt. Bei einem Impakt würde dieses Streifenmuster aufgrund der enormen Erhitzung der betroffenen Region stellenweise ausgelöscht sein. Die Karten der Magnetstreifen des Atlantikbodens zeigen nun tatsächlich gerade im Raum nordöstlich bis südwestlich der Azoren keine solche Regelmäßigkeit im Streifenmuster, die sonst überall im Nord- und Mittelatlantik nachgewiesen ist[766] (Abb. 143). Außerdem fehlt im Bereich des Azoren-Rückens weithin die sonst übliche Sedimentbedeckung über der basaltischen Kruste des Ozeans, was für einen solchen Basaltaustritt in der jüngsten Erdgeschichte sprechen kann.

Dieses Gebiet ist also tatsächlich das tektonisch und vulkanisch aktivste und instabilste im Atlantik. Es ist aber durchaus denkbar, daß Atlantis nicht nur von den Auswirkungen des Impaktbebens betroffen war, sondern daß in seinem Nahbereich auch eines der sieben Fragmente des zerfallenden Sintflut-Kometen einschlug, denn diese Region liegt genau in der Verlängerung der von Südosten nach Nordwesten zielenden Einschlagsrichtung des Impaktes im Südwestpazifik und des Impaktes im zentralen Indischen Ozean.

Auch wenn wir von dem möglichen unmittelbaren Einschlag eines

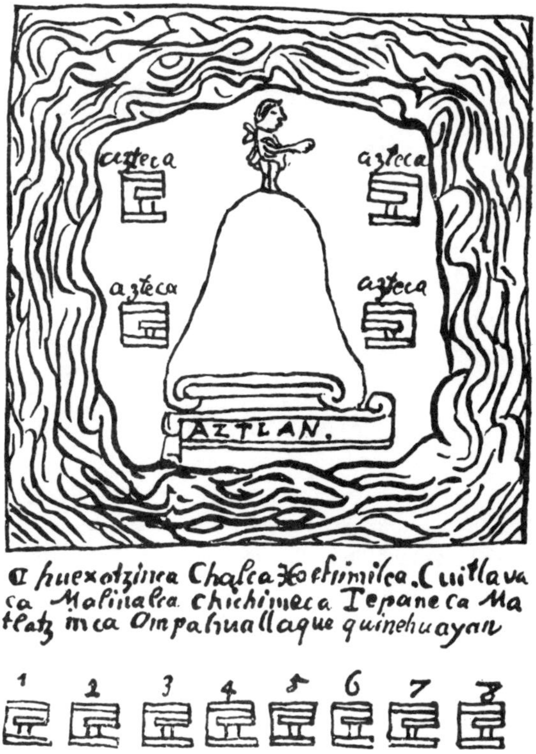

Abb. 144: Aztlan, die Heimat der Azteken, wird von diesen selbst als eine mitten im Wasser gelegene Insel gezeichnet – wobei allein schon der Name Aztlan die Wortverwandtschaft zu Atlantis und Atlantik nicht übersehen läßt (Historia mexicana, 1576). – Ms. der Aubin-Goupilschen Sammlung.

Kometenfragmentes auf Atlantis absehen, eröffnen die erwähnten geologischen Fakten bei einem Einschlag im mittleren Atlantik abseits dieser Insel eine sehr realistische Perspektive für einen Krusteneinbruch gerade in diesem labilsten Gebiet der Erde, weil ein Impaktbeben im Zuge des Sintflutereignisses vor rund 9545 Jahren nachweisbar alle Dimensionen natürlicher Erdbeben gesprengt hatte.

Erinnern wir uns nur daran, welche Umgestaltung des normalen Ozeanbodens sich bereits bei irdisch bedingten Beben einstellen kann, wie wir auf S. 150 am Beispiel des Sagamibebens südlich von Tokio mit einer plötzlichen Absenkung der Meereskruste um 466 m dargelegt haben.

Auf dieser Basis können wir dem detaillierten Bericht von Platon – der in seiner ganzen Aussage weit entfernt ist von üblen Scherzen oder Phantastereien – über die Existenz, die Hochkultur und den Untergang der Atlanter auf dem einstigen Mikrokontinent vor den Pforten Europas Glauben schenken. Dies gilt um so mehr, wenn wir auch noch die verblüf-

Abb. 145: Darstellung der Insel Aztlan, umgeben vom Ozean (Historia mexicana, 1576). – Atlas Goupil-Boban (Tafel 59).

fenden etymologischen und kulturellen Gemeinsamkeiten der Altkulturen beiderseits des Atlantiks, von den Azteken und Tolteken bis zu den antiken Völkern im Mittelmeerraum einschließlich der Ägypter, berücksichtigen, die ganz offensichtlich ein starkes kulturelles Erbe ihrer Meister, der Atlanter, bewahrt haben.

Atlantis wird aber zur Gewißheit, wenn man nicht nur das Wissen der modernen Geologie (Impakt, Riftzone, Hot spot) berücksichtigt und nicht nur die Berichte aus der Alten Welt kritisch sichtet, sondern vor allem die von der Gegenküste, die Berichte aus Mexiko, mit offenem Blick und dem sicheren Wissen um die Möglichkeit detaillierter langfristiger Traditionen betrachtet.

Hauptquellen der aztekischen Überlieferung sind der Codex Boturini – veröffentlicht in Band 1 der »Mexican Antiquities« von Lord Kingsborough – und die »Historia mexicana« aus dem Jahre 1576. Die Deutung der darin enthaltenen entscheidenden Dokumente zur Klärung der Lage von »Aztlan«, der Heimatinsel der Azteken, die Eduard Seler[767] vornahm, mißglückte allerdings aufgrund seiner Voreingenommenheit: Er wollte »das Stammland der Azteken nicht in eine nebelhafte Ferne«, sondern in das Röhricht einer mexikanischen Salzwasserlagune verlegen.[768] Anstelle einer im Rahmen dieses Buches nicht mehr angebrachten ausführlichen Analyse präsentieren wir lieber die großartigen Bilder von Aztlan (= Atlantis), die aus der Tradition der Azteken selbst stammen und für sich sprechen:

Eine Insel mitten im großen Wasser als Urheimat (Abb. 144) trägt die

Abb. 146: Überfahrt von Vorfahren der Azteken von Aztlan nach Mexiko zum Teocolhuacan, dem heiligen Berg mit der gekrümmten Spitze, in dessen Höhlen sich die Ahnen der späteren acht aztekischen Stämme retten konnten (Codex Boturini). – Kingsborough, Mexican Antiquities, Bd. 1.

Stufenpyramide des Tempels (Abb. 145). Von dieser Insel weg führt die Überfahrt in die Neue Welt, die neue Heimat im Zeichen des Teocolhuacan – dem göttlichen (teo) Berg (col) mit dem Haken (huacan) – in Mexiko (Abb. 146). Dieser heilige Berg umfaßt die Höhle (siehe S. 167), in der sich Nachkommen der Atlanter vor der Sintflut retten konnten. Rechts in Abb. 146 zeigen sich die davon abstammenden, acht verwandten Stämme der Azteken. Eine eindringliche Botschaft ist auf diese Weise von beiden Seiten des Atlantiks auf uns gekommen – zuerst in Jahrtausende währender mündlicher Tradition über die Ägypter, Solon und Platon ebenso wie über die Azteken und Tolteken, später aufgeschrieben und aufgezeichnet.

Ein Nachweis der Existenz dieser uralten Hochkultur der Atlanter ist die Grundlage, um die von der Schulwissenschaft bis heute nicht erfaßte grandiose, uralte, »vorsintflutliche« Weltkultur in der »Goldzeit« zu verstehen – mit all ihren erstaunlichen Auswirkungen und Einflüssen auf die dagegen jung erscheinenden Epigonen unserer bisherigen »antiken« Welt. Dieses Verständnis ist der Schlüssel zur Wurzel der Kulturgeschichte, ebenso wie das moderne Wissen um das Impaktgeschehen der Schlüssel zum Verständnis des Schicksals der Menschheit in ihrer schwersten Stunde in und nach dem Inferno der nur allzu realen Sintflut war.

Atlantis ist deshalb so sehr in Vergessenheit geraten und von der förmlichen Wissenschaft abgelehnt worden, weil nicht nur Atlantis selbst völlig ausgelöscht wurde, sondern durch die Sintflutkatastrophe auch seine übrigen Kolonien vernichtet wurden. Und auch die anderen Völker mit ihren Frühkulturen in den fruchtbaren Tiefebenen des Mittelmeerraumes und darüber hinaus, die Zeugnis hätten geben können, wurden bei der Sintflut weitgehend ausgerottet, so daß nur wenige Unwissende im Bergland übrig blieben.

Anmerkungen

1 L. Alvarez, W. Alvarez et al. 1980, S. 1095 ff.
2 H. Junker 1964, S. 788.
3 W. Alvarez 1986, S. 650; L. Alvarez 1987, S. 24.
4 Siderophil: Im Nickeleisenkörper von Meteoriten oder von Planetenkernen angereichert.
5 R. D. Davies 1989, S. 3.
6 D. J. Roddy et al. 1988, S. 158 f. Die Energie einer Explosion mit 1 Megatonne (TNT) Sprengkraft reicht vergleichsweise dazu aus, einen hundertstel Kubikkilometer Gestein 20 km hoch zu befördern. (1 Megatonne = 1 Million Tonnen)
7 R. P. Turco et al. 1983. S. 1284.
8 O. B. Toon 1984, S. 47.
9 A. M. Vickery & H. J. Melosh 1990, S. 297.
10 H. J. Melosh 1989, S. 205.
11 J. D. O'Keefe et al. 1988.
12 C. Emiliani et al. 1981, S. 329.
13 S. V. Clube & W. M. Napier 1982, S. 259.
14 J. S. Lewis et al. 1982, S. 216.
15 A. M. Vickery & H. J. Melosh 1990, S. 295.
16 A. Pszczólkowski 1980, S. 91, 94.
17 R. A. Grieve 1989, S. 73; J. B. Hartung et al. 1990, S. 220.
18 M. A. Nazarov et al., 1992, S. 969 f.
19 J. F. McHone & R. S. Dietz 1992, S. 887 f.
20 E. M. Shoemaker & G. A. Izett 1992, S. 1294.
21 H. Sigurdsson et al. 1992.
22 R. Brett 1992, S. 157.
23 Über die Einzelheiten der Mechanik der Kraterbildung bei Impakten im Ozean nach Zeit, Kraft und Wirkung informiert überraschend genau die Untersuchung von H. J. Melosh 1982, S. 121 ff.

In der *Kontaktphase* dieses endkretazischen Impaktes werden nach 0,06 Sekunden beim Aufschlag im Ozean Schockwellen im Wasser mit einem Druck von 3 Megabar (3 Mio. bar) erzeugt. Wehe dem Leben im umgebenden Ozean!

In der zweiten Etappe, der *Kompressionsphase* bei 0,3 Sekunden, bewirkt der Aufschlag auf dem Ozeanboden eine zweite Schockwellenfront mit 4,4 Mio. bar Druck. Das unter normalen Bedingungen fast nicht komprimierbare Wasser wird hierdurch von knapp über 1 g/cm^3 Dichte auf 2,4 g/cm^3 zusammengepreßt und hat im Zentrum eine Temperatur von 100 000 °C.

Bei der nun folgenden *Energiefreisetzungsphase* bei 0,45 Sekunden nach dem Aufschlag dringt die Schockwelle mit 4,4 Megabar im hierbei tiefgründig zerstörten Gestein des Ozeanbodens mit 17 km/s vor. Um den Druck abzubauen, beginnt die aufwärts gerichtete Expansion. Dies äußert sich in der erwähnten augenblicklichen Verdampfung des gesamten Meteoriten, des Wassers und eines Teiles der Erdkruste. Diese Dampfwolke aus Wasser und Gestein beginnt bei 3–4 Megabar Druck explosionsartig zu entweichen.

Das *Kraterbildungsstadium* folgt ab 2 Sekunden. Die Schockwellen dringen nun halbkugelförmig tief in die Ozeankruste vor und zertrümmern diese. Zugleich beginnt der Strahl der Dampfwolke zunächst mit 1–4 km/s, dann beschleunigt aufzusteigen. Dabei liegt zu Beginn noch die schwere Silikat-Dampfscheibe des Meteoritenmaterials instabil über dem leichteren Wasserdampfpolster.

Ab 1 Minute setzt für die nächsten 10 Minuten das *Kratermodifikationsstadium* ein. Der weit über 100 km breite und viele Kilometer tiefe Krater stürzt zu geringerer Tiefe zusammen. Im Frühstadium der Modifikation treten Gleitungen von zerbrochenen Felsmassen des Kraterrandes gegen das Innere auf. Die rückfallenden großen Ejekta erfüllen den Boden. Im Endstadium der frühen Modifikation wölbt sich der Kraterboden als elastische Gegenreaktion auf den Einschlag auf; es entstehen radiale und ringförmige Risse, die mit Trümmern des Fallouts erfüllt werden (D. E. Gault et al. 1968, D. J. Milton et al. 1972). Unsere genaue Kenntnis vom Impaktkrater-Bildungsprozeß beruht auf einer von H. J. Melosh (1989) vorgenommenen Synthese der Untersuchungsergebnisse von irdischen, lunaren und planetaren Kratern unter Verwertung von Daten einschlägiger Experimente (vgl. Abb. 31–32).

24 J. Norman 1984, S. 738.
25 S. V. Clube & W. M. Napier 1982 a., S. 257.
26 S. V. Clube & W. M. Napier 1982 a, S. 257 f.; P. J. Burek & H. Wänke 1988.
27 M. R. Rampino & R. Stothers 1988; J. J. Jaeger et al. 1989.
28 R. B. Stothers & M. R. Rampino 1990, S. 13 ff., Abb. 5.
29 N. G. Barlow 1990, S. 184.
30 B. F. Bohor 1990, S. 341.
31 V. L. Sharpton & R. A. Grieve 1990, S. 314.
32 I. Gilmore et al. 1989.
33 W. M. Napier 1983, S. 138.
34 H. J. Melosh et al. 1990, S. 253.
35 P. H. Schultz & D. E. Gault 1990, S. 256.
36 W. S. Wolbach et al. 1985.
37 W. S. Wolbach et al. 1990.
38 M. I. Venkatesan et al. 1989; W. S. Wolbach et al. 1989.
39 Heute kann überdies die Herkunft des elementaren Kohlenstoffes durch die Analyse der Isotopen dieses Elementes belegt werden. Anhand des Kohlenstoff-Isotopenverhältnisses ^{13}C zeigt sich, daß auch die Ausrede, der Kohlenstoff sei vom Meteoriten selbst mitgebracht worden, hinfällig ist.
40 S. M. Cisowski hat 1990 (S. 359 ff.) darauf aufmerksam gemacht, daß in den Rückständen der Kreide-Grenzschicht auch Coronene, also Methan-Nebenprodukte, nachgewiesen werden können, die in diese Richtung weisen. Er wies außerdem darauf hin, daß in ebendiesem Grenzton mikroskopisch kleine Kügelchen mit Magnesioferrit und Eisenspinell – zwei seltenen Mineralien – auftreten, die z.B. bei sehr heißen natürlichen Bränden von Bitumenlagerstätten entstehen. Cisowski schloß daraus, daß zusätzlich auch fossile oberflächennahe Öl- und Bitumen-Lagerstätten in den endkretazischen Weltenbrand einbezogen worden seien. Man darf nicht vergessen, daß bei diesem Sintbrand extrem hohe Temperaturen erreicht worden sind (siehe S. 177).
41 A. Hallam 1987, S. 1241.
42 S. M. Cisowski 1990.
43 W. S. Wolbach et al. 1989, S. 5.
44 W. M. Napier & S. V. Clube 1979, S. 458.
45 S. K. Croft 1982, S. 151.
46 D. E. Gault & Ch. P. Sonett 1982, S. 90.
47 R. J. Huggett 1989, S. 181.
48 W. van Dorn 1961.
49 J. Bourgeois & P. Wiberg 1988.
50 S. V. Clube & W. M. Napier 1982 b, S. 103.
51 C. Emiliani et al. 1981, S. 326.
52 R. J. Huggett 1989, S. 187.
53 J. H. Bretz 1923 und 1978.
54 A. R. Hildebrand & W. V. Boynton 1988.

55 A. Pszczólkowski 1980.
56 Impakt-Turbidite lassen auf die Höhe der sie einst verursachenden Flutwelle dieses Ozeanabschnittes schließen: Das sandige Feinmaterial wird dort vom Meeresgrund aufgenommen und umgelagert, wo sich die Wogen brechen – also dort, wo das Wasser ebenso tief wie die Höhe der Flutwelle war.
Eine derartige »Tsunami-Schicht« aus Grobsandstein vom einstigen Schelfmeer wird von Joanne Bourgeois et al. (1988) aus dem Brazos-Flußgebiet in Texas nahe dem 30. nördlichen Breitengrad geschildert; dort wird eine Flutwelle von 50 bis 100 m Höhe vermutet. Bei 35–40° nördlicher Breite erreichte diese Impaktflut schließlich die damalige nordamerikanische Festlandsküste. Dort trifft man, z.B. in Arkansas, die Tsunamischicht in Form einer bis 20 m dicken Ablagerung mit bis zu 5 m großen Blöcken aus Gesteinsmaterial, das beim Vordringen der Flutwelle auf dem Festland mitgerissen worden war und vom transportschwächeren Rückfluß zurückgelassen wurde.
57 J. B. Pollack et al. 1983, S. 287 f.; O. B. Toon 1984, S. 54 f.
58 Die ursprünglich von Luis Alvarez et al. (1980, S. 1105) geäußerte Meinung, daß der Staub in der Stratosphäre 2–2,5 Jahre suspendiert bleibe und damit die Dunkelheit so lange anhalten könne, teilten spätere Forscher nicht. Alvarez und Mitarbeiter hatten dies aus dem Vergleich mit den so lange weltweit beobachteten farbenprächtigen Sonnenuntergängen nach der Krakatau-Vulkanexplosion von 1883 abgeleitet, da sie daraus folgerten, daß der feine Aschenstaub diesen Zeitraum hindurch in der Atmosphäre verweile und das Leuchten verursache. Heute allerdings wird dieses bezeichnende Nachtleuchten auf Eiswolken in der Mesosphäre zurückgeführt, also in jener Atmosphärenschicht, die oberhalb der Stratosphäre zwischen 45–90 km Höhe folgt.
59 I. Gilmour et al. 1989; C. R. Chapman 1989.
60 O. B. Toon 1984, S. 56.
61 J. Zachos & M. Arthur 1986, S. 14.
62 K. J. Hsü 1990, S. 224.
63 Das Verhältnis des Einbaues der Sauerstoffisotopen ^{16}O und ^{18}O im Wasser, in Kalkschalen von Organismen, in Mineralien usw. ist streng temperaturabhängig. Durch die Bestimmung dieses Verhältnisses kann auf die einstige Bildungstemperatur dieser Materialien rückgeschlossen werden (Paläotemperaturbestimmung).
64 A. Dalland 1976; P. J. Burek & H. Wänke 1988, S. 185.
65 M. Rampino & St. Self 1982, S. 130; E. Bryant 1991, S. 232 f.
66 O. B. Toon 1964, S. 46 f.
67 St. Self et al. 1984.
68 C. A. Chesner et al. 1991, S. 200.
69 O. B. Toon 1984, S. 46 f.
70 M. A. Harwell et al. 1985; A. B. Pittcock et al. 1986.
71 P. J. Crutzen et al. 1982; C. Covey et al. 1984; R. Stothers et al. 1989.
72 P. H. Schultz & D. E. Gault 1990, S. 257, Abb. 20.
73 R. G. Prinn & B. Fegley 1987, S. 6.
74 S. K. Croft 1982, S. 151.
75 P. H. Schultz & D. E. Gault 1982, S. 158, Abb. 2.
76 O. B. Toon 1984, S. 58.
77 K. J. Hsü 1980, S. 202; 1990, S. 217.
78 J. S. Lewis et al. 1982, S. 215.
79 J. S. Lewis et al. 1982; O. B. Toon 1984; R. G. Prinn & B. Fegley 1987; P. J. Crutzen 1987 usw.
80 Am anschaulichsten schilderten R. Prinn & B. Fegley (1987, S. 5 ff.) den Bildungsprozeß der Stickoxide beim Impakt: Der Hauptteil des entstehenden NO wird in der Troposphäre aufgrund der hohen Temperatur der Impaktfontäne innerhalb von Minuten bis Stunden in NO_2 verwandelt. In der Folge bauen sich NO_3, N_2O_4

und N_2O_5 auf. In den Wolken und im Oberflächenwasser lösen sich diese Stickoxide schließlich und bilden salpetrige Säure und Salpetersäure.

81 1 ppm (parts per million) bedeutet eine Verdünnung 1:1000000.

82 P. J. Crutzen 1987, S. 108.

83 Der pH-Wert gibt den Grad der Intensität der sauren oder alkalischen Wirkung an: pH 0 = konzentrierte Säure, pH 7 = neutral, Werte darüber liegen im alkalischen Bereich bis zum Ende der Skala bei pH 14. Für Organismen stellt ein pH-Wert von etwa 7,4 des Milieus die optimale Voraussetzung dar, die auch in den Gewebsflüssigkeiten des menschlichen Körpers herrscht. Beim Endkreide-Impakt wird von den Forschern ein pH-Wert von 0–1 im Impakthof und von 4–5 weltweit angenommen. Ein Kometeneinschlag von der Größe des Endkreide-Asteroiden würde sogar so viel Säure produzieren, daß weltweit ein pH-Wert von 0–1,5 erreicht werden würde.

84 P. H. Schultz & D. E. Gault 1990, S. 257.

85 J. S. Lewis et al. 1982, S. 220.

86 Eine Bestätigung für diesen Prozeß der Auslaugung der Erdkruste durch den Impaktsäureregen erbrachte der rasche Anstieg des nur aus Graniten stammenden Isotops Strontium 87 in den Schalen der Mikrofossilien über der Impaktschicht, die sonst stets das übliche Strontium 86 enthalten.

87 D. J. Erickson et al. 1987, S. 1114; P. N. Leary et al. 1990, S. 50; St. A. Davenport et al. 1990, S. 71.

88 Es läßt sich berechnen, daß der Bleigehalt allein durch die in Lösung gehende, beim Endkreide-Impakt feinst verteilte Bleimenge dieses Asteroiden im Oberflächenwasser des Ozeans einen Anstieg von 0,5 ng Blei pro Kilogramm Wasser auf 16 ng/kg bewirkt hat, daß die Nickelkonzentration von 120 ng/kg auf 40 µg/kg gestiegen ist – wobei im heutigen Test bereits ab 2 µg eine deutliche Abnahme der Artenzahl bei Mikroorganismen eintritt – und eine Kupferanreicherung in dieser mit Leben erfüllten Oberflächenzone auf 600 ng/kg anzunehmen ist. Ab einer Konzentration von 100 ng Kupfer/kg Ozeanwasser tritt aber nach rezenten Beobachtungen ebenfalls bereits eine deutliche Schädigung des marinen pflanzlichen Planktons ein (D. J. Erickson et al. 1987, S. 1016).

(1 ng = 1 Nanogramm = 1 milliardstel Gramm; 1 µg = 1 Mikrogramm = 1 millionstel Gramm)

Wachstumsversuche an Rettichsamen in einem durch Nickelsalze entsprechend kontaminierten Milieu durch St. A. Davenport et al. (1990, S. 73) haben anschaulich demonstriert, daß die Sämlinge bei der zu erwartenden Nickelkonzentration zugrunde gehen. Im Versuch ist die natürliche Situation nach einem Planetoidenimpakt dadurch simuliert worden, daß man eine dem sauren Regen entsprechende Lösung auf einen Meteoriten einwirken ließ und hierdurch Nickelsalze in entsprechendem Ausmaß freisetzte. Solche Schwermetallgifte bewirken bei der grünen Pflanze neben Keimschädigung auch Chlorose, also die Behinderung von Chlorophyllbildung. Beim Wegfall des Blattgrüns aber setzt die Assimilation, also der lebenswichtige Aufbau der Nahrungsstoffe für die Pflanze, aus.

89 W. S. Wolbach et al. 1990, S. 398.

90 I. Gilmour et al. 1989 b.

91 O. B. Toon et al. 1982, S. 198; 1984, S. 53.

92 K. J. Hsü 1986, S. 309.

93 J. D. O'Keefe & T. J. Ahrens 1989, S. 248.

94 K. J. Hsü 1990, S. 225.

95 K. Caldeira & M. R. Rampino 1990.

96 C. Emiliani et al. 1984, S. 391.

97 K. J. Hsü 1986, S. 310; 1990, S. 121.

98 H. D. Pflug 1984, S. 98; R. E. Sloan et al. 1986.

99 P. M. Sheehan et al. 1991, S. 837 f.

100 P. D. Ward et al. 1991.

101 E. Buffetaut 1990, S. 343.
102 J. F. McHone & R. S. Dietz 1992, S. 887 f.
103 T. Saito et al. 1986; I. Draxler 1988.
104 J. A. Wolfe & G. R. Upchurch jr. 1986, S. 151.
105 K. R. Johnson et al. 1990, S. 442.
106 K. J. Hsü 1990, S. 177.
107 A. Hallam 1988; A. Hallam & K. Perch-Nielsen 1990.
108 P. H. Schultz & D. E. Gault 1990, S. 258.
109 W. B. Gallagher 1991, S. 969.
110 A. Hallam & K. Perch-Nielsen 1990, S. 353 f.
111 P. D. Ward et al. 1991, S. 1181 f.
112 P. M. Sheehan et al. 1991, S. 838.
113 Ebenso wie durch den steigenden Kohlendioxidgehalt nach dem Ausfall des Phytoplanktons und der Meeresalgen läßt sich ein Massensterben in den einschlägigen Sedimenten auch durch ein relatives Absinken des Anteiles des schwereren Kohlenstoffisotopes, nämlich ^{13}C gegenüber ^{12}C, feststellen. ^{12}C wird ja sonst beim Aufbau der Pflanzen bevorzugt von diesen dem Meer entnommen. In einem toten Meer ohne pflanzliches Leben aber steigt hierdurch der ^{12}C-Gehalt relativ an, was sich in den Ablagerungen dieser Zeit massenspektrometrisch nachweisen läßt (L. Kump 1991).
114 J. Zachos & M. Arthur 1986, S. 23.
115 K. J. Hsü 1986, S. 306.
116 E. Sueß 1885, S. 92. Sueß hatte sich in seinem monumentalen geologischen Werk auf mehr als 70 Seiten bemüht, das Rätsel der Sintflut zu lösen. Seine oben erwähnte Deutung eines Durchzuges einer Zyklone im Persischen Golf war damals naheliegend, wenn man nur die im Gilgamesch-Epos enthaltenen Daten in Betracht zog: Dort werden Flut, Sturzregen und Erdbeben beschrieben, nicht aber all die weiteren, charakteristischen Merkmale eines Impaktgeschehens, die man nur bei ausgreifenderem Studium der weltweit verbreiteten übrigen Mythen entdeckt. Die Kombination Zyklone und Erdbeben, wie sie Sueß verwendete, war unter diesen Voraussetzungen durchaus logisch, denn in vielen Fällen konnte nachgewiesen werden, daß die gewaltige Druckverlagerung im Luft- und Wassermantel der Erde beim Durchzug einer Zyklone in Gebieten unter seismischer Spannung tatsächlich imstande ist, beträchtliche Erdbeben auszulösen. Die Verlagerung der Luftmassen bei einem Zyklonendurchzug ergibt eine Entlastung der Kruste um 2 – 3 Millionen Tonnen Luft pro km^2, während in der darauffolgenden Sturmflut mit 10– 12 m Höhe 7 Millionen t/km^2 Gewicht an Wasser dazukommen, so daß hierdurch die Belastungsänderung der Kruste kurzfristig 10 Millionen t/km^2 betragen kann (E. Bryant 1991, S. 19). Daher sind Beispiele von der Kombination solcher Zyklonen mit den hierdurch induzierten Erdbeben gar nicht so selten, wie eindringlich die Katastrophe in Tokio 1923 mit 143 000 Toten zeigt.
117 L. Walk 1930, S. 81.
118 J. M. Diamond, 1984, S. 852.
119 H. Lamb 1982, S. 105.
120 F. H. Smith & F. Spencer 1984, S. 412.
121 J. Szilvássy 1978, S. 107.
122 H. Owen-Smith 1987, S. 354.
123 J. J. Saunders 1990, S. 137 f.
124 N. Owen-Smith 1987, S. 354.
125 J. A. Burns 1990, S. 61; R. Guthrie 1990, S. 43 f.
126 R. W. Graham 1990, S. 54.
127 J. Szilvássy 1978, S. 92.
128 H. Lamb 1982, S. 105; H. Müller-Beck 1990, S. 121 f.
129 R. Andree 1891, S. 69, 91 ff.

130 H. H. Howorth 1887, S. 453.
131 J. Roloff 1984, S. 99.
132 H. Gunkel 1895, S. 42.
133 A. Hohenberger 1930, S. 21.
134 S. K. Croft 1982, S. 150.
135 M. Reichstein 1984, S. 200.
136 M. Reichstein 1984, S. 38.
137 J. G. Rhode 1819, S. 17 ff.
138 H. Lüken 1856, S. 186.
139 A. Stentzel 1894, S. 151, 162.
140 W. Müller 1930, S. 85.
141 F. Klee 1843, S. 223.
142 R. Huggett 1989, S. 16.
143 Cajus Plinius Secundus, übersetzt von G. C. Wittstein 1881, 2. Buch, S. 148.
144 A. Stentzel 1894, S. 151, 162.
145 F. Genzmer 1920, S. 42.
146 Offenbarung des Johannes in der Bibel, Kap. 6, Vers 13.
147 H. Lüken 1856, S. 211.
148 W. Müller 1930, S. 79.
149 M. Reichstein 1984, S. 31.
150 A. Hohenberger 1930, S. 22.
151 Sir J. G. Frazer 1919, S. 189; A. Hohenberger 1930, S. 11.
152 W. Eberhard 1983, S. 62.
153 R. Simoons-Vermeer 1974; J. Hansman 1976; A. Schott 1984, S. 4.
154 A. Parrot 1955, S. 17 f., S. 26 f.
155 Sir J. G. Frazer 1919, S. 107 f.
156 A. Schott & W. v. Soden 1984, S. 97; J. Riem 1925, S. 23.
157 Sir J. G. Frazer 1919, S. 149.
158 J. Boehmer 1932, S. 118.
159 J. Riem 1925, S. 70.
160 R. Andree 1891, S. 116.
161 W. Anderson 1923, S. 7.
162 J. Riem 1925, S. 19.
163 N. G. Barlow 1990 a, S. 185.
164 D. H. McColl & G. E. Williams 1970, S. 154 f.
165 J. Riem 1925, S. 167.
166 R. Andree 1891, S. 14.
167 W. Anderson 1923, S. 12; J. Riem 1925, S. 36.
168 W. Müller 1930, S. 60, 79.
169 B. Kromer & B. Becker 1990, Abb. 3 a.
170 E. M. Shoemaker & G. A. Izett 1992, S. 1294.
171 E. Seler 1923, S. 39 f.
172 J. G. Frazer 1919, S. 265.
173 J. F. Blumrich 1985, S. 15–100.
174 D. H. McColl & G. E. Williams 1970, S. 154 f.
175 E. P. Izokh 1987, S. 379.
176 G. Kurat & W. Richter 1992, S. 36 ff.
177 R. Surenian 1988, S. 136, Taf. 2–3.
178 G. Abele 1974, S. 62.
179 H. Heuberger 1975, S. 233.
180 A. Penck 1925, S. 225.
181 O. Reithofer 1936, S. 341.
182 H. Gams 1928, S. 79.
183 H. Heuberger 1975, S. 215.
184 F. Purtscheller 1971, S. 51.

185 G. Abele 1974, S. 61.
186 F. Jónsson 1900, S. 598.
187 J. Riem 1925, S. 32.
188 A. Schott 1984, S. 97, Taf. 11, Zeile 107.
189 R. Andree 1891, S. 6.
190 C. Schmidt 1895, S. 48.
191 F. de Rougemont 1856, S. 134.
192 R. Berardi et al. 1991, S. 142, Abb. 9.
193 J. Boehmer 1932, S. 118.
194 J. G. Frazer 1919, S. 227.
195 R. Andree 1891, S. 70; G. Gerland 1912, S. 84; W. Müller 1930, S. 11.
196 J. Riem 1925, S. 111; W. Müller 1930, S. 19.
197 W. Müller 1930, S. 69.
198 W. Müller 1930, S. 79.
199 I. Donnelly 1895, S. 124.
200 H. Bancroft 1875, S. 42 f.
201 R. Andree 1891, S. 117.
202 E. Sueß 1885, S. 43 f.
203 R. M. Thorson et al. 1986, S. 464 f.
204 P. R. Sheppard & G. C. Jacoby 1989, S. 226 ff.
205 B. A. Bolt 1984, S. 60.
206 »Gerade vor der Winterszeit« bedeutet hier nicht den Beginn der Jahreszeit des Winters, da die Sintflut zu Beginn des Herbstes auf der Nordhalbkugel kam, wie wir aus etlichen Berichten wissen. »Winter« bedeutet in diesem Fall Impaktwinter, der in höheren Breiten so lange anhielt, daß er in die Winterjahreszeit überging.
207 W. Müller 1930, S. 60.
208 Ch. E. Brasseur 1864, S. 28.
209 A. Schott 1984, S. 97.
210 C. Schmidt 1895, S. 19.
211 E. Sueß 1885, S. 25–98.
212 W. Müller 1930, S. 93.
213 H. Howorth 1887, S. 443 f.; R. Andree 1891, S. 68 f.; W. Müller 1930, S. 11.
214 E. Seler 1923, S. 51, Abb. 28.
215 J. G. Frazer 1919, S. 242; J. Riem 1925, S. 74.
216 J. Riem 1925, J. G. Frazer 1919.
217 R. Andree 1891, S. 93.
218 J. G. Frazer 1919, S. 319.
219 W. Anderson 1923, S. 13.
220 A. Hohenberger 1930, S. 11.
221 G. Gerland 1912, S. 38.
222 A. Heusler 1912, S. 1; 1920, S. 1.
223 H. Schneider 1948, S. 35.
224 F. Genzmer 1920, S. 42.
225 R. Derolez 1976, S. 287.
226 S. Hansen 1991, S. 376 f.
227 M. J. bin Gorion (Pseudonym für M. J. Berdyczewski) 1913, S. 195 f.; vgl. hierzu E. Dacqué 1941, S. 169 f.
228 H. Lüken 1856, S. 186.
229 W. Anderson 1923, S. 8, 16.
230 R. Andree 1891, S. 34.
231 W. Anderson 1923, S. 6 ff.
232 Kombiniert wiedergegeben nach J. G. Frazer 1919, S. 189, und A. Hohenberger 1930, S. 11, 22.
233 C. Schirren 1856, S. 32 f.

234 W. Müller 1930, S. 72 ff.
235 E. Seler 1923, S. 40.
236 E. Seler 1923, S. 3, 99, 157.
237 H. Lüken 1856, S. 231.
238 R. Andree 1891, S. 120.
239 J. G. Frazer 1919, S. 265.
240 Ch. E. Brasseur 1864, S. 46.
241 A. d'Orbigny 1839, Bd. 3., Tl. 1, S. 107.
242 R. Andree 1891, S. 117.
243 W. Müller 1930, S. 86.
244 L. Walk 1931, S. 76.
245 K. J. Zahnle et al. 1990, S. 282 ff.
246 C. Schirren 1856, S. 143.
247 A. Stentzel 1894, S. 130 f.
248 A. Stentzel 1894, S. 123.
249 I. Donnelly 1974, S. 140.
250 Cajus Plinius Secundus, übers. von G. C. Wittstein 1881, 2. Buch, S. 148.
251 J. Pokorny 1959, I, S. 263 f.
252 W. S. Wolbach et al. 1990, S. 397.
253 J. Riem 1925, S. 148.
254 J. Riem 1925, S. 101.
255 R. Andree 1891, S. 110.
256 I. Donnelly 1895, S. 123.
257 G. Baker 1968, S. 1012, 1020; Abb. 1–2.
258 B. P. Glass 1978, S. 1455.
259 K. Ziegler et al. 1921, S. 38.
260 K. J. Zahnle et al. 1990, S. 282 ff.
261 H. J. Melosh et al. 1990, S. 251 ff.
262 Die Vertauschung des Wortes »Sintflut« – mittelhochdeutsch »sintvluot«, althochdeutsch »sinvluot« – mit der Bedeutung »allgemeine, sehr große, lang andauernde Flut« gegen das augenfällig moralisierende, als religiöse Mahnung dienende Wort »Sündflut« wurde im 13. Jahrhundert von dem gefeierten Kanzelredner und Franziskanerprediger Berthold von Regensburg († 1272) ganz bewußt vorgenommen, setzte sich bei Menschen mit Sprachgefühl aber lange nicht durch, auch noch nicht bei Luther. Erst ab dem Ende des 16. Jh. hielt diese absichtliche Verballhornung im Sprachgebrauch Einzug (O. Zöckler 1870, S. 320). Die Partikel »sin« ist eine adverbielle Erstarrung des indogermanischen Stammes »sem« [vgl. hierzu lateinisch »semper« = immerwährend] (J. Pokorny, I, 1959, S. 902). Ausführliche Etymologie bei A. Stentzel 1894, S. 65.
263 J. G. Frazer 1919, S. 146 f., 174 ff.
264 J. Riem 1925, S. 12.
265 H. Lüken 1856, S. 200.
266 J. Riem 1925, S. 13.
267 A. Stentzel 1894, S. 122 f.
268 G. Gerland 1912, S. 30 f.
269 J. Riem 1925, S. 21 ff.; A. Parrot 1955, S. 32; A. Schott 1984, S. 93 ff.
270 J. G. Frazer 1919, S. 138.
271 J. G. Frazer 1919, S. 216.
272 A. Stentzel 1894, S. 119.
273 J. Hübner 1741, S. 509; H. Lüken 1856, S. 190; O. Zöckler 1870, S. 329.
274 J. G. Frazer 1919, S. 214.
275 A. Stentzel 1894, S. 120.
276 J. Riem 1925, S. 42.
277 W. Münke 1976, S. 219.
278 H. Lüken 1856, S. 193.

279 W. Münke 1976, S. 222 ff.
280 J. Riem 1925, S. 63.
281 J. Riem 1925, S. 84.
282 J. Riem 1925, S. 118, 123.
283 J. Riem 1925, S. 137.
284 J. Riem 1925, S. 99.
285 I. Donnelli 1895, S. 142.
286 R. Andree 1891, S. 116.
287 Codex Vaticanus Nr. 3738, Fol. 4 verso; E. Seler 1923, S. 40, 49.
288 J. G. Frazer 1919, S. 212.
289 M. Winternitz 1901, S. 310, 317.
290 J. Riem 1925; W. Müller 1930 u. a.
291 F. Jónsson 1900, S. 598.
292 J. Riem 1925, S. 18.
293 L. Walk 1949, S. 68.
294 Ch. Brasseur 1864, S. 47.
295 N. G. Barlow 1990, S. 185, übernommen aus F. Asaro et al. 1988, S. 6 f.
296 C. Covey et al. 1900, S. 268.
297 H. Schneider 1948, S. 35.
298 R. Simek 1984, S. 95, 321; F. Jónsson 1900, S. 597.
299 R. Derolez 1976, S. 286.
300 W. Webster 1931, S. 338 ff.
301 W. Anderson 1923, S. 11.
302 L. Walk 1931, S. 67.
303 J. G. Rhode 1819, S. 21; J. Riem 1925, S. 18.
304 J. Darmesteter 1883, S. 203 f.
305 W. Müller 1930, S. 13.
306 W. Müller 1930, S. 22.
307 J. Riem 1925, S. 84.
308 L. Walk 1931, S. 75; M. Gusinde 1946, S. 341 f.
309 J. Riem 1925, S. 84.
310 C. Covey et al. 1990, S. 265 f.
311 A. Hohenberger 1930, S. 21.
312 J. Riem 1925, S. 70.
313 J. Riem 1925, S. 110.
314 J. G. Frazer 1919, S. 276.
315 J. Riem 1925, S. 47.
316 R. Andree 1891, S. 14.
317 H. Lüken 1856, S. 185.
318 F. de Rougemont 1856, S. 137.
319 R. Andree 1891, S. 80.
320 W. Anderson 1923, S. 7, 12, 14.
321 H. Lüken 1856, S. 186.
322 R. Andree 1891, S. 25.
323 L. Walk 1949, S. 79, 96.
324 W. Müller 1930, S. 81.
325 J. G. Frazer 1919, S. 259.
326 Sanhedrin 108 b und Sebachim 113 a in E. Böklen 1903, S. 40; W. Anderson 1923, S. 33.
327 E. Böklen 1903, S. 40; J. Böhmer 1932, S. 118.
328 J. G. Frazer 1919, S. 227.
329 W. Müller 1930, S. 81.
330 W. Müller 1930, S. 85.
331 J. Riem 1925, S. 102.
332 S. K. Croft 1982, S. 150.

333 J. Riem 1925, S. 74.
334 J. Riem 1925, S. 60.
335 E. Böklen 1903, S. 123.
336 J. Riem 1925, S. 72.
337 H. Lüken 1856, S. 205; R. Andree 1891, S. 24.
338 I. Donnelli 1895, S. 128.
339 J. Riem 1925, S. 151.
340 W. Soden & C. Keller 1962, S. 51.
341 W. H. Berger 1991, S. 126 f.
342 Ch. F. Brasseur 1864, S. 47.
343 H. Flohn 1986, S. 45.
344 Ebd., S. 144.
345 W. Anderson 1923, S. 33.
346 A. Hohenberger 1930, S. 11.
347 F. Jónsson 1900, S. 598.
348 I. Donnelly 1974, S. 135.
349 H. Lüken 1856, S. 221.
350 R. Andree 1891, S. 14.
351 W. Münke 1976, S. 227 f.
352 H. Lüken 1856, S. 206; J. Boehmer 1932, S. 118.
353 K. Ziegler et al. 1921, S. 40.
354 I. Velikovsky 1978, S. 60.
355 R. Giovanoli 1982, S. 37 f.
356 Bibel (Bischöfe Deutschlands) 1980, S. 71: Exodus Kap. 7/20, 24.
357 H. Hagn et al. 1992, S. 228.
358 E. Bryant 1991, S. 3.
359 H. Gunkel 1895, S. 113.
360 H. Sueß 1973, Abb. 3.
361 J. C. Brown & D. W. Hughes 1977, S. 513.
362 L. Walk 1949, S. 78, 82 f.
363 L. Walk 1949, S. 72, 98.
364 R. Andree 1891, S. 33.
365 G. Gerland 1912, S. 66.
366 J. Riem 1925, S. 81.
367 W. S. Wolbach et al. 1990, S. 398.
368 G. Gerland 1912, S. 105.
369 V. Zubakov & I. Borzenkova 1990, S. 268, Abb. 9.9.
370 I. Draxler 1980, S. 64, Abb. 16.
371 H. Bancroft 1857, S. 70.
372 J. Riem 1925, S. 90.
373 R. Andree 1891, S. 6.
374 W. Anderson 1923, S. 15.
375 L. Walk 1931, S. 76.
376 Ch. Brasseur 1846, S. 27.
377 J. Szilvássy 1978, S. 108.
378 J. G. Frazer 1919, S. 181.
379 R. Andree 1891, S. 23.
380 V. A. Zubakov & I. Borzenkova 1990, S. 256 ff.
381 C. Renfrew 1973, Abb. 11.
382 H. Howorth 1887, S. 441.
383 H. Howorth 1887, S. 446.
384 H. Howorth 1887, S. 454.
385 H. Bancroft 1875, S. 104.
386 J. G. Frazer 1919, S. 266.
387 J. Pokorny 1959, I, S. 651.

388 Johannes, 16/3.
389 R. Cheddadi et al. 1991, S. 55, Abb. 2.
390 N. Owen-Smith 1987, S. 352.
391 L. G. Marshall 1984.
392 A. Barnosky 1989, S. 247.
393 P. S. Martin 1967, 1984, 1986, 1990 usf.
394 H. Howorth 1887, S. 172.
395 J. Saunders 1990, S. 141, Abb. 2.
396 K. Kowalski 1967, S. 356.
397 U. Jux 1990, S. 105.
398 P. S. Martin 1986, S. 110.
399 E. P. Izokh 1989, S. 96.
400 G. Haynes 1991, S. 264, 267; R. W. Graham 1990, S. 58.
401 G. Hammer et al. 1980, Abb. 3.
402 A. Gow & T. Williamson 1971, Abb. 4.
403 B. Slaughter in P. S. Martin & H. E. Wright 1967, S. 165.
404 Th. W. Stafford 1990, S. 118.
405 H. Liedtke 1990, S. 44.
406 N. Owen-Smith 1987, S. 353.
407 I. Dubrovo, 1990, S. 4.
408 W. Anderson 1923, S. 17.
409 W. H. Berger 1991, S. 115 ff.
410 L. Agassiz 1866, S. 208.
411 H. Howorth 1887, S. 191.
412 W. Gentner et al. 1969, S. 260; 1970, S. 360; B. P. Glass et al. 1979, S. 2538 etc.
413 B. P. Glass 1978, S. 1456.
414 G. Baker 1959, S. 116; 1960, S. 232.
415 J. E. Johnson 1965, S. 5 f.
416 E. D. Gill 1970, S. 997.
417 E. D. Gill 1970, S. 1001.
418 H. Sueß 1973, S. 36 f.; 1988, S. 199 ff.; entsprechend auch P. S. Martin 1990, S. 111.
419 B. Kromer et al. 1990; B. Becker et al. 1991.
420 C. C. Albritton 1989, S. 70.
421 R. O. Chalmers et al. 1976, S. 42.
422 M. Sh. Prasad & P. S. Rao 1990, S. 340.
423 V. E. Barnes 1963, S. 35.
424 E. P. Izokh 1987, S. 380 ff.
425 E. P. Izokh 1989, S. 96.
426 Ph. Cu Tien 1990, S. 66 f.
427 E. P. Izokh 1987, S. 382.
428 E. P. Izokh 1987, S. 383; 1989, S. 96.
429 E. P. Izokh 1989, S. 96.
430 Ch. Koeberl 1989, S. 317 ff.
431 1 ppb = 1 part per billion, Konzentration 1 Anteil einer Substanz auf 1 Milliarde Teile (entspricht im SI-System 1 mg/t).
432 B. Becker et al. 1991.
433 St. Tinti 1990, S. 21.
434 D. Long et al. 1989, Tab. 1.
435 N. Kenyon 1987, S. 71; E. Jansen et al. 1987, S. 103.
436 W. Anderson 1923, S. 13.
437 M. Winternitz 1901, S. 322.
438 J. Riem 1925, S. 108.
439 R. Andree 1891, S. 82.
440 A. Stentzel 1894, S. 137 f.

441 A. Stentzel 1894, S. 139.
442 A. Jeremias 1904, S. 136, 142.
443 E. Böklen 1903, S. 51 f.
444 J. G. Frazer 1919, S. 152.
445 A. Schott 1984, S. 97 (11. Tafel, 96–104).
446 E. Böklen 1903, S. 53.
447 B. Becker et al. 1991.
448 E. Scheibner et al. 1991, Kt.
449 H. E. Clifton 1988.
450 H. Flohn 1990, S. 42.
451 B. Becker et al. 1991.
452 K. Ziegler 1921, S. 30.
453 R. Simek 1984, S. 96.
454 K. Fruhstorfer 1945, S. 176.
455 C. C. Albritton 1989, S. 71.
456 C. H. Nelson et al. 1988, S. 37.
457 C. L. Wirth 1960, S. 11.
458 C. Renfrew 1973, S. 69 ff.
459 H. Sueß 1973, S. 36.
460 H. Schmidt-Kahler 1977.
461 A. Tollmann 1977, S. 374.
462 U. Marvin 1990, S. 150 f.
463 H. J. Melosh 1989, S. 6.
464 C. C. Albritton 1989, S. 82.
465 R. A. Grieve & M. R. Dence 1979.
466 G. W. Wetherill 1979, S. 44.
467 R. A. Grieve 1989, S. 62; 1990, S. 56.
468 A. Preisinger 1987, S. 17.
469 R. Huggett 1989, S. 182.
470 S. V. Clube & W. M. Napier 1982, S. 259.
471 K. Lemcke 1981.
472 F. Hörz 1982; H. E. Newson et al. 1990.
473 Da das Nördlinger Ries ein Zentrum der Impaktforschung war, lohnt es sich, bei den hier erarbeiteten Phänomenen und Begriffen, die dann weltweite Bedeutung erhielten, noch zu verweilen. Vor allem auch deshalb, weil heute die Genese der verschiedenen Typen der Auswurfmassen nach intensiver Forschungsarbeit hier im einzelnen geklärt ist (W. von Engelhardt 1990) und man hierdurch – angesichts der einstigen Kritiken – das Impaktgeschehen an diesen Indizien mustergültig ablesen kann. Stellen wir die Zeugen des Geschehens in der zeitlichen Reihenfolge ihrer Entstehung vor:

1. Das Erstprodukt beim Einschlag war die Bildung von *Moldaviten,* flaschengrünen, braunen bis schwarzen, geschmolzenen, durchscheinenden Glaskörpern, die weithin, und zwar bis Böhmen und Mähren, ausgeschleudert worden sind. Diese Moldavite sind ein spezieller Typus von Impaktschmelzen, den sogenannten Tektiten (griech. »teko« = schmelze). Die Moldavite entstanden, wie man aus ihrer chemischen Zusammensetzung ableiten kann, aus der obersten, vom Impaktor getroffenen Schicht, hier einem mitteltertiären Sand. Typisch für diese auf den Impakt zurückgehenden Moldavite ist – ebenso wie bei den noch im Kraterbereich liegengebliebenen unreinen Impaktgläsern, den *Sueviten* – ein extrem hoher, auf einen Meteoritenanteil hinweisender Nickelgehalt (J. Ottemann 1966, S. 440).

2. In der nächsten Phase wurden die hier etwa 600 m dicke Sedimentdecke und auch noch der oberste Teil des darunterliegenden Kristallins erfaßt, zertrümmert, mit hoher Geschwindigkeit ausgeworfen und als *Bunte Brekzie* rund um die Einschlagstelle abgesetzt. »Bunte Brekzie« deshalb, weil Sediment und

Kristallin in den Komponenten dieses Trümmergesteins bunt durcheinandergemischt sind.
Wie intensiv der Hagel von Gesteinstrümmern im weiteren Umkreis des Einschlages gewesen ist, zeigt diese noch heute bis zu 100 m mächtig erhaltene, bis 40 km vom Zentrum entfernt bis hin zum Donautal verfolgbare Bunte Brekzie. Dabei ist das zuerst erfaßte Sedimentgesteinspaket nur mäßig stark beansprucht worden, bei Drücken nicht über 10 GPa (1 GPa = 1 Gigapascal = 1 Milliarde Pascal; 1 Pascal = 1 Millibar), während die lamellare Deformation in den Mineralien der kristallinen Komponenten dieses Trümmergesteins, ferner die Extrem-Hochdruckminerale wie Stishovit und Coesit in diesen Kristallintrümmern bereits Drücke von 10–45 GPa und Temperaturen von vielen hundert Grad anzeigen.
Die Gewalt der Explosion hat in dieser Phase ferner Riesenblöcke der Sedimentformation im Ausmaß von 25–1000 m Kantenlänge aus dem sich bildenden Krater ausgeschleudert. Ja, einzelne solcher Megablöcke – in der Literatur als *Reuters Blöcke* bezeichnet – trifft man noch in den gleichaltrigen Molassesedimenten des Alpenvorlandes südlich der Donau, bis zu mehr als 80 km vom Zentrum entfernt.
3. In der dritten Phase hat der Impakt die nächsttiefere Schicht der Kruste unter der Sedimentdecke erfaßt, zerstört und hochgeschleudert, nämlich zunächst einen Granitkomplex, dann darunter kristalline Gesteine. Das Produkt ist heute als *Kristallin-Brekzie* bis 23 km vom Zentrum des Kraters entfernt anzutreffen. Diese aus der Tiefe geholten Ejekta zeigen in ihrem Mineralaussehen schon eine hochgradige Schockmetamorphose.
4. Noch intensiver gestaltete sich die Gesteinsumwandlung beim nächsten und zugleich letzten Akt: Dieser wird durch die weit über den Krater hinaus geschleuderten *Suevite* dokumentiert (H. E. Newsom et al. 1990, Abb. 1). Dabei handelt es sich um Aufschmelzungsprodukte, also Impaktgläser mit Gesteinsfragmenten und Mineraleinschlüssen in der dichten geschmolzenen Grundmasse. Die Gemeinsamkeit mit den durch den gleichen Impakt entstandenen Moldaviten liegt im hohen, aus dem Meteoriten selbst stammenden Nickelgehalt beider Gläser, der Unterschied in der perfekten, intensiveren Aufschmelzung der Moldavitgläser, die frei von Mineralresten sind. Der Unterschied liegt ferner auch im Chemismus, der bei den Moldaviten einem tonigen Quarzsand entspricht, während der Suevit das Schmelzprodukt des Kristallins der Kruste repräsentiert (J. Ottemann 1966, S. 431 ff.). Dies stimmt mit der Meinung der Geologen überein, daß das Material zur Suevitbildung vorwiegend aus dem tiefsten ausgesprengten Kraterteil im Kristallin, aus etwa 2800 m Tiefe stammt. Die Suevite verkörpern den Fallout eines mit hoher Geschwindigkeit in große Höhen im Feuerball der Explosion hochgerissenen Materials aus geschmolzenem und vergastem Kristallingestein sowie Mineralien und Gesteinsbrocken.
Die anfängliche Temperatur der Schmelzprodukte lag nahe über 1800 °C, der Druck bei 60–80 GPa. Der Rückfall zur Erde erfolgte in dieser turbulenten Suspension mit hoher Dichte nur gebremst, gemäßigt, ganz anders als die mit äußerst hoher Geschwindigkeit transportierten Blöcke und Brocken der Bunten Brekzie des anfänglichen Geschehens. Daher kühlte dieser Fallout so weit ab, daß sich zähflüssige Suevitklumpen bildeten, die beim Flug stromlinien-, stricklava- und bombenförmige Gestalt annahmen und beim Aufschlag eine Temperatur von nur wenig über 600 °C aufwiesen. Diese Temperatur ist dadurch nachweisbar, daß sich die in dieser Impaktschmelze enthaltenen Magnetitpartikel noch nach dem Aufschlag mit ihrer Magnetisierung auf die damals gerade umgekehrt (revers) angeordnete Magnetpollage der Erde eingestellt haben. Die hierzu nötige Grenztemperatur, der sogenannte Curie-Punkt, liegt für Magnetit bei 580 °C.
Daß bei der Produktion dieser heißen Suspension das kristalline Gestein an der Kraterwurzel tatsächlich verdampft worden ist – ein Prozeß, der ab 3000 °C und

80 GPa aufwärts einsetzt –, zeigen die in den Suevitmassen des Ries noch vorgefundenen Entgasungsschlote, die sich beim Entweichen der überhitzten Gase der Tiefe bildeten. W. von Engelhardt (1990, S. 271) schätzt das beim Ries-Impakt in Gase umgewandelte Volumen der Kruste auf etwa 3,5 km^3 kristalline Gesteine. Die Ausdehnung dieser Silikatgase lieferte ebenso wie der verdampfte Impaktor selbst die Kraft für den suevitbildenden Feuerball.
Daß die Suevitbildung tatsächlich der letzte Akt des Auswurfgeschehens war, zeigt der stets scharfe Kontakt zwischen der Bunten Brekzie und dem daraufliegenden Suevit. Man nimmt an, daß der heiße Glutwind der Explosion mit einer Geschwindigkeit weit über jedem irdischen Orkan die glatte Oberfläche der Bunten Brekzie freigelegt hat, auf der die Suevite landeten. Ein solcher Impakt-Hitzepuls wirbelt nicht nur Bäume, sondern auch Felsen durch die Luft.
Es ist eindrucksvoll, wie genau das exakte Studium der Auswurfmassen des Ries uns das Impaktgeschehen selbst rekonstruieren ließ. Eine wichtige Säule im Verständnis des Ablaufes, der auf ganz anderem Weg, nämlich im Experiment, erfolgreich überprüft und kontrolliert werden konnte.
Wichtig für die Beweisführung für ein Impaktgeschehen war bei der Riesforschung auch der Nachweis der Neubildung sehr spezifischer Minerale von Quarz-Modifikationen in der Impaktschmelze wie *Coesit* und *Stishovit* unter den speziellen Bedingungen der Stoßwellenwirkung, also einerseits bei hoher Temperatur, vor allem aber unter extrem hohem Druck von 30–100 (Coesit) oder 100–200 (Stishovit) Kilobar [1 kbar = 987 atm] beim Einschlag. Solche Drucke können bei normalen irdischen Prozessen in der Kruste nicht erzeugt werden. Außerdem wurde die ebenso spezifische Mineralbeanspruchung durch Ausbildung von parallelen, oft sich sogar kreuzenden Drucklamellensystemen in *geschockten Mineralien* wie Quarzen, Feldspäten und Hornblenden des betroffenen Gesteins als weiteres wertvolles Diagnosemerkmal zur Typisierung von Impakten herausgearbeitet (vgl. Abb. 37, 75). All dies erhielt eine besondere Bedeutung für die Unterscheidung von vulkanischen Auswurfprodukten, auf die manche Kritiker der Impakttheorie ausweichen wollten.
Wie so häufig steckt auch im Ries der Impaktor nicht, wie seinerzeit stets vermutet, in der Tiefe des Kraters, sondern ist vielmehr durch die Energie des Aufpralls explosionsartig verdampft worden. Nur ein Hundertstel des Auswurfmaterials ist durch den Meteoriten kontaminiert (F. Hörz 1982, S. 48), aber eisen-, chrom-, und nickelreiche Niederschläge sind im Kraterinneren bereits nachgewiesen worden.

474 A. Tollmann 1986, S. 223.
475 K. Lemcke, 1981, S. 3.
476 W. Alvarez et al. 1982; R. Ganapathy 1982; G. Keller 1986.
477 A. Montanari 1990, S. 614.
478 K. Ernstson & J. Fiebag 1992, S. 403 ff.
479 W. Alvarez et al. 1982, S. 888.
480 R. A. Grieve 1982, S. 28.
481 V. L. Masaitis et al. 1990.
482 R. Rocchia et al. 1986.
483 M. J. Benton 1986; A. Hallam 1990.
484 A. Hallam 1981.
485 P. E. Olsen et al. 1990.
486 R. A. Grieve 1982, S. 27.
487 P. E. Olsen et al. 1988.
488 D. Badjukov et al. 1987.
489 P. E. Olsen et al. 1990, S. 591.
490 B. Dressler, 1990.
491 M. Magritz 1989, S. 338.
492 Z. Li et al. 1991, S. 380.

493 D. Mc Laren 1982; 1985.
494 C. J. Orth et al. 1988; 1990, S. 48.
495 H. Geldsetzer 1991.
496 M. F. Glaessner 1984.
497 M. Margaritz 1989.
498 D. Stöffler et al. 1989.
499 L. Antoine et al. 1990.
500 L. O. Nicolaysen 1990.
501 R. A. Grieve 1990, S. 199.
502 K. J. Hsü 1988; B. F. Bohor 1990.
503 B. F. Bohor 1990, S. 336.
504 S. de Silva et al. 1990, S. 139.
505 F. E. Sueß 1901, S. 194: »Tektit« vom griech. Wort »tektos« = »geschmolzen« abgeleitet.
506 J. Ottemann 1966, S. 431.
507 V. Feldman 1987.
508 Ch. Koeberl et al. 1988.
509 J. Mayer 1788, S. 265 ff.
510 F. E. Sueß 1901, S. 193.
511 E. P. Izokh 1987, S. 393; 1989, S. 96.
512 Ch. Köberl 1988, S. 264.
513 St. R. Taylor 1973, S. 101 ff.
514 V. E. Barnes 1963; Ch. Koeberl 1986; P. P. Glass 1990.
515 W. R. Premo 1992, S. 1100.
516 F. E. Suess 1901, S. 194.
517 V. E. Barnes 1963, S. 27 ff.
518 B. P. Glass et al. 1979; B. P. Glass 1990 a.
519 B. P. Glass 1990 a, S. 395.
520 W. Gentner et al. 1969, Tab. 2; 1970, Tab. 1.
521 D. Storzer et al. 1984.
522 R. L. Fleischer et al. 1969.
523 V. E. Barnes 1971, S. 1995.
524 B. P. Glass 1978, S. 1457 f.; Ch. Koeberl 1986, S. 340.
525 St. R. Taylor 1973, S. 105.
526 B. P. Glass & J.-Q. Wu 1992, S. 416.
527 Ch. Koeberl & D. Storzer 1987, S. 211.
528 B. P. Glass 1990 b.
529 Ch. Koeberl 1986, S. 330.
530 V. E. Barnes 1963, S. 39 ff.; B. P. Glass 1990, S. 395 f.
531 B. P. Glass 1988, S. 63; 1990 a, S. 401.
532 Ch. Koeberl 1989, S. 749 f.
533 N. G. Barlow 1990 b, S. 4 f.
534 K. Zahnle & N. H. Sleep 1990, S. 62 f.
535 P. R. Weissmann, 1990, S. 176 f.
536 N. G. Barlow 1990 a, S. 183.
537 J. F. Bell et al. 1989.
538 G. Dreibus & H. Wänke 1985.
539 W. Benz et al. 1989.
540 Vgl. W. M. Napier 1989, S. 135.
541 W. M. Napier 1989, S. 148.
542 G. W. Wetherill 1979, S. 38.
543 Vgl. E. M. Shoemaker 1984 b und E. M. Shoemaker et al. 1990, Tab. 1.
544 G. W. Wetherill & E. M. Shoemaker 1982.
545 E. M. Shoemaker et al. 1990, S. 166.
546 E. M. Shoemaker et al. 1990, S. 168 f.

547 C. R.. Chapman 1989, S. 218; C. R. Chapman & C. Morrison 1988, S. 26; 1989, S. 279.
548 C. R. Chapman et al. 1989, S. 33.
549 E. M. Shoemaker et al. 1990, S. 168 f.
550 C. R. Chapman et al. 1989, S. 33.
551 E. M. Shoemaker et al. 1990, S. 167.
552 L. F. Jansa et al. 1990, S. 224, 230.
553 1 Astronomische Einheit (1 AE) = Entfernung Erde – Sonne = 149,6 Millionen Kilometer.
554 .M. Davies et al. 1984.
555 M. E. Bailey 1986.
556 W. M. Napier & S. V. Clube 1979; S. V. Clube & W. M. Napier 1982 a.
557 G. W. Wetherill 1979, S. 49.
558 I. Asimov 1985, S. 115 ff.; M. Reichstein 1985, S. 112 ff.; M. A. König 1986, S. 197 ff.; C. C. Albritton 1989, S. 76 ff.
559 R. P. Turco et al. 1981; 1982.
560 E. M. Kolesnikov 1989.
561 R. Rocchia et al. 1990, S. 189.
562 I. Asimov 1985, N. Calder 1981, W. v. Engelhardt 1990, R. Froböse 1986, B. Harpur 1985, F. Praderie et al. 1987, M. Reichstein 1985, C. Sagan & A. Druyan 1985, A. Sfuntures 1986, G. Tammann & Ph. Véron 1985 usf.
563 J. W. Mason 1990.
564 C. Covey et al. 1990, Tab. 1.
565 J. Kissel & F. Krueger 1986.
566 K. J. Hsü 1990, S. 127.
567 C. Covey et al. 1990, Tab. 1.
568 C. J. Orth et al. 1990, S. 45.
569 P. D. Komar 1979; W. M. Napier & S. V. Clube 1979, S. 458.
570 C. Sagan & A. Druyan 1985.
571 P. Wilde et al. 1988.
572 W. Alvarez et al. 1988, S. 1.
573 Übersicht aufgrund der Arbeiten von C. C. Albritton 1989, M. R. Dence 1972, R. A. Grieve & P. Robertson 1979, M. & C. Shoemaker 1990, AAPG-Explorer-Liste 1989.
574 B. P. Glass 1990 a, Abb. 2.
575 I. L. Ideler 1836, I, S. 484; A. Stentzel 1894, S. 179; K. Ziegler et al. 1921, S. 9 ff.; R. Huggett 1989, S. 16, 20.
576 A. J. Gow et al. 1971, S. 216 f., Abb. 4.
577 W. Nabholz 1987, S. 279, 287.
578 F. Fliri et al. 1970.
579 J. Fink 1979.
580 Ch. Koeberl 1989, S. 317 ff.
581 A. Bolt et al. 1975, S. 232 ff.; G. Schneider 1980, S. 288 ff.; E. Bryant 1991, S. 138 f.
582 R. Huggett 1989, S. 155 ff.
583 J. Shaw & R. Gilbert 1990, S. 1169 ff.
584 R. Huggett 1989, S. 150 ff.
585 R. Andree 1891, S. 148.
586 E. Bryant 1991, S. 29.
587 E. Bryant 1991, S. 32.
588 L. Woolley 1929, S. 27; 1931, S. 22.
589 L. Woolley 1929, S. 25; 1931, S. 20; 1956, S. 34.
590 L. Woolley 1956, repr. 1988.
591 W. Soden et al. 1962, S. 50; R. Raikes 1966, S. 52.
592 R. L. Raikes 1966, S. 52 f.; H. J. Lenzen 1964, S. 56 ff.

593 M. Mallowan 1964, S. 81; H. Uhlig 1976, S. 104; Y. K. Bentor 1989, S. 329.
594 R. L. Raikes 1966, S. 61.
595 H. J. Lenzen 1964, S. 64.
596 J. G. Frazer 1919, S. 159 ff.
597 J. G. Frazer 1919, S. 159 ff.
598 J. G. Frazer 1919, S. 146 ff.
599 L. Diestel 1871, S. 26; R. Andree 1891, S. 43; C. Schmidt 1895, S. 5–60.
600 J. G. Frazer 1919, S. 172.
601 H.-G. Wunderlich 1972, S. 261.
602 G. Schneider 1980, S. 161.
603 W. L. Friedrich et al. 1980, Abb. 4.
604 H. Pichler et al. 1980, S. 21 ff.
605 B. A. Bolt 1984, S. 81.
606 B. A. Bolt et al. 1975, S. 121.
607 H. Pichler et al. 1980, S. 32.
608 J. G. Frazer 1919, S. 167 f.
609 J. G. Frazer 1919, S. 159 ff.
610 F. v. Schwarz 1894, S. 433 ff.
611 F. v. Schwarz 1894, Abb. 10.
612 A. Tollmann 1983 a, S. 239.
613 C. R. Chapman & D. Morrison 1989, S. 276 f.
614 C. R. Chapman et al. 1989, S. 33.
615 W. Alvarez et al. 1989, S. 15.
616 A. Stentzel 1894, S. 150 ff., 180 ff.
617 A. Stentzel 1894, S. 180 f.
618 W. Alvarez et al. 1989, S. 19; E. M. Shoemaker et al. 1990, S. 156 f.
619 G. Wetherill 1985, S. 877; A. Preisinger 1987, S. 20.
620 K. A. v. Zittel 1899, S. 38.
621 K. Fruhstorfer 1945, S. 176.
622 Genesis, Kap. VI, Vers 11.
623 A. Stentzel 1894, S. 66.
624 H. Junker 1964, S. 788.
625 L. Diestel 1871, S. 6 f.
626 F. de Rougemont 1856, S. 128 ff.
627 K. Fruhstorfer 1945, S. 180 ff. (mit Lit.).
628 K. Fruhstorfer 1945, S. 180 ff.
629 F. de Rougemont 1856, S. 128 ff.
630 R. Milner 1990, S. 329.
631 R. Huggett 1989, S. 147.
632 F. de Rougemont 1856, S. 132; A. Stentzel 1894, S. 135.
633 A. Custace 1979.
634 H. Junker in J. Höfer & K. Rahner 1964, S. 788.
635 K. Fruhstorfer 1945, S. 136, 141.
636 C. L. Woolley 1929, S. 25.
637 L. Diestel 1871, S. 33.
638 E. Sueß 1885, S. 92.
639 J. Boehmer 1932, S. 121.
640 K. Fruhstorfer 1945, S. 163.
641 K. Staudacher 1918, S. 312.
642 Ph. Fauth 1913, S. 329.
643 W. v. Soden 1979, S. 12.
644 L. Kober 1925, S. 5; 1932, S. 132 ff.
645 Sein Werk erschien in Köln erst im Jahr 1473.
646 H. Hölder 1981, S. 975 f.
647 H. Hölder 1960, S. 359 ff.

648 A. Boué 1832, S. 146.
649 F. Ellenberger 1988, S. 74.
650 H. Hölder 1960, S. 365 f.
651 C. Ch. Beringer 1954, S. 38.
652 F. Ellenberger 1988, S. 167 (mit Lit.).
653 R. Huggett 1989, S. 29 ff.
654 N. Steno 1669, S. 77.
655 R. Huggett 1989, S. 147.
656 A. Boué 1832, S. 147.
657 Ch. Keferstein 1840, S. 20; F. Ellenberger 1988, S. 216 ff.; R. Huggett 1989, S. 41 ff.
658 M. Buttner 1710, S. 30.
659 Vgl. R. Huggett 1989, S. 161 ff. (mit Lit.).
660 Vgl. C. Diener 1914, S. 21.
661 M. Neumayr 1900, S. 316.
662 H. K. Erben 1981, S. 166.
663 C. Emiliani et al. 1975, S. 1086.
664 H. E. Wright & J. Stein 1976, S. 1268 f.
665 I. L. Ideler 1836, S. 484; K. Ziegler et al. 1921, S. 9 ff.; R. Huggett 1989, S. 16, 20.
666 A. Stentzel 1894, S. 179; K. Ziegler et al. 1921, S. 9 ff.
667 A. Stentzel 1894, S. 168.
668 P. Huber 1989, S. 222 f.
669 Offenbarung des Johannes Kap. 20, Vers 1–2.
670 A. Stentzel 1894, S. 124 ff.
671 Ebd.
672 Ch. Keferstein 1840, S. 21.
673 J. H. v. Justi 1771, S. 286 f.
674 J. Schnabel 1709, S. B1b, S. D3b; L. Diestel 1871, S. 9.
675 F. W. Sack 1782, S. 94.
676 E. Dacqué 1931, S. 158 ff.
677 R. Huggett 1989, S. 172; M. E. Bailey et al. 1986, S. 91; S. V. M. Clube & W. M. Napier 1986, S. 261.
678 E. Dacqué 1924, S. 172 ff., 256.
679 H. Fischer 1925, S. 144.
680 J. Riem 1925, S. 170 ff.
681 A. d'Orbigny 1849, S. 251.
682 St. K. Donovan 1989, S. XII; J. Sepkoski 1990, S. 35.
683 H. Hölder 1960, S. 477.
684 K. J. Hsü 1990, S. 11 usf.
685 A. Tollmann 1983 b, S. 41 ff.
686 J. G. Frazer 1918, repr. 1988, S. 113 ff.
687 J. Riem 1925, S. 179 ff.
688 R. Andree 1891, S. 134 f.
689 Vgl. M. Winternitz 1901, S. 315.
690 H. Kelsen 1943.
691 M. Winternitz 1901, S. 325 f.
692 W. Anderson 1923, S. 26; W. Müller 1930, S. 88.
693 J. Riem 1925, S. 161 ff.
694 G. Gerland 1912, S. 122.
695 E. Dacqué 1924, S. 26, 336.
696 E. Böcklen 1903, S. 4.
697 F. Graebner 1924, S. 22.
698 C. Schirren 1856, S. 143.
699 L. Walk 1931, S. 65.
700 G. A. Caduff 1986, S. 12.

701 G. Róheim 1952, S. 448 ff.
702 F. W. v. Schelling 1856, S. 102.
703 R. Andree 1891, S. 129.
704 Cicero lib. I, Kap 17.
705 W. Müller 1930, S. 15, 92 f.
706 K. Ziegler et al. 1921, S. 36.
707 K. Ziegler et al. 1921, S. 11.
708 Matthäus, Kap. 24, Vers 6 ff.
709 K. Ziegler et al. 1921, S. 37 ff.; I. Donnelli 1974, S. 424 ff.
710 F. Klee 1843, S. 250 ff.
711 Bischöfe Deutschlands etc. 1980, S. 1374 ff.
712 Johannes, 4. Vision, Kap. 12, Vers 7–9.
713 Johannes, 4. Vision, Kap. 13, Vers 1–10.
714 Johannes, 6. Vision, Kap. 17.
715 Kombination aus älteren und neueren Texten von L. v. Ess 1886 bis zur Bischofsversion von 1980: Kap. 6, Vers 12–15.
716 Johannes, Sieben-Siegel-Vision, Kap. 6, Vers 16.
717 E. Lohmeyer 1926, S. 63.
718 J. Roloff 1984, S. 86.
719 Johannes, Sieben-Posaunen-Vision, Kap. 8, Vers 7–12.
720 Johannes, Kap. 9, Vers 1–5.
721 Vgl. Bischöfe Deutschlands et al. 1980, S. 71 ff.
722 Th. Zahn 1926, S. 391.
723 E. Lohmeyer 1926, S. 73.
724 J. Roloff 1984, S. 102.
725 Johannes, Kap. 16, Vers 2–4, 8–12, 17–18, 20–21.
726 E. Lohmeyer 1926, S. 130 f.
727 E. Lohmeyer 1926, S. 181 f.
728 K. Ziegler et al. 1921, S. 47.
729 Ch. Berlitz 1991, S. 278.
730 A. de Grazia et al. 1966.
731 J. G. Rhode 1819, S. 77.
732 Jesaja 51, 9; Ijob 26, 12.
733 F. Delitzsch 1902, S. 35.
734 H. Gunkel 1895, S. 25.
735 S. Hansen 1991, S. 40.
736 H. H. Howorth 1887, S. 444.
737 W. Müller 1930, S. 52 ff., 69.
738 Ebd.
739 I. Donnelly 1895, S. 132 aus *Rafinesque.*
740 E. Seler 1923, S. 40.
741 E. Seler 1904, S. 800.
742 H. Bancroft 1875, S. 71.
743 W. Eberhard 1983, S. 61.
744 W. Münke 1976, S. 230.
745 K. Ziegler et al. 1921, S. 10.
746 W. Eberhard 1983, S. 227.
747 C. A. Williams 1976, S. 325.
748 H. Gunkel 1895, S. 28.
749 R. Stadelmann 1990, S. 137 f.
750 H. Gunkel 1895, S. 30 ff., 41 ff.
751 H. Gunkel 1895, S. 49, 52.
752 griech. »basileus« = »König«, »basiliskos« = »Brillenschlange«.
753 E. Sueß 1862, S. 142 f.
754 G. Mattenklott 1992, S. 12.

755 D. & E. Panofsky 1992, S. 18.
756 M. Henning & H. W. Fischer, o. J., S. 16 f.
757 E. Lohmeyer 1926, S. 182; J. Hehn 1907, S. 80.
758 J. Hehn 1907, S. 29.
759 R. C. Thompson 1903, S. 89 ff.
760 J. Hehn 1907, S. 27 ff.
761 J. Hehn 1907, S. 15 ff.
762 A. Eberharter 1930.
763 Zd. Kukal 1984, S. 123 ff.
764 R. B. Stothers et al. 1990, S. 13, Abb. 4; K. McCartney 1990, S. 133, Abb. 3.
765 K. O. Emery et al. 1984, S. 177, 219; P. A. Rona 1980, Kt. S. 39.
766 P. A. Rona 1980, Kt. S. 31; K. O. Emery et al. 1984, Kt. 11.
767 E. Seler 1904, S. 31 ff.
768 E. Seler 1904, S. 44.

Bildnachweis

Abb. 4: Walter Alvarez; Abb. 5: Dr. Karl Tell; Abb. 9: US Atomic Energy Commission; Abb. 10: Pergamon Press Inc., Oxford 1989; Abb 15: USIS; Abb. 18, 19: E. Buffetaut, L'extinction des Dinosaures, in : Géochronique, vol. 12, 1984; Abb. 23: Urania Verlag, Leipzig; Abb. 24: Mus. du Louvre, Paris, Foto: GIRAUDON; Abb. 25: Rolf W. Bühler, Meteorite, Birkhäuser Verlag, : Basel; Abb. 37: Dr. Rouben Surenian; Abb. 43: Dr. K. Hösch; Abb. 54: Springer-Verlag, Wien; Abb. 57: The University of Chicago Press, Chicago; Abb. 59: Nature, 1980, Macmillan Magazines Limited, Ldn.; Abb. 63: Mit freundlicher Genehmigung der Sternwarte Wien;; Abb. 64: © Geospace/Eurimage; Abb. 70: Elsevier Publ., Amsterdam; Abb. 72: NASA; Abb. 73: Springer-Verlag, Heidelberg; Abb. 81: The University of Chicago Press, Chicago; Abb. 83: NASA; Abb. 84: USIS; Abb. 85: Kurier, Wien; Abb. 88: Michael Jäger; Abb. 98: Plutonium Free Future, Berkeley, CA; Abb. 103: Diözesanbildstelle, Linz, Erich Widder; Abb. 126: Bavaria Bildagentur, Gauting; Abb. 127: Akademische Druck- und Verlagsanstalt, Graz; Abb. 141: H. Hamilton Ltd., Ln.

Rechteinhaber, die trotz aller Bemühungen nicht ermittelt werden konnten, wenden sich bitte an den Verlag.

Literaturverzeichnis

ABELE, G.: Bergstürze in den Alpen. – Wiss. Alpenvereinsh., *25* (198 S.), München 1974.

AGASSIZ, L.: Geological sketches. (V, 311 S.), London (Trübner) 1866.

ALBRITTON, Jr., C. C.: Catastrophic Episodes in Earth History (XVII, 221 S.), London (Chapman & Hall) 1989.

ALVAREZ, L.: Mass extinctions caused by large bolide impacts. – Physics Today, *40* (7), S. 24–33), New York – Washington 1987.

ALVAREZ, L., ALVAREZ, W. et al.: Extraterrestrial Cause for the Cretaceous-Tertiary Extinction. – Science, *208* (S. 1095–1108), Washington 6. Juni 1980.

ALVAREZ, W.: Toward a Theory of Impact Crises. – Eos, Trans. amer. geophys. Union, *67* (35), S. 650–657, Washington 1986.

ALVAREZ, W., ASARO, F. et al.: Iridium Anomaly Approximately Synchronous with Terminal Eocene Extinctions. – Science, *216* (S. 886–888), Washington 1982.

ALVAREZ, W., ASARO, F. et al.: The debate over the Cretaceous-Tertiary boundary. – Abstr. Snowbird Conf. II, Contr. Lunar Planet. Inst., *673* (S. 1), Snowbird/Utah 1988.

ALVAREZ, S., HANSEN, TH. et al.: Uniformitarianism and the response of earth scientists to the theory of impact crises. – [In:] S. V. M. CLUBE et al. [Hrsg.]: Catastrophes and Evolution (S. 13–24), Cambridge 1989.

ANDERSON, W.: Die nordasiatischen Flutsagen. – Acta et Commentationes Univ. Dorpat, *B4*, 1923, Nr. 3 (S. 1–44), Dorpat 1923.

ANDREE, R.: Die Flutsagen, ethnographisch betrachtet. (XI, 152 S.), Braunschweig (F. Vieweg) 1891.

ANTOINE, L. A. G., NICOLAYSEN, L. O. et al.: Processed and enhanced gravity and magnetic images over the Vredefort structure etc. – Tectonophysics, *171* (S. 63–74), Amsterdam 1990.

ASIMOV, I.: Die Wiederkehr des Halleyschen Kometen. (160 S.), Köln (Kiepenheuer & Witsch) 1985.

ATKINSON, R. J. C.: Stonehenge. (210 S.), London (H. Hamilton) 1956.

AZIZ, F. & SONDAAR, P. Y.: Early Dispersion of Man on Islands; Facts and Factors. – Abstr. 29th intern. geol. Congr., *1992/2* (S. 399), Kyoto 1992.

BADJUKOV, D., LOBITZER, H. et al.: Shocked quartz in the T/J sediments. – Lunar and Planetary Sci., *18* (S. 38–39), Houston 1987.

BAGGE-JOHANSEN, M.: Brachiopod extinction in the Upper Cretaceous to Lowermost Tertiary chalk of Northwest Europe. – Revista españ. Paleont., No. extraord. *1988* (S. 41–56), Madrid 1988.

BAILEY, M. E.: Nemesis for Nemesis? – Nature, *311* (S. 602–603), London 1986.

BAILEY, M. E., CLUBE, S. V. M. & NAPIER, W. M.: The origin of comets. – Vistas in Astronomy, *29* (S. 52–112), Oxford 1986.

BAKER, G.: Tektites. – Mem. nat. Mus. Victoria, *23* (S. 1–313), Melbourne 1959.

BAKER, G.: Comments on the recent letter on »Moldavites and similar tektites from Georgia, USA.« – Geochim. et cosmochim. acta, *19* (S. 232–233), Oxford etc. 1960.

BAKER, G.: Microforms of hay-silica glass and of volcanic glass. – Mineral. Mag., *36* (S. 1012–1023), London 1968.

BANCROFT, H. H.: The native races of the Pacific States of North-America. Bd. 3: Myths and Languages. (X, 796 S.), Leipzig (Brockhaus) 1875.

BARLOW, N. G.: The cratering record in the inner solar system: Implications for the earth. – Abstr. Snowbird Conf. II, Contr. Lunar Planetary Inst., *673* (S. 8–9), Snowbird/Utah 1988.

BARLOW, N. G.: Application of the inner Solar System cratering record to the Earth. – Spec. Pap. geol. Soc. Amer., *247* (S. 181–187), Boulder 1990 a.

BARLOW, N. G.: Estimating the terrestrial crater production rate during the late heavy bombardement period. – Contr. Lunar Planet. Inst., *746* (S. 4–5), Houston 1990b.

BARNES, V. E.: Tektite Strewn-Fields. – [In:] J. A. O'KEEFE [Hrsg.]: Tektite. (S. 25–50), Chicago – London (Univ. Chicago Press) 1963.

BARNES, V. E.: Comets and the Origin of Tektites. – Abstr. 52nd. annual Meet. Meteoritics Soc. Vienna (S. 10), Wien (Geochem. Inst. Univ. Wien) 1989.

BARNOSKY, A. D.: The late Pleistocene event as a paradigm for widespread mammal extinction. – [In:] ST. K. DONOVAN [Hrsg.]: Mass extinctions. (S. 235–254), Stuttgart (Enke) 1989.

BÄSEMANN, H.: Kosmisches Perlenspiel. – Bild der Wissenschaft, *1992/9* (S. 122–123), Stuttgart 1992.

BECKER, B.: Dendrochronologie und Paläontologie subfossiler Baumstämme aus Flußablagerungen. – Mitt. Komm. Quartärforsch. österr. Akad. Wiss., *5* (IV, 120 S.), Wien 1982.

BECKER, B., KROMER, B. et al.: A stable-isotope tree-ring timescale of the Late Glacial/Holocene boundary. – Nature, *353* (S. 647–649), London 1991.

BELL, J. F., LUCEY, P. G. et al.: Reflection spectroscopy of Phobos and Deimos. – Abstr. 52nd Meet. meteorit. Soc. (S. 2), Vienna 1989.

BENNDORF, P.: Märchen aus 1001 Nacht. 42. Aufl. (200 S.), Stuttgart (Loewes-Verl. F. Carl) o.J.

BENTON, M. J.: More than one event in the late Triassic mass extinction. – Nature, *321* (6073), S. 857–861, London 1986.

BENZ, W., SLATTERY, W. L. et al.: Tilting Uranus in a giant impact. – Abstr. 52nd Meeting meteorit. Soc. (S. 13), Wien 1989.

BERARDI, R., MARGOTTINI, C. et al.: Soil liquefaction: case histories in Italy. – Tectonophysics, *193* (S. 141–164), Amsterdam 1991.

BERDYCZEWSKI, M. J.: s. u. M. J. bin GORION.

BERGER, W. H.: On the Extinction of the Mammoth: Science and Myth. – [In:] D. W. MÜLLER et al. [Hrsg.]: Controversies in Modern Geology. (S. 115–132), London etc. (Academic Press) 1991.

BERGGREN, W. A. & COUVERING, J. A. van [Hrsg.]: Catastrophes and Earth History. (XII, 464 S.), Princeton (Princeton Univ. Press) 1984.

BERINGER, C. CH.: Geschichte der Geologie und des geologischen Weltbildes. (VII, 158 S.), Stuttgart (Enke) 1954.

BERLITZ, CH.: Der 8. Kontinent. Wiege aller Kulturen. (296 S.), Augsburg (Weltbild-Verl.) 1991.

BISCHÖFE DEUTSCHLANDS etc. [Hrsg.]: Einheitsübersetzung der Heiligen Schrift. Die Bibel. (1456 S.), Stuttgart (Kath. Bibelanst.) 1980.

BLUMRICH, J. F.: Kásskara und die sieben Welten. Die Geschichte der Menschheit in der Überlieferung der Hopi-Indianer. (387 S.), München (Droemer/Th. Knaur Nachf.) 1985.

BOEHMER, J.: Tellurische Trümmerstücke im Flutbericht der Genesis. – Z. f. alttestamentliche Wiss., *50*, N.F.9 (S. 117–124), Gießen 1932.

BOHOR, B. F.: Cuban K/T catastrophe. – Nature, *344* (S. 593), London 1990.

BOHOR, B. F.: Shocked quartz and more; Impact signatures in Cretaceous/Tertiary boundary clays. – Spec. Pap. geol. Soc. Amer., *247* (S. 335–342), Boulder 1990.

BOISGILBERT, E.: s. u. I. DONNELLI.

BÖKLEN, E.: Die Sintflutsage. Versuch einer neuen Erklärung. – Archiv f. Religionswiss., 6 (S. 1–61, 97–150), Tübingen – Leipzig 1903.

BOLT, B. A.: Erdbeben. (XIII, 236 S.), Berlin etc. (Springer) 1984.

BOLT, B. A., HORN, W. L. et al.: Geological Hazards. (VIII, 328 S.), Berlin etc. (Springer) 1975.

BOUÉ, A.: Le déluge, le diluvium etc. – Mém.géol.paléont., *1* (S. 145–164), Paris 1832.

BOULANGER, N.-A.: L'Antiquité dévoilée par ses usages, etc. (XII, 388 S.), Amsterdam (Marc-Michel Rey) 1768.

BOURGEOIS, J., HANSEN, T. A. et al.: A Tsunami Deposit at the Cretaceous-Tertiary Boundary in Texas. – Science, *214* (S. 567–570), Washington 1988.

BOURGEOIS, J. & WIBERG, P. L.: Sedimentological effects of tsunamis, with particular reference of impact-generated and volcanogenic waves. – Abstr. Snowbird Conf. II, Contr. Lunar Planet. Inst., *673* (S. 21–22), Snowbird/Utah 1988.

BOWDLER, S.: Changing people from a changing world: the view from Australia. – Abstr. 29th intern. geol. Congr., 1992/*2* (S. 399), Kyoto 1992.

BRASSEUR DE BOURBOURG, CH. E.: S'il existe des sources de l'histoire primitive du Mexique dans les monuments Égyptiens etc.? (146 S.), Paris (Arthus Bertrand) 1864.

BRETZ, J. H.: The channeled scablands of the Columbia Plateau. – J. Geol., *31* (S. 617–649), Chicago 1923.

BRETT, R.: Anhydrite: A lethal target rock at the Chicxulub impact site. – Abstr. Lunar Planetary Sci. Conf. 23 (S. 157–158), Houston (Lunar Planet. Inst.) 1992.

BRETZ, J. H.: Introduction. – [In:] V. R. BAKER & D. NUMMEDAL [Hrsg.]: The Channeled Scabland (S. 1–2), Washington (Nat. Aeronautics and Space Admin.) 1978.

BROSCHE, P.: Große Impakt-Ereignisse auf der Erde und die Kreide-Katastrophe. – Sterne und Weltraum, *1987/1* (14–16), München 1987.

BROWN, J. C. & HUGHES, D. W.: Tunguska's comet and non-thermal 14C production in the atmosphere. – Nature, *268* (S. 512–514), London 1977.

BRYANT, E.: Natural Hazards. (XVIII, 294 S.), Cambridge (Univ. Cambr.) 1991.

BUCKLAND, W.: Reliquiae diluvianae ... attesting the action of an universal deluge. 2. Aufl. (VIII, 303 S.), London (J. Murray) 1824 [1. Aufl. 1823].

BUFFETAUT, E.: in: Géochronique Vol. 12, Paris 1984.

BUFFETAUT, E. [Hrsg.]: Rare Events, Mass Extinction and Evolution. – Historical Biology, *2* (1), S. 1–100, London (Horwood) 1989.

BUFFETAUT, E.: Vertebrate extinctions and survival across the Cretaceous-Tertiary boundary. – Tectonophysics, *171* (S. 337–345), Amsterdam 1990.

BÜHLER, R. W.: Meteorite, Basel (Birkhäuser) 1988.

BUREK, P. J. & WÄNKE, H.: Impacts and glacio-eustasic, plate-tectonic episodes, geomagnetic reversals. – Physics Earth Planet. Interiors, *50* (S. 183–194), Amsterdam 1988.

BURNS, J. A.: Paleontological Perspectives on the Ice-Free Corridor. – [In:] L. D. AGENBROAD et al. (S. 61–66), Hot Sprines (Univ. Flagstaf) 1990.

BUTTNER, M.: Rudera diluvii testes, i.e. Zeichen und Zeugen der Sündfluth etc. (IX, 333 S.), Leipzig (J. F. Braunen) 1710.

CADUFF, G. A.: Antike Sintflutsagen. (308 S.), Göttingen (Vandenhoeck & Ruprecht) 1986.

CALDEIRA, K. & RAMPINO, M. R.: Carbon Dioxide Emission from Deccan Volcanism and a K/T Boundary Greenhouse Effect. – Geophys. Res. Letters, *17* (S. 1299–1302), Washington 1990.

CALDER, N.: Das Geheimnis der Kometen. Wahn und Wirklichkeit. (176 S.), Frankfurt/Main (Umschau-Verl.) 1981.

CHALMERS, R. O., HENDERSON, E. P. & MASON, B.: Occurrence, Distribution, and Age of Australian Tektites. – Smithson. Contrib. Earth Sci., *17* (S. 1–46), Washington 1976.

CHAPMAN, C. R.: Snowbird II: Global Catastrophes. – Eos, *1989* (S. 217–218), Richmond 1989.

CHAPMAN, C. R. & MORRISON, D.: Risk to Civilization: A planetary Science Perspective. – Contr. Lunar Planet. Inst., *673* (Abstr. Snowbird Conf. II), S. 26–27, Snowbird/Utah 1988.

CHAPMAN, C. R. & MORRISON, D.: Cosmic Catastrophes. (VIII, 302 S.), New York – London (Plenum Press) 1989.

CHAPMAN, C. R., MORRISON, D. & BOWELL, E.: Hazards from Earth-Approachers:

Implications of 1989 FC's »Near Miss«. – Abstr. 52nd Meet. meteorit. Soc. Vienna (S. 33), Wien 1989.
CHASSINAT, E.: Le temple d'Edfou. – Mém. mission archéol. franç. au Caire, *10* (H. 2), *13*, Le Caire 1934.
CHEDDADI, R., ROSSIGNOL-STRICK, M. et al.: Eastern Mediterranean palaeoclimates from 26 to 5 ka B.P. ... in the anoxic Bannock Basin [E-Mediterranean]. – Marine Geology, *100* (S. 53–66), Amsterdam 1991.
CHESNER, C. A., ROSE, W. I. et al.: Eruptive history of Earth's largest Quaternary caldera (Toba, Indonesia) clarified. – Geology, *19* (S. 200–203), Boulder 1991.
CISOWSKI, ST. M.: The significance of magnetic spheroids and magnesioferrite occuring in K/T boundary sediments. – Spec. Pap. geol. Soc. Amer., *247* (S. 359–365), Boulder 1990.
CLIFTON, H. E.: Sedimentologic relevance of convulsive geologic events. – Spec. Pap. geol. Soc. Amer., *229* (S. 1–5), Boulder 1988.
CLUBE, S. V. M. & NAPIER, W. M.: The role of episodic bombardement in geophysics. – Earth Planet. Sci. Lett., *57* (S. 251–262), Amsterdam 1982 a.
CLUBE, S. V. M. & NAPIER, W. M.: The Cosmic Serpent. A catastrophist view of Earth History. (299 S.), London (Faber & Faber) 1982 b.
CLUBE, S. V. M. & NAPIER, W.: Giant comets and the Galaxy: implications of the terrestrial record. – [In:] R. SMOLUCHOWSKI, J. N. BAHCALL & M. S. MATTHEWS [Hrsg.]: The Galaxy and the Solar System. (S. 260–285), Tucson (Univ. Arizona Press) 1986.
COVEY, C., GHAN, ST. J. et al.: Global environmental effects of impact-generated aerosols etc. – Spec. Pap. geol. Soc. Amer., *247* (S. 263–270), Boulder 1990.
COVEY, C., SCHNEIDER, ST. H. et al.: Global atmospheric effects of massive smoke injections from a nuclear war. – Nature, *308* (S. 21–25), London 1984.
CROCKET, J. H., OFFICER, CH. B. et al.: Distribution of noble metals across the Cretaceous/Tertiary boundary at Gubbio, Italy etc. – Geology, *16* (S. 77–80), Boulder 1988.
CROFT, ST. K.: A first-order estimate of shock heating and vaporization in oceanic impacts. – Spec. Pap. geol. Soc. Amer., *190* (S. 143–152), Boulder 1982.
CRUTZEN, P. J.: Acid rain at the K/T boundary. – Nature, *330* (S. 108–109), London 1987.
CRUTZEN, P. J. & BIRKS, J. W.: The Atmosphere After a Nuclear War: Twilight at Noon. – Ambio, *11* (2–3), S. 114–125, Stockholm 1982.
CUVIER, G.: Essay on the theory of Earth. 4th ed., übersetzt von R. Kerr, Edinburgh – London (Blackwood-Cadell) 1822.
CUVIER, G.: Discours sur les Révolutions du globe. 1. Aufl. Paris 1812. – 3. Aufl. (VI, 400 S.), Paris (Dufour & d'Ocagne) 1825.
DACQUÉ, E.: Urwelt, Sage und Menschheit. 1. Aufl.: 1924; 9. Aufl. (367 S.), München – Berlin (Oldenbourg) 1941.
DALLAND, A.: Erratic clasts in the Lower Tertiary deposits of Svalbard – evidence of transport by winter ice. – Arbok. Norsk. Polarinst., *1976* (S. 151–165), Oslo 1977.
DARMESTETER, J.: Études Iraniennes. 1. Bd. (IX, 336 S.); 2. Bd. (380 S.), Paris (F. Vieweg) 1883.
DAVENPORT, ST. A., WDOWIAK, TH. J. et al.: Chondritic metal toxicity as a seed stock kill mechanism in impact-caused mass extinctions. – Spec. Pap. geol. Soc. Amer., 247 (S. 71–76), Boulder 1990.
DAVIES, R. D.: Catastrophes and Evolution. The 1988 Blaas Mason Meeting. – [In:] S. V. M. CLUBE [Hrsg.]: Catastrophes and Evolution: Astronomical Foundations (S. 1–11), Cambridge 1989.
DAVIS, M., HUT, P. et al.: Extinction of species by periodic comet showers. – Nature, *308* (S. 715–717), London 1984.
DELITZSCH, F.: Assyrisches Wörterbuch. (168 S.), Leipzig (J. Hinrichs'sche Buchhandl.) 1887.
DELITZSCH, F.: Babel und Bibel. Ein Vortrag. (52 S.), Leipzig (J. C. Hinrich) 1902.

DENCE, M. R.: The Nature and Significance of Terrestrial Impact Structures. – 24th Intern. Geol. Congr., *1972*, Sect. *15* (S. 77–89), Montreal 1972.
DEROLEZ, R. L. M.: Götter und Mythen der Germanen. (334 S.), Wiesbaden (F. Englisch) 1976.
DIAMOND, J. M.: Historic extinction: a Rosetta Stone for understanding prehistoric extinctions. – [In:] P. S. MARTIN & R. G. KLEIN [Hrsg.]: Quaternary Extinctions (S. 824–862), Tucson (Univ. Arizona Press) 1984.
DIENER, C.: Gedächtnisrede für Eduard Sueß. – Mitt. geol. Ges. Wien, *1* (S. 9–24), Wien 1914.
DIESTEL, L.: Die Sintflut und die Flutsagen des Alterthums. (40 S.), Berlin (Lüderitz) 1871.
DIETZ, R. S.: Meteorite impact suggested by orientation of shatter cones at the Kentland, Indiana, disturbance. – Science, *105* (S. 43ff.), Washington 1947.
DIETZ, R. S.: Vredefort ring structure: meteorite impact scar? – J. Geol., *69* (S. 499–516), Chicago 1961.
DONNELLY, I. E. [Pseudonym = E. BOISGILBERT]: Atlantis, die vorsintflutliche Welt. Dtsch. v. W. SCHAUMBURG [Orig.: Atlantis, The Antediluvian World; 1882]. (469 S.), Leipzig (Siegbert Schnurpfeil) 1895.
DONNELLY, I. E.: The Destruction of Atlantis. Ragnarok: The Age of Fire and Gravel. 2. Aufl. (XI, 452 S.), New York (Multimedia Publ. Corp.) 1974 [1. Aufl. 1971; Reprint von: Ragnarok, The Age of Fire and Gravel, 1883].
DONOVAN, ST. K. [Hrsg.]: Mass extinctions. (XIV, 266 S.), Stuttgart (Enke) 1989.
DORÉ, G.: Bibelillustrationen (Bilderbibel). 4. Aufl., Stuttgart 1880.
DORN, W. G. van: Some characteristics of surface waves in the sea produced by nuclear explosions. – J. geophys. Res., *66* (S. 3845–3862), Washington 1961.
DRAXLER, I.: Das Quartär. – [In:] R. OBERHAUSER [Red.]: Der geologische Aufbau Österreichs. (XIX, 701 S.), Wien – New York (Springer) 1980.
DREIBUS, G. & WÄNKE, H.: Mars, a volatile-rich planet. – Meteoritics, *20* (2, pt. 2), S. 367–381, Tempe/Arizona 1985.
DRESSLER, B.: Shock metamorphic features etc. in the Precambrian rocks of the Manicouagan Structure, Quebec, Canada. – Tectonophysics, *171* (S. 229–245), Amsterdam 1990.
DUBROVO, I.: The Pleistocene Elephants of Siberia. – [In:] L. D. AGENBROAD et al. [Hrsg.]: Megafauna and Man (S. 1–8), Hot Springs (Univ. Flagstaf) 1990.
EBERHARD, W.: Lexikon chinesischer Symbole. (320 S.), Köln (Eugen Diederich) 1983.
EBERHARTER, A.: Die Verehrung des Goldenen Kalbes. – Pastor bonus, *41* (103-109), Trier 1930.
ELLENBERGER, F.: Histoire de la Géologie. Bd. 1 (VIII, 352 S.), Paris (Lavoisier) 1988.
ELLIOTT, D. K. [Hrsg.]: Dynamics of Extinction. (X, 294 S.), New York (Wiley & Sons) 1986.
EMERY, K. O. & UCHUPI, E.: The Geology of the Atlantic Ocean. (XIX, 1050 S.), New York etc. (Springer) 1984.
EMILIANI, C., GARTNER, S. et al.: Paleoclimatological Analysis of Late Quarternary Cores from the Northeastern Gulf of Mexico. – Science, *189* (S. 1083–1088), Washington 1975.
EMILIANI, C., KRAUS, E. B. & SHOEMAKER, E.: Sudden death at the end of the Mesozoic. – Earth. Planet. Sci. Lett., *55* (S. 317–334), Amsterdam 1981.
ENGELHARDT, W. v.: Phaetons Sturz – ein Naturereignis? – Sitzber. Heidelberg. Akad. Wiss., math. natw. Kl., 2. Abh., *1979* (S. 161–199), Berlin etc. 1979.
ENGELHARDT, W. v.: Planeten, Monde und Kometen. (269 S.), Darmstadt (Wiss. Buchges.) 1990.
ENGELHARDT, W. v.: Distribution, petrography and shock metamorphism of the ejecta of the Ries crater in Germany – a review. – Tectonophysics, *171* (S. 259–273), Amsterdam 1990.

ERBEN, H. K.: Leben heißt Sterben. (292 S.), Hamburg (Hoffmann & Campe) 1981.
ERICKSON III, D. J. & DICKSON, S. M.: Global trace-element biogeochemistry at the K/T boundary: Oceanic and biotic response to a hypothetical meteorite impact. – Geology, *15* (S. 1014–1017), Boulder 1987.
ERNSTSON, K. & FIEBAG, J.: The Azuara impact structure (Spain): new insights from geophysical and geological investigations. – Geol. Rdsch., *81* (S. 403–427), Stuttgart 1992.
ESS, L. van [Hrsg., Übersetzer]: Die Heiligen Schriften des Alten und Neuen Testaments. – 1. Tl. (I, 795 S.), 2. Tl. (VIII, 267 S.), Wien (A. Holzhausen) 1886.
FAUTH, PH. [Hrsg.]: Hörbigers Glacial-Kosmogonie. (XXVII, 772 S.), Kaiserslautern (Hermann Kayser) 1913.
FELDMAN, V.: Comparative Characteristics of Impactite, Tektite and Fulgurite Glasses. – [In:] J. KONTA [Hrsg.]: Second intern. Conf. natural Glasses (S. 215–220), Prag (Charles Univ.) 1987.
FENNER, C.: Australites, III. A contribution to the problem of the origin of tektites. – Transact. Royal Soc. South Australia, *62* (S. 192–216), Adelaide 1938.
FINK, J.: Stand und Aufgaben der österreichischen Quartärforschung. – Innsbrucker geogr. Stud., *5* (S. 79–104), Innsbruck 1979.
FISCHER, H.: Weltwenden. Die großen Fluten in Sage und Wirklichkeit. 2. Aufl. – Welteis-Bücherei, *3* (XII, 230 S.), Leipzig (R. Voigtländer) 1925.
FIVE, W. S.: Universal understanding of the life support system: The only hope? – Abstr. 29th intern. geol. Congr., *1992/1* (S. 16), Kyoto 1992.
FLEISCHER, R. L., PRICE, P. B. & WOODS, R. T.: A second tektite fall in Australia. – Earth. Planet. Sci. Letters, *7* (S. 51–52), Amsterdam 1969.
FLEMING, R. F. & NICHOLS, D. J.: The Fern-Spore Abundance Anomaly at the Cretaceous-Tertiary Boundary etc. – Lecture Notes in Earth Sci., *30* (S. 347–349), Berlin etc. 1990.
FLIRI, F., BORTENSCHLAGER, S. et al.: Der Bänderton von Baumkirchen (Inntal, Tirol). – Z. Gletscherkd. Glazialgeol., *6* (S. 5–35), Innsbruck 1970.
FLOHN, H.: Die Probleme der Klimaänderung in Vergangenheit und Zukunft. (XVIII, 228 S.), Darmstadt (Wiss. Buchges.) 1985.
FLOHN, H.: Singular Events and Catastrophes Now and in Climatic History. – Naturwissenschaften, *73* (S. 136–149), Berlin (Springer) 1986.
FLOHN, H.: Klimageschichte – Menschheitsgeschichte. – Verleihung des »Arthur-Burkhardt-Preises« 1990 (S. 32–53), Stuttgart (Stifterverband f. d. Dt. Wiss.) 1990.
FRAZER, J. G.: Folklore in the Old Testament. Studies in comparative religion legend and law. I. 569 S., [Darin:] S. 104–361: The Great Flood. London (Macmillan) 1919.
FROBÖSE, R.: Porträt des Kometen Halley. – Sterne und Weltraum, *25* (1986/2), (S. 74–76), München 1986.
FRUHSTORFER, K.: Die noachische Sintflut. (198 S.), Linz (Oö. Landesverlag) 1945.
GALLAGHER, W. B.: Selective extinction and survival across the Cretaceous/Tertiary boundary in the northern Atlantic Coastal Plain. – Geology, *19* (S. 967–970), Boulder 1991.
GAMS, H.: Der Bergsturz von Balderschwang im Allgäu. – Bericht natwiss. Ver. Schwaben u. Neuburg, *46* (S. 66–74), Augsburg 1928.
GANAPATHY, R.: Evidence for a Major Meteor Impact on Earth 34 Million Years Ago: Implications for Eocene Extinctions. – Science, *216* (S. 885–886), Washington 1982.
GAULT, D. E., QUAIDE, W. L. et al.: Impact Cratering Mechanics and Structures. – [In:] FRENCH, B. M. & SHORT, N. M. [Hrsg.]: Shock Metamorphism of natural Materials (S. 87–99), Baltimore (Mono Book Comp.) 1968.
GAULT, D. E. & SONETT, CH. P.: Laboratory simulation of pelagic asteroidal impact. – Spec. Pap. geol. Soc. Amer., *190* (S. 69–92), Boulder 1982.
GELDSETZER, H. [Chairman]: Abstracts – Event Markers in Earth History (S. 15–84), Calgary/Canada (IGCP-Meeting 216 etc.) 1991.

GENTNER, W., GLASS, B. P. et al.: Fission Track Ages and Ages of Deposition of Deep-Sea Microtektites. – Science, *168* (S. 359–361), Washington 1970.
GENTNER, W., STORZER, D. et al.: Das Alter von Tektiten und verwandten Gläsern. – Die Naturwiss., *56* (5), S. 255–261, Berlin 1969.
GENZMER, F.: Thule. Altnordische Dichtung und Prosa. Edda, 1. Bd.: Heldendichtung (222 S.), 1912; 2. Bd.: Götterdichtung und Spruchdichtung. (203 S.), Jena (Eugen Diederichs) 1920.
GERLAND, G.: Der Mythus von der Sintflut. (124 S.), Bonn (Marcus & Weber) 1912.
GILL, E. D.: Radio-Carbon Dating of Australite Occurrence, Microliths, fossil Grasstree and Humus Podsol Structures. – Australian J. Science, *27* (S. 300–301), Sydney 1965.
GILL, E. D.: Age of Australite Fall. – J. geophys. Res., *75* (S. 996–1002), New Haven/Conn. 1970.
GILLISPIE, C. C.: Genesis and Geology. (XIV, 306 S.), New York (Harper) 1959.
GILMOUR, I., WOLBACH, W. S. et al.: Major wildfires at the Cretaceous-Tertiary boundary. – [In:] S. V. M. CLUBE [Hrsg.]: Catastrophes and Evolution. (S. 195–213), Cambridge (Cambridge Univ. Press) 1989.
GILMOUR, I., WOLBACH, W. S. et al.: Early environmental effects of the terminal Cretaceous impact. – Spec. Pap. geol. Soc. Amer., *247* (S. 383–390), Boulder 1990.
GIOVANOLI, R.: Saharastaub im Schnee. – Neue Zürcher Zeitung, *1982*, Fernausgabe Nr. 44 (S. 37f.), Zürich 24.2.1982.
GIRARD, R. de: Études géologie biblique. 3 Bd.: 1. Le Déluge devant la critique historique, 2. Le Caractère naturel du déluge, 3. La Théorie sismique du déluge. – Fribourg (Librairie de l'Université) 1893–1895.
GLAESSNER, M. F.: The dawn of animal life. – Cambridge Earth Sci. Ser. (XI, 244 S.), Cambridge (Cambr. Univ. Press) 1984.
GLASS, B. P.: Australasian microtektites and the stratigraphic age of the australites. – Bull. geol. Soc. Amer., *89* (S. 1455–1458), Boulder 1978.
GLASS, B. P.: Late Eocene Impact Events recorded in Deep-sea Sediments. – Abstr. Snowbird Conf. II, 1988, Contr. Lunar Planet. Inst., *673* (S. 63–64), Snowbird/Utah 1988.
GLASS, B. P.: Tektites and microtektites: Key facts and inferences. – Tectonophysics, *171* (S. 393–404), Amsterdam 1990 a.
GLASS, B. P.: The Ivory Coast Microtektite Strewn Field. – Abstr. 53rd Ann. Meet. Meteorit. Soc. (S. 50), Perth 1990 b.
GLASS, B. P., SWINCKI, M. B. et al.: Australasian, Ivory coast and North American tektite strewfields etc. – Suppl. geochim. cosmochim. Acta, *11* (S. 2535–2545), New York 1979.
GLASS, B. P. & WU, J.-Q.: Impact ejecta associated with the Australasian and North American microtektite layers. – Abstr. Lunar Planetary Sci. Conf. 23 (415–415), Houston 1992.
GORION, M. J. bin: Die Sagen der Juden. I. von der Urzeit. (XVI, 378 S.), Frankfurt/Main (Rütten & Loening) 1913.
GOW, A. & WILLIAMSON, T.: Volcanic ash in the Antarctic ice sheet and its possible climatic implications. – Earth Planet. Sci. Lett., *13* (S. 210–218), Amsterdam 1971.
GRAEBNER, F.: Das Weltbild der Primitiven. (173 S.), München (E. Reinhardt) 1924.
GRAHAM, R. W.: Evolution of New Ecosystems at the End of the Pleistocene. – [In:] L. D. AGENBROAD et al. [Hrsg.]: Megafauna and Man. (S. 54–60), Hot Springs (Univ. Flagstaf) 1990.
GRAZIA, A. de, JUERGENS, R. E. et al. [Hrsg.]: The (Immanuel) Velikovski Affair. Scientism vs. science. (260 S.), New York (University Books) 1966, 2. Aufl. 1967.
GRIEVE, R. A.: The record of impact on Earth: Implications for a major Cretaceous/Tertiary impact event. – Spec. Pap. geol. Soc. Amer., *190* (S. 25–37), Boulder 1982.
GRIEVE, R. A.: Hypervelocity impact cratering: a catastrophic terrestrial geologic process. – [In:] S. CLUBE [Hrsg.]: Catastrophes and Evolution. (S. 57–79), Cambridge 1989.

GRIEVE, R. A.: Terrestrial Impact: The Record in the Rocks. – Abstr. 53rd Ann. Meet. Meteorit. Soc. (S. 56), Perth 1990.
GRIEVE, R. A., CODERRE, J. M. et al.: Microscopic planar deformation features in quartz of the Vredefort structure. – Tectonophysics, *171* (S. 185–200), Amsterdam 1990.
GRIEVE, R. A. & ROBERTSON, P.: The Terrestrial Cratering Record. – Icarus, *38* (S. 212–242), New York – London 1979.
GUNKEL, H.: Schöpfung und Chaos in Urzeit und Endzeit. (XIV, 431 S.), Göttingen (Vandenhoeck & Ruprecht) 1895.
GUSINDE, M.: Urmenschen in Feuerland. (393 S.), Berlin etc. (P. Zsolnay) 1946.
GUTHRIE, R. D.: Late Pleistocene Faunal Revolution – A New Perspective on the Extinction Debate. – [In:] L. D. AGENBROAD et al. [Hrsg.]: Megafauna and Man. (S. 42–53), Hot Springs (Univ. Flagstaf) 1990.
HAGN, H., DARGA, R. & SCHMID, R.: Erdgeschichte und Urwelt im Raum Siegsdorf. (241 S.), Siegsdorf/Bayern (Eigenverl. Gemeinde Siegsdorf) 1992.
HALLAM, A.: The End-Triassic bivalve extinction event. – Palaeogeography, Palaeoclimatol., Palaeoecol., *35* (S. 1–44), Amsterdam 1981.
HALLAM, A.: End-Cretaceous Mass Extinction Event: Argument for Terrestrial Causation. – Science, *238* (4831), S. 1237–1242, Washington 1987.
HALLAM, A.: A Compound Scenario for the End-Cretaceous Mass Extinction. – Revista españ. Paleont., No. Extraord. *1988* (S. 10–20), Madrid 1988.
HALLAM, A.: The End-Triassic mass extinction event. – Spec. Pap. geol. Soc. Amer., *247* (S. 577–583), Boulder 1990.
HALLAM, A. & PERCH-NIELSEN, K.: The biotic record of events in the marine realm at the end of the Cretaceous etc. – Tectonophysics, *171* (S. 347–357), Amsterdam 1990.
HALLEY, E.: Some considerations about the cause of the universal Deluge. – Philosophical Transactions, *33* (S. 118–125), London 1724.
HALLMAN, F.: Labyrinte + Trojaburgen. 1. Teil. – Mannus-Bibl., NF. *29* (166 S.), Bonn 1988.
HAMMER, C. U., CLAUSEN, H. B. et al.: Greenland ice sheet evidence of post-glacial volcanism and its climatic impact. – Nature, *288* (S. 230–235), London 1980.
HAMMER, C. U., CLAUSEN, H. B. et al.: The Minoan eruption of Santorini in Greece dated to 1645 BC ? – Nature, *328* (S. 517-519), London 1987.
HAMMER, W.: Über das Vorkommen jungvulkanischer Gesteine im Ötztal (Tirol) und ihr Alter. – Sitzber. Ak. Wiss. Wien, math.-natw. Kl., *132* (S. 329–342), Wien 1923.
HANSEN, H. J., RASMUSSEN, K. L. et al.: Iridium bearing Carbon Black at the Cretaceous-Tertiary Boundary. – Bull. geol. Soc. Denmark, *36* (S. 305–314), Kobenhavn 1987.
HANSEN, S. [Hrsg.]: Mythen vom Anfang der Welt. (447 S.), Augsburg (Pattloch-Verl.) 1991.
HANSMAN, J.: Gilgamesh, Humbaba and the Land of the Erin-Trees. – Iraq, *38* (S. 23–35), London 1976.
HARPUR, B.: Halleys Komet. (206 S.), Frankfurt/Main (W. Krüger) 1985.
HARTUNG, J. B., KUNK, M. J. et al.: Geology, geophysics, and geochronology of the Manson impact structure. – Spec. Pap. geol. Soc. Amer., *247* (S. 207–221), Boulder 1990.
HARWELL, M. A., HUTCHINSON, T. C. et al.: Environmental Consequences of Nuclear War. II. Ecological and Agricultural Effects. – Scope, *28* (XXXVIII, 523 S.), Chichester (J. Wiley) 1985.
HAYNES, G.: Mammoths, mastodonts, and elephants. (XI, 413 S.), Cambridge (Cambridge Univ. Press) 1991.
HEHN, J.: Die Siebenzahl und Sabbat bei den Babyloniern und im alten Testament. – Leipziger semitische Studien, *2* (5) (III, 132 S.) Leipzig (J. Hinrich) 1907.

HENNING, M. & FISCHER, H. W.: Tausend und eine Nacht. (608 S.), Berlin (Dtsch. Buchgemeinschaft) o. J.

HERRON, M. M. & LANGWAY, C. C. Jr.: Chloride, Nitrate and Sulfate in the Dye 3 and Camp Century, Greenland Ice Core. – [In]: C. C. LANGWAY Jr. et al. [Hrsg.]: Greenland Ice Core etc. – Geophys. Monograph, *33* (S. 77-84). Washington 1985.

HESIOD: Theogonie. Werke und Tage. – Übersetzt und herausgg. v. Albert von SCHIRNDING. (255 S.), Darmstadt (Wiss. Buchges.) 1991.

HEUBERGER, H.: Das Ötztal, Bergstürze und alte Gletscherstände etc. – Innsbr. geogr. Stud., *2* (S. 213–249), Innsbruck 1975.

HEUSLER, A.: s. u. F. GENZMER.

HILDEBRAND, A. R. & BOYNTON, W. V.: Impact Wave Deposits provide new Constraints on the Location of the K/T Boundary Impact. – Contr. Lunar Planet. Inst., *673* (S. 76), Snowbird/Utah 1988.

HILDEBRAND, A. R. & BOYNTON, W. V.: Proximal Cretaceous-Tertiary Boundary Impact Deposit in the Caribbean. – Science, *248* (S. 843–847), Washington 1990.

HILDEBRAND, A. R., PENFIELD, G. T. et al.: Chicxulub Crater: A possible Cretaceous/Tertiary boundary impact crater on the Yucatan Peninsula, Mexico. – Geology, *19* (S. 867–871), Tulsa 1991.

HILDEBRAND, A. R. & STANSBERRY, J. A.: K/T boundary ejecta distribution predicts size and location of Chicxulub crater. – Abstr. Lunar Planetary Sci. Conf. 23 (S. 537–538), Houston 1992.

HOFFMANN, A. & NITECKI, M. H.: Reception of the asteroid hypothesis of terminal Cretaceous extinctions. – Geology, *13* (S. 884–887), Boulder 1985.

HOHENBERGER, A.: Die indische Flutsage und das Matsyapurana. (XVI, 217 S.), Leipzig (Harrassowitz) 1930.

HÖLDER, H.: Geologie und Paläontologie in Texten und ihrer Geschichte. – Samml. Orbis, II/*11* (XVIII, 566 S.), Freiburg – München (Karl Alber) 1960.

HÖLDER, H.: Kurze Geschichte der Geologie und Paläontologie. Ein Lesebuch. (VIII, 244 S.), Berlin (Springer) 1989.

HÖLDER, H.: Zur Geschichte der Geologie und Paläontologie II. – Zbl. Geol. Paläont., *1980,* Tl. I (S. 970–1024), Stuttgart 1981.

HONE, J. F. Mc & DIETZ, R. S.: Earth's multiple impact craters and astroblemes. – Abstr. Lunar Planetary Sci. Conf. 23 (S. 887–888), Houston (Lunar Planet. Inst.) 1992.

HÖRZ, F.: Ejecta of the Ries Crater, Germany. – Spec. Pap. geol. Soc. Amer., *190* (S. 39–55), Boulder 1982.

HOWORTH, H. H.: The Mammoth and the Flood. (XXXII, 464 S.), London (Sampson Low et al.) 1887.

HSÜ, K. J.: Terrestrial catastrophe caused by cometary impact at the end of the Cretaceous. – Nature, *285* (S. 201–203), London 1980.

HSÜ, K. J.: Environmental Changes in Times of Biotic Crisis. – [In:] D. M. RAUP & D. JABLONSKI [Hrsg.]: Patterns and Processes in the History of Live. (S. 297–312), Berlin etc. (Springer) 1986.

HSÜ, K. J.: Cretaceous/Tertiary boundary sediments. – Spec. Pap. geol. Soc. Amer., *229* (S. 143–154), Boulder 1988.

HSÜ, K. J.: Die letzten Jahre der Dinosaurier. (270 S.), Basel/Berlin (Birkhäuser) 1990.

HUBER, PAUL: Apokalypse. Bilderzyklen zur Johannes-Offenbarung in Trier etc. (296 S.), Düsseldorf (Patmos) 1989.

HÜBNER, J.: Kurze Fragen aus der Politischen Historia etc., N. Aufl., *9.* Bd. (VI, 1002 S.), Leipzig (J. F. Gleditschen) 1741.

HUGGETT, R.: Cataclyms and Earth History. The Development of Diluvialism. (XII, 220 S.), Oxford (Clarendon) 1989.

HUGGETT, R.: Catastrophism. Systems of earth history. (IX, 246 S.), London (Arnold) 1990.

HUGGETT, R.: Climate, Earth Processes and Earth History. (XIV, 281 S.), Berlin etc. (Springer) 1991.

IDELER, I. L.: Aristoteles: Meteorologika, Bd. 4, 2 Teile, 1. Tl. (XXXVI, 664 S.), Leipzig (F. Vogel) 1834; 2. Tl. (VIII, 784 S.), Leipzig (ibid.) 1836.
IDES, E. Y.: Dreyjährige Reise nach China etc. (466 S.), Franckfurt (T. Fritsch) 1707.
IZOKH, E. P.: Age-Paradox and the Origin of Tektites. – [In:] J. KONTA [Hrsg.]: Sec. int. Conf. natural Glasses (S. 379–384), Prag (Charles Univ.) 1987.
IZOKH, E. P.: Relationship between Austral-Asian Tektite Strewn-Field and Zhamanshin Crater. – [In:] CH. KOEBERL et al. [Hrsg.]: Abstr. 52nd. Ann. Meet. Meteorit. Soc. Vienna (S. 96), Wien (Geochem. Inst. Univ. Wien) 1989.
IZOKH, E. P. & LE DYK, AN: The geological position of the tektites and their significance for the Quaternary geology and geomorphology of Vietnam. – Aktualnyje Voprossy Meteoritiki v Sibiri, *1988* (S. 205-230), Novosibirsk 1988. (Engl. Übersetzung: Scitran, Santa Barbara/CA).
JAEGER, H.: Die Faunenwende Mesozoikum/Känozoikum – nüchtern betrachtet. – Z. geol. Wiss. Berlin, *14* (S. 629–656), Berlin 1986.
JAEGER, J.-J., COURTILLOT, V. et al.: Paleontological view of the ages of the Deccan Traps, the Cretaceous/Tertiary boundary etc. – Geology, *17* (S. 316–319), Boulder 1989.
JANSA, L., AUBRY, M.-P. et al.: Comets and extinctions; Cause and effect? – Spec. Pap. geol. Soc. Amer., *247* (S. 223–232), Boulder 1990.
JANSEN, E., BEFRING, ST. et al.: Large submarine slides on the Norwegian continental margin: sediments, transport and timing. – Marine Geology, *78* (S. 77–107), Amsterdam 1987.
JOHNSON, J. E.: Geological Factors in Tektite Distribution, Northwestern South Australia. – Quart. geol. Notes geol. Survey South Australia, *14* (S. 5–6), Eastwood, S.A. 1965.
JOHNSON, K. R. & HICKEY, L. J.: Megafloral change across the Cretaceous/Tertiary boundary in the northern Great Plains and Rocky Mts., USA. – Spec. Pap. geol. Soc. Amer., *247* (S. 433–444), Boulder 1990.
JÓNSSON, F.: Snorry Sturluson. Edda. (XII, 237 S.), Kobenhavn (Universitetsboghandler Gad) 1900.
JUNGK, R.: Heller als tausend Sonnen. (368 S.), Stuttgart (Scherz & Goverts) 1956.
JUNKER, H.: Sintflut. – [In:] HÖFER, J. & RAHNER, K. [Hrsg.]: Lexikon für Theologie und Kirche, 2. Aufl., 9 Bd. (Sp. 787–789), Freiburg (Herder) 1964.
JUSTI, J. H. G. v.: Geschichte der Erd-Cörpers aus seinen äußerlichen und unterirdischen Beschaffenheiten hergeleitet und erwiesen. (XXIII, 413 S.), Berlin (Ch. F. Himburg) 1771.
JUX, U.: Faunen des quartären Eiszeitalters. – [In:] H. LIEDTKE [Hrsg.]: Eiszeitforschung. (S. 91–107), Darmstadt (Wiss. Buchges.) 1990.
KAUFFMAN, E. G. & WALLISER, O. H. [Hrsg.]: Extinction Events in Earth History. (VI, 432 S.), Berlin etc. (Springer) 1990.
KEFERSTEIN, CH.: Geschichte und Litteratur der Geognosie, ein Versuch. (XIV, 281 S.), Halle (J. F. Lippert) 1840.
KELLER, G.: Stepwise mass extinctions and impact events: late Eocene to early Oligocene. – Marine Micropaleontology, *10* (S. 267–293), Amsterdam 1986.
KELLER, G.: Extended period of extinctions across the Cretaceous/Tertiary boundary in planktonic foraminifera etc. – Bull. geol. Soc. Amer., *101* (S. 1408–1419), Boulder 1989.
KELLER, H. U.: Das neue Bild vom Kern des Kometen Halley. – Sterne und Weltraum, *26* (S. 478–482), München 1987.
KELLER, H. U., DELAMERE, W. A. et al.: Comet P/Halley's nucleus and its activity. – Astron. Astrophys., *187* (S. 807–823), Berlin (Springer) 1987.
KELSEN, H.: The Principle of Retribution in the Flood and Catastrophe Myths. – [In:] Sociology and Nature: A Sociological Inquiry, S. 169–185, Chicago (Univ. Chicago Press) 1943. [Reprint in A. DUNDES (Hrsg.): The Flood Myth (S. 125–149), Berkeley (Univ. California Press) 1988].

KENYON, N. H.: Mass-wasting features on the continental slope of northwest Europe. – Marine Geol., *74* (S. 57–77), Amsterdam 1987.
KING, E. A.: Space Geology. (XIV, 349 S.), New York–London (J. Wiley & Sons) 1976
KISSEL, J. & KRUEGER, F.: Die chemische Zusammensetzung des Kometenstaubes bei P/Halley. – Sterne und Weltraum, *26* (1987/4), S. 191–194, München 1987.
KLAPROTH, J. von: Tableaux Historiques de l'Asie etc. (XXX + IV, 290 S.), Atlas, Paris (Schubart), London (Treuttel & Wurtz) & Stuttgart (Cotta) 1826.
KLEE, F.: Der Urzustand der Erde etc. Eine geologisch-historische Untersuchung über die sogenannte Sündfluthkatastrophe. (X, 228 S.), Stuttgart (Schweizerbart) 1843.
KOBER, L.: Gestaltungsgeschichte der Erde. – Samml. Borntraeger, *7* (VII, 200 S.), Berlin (Borntraeger) 1925.
KOBER, L.: Das Weltbild der Erdgeschichte. (VIII, 160 S.), Jena (G. Fischer) 1932.
KOEBERL, CH.: Geochemistry of Tektites and Impact Glasses. – Ann. Rev. Earth Planet. Sci., *14* (S. 323–350), Amsterdam 1986.
KOEBERL, CH.: The origin of tektites: a geochemical discussion. – Proceed. NIPR Symp. Antarctic Meteorites, No. *1* (S. 261–290), Tokyo 1988.
KOEBERL, CH.: Iridium enrichment in volcanic dust from blue ice fields, Antarctica etc. – Earth and Planetary Sci. Letters, *92* (S. 317–322), Amsterdam 1989.
KOEBERL, CH., BRANDSTÄTTER, F. et al.: Moldavites from Austria. – Meteoritics, *23* (S. 325–332), Tempe/Arizona 1988.
KOEBERL, CH., SHARPTON, V. L. et al.: The Kara/Ust-Kara twin impact structure etc. – Spec. Pap. geol. Soc. Amer., *247* (S. 233–238), Boulder 1990.
KOEBERL, CH. & STORZER, D.: Chemical Composition and Fission Track Age of Zhamanshin Crater Glass. – [In:] J. KONTA [Hrsg.]: Second int. Conf. natural Glasses (S. 207–213), Prag (Charles Univ.) 1987.
KOENIG, M. A.: Geologische Katastrophen etc. (238 S.), Thun (Ott) 1986.
KOENIGSWALD, G. H. R. von: Tektites from Java. – Proc. kon. nederl. Akad. Wetensch., ser. B., *60* (S. 371–382), Amsterdam 1957.
KOENIGSWALD, W. v. & HAHN, J.: Jagdtiere und Jäger der Eiszeit. (100 S.), Stuttgart (K. Theiss) 1981.
KOLESNIKOV, E. M.: Search for dispersed Tunguska meteorite matter. – Abstr. 52nd. annual Meet. meteorit. Soc. (S. 119), Wien 1989.
KOMAR, P. D.: Comparisons of the Hydraulics of Water Flows in Martian Outflow Channels with Flows of Similar Scale on Earth. – Icarus, *37* (S. 156–181), New York 1979.
KOWALSKI, K.: The Pleistocene extinction of Mammals in Europe. – [In:] P. S. MARTIN & H. E. WRIGHT [Hrsg.]: Pleistocene Extinctions (S. 349–364), New Haven etc. (Yale Univ. Press) 1967.
KRINOV, E. L.: Principles of Meteoritics. (XI, 535 S.), Oxford etc. (Pergamon Press) 1960.
KRISTAN-TOLLMANN, E. & TOLLMANN, A.: Der Sintflut-Impakt/The Flood impact. – Mitt. österr. geol. Ges., *84* (1991), S. 1–63, Wien 1992.
KROMER, B. & BECKER, B.: Tree-ring ^{14}C Calibration at 10.000 B.P. – [In:] E. BARD & W. S. BROECKER [Hrsg.]: The Last Deglaciation etc. – Proc. of NATO advanced Research Workshop (4 S.), Erice 1990.
KUKAL, Z.: Atlantis in the light of modern research. – Earth Sci. Rev., *21* (S. 1–3), VII, 224 S., Amsterdam 1984.
KUMP, L. R.: Interpreting carbon-isotope excursions: Strangelove oceans. – Geology, *19* (S. 299–302), Boulder 1991.
KURAT, G. & RICHTER, W.: Impaktite von Köfels, Tirol. – Tschermaks mineral. petrogr. Mitt., (3), *17* (S. 23–45), Wien 1972.
KUZMIN, Y. V.: The peopling of the Far East and North-East USSR. – Abstr. 29th internat. geol. Cong., *1992/2* (S. 399), Kyoto 1992.
LAFITAU, J. F.: Moers des sauvages amériquaines etc. – 1. Bd. (610 S.), 2. Bd. (490+XXXII S.), Paris (Saugraiz & Hochereau) 1724.

LAMB, H. H.: Climate, history and the modern world. (XIX, 387 S.), London – New York (Methuen) 1982.

LARWOOD, G. P. [Hrsg.]: Extinction and Survival in the Fossil Record. – The Systematics Assoc., spec. vol. *34*, (X, 365 S.), Oxford (Clarendon) 1988.

LAUBENFELS, M. W. de: Dinosaur extinction: one more hypothesis. – J. Paleont., 30 (S. 207–212), Tulsa 1956.

LEARY, P. N. & RAMPINO, M. R.: A multi-causal model of mass extinctions: Increase in trace metals in oceans. – Lecture Notes in Earth Sci., *30* (S. 45–55), Berlin etc. 1990.

LEES, G. M. & FALCON, M. L.: The Geographical History of the Mesopotamian Plains. – Geogr. J., *98* (S. 24–39), London 1952.

LEMCKE, K.: Mögliche Folgen des Einschlags von Großmeteoriten ins Weltmeer. – N. Jb. Geol. Paläont. Mh., *1975* (S. 719-726), Stuttgart 1975.

LEMCKE, K.: Unübliche Gedanken zum Einschlag des Ries-Meteoriten. – Bull. Ver. schweiz. Petroleum-Geol. u. -Ing., *46* (112), S. 1–7, Basel 1981.

LÉNORMANT, F.: Les origines de l'histoire d'après la bible etc. I. (XII, 630 S.), Paris (Maisonneuve & Cie.) 1880.

LENZEN, H. J.: Zur Flutschicht in Ur. – Baghdader Mitt., *3* (S. 52–64), Berlin 1964.

LEONARDI, P.: Volcanoes and Impact Craters on the Moon and Mars. (XV, 463 S.), Amsterdam (Elsevier) 1976.

LEPSIUS, C. R.: Das Todtenbuch der Ägypter nach dem hieroglyphischen Papyrus in Turin. (24 S.), Leipzig (G. Wigand) 1842.

LEWIS, J. S., WATKINS, G. H. et al.: Chemical consequences of major impact events on Earth. – Spec. Pap. geol. Soc. Amer., *190* (S. 215–221), Boulder 1982.

LI, Z., ZHAN, L. et al.: On the Permian-Triassic events in South China. – Spec. Publ. Saito Ho-on Kai, *3* [Hrsg.: T. KOTAKA et al.: Proc. Intern. Symp. Shallow Tethys *3*], S. 371–385, Sendai 1991.

LIEDTKE, H.: Stand und Aufgabe der Eiszeitforschung. – [In:] H. LIEDTKE [Hrsg.]: Eiszeitforschung. (S. 40–54), Darmstadt (Wiss. Buchges.) 1990.

LOHMEYER, E.: Die Offenbarung des Johannes. Erklärt von Ernst Lohmeyer. (203 S.), Handbuch z. Neuen Testament, *16*, Tübingen (J. Mohr) 1926.

LONG, D., DAWSON, A. G. & SMITH, D. E.: Tsunami risk in northwestern Europe: a Holocene example. – Terra Nova, *1* (S. 532–537), Oxford 1989.

LOVERING, J. F., MASON, B. et al.: Stratigraphical evidence for the terrestrial age of australites. – J. geol. Soc. Australia, *18* (S. 409–418), Sydney 1972.

LUBBOCK, J.: On change of Climate resulting from a change in the Earth's axis of rotation. – Quart. J. geol. Soc. London, *5* (S. 4–7), London 1849.

LÜKEN, H.: Die Traditionen des Menschengeschlechts oder die Uroffenbarung Gottes unter den Heiden. (XII, 483 S.), Münster i. W. (Aschdorff) 1856.

LUNAR AND PLANETARY INSTITUTE [Hrsg.]: Abstracts 23rd Lunar and Planetary Science conference, March 16–20, 1992. – Part 1 (LXXXVII + 532 S.); pt. 2 (S. 533–1064); pt. 3 (S. 1065–1596), Houston (NASA, LPI & USRA) 1992.

LYELL, Sir Charles: Principles of Geology, 1. Aufl. 1830; 3. Aufl. 1834 (XXI, 420 S.), London (J. Murray) 1834.

MAGARITZ, M.: ^{13}C minima follow extinction events: A clue to faunal radiation. – Geology, *17* (S. 337–340), Boulder 1989.

MALLOWAN, M.: Noah's Flood Reconsidered. – Iraq, *26* (S. 62–82), London 1964.

MALTEN, L.: Der Stier in Kult und mythischem Bild. – Jb. dt. archäol. Inst., *43* (1928), (S. 90-139), Berlin-Leipzig 1929.

MARSHALL, L. G.: Who Killed Cock Robin? – [In:] P. S. MARTIN & R. G. KLEIN [Hrsg.]: Quaternary Extinctions. (S. 785–806), Tucson/Arizona (Univ. Arizona Press) 1984.

MARTIN, P. S.: Prehistoric overkill. – [In:] P. S. MARTIN & H. E. WRIGHT, Jr. [Hrsg.]: Pleistocene extinctions, the search for a cause. (S. 75–120), New Haven – London (Yale Univ. Press) 1967.

MARTIN, P. S.: Catastrophic extinctions and late Pleistocene blitzkrieg: two radiocarbon tests. – [In:] M. H. NITECKI [Hrsg.]: Extinctions. (S. 153–189), Chicago (Univ. Chicago Press) 1984.
MARTIN, P. S.: Refuting Late Pleistocene Extinction Models. – [In:] D. K. ELLIOTT [Hrsg.]: Dynamics of Extinctions. (S. 107–130), New York (J. Wiley) 1986.
MARTIN, P. S.: Who Or What Destroyed Our Mammoths? – [In:] L. D. AGENBROAD et al. [Hrsg.]: Megafauna and Man. (S. 109–117), Hot Springs (Univ. Flagstaf) 1990.
MARTIN, P. S. & KLEIN, R. G. [Hrsg.]: Quaternary Extinctions. (X, 892 S.), Tucson (Univ. Arizona Press) 1984.
MARTIN, P. S. & WRIGHT, H. E. Jr. [Hrsg.]: Pleistocene Extinctions. (X, 453 S.), New Haven–London (Yale Univ. Press) 1967.
MARVIN, U. B.: Impact and its revolutionary implications for geology. – Spec. Pap. geol. Soc. Amer., *247* (S. 147–154), Boulder 1990.
MASAITIS, V. L. & MASHCHAK, M. S.: Puchezh-Katunki astrobleme. – Abstr. 53rd. Meteoritic Soc. (S. 92), Perth 1990.
MASON, J. W. [Hrsg.]: Comet Halley. Investigations, Results, Interpretations. Vol. 1 (312 S.); vol. 2 (512 S.), New York (Simon & Schuster) 1990.
MATTENKLOTT, G.: Krug, Büchse und Kästchen. Bilder der Pandora. – Kunst-Presse, *1992* (1), S. 9–15, Wien 1992.
MATTHEWS R. : A Rocky Watch for Earthbound Asteroids. – *Science,* 255 (S. 1204-1205), Washington 1992.
MAYER, J.: Ueber die Böhmischen Gallmeyarten, die grüne Erde der Mineralogen, die Chrysolithen von Thein, und die Steinart von Kuchel. – Abh. böhm. Ges. Wiss., *3* (1787), S. 259–271, Prag u. Dresden 1788.
McCARTNEY, K. HUFFMAN, A. R. et al.: A paradigm for endogenous causation of mass extinctions. – Spec. Pap. geol. Soc. Amer., *247* (S. 125–138), Boulder 1990.
Mc COLL, D. H. & WILLIAMS, G. E.: Australite Distribution Pattern in Southern Central Australia. – Nature, *226* (S. 154–155), London 1970.
McLAREN, D. J. .: Frasnian-Famennian extinctions. – Spec. Pap. geol. Soc. Amer., *190* (S. 477–484), Boulder 1982.
McLAREN, D. J. .: Mass extinction and iridium anomaly in the Upper Devonian of Western Australia. – Geology, *13* (S. 170–172), Boulder 1985.
McLAREN, D. J. .: Abrupt Extinctions. – [In:] D. K. ELLIOTT [Hrsg.]: Dynamics of Extinctions. (S. 37–46), New York etc. (J. Wiley) 1986.
MELOSH, H. J.: Impact Cratering. (IX, 245 S.), New York – Oxford (Oxford Univ. Press-Clarendon) 1989.
MELOSH, H. J., SCHNEIDER, N. M. et al.: Ignition of global wildfires at the Cretaceous/Tertiary boundary. – Nature, *348* (S. 251–254), London 1990.
MILANKOVITCH, M.: Kanon der Erdbestrahlung und seine Anwendung auf das Eiszeitproblem. – Spec. Ed. Akad. Roy. Serbe, *133* (622 S.), Beograd 1941.
MILNER, R.: The Encyclopedia of Evolution. Humanity's Search for Its Origin. (XII, 481 S.), New York & Oxford (Facts On File) 1990.
MILTON, D. J. & RODDY, D. J.: Displacements Within Impact Craters. – 24th Intern. geol. Congr., sect. *15* (S. 119–124), Montreal 1972.
MONTANARI, A.: Geochronology of the Terminal Eocene impacts. – Spec. Pap. geol. Soc. Amer., *247* (S. 607–616), Boulder 1990.
MONTELIUS, O.: Ueber die Einwanderung unserer Vorfahren in den Norden. – Archiv f. Anthropologie, *17* (S. 151–160), Braunschweig 1888.
MOORE, G. W. & MOORE, J. G.: Largescale bedforms in boulder gravel produced by giant waves in Hawaii. – [In:] H. E. CLIFTON [Hrsg.]: Sedimentologic Consequences of Convulsive Geologic Events. – Spec. Pap. geol. Soc. Amer., *229* (S. 101–110), Boulder 1988.
MUCK, O.: Alles über Atlantis. (382 S.), Düsseldorf/Wien (Econ) 1976.
MÜLLER, W.: Die ältesten amerikanischen Sintfluterzählungen. – Inaug.-Diss. Phil. Fak. Univ. Bonn. (VIII, 93 S.), Bonn (Druck Ludwig) 1930.

MÜLLER-BECK, H.: Die Kulturentwicklung des Menschen im Eiszeitalter. – [In:] H. LIEDTKE [Hrsg.]: Eiszeitforschung. (S. 108–129), Darmstadt (Wiss. Buchges.) 1990.

MÜNKE, W.: Die klassische chinesische Mythologie. (389 S.), Stuttgart (Klett) 1976.

NABHOLZ, W. K.: Der späteiszeitliche Untergrund von Flims. – Mitt. natforsch. Ges. Luzern, *29*, Sdb. Eiszeitforsch. (S. 273–289), Luzern 1987.

NAPIER, W. M.: Terrestrial catastrophism and galactic cycles. – [In:] S. V. M. CLUBE [Hrsg.]: Catastrophes and Evolution. (S. 133–167), Cambridge (Cambridge Univ. Press) 1989.

NAPIER, W. M. & CLUBE, S. V. M.: A theory of terrestrial catastrophism. – Nature, *282* (S. 455–459), London 1979.

NAZAROV, M. A., BADJUKOV, D. D. et al.: The Kara structure as a possible K/T impact site. – Abstr. Lunar Planetary Sci. Conf. 23 (S. 969–970), Houston 1992.

NELSON, B. C.: The Deluge Story in Stone. (XVI, 204 S.), Minneapolis (Bethany Fellowship) 1968.

NELSON, C. H., CARLSON, P. R. et al.: The Mount Mazama climactic eruption (~6900 yr B.P.) and resulting convulsive sedimentation on the Crater Lake caldera floor etc. – Spec. Pap. geol. Soc. Amer., *229* (S. 37–57), Boulder 1988.

NEUMAYR, M.: Erdgeschichte. 2. Aufl., 1. Bd. (XIV, 693 S.), Leipzig – Wien (Bibliograph. Inst.) 1900.

NEWSOM, H. E., GRAUP, G. et al.: The formation of the Ries Crater, West Germany etc. – Spec. Pap. geol. Soc. Amer., *247* (S. 195–206), Boulder 1990.

NICOLAYSEN, L. O.: The Vredefort Structure etc. – Tectonophysics, *171* (S. 1–6), Amsterdam 1990.

NICOLAYSEN, L. O. & REIMOLD, W. U. [Hrsg.]: Cryptoexplosions and Catastrophes in the Geological Record, with a Special Focus on the Vredefort Structure. – Tectonophysics, *171* (S. 1–422), Amsterdam 1990.

OFFICER, CH. B.: Extinctions, Iridium, and Shocked Minerals associated with the Cretaceous/Tertiary Transition. – J. geol. Education, *38* (5), S. 402–425, Columbus 1990.

OFFICER, CH. B.: The relevance of iridium etc. – Terra Nova, *4* (S. 394-404), Oxford 1992.

OFFICER, CH. B. & DRAKE, CH. L.: The Cretaceous/Tertiary transition. – Science, *219* (S. 1383–1390), Washington 1983.

OFFICER, CH. B. & DRAKE, CH. L.: Terminal Cretaceous Environmental Events. – Science, *227* (S. 1161–1167), Washington 1985.

OFFICER, CH. B. & DRAKE, CH. L.: Cretaceous/Tertiary Extinctions. – Eos, *70,* No. 25 (S. 659–661), Washington 1989.

O'KEEFE, J. A.: Tektites. – Chicago (Univ. Chicago Press) 1963.

O'KEEFE, J. A.: Tektites and their origin. – Developm. in Petrology, *4* (XII, 254 S.), Amsterdam (Elsevier) 1976.

O'KEEFE, J. D. & AHRENS, TH. J.: Impact mechanics of the Cretaceous-Tertiary extinction bolide. – Nature, *298* (S. 123–127), London 1982.

O'KEEFE, J. D., AHRENS, TH. J. et al.: Environmental Effects of large Impacts on the Earth etc. – Contr. Lunar Planet. Inst., *673* (Abstr. Snowbird Conf. II), S. 133–134, Snowbird/Utah 1988.

O'KEEFE, J. D. & AHRENS, TH.: Impact production of CO_2 by the Cretaceous/Tertiary extinction bolide and the resultant heating of the Earth. – Nature, *338* (S. 247–249), London 1989.

OLSEN, P. E. & CORNET, B.: The Triassic-Jurassic boundary in Eastern North America. – Abstr. Snowbird Conf. II, Contr. Lunar Planet. Inst., *673* (S. 135–136), Snowbird/Utah 1988.

OLSEN, P. E., FOWELL, S. J. et al.: The Triassic/Jurassic boundary in continental rocks of eastern North America. – Spec. Pap. geol. Soc. Amer., *247* (S. 585–593), Boulder 1990.

ORBIGNY, A. d': Voyages dans l'Amérique méridionale. Partie historique IV/1. L'homme américain. – Paris (Levrault) 1839.
ORBIGNY, A. d': Cours élémentaire de paléontologie et de géologie stratigraphique, 2 Tl. in 3 Bd., Atlas, Paris (Masson) 1849–1852.
ORTH, C. J. & ATTREP, M.: Iridium Abundance Measurements across Bio-Event Horizons in the geologic Record. – Contr. Lunar Planetary Inst., *673* (Abstr. Snowbird Conf. II), S. 139–140, Snowbird/Utah 1988.
ORTH, C. J., ATTREP, M. et al.: Iridium abundance patterns across bio-event horizons in the fossil record. – Spec. Pap. geol. Soc. Amer., *247* (S. 45–59), Boulder 1990.
OTTEMANN, J.: Zusammensetzung und Herkunft der Tektite und Impaktite. – Fortschr. chem. Forsch., *7* (S. 409–444), Berlin etc. 1966.
OWEN-SMITH, N.: Pleistocene extinctions: the pivotal role of megaherbivores. – Paleobiology, *13* (3), S. 351–362, Davis/California 1987.
PANOFSKY, D. & E.: Die Büchse der Pandora. Der Bedeutungswandel eines mythischen Symbols. – Frankfurt/Main (Campus-Verl.) 1992.
PANYCHEV, V. A., ORLOVA, L. A., IZOKH, E. P. et al.: Age of the tektite-bearing horizon in Vietnam according to radiocarbon dating. – Sbornik nautschn. trudov Inst. geol. geofiz. Akad. Nauk SSSR. Novosibirsk, Nauka *1988* (S. 244-248), Novosibirsk 1988. (Engl. Übersetzung: Scitran, Santa Barbara/CA, 1992.)
PARROT, A.: Sintflut und Arche Noahs etc. (184 S.), Zollikon-Zürich (Evang. Verl.) 1955.
PENCK, A.: Der postglaziale Vulkan von Köfels im Ötztale. – Sitzber. preuß. Akad. Wiss., phys. math. Kl., *12* (S. 218–225), Berlin 1925.
PFLUG, H. D.: Die Spur des Lebens. (VII, 167 S.), Berlin etc. (Springer) 1984.
PITTOCK, A. B., ACKERMAN, T. P. et al.: Environmental consequences of Nuclear War. I. Physical and Atmospheric Effects. – Scope, *28*, vol. I (XL, 359 S.), Chichester (J. Wiley) 1986.
PLINIUS, Secundus Gaius: Naturgeschichte, übers. v. G. C. WITTSTEIN, 3 Bd. (379, 428, 430 S.), Leipzig (Gressner & Schramm) 1881.
POKORNY, J.: Indogermanisches etymologisches Wörterbuch. 1. Bd. (1183 S.), 2. Bd. (495 S.), Bern – München (A. Francke) 1959/1969.
POLLACK, J. B., TOON, O. B. et al.: Environmental Effects of an Impact-Generated Dust Cloud: Implications for the Cretaceous-Tertiary Extinction. – Science, *219* (S. 287–289), Washington 1983.
PRADERIE, F. et al. [Hrsg.]: Halley's Comet. – Astronomy and Astrophysics, *187* (XVIII, 936 S.), Berlin etc. (Springer) 1987.
PRASAD, M. SH. & RAO, P. S.: Tektites far and wide. – Nature, *347* (S. 340), London 1990.
PREISINGER, A.: Asteroideneinschläge am Beginn erdgeschichtlicher Epochen. – [In:] Erdgeschichtliche Katastrophen [EDER, G. et al.], S. 17–29, Wien (Österr. Akad. Wiss.) 1987.
PREMO, W. R.: Nd-Sr isotopic signature of the Pierre Shale: Target material at the Manson impact site etc. – Abstr. Lunar Planetary Science Conf. 23 (S. 1099–1100), Houston 1992.
PREUSS, E.: Spektralanalytische Untersuchung der Tektite. – Chemie der Erde, *9* (S. 365–416), Jena 1935.
PRINN, R. G. & FEGLEY Jr., B.: Bolide impacts, acid rain, and biospheric traumas at the Cretaceous-Tertiary boundary. – Earth & planet. Sci. Letters, *83* (S. 1–15), Amsterdam 1987.
PSZCZÓLKOWSKI, A.: Megacapas del Maestrichtiano en Cuba occidental y central – Bull. polish Acad. Sci., Earth Sci., *34* (1), S. 81–94, Warszaw 1986.
PURTSCHELLER, F.: Ötztaler und Stubaier Alpen. – Samml. geol. Führer, *53* (111 S.), Berlin – Stuttgart (Borntraeger) 1971.
RAIKES, R. L.: The physical evidence for Noah's flood. – Iraq, *28* (S. 52–63), London 1966.
RAMPINO, M. R. & SELF, ST.: Historic Eruptions of Tambora (1815), Krakatau (1883),

and Agung (1963), Their Stratospheric Aerosol, and Climatic Impact. – Quart. Res., *18* (S. 127–143), New York – London 1982.

RAMPINO, M. R. & STOTHERS, R. B.: Flood Basalt Volcanism During the Past 250 Million Years. – Science, *241* (S. 663–668), Washington 1988.

RAUP, D. M.: Evolutionary Radiations and Extinctions. – [In:] H. D. HOLLAND & A. F. TRENDALL [Hrsg.]: Patterns of Change in Earth Evolution. (S. 5–14), Berlin etc. (Springer) 1984.

RAUP, D. M.: The Role of Extraterrestrial Phenomena in Extinction. – Revista españ. Paleont., No. extraord. *1988* (S. 99–106), Madrid 1988.

RAUP, D. M. & SEPKOSKI Jr., J. J.: Periodicity of extinctions in the geologic past. – Proc. nat. Acad. Sci. USA, *81* (S. 801–805), Washington 1984.

RAUP, D. M. & SEPKOSKI Jr., J. J.: Periodic extinction of families and genera. – Science, *231* (4740), S. 833–836, Washington 1986.

REICHSTEIN, M.: Kometen. Kosmische Vagabunden. (208 S.), Thun und Frankfurt/Main (Harri Deutsch) 1985.

REIF, W.: Einschlagkrater kosmischer Körper auf der Erde. – Stuttgarter Beitr. Naturkd., *C 6* (24-27), Stuttgart 1976.

REITHOFER, O.: Neue Untersuchungen über das Gebiet von Köfels im Ötztal. – Jb. geol. Bundesanst., *82* (S. 275–342), Wien 1932.

RENFREW, C.: Before Civilization. (292 S.), London (Jonathan Cape) 1973.

RHODE, J. G.: Ueber den Anfang unsrer Geschichte und die letzte Revolution der Erde als wahrscheinliche Wirkung eines Kometen. (78 S.), Breslau (W. A. Holäufer) 1819.

RIEHM, E. C. A. [Hrsg.]: Handwörterbuch des Biblischen Altertums etc., 2. Aufl., 1. Bd., A–L (VIII, 1–948); 2. Bd., M–Z (949–1880), Bielefeld – Leipzig (Velhagen & Klasing) 1898.

RIEM, J.: Die Sintflut in Sage und Wissenschaft. (196 S.), Hamburg (Rauhes Haus) 1925.

RIEM, J.: Weltenwerden. Eine Kosmogonie. (175 S.), Hamburg (Rauhes Haus) 1925.

ROCCHIA, R., BONTÉ, PH. et al.: Search for the Tunguska event relics in the Antarctic snow etc. – Spec. Pap. geol. Soc. Amer., *247* (S. 189–193), Boulder 1990.

RODDY, D., SCHUSTER, S. H. et al.: Computer modelling of large asteroid impacts into continental and oceanic sites. – Abstr. Contr. Lunar Planet. Inst., *673* (S. 158–159), Houston 1988.

ROGNON, P.: Une extension des déserts (Sahara et Moyen-Orient) au cours du Tardi-glaciaire (18.000–10.000 ans B.P.). – Rev. géol. dyn. géogr. phys., *22* (S. 313–328), Paris 1980.

ROGNON, P. [Red.]: Le Sahara: Essai sur l'évolution d'un désert. – Bull. Soc. géol. France, (8) *4* (S. 1049–1100), 1988; (8) *5* (S. 3–115), Paris 1989.

RÓHEIM, G.: The Gates of the Dream. – New York (Intern. Univ. Press) 1952. Reprinted S. 439, 448–460, 465, [In:] A. DUNDES [Hrsg.]: The Flood Myth (S. 151–165), Berkeley etc. (Univ. California Press) 1988.

ROLOFF, J.: Die Offenbarung Johannes. – Zürcher Bibelkommentare NT *18* (218 S.), Zürich (Theol. Ver.) 1984.

RONA, P. A.: The Central North Atlantic Ocean Basin and Continental Margins. – NOAA Atlas 3 (99 S.), Miami/Florida (US Dept. Commerce etc.) 1980.

ROUGEMONT, F. de: Geschichte der Erde nach der Bibel und der Geologie. [Übers. aus d. Franz. v. E. FABARIUS]. (XVI, 270 S.), Stuttgart (R. Besser) 1856.

SACK, F. W.: Die Sündfluth mit forschendem Auge betrachtet zur Aufklärung der Naturgeschichte. (115 S.), Breslau (W. G. Korn) 1782.

SAGAN, C. & DRUYAN, A.: Der Komet. (334 S.), Kornwestheim (EBG-Verl.) 1985.

SAITO, T., YAMANOI, T. & KAIHO, K.: End-Cretaceous devastation of terrestrial flora in the boreal Far East. – Nature, *323* (S. 253–255), London 1986.

SAUNDERS, J. J.: Immanence, Configuration, and the Discovery of America's Past. – [In:] L. D. AGENBROAD et al.: Megafauna and Man. (S. 136–143), Hot Springs (Univ. Flagstaf) 1990.

SCHEDEL, H.: Liber Chronicarum. Opus de temporibus mundi. – Nürnberg (Anton Koberger) 1493.
SCHEIBNER, E., SATO, T. & CRADDOCK, C.: Tectonic Map of the Circum-Pacific Region, Southwest Quadrant. 1: 10,000.000. – Map CP-37, Menlo Park, California (U.S. Geol. Survey) 1991.
SCHELLING, F. W. J. v.: Einleitung in die Philosophie der Mythologie. (XII, 591 S.), Stuttgart (Cotta) 1856.
SCHEUCHZER, J. J.: Sceleton duorum humanorum petrefactorum pars. – Philos. Transact., *34* (1726–1727), 38–39, London 1728.
SCHIRREN, C.: Die Wandersagen der Neuseeländer und der Mauimythos. (IV, 208 S.), Riga (N. Kymmel) 1856.
SCHMIDT, C.: Das Naturereignis der Sintflut. (63 S.), Basel (Benno Schwabe) 1895.
SCHMIDT-KALER, H. [Red.]: Ergebnisse der Ries-Forschungsbohrung 1973: Struktur des Kraters etc. – Geologica Bavarica, *75* (470 S.), München 1977.
SCHNABEL, J.: Geologia, sive Natürliche Wissenschafft von Erschaffung und Bereitung der Erd-Kugel. – Diss. phil. (32 S.), Rostock (Jacob Richel) 1709.
SCHNEIDER, G.: Naturkatastrophen. (X, 364 S.), Stuttgart (Enke) 1980.
SCHNEIDER, H.: Eine Uredda. (119 S.), Halle/Saale (M. Niemeyer) 1948.
SCHÖNLAUB, H.-P.: Die Katastrophe, die aus dem Weltall kam – 10 Jahre »ALVAREZ-Impakt-Hypothese«. – Jb. geol. Bundesanst., *132* (S. 507–529), Wien 1989.
SCHOTT, A.: Das Gilgamesch-Epos. Neu hrsg. von W. v. SODEN. – Reclam-Universal-Bibliothek, *7235* [2], 127 S., Stuttgart 1984.
SCHULTZ, P. H. & GAULT, D. E.: Impact ejecta dynamics in an atmosphere; Experimental results and extrapolation. [In:] L. SILVER & P. H. SCHULTZ [Hrsg.]: Geological implications of impacts etc. – Spec. Pap. geol. Soc. Amer., *190* (S.153-174), Boulder 1982.
SCHULTZ, P. H. & GAULT, D. E.: Prolonged global catastrophes from oblique impacts. – Spec. Pap. geol. Soc. Amer., *247* (S. 239–261), Boulder 1990.
SCHWARZ, F. v.: Sintflut und Völkerwanderungen. (XVIII, 552 S.), Stuttgart (Enke) 1894.
SELER, E.: Entstehung der Welt und der Menschen etc. – [In:] Mythus und Religion der alten Mexikaner. – Gesammelte Abh. z. amer. Sprach- und Altertumskd., Bd. *4* (S. 38–64), Berlin (Behrend) 1923.
SELER, E.: Gesammelte Abhandlungen zur amerikanischen Sprach- und Alterthumskunde. – Bd. 1 (XXVIII, 862 S.), 1902; Bd. 2 (XXVI, 1107 S.), 1904; Bd. 3 (XXX, 729 S.), 1908; Bd. 4 (VIII, 758 S.), 1923; Bd. 5 (XXXVIII, 585 S.), 1915; Berlin (A. Asher Bd. 1–2; Behrend Bd. 3–5).
SELF, S., RAMPINO, M. et al.: Volcanological study of the great Tambora eruption of 1815. – Geology, *12* (S. 659–663), Boulder 1984.
SEPKOSKI, J. J.: Periodicity in extinction and the problem of catastrophism in the history of life. – J. geol. Soc. London, *146* (S. 7–19), London 1989.
SEPKOSKI, J. J.: The taxonomic structure of periodic extinction. – Spec. Pap. geol. Soc. Amer., *247* (S. 33–44), Boulder 1990.
SEPKOSKI, J. J. & RAUP, D. M.: Periodicity in marine Extinction Events. – [In:] D. K. ELLIOTT [Hrsg.]: Dynamics of Extinction. (S. 3–36), New York etc. (J. Wiley & Sons) 1986.
SFUNTURES, A.: Kometen, Meteore und Meteoriten. Geschichte und Forschung. (224 S.), Rüschlikon-Zürich etc. (Albert Müller Verl.) 1986.
SHARPTON, V. L. & GRIEVE, R. A.: Meteorite impact, cryptoexplosion, and shock metamorphism etc. – Spec. Pap. geol. Soc. Amer., *247* (S. 301–317), Boulder 1990.
SHARPTON, V. L., SCHURAYTZ, B. et al.: Detritus in K/T boundary clays of western North America etc. – Spec. Pap. geol. Soc. Amer., *247* (S. 349–357), Boulder 1990.
SHARPTON, V. L. & WARD, P.: Global Catastrophes in Earth History. – Spec. Pap. geol. Soc. Amer., *247* (XI, 631 S.), Boulder 1990.
SHAW, J. & GILBERT, R.: Evidence for large-scale subglacial meltwater flood events in

southern Ontario and northern New York State. – Geology, *18* (S. 1169–1172), Boulder 1990.

SHEA, J. H.: Twelve fallacies of uniformitarianism. – Geology, *10* (S. 455–460), Boulder 1982.

SHEEHAN, P. M., FASTOVSKY, D. E. et al.: Sudden Extinction of the Dinosaurs: Latest Cretaceous, Upper Great Plain, USA. – Science, *254* (S. 835–839), Washington 1991.

SHEPPARD, P. R. & JACOBY, G. C.: Application of tree-ring analysis to paleoseismology. – Geology, *17* (S. 226–229), Boulder 1989.

SHOEMAKER, E. M.: The Acceptance of the G. K. Gilbert Award. – Bull. geol. Soc. Amer., *95* (S. 1001–1002), Boulder 1984 a.

SHOEMAKER, E. M.: Large Body Impacts Through Geologic Time. – [In:] H. D. HOLLAND & A. F. TRENDALL [Hrsg.]: Patterns of Change in Earth Evolution. (S. 15–40), Berlin etc. (Springer) 1984 b.

SHOEMAKER, E. M. & IZETT, G. A.: Stratigraphic evidence for western North America for multiple impacts at the K/T boundary. – Lunar Planetary Sci. Conf. 23 (S. 1293–1294), Houston 1992.

SHOEMAKER, E. M. & C.: Ages of Australian Meteorite Craters. – Abstr. 53rd. annual Meet. meteoritic Soc., *1990* (S. 155), Perth 1990.

SHOEMAKER, E. M., WOLFE, R. F. et al.: Asteroid and comet flux in the neighborhood of Earth. – Spec. Pap. geol. Soc. Amer., *247* (S. 155–170), Boulder 1990.

SIGURDSSON, H., D'HONDT, S. et al.: The impact of the Cretaceous/Tertiary bolide on evaporite terrane etc. – Earth and Planetary Sci. Letters, *109* (S. 543-559), Amsterdam 1992.

SILLIMAN, B.: Die Uebereinstimmung der neueren Entdeckungen der Geologie mit der biblischen Geschichte [Übers. vom Engl. v. F. L. RHODE]. (163 S.), Hanau (J. C. Edler) 1838.

SILVA, S. L. de, WOLFF, J. A. et al.: Explosive volcanism and associated pressures etc. – Spec. Pap. geol. Soc. Amer., *247* (S. 139–145), Boulder 1990.

SIMEK, R.: Lexikon der germanischen Mythologie. – Kröners Taschenbuch, *368* (XIV, 525 S.), Stuttgart (A. Kröner) 1984.

SIMOONS-VERMEER, R. E.: The Mesopotamian Floodstories: A Comparison and Interpretation. – Numen, *21* (1), S. 17–34, Leiden (Brill) 1974.

SLOAN, R. E., RIGBY, J. K. et al.: Gradual extinction of dinosaurs etc. – Science, *232* (S. 629–633), Washington 1986.

SMITH, F. H. & SPENCER, F. [Hrsg.]: The Origin of Modern Humans. (XXII, 590 S.), New York (Alan R. Liss) 1984.

SMITH, G.: Chaldean account of the deluge from terra cotta tablets, found in Nineveh, and now in the British Museum. (7 S.), London (Mansell) 1872.

SMITH, G.: The Chaldean account of the deluge. – Transact. Soc. biblical Archaeology, *2* (S. 213–234), London 1873.

SODEN, W. v.: Konflikte und ihre Bewältigung in babylonischen Schöpfungs- und Fluterzählungen. – Mitt. dt. Orient-Ges., *111* (S. 1–33), Berlin 1979.

SODEN, W. v. & KELLER, C. A.: Sintflut. – [In:] K. GALLING [Hrsg.]: Die Religion in Geschichte und Gegenwart. Handwörterbuch für Theologie und Religionswissenschaft, *VI* (S. 50–52), Tübingen (J. Mohr) 1962.

SOKOLOV, B. S. & IWANOWSKI, A. B. [Hrsg.]: The Vendian System, 1.: Paleontology. (XIII, 383 S.), Berlin etc. (Springer) 1990.

SOLSCHENIZYN, A.: August Vierzehn. (640 S.), Stuttgart (Dt. Bücherbund) 1972.

STADELMANN, R.: Die ägyptischen Pyramiden. Vom Ziegelbau zum Weltwunder. – Kulturgeschichte d. antiken Welt, *30* (296 S.), Mainz (Philipp v. Zabern) 1985.

STADELMANN, R.: Die großen Pyramiden von Giza. (285 S.), Graz (Akadem. Druck- u. Verlagsanst.) 1990.

STAFFORD, TH. W.: Late Pleistocene Megafauna Extinctions and the Clovis Culture. – [In:] L. D. AGENBROAD et al. [Hrsg.]: Megafauna and Man. (S. 118–122), Hot Springs (Univ. Flagstaf) 1990.

STANLEY, ST. M.: Krisen der Evolution. (246 S.), Heidelberg (Spektrum d. Wiss.) 1988.
STAUDACHER, K.: Die Sündflut. – Kathol. Kirchenztg., *58* (1918), Nr. 39–40 (S. 311–313, 319–320), Salzburg 1918.
STENO, N.: De solido intra solidum naturalies contento. Dissertationis prodromus. (78 S.), Florentia (Typogr. Stellae) 1669.
STENTZEL, A.: Weltschöpfung, Sintfluth und Gott. (V, 183 S.), Braunschweig (Rauert & Rocco Nfg. D. Janssen) 1894.
STÖFFLER, D., AVERMANN, M. et al.: Sudbury, Canada: Remnant of the only multring (?) impact basin of the Earth. – Abstr. 52nd Meet. meteorit. Society (S. 231), Wien 1989.
STORZER, D., JESSBERGER, E. K. et al.: $^{40}Ar/^{39}Ar$ evidence for two discrete tektite-forming events in the Australian-Southeast Asian area. – Meteoritics, *19* (S. 317), Arizona 1984.
STOTHERS, R. B., RAMPINO, M. R. et al.: Volcanic Winter? Climatic Effects of the Largest Volcanic Eruptions. – [In:] J. H. LATTER [Hrsg.]: Volcanic Hazards. (S. 3–9), Berlin etc. (Springer) 1989.
STOTHERS, R. B. & RAMPINO, M. R.: Periodicity in flood basalts, mass extinctions, and impacts. – Spec. Pap. geol. Soc. Amer., *247* (S. 9–18), Boulder 1990.
SUBALL, L.: Die Neuentdeckung der Erde. (XII, 257 S.), Wien – München (Fromme) 1958.
SUESS, E..: Der Boden der Stadt Wien. (326 S.), Wien (Braumüller) 1862.
SUESS, E.: Die Sintfluth. – [In:] Das Antlitz der Erde, 1. Aufl., 1. Bd. (S. 25–98), Prag (Tempsky) – Leipzig (Freytag) 1885.
SUESS, F. E.: Die Herkunft der Moldavite und verwandter Gläser. – Jb. geol. Reichsanst., *50* (1900), S. 193–382, Wien 1901.
SUESS, F. E.: Der Meteor-Krater von Köfels bei Umhausen im Ötztale, Tirol. – N. Jb. Miner. etc., Beil.-Bd. *72*, Abt. A (S. 98–155), Stuttgart 1936.
SUESS, H.: Der radioaktive Kohlenstoff in der Natur. – Endeavour, *32,* Nr. 115 (S. 34–38), Oxford – London 1973.
SUESS, H.: Radiocarbon in Tree Rings. – [In:] Solar-Terrestrial Relationships and the Earth Environment in the Last Millenia. (S. 199–204), Bologna (Soc. ital. Fisica) 1988.
SURENIAN, R.: Scanning electron microscope study of shock features in pumice and gneis from Koefels (Tyrol, Austria). – Geol. Paläont. Mitt. Innsbruck, *15* (S. 135–143), Innsbruck 1988.
SVENDSEN, J. I., MANGERUD, J. et al.: The Late Weichselian glacial maximum on western Spitsbergen etc. – Marine Geology, *104* (S. 1–17), Amsterdam 1992.
SZILVÁSSY, J.: Entwicklung des Menschen, Rassen des Menschen. – Veröff. nat.hist. Mus. Wien, N.F. *16* (S. 1–50), Wien 1978.
TAMMANN, G. A. & VÉRON, PH.: Halleys Komet. (336 S.), Basel etc. (Birkhäuser) 1985.
TAYLOR, S. R.: Tektites: a post-Apollo View. – Earth Sci. Rev., *9* (S. 101–123), Amsterdam 1973.
TEEPLE, H. M.: The Noah's Ark Nonsense. (156 S.), Evanston, Illinois (Religion and Ethics Institute) 1978.
THOMPSON, R. C.: The Devils and Evil Spirits of Babylonia, vol. I. »Evil Spirits«. – Luzac's Semitic Text and Translation Series, *14*, (LXV, 211 S.), 1903; *15* (LIV, 179 S.), London (Luzac) 1904.
THORSON, R. M., CLAYTON, W. S. & SEEBER, L.: Geologic evidence for a large prehistoric earthquake in eastern Connecticut. – Geology, *14* (S. 463–467), Boulder 1986.
TIEN, PH. CU. [Hrsg.]: Geology of Cambodia, Laos and Vietnam, *2* (103 S.), Hanoi (Geol. Surv. Vietnam) 1990.
TINTI, ST.: Tsunami research in Europe. – Terra nova, *2* (S. 19–22), Oxford 1990.
TOLLMANN, A.: Geologie von Österreich, Bd. 1. (XIV, 766 S.), Wien (Deuticke) 1977.

TOLLMANN, A.: Eduard Sueß – Geologe und Politiker. – Sitzber. österr. Akad. Wiss., phil.-hist. Kl., *422*, Veröff. Kommiss. Geschi. Math. etc., *41* (S. 27–78), Wien 1983 a.
TOLLMANN, A.: Desaster Zwentendorf. (249 S.), Wien (Eigenverlag) 1983 b.
TOLLMANN, A.: Geologie von Österreich, Bd. 3. (X, 718 S.), Wien (Deuticke) 1986.
TOLLMANN, E. & A.: The Flood came at 3 o'clock in the morning … – Austria today, *1992 (4)*, S. 40–47, Wien 1992.
TOON, O. B.: Sudden Changes in Atmospheric Composition and Climate. – [In:] H. D. HOLLAND & A. F. TRENDALL [Hrsg.]: Patterns in Change of Earth Evolution. (S. 41–61), Berlin etc. (Springer) 1984.
TSCHUDY, R. H.: Palynological Evidence for Change in Continental Flores at the Cretaceous-Tertiary Boundary. – [In:] W. A. BERGGREN & J. A. van COUVERING [Hrsg.]: Catastrophes and Earth History. (S. 315–337), Princeton (Princ. Univ. Press) 1984.
TSCHUDY, R. H., PILLMORE, C. L. et al.: Disruption of the terrestrial plant ecosystem at the Cretaceous-Tertiary boundary, Western Interior. – Science, *225* (S. 1030–1032), Washington 1984.
TSCHUDY, R. H. & TSCHUDY, B. D.: Extinction and survival of plant life following the Cretaceous/Tertiary boundary event, Western Interior, North America. – Geology, *14* (S. 667–670), Boulder 1986.
TURCO, R., TOON, O. et al.: Tunguska Meteor Fall of 1908: Effects on Stratospheric Ozone. – Science, *214* (S. 19–23), Washington 1981.
TURCO, R. P., TOON, O. B. et al.: An Analysis of the Physical, Chemical, Optical and Historical Impacts of the 1908 Tunguska Meteor Fall. – Icarus, *50* (S. 1–52), New York, London 1982.
TURCO, R. P., TOON, O. B. et al.: Nuclear Winter: Global Consequences of Multiple Nuclear Explosions. – Science, *222* (S. 1283–1292), Washington 1983.
UHLIG, H.: Die Sumerer. (306 S.), München (Bertelsmann) 1976.
UPCHURCH, G. R. Jr.: Terrestrial environmental changes and extinction patterns at the Cretaceous-Tertiary boundary, North America. – [In:] ST. K. DONOVAN [Hrsg.]: Mass extinctions. (S. 195–216), Stuttgart (Enke) 1989.
UREY, H. C.: Cometary Collisions and Geological Periods. – Nature, *242* (S. 32–33), London 1973.
VELIKOVSKY, I.: Welten im Zusammenstoß. (388 S.), Frankfurt/Main (Umschau-Verl.) 1978 ff.
VELIKOVSKY, I.: Erde im Aufruhr. (272 S.), Frankfurt/Main (Umschau-Verl.) 1980.
VENKATESAN, M. I. & DAHL, J.: Organic geochemical evidence for global fires at the Cretaceous/Tertiary boundary. – Nature, *338* (S. 57–60), London 1989.
VICKERY, A. M. & MELOSH, H. J.: Atmospheric erosion and impactor retention in large impacts etc. – Spec. Pap. geol. Soc. Amer., *247* (S. 289–300), Boulder 1990.
WALK, L.: Die Sintfluttradition der Völker. – Jb. österr. Leo-Ges., *1931* (S. 60–81), Wien (Herder) 1931.
WALK, L.: Das Flut-Geschwisterpaar als Ur- und Stammelternpaar der Menschheit. Ein Beitrag zur Mythengeschichte Süd- und Südostasiens. – Mitt. österr. Ges. Anthropol., Ethnol., Prähist., *78/79* (S. 60–115), Wien 1949.
WALLISER, O. H. [Hrsg.]: Global Bio-Events. – Lect. Notes in Earth Sci., *8* (VII, 442 S.), Berlin etc. (Springer) 1986.
WARD, P. D. & KENNEDY, W. J.: Ammonite and inoceramid bivalve extinction patterns in Cretaceous/Tertiary boundary section of the Biscay region (SW France, northern Spain). – Geology, *19* (S. 1181–1184), Boulder 1991.
WARLOW, P.: Return to the tippe top. – Chronology and Catastrophism Review, *9* (S. 2–13), Orpington/Kent, Engld. 1987.
WEGENER, A.: Die Entstehung der Kontinente. – Geol. Rdsch., *3* (S. 276–292), Leipzig 1912.
WEGENER, A.: Die Entstehung der Kontinente und Ozeane. 1. Aufl. – Sammlung Vieweg, *23* (94 S.), Braunschweig (Vieweg) 1915.

WEISSMAN, P. R.: Terrestrial impact rates for long and short-period comets. – Spec. Pap. geol. Soc. Amer., *190* (S. 15–24), Boulder 1982.

WEISSMAN, P. R.: The cometary impactor flux at the Earth. – Spec. Pap. geol. Soc. Amer., *247* (S. 171–180), Boulder 1990.

WETHERILL, G. W.: Apollo Objects. – Scientific American, *240*/3 (S. 38–49), New York 1979.

WETHERILL, G. W.: Occurrence of Giant Impacts During the Growth of the Terrestrial Planets. – Science, *228* (S. 877–879), Washington 1985.

WETHERILL, G. W. & SHOEMAKER, E. M.: Collision of astronomically observable bodies with the Earth. – Spec. Pap. geol. Soc. Amer., *190* (S. 1–13), Boulder 1982.

WHISTON, W.: A new theory of the earth etc. ... the Universal Deluge and the General Conflagration etc., 4. Aufl. (IV, 460 S.), London (S. Tooke & B. Motte) 1725 [1. Aufl. 1696; 635 S., London, R. Roberts].

WHITCOMB, J. C., MORRIS, H. M. & Mc CAMPBELL, J. C.: The Genesis Flood. (XXVII, 518 S.), Philadelphia (Presbyterian and Reformed Publ. Comp.) 1962.

WILDE, P., QUINBY-HUNT, M. et al.: Collisions with ice-volatile objects: geological implications. – Abstr. Snowbird Conf. II, Contr. Lunar Planet. Inst., *673* (S. 215–216), Snowbird/Utah 1988.

WILLIAMS, C. A. S.: Outlines of Chinese Symbolism and Art Motives. (XXI, 472 S.), New York (Dover Publ.) 1976.

WINTERNITZ, M.: Die Flutsagen des Alterthums und der Naturvölker. – Mitt. anthropol. Ges. Wien, *31* [3. Folge: *1*], S. 305–333, Wien 1901.

WIRTH, C. L.: Crater Lake National Park Oregon. (31 S.), Washington (US Dept. of Interior) 1960.

WOLBACH, W. S. & ANDERS, E.: Elemental carbon in sediments: Determination and isotopic analysis in the presence of kerogen. – Geochim. Cosmochim. Acta, *53* (S. 1637–1647), Oxford 1989.

WOLBACH, W. S., ANDERS, E. et al.: Fires at the K/T boundary: Carbon at the Sumbar, Turkmenia, site. – Geochim. Cosmochim. Acta, *54* (S. 1133–1146), Oxford 1990.

WOLBACH, W. S., GILMOUR, I. et al.: Global fire at the Cretaceous-Tertiary boundary. – Nature, *334* (S. 665–669), London 1988.

WOLBACH, W. S., GILMOUR, I. et al.: Major wildfires at the Cretaceous/Tertiary boundary. – Spec. Pap. geol. Soc. Amer., *247* (S. 391–400), Boulder 1990.

WOLBACH, W. S., LEWIS, R. S. et al.: Cretaceous Extinctions: Evidence for Wildfires and Search for Meteoritic Material. – Science, *230* (4722), S. 167–170, Washington 1985.

WOLFE, J. A. & UPCHURCH, G. R.: Vegetation, climatic and floral changes at the Cretaceous-Tertiary boundary. – Nature, *324* (S. 148–152), London 1986.

WOOLLEY, CH. L.: Vor 5000 Jahren. Ausgrabungen von Ur (Chaldäa) etc. (118 S.), Stuttgart (Franckh) 1929.

WOOLLEY, CH. L.: Ur und die Sintflut. (137 S.), Leipzig (Brockhaus) 1931.

WOOLLEY, CH. L.: Ur in Chaldäa. (248 S.), Wiesbaden (Brockhaus) 1956.

WOOLLEY, L.: Stories of the Creation and the Flood. – Palestine Exploration Quarterly, *88* (S. 14–21), London 1956. [Reprint in A. DUNDES (Hrsg.): The Flood Myth (S. 89–99), Berkeley (Univ. California Press) 1988]

WRIGHT, H. E. & STEIN, J.: Glacial Surges and Flood Legends. – Science, *193* (S. 1268–1269), Washington 1976.

WUNDERLICH, H.-G.: Knossos. Eine Totenstadt. – Bild der Wissenschaft, *1972* (S. 258–268), Stuttgart 1972.

ZACHOS, J. C. & ARTHUR, M. A.: Paleoceanography of the Cretaceous/Tertiary Boundary Event: Inferences From Stable Isotopic and Other Data. – Paleoceanography, *1* (S. 5–26), Washington 1986.

ZAHN, TH.: Die Offenbarung des Johannes. Ausgelegt von Theodor Zahn. 1.–3. Aufl., 2. Bd.: Hälfte 1, 2 (633 S.), Leipzig – Erlangen (Deichert) 1924–1926.

ZAHNLE, K. J.: Atmospheric chemistry by large impacts. – Spec. Pap. geol. Soc. Amer., *247* (S. 271–288), Boulder 1990.

ZAHNLE, K. J. & SLEEP, N. H.: Annihilation of life by very large impacts on earth. – Contr. Lunar Planet. Inst., *746* (S. 62–63), Perth 1990.
ZAMBONI, J. F.: Von der Nothwendigkeit die Leichtgläubigen vor den Kunstgriffen einiger neueren Geologen zu warnen etc. (48 S.), Wien (Franz Wimmer) 1823.
ZANOT, M.: Die Welt ging drei mal unter. Kometen, Sintflutmythen und Bibel-Archäologie. (264 S.), Wien – Hamburg (P. Zsolnay) 1976.
ZIEGLER, K. & OPPENHEIM, S.: Weltuntergang in Sage und Wissenschaft. – Aus Natur und Geisteswelt, *720* (122 S.), Leipzig (B. G. Teubner) 1921.
ZITTEL, A. v.: Geschichte der Geologie und Paläontologie bis Ende des 19. Jahrhunderts. (868 S.), München – Leipzig (Oldenbourg) 1899.
ZÖCKLER, O.: Die Sintfluth-Sagen des Alterthums, nach ihrem Verhältniß zur biblischen Sintfluthgeschichte. – Jbü. dt. Theologie, *15* (S. 319–343), Gotha – Stuttgart 1870.
ZUBAKOV, V. A. & BORZENKOVA, I. I. [Hrsg.]: Global Palaeoclimate of the Late Cenozoic. – Devel. Palaeont. Strat., *12* (XI, 456 S.), Amsterdam (Elsevier) 1990.

Register

Die mit * gekennzeichneten Seitenzahlen verweisen auf Abbildungen und Tabellen, die *kursiv* gesetzten auf Kapitelüberschriften

L